2017

泰兴年鉴

泰兴市年鉴编纂委员会 编

方志出版社
Publishing House of Local Records

图书在版编目（CIP）数据

泰兴年鉴. 2017/ 泰兴市年鉴编纂委员会编. --北京：方志出版社，2017.11
ISBN 978-7-5144-2711-0

Ⅰ. ①泰… Ⅱ. ①泰… Ⅲ. ①泰兴 - 2017 - 年鉴 Ⅳ. ①Z525.33

中国版本图书馆CIP数据核字(2017)第287580号

泰兴年鉴（2017）

编　　者：	泰兴市年鉴编纂委员会
责任编辑：	梅中英
出 版 人：	冀祥德
出 版 者：	方志出版社
	地址　北京市朝阳区潘家园东里9号（国家方志馆4层）
	邮编　100021
	网址　http://www.fzph.org
发　　行：	方志出版社图书经销中心
	电话（010）67110500
经　　销：	各地新华书店
印　　刷：	扬州市机关彩印中心
开　　本：	889×1194毫米　　1/16
印　　张：	18
字　　数：	634千字
版　　次：	2017年11月第1版　2017年11月第1次印刷
印　　数：	001～800册

ISBN 978-7-5144-2711-0　　　　**定价：** 150.00元

泰兴市年鉴编纂委员会

主任委员　刘志明

副主任委员　张　坤　王中先　邵　骅　顾爱军　董剑东

委　　员　（以姓氏笔画为序）

王长健　王向群　孔　兵　马志刚　叶　兵　冯　军　刘新华　孙红东　孙晓健　李　飞　李宝泉　吴成剑　何文军　沈国富　张　河　张建新　茅建亚　周永林　周建国　赵建东　顾为成　夏立新　徐菊红　惠　星　管国堂

《泰兴年鉴（2017）》编纂人员

主　　编　邵　骅

副 主 编　王向群　翁　进　黄杜鹃　沈国富　翁元锋

编　　辑　张留红　辛　仕　凌长富　蒋淑颖

编　　务　徐菊红　周永林　徐文光　陆　进　徐琳琳　梅新生　封　慧　吉　梅　白玉清　房　震　姚天鹏　冯　莉　卞志婧　芦　鑫

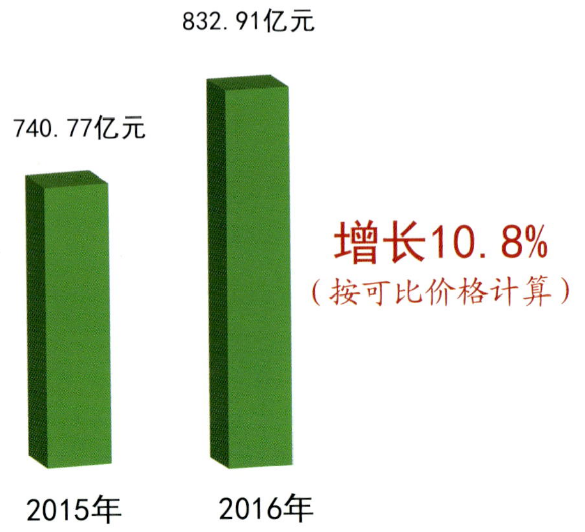

地区生产总值

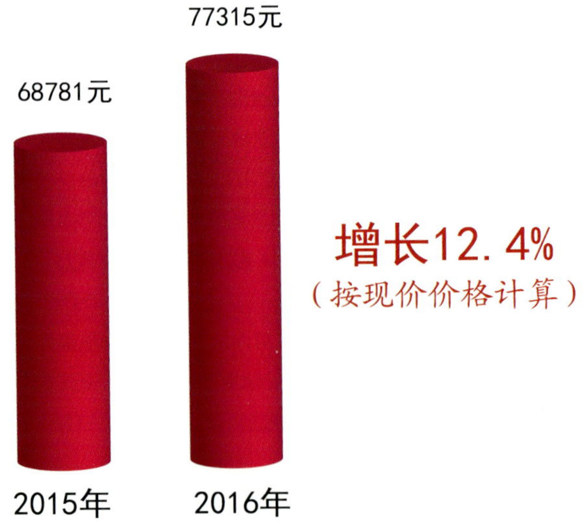

年人均地区生产总值

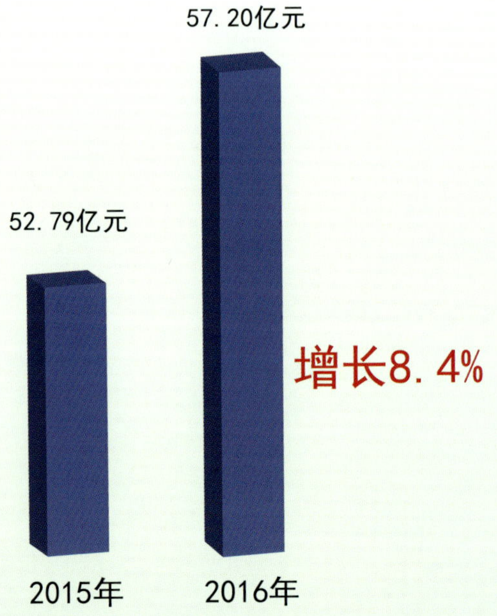

公共财政预算收入

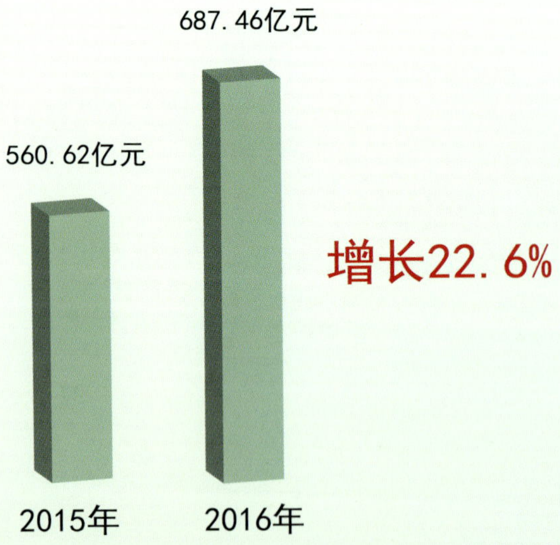

固定资产投资

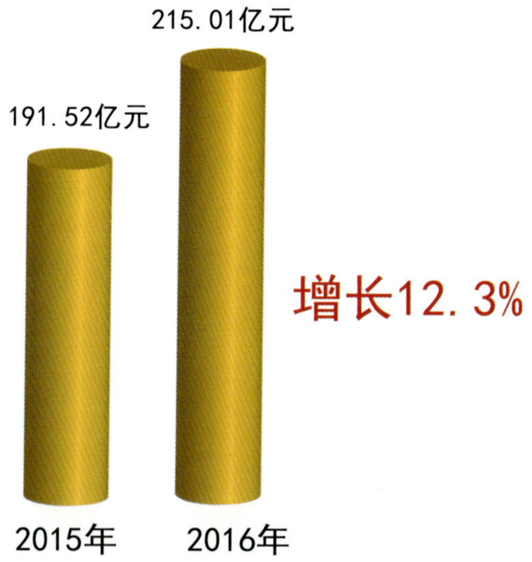

社会消费品零售总额

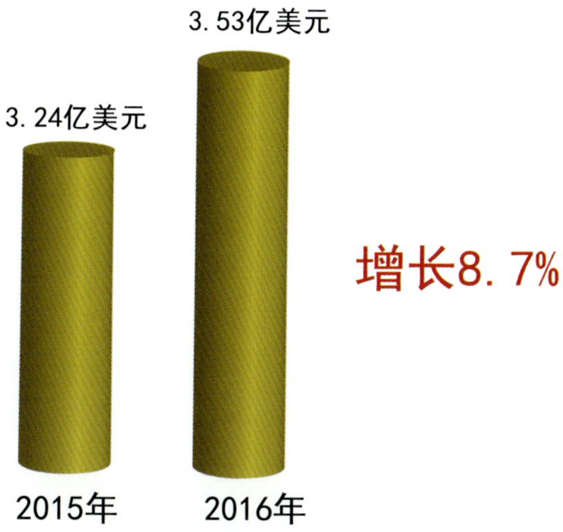

实际利用外资

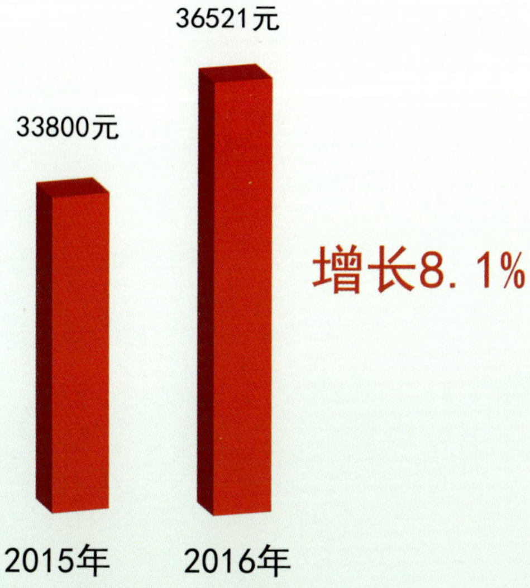

城镇常住居民人均可支配收入

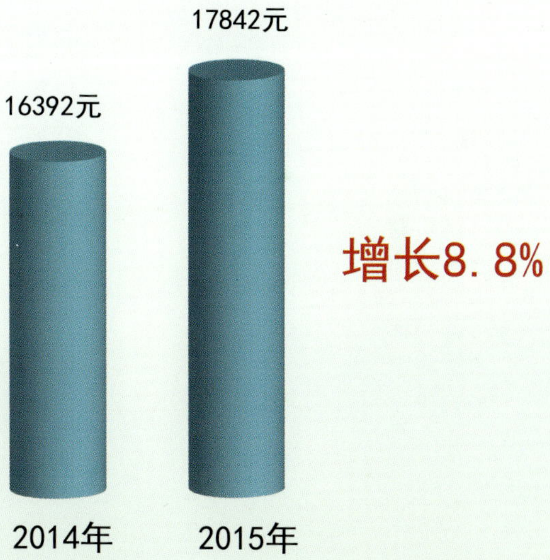

农村常住居民人均可支配收入

地区生产总值构成

9月29日，省长石泰峰在黄桥老区调研　　　　（顾祥忠　摄）

5月10日，省委常委、省纪委书记弘强走访慰问老党员陈桂芳　（蒋　凯　摄）

9月11日，省委常委、副省长杨岳在祁巷村了解村级发展情况　（蒋　凯　摄）

5月6日，省工商联主席、省人大常委会副主任许仲梓调研民营制造业发展情况（周　伟　摄）

7月26日，中国共产党泰兴市第十三次代表大会　　（张宏伟　摄）

7月30日，中共泰兴市委工作会议。　　　　　　（蒋　凯　摄）

1月7日，中共泰兴市委第十二届十三次全体会议　　　　　　（张宏伟　摄）

1月10日，泰兴市第十四届人民代表大会第五次会议 （张宏伟 摄）

1月9日，政协泰兴市委员会十二届五次会议 （张宏伟 摄）

◀市委书记张育林在第八届中国（泰州）银杏节上致辞（张宏伟　摄）

▶银杏节重大项目签约仪式
（孔得新　摄）

10月20日，第八届中国（泰兴）银杏节启动仪式　　（张宏伟　摄）

◀东阳南路　（生捷　摄）

▶宝塔湾法轮塔　（胡新芳　摄）

◀民安广场　（胡新芳　摄）

◀虹桥仓储码头（蒋　凯　摄）

▶羌溪大桥　（胡新芳　摄）

◀镇海路北延（胡新芳　摄）

编辑说明

一、《泰兴年鉴》是由泰兴市人民政府主办，泰兴市年鉴编纂委员会组织编纂的地方性综合年鉴。旨在全面、系统记述泰兴市自然、政治、经济、文化和社会等方面的情况，为领导决策提供依据，为中外人士了解和研究泰兴提供信息，为续修《泰兴市志》积累史料。

二、《泰兴年鉴（2017）》主要记述2015年泰兴各项事业发展状况和最新成就。收录范围以地域为界，凡在泰兴市境域内的部门单位、各行各业，不论其性质、隶属关系和级别，均在收录之列。

三、《泰兴年鉴（2017）》采用分类法编纂。全书设类目、分目、副分目、条目4个层次，类目、分目、副分目用不同字体加以区别，类目同时标于书眉，分目以楷体字前加“ • ”表示，条目标题均用黑体字加“【】”表示，《大事记》中△表示“同日”。

四、本年鉴设特载、大事记、专记、概况、外向型经济、沿江开发、党政机关、民主党派•群众团体、军事•政法、工业、农业•水务、商贸流通业、财税•金融、城乡建设•环境保护、建筑业•房地产业、交通•电力、邮政•电信、综合经济管理与服务、科技•教育•体育、文化•新闻•卫生、社会生活、街道•镇乡概况、泰兴籍最美泰州人、泰州发展论坛、统计资料等25个类目；有分目124个、副分目111个、条目749个、随文照片32幅、彩页18幅、表格88个、索引475条、补白13篇。

五、为便于检索，卷首有目录，卷末有主题分析索引。

六、本年鉴资料由全市各乡镇、各部门供稿，并由单位领导审稿，经泰兴市年鉴编纂委员会成员审核，撰稿人随文署名，以尊重其劳动成果并文责自负。“统计资料”由市统计局提供，文中数据及有关内容经市统计局和市委机要保密局把关。

七、撰稿人姓名加“（）”列于所写正文之后，同一类目内相邻条目为同一撰稿人的，则列于末条正文之后。

八、《泰兴年鉴》所登载的照片或文字稿件若署名遗漏或有误，请摄影者或撰稿人与编辑联系，以免稿酬发放错漏。

九、本年鉴的编辑出版，得到了全市各乡镇、各部门、各单位及有关人士的大力支持，也得到省、市地方志办领导和专家的指导帮助，在此谨表诚挚谢意。

部分组织机构简称、全称对照表

全　称	简　称
中国共产党泰兴市委员会	市委
泰兴市人民代表大会常务委员会	市人大
泰兴市人民政府	市政府
中国人民政治协商会议江苏省泰兴市委员会	市政协
中共泰兴市纪律检查委员会	市纪委
中国人民解放军江苏省泰兴市人民武装部	市人武部
泰兴市人民法院	市法院
泰兴市人民检察院	市检察院
中共泰兴市委办公室	市委办
中共泰兴市委农村工作办公室	市委农工办
中共泰兴市委政法委员会	市委政法委
中共泰兴市委统一战线工作部	市委统战部
中共泰兴市委市级机关工作委员会	市级机关工委
泰兴市机构编制委员会办公室	市编委办
中共泰兴市委党校	市委党校
泰兴市社会治安综合治理委员会办公室	市综治办
泰兴市精神文明建设指导委员会办公室	市文明办
泰兴市史志档案办公室	市史志档案办
中共泰兴市委台湾工作办公室	市台办
泰兴市人民政府办公室	市政府办
泰兴市经济和信息化委员会	市经信委
泰兴市科学技术和知识产权局	市科技局
泰兴市人力资源和社会保障局	市人社局
泰兴市国土资源局	市国土局
泰兴市城市管理局	市城管局
泰兴市卫生和计划生育委员会	市卫计委
泰兴市环境保护局	市环保局
江苏省泰兴经济开发区	市开发区
泰兴市文化广电新闻出版局	市文广新局
泰兴市供销合作总社	市供销总社
泰兴市民族宗教事务局	市民宗局

全　称	简　称
泰兴市人民防空局	市民防局
泰兴市住房和城乡建设局	市住建局
泰兴市发展和改革委员会	市发改委
泰兴市人民政府外事办公室	市外办
泰兴市人民政府侨务办公室	市侨办
泰兴市爱国卫生运动委员会办公室	市爱卫办
泰兴市安全生产监督管理局	市安监局
泰州市泰兴国家税务局	市国税局
泰州市泰兴地方税务局	市地税局
江苏省电力公司泰兴市供电公司	市供电公司
泰兴市市场监督管理局	市市场监管局
江苏省电信有限公司泰兴分公司	市电信公司
江苏移动通信有限责任公司泰兴分公司	市移动公司
中国人民银行泰兴市支行	市人行
中国农业发展银行泰兴市支行	市农发行
中国工商银行泰兴市支行	市工行
中国农业银行泰兴市支行	市农行
中国银行泰兴支行	市中行
中国建设银行泰兴市支行	市建行
江苏泰兴农村商业银行	泰兴农商行
中国人民保险公司泰兴市支公司	人保公司
中国人寿保险公司泰兴市支公司	人寿公司
江苏省泰兴市烟草专卖局	市烟草局
泰州市泰兴盐务管理局	市盐务局
中国共产主义青年团泰兴市委员会	团市委
泰兴市妇女联合会	市妇联
泰兴市科学技术协会	市科协
泰兴市文学艺术界联合会	市文联
泰兴市工商业联合会	市工商联
泰兴市残疾人联合会	市残联
泰兴市归侨侨眷联合会	市侨联
武警泰兴市中队	武警中队

目 录

特 载

大 事 记

专 记

概 况

外向型经济

开发园区

党政机关

民主党派·群众团体

军事·政法

工 业

农业·水务

商贸服务业

财税·金融

城乡建设·环境保护

建筑业·房地产业

交通　电力

邮政　电信

综合经济管理与服务

科技·教育·体育

文化·新闻·卫生

社会生活

街道·镇乡概况

泰兴籍最美泰州人

泰兴发展论坛

统计资料

附 录

特　载

■编辑　沈国富

践行“五大理念”　实施“六大工程”再创一个泰兴科学跨越发展黄金期

——在中国共产党泰兴市第十三次代表大会上的报告

张育林

（2016年7月26日）

同志们：

现在，我代表中共泰兴市第十二届委员会向大会作报告。

中国共产党泰兴市第十三次代表大会，是在全市上下深入学习贯彻习近平总书记“七一”重要讲话精神、奋力实现“十三五”发展良好开局的重要时刻召开的一次继往开来的大会。大会的主题是：高举中国特色社会主义伟大旗帜，以邓小平理论、“三个代表”重要思想、科学发展观为指导，深入贯彻落实习近平总书记系列重要讲话特别是视察江苏重要讲话精神，按照省委和泰州市委的决策部署，团结带领全市广大党员干部和人民群众，自觉践行“创新、协调、绿色、开放、共享”五大发展理念，大力实施产业升级、载体再造、区域协同、生态建设、民生幸福、党的建设“六大工程”，凝心聚力、攻坚克难，不忘初心、继续前进，再创一个科学跨越发展的黄金期！

一、过去五年工作回顾

市第十二次党代会以来的五年，是我们应对严峻挑战、经受重大考验的五年,也是“全面领先苏中、加快融入苏南”事业迈出坚实步伐的五年。五年来,全市上下同心同德,奋发进取,实施“四大战略”,推进“三大战役”，胜利完成了上次党代会明确的各项目标任务,经济社会发展和党的建设取得新的重大进展和显著成绩,创造了泰兴历史上又一个发展黄金期。

五年来,我们坚持把稳中奋进、更好更快作为发展基调，综合实力大幅攀升。面对错综复杂的宏观经济环境和艰巨繁重的改革发展稳定任务，我们始终坚持科学发展不动摇,积极采取一系列有效措施,促进经济总量持续增长,发展质量不断提高。至2015年,全市地区生产总值人均突破1万美元,年均增长12%;一般公共预算收入突破50亿元,年均增长18.3%;工业国税开票销售突破1000亿元,年均增长18.9%;规模以上固定资产投资突破500亿元,年均增长27.4%。全国县域经济基本竞争力百强县(市)排名上升5位。

五年来,我们坚持把改革开放、创新转型作为发展路径,结构调整成效明显。“埋头抓项目,扎实打基础”,坚定不移转方式、调结构、促转型。累计实施亿元以上项目240个,总投资910亿元,其中新兴产业项目66个,总投资342亿元;新兴产业产值和高新技术产业产值占规上工业的比重分别提高6个百分点和3.1个百分点,研发经费支出占GDP的比重达2.35%。累计批准设立外商投资企业68家，实际到账外资13.3亿美元;实现进出口总额114亿美元,其中出口57.6亿美元。经济开发区创成“国家循环化改造重点支持园区”、“国家知识产权试点园区”，国家级经济技术开发区创建进入培育期,黄桥经济开发区、泰兴高新区迈入省级开发区行列。“三区三园”工商税收收入占全市的67.6%。化工、机电、医药三大主导产业规模占规上工业的78.7%。开票销售超亿元和纳税超千万元企业分别达到141家和61家。国家行政综合执法改革试点、省直管县改革试点、黄桥镇行政管理体制改革试点不断深化。农业现代化进程加快；服务业增加值占地区生产总值比重提高8.3个百分点;新增鲁班奖2个、国优工程4项,2015年建筑业施工产值达560亿元。金融机构和金融总量实现翻番,贷款总量突破500亿元,创成省金融生态环境优秀县(市)。全市三次产业结构由“十一五”期末的8.2∶55.1∶36.7调整为6.7∶48.3∶45。

五年来,我们坚持把城乡统筹、区域协调作为发展导向，城乡区域协同并进。沿江地区创新转型步伐加快,项目集聚提速,产业特色彰显,对全市的支撑引领作用明显;黄桥老区加快崛起,南北共建园区工作取得实质性进展,发展速度高于全市;乡镇经济实力不断壮大,全市呈现出“区域协调、竞相发展”的良好态势。城建交通重点工程加快实施,中心城市“九纵九横”框架基本形成，新334省道建成通车。森林覆盖率上升到24.5%,创成省级园林城市。累计新增保障性住房30万平方米。黄桥、虹桥小城市和小城镇、新社区建设取得新的进展。村集体经营性收入超过20万元的村224个、超过30万元的村135个,建档立卡低收入农户全面脱贫。农村环境“五位一体”长效管理水平得到提升,城乡生活垃圾收运体系覆盖所有村居。

五年来,我们坚持把以人为本、执政为民作为发展追求,社会事业、民生建设持续改善。“十二五”期末,居民人均可支配收入达25508元，其中城镇常住居民人均可支配收入33800元，农村常住居民人均可支配收入16392元,年均分别增长11.4%和12.5%。就业创业工作扎实推进，社会保险基本实现全覆盖。教育教学质量全面提升,创成全国义务教育发展基本均衡市。医药卫生体制改革稳步推进。全市实现一体化供水,120万人民安全饮水问题得到有效解决。创成国家卫生城市、国家生态市,环保模范城市建设通过省环保厅预评估，循环经济示范市创建工作有序推进。精神文明建设不断加强,全国文化先进市通过国家复查验收,市民文明素质明显提升。社会治理水平不断提高,平安泰兴、法治泰兴建设取得新成绩。

五年来,我们坚持把从严治党、作风建设作为发展保障，党的建设全面加强。党的群众路线教育实践活动、“三严三实”专题教育、“两学一做”学习教育深入开展,党的思想建设、组织建设、作风建设、反腐倡廉建设和制度建设得到加强，全市干事创业环境风清气正劲足。领导班子和干部队伍建设取得新进展，人才工作不断强化,群众工作团工作成为品牌。机关服务基层、服务群众、服务企业的意识进一步增强。认真落实党风廉政建设党委主体责任和纪委监督责任，扎实抓好中央和省市委巡视巡察反馈意见整改落实工作，严格执行中央八项规定和省市委十项规定，保持惩治腐败高压态势，严肃查处了一批违纪违法案件。人大和政协的重要作用得到充分发挥。国防后备力量建设和“双拥”工作富有成效。爱国统一战线和工青妇等群团工作得到加强。

在肯定成绩的同时,我们必须清醒地看到,工作中还存在许多不足,前进道路上还有不少困难和问题。主要是:经济发展的结构性矛盾较为突出,空间资源环境制约日益趋紧,推进产业转型升级、提高自主创新能力的力度需要进一步加大；城乡区域发展还存在较大的不平衡性和不协调性；推动社会事业均衡发展和公共服务均等化、强化社会建设和管理、加强生态建设和安全生产仍是长期而艰巨的任务；党的建设还存在一些不适应新形势新任务新要求的问题，领导班子和干部队伍建设需要进一步加强，基层组织建设仍然存在薄弱环节。这些都需要在今后的工作中采取有力措施，切实加以解决。

过去五年，全市上下付出了艰辛的努力，进行了积极的探索，也积累了宝贵的经验。五年的实践启示我们：解放思想是引领泰兴发展的一大法宝。我们始终坚持把解放思想作为"认识新常态、适应新常态、引领新常态"的"关键一招"，作为开启泰兴科学跨越发展新局面的"金钥匙"，作为推动各项工作的"总开关"，做到思想不僵化，发展不停步，以思想大解放推动泰兴发展大跨越。加快发展是解决一切问题的根本出路。我们始终坚持咬定发展不放松，坚定信心不动摇，保持"抓发展、谋跨越"的战略定力，不断调高目标定位、工作标准；把"五位一体"总体布局、"四个全面"战略布局与泰兴的实际、群众的愿望有机结合起来，以"五大发展理念"为指引，着力解决发展不充分、不平衡、不协调的问题。增进人民福祉是经济发展的根本出发点和落脚点。我们始终坚持以人民为中心的发展思想，牢固确立人民至上的价值取向，突出以人为本、民生优先，持之以恒地办实事、解难事，努力让发展成果更多地惠及全市人民，使我们的各项事业具备最广泛、最可靠的群众基础，获得最强大、最持久的力量源泉，实现共治共管、共建共享。干事创业的精气神是事业发展的根本保证。我们始终坚持一切以泰兴的事业为重，以泰兴人民的福祉为重，倍加珍惜上下一心、团结奋进的好环境、好生态，倍加珍惜多年打拼、来之不易的新局面、新态势，深入推进全面从严治党，以党风促政风带民风，把干部群众的思想统一到市委的决策部署上来，把方方面面的力量汇聚到争先进位、跨越赶超上来，不断凝聚共谋发展、干事成事、风清气正的强大合力。

过去五年的成绩，是在党的路线方针政策指引下，对上级决策部署坚定性贯彻与创造性落实相结合的结果；是在历届领导班子辛勤耕耘的基础上，全市上下凝心聚力、奋力拼搏的结果。在此，我代表中共泰兴市委，向辛勤工作在各条战线的广大党员干部群众，向关心支持市委工作的老领导、老同志，向民主党派、工商联、人民团体和社会各界人士，向驻泰解放军、武警官兵和政法干警，向所有参与、支持和关心泰兴建设与发展的同志们、朋友们，表示衷心的感谢！

实践无止境，发展无止境。站在新的起点上，我们一定要自豪不自满，发力再加力，坚定信心，乘势而上，勇于实践，善于创新，更大力度推进新一轮科学跨越发展，把泰兴的明天建设得更加美好。

二、用新理念引领新发展，以新状态引领新常态

今后五年，是全市推进"全面领先苏中、加快融入苏南"的关键时期，是"全面建成更高水平小康社会"的决胜阶段。泰兴发展既处于大有可为的重要战略机遇期、跨越赶超的重大"窗口期"，也面临诸多矛盾叠加、风险隐患增多的严峻挑战。虽然国际环境中不稳定不确定因素增多，国内经济下行压力仍然较大，但我国经济发展长期向好的基本面没有变，经济韧性好、潜力足、回旋余地大的基本特征没有变，经济持续增长的良好支撑基础和条件没有变，经济结构调整优化的前进态势没有变，新动力正在强化，新业态、新产业、新技术、新模式不断出现，前景十分光明。我们要善观全局、善谋大势，深刻理解"创新、协调、绿色、开放、共享"发展的内涵要义和重大意义，全面把握我国今后更长时期的发展思路、发展方向和发展着力点，切实用新理念引领新发展；要锐意进取，奋发作为，深刻领会新常态是当前和今后一个时期经济发展的"大逻辑"，大力弘扬"四个长期"和"三个不相信"精神，自觉以新状态引领新常态。

用新理念引领新发展，以新状态引领新常态，必须从市情实际出发，大力实施产业升级、载体再造、区域协同、生态建设、民生幸福、党的建设"六大工程"。"六大工程"是"五大发展理念"在泰兴的具体实践，是"四大战略""三大战役"的深化拓展，是在新常态下再创一个泰兴科学跨越发展黄金期的关键举措，也是"十三五"规划落到实处的工作抓手。全市广大党员干部要把思想和行动统一到市委的决策部署上来，坚持"四个必须"，全力组织好、推进好、落实好"六大工程"。

必须不断强化争先领先的进取意识。"不服输、敢争先"是泰兴人的优良传统、鲜明特质，是我们的事业从胜利走向胜利的精神动力。泰兴作为杨根思的故乡，全市广大干部群众要做新时期"三个不相信"精神的传承者、践行者和先行者，争当泰州"思想再解放、提振精气神的一面旗帜"。要把争先领先的进取意识聚焦到"全面领先苏中、加快融入苏南"上来，进一步调高发展目标，加快由少数指标领先苏中，向主要发展指标全面领先苏中迈进，在发展质量、效益和速度上不断跨越赶超，在发展理念、思路和环境上加快融入苏南。要把争先领先的进取意识落实到如期全面建成更高水平小康社会上来，进一步提升工作标准，在全面小康的质量和水平上争创一流，在小康成果的代表性、人民群众的满意度上走在前列。要把争先领先的进取意识体现到追求有转型与创新含金量的高点定位、有转型与创新含金量的增长速度、有转型与创新含金量的争先进位上来。我们的争先进位必须是有充足后劲的争先进位，是不断释放改革红利的争先进位，是为子孙后代留足空间的争先进位。力争全市发展速度快于、发展质态优于、生态环境好于、人民生活高于全省、泰州平均水平，主要经济指标在苏中位次不断前移、贡献份额在泰州继续提升。

*必须大力弘扬创新创优的开拓精神。*新常态下的

发展,绝不是不要增长速度,而是要在有质量、有效益、可持续的前提下,保持平稳较快发展。我们必须大力弘扬与时俱进、敢为人先的创新精神,勇于开拓、争创一流的创优精神,奋力开启泰兴科学跨越发展的新局面。要在培育新的增长动力上创新创优,更好地发挥创新驱动发展的主引擎作用,催生更多的创新型产业、创新型企业、创新型技术和创新型产品,在新一轮发展中增创新的优势。要在全面深化改革上创新创优,尤其要推进好供给侧结构性改革,落实好去产能、去库存、去杠杆、降成本、补短板五大任务,不断提高全要素生产率。对于全市广大党员干部来说,要在"认识新常态、适应新常态、引领新常态"上创新创优,敢于突破、敢于创新、敢于超越,真正把发展的困难期、攻坚期变成蓄能期、加速期、弯道超越期。

*必须着力锤炼务实落实的工作作风。*务实落实,是做好一切工作的基本前提和重要保障,也是干部能力素质的集中体现。要围绕"六大工程"制定实施意见,明确行动计划,做到目标化管理、项目化推进、责任化落实、节点化督查、刚性化考核,把各项工作真正落实到位。要针对问题抓调研,深入开展新一轮思想大解放、再解放,用科学的理念、创新的精神积极谋划有突破性的举措,找准工作的方向和着力点。要脚踏实地抓工作,实行"一线工作法",坚持谋划在一线,决策在一线,解决问题在一线,真正把心思用在推动工作上,把精力放在干事创业上。要顶真碰硬抓落实,瞄准目标,尊重规律,一步一步向前进,一锤接着一锤敲,不达目的决不放手。

必须始终坚守担当担责的责任使命。"有多大担当才能干多大事业,尽多大责任才会有多大成就。"全市每一位党员干部特别是各级领导干部都必须担当起"不忘初心、继续前进"的政治责任与历史使命,始终坚定理想信念不动摇,在"十二五"发展的基础上,巩固好势头、延续好态势,抢抓机遇、接续奋斗,在新的五年里再创新的辉煌。要担当起"攻坚克难、弯道超越"的政治责任与历史使命,在难题面前敢试敢闯、敢为人先,在矛盾面前敢抓敢管、敢于碰硬,在风险面前敢作敢为、敢于担责。要担当起"为官一任、造福一方"的政治责任与历史使命,时刻把群众冷暖安危放在心上,更好地回应人民群众对幸福生活的新需求、新期待,多干打基础、利长远、惠民生的好事实事,做出无愧于组织、无愧于历史、无愧于人民的业绩。

三、再创一个科学跨越发展黄金期的奋斗目标

再创一个泰兴科学跨越发展的黄金期,是今后五年我们发展的总体目标定位。全市上下要紧紧围绕这一总体目标定位,把今后五年作为"全面建成更高水平小康社会"的决胜期,"全面领先苏中、加快融入苏南"的突破期,坚持创新转型发展不动摇,咬定跨越赶超目标不放松,谱写"强富美高"新江苏泰兴篇章。具体工作目标上,要实现五个"迈上新台阶":

*——经济综合实力迈上新台阶。*地区生产总值力争年均增长10%以上,到2020年,人均地区生产总值超过10万元;一般公共预算收入突破100亿元,年均增长13.6%;工业国税开票销售达到2350亿元,年均增长16%;产业投资年均增长15%以上;社会消费品零售总额年均增长10%以上;实际利用外资累计20亿美元,进出口总额年均增长10%以上,力争累计突破40亿美元,外经营业额每年保持3亿美元以上。以高新技术产业为主导、服务经济为主体、先进制造业为支撑、现代农业为基础的现代产业体系进一步完善。创新型城市建设取得重大突破,高新技术产业产值占规上工业比重达46%,信息化发展水平达90%,研发经费支出占GDP比重达2.5%。重要领域和关键环节改革取得决定性成果,打造更具竞争力的市场化法治化国际化营商环境,增创泰兴经济发展新优势。

*——城乡环境建设迈上新台阶。*区域协调、城乡统筹发展体制机制日趋完善,市域空间布局更加优化,中心城市、小城市、小城镇、新社区协同发展,功能互补、特色鲜明、优美宜居的现代城乡形态基本形成。以人为核心的新型城镇化加快推进,户籍人口城镇化率明显提高,城乡之间、沿江地区与黄桥老区之间居民收入水平、基础设施配套水平、基本公共服务均等化水平、人民生活水平等方面差距进一步缩小。生态文明建设取得重大进展,能源资源开发利用效率大幅提高,万元生产总值能耗明显降低,主要污染物排放总量大幅减少,生态环境显著改善。主体功能区布局和生态安全屏障基本形成,城乡环境优美宜居,展现绿色、生态、美丽泰兴新形象。

*——人民生活水平迈上新台阶。*城镇和农村常住居民人均可支配收入年均分别增长9%和9.5%。居民收入结构不断优化,全面完成新一轮脱贫攻坚任务。创业致富蔚然成风,社会就业更加充分,劳动关系更加和谐。民生支出占一般公共预算支出比重进一步提高,社会保障体系更加健全,市民健康水平明显提升,改革发展成果更多更公平地惠及全市人民,群众的获得感、幸福感显著增强。

*——社会文明程度迈上新台阶。*中国梦和社会主义核心价值观更加深入人心,光荣革命传统和新时期"三个不相信"精神广泛弘扬,向上向善、拼搏奋进、诚信互助的社会风尚更加浓厚。文明创建活动向纵深发展,市民素质明显提高。覆盖城乡的公共文化服务体系基本建成,文化体制改革取得重要突破,文化事业文化产业繁荣发展,努力构筑思想文化建设高地、道德风尚建设高地。平安建设基础更加牢固,法治建设体系更加完善,公共安全管理制度更加健全,社会大局保持和谐

安定。

——全面从严治党迈上新台阶。全面从严治党始终贯穿于经济社会发展全过程，贯穿于党的建设和党内生活各个方面，不断提高管党治党科学化水平。“两学一做”学习教育等党内教育扎实开展、深入推进。中央八项规定和省市委十项规定得到坚决落实，作风建设驰而不息、常抓不懈。全面贯彻从严管理干部“五个要”要求，干部队伍建设和基层组织建设取得新成效。党风廉政建设党委主体责任、纪委监督责任切实抓在手上、扛在肩上，惩治和预防腐败的力度持续加大，严守纪律规矩成为党员干部思想自觉、行动自觉。

四、大力实施产业升级工程，在创新转型上实现新提升

抓创新就是抓发展，谋创新就是谋未来。我们必须坚持以提高经济发展质量和效益为中心，把创新转型摆在发展全局的核心位置，以供给侧结构性改革为引领，着力推进产业升级工程，厚植实体经济发展新优势，推动经济发展迈上新台阶。

1.深入推进创新驱动转型发展。扎实推进创新型城市建设，健全市场导向机制，加强科技与经济、创新成果与产业、创新项目与现实生产力、研发人员创新劳动与利益收入“四个对接”。强化企业创新主体地位，加快构建以企业为主体、市场为导向、产学研相结合的技术创新体系。加快建设市级产业研究院，累计建成泰州市级以上企业研发机构100家，大中型工业企业研发机构建有率达到95%以上，累计认定国家级高新技术企业200家。每年确保专利授权2000件，其中发明专利授权100件以上。全面实施“高层次人才(团队)创业券”“科技创新券”“优秀人才购房券”等政策，发挥好人才·科技广场等平台作用，构建一批各具特色的众创空间，实现创新与创业、线上与线下、孵化与投资的有机融合。坚持以效益为导向，全面推行“双招双引”，在招商选资中引进高层次人才，在招才引智中引进高新技术项目，实现人才引进与项目对接、与产业互动。力争引进高层次创新创业人才100名，其中“千人计划”等领军人才20名。研究制定政策措施，大力支持新业态、新产业、新技术、新模式等新经济发展，打造经济增长新引擎。把“特色小镇”的培育发展作为创新驱动的重要平台，因地制宜打造3～5个具有明确产业定位、文化内涵、人才集聚、旅游业态和完备社区功能、生产生活生态融合发展的“特色小镇”。尤其要以新理念、新机制、新载体推进产业集聚、产业创新和产业升级，打造特色鲜明的产业形态，和谐宜居的美丽环境，彰显特色的传统文化，提供便捷完善的设施服务，建设充满活力的体制机制，努力实现小空间大集聚、小平台大产业、小载体大创新，培植发展新动力。

2.着力突破重大项目引领产业升级。狠抓有效投入、做强项目支撑、加快产业集聚，是新常态下谋发展、促转型的头等大事、第一要着。要结合供给侧结构性改革，以质量论英雄、以亩产论英雄、以特色论英雄，优化投向，保持力度，提高效益。进一步强化“一切围绕项目干、一切围绕项目转”意识，坚持年年都是“项目突破年”，持续开展“项目大突破、突破大项目”活动，每年开工建设亿元以上项目80～100个，其中5亿元以上项目30个左右，10亿元以上项目8～10个。突出“签约审批、开工建设、投产达效”等关键环节，环环紧扣，层层压实，确保项目引得进、建得快、发展好。严格项目联合预评估制度，严把产业层次、投资强度、产出效益和能评、安评、环评关。完善项目推进考评机制，以目标倒逼进度加快，以时限倒逼程序简化。积极破解要素瓶颈，以改革的理念、创新的思路、务实的举措、联动的机制，有效化解土地、资金、人才等方面的制约，为项目落户建设提供有力保障。

3.加快推动产业层次提升和结构优化。坚持“调高、调轻、调优、调强、调绿”的导向，制订落实《中国制造2025泰兴行动纲要》，加快产业向中高端迈进。深入实施传统产业改造提升计划。化工产业要突出精细化、特色化、绿色化、循环化发展方向，在企业数量上做减法，在产业规模上做加法，在质量层次上做乘法。今后化工新开工项目要以精细化工、化工新材料、日用化学品为主体，加快推进化工产业转型升级。机电、轻纺等传统制造业要突出品牌化、高端化、智能化、信息化发展方向，加大技术改造力度，大力实施“互联网+”战略，积极推进战略重组和高端嫁接，加快传统产业改造升级。到2020年，全市重点工业企业50%以上装备达到国际国内先进水平，规模以上工业企业全员劳动生产率年均提高10%以上。医药及医疗器械产业要突出生物制药、现代中成药、新型化学药等发展方向，积极发展高端医疗器械，到2020年，医药产业国税开票销售达到200亿元。加快“去产能”步伐，积极运用市场机制、行政措施、经济手段、法治办法，加快小造船、小化工、低端机电等落后产能淘汰力度。深入实施战略性新兴产业培育发展计划。突出先导性和支柱性，重点发展高端装备制造、新能源新材料、节能环保等产业，加快培育形成1-2个战略性新兴主导产业，确保新兴产业产值规模超千亿、占规上工业产值的比重超过30%。推进军民融合产业发展，积极创建国家级“军民融合产业发展基地”。深入实施重点骨干企业培大培强计划。大力开展降低实体经济企业成本行动，为企业“松绑助力”。完善服务企业、挂钩联系等制度，甘当“店小二”，实实在在帮助企业疏通堵点、消除痛点、攻克难点，推动重点骨干企业做大做强。到2020年，全市规上企业达900家以上；开票销售亿元以上企业200家以上；新增开票销售10亿元以上企业20家，50亿元以上企业

6～8 家,100 亿元以上企业 3～4 家。以创建全国质量强市示范城市为载体,加强品牌和质量标准建设,新创中国驰名商标 4 件、省著名商标 15 件以上。加快推进建筑产业化发展,推动建筑施工向装备化、工业化、标准化等方向提升,到 2020 年,建筑业总产值突破 1000 亿元,争创鲁班奖或国优工程 4 项以上。推进服务业提速发展,推动制造业由生产型向生产服务型转变,生产性服务业向专业化和价值链高端延伸,确保服务业增加值占地区生产总值比重每年提高 1 个百分点以上,生产性服务业占服务业比重达 50%。坚持农业基础地位不动摇,大力培育新型农业经营主体,深化农村土地制度改革,引导土地经营权有序流转,稳步推进多种形式的适度规模经营,融合发展一二三产业,着力构建现代农业产业体系、生产体系、经营体系,确保农业现代化水平跻身全省第一方阵。

五、大力实施载体再造工程,在改革开放上实现新提升

改革开放是推进科学跨越发展的必由之路。我们必须紧紧围绕发展载体的再打造、再提升,在扩大开放中拓展发展新空间,在深化改革中培育发展新动能。

1. *建优开放载体平台*。坚持把园区作为提高开放开发水平的主阵地、主力军、主窗口,围绕“软硬功能”提升,不断做强做优载体平台,坚定不移地走高新化、特色化、集聚化发展道路,真正做到项目集中、企业集聚、产业集群、资源集约。落实“追赶跨越三年行动计划”,进一步明确细化“三区三园”追赶跨越目标、思路和举措。经济开发区要加快化工产业转型升级步伐,在坚持安全环保要求的前提下,充分放大化工产业优势,做长、做强、做特、做大化工产业链,2018 年创成国家级经济技术开发区、2019 年进入全省开发园区评价排名前 30 位。黄桥经济开发区要扩大南北共建成果,拓展跨区合作空间,加快企业集聚、产业集群,在省级开发区排名逐年前移 2 位以上。泰兴高新区要坚持高新技术产业和产城融合发展方向,加快产业化步伐,形成重要增长极,在省级高新区排名逐年前移 3 位以上。虹桥工业园区要坚持港产城一体化发展,加大重大产业项目招引实施力度,加快以港兴产、以产兴城,港产城联动发展步伐。农产品加工园区、城区工业园区以及各乡镇工业集聚区要重点抓好功能提升,明确产业定位,加快项目招引落户和特色产业集聚。通过全方位载体再造,着力形成“三大板块”:以泰兴经济开发区为龙头包括虹桥工业园区、城区工业园区的重大项目集聚、产业转型升级沿江板块,以泰兴高新区为龙头的高新技术产业、产城融合板块,以黄桥经济开发区为龙头包括农产品加工园区的合作共建、融入苏南、特色产业集聚东部板块。同时,“三区三园”要全力推动提档升级,争创更多“国字头”“省字头”“示范性”特色园区、共建园区和创新平台,为产业转型升级和经济可持续发展提供有力支撑。

2. *提升岸线利用水平*。主动对接“一带一路”、长江经济带、长三角区域发展一体化等重大国家战略,努力在更大范围集聚要素资源,在更广领域开展区域合作。把港口建设作为对外开放的重要平台,推进一类独立对外开放口岸建设。抢抓泰州建设港口名城机遇,充分发挥泰兴港区位优势、岸线资源优势和江海联动优势,加快完善港口功能布局,积极打造港口集疏运体系。到 2020 年,新增万吨级码头 17 个,五万吨级以上码头 10 个,泰兴港力争建成亿吨大港。加快天星洲保护与开发规划的论证报批和实施推进,着力打造“生态岛”和“产业港”。加大岸线资源整合力度,不断增强长江岸线对重大项目落户的吸附作用。完善咨询、评估、融资、担保、审计等社会化服务体系,加强海关、海事、国检、边防四家查验机构建设,加快保税物流中心建设,不断提升配套服务功能。

3. *打造一流营商环境*。围绕激发经济社会发展活力,全面深化各项改革,积极打造政府职能转换的优势、符合国际惯例商务环境的优势。大力推进“简政放权、放管结合、优化服务”改革,实施以“集中审批、分类监管、精准服务、综合执法”为核心内容的行政管理体制改革,推进“大集中和大综合”,加快政府职能转变。坚持市场化配置要素的改革取向,探索建立差别化的要素节约集约利用机制,建立健全要素交易平台,努力实现资源要素的高效配置。推进财税体制改革,建立事权与支出责任相适应的制度,形成有利于壮大地方税源经济的体制机制。深化投融资体制改革,创新金融产品和服务,强化金融对发展的支撑作用。规范政府举债融资机制,不断优化结构、降低成本、防范风险。加强对互联网金融、企业联保、社会集资的监管与防控,主动稳妥“去杠杆”,确保不发生系统性和区域性风险,营造优秀金融生态。

六、大力实施区域协同工程,在统筹协调上实现新提升

坚持区域统筹、城乡一体发展,着力打造城乡空间协调有序、公共服务均衡配置、路网水网健全、体制机制完善的新型城乡、区域关系,进一步提升全市域发展水平。

1. *着力优化城乡空间布局*。坚持以工促农、以城带乡、城乡互动,加快形成以沿江产业带、新老 334 省道为发展轴线,“T 型主轴、东西联动、区域协同”的城乡空间布局。大力推进沿江一体化发展战略,进一步放大沿江地区经济发展主阵地、创新转型主力军、对外开放主窗口作用,确保主要经济指标对全市的贡献份额不断增大,创新转型的步伐进一步加快,沿江一体化发展水平明显提升。坚持新型工业化、信息化、城镇化、农业现代化“四化”同步，切实增强黄桥老区的自身“造血”功能和核心竞争力，加快补齐补强老区发展这块短板，确保开票销售和工商税收增幅明显高于全市平均水平，努力把黄桥“老区”建设成黄桥“新区”。加快制定黄桥老区东部七镇两园区统筹协调发展规划，统筹老区空间布局、功能布局和产业布局，促进资源优化整合。加强乡镇、园区之间的联动互动，推动区域规划对接、基础设施互联互通、镇区共建、产业合作，更好实现区域协同发展，老区乡镇工商税收收入力争全部过亿元。

2.加快推进新型城镇化进程。坚持以“人的城镇化”为核心，构建人口集中、产业集聚、功能集成、要素集约的新型城镇化体系。高品质打造中心城市。坚持规划战略引领和刚性控制，组织实施新一轮以提升城市功能品质、人文环境为重点的“城建会战”。加快城市新区建设，完善城市功能，加强城市设计，提升城市品质。改进拆迁安置方式，把握土地上市节奏，推进人口向城市集聚，有序“去库存”，促进房地产市场平稳健康发展。加大旧城改造力度，每年实施一批老小区和背后街巷改造，基本完成“城中村”改造任务。规范小区物业管理，不断提高物管水平。实施城市道路交通管理畅通工程，着力解决行路难、停车难等问题。推进清水活水工程，加快城市雨污分流改造、生活污水收集管网、城市防洪、沿江防汛设施建设步伐，全面消灭城区黑臭河道。加快推进如泰运河风光带、龙河湾生态公园、南部人工湖工程建设，完成如泰运河城区段断航工程，打造城市水生态、水景观。实施浑水管线复线工程和水厂建设，提升饮用水供应保障能力。以创建国家园林城市为抓手，着力推进节点改造、游园、街旁绿地、滨河绿地等绿化造林工程和绿化景观提升工程，规划建设城市森林，为城市造绿、添彩、加景、增效。文化是城市的生命和灵魂，城市规划建设要重视历史文化传承，加大恢复和重建历史文化遗存力度，注重在城市建设中融入传统文化要素，保护延续城市历史文脉。加强教育、卫生、文化、体育等城市公共服务设施建设，推进绿色建筑、地下综合管廊和海绵城市建设。坚持建管并重，加强精细化管理，强化城市公共安全，提升城市治理能力，创成省级优秀管理城市。高标准建设小城市。黄桥、虹桥2个小城市是我市构建新型城镇体系的关键节点，要注重规划衔接，强化产业支撑，完善城市功能，打造文化特色，形成区域发展增长极。坚持宜工则工、宜农则农、宜商则商、宜游则游，促进小城镇因地制宜特色发展。推进特色村(居)建设，连片打造新农村建设示范片区，提高新农村建设水平。深化全面小康村示范创建活动，建成一批江苏最美乡村。

3.构建内外联畅的城乡大交通格局。科学规划、合理布局，开展新一轮全市域“交通会战”，加快构建对外快速联通、对内全面畅通的交通格局。积极打通“外连接”，加大服务保障力度，推进盐泰锡宜城际铁路、北沿江高速铁路和泰常过江通道建设工作，促进京沪高速泰兴段按期完工投运，着力形成快捷、综合、高效的对外交通运输通道。加快顺畅“内循环”，推进乡镇10～15分钟接入国省骨干路网工程，完成355、232、504省道建设，实施东部南北干线、南部东西干线等重点工程，实现内部骨干路网无缝衔接。推进农村公路提档升级两年行动计划，新建改建农村公路760公里，打通城乡路网连接的“最后一公里”。切实解决“险危桥”问题，基本消除农村险危桥梁。加快实施古马干河、如泰运河、姜十线等内河航道等级提升工程。

七、大力实施生态建设工程，在绿色安全发展上实现新提升

始终坚持“安全第一、环保优先”发展理念不动摇，以绿色发展引领经济社会转型，以安全生产保障经济发展和社会安定，在环境保护和安全生产上坚决不欠“新账”、加快还清“旧账”，着力建设生态和谐新泰兴。

1.健全生态建设体制机制。加快建设主体功能区，健全“分区管理、分级控制”的空间管控体系，严守耕地保护、开发强度和生态保护三条红线。严格执行园区规划环境影响评价制度，实行产业准入负面清单。加强“三同时”监督管理，实行重大项目全过程跟踪监管和服务。严格执行企业环境行为信用等级评价制度，实行重污染行业企业环境信息强制公开，及时发布环境质量信息。严格执行排污许可证制度，开展排污权核定与交易工作，完善排污申报和污染源动态管理。统筹环境监察、监测、应急、信息化等重点工作，实现数据联网共享，加快推进重金属污染源监控中心和重点污染源自动监控系统的建设，有效防范环境风险。

2.强化环境污染综合治理。以创建国家生态文明示范区为抓手，巩固提升国家生态市创建成果，建成国家环保模范城市。加大大气污染、水污染和土壤污染防治力度，持续开展小化工企业专项整治行动，提高化工行业环保和安全水平。加强工业烟尘、粉尘的排放控制，提高重点行业治理设施的除尘效率。对工业固体和危险废物进行安全贮存和处置，工业固体废物综合利用和无害化处理率达100%。加大生态修复力度，着力推进生态绿化隔离林带和道路河流生态廊道建设。统筹城乡生态建设，完善“组保洁、镇村收集、市镇运转、市统一处理”的生活垃圾处理处置模式，确保农村生活垃圾集中收集转运率达95%以上。控制农业面源污染，加强畜禽养殖污染防治和秸秆禁烧禁抛工作。全面实行环境监管网格化管理，坚持铁拳铁规治污，对各类环境违法行为零容忍，始终保持打击环境违法行为的高压态势。

3.大力推动绿色发展。大力发展循环经济、低碳经济和绿色清洁生产，扎实推进国家循环经济示范市创建工作和国家循环化改造重点支持园区建设。实施循环发展引领计划,推行企业循环式生产、产业循环式组合、园区循环化改造。加快园区和工业集聚区环境基础设施建设,强化约束性指标管理,所有省级以上经济开发区建成生态园区。鼓励企业工艺技术装备更新改造,制定并实行绿色规划、设计、施工、生产标准,推动建立绿色低碳循环发展产业体系。到2020年,全市单位GDP能耗比2010年下降20%以上,能耗高、污染重、工艺落后的产能设备基本淘汰到位,符合低碳经济要求的先进工艺设备覆盖率显著提高。

4.不断提升安全监管效能。强化安全生产红线意识,严格落实安全生产责任制和责任追究制,加大隐患排查治理和打非治违力度,坚决杜绝重特大事故发生。深化重点行业和领域专项整治与监督管理,完成全国危化品重点县安全生产攻坚任务。开展重大危险源监控和重大事故隐患排查治理,确保安全生产事故总量和事故死亡人数持续"双下降"。制定和完善全方位、多层次的应急预案,加强公共安全基础设施和化工专业应急队伍建设,提高应急反应能力和应急处置水平,有效应对自然灾害、事故灾害、公共卫生、食品安全、社会安全等突发事件,最大程度地预防和减少突发事件及其造成的危害。

八、大力实施民生幸福工程,在共建共享上实现新提升

"人民对美好生活的向往,就是我们的奋斗目标。"我们要坚持民生导向,按照"夯实底线民生、保障基本民生、提升品质民生"的要求,本着"尽力而为、量力而行、急需先行、适度超前"的原则,持续加大民生投入,倾力补齐民生短板,让全市人民更有获得感,切身感受到幸福生活。

1.提高城乡居民收入水平。提高城乡居民收入是民生工作的首要任务。大力实施居民收入倍增计划,通过促进就业创业、健全工资收入分配制度等途径拓宽增收渠道。落实更加积极的就业政策,确保新增就业5.5万人以上,城镇登记失业率控制在3.5%以内。深化收入分配制度改革,落实最低工资收入制度,形成合理的收入分配格局,城乡居民人均可支配收入达到苏中平均水平。大力推进大众创业、万众创新,不断加强创业融资、孵化、项目推介、指导服务等平台建设,加强创业培训,力争新增创业5万人。健全企业工资预警预测机制,完善实名制管理、工资支付一卡通制度,保障企业职工合法权益。

2.扎实推进新一轮脱贫攻坚工程。按照"标准再提高、重点再聚焦、内涵再丰富、底线再织牢"的要求,聚焦7000元以下低收入人口和年经营性收入35万元以下经济相对薄弱村,认真落实产业扶持、转移就业、教育培训、医疗救助、挂钩帮扶等精准脱贫措施,切实增强"造血"功能,不断提高扶贫开发水平。扎实推进"强村富民"行动计划,"整镇推进"村级增收、群众致富,每年至少完成建档立卡经济薄弱村和低收入农户总数30%的脱贫任务,确保2019年全面"摘帽"。在重点抓好黄桥老区扶贫的同时,协调抓好沿江地区经济薄弱村和贫困户,真正实现小康路上"一个不少、一户不落"。

3.促进公共服务普惠均衡。更加注重老百姓的切身利益和主观感受,构筑便捷、高效、接地气的公共服务体系。坚持教育优先发展,推进教育现代化建设,实现义务教育优质均衡发展。泰兴中学新校区建成并投入使用,泰兴中专校建成省级现代化示范性职业学校,规划建设城市南片区和东北片区小学初中,黄桥新城学校建成并投入使用。探索建立"基层首诊、双向转诊、急慢分治、上下联动"的分级诊疗体系,全面完成建制镇卫生院规范化建设和村卫生室、社区卫生服务中心(站)达标建设,进一步提升全市医疗卫生综合服务水平。新区医院、市二院新院如期建成投运,完成新中医院、妇幼保健院建设,中医院争创三级乙等中医院。加快完善社会保障体系,积极稳妥推进养老保险制度改革和城乡居民医保整合并轨,确保城乡养老、医疗保险参保率达99%以上。加强住房保障和供应体系建设,完成危房改造任务。鼓励社会力量兴办养老机构,提升养老服务水平,建成投运市社会福利中心二期工程。

4.加快提升社会文明程度。大力培育和践行社会主义核心价值观,加强先进思想文化引领,坚持用习近平总书记系列重要讲话精神武装头脑、指导实践、推动工作。把握正确舆论导向,健全舆情引导机制,加快新兴媒体建设,进一步弘扬主旋律、传播正能量。深入开展文明城市创建,推进"美德善行"系列活动,更好传承传统美德,提升市民素质。开展健康城市创建工作,全面提高人民群众健康水平,打造卫生城市"升级版"。按照"合理布局、形成特色、错位发展"的思路,大力实施文化产业倍增计划,到2020年,文化产业增加值占地区生产总值比重达6%以上。全面实施"文化惠民券"政策,打造城市"15分钟文化圈"、农村"十里文化圈",公共文化服务均等化程度达85%以上。

5.加强和创新社会治理。加强社会治安综合治理,构建立体化社会治安防控体系,依法惩治各类违法犯罪。深化平安泰兴建设,不断提升公众安全感。大力推进依法治市,严格依法行政、公正司法、文明执法。稳步推进司法体制改革,加大法律援助和司法救助力度,精心组织"七五"普法,深化基层民主法治建设,全面提高法治泰兴建设水平。加强和改进信访工作,落实领导干部定期接访、带案下访等制度,压实"谁主管、谁负责,属地管理、分级负责"的信访工作责任,大力压降信访总量。完善党委领导、政府主导、社会协同、公众参与、法治保障的社会治理体制。规范运行市、镇、村三级社会管理服务平台,织密立体化现代社会治安防控网、多元化矛盾纠纷预防化解网、社会化基础综合服务管理网等“三张网”。健全社会稳定风险评估和矛盾纠纷排查化解机制,努力做到社会矛盾发现在早,处置在小,确保社会和谐稳定。全面推行城乡社会网格化管理,统筹推进“政社互动”和“三社联动”,增强基层社会治理和服务能力。

九、大力实施党的建设工程,在全面从严治党上实现新提升

履行新使命,实现新目标,关键在党,核心在人。我们要把全面从严治党的政治责任肩负起来、落实下去,踏石留印、抓铁有痕,不断提高管党治党科学化水平,为完成各项目标任务提供坚强组织保障。

1.*加强思想政治建设*。突出理想信念教育和党性教育,坚持中心组学习制度,发挥党校主渠道作用,深入学习党章党规,学习习近平总书记系列重要讲话特别是在庆祝中国共产党成立95周年大会上的重要讲话精神,不断用党的创新理论武装头脑、指导实践。强化意识形态工作,牢牢把握意识形态领域的领导权、管理权、话语权,引导广大党员干部自觉增强政治意识、大局意识、核心意识和看齐意识,在政治上、思想上、行动上始终与党中央保持高度一致。严肃党内政治生活,把党内政治生活作为党组织教育管理党员和党员进行党性锤炼的主要平台,增强党内政治生活的政治性、时代性、原则性和战斗性,全面净化党内政治生态。坚持人民代表大会制度,积极支持人大及其常委会依法行使决定权、监督权和人事任免权,加强基层人大建设,着力提升人大工作水平。坚持中国共产党领导的多党合作和政治协商制度,充分发挥人民政协作为协商民主重要渠道和专门协商机构的作用。认真落实党的侨务、民族和宗教政策,巩固和发展最广泛的爱国统一战线。加强对人武工作和工商联、工会、共青团、妇联、科协、残联等群众团体的领导。

2.*加强干部队伍建设*。按照“为民、务实、清廉”的要求,着力打造“忠诚、干净、担当”的领导班子和干部队伍。坚持“重品行、重基层、重发展、重实绩”的用人导向,注重选拔政治可靠、律己严格的干部,优先选用敢于担当、实绩突出的干部,关注使用扎根基层、默默奉献的干部。认真谋划、精心组织,圆满完成人大、政府、政协换届工作,绘出好蓝图、选出好干部、配出好班子、换出好风貌。坚持从严管理干部,健全干部监督机制,探索建设干部管理信息集成系统,把抓早抓小要求落到实处;健全以实绩为导向的干部考核评价机制,尤其要把“六大工程”的推进实施和工作成效,作为评价和选拔干部的重要依据;健全完善鼓励改革创新、激励干事创业的容错纠错机制,激发干部大胆探索、担当有为;制定完善党政青年人才和中层干部管理办法,促进优秀年轻干部脱颖而出。要强化干部教育培养,重点抓好党政“一把手”、新任领导干部、中青年后备干部的教育培训,特别要强化压担培养,策应项目开发、城市建设、脱贫攻坚、信访维稳等任务需要,有计划地安排干部到急难险重一线锻炼,加快打造一支学习型、服务型、创新型、发展型的高素质干部队伍。

3.*加强基层组织建设*。充分发挥基层党组织在推动发展、服务群众、凝聚人心、促进和谐中的作用,推动基层组织建设全面进步、全面过硬。加强和改进农村、社区、非公企业、社会组织、机关事业单位党的建设,推动党的组织和党的工作有形覆盖、有效覆盖。深入开展服务型党组织建设,强化村级“四有一责”建设,加强市域性党群服务平台建设。加大对软弱涣散党组织的整顿转化力度,不断增强基层党组织的战斗力、凝聚力、号召力。以村“两委”换届为契机,加强以“一把手”为重点的基层干部队伍建设,选优配强干部群众的“主心骨”、强村富民的“领头雁”。进一步关心基层、爱护基层,巩固基层组织阵地,激发基层干部队伍活力。建立基层党建责任清单,实行党建项目书记领办制度,强化基层党建工作问责,全面加强对基层党建工作的组织领导。

4.*加强党风廉政建设*。严格落实党风廉政建设党委主体责任和纪委监督责任。各级党组织和党组织书记要牢固树立不管党治党就是严重失职的观念,把抓好党建当作分内之事、必担之责;各级纪检组织要敢于瞪眼黑脸,勇于执纪问责,确保责任落到实处。认真贯彻执行《中国共产党问责条例》,坚持有权必有责、失责必追究,以严肃问责倒逼责任落实,推动管党治党从严从紧从硬。始终把纪律挺在前面,贯彻执行《中国共产党廉洁自律准则》和《中国共产党纪律处分条例》,以纪律为尺子衡量党员干部的行为,对违纪问题发现一起查处一起,切实提高纪律执行力,维护纪律严肃性。加强反腐倡廉制度建设,真抓严管制度执行力,让制度的力量充分释放,推动形成不敢腐、不能腐、不想腐的有效机制。深入开展反腐败斗争,坚持力度不减、节奏不变、尺度不松,做到无禁区、全覆盖、零容忍。强化党内监督特别是对“一把手”的监督,坚持、完善、落实民主集中制。发挥好巡察的从严治党利器作用,确保党内监督落到实处、见到实效。持之以恒推进党的作风建设,锲而不舍落实中央八项规定和省市委十项规定精神,驰而不息纠治“四风”突出问题。

同志们,美好蓝图鼓舞人心,宏伟目标催人奋进。让我们高举中国特色社会主义伟大旗帜,大力弘扬新时期“三个不相信”精神,开拓创新,奋勇争先,自觉践行“五大理念”,大力实施“六大工程”,再创一个科学跨越发展黄金期,夺取全面建成更高水平小康社会新胜利,为“全面领先苏中、加快融入苏南”而努力奋斗!

聚力创新快转型 聚焦富民奔小康 奋力争当苏中地区发展排头兵

——在市委十三届二次全会上的讲话

张育林

(2016年12月31日)

同志们:

这次全会的主要任务是,深入贯彻落实中共十八届六中全会、中央经济工作会议和全省经济工作会议、省和泰州市党代会以及泰州市委五届二次全会精神,按照市第十三次党代会的部署和要求,认真谋划今后三年的目标、思路、举措,研究部署明年的工作任务,动员和组织全市上下自觉践行“五大理念”,深入实施“六大工程”,紧紧围绕“两聚一高”要求,聚力创新快转型,聚焦富民奔小康,奋力争当苏中地区发展排头兵,为再创一个发展黄金期奠定坚实的基础。下面,根据市委常委会研究的意见,我讲六个方面的问题。

一、“十三五”发展实现良好开局

今年以来,全市上下紧紧围绕“全面领先苏中、加快融入苏南”目标追求,积极应对严峻复杂的宏观形势,统筹推进各项工作,既科学谋划长远,又扎实抓好当前,经济社会发展总体平稳、稳中有进、稳中向好,实现了“十三五”发展首战首胜、良好开局,再创一个泰兴创新转型跨越发展黄金期迈出坚实步伐。

1.提振精神、接续奋斗,经济运行保持良好势头。成功召开市第十三次党代会,圆满完成市乡两级党委换届工作,市乡人大、政府和市政协换届有序推进。集中开展“再创一个泰兴创新转型跨越发展黄金期”大调研大讨论大落实主题活动,围绕“十三五”发展的目标思路举措集聚智慧、凝聚共识、汇聚力量,全市上下谋长远、抓当前的精神振奋、思路清晰、举措扎实,较好地实现了全年各项目标任务,连续十六届跻身全国县域经济基本竞争力百强县(市)行列,排名45位,位次前移6位。预计实现地区生产总值820亿元,增长10.7%;完成一般公共预算收入57亿元,增长8%;完成工业国税开票销售1190亿元,增长6.6%;规上工业产值、增加值、利润分别增长18.5%、14%和19%。完成实际利用外资3.53亿美元,实现进出口总额24.7亿美元。社会消费品零售总额增长12.1%。农业现代化进程前移8位,进入全省第一方阵。服务业增加值占GDP比重提高1个百分点。建筑业施工产值增长10.9%。获得国家优质工程奖1项。

2.突破项目、建强载体,转型升级成效加快凸显。坚持“为了发展抓项目、围绕转型抓项目”的理念,紧盯“破百超十争第一”,持续推进项目大突破、突破大项目。成功举办北京、上海、深圳等招商活动和第八届中国(泰兴)银杏节,全年共签约亿元以上项目162个。累计新开工亿元以上项目125个,计划总投资375.6亿元,其中10亿元以上项目12个;竣工亿元以上项目75个,总投资160.5亿元,其中10亿元以上项目4个。预计完成固定资产投资685亿元,增长22.2%,其中产业投资580亿元,增长25.2%。在全力保持稳增长、快增长的同时,把调结构、促转型放在重中之重的位置。今年新开工亿元以上项目中,新兴产业项目占比达32.8%,同比提升3.2个百分点;化工项目占比16%,同比下降2.6个百分点。实现战略性新兴产业产值586.7亿元,增长28%,占规上工业比重达19.2%,比去年提高1.5个百分点。园区平台打造取得新的成效,经济开发区被列为国家循环化改造重点支持园区、国家级精细化工产业集群区域品牌建设试点园区。黄桥经济开发区、泰兴高新区成功获批筹建省级经济开发区和省级高新区。城区工业园区被评为中国中小企业创新服务示范单位。

3.深化改革、加快创新,发展动力活力持续增强。把供给侧结构性改革作为深化经济体制改革、加快产业转型升级的龙头工程,扎实推进“三去一降一补”五大重点任务。加快淘汰落后产能,关停小化工企业15家。商品房去化周期比上年末缩短4.4个月。全年完成主板报会1家,新三板挂牌1家,区域性场外市场挂牌18家;规上工业企业负债率同比下降1.6个百分点。全面落实“营改增”等减税降费政策,直接减轻企业各类税费负担近10亿元。扎实开展土地利用总体规划调整完善工作,规划空间实现最大化,上争点供等指标4851.91亩,创历史新高;年末贷款余额突破600亿元，不良贷款率 0.65%，在全省金融生态优秀县中排名上升 12 位。大力推进以审批制度改革为重点的行政管理体制改革，审批时限压缩到法定时间 50%以下。国家行政综合执法改革试点、省直管县改革试点、黄桥镇行政管理体制改革试点不断深化。扎实推进创新型城市建设，全社会研发经费投入占 GDP 比重达到 2.35%。国家级高新技术企业突破 100 家，预计高新技术产业产值增长 20%，占规上工业比重达 44%，比去年提高 0.6 个百分点。承办首届全国军民两用技术创新应用大赛决赛，成功招引 10 个参赛项目落户泰兴。人才·科技广场核心区建成投运。全面实施“三张券”政策，引进高层次人才 383 名。完成专利授权 2050 件，其中发明专利授权 135 件，万人有效发明专利 7.45 件。全年新增登记企业 3554 个、注册资本 237.2 亿元，分别增长 29%和 13%。新增中国驰名商标 2 件。

4. 坚持统筹、注重协调，城乡区域发展水平明显提升。基本完成中心城市建设三年推进计划，以新一轮“四城同创”为抓手，完善城市功能，提升城市环境。主城区文江路、银杏路全线通车，兴南东路、国庆东路等 15 条道路全面竣工，中心城市“九纵九横”道路全面贯通。完成羌溪南路截污工程，如泰运河以南片区如期实现控水活水目标。有序实施龙河湾公园等重点工程，新增绿化面积 47.1 万平方米。完成 7 个老小区、29 处背后街巷整治改造工作。扎实推进城市环境综合整治，国庆中路创成省级城市管理示范路。生态环境质量不断提升，全年城市空气质量达到及好于二级标准天数比例达 78.2%，环保执法经验在全国环保系统推广。统筹小城市、小城镇、新农村（社区）建设，全市小城镇新增道路面积 67 万平方米，绿化面积 74 万平方米，铺设污水管网 66 公里。完成 11 家规模养殖场和 8 个试点村畜禽养殖污染治理任务，省村庄生活污水治理试点工作有序推进，城乡生活垃圾收运体系覆盖所有村居，农村环境“五位一体”长效管理水平得到提升。更大力度推进黄桥老区与沿江地区协同发展，切实增强老区自身“造血”功能，预计老区乡镇工业国税开票和工商税收收入分别高于全市 17 个百分点和 18.6 个百分点。重点基础设施建设向老区倾斜，新 334 省道分黄段、东部南北干线先导段全面建成通车，农村公路提档升级专项行动扎实推进，创成全省“四好农村路”示范县。马甸水利枢纽、新一轮农村饮水安全等水利民生工程加快推进。

5. 改善民生、造福百姓，人民生活质量不断提高。实现城镇居民人均可支配收入 36423 元、农村居民人均可支配收入 17830 元，分别增长 7.8%和 8.8%。新增集体经营性收入达 35 万元的建档立卡经济薄弱村 74 个；低收入农户脱贫 6873 户。就业创业工作扎实推进，新增创业 1.1 万人，新增就业 1.8 万人，城镇登记失业率控制在 1.86%，创成省创业型示范城市。城乡居民养老保险基本实现全覆盖，在全省率先提高在乡老复员军人、残疾军人立功荣誉金标准，率先实施重度失能农村五保老人护理补贴政策。教育现代化深入推进，泰师附小东润校区投入使用，泰兴中学新校区加快建设。医疗卫生体制改革稳步推进，50 个村卫生室提升工程全面完成。舆论引导有力有序，文化惠民扎实推进，精神文明建设不断加强，市民文明素质明显提升。社会治理水平不断提高，平安泰兴、法治泰兴建设取得新成绩。

6. 压实责任、从严治党，风清气正政治生态进一步巩固。深入贯彻落实党的十八届六中全会和习近平总书记“七一”重要讲话精神，扎实推进“两学一做”学习教育。举办领导干部“学思践悟”讲坛、中青年干部研修班。组建第五批群众工作团驻村开展工作。坚持从严管理干部，全面开展乡镇部门领导班子换届考察，实行干部选拔任用工作全程纪实。以换届为契机，抓好年轻干部、女干部选拔任用工作，不断加强干部队伍建设。强化党风廉政建设“两个责任”，制定并落实“两个责任”任务清单、监督清单、负面清单制度。推行“一书一单一表”制，强化监督执纪“四种形态”的实践运用。严肃查处违反中央八项规定和省市委十项规定的人和事，保持惩治腐败高压态势。启动两年专项行动计划，下大气力防治“在岗不作为、履职不担当”问题。组织“家风家规家训教育传承”主题活动，推动优良党风与淳朴民风互促并进。实施受处分党员干部激勉谈话制度，激发党员干部干事创业的热情。

在肯定成绩的同时，我们也要清醒地认识到：受严峻宏观经济形势、转型升级步伐不快、重点企业两极分化等因素的影响，部分经济指标增速放缓，保持经济稳中快进的压力加大；全市经济发展的质量效益、创新发展能力、城乡区域协调发展水平都还存在短板；群众富裕程度、脱贫攻坚效果、公共服务水平、生态环境质量、社会文明程度与人民群众的期盼相比还存在一定差距；党的建设还存在一些不适应新形势新任务新要求的问题，少数党员干部还存在不敢担当、不愿作为的现象，基层组织建设仍然存在薄弱环节。对此，我们必须高度重视，认真研究解决。

二、奋力争当苏中地区发展排头兵

“十三五”期间，我们肩负着再创一个泰兴创新转型跨越发展黄金期、争当苏中地区发展排头兵的重要任务。做好明年的工作，完成“十三五”的目标任务，我们必须对国内外形势有一个正确的判断。从国际上看，明年世界经济仍将处于缓慢复苏的进程中，复杂性、不稳定性、不确定性将进一步凸显。同时，我们也应该看到，新技术革命正在有力推动着全球经济结构调整，信息技术和其他技术深度融合，消费需求个性化、小众化势头明显,各类新型供给能力迅速形成。这些动向,对于我市的创新转型跨越发展来说,既带来很大的压力,也蕴含着新的机遇。从国内看,明年国家将继续实施积极的财政政策和稳健的货币政策,深化供给侧结构性改革,加快推进关键领域改革,我国经济将出现更多积极变化。尽管区域和行业走势分化特征更加明显,经济下行压力仍然较大,但从趋势看,并没有超出中央作出的“四个没有变”的基本判断。特别是党的十八大以来,党中央作出经济发展进入新常态的重大判断,形成以新发展理念为指导、以供给侧结构性改革为主线的政策框架,坚持和贯彻稳中求进工作总基调,为我们牢牢把握经济发展主动权,战胜各种困难挑战,推动经济稳步前进提供了科学指引和根本遵循。从我市看,近几年来全市稳中快进的发展形势、干事创业的精神状态和风清气正的政治生态,为泰兴今后一个阶段的发展打下了基础、集聚了优势、创造了条件。我们既要认清大势、坚定信心,对可能遇到的困难和挑战要有充分的估计,主动做好各种应对准备;更要充满激情敢担当,尊重规律善作为,攻坚克难勇突破,践行新理念,激发新状态,着力营造有利于泰兴发展的好环境、小气候,推动经济社会稳中奋进、转型出关。

能不能实现“十三五”的既定目标,今后三年十分关键。我们要深入贯彻习近平总书记系列重要讲话精神,自觉践行“五大理念”,大力实施“六大工程”,始终坚持“稳中奋进”工作总基调,紧紧围绕“争当苏中排头兵”的目标定位,聚力创新快转型、聚焦富民奔小康,推动城乡区域、各项事业协调发展和全面从严治党迈上新台阶,让泰兴的发展更具质量、更加协调、更有温度,再创一个创新转型跨越发展的黄金期。

“聚力创新快转型、聚焦富民奔小康、争当苏中排头兵” 是今后三年泰兴发展的总体定位。这既是目标追求,更是路径选择,强调的是发展理念、路径的创新,是发展模式、方式的转型,是发展速度、质量的统一,是人民群众幸福感、满意度的提升,是区域经济追赶跨越、争先进位的定位。

聚力创新快转型,就是要把创新转型作为第一任务。泰兴的发展转型正处在爬坡过坎、滚石上山的关键时期,正在经受着调整的阵痛。今后一个阶段,我们能不能冲出转型的关口、实现发展的凤凰涅槃,能不能在新一轮竞争中占据先机、赢得优势,根本上取决于创新这个第一动力转换的速度,取决于产业转型升级的成效。在这一阶段,不创新转型不行,创新转型慢了也不行,必须突出一个“快”字,以只争朝夕的紧迫感,快马加鞭持续推进。要紧紧牵住科技创新这个牛鼻子,抓好产业转型这个着力点,加快集聚高端要素、发展高端产业,着力形成以创新转型为引领的经济体系和发展方式。要以产业的转型带动各个方面的创新转型,加快城乡发展向一体化迈进、社会形态向现代文明跨越、生态环境向优美宜居提升,促进各项事业齐头并进、全面进步。要在“聚力”上下功夫,各地各部门要着力营造创新转型环境,各类企业要奋力勇挑创新转型重担,各方面人才要大力施展创新转型才能,让创新转型成为全社会的自觉追求和共同行动,激发出高水平全面建成小康社会的强大动力。

聚焦富民奔小康,就是要把富民惠民作为第一责任。高水平全面建成小康社会,最直接、最根本的是提高广大老百姓的富裕程度和生活质量。现在我市居民收入与经济发展水平还不够相称,一些地方特别是黄桥老区老百姓收入还不高。如果这种状况不改变,小康建设就不可能得到群众的认可。我们必须更加自觉地践行以人民为中心的发展思想,坚持把人民对美好生活的向往作为我们的工作追求,把思想和行动聚焦到加快富民步伐上来,紧紧围绕让人民群众有更满意的收入、更好的教育、更稳定的工作、更可靠的社会保障、更高水平的医疗卫生服务、更舒适的居住条件、更优美的环境,下大气力解决好事关群众切身利益的问题,切实帮扶困难群众和弱势群体,让百姓得到更多实惠,确保全市人民在小康路上“一个不少、一户不落”。

争当苏中排头兵,就是要把争先领先作为第一追求。“争当苏中排头兵”,既是泰兴人“不服输、敢争先”鲜明特质、光荣传统的集中体现,也是泰兴立足现有发展基础顺势而为、乘势而上的主动选择,更是今后一个阶段发展内涵、发展定位的丰富提升。我们追求的“争当苏中排头兵”,既有经济总量的“奋战三年超千亿”,更有质量效益的“创新转型上台阶”;既强调各项经济指标的全面追赶跨越,更追求人民群众幸福感满意度走在苏中前列。全市上下要进一步确立“稳中奋进”总基调,按照泰州市委对泰兴提出的做“三面旗帜”的要求,大力弘扬新时期“三个不相信”精神,加快推进园区追赶跨越、乡镇争先进位、部门创新创优,致力追求有创新转型含金量的高点定位,追求质量和效益并重的增长速度,追求有坚实基础和充足后劲的争先进位。今天会上,市委摘编了乡镇争先进位、部门创新创优三年行动计划,印发了园区追赶跨越三年行动计划。大家要找标杆学、找对手赛、求实效干,比发展、比进位、比贡献,真正形成比学赶超、竞相发展的浓厚氛围。

聚力创新快转型、聚焦富民奔小康、争当苏中排头兵,要始终把求真务实作为第一保证。求真务实是领导干部的立身之本和成事之要,是每一个党员干部应该具备的政治品格。不真不实就难以完成新使命、实现新作为,聚力创新快转型、聚焦富民奔小康、争当苏中排头兵就是一句空话。围绕新目标新任务,全市上下必须大力弘扬并认真践行求真务实精神,始终坚持目标导向、问题导向、效果导向,说实话、办实事、求实效,抓具体、抓深入、抓到位，无论是制定政策举措，还是解决矛盾难题，都要遵循客观规律，找到符合实际情况、科学精神的办法和路径。要善于把各项工作具体化，在抓细、落小上下功夫，从细节入手，目标思路要细化，政策措施要细密，工作推进要细致；从群众欢迎的小事抓起，多做排民忧、解民难、帮民困的好事实事。

实现三年目标任务，关键要抓好开局。2017年，全市上下要按照今后三年工作的总体部署，抓好各项年度目标任务的落实。市委考虑，明年全市地区生产总值力争实现两位数增长，一般公共预算收入力争增长8%，国税开票销售增长15%以上，固定资产投资增长18%以上，实际利用外资3.6亿美元，城乡居民人均可支配收入增长9%左右。我们把经济增长预期目标定为力争两位数增长，应该说是科学的、必要的。主要考虑是要给经济转型升级腾出更大的空间，留下更大的余地，引导全市上下在推进创新转型上用功发力，在追求质量效益上下更大功夫。同时，这个速度又高于全省、泰州增长预期目标，既体现了做"三面旗帜"的责任担当，又是争当苏中排头兵的现实要求。各地各部门要结合实际，确立各自的目标任务，既不要在一个点的增速上纠结，又要主动进取、积极作为，争取最好的结果。

三、更大力度聚力创新转型，不断提高发展的质量效益

经济发展新常态下要实现更有质量、更可持续的发展，必须聚力创新转型。就泰兴的发展实际而言，创新转型的关键在产业。全市上下要始终保持创新转型的定力和韧性，围绕"五个加快"目标，组织实施《产业创新转型三年行动计划》，集中力量，集中精力，加快推进。

——*加快化工产业转型升级*。以打造长江下游高端精细化学品生产示范基地为目标，推动化工产业向绿色化、精细化、循环化、高端化方向加快转型，提升化工产业核心竞争优势。明年化工产业精细化率达40%以上，化工产业关联度达60%以上，到2019年分别达50%、70%。重点实施化工产业转型升级"1123"工程。一个减少：减少企业数量。一个拉长：拉长产业链条。两个提升：提升工艺装备水平，大力推动化工企业技术改造，加快淘汰落后装备和工艺，努力使化工企业装备工艺水平达到国内一流标准；提升项目准入门槛，新引进的项目必须符合安全环保的要求，必须符合产业链发展需要，必须达到一定的投资强度和产出效益。三个加强：加强环境基础设施建设，加强应急处置能力建设，加强安全环境监管和执法。加大技术装备投入，健全完善应急预案，对各类环境安全隐患、各种环境突发事件预防得力、处置及时、控制到位。时刻绷紧安全环保这根弦，以更加坚决有力的措施，对一切违法违规行为零容忍，确保安全生产、达标排放。

——*加快机电产业改造提升*。坚持高端化、智能化、服务化和军民融合方向，组织实施《传统产业改造提升十佳企业培育计划》、技术改造"百企示范"工程，形成一批优势企业、拳头产品。2017年机电产业高端产品产值占比达到15%以上，并力争每年提高5个百分点；到2019年，培育8-10个具有国内行业领先水平的高端产品。大力实施"互联网+"行动计划，推进智能车间、智能工厂建设，在减速机、电子电器、船舶制造及配件加工等行业培育一批智能化改造示范企业，逐步建立面向生产全流程、管理全方位、产品全生命周期的智能制造模式。推进制造业服务化，培育一批制造业服务化示范企业。加强军民融合，引导和支持企业加强与"中"字头、"国"字号的军工企业集团的合作协作、兼并重组，打造国家级军民结合产业示范基地。

——*加快医药与医疗器械产业规模扩张*。推进医药与医疗器械产业向规模化、品牌化、资本化、国际化方向提升，到2019年，规上工业产值达350亿元，年均增长30%。在医药产业上，突出生物制药、现代中成药、新型化学药等发展方向，积极引导企业策应大健康产业集聚发展，加快新药研发进程。依托济川健康特色小镇建设，加快在建项目实施进度，推进中西药产业规模迅速扩张，大健康产业加快集聚。济川药业力争2017年产销超百亿元，2019年达150亿元，在全国行业排名前移4～5位。在医疗器械产业上，引导企业强化技术创新，加大高性能医学临床检验设备、家用医疗器械及智能康复辅助设备等先进医疗设备和高附加值医药耗材的研发生产，加快高端医疗器材、医用塑料粒子等项目建设，加快推进中航医疗器械产业园建设，努力打造一批位居全国同行业前列的高端产品和品牌企业。

——*加快战略性新兴主导产业培育壮大*。围绕新医药、新材料、节能环保和高端装备制造，推动具有比较优势的战略性新兴产业加快发展，到2019年，力争战略性新兴产业占规上工业产值的比重超过24%，加快培育形成1～2个占规上工业产值比重达到8%左右的战略性新兴主导产业，培育一批拥有核心技术、具备行业话语权的10亿元乃至50亿元级企业，努力让"生力军"成为"主力军"。实施战略性新兴产业"双十培育计划"，每年培育10家拥有自主知识产权、市场竞争力强、成长潜力大的创新型企业；着力扶持、培育10个投资体量大、技术含量高、带动示范作用强的战略性新兴产业项目。

——*加快现代服务业发展提升*。制定实施新一轮《服务业发展提升三年行动计划》，以服务业重点项目为抓手，进一步补短板、促融合，培亮点、提质效，确保服务业增加值占地区生产总值比重每年提高1个百分点以上。推动制造业由生产型向生产服务型转变，生产性服务业向专业化和价值链高端延伸，力争到2019年，生产性服务业占服务业比重达50%。大力发展现代物流业，加大沿江港口码头整合利用力度，力争港口货物吞吐量年均增长15%以上。下大气力整合提升各类专业市场、小商品市场，加大商业综合体、星级酒店、金融商务区等城市功能性项目招引实施力度。以黄桥古镇争创国家4A级景区为龙头，加快发展红色旅游和乡村特色旅游。

在推进“五个加快”的同时，积极推进农业现代化、建筑业现代化。进一步优化农业产业体系、生产体系、经营体系，积极培育新型农业经营和服务主体，提高农业物质装备和技术水平，促进农业提质增效。到2019年，农业机械化水平达90%，新型职业农民培育程度达50%，高效设施农业面积比重达20%以上。突出建筑业现代化和国际化发展方向，推动建筑业加快转变发展方式，进一步擦亮“建筑之乡”金字招牌。到2019年，建筑业总产值超过900亿元，新增特级资质企业1家，产值超亿元企业达80家。

实现上述目标，重点要在“五个坚持”上持续发力加力、加快落地见效：

1. 坚持项目支撑。年年都是项目突破年。持续推进项目大突破、突破大项目，每年全市新开工亿元以上产业项目超过100个，其中10亿元以上项目突破10个，竣工项目确保60个，项目推进工作继续走在泰州前列。围绕转型升级狠抓项目招引。突出项目质量、生态环保、亩均效益、产业特色，坚持精准招商、产业链招商，不断优化投资结构，全面提升投资效益。明年要确保项目设备投资占固定资产投资的比重达70%以上，高新技术产业投资占工业投资的比重达40%以上，新医药、新材料、节能环保和高端装备制造等战略性新兴产业新开工项目占比达40%以上，严格化工项目安全环保要求和投资规模准入门槛。围绕改造提升加大技改力度。不断提高工业技改投资占工业投资比重，全面提升产业发展质量和效益。实行政府奖励与企业技改项目挂钩制度，每年确保三分之一以上的50家重点工业企业和一半以上的30家成长型工业企业有5000万元以上的技改项目；全市技改投入每年增长15%以上；到2019年，工业技改投入占工业投资的比重力争达到60%。围绕投产达效狠抓项目建设。健全高位协调机制，真抓严督实评硬考，每月开展竣工项目投产达效评估，每季度举办重大项目集中开工周和竣工项目集中展示活动，每半年组织竣工项目观摩，全力推进在建项目快竣工、竣工项目快投产、快达效，切实提高项目推进工作的组织程度。当年竣工项目的投产率不低于80%，达产达效率不低于50%。2015年已竣工项目达产达效率要达80%，2016年竣工项目达产达效率要达60%。真正让项目变成先进的生产力、变成有效的产出，最终落实到居民、企业、财政“三个口袋”。

2. 坚持创新驱动。把创新驱动作为推进产业转型升级的根本动力，突出科技创新，明确创新指标，追求创新成果，力争全社会研发投入占比每年提高0.05个百分点，高新技术产业产值占比提高1个百分点。要着力在壮大创新主体上下功夫，大力推进企业研发机构建设，到2018年大中型企业实现综合研发机构全覆盖。大力实施“百品培育、百企创新”计划，每年新增国家级高新技术企业20家以上，实施新品研发计划100项以上，新增省级高新技术产品70项以上。要着力在搭建创新平台上下功夫，不断完善人才·科技广场运营管理机制，发挥洼地效应，促进各类优质创新资源集聚。围绕特色小镇建设，主动对接国家和省市有关政策，充分挖掘资源和内涵，进一步明确产业定位、文化内涵、旅游功能、社区特征，着力培育新的发展动能。把离岸孵化工作作为创新平台建设的重中之重，加快建设一批离岸孵化基地，确保每年新增在孵项目100项以上，新增落地项目60～80项。筹建市级精细化工产业研究院和传动机械创新研究院。要着力在汇聚创新要素、营造创新环境上下功夫，进一步整合和发挥“三张券”等政策措施的作用，每年引进各类高层次人才300名以上，其中“高精尖缺”人才100名左右。大力培育“四新”经济，加快营造环境氛围，促进一批新技术、新产业、新业态、新模式企业崭露头角、初具规模，打造经济增长新引擎。加大金融支持创新力度，发挥省“苏科贷”和农商行“资金池”示范效应，营造更加优良的创新创业环境。

3. 坚持深化改革。要全面贯彻中央和省市各项改革部署，坚持问题导向，将改革工作做到细处、落到实处。突出抓好供给侧结构性改革，认真落实“三去一降一补”五项重点任务，加快压减过剩产能，淘汰落后产能；确保房地产去化周期保持在合理区间；大力实施企业上市三年行动计划，2017年，力争完成主板挂牌1家，进入辅导期1家，新三板挂牌4家，区域性场外市场挂牌8家；严密防范不良资产风险、政府债务风险，贷款不良率继续保持低位，确保不发生系统性和区域性风险；认真落实“营改增”政策，切实降低企业税负成本和制度性交易成本；针对薄弱环节，补齐基础设施、民生保障、公共服务、生态环境、脱贫攻坚等领域的发展短板。推动投融资体制改革，构建主体多元、功能完备、充满活力的产业金融体系。突出审批制度改革，以建立“互联网+政务服务”体系为目标，以智慧城市建设为支撑，在确保安全和环保的前提下，以企业投资政府“不再审批、有效监管”为取向，持续深化“放管服”改革。更大力度推进集中审批，加快实现一个窗口流转、一颗印章审批。扎实推进综合执法改革，整合执法职能，下沉执法力量，建立跨部门综合执法新模式。推进财政体制改革，深化国资国企管理体制改革。

园区既是改革创新的试验田，又是开放开发的主阵地。一个地区转型升级的快慢，取决于高端要素集聚的速度；而高端要素的集聚，离不开有影响力、竞争力的优势载体平台。"三区三园"要争当改革创新先行者、开放开发主力军，围绕落实"追赶跨越三年行动计划"，大力实施"载体再造"工程，不断提升发展能级。经济开发区要在补链、强链、长链上取得新突破，在园区功能上实现新提升，在园区管理水平上实现新跨越，在国家级经济技术开发区创建和国家循环化改造重点支持园区试点上争取新进展。黄桥经济开发区要按照省级经济开发区标准，加强基础设施建设，加快打造乐器小镇，深化南北共建和跨区合作，不断完善配套功能，提升承载能力。泰兴高新区要充分发挥人才·科技广场作用，加快高端人才、创新平台集聚，着力建设凤栖小镇，加快高新技术项目的产业化进程。虹桥工业园区要加大重大产业项目的招引力度，加快港产城融合发展步伐。农产品加工园区要大力发展食品加工、冷链物流和税源性项目，打造产业特色，做大园区经济规模。城区工业园区要大力发展军民结合产业，集聚中小科技型企业，加快提升园区发展能级。

4. 坚持绿色发展。始终坚持"安全第一、环保优先"发展理念不动摇，以创新转型引领经济社会发展，以节约集约推进资源高效利用，以安全生产保障经济发展和社会安定。要深入开展"两减六治三提升"和中央环保督察整改等专项整治行动，制订实施化工行业专项整治两年行动计划，2017 年完成 50% 以上小化工企业关停并转工作。2018 年，完成小化工企业整治工作，全市化工企业总量控制在 100 家以内，化工企业入园率达 90% 以上。大力发展循环经济、低碳经济和绿色清洁生产，以源头减量、循环利用、再制造、零排放和产业生态链接技术应用为重点，扎实推进国家循环经济示范市创建工作，加快生态园区建设。要坚持节约集约，着力提高资源利用综合效益。组建港口集团，加快整合长江岸线资源，进一步完善岸线利用准入机制，建立岸线资源有偿使用制度和有效退出机制，对不符合要求占用岸线、土地等资源的产业和企业，依法整治，加快退出。加大对批而未供、征而未供、供而未用、低效利用和闲置土地的处置力度，着力释放存量建设用地空间。

5. 坚持企业主体、市场主导、政府推动。进一步强化企业创新主体和投资主体地位，鼓励企业加大研发投入和人才储备。不断优化投资结构，引导企业以市场为导向，把投资的重点放在重点产业、技术改造、科技创新等领域，加快培育一批具有爆发力和引领力的创新型增长点。大力实施企业家培育工程，着力建强"精英型"、"新生代"、"科技型"企业家队伍，让企业家成为泰兴发展的先行者、创新的引领者、市场的开拓者，成为支撑泰兴经济发展的中流砥柱。进一步加快企业培大培强步伐，到 2019 年，全市规模超 10 亿元企业达到 40 家，其中 50 亿元企业 5 家、百亿元企业 5 家。市场是倒逼创新转型的动力。企业要主动适应市场变化，不断提高参与市场、运用市场的能力水平，在更高层次上整合各类资源，以加快创新、推进转型赢得市场竞争的主动权。政府要尊重市场规律，发挥导向作用，积极运用市场倒逼机制，推动人才、技术、资金、信息等生产要素向有创新能力的企业、有市场前景的产业集聚，加快淘汰落后产能。同时要围绕创新转型强化政府服务，坚持"三到服务"，发扬"店小二"精神，当好服务企业和项目的"长工"，支持实体经济加快发展。

四、更实举措聚焦富民惠民，不断增强人民群众的获得感满意度

让人民群众过上好日子，是我们一切工作的出发点和落脚点。要坚持"尽力而为、量力而行、急需先行、适度超前"的原则，顺应民生需求新变化，拓展富民惠民新内涵，大力实施"民生幸福"工程，不断满足人民群众的精神需求、生态诉求和民生要求，实现政府"有形之手"、市场"无形之手"、群众"勤劳之手"同向发力，致力打造更具幸福感满意度的美好生活、更有认同感归属感的美丽家园。

1. 把富民放在重中之重的位置。建立居民增收联席会议制度，及时分析存在问题，研究政策措施，强化督查考核，切实把富民增收工作抓到实处、取得实效。进一步强化产业支撑，夯实富民基础。始终坚持以创新促转型，以产业强支撑，以项目求突破，做强支柱产业，做大富民产业，创造更多就业岗位，不断提高居民工资性收入，既鼓足居民"口袋"，又充实企业和政府"口袋"。进一步营造创业生态，激发富民动力。群众致富的最大潜力在创业，要充分发挥政府主导作用，深化商事制度和行政审批制度改革，加大财政投入和金融扶持力度，大力发展农村电子商务，培育发展新业态，推动农业和旅游等产业跨界融合，为农民致富寻找新的价值链、突破点。以优良的创业生态提升群众的获得感归属感，有效激发群众"勤劳之手"，促进创业致富。同时，要不断完善社保政策，扩大资产性收益，有效拓展城乡居民增收渠道。进一步推进脱贫攻坚，补齐富民短板。把脱贫攻坚作为第一民生工程，继续推行"市领导挂钩帮扶到镇、部门和园区(企业)挂钩帮扶到村、党员干部挂钩帮扶到户、全社会动员参与"的挂扶机制，强化督查考核，做到脱真贫、真脱贫。严格村级财务管理，控减支出，化解债务，增加积累。创新产业扶持、转移就业、教育培训、医疗救助等精准脱贫措施，切实增强"造血"功能。推广扶贫项目"股份 +"模式，将扶贫资金变为"产业股份"，促进贫困户权益性增收，真正实现小康路上“一个不少、一户不落”。确保2017年建档立卡低收入脱贫农户和集体经营性收入达35万元以上的村均达60%以上。

2. 把生态建设作为最大的民生工程。良好的生态环境是最公平的公共产品、最普惠的民生福祉。要以最有力的行动和举措,大力实施“生态建设”工程,让泰兴的“天更蓝、地更绿、水更清、气更爽”。落实生态红线区域保护规划,加强生态红线区的资源保护,建立自然资源变化动态调整机制。坚持“共抓大保护、不搞大开发”,统筹好沿江生态、生活、生产岸线规划建设,用不少于三分之一的岸线建设滨江生态公园,打造黄金水道上的绿色走廊;生活岸线重点围绕虹桥滨江小城市建设,打造沿江生态文化景观带;已开发的生产岸线加快整合提升、产业升级,未开发的严格项目准入门槛、提升绿色化、高端化发展水平。加快“绿色泰兴”建设步伐,扩大绿化总量,调优绿化结构,提高绿化品质,到2019年全市林业绿化率达24.6%。大力减控农业面源污染,不断提高生态农业建设水平。加强畜禽养殖污染治理,到2018年,养殖场(户)全面实现达标排放。积极推进生态文明示范乡镇创建,确保2017年建成5个国家级生态文明示范乡镇。加快推进生态文明体制改革,把生态文明建设纳入制度化、法治化轨道。

3. 不断满足人民群众的精神文化需求。富民,既要“富口袋”,更要“富脑袋”。深入开展社会主义核心价值观进机关、进学校、进企业、进社区、进家庭活动,大力弘扬以改革创新为核心的时代精神,努力在全社会形成共同的理想追求、精神支柱和思想道德基础。扎实开展市民素质提升“八大行动”,广泛开展“八礼四仪”养成教育,深入践行“新十不”行为规范,不断提升社会文明程度。加强公共文化设施网络建设,加快实施凤凰文化广场等重点文化工程,整合资源加快建设基层综合文化中心,着力打造城市“15分钟文化圈”、农村“10里文化圈”。大力实施文化惠民工程,精心举办群众文化艺术节,积极开展“唱响泰兴”“舞动泰兴”“书香泰兴”等特色活动。继续实施文化惠民券政策,加强文化队伍建设,让群众能够在家门口享受到丰富多彩的精神文化生活。大力推进文化与城建、旅游、科技、金融融合发展,做大优势文化产业。

4. 大力营造和谐稳定的社会环境。完善党委领导、政府主导、社会协同、公众参与、法治保障的社会治理体制,严格落实信访维稳“一岗双责”责任制,更高水平建设平安法治泰兴。规范运行市、镇、村三级社会管理服务平台,继续织密立体化现代社会治安防控网、多元化矛盾纠纷预防化解网、社会化基础综合服务管理网等“三张网”。全面推行城乡社区网格化管理,统筹推进“政社互动”和“三社联动”,深化“六无”村(社区)创建工作,增强基层社会治理和服务能力。建立健全立体化、现代化的社会治安防控体系,进一步提高公众安全感。健全普法教育机制,有序推进“七五”普法。健全人民调解、行政调解、司法调解“三位一体”调解体系,加快构建办事依法、遇事找法、解决问题用法、化解矛盾靠法的法治秩序。探索建立“守信激励、失信惩戒”机制,加强社会信用体系建设。切实加强民主政治建设,支持人大、政协依法履行职能,巩固和发展爱国统一战线,做好党管武装、工会、共青团、妇联、双拥、老干部等各项工作。

五、更快步伐推进协调发展,不断促进城乡区域经济社会共建共享共进

城乡、区域的不平衡,经济、社会的不协调,是泰兴长期以来存在的发展短板,这既有转型的问题,也有民生的问题。我们必须高度重视,更加注重城乡建设、区域发展和公共服务的统筹协调,促进共建共享共进,让全市人民更普惠、更公平地共享改革发展成果。

1. 加快推进城乡一体化发展。突出中心城市功能品质和人文环境,实施新一轮城建新提升。围绕打造“双水穿城、活水绕城、水文一体、水绿相映”城市特色,高标准实施“双水”滨河景观规划建设,推进如泰运河、羌溪河风光带亲水平台、涉水步道和慢行系统建设,三年建成30公里慢行步道。2017年重点实施如泰运河北侧羌溪桥至文江桥、羌溪河西侧澄江路至阳江路、羌溪南路东侧风光带项目。加快城市污水管网及截污工程、雨污分流工程、控水清水工程建设,全面畅通城区水系,建设海绵城市,提升城市防洪和水体自净能力。启动实施植物园、东郊森林公园、西郊防护林等3个郊野森林公园项目和龙河湾、香榭湖、羽惠河等5个城市公园项目,加快实施林荫道、小游园建设,确保主城区三年新增、改造绿化面积300万平方米以上。加强文化遗存的保护、传承和利用,每年恢复2处以上历史文化遗存,留住城市文化记忆,塑造城市文化符号。加快实施凤凰天、古城墙遗址等项目,规划建设仙鹤湾南延、济川古街等工程,启动泰中老校区地块的规划研究,打造城市文化休闲新空间。在塑造城市“水、绿、文”鲜明个性的同时,着力解决好交通堵、停车难、市容环境和物业管理等群众关注的热点难点问题。通过三年努力,基本完成棚户区、城中村、老小区、背后街巷改造,新城北片区基础设施基本到位,主城区“15分钟民生幸福圈”全面覆盖,“300米见绿,500米见园”全面实现,“双水”滨河景观体系全面建成,生态园林城市建设基础更加扎实。

推进以人为核心的新型城镇化,按照生产空间集约高效、生活空间宜居适度、生态空间天蓝地绿的总体要求,统筹中心城市、小城市、重点镇、新农村(社区)的规划建设管理,不断提升户籍人口城镇化率。积极推进黄桥镇国家建制镇示范试点和国家新型城镇化综合试点工作，加快推进虹桥新城港产城融合发展，引导各乡镇有计划、分步骤地完善城镇基础设施建设。以“建设美丽宜居乡村”为抓手，进一步深化全面小康示范村创建，连片打造新农村建设示范片区，不断提高新农村建设水平。

2. 促进区域经济协调发展。大力实施“区域协同”工程，沿江地区要争当“聚力创新快转型”的排头兵，着力产业转型升级、沿江一体发展，打造产业特色，探索跨江融合新模式，更高层面集聚优势资源，力促更多的优质项目在沿江落户。黄桥老区要强化“聚焦富民奔小康”的政治担当，坚持“四化同步”，深化南北共建，积极构建老区产业体系、城镇体系和交通体系，努力把黄桥“老区”建设成为黄桥“新区”。各乡镇(街道)要不断强化立足自身、加快发展的责任意识，围绕产业现状和发展定位，完善提升工业集聚区，持续加大税源项目和富民项目的招引建设力度，加快形成产业集聚、特色鲜明的乡镇经济“升级版”。

3. 构建城乡大交通格局。把重大交通基础设施建设作为推进城乡区域协调发展的重要支撑，让对外路网越来越“密”，城市交通越来越“顺”，农村道路越来越“便”，加快区域交通一体化。全面加强对外交通“融合度”。充分利用国家高铁大通道、全省综合交通运输体系建设的重大机遇，加快推进北沿江铁路前期工作，力争明年开工建设盐泰锡常宜城际铁路，早日实现“高铁梦”。加强对接上争，力争泰常过江通道2018年开工建设，切实加快跨江融合发展步伐。加快实施市域交通骨干路网建设，开工建设355省道泰兴段、232省道先导段。有力提升城区交通“顺畅度”。进一步完善“九纵九横”主干道的沟通连接，结合地下管廊建设，提档升级大庆路、龙河路，接通断头路，织密城市路网，打通城市交通的“关节”和“经脉”。结合宁通高速泰兴东、泰兴北互通改造，打造城市出入口，提升城市形象和交通顺畅度。不断改善农村交通“通达度”。围绕“全市农村公路联网成片”目标，基本完成农村道路提档升级工程，加大农桥改造力度，切实解决百姓“出行难”和“险危桥”问题。持续加大黄桥老区基础设施建设支持力度，扎实推进乡镇10-15分钟接入市域骨干路网工程，努力让老区人民享受到更加便捷高效的出行条件。

4. 推动公共服务均衡提升。坚持普惠性、保基本、均等化、可持续方向，不断增加城乡公共服务供给。坚持教育优先，积极推进教育现代化，加快发展学前教育和继续教育，均衡发展义务教育，提升发展高中教育，完善现代职业教育体系，努力办好人民满意的教育。加快推进泰兴中学新校区建设，规划建设城市南片区和东北片区学校。着力打造“健康泰兴”，开工建设新中医院和新妇幼保健院，人民医院新区分院、市二院投入使用。探索建立“分级诊疗体系”，加快推进建制镇卫生院规范化建设和村卫生室、社区卫生服务中心(站)达标建设，进一步提升全市医疗卫生综合服务水平。加快完善城乡一体化社会保障制度，稳步推进养老保险制度改革和城乡居民医保整合并轨，确保城乡基本养老、基本医疗和失业保险参保率达98%以上。加强住房保障和供应体系建设，推动住有所居向住有宜居迈进。探索建立多层次社会化养老服务体系，鼓励社会力量兴办养老机构，建设福利中心二期工程，提升养老服务水平。排定今后三年重点实施的十大民生工程、生态工程，细化确定2017年组织实施的重点民生项目、生态项目，建立党政负责人领衔推进机制，做到一项一项抓落实、一件一件见成效。

六、更强责任全面从严治党，不断营造风清气正劲足的政治生态

认真贯彻落实中共十八届六中全会精神和省市委关于全面从严治党的新部署、新要求，切实强化管党治党责任，真管真严、敢管敢严、长管长严，大力实施“党的建设”工程，为推进创新转型跨越发展提供坚强有力的政治保证和组织保证。

1. 坚定理想信念，筑牢思想根基。深入开展“两学一做”学习教育，持续深化习近平总书记系列重要讲话精神学习培训，进一步增强政治意识、大局意识、核心意识、看齐意识。严守党的政治纪律和政治规矩，落实《关于新形势下党内政治生活的若干准则》，强化党性锤炼，站稳政治立场，时刻保持政治敏锐性和政治鉴别力。严格落实党管意识形态的政治责任，强化意识形态领域引导和管理。切实加强换届后领导班子思想政治建设，继续办好“学思践悟”讲坛，统筹发挥各类学习平台作用，提高党员干部政治素质和专业能力。

2. 坚持常态长效，狠抓作风建设。作风建设永远在路上，没有休止符。在抓好日常检查、巡察和专项整治的同时，紧盯年节假期，管住重要环节，经常组织“回头看”，密切关注“四风”问题新动向，对违纪现象露头就打，切实防止变异反弹。认真落实领导干部带头改进作风、定期接访下访、直接联系和服务群众等制度，深化拓展群众工作团工作，深入开展“百团千村万企大走访大落实”活动，推动重心下移、工作下延、力量下沉。注重抓早抓小，积极探索监督执纪“四种形态”的具体实践形式，落实《关于坚持和完善党内谈话制度的实施办法》、《基层党组织监督执纪“第一种形态”运用规范》，对错误苗头早发现、早提醒、早纠正，防止小错酿成大错。深入开展“在岗不作为、履职不担当”问题专项整治，坚持“治不正”与“促清正”并重，“治不为”与“促有为”并重，使忠诚干净担当成为泰兴党员干部最鲜明的特征。

3.坚持建管并重，打造过硬队伍。把事业需要、岗位要求与促进干部成长、调动各方面积极因素结合起来,做到以事择人、依岗选人、人岗相适。研究完善干部成长链,探索差别化选拔机制,分类制定年轻干部梯次储备办法、中层干部管理办法和党政青年人才、乡科级后备干部遴选办法,切实把政治强、懂专业、敢担当、作风正的干部选出来、用起来。强化培养锻炼,定期选派党员干部到创新转型、富民惠民、维护稳定等工作一线摔打磨练,到规划建设管理、信息技术、招商引资、金融等岗位增长才干,不断提高党员干部解决实际问题能力和专业化水平。坚持从严管理,综合运用教育引导、制度约束、考核评价等手段,加强对党员干部特别是领导干部的管理,督促党员干部干成事、不出事。

4. *坚持固本强基,建强战斗堡垒*。把打牢基层基础作为重中之重,持续深化“为民党建”。适应新经济组织、流动党员等社会条件的新变化,进一步健全基层组织体系,确保党的组织和党的工作全覆盖。切实加强村(社区)党组织带头人队伍建设,注重从各方面人才中选拔优秀党员担任村(社区)党组织书记,着力解决年龄老化、后继乏人问题。加强服务型党组织建设,推进机关与村(社区)、与企业结成“党建联盟”,在资源共享、优势互补中增强基层组织的政治和服务功能。注重推动党建工作机制、方法和载体创新,积极打造党建工作亮点品牌,不断提升基层党建工作科学化水平。

5. *坚持反腐倡廉,保持高压态势*。要压实各级党委(党组)的主体责任,进一步明确从严治党职责,健全制度、细化责任、以上率下,层层传导压力,强化责任追究,着力构建横向到边、纵向到底的责任链条,真正把党风廉政建设抓在手上、扛在肩上、落实在行动上。要严格执纪审查,坚持无禁区、全覆盖、零容忍,对腐败问题发现一起查处一起,做到力度不减、节奏不变、尺度不松。要加强源头治理,认真落实《党内监督条例》,加大巡察工作力度,强化结果运用,抓好整改落实,推动问题解决。加强反腐倡廉教育,健全权力运行制约监督机制,进一步锁紧关键环节、堵住关键漏洞,加快形成不敢腐、不能腐、不想腐的体制机制。

全市各级党组织要始终坚持“发展第一要务”与“党建第一责任”两手齐抓、相互促进,教育引领广大党员干部有定力、善创造、敢担当、重落实、守规矩,争当“聚力创新”的快跑者、“聚焦富民”的实干者、“转型出关”的示范者。要紧紧围绕创新转型、富民惠民,以改革的理念、创新的思路、务实的举措,确保说一件、干一件、成一件。要进一步健全督查问责机制,做到过程监督与平时考核相结合、年终考核与全程跟踪问效相结合,确保每一项工作落到实处,抓出成效。要坚持整治“庸懒散”与容错纠错相结合,为想干事、能干事、敢担当、善作为的干部担当撑腰,让能力不足“不能为”、动力不足“不想为”、担当不足“不敢为”的人让贤挪位,巩固提升风清气正劲足的政治生态、干事创业争先的工作氛围和求真务实落实的优良作风,真正把我们的业绩书写在泰兴大地上、映照在老百姓的笑脸上。

同志们,创新转型时不我待,富民惠民任重道远。让我们高举中国特色社会主义伟大旗帜,大力弘扬新时期“三个不相信”精神,坚定信心,迎难而上,咬定目标,克难奋进,聚力创新快转型,聚焦富民奔小康,争当苏中排头兵,以优异的成绩迎接党的十九大胜利召开!

政府工作报告

——在市第十五届人民代表大会第一次会议上

市人民政府代市长　刘志明

各位代表:

现在,我代表市人民政府向大会作工作报告,请予审议,并请市政协委员和其他列席人员提出意见。

2016年工作情况和过去五年工作的回顾

过去的一年,在市委的坚强领导和市人大、市政协的监督支持下,我们认真贯彻落实中央和省、市决策部署,自觉践行新的发展理念,统筹抓好各项工作,较好地完成了年度目标任务,实现了“十三五”发展的良好开局。

发展态势持续向好。经济运行稳中有进，稳中快进，进中向好。实现地区生产总值820亿元，增长10.7%(预计数,下同)。完成一般公共预算收入57.2亿元,增长8.4%,增幅位居全省县(市)前列。工业经济平稳运行。完成工业投资442亿元,增长20%。完成工业国税开票销售1190亿元,增长6.6%,总量居苏中苏北县（市）之首。规上工业产值、利润分别增长18.5%和19%。规模企业不断做大做强,净增规上企业45家、年销售亿元以上企业14家,净增税收过千万元企业4家、过亿元企业2家,济川药业销售达74亿元、税收突破9亿元。深入推进项目大突破。精心组织“三比三赛”、招商引资“百日赛”,成功举办第八届中国(泰兴)银杏节。完成协议利用外资7.45亿美元;实际利用外资3.53亿美元，总量位列苏中苏北县（市)第一。完成进出口总额24.7亿美元、外经营业额3亿美元。全年新开工亿元以上项目125个,总投资375.6亿元,其中10亿元以上项目12个;新竣工亿元以上项目75个，总投资160.5亿元，其中10亿元以上项目4个。经济开发区获批扩区建设，并创成国家循环化改造重点支持园区;黄桥工业园区、城东高新区分别获批筹建省级经济开发区、省级高新区;虹桥工业园区、农产品加工园区、城区工业园区集聚功能进一步提升。泰兴港区集疏运能力进一步增强。天星洲综合整治工程有序实施。七圩作业区公用码头群项目列为省PPP示范项目，并正式开工建设。全市新建万吨级以上泊位2个，泰兴港区完成货物吞吐量4205万吨，增长19.5%。完成建筑业总产值621亿元,实现本地入库税收6.9亿元,分别增长10.9%和8.1%。一级、二级资质企业分别新增1家和6家，获得国家优质工程奖1项。服务业实现增加值377亿元,占GDP比重比上年提高1个百分点;完成社会消费品零售总额214.7亿元，增长12.1%。金融业年末贷款余额突破600亿元,不良贷款率0.65%,在全省金融生态优秀县(市)中排名上升12位。旅游业发展取得新进展,黄桥镇获评中国最具价值文化旅游目的地,祁巷村被评为“全国生态文化村”。现代农业稳步发展。新增高效设施农业2.2万亩、高标准农田3.8万亩,新增泰州市级现代农业产业园区4个。高效农业保险扩面增量处于泰州市领先水平，在抗御自然灾害中发挥了重要作用。农业现代化指标监测得分排名前移8位,首次跻身全省第一方阵。

改革创新推向深入。加大简政放权力度,动态调整“五张清单”，全面深化行政审批制度改革，稳步推进“互联网+联合图审”、注册资本认缴登记、工商登记“先照后证”、企业营业执照“五证合一”等改革。加强执法体制改革,顺利推行市场监管和农业综合执法“五合一”。农村土地承包经营权确权登记颁证稳步实施,农村产权交易市场建设全面启动。省经济发达镇行政管理体制改革试点通过评估验收。供给侧结构性改革务实推进。大力淘汰落后设备,压缩低端产能,全面完成省定目标。积极化解房地产库存，商品房去化周期比上年末缩短4.4个月。精心组织金融服务实体经济活动,努力推动银企对接。全面落实企业减税降费政策，直接减轻企业负担近10亿元。补长经济工作短板,企业上市、“两化融合”、重大首台(套)装备研发、乡镇工业集聚发展等工作取得新进展。创新驱动战略深入实施。高层次人才(团队)创业券、科技创新券、优秀人才购房券等政策全面落实,市人才科技广场启用投运。成功承办首届中国军民两用技术创新应用大赛决赛,获金奖1项，招引参赛项目10个。完成发明专利授权135件。新增中国驰名商标2件,总数增至11件。全社会研发经费投入占GDP比重达2.35%。国家级高新技术企业突破100家，实现高新技术产业产值1342亿元,增长20%,占规上工业比重达44%。

城乡建设加快推进。城建交通重点工程有序实施，文江路、银杏路全线贯通,兴南路、龙河路、国庆东路、东阳南路、园林路、金城路顺利竣工,“九纵九横”总里程增至96.5公里。新334省道分黄段、东部南北干线先导段、新长铁路泰兴段平改立等项目全面建成。城市水利工程快速推进，如泰运河以南如期实现控水活水目标，城区水质有效改善。羌溪南路截污工程顺利竣工，银杏路和澄江路污水管网及泵站建设等工程有序实施。绿地、游园建设力度加大,新增绿化面积47.1万平方米。城市环境综合整治扎实推进,国庆中路创成省级城市管理示范路。黄桥、虹桥副中心建设取得积极进展,小城市基础设施进一步完善,虹桥镇获批国家级卫生镇。农村生产生活条件持续改善。完成农村公路提档升级119.5公里,创成全省“四好农村路”示范县。新建改造农村桥梁150座、泵站250座、硬质渠道350公里。沿江排涝能力不断提升，马甸水利枢纽主体工程顺利建成。生态文明建设扎实推进，环保执法经验全国推广。分别实施17项水污染减排工程、4项大气污染减排工程,关停小化工企业15家。城市空气质量达到及好于二级标准天数比例达78.2%。加快实施“天地一体化”监测系统建设,泰兴经济开发区65家企业实行刷卡排污。完成11家规模养殖场和8个养殖密集村畜禽粪污治理试点,对15个村进行拉网式农村环境综合整治。排污权质押贷款融资工作顺利启动，排污权有偿使用和交易全面实施。土地利用总体规划调整完善,上争点供指标等创历史新高。

民生福祉不断提升。扎实推进民生实事,大力实施民生幸福工程，一般公共预算用于民生支出的比重超过75%。积极推进大众创业、万众创新,新增登记企业3554家，注册资本237.2亿元，分别增长29%和13%。新增创业1.1万人,城镇新增就业1.8万人,年末城镇登记失业率1.86%。城乡居民人均可支配收入分别达36423元和17830元,增长7.8%和8.8%。城乡居民养老保险参保覆盖率达99.98%,城乡低保月保障标准分别提高4%和5%。调高在乡老复员军人、残疾军人立功荣誉金标准,在全省率先实施重度失能农村五保老人护理补贴政策。积极促进精准扶贫,建档立卡低收入农户脱贫6873户,集体经营性收入35万元以上的村新增74个。人口健康信息化系统顺利建成,医养融合加快发展,村卫生室提升工程年度目标任务全面完成,创成省妇幼健康优质服务示范市。食品药品监管有力,食品安全监督抽检合格率达99.4%。教育现代化深入推进。高考、对口单招本科进线人数、进线率再创新高,建成省示范性教师发展中心,泰师附小东润校区投入使用,泰兴中学新校区、黄桥新城学校加快建设。公共文化服务体系进一步完善,"文化惠民券"全面实施,城区"15分钟文化圈"、农村"10里文化圈"加快建设。黄桥战役纪念地、新图书馆、观道博物馆对外开放。竞技体育取得新突破,泰兴籍运动员首夺残奥会金牌。平安泰兴建设深入推进。社会管理服务三级平台、综治信息系统建设全面覆盖,规范化、实战化水平全省领先。信访工作"属地管理、分级负责,谁主管、谁负责"责任制进一步落实,社会大局持续保持稳定。安全生产形势总体平稳,危化品专项整治深入开展。村(居)委会换届顺利进行。国防动员、人民防空、统计、档案、供销、物价、电信、外事、侨务、民宗、工商联、气象、海事、海关、国检、边检、保险、老干部、关心下一代、妇女儿童、红十字、残疾人等工作取得新的成绩。

*政府建设规范高效。*着力提振争创一流、争做旗帜的精神状态,倡导雷厉风行、立说立行的工作作风,建立完善重点工作谋划与推进机制,政府施政能力和服务水平持续提升。严格执行政府工作规则和重大决策程序规定,认真落实公众参与、专家论证、风险评估、合法性审查、集体讨论决定相结合的决策机制。深入推进政务公开,及时处理群众通过来访来信、电话网络等反映的问题。主动接受市人大和市政协监督,425件建议、提案按时办结,满意率和基本满意率达99.5%,落实解决率85.2%。在全省率先完成法治政府建设阶段性目标任务。认真落实党风廉政建设责任制,大力整治"在岗不作为、履职不担当"行为。有序推进公车改革,一般公务及执法执勤等车辆总数核减率达49.3%。"三公"经费下降28.2%,实现"四连减"。强化行政监察和审计监督,严肃查处各类违纪违规问题。

各位代表,2016年各项任务的完成,为本届政府工作划上了圆满句号。过去的五年,是宏观经济形势复杂多变的五年,也是我们奋力推进"全面领先苏中、加快融入苏南"的五年。五年来,我们在建设"强富美高"新泰兴道路上迈出了坚实步伐,取得了"一个跨越、两个转变、三个突破、四个提升"的新成就。

*"一个跨越":*综合实力实现新跨越。经济总量迈上新台阶,地区生产总值、一般公共预算收入、工业国税开票销售分别达期初的1.68倍、2倍和2倍。地区生产总值、一般公共预算收入增幅和工业国税开票销售、实际利用外资等主要指标领跑苏中。县域经济和县域基本竞争力百强县(市)排名上升至第45位,比期初前移11位。入选首批国家循环经济示范城市,创成国家生态市、国家卫生城市、省园林城市、省创业型示范城市、省金融生态优秀县(市)。工业经济竞争力进入全国百强、江苏十强。

*"两个转变":*发展动力加快转变。国家级高新技术企业数达期初的4倍,高新技术产业产值在规上工业中的比重提升3.2个百分点。全社会研发投入为期初的2倍,占GDP的比例上升0.6个百分点。被确定为国家知识产权试点城市和省首批创新型试点城市。工作作风持续转变。中央八项规定、国务院"约法三章"和省市委十项规定得到认真落实,党的群众路线教育实践活动、"三严三实"专题教育和"两学一做"学习教育扎实开展,"四个长期"和"三个不相信"精神大力弘扬,真抓实干、团结干事的氛围更加浓厚。

*"三个突破":*项目建设实现大突破。项目质量、投入总量均处于泰州领先水平,累计实施亿元以上项目335个,其中10亿元以上项目42个,一批总投资30亿元、50亿元以上项目陆续开工建设。"三区三园"发展能级不断提升,累计完成实际利用外资14.6亿美元。重点领域改革实现新突破。国家行政综合执法、省直管县、黄桥扩权强镇等改革试点工作稳步实施,投融资体制、行政审批制度、商事制度、生态文明体制、农村产权制度等重点领域改革顺利推进,发展活力有效激发。区域协调发展实现快突破。统筹城乡的大交通格局加快构建,农村公路提档升级和农田水利建设取得新的成绩,新型农村社区和新农村示范村建设深入推进。黄桥老区脱贫奔小康取得明显成效,以黄桥镇为中心的产业体系、城镇体系、交通体系基本形成,老区自身造血功能显著增强。

*"四个提升":*城市形象不断提升。中心城区"九纵九横"道路框架基本成型,黄桥、虹桥小城市建设明显加快,城市功能不断完善,城乡面貌持续改善。生态环境不断提升。碧水蓝天工程扎实推进,节能减排和资源节约集约利用得到强化。单位土地GDP产出率显著提高,化学需氧量等四种主要污染物排放总量均超额完成省定削减指标,PM2.5浓度比2014年基准数下降22.7%。民生保障水平不断提升。实施居民收入倍增计划,城乡居民人均可支配收入年均分别增长9.6%和

10.7%。五年城镇累计新增就业9.3万人，农村劳动力转移6.2万人。城乡居民基本养老保险制度全面建立，大病保险实现全覆盖。创成泰州市首家省现代民政示范市。建成全国义务教育发展基本均衡市，通过全国文化先进市复查验收。医药卫生体制改革不断深化，生育政策稳妥有序调整。农村饮水安全工程扎实推进，120万人民饮水安全问题得到根本解决。社会治理水平不断提升。刑事案件数量持续下降，命案破案率100%。推行信访权益保障卡、阳光信访等举措，各类信访矛盾妥善处置。安全生产常抓不懈，未发生重特大事故。获评全省"六五"普法先进市，5年均被评为省平安县(市、区)。

过去的五年，是泰兴发展历史上的又一个重要黄金期，各项工作取得了令人瞩目的成绩，这些成绩来之不易，是全市上下团结一心、共同奋斗的结果。在此，向各位代表、委员，向全市工人、农民、知识分子、离退休老同志，向政法公安干警、驻泰部队和武警官兵，以及所有关心、支持泰兴发展的社会各界人士表示崇高的敬意和衷心的感谢！

当然，我们也要清醒地认识到，发展中还存在不少困难和矛盾，主要表现在：经济质量效益、自主创新能力存在明显短板，创新资源要素集聚的瓶颈较多。传统优势产业特别是化工产业转型升级任务艰巨，战略性新兴产业、现代服务业发展相对滞后。城乡发展不平衡的格局尚未彻底改变，提升城市品位、加快沿江一体化发展、促进黄桥老区脱贫奔小康任重道远。资源、环境约束加剧，生态环境建设有待加强。优质公共服务供给不足，富民惠民需要下更大功夫。安全生产领域还有不少尚需解决的薄弱环节，社会治理亟待加强和创新。政府职能转变、公务人员专业素养等方面仍需大力提升，政务环境和廉政建设还需常抓不懈。对此，我们必须高度重视，进一步增强问题导向意识，采取有力措施，切实加以解决。

今后五年发展的努力方向和主要目标

今后五年，是我市经济社会创新转型、跨越发展的关键期，是高水平全面建成小康社会的决胜期，是全面领先苏中、加快融入苏南的突破期。全市上下要深入贯彻党的十八大和十八届三中、四中、五中、六中全会精神，认真践行"五大发展理念"，准确把握"五位一体"总体布局和"四个全面"战略布局，紧紧围绕"争当苏中排头兵"目标定位，始终坚持"稳中奋进"总基调，聚力创新，聚焦富民，统筹推进"六大工程"，加快发展各项事业，高水平全面建成小康社会，奋力再创一个创新转型跨越发展的黄金期。高水平全面建成小康社会，再创一个创新转型跨越发展的黄金期，核心要义就是发展水平要更高、群众获得感要更强，这是今后五年的发展取向、工作导向、奋斗指向。主要体现在五个方面的明显突破上：

——*更加突出创新转型，在提升经济质量效益上明显突破*。确保主要经济指标领跑苏中，部分优势指标领先全省，到2021年，实现地区生产总值1260亿元以上，一般公共预算收入突破100亿元，年均分别增长9%和11.9%，城乡居民收入和经济同步增长，居民收入、企业利润、财政收入"三个口袋"更加充实。坚持抓存量促升级、抓项目增后劲、抓增量调结构，机电、化工、医药三大主导产业竞争力显著增强，占规上工业产值比重超过80%；新医药、新材料新能源、节能环保、高端装备制造等重点发展的四大战略性新兴产业取得明显突破，占规上工业产值比重超过20%；现代服务业加快发展，传统服务业加快提升，服务业增加值占地区生产总值比重超过50%。创新型城市建设水平进一步提高，高新技术产业产值占规上工业产值比重46%以上，国家级高新技术企业突破200家。

——*更加突出载体再造，在增强开放发展活力上明显突破*。走高新化、特色化、集聚化发展之路，推动"三区三园"分工协作、互动并进，建成国家级经济技术开发区，努力形成以泰兴经济开发区为龙头的具有较强影响力和竞争力的沿江一体化发展板块，具有创新资源集聚优势的高新技术产业板块，以及带动黄桥老区发展的东部特色产业板块。推动重大项目向园区集中，每年实施超亿元产业项目100个以上，产业投资年均增长15%，累计实际利用外资15亿美元以上。完善沿江港口功能布局，打造港口集疏运体系，新增万吨级泊位10个，5万吨级以上泊位7个，天星洲"生态岛"和"产业港"建设取得实质性进展。

——*更加突出区域协同，在努力建设宜居家园上明显突破*。按照"年年新变化、三年大提升"的要求，加快建设基础功能完善、水绿特色鲜明、管理精致有序的"沿江地区生态宜居城市"。老城区棚户区、老小区、城中村、背后街巷全面改造，新城区基础设施全面完善，现代化城市格局基本形成。主城区集聚医疗、文化、健身、养老等服务的"15分钟民生幸福圈"全面构建，"300米见绿、500米见园"全面实现，"双水"滨河景观体系全面建成。黄桥、虹桥副中心建设协调推进，重点镇和美丽宜居村庄打造分类推进，城乡空间协调有序、公共服务均衡配置。形成外联内畅的城乡大交通格局，大力推进盐泰锡常宜城际铁路、北沿江高铁和泰常过江通道的实施，全面完成355、232、504省道建设，全方位融入长三角高速铁路网，确保所有乡镇10分钟进入国省干线网、20分钟进入高速公路网。

——*更加突出生态建设，在推进绿色安全发展上明显突破*。大力实施生态建设十大工程，破解"生态难题”、创造“生态红利”。着力推进水、气、土壤综合整治,确保空气质量优良率在78%以上,PM2.5浓度不超过51微克;农村黑臭河道全部整治,国考、省控断面水质全面达到或超过Ⅲ类水质标准;完成成片造林9000亩,建成森林生态示范村90个,通过国家生态文明建设示范市技术评估。完成泰兴经济开发区化工企业废气整治和挥发性有机气体整治,确保危险废弃物安全有效处置率达100%。

——更加突出富民惠民,在促进共建共治共享上明显突破。从群众最迫切的需求着手,从社会治理最薄弱的环节抓起,更大力度增进民生福祉。将一般预算支出75%以上、新增财力的80%以上用于民生投入,持续办好民生十大工程和年度民生实事。城乡居民人均可支配收入分别超过53000元、27500元,力争超过苏中地区平均水平;新增创业5.5万人,城镇新增就业6万人以上,城镇登记失业率控制在3.5%以内;城乡基本养老、基本医疗、失业保险参保率均在98%以上;全市新一轮建档立卡经济薄弱村和低收入农户全面脱贫;教育均衡发展水平和教育综合竞争力走在全省前列;健康城市创建列入省试点,医疗卫生综合服务水平达到全省中上水平;智慧城市建设迈出坚实步伐,全社会信息化水平位居全省前列。

各位代表,美好的蓝图令人向往,催人奋进。“五年看三年。”未来三年,我们要按照“聚力创新快转型、聚焦富民奔小康,争当苏中排头兵”的工作导向和目标追求,从早从紧抓好产业创新转型、城建新提升、生态建设、富民惠民、脱贫攻坚等各类三年行动计划的实施,以三年目标的实现保障五年目标如期达成。“干好三年,首先是今年。”我们必须咬定年度目标任务,一项一项工作落实,一个一个难题突破,一步一个脚印向前,以优异成绩为今后发展夯实基础。我们坚信,有市委的坚强领导,有市人大、政协的监督和支持,有全市广大干部群众的团结拼搏,经过不懈的努力,一定能够再创一个泰兴创新转型跨越发展黄金期!

2017年工作任务

2017年是新一届政府施政的开局之年。做好今年的工作,意义重大,任务艰巨。我们将按照市第十三次党代会和市委十三届二次全会部署,坚持“稳中奋进”总基调,扎实抓好稳增长、促改革、调结构、惠民生、优生态、防风险各项工作,努力实现开局良好。

全市经济社会的主要预期目标是:地区生产总值增长9.5%;一般公共预算收入增长3%;国税开票销售增长15%;固定资产投资增长17%以上,其中工业投资增长18%以上;城乡居民人均可支配收入分别增长9%左右;单位生产总值能耗下降、主要污染物排放等指标完成省定目标;全面完成高水平小康社会建设年度任务。

重点抓好六个方面的工作:

1.推动产业转型升级。坚持把产业转型作为创新转型的关键,着力在“调高、调轻、调优、调强、调绿”上做足文章,着力在重点产业投资、工业技改等方面加大力度,着力在发展战略性新兴产业和新产业、新技术、新业态、新模式上下足功夫,加快形成以先进制造业和现代服务业为支撑、现代农业为基础的产业新体系。

积极发展先进制造业。坚持项目支撑,以投资结构优化推动产业结构优化。紧紧围绕强化产业特色,建立健全招商选资体制机制,有效把控项目质量。瞄准建链、补链、强链关键环节,紧盯世界500强、国内100强、央企和上市公司,开展定向精准招商,全力突破一批龙头项目、高端项目、特色项目,形成产业集聚效应。对超亿元项目进行全程跟踪,围绕目标促签约,围绕开工促审批,围绕竣工促建设,围绕履约促达产,保障项目的投入质量、产出效率,确保新开工超亿元产业项目100个以上,超10亿元项目10个以上;新竣工亿元项目60个以上;当年竣工项目投产率在80%以上,达产达效率在50%以上;2015年和2016年已竣工项目达产达效率分别在80%和60%以上。坚持聚焦重点,以培大育强战略性新兴产业构筑现代产业高地。紧紧围绕四大战略性新兴产业,深入研究并逐产业构建有利于集聚的环境。每年重点培育10家拥有自主知识产权、市场竞争力强、成长潜力大的创新型企业,重点扶持10个投资体量大、技术含量高、带动示范作用强的项目,促进战略性新兴产业在总量上形成规模,在创新上形成优势,引领经济结构向更高层次更高水平迈进。坚持改造升级,以传统产业迈向中高端引领产业层次提升。聚焦打造长江下游高端精细化学品生产基地的目标,实施化工产业转型升级“1123”工程,减少化工企业数量,拉长产业链条,提升工艺装备水平和项目准入门槛,加强环境基础设施建设、应急处置能力建设和安全环境监管执法,形成化工产业核心竞争优势。坚持高端化、智能化、服务化和军民融合方向,推进企业制造装备升级和企业互联网化提升,引导机电产业加速转型,向“微笑曲线”两端攀升。策应大健康产业集聚发展,推动医药和医疗器械产业向规模化、标准化、品牌化、国际化方向提升,打造一批位居全国同行业前列的高端产品和知名企业。坚持综合施策,以有力有效的稳增长措施为转型发展赢得时间和空间。合理引导发展预期,强化经济运行监测预警,优化营商环境,支持实体经济振兴。实行政府奖补激励与企业技改项目挂钩制度,确保技改投入增长15%以上。鼓励重点企业突破核心技术,推动龙头企业主导和参与标准制订,支持规模企业实施品牌培育,促进优势企业在竞争中不断做大做强。引导企业抢抓当前行业整合有利时机,通过高位嫁接、兼并重组等方式,实现裂变扩张,确保新增国税开票销售过10亿元企业2～3家,力争新增过50亿元企业1～2家。完善政银企融资对接方式,完善政银保风险分担机制,大力发展股权融资和债券融资,引导各类金融资源向实体经济倾斜。深入实施企业上市三年行动计划,力争主板挂牌1家,进入辅导期1家,新三板挂牌4家。

推动建筑产业创新转型。以资质升级为抓手、股权调整为动力,加快培育一批技术优势明显、工艺装备先进的“航母级”建筑集团,新增特级资质企业1家、一级资质企业2家。巩固京津冀等传统市场,拓展中西部等新兴市场,围绕“一带一路”加大“走出去”力度,拓展市场份额。积极应对“营改增”带来的机遇和挑战,平稳度过税制改革冲击期,推动建筑业由外延扩张向内涵提升转变,实现建筑业总产值685亿元,力争入库税收增长8%以上。争创“鲁班奖”或国优工程奖1项,擦亮“建筑之乡”金字招牌。

促进服务业提档升级。充分发挥泰兴人口基数大、区域位置好、产业基础强等优势,优化提升传统商贸业、加快培育现代服务业,力争服务业增加值占GDP比重提高1个百分点,确保净增服务业规上企业和限上批零住餐企业20家以上。优化发展城市服务业。合理布局现代商贸业态和专业市场体系,在方便群众生活的同时增强发展活力。规划建设大型农副产品批发市场,科学整合城区小商品市场。开工建设五星级酒店,加快大型城市商业综合体实施进度。大力发展生产性服务业。推动生产性服务业向专业化和价值链高端延伸,制造业由生产型向生产服务型转变,突出抓好总部经济、金融服务、科技服务等现代服务业。启动主城区、黄桥经济开发区、泰兴高新区、虹桥工业园区等特色电商集聚区建设,构建覆盖城乡的电商服务体系,推动电子商务加快发展。促进沿江现代物流业发展,努力把苏中沿江化工物流园、虹桥物流园建成“码头中转、集中仓储、多式联运、流通交易、信息服务”为一体的综合物流园区。推进旅游业态创新。以旅游发展总体规划为龙头,以“旅游+”为抓手,积极培育黄桥古镇体验、乡村休闲度假、银杏生态养生、沿江湿地风情、红色教育基地等特色板块,打造泰兴旅游品牌。启动黄桥古镇旅游的策划和规划,实施丁文江故居修复、丁西林故居修建工程,提升黄桥战役纪念地展示陈列水平,举办丁文江诞辰130周年纪念活动。

加快现代农业发展。推进农业供给侧结构性改革,以现代农业产业园区和省级“菜篮子”工程蔬菜基地为重要载体,围绕提质增效,积极发展高效设施农业、合作社农业、品质农业、“互联网+”农业、“旅游+”农业。加强高标准农田建设,提高粮食综合生产能力。推动政策性农业保险健康持续发展,提高农业抵御灾害事故能力。加强新型职业农民培训,加速构建农业生产全程社会化服务体系。提高农业装备和技术水平,加快创建粮食生产全程机械化示范市。推进农业标准化生产,实施品种改良、品质改进、品牌创建,强化农产品质量监管,积极打造优质稻米和香荷芋、花生等农产品地域品牌。大力发展农产品精深加工、仓储物流,推动三次产业融合发展,延长产业链、提升价值链。规范农村土地承包经营权流转,推行实物计租、货币兑现定价机制,维护流转双方合法权益。进一步加强研究、加强引导、加强服务,促进家庭农场健康发展。

2.加快发展动力转换。紧扣培育有爆发力和影响力的新增长点目标,抓住“堵点”“痛点”,拉出问题清单,一一疏通化解,促进发展动力转换,加快实现“转型出关”。

突出创新驱动。坚持用创新的思路抓创新,用开放的视野抓创新,用市场的手段抓创新,着力培育创新型增长点,形成以创新为引领的经济体系和发展方式,力争高新技术产业产值、科技研发投入分别增长19%和12%以上,高新技术产业产值占规上工业比重达45%,全社会研发投入占GDP的比重2.4%以上。发挥企业主体作用。支持重点企业建设高水平研发机构,推动重点骨干企业普遍建立政产学研合作机构。加大高新技术企业培育力度,深入开展“小升高”专项行动,新增国家级高新技术企业30家以上。在精细化工、医药、传动机械、高新技术船舶、高端制造、军民融合等领域扶持和培育20家创新型领军企业。大力实施“百品培育、百企创新”计划,新增新品研发计划100项以上,新增省级高新技术产品70项以上。打造创新平台。在理念、制度、政策等方面探索有利于驱动创新的新机制新模式,构建集聚创新资源的良好生态,致力把人才科技广场打造成集聚创新平台和创新人才的高地。筹建市级精细化学产业研究院和传动机械创新研究院,紧盯技术和工艺发展方向,发挥好对产业创新发展的引领作用。因地制宜打造特色小镇。按照产业发展“特而强”、功能叠加“聚而合”、建设形态“精而美”、制度供给“活而新”的要求,科学规划设计,加强项目招引,加快打造黄桥乐器小镇、高新区凤栖小镇,确保年底前初具形态。鼓励有条件的园区、乡镇(街道)做好特色小镇培育工作。把离岸孵化作为创新平台建设的重中之重,确保建成离岸孵化基地30家,新增在孵项目100项、落地项目60项以上。培育创新生态。发挥“泰科易”平台作用,有针对性地组织开展科技成果与产业、企业对接活动,促进更多关键核心技术在泰兴转化应用。优化“三张券”政策,有效发挥激励效应,加快集聚各方人才,全年引进高层次人才300名以上,其中海外人才50名。按照“低成本、便利化、全要素、开放式”的要求,新建新型众创空间1个。发挥“苏科贷”和农商行“资金池”作用,着力解决科技型中小企业和“大众创业、万众创新”融资难题,营造更加优良的创新创业环境。

不断深化改革。深入推进供给侧结构性改革。严格执行环保、能耗、质量、安全等相关法律法规和标准,以化工行业整治为重点,推进落后产能、低效产出淘汰工作。强化政府监管职能,坚决取缔非法产能。把去库存与促进农业转移人口市民化结合起来,完善优化土地供应机制,促进房地产市场健康平稳发展。推动企业扩大直接融资规模,努力降低企业杠杆率。加强政府性债务管理,推动政府融资平台实体化转型。落实各类平台融资规模监管措施,严禁乡镇负债发展。积极构筑良好的金融生态,抓好互联网金融专项整治,坚决守住不发生区域性、系统性风险的底线。整合集成扶持企业发展的各项政策,落实各项减税降费举措,提高企业的感受度和受益面。进一步坚持问题导向,聚焦薄弱环节,完善补短板项目推进机制,努力增强发展的整体性、协调性。加快推动重点领域改革。深入推进“放管服”改革,严格落实权力清单和责任清单,下决心减事项、减环节、减材料、减收费,让群众和企业少跑腿、好办事、不添堵。更大力度推进集中审批,加快实现一个窗口流转、一枚印章审批。开展中介机构专项整治,切实优化中介服务。全面建成“互联网+政务服务”体系,推进实体大厅与网上平台线上线下融合。进一步探索综合执法体制改革,构建更为完善有效的监管执法体系。深化财政改革,扎实推进预决算公开。抓住泰州市国家级金融支持产业转型升级改革创新试验区建设的机遇,积极探索,积极上争,更多地争取改革的红利。深化商事制度改革,实行企业名称电子化登记,实施企业简易注销方法和个体工商户“两证合一”,力争新设企业3个工作日内取得营业执照。深化国资国企改革,构建有利于国有资产保值增值的管理体系和管理制度,激发国有资本和国有企业经营管理者的活力。着力推进供销合作综合改革,重构供销合作社服务“三农”新体系。

全力扩大开放。全面实施开发园区追赶跨越三年行动计划,确保实现经济总量扩张、外资和项目大突破、平台载体大提升、争先进位年度目标。推动泰兴经济开发区在国家级经济技术开发区创建、国家循环化改造重点支持园区建设上取得新进展,黄桥经济开发区在按照省级开发区标准建设、深化南北共建上迈出新步伐,泰兴高新区在高新技术产业化、创新要素集聚上实现新跨越。同时,推动虹桥工业园区在重大项目招引落户、农产品加工园区在打造产业特色、城区工业园区在发展军民融合产业和集聚医疗器械产业上求得新突破。创新开发园区体制机制,稳步推进泰兴高新区招商体制改革试点工作,并适时在全市推广。深入实施利用外资“八聚焦八提升”行动,引导外资投向战略性新兴产业和先进制造业,鼓励现有外资企业设立地区总部和研发机构,确保利用外资3亿美元以上。引导企业通过直接投资、并购等方式,在“一带一路”国家开展国际产能合作,设立境外机构、销售网络和生产加工基地,加快本土企业国际化步伐。支持企业开展跨境电商业务,抓好外贸企业“扩面、培优、扶强”工作,尽快形成新的外贸增长点,确保完成外贸进出口25亿美元。拓展对外承包工程领域,提升对外劳务水平。

3.全面提升城市品质。以新一轮“四城同创”为抓手,以《城建新提升三年行动计划》为统领,加快推进城市科学规划、有序建设,集约开发、高效运行,精细管理、精明增长。

突出规划提升。立足更高起点,组织实施城市总体规划评估。着眼建设现代新城目标,实施北部片区、东北片区控规的整合和修编,谋划片区的功能定位和空间布局。启动综合交通专项规划编制,超前规划并控制好过江通道、高速道路、高铁、城际轻轨与城市主干路网有机连接的综合交通体系。加快旧城有机更新专项规划的编制,有序推进老城区基础设施、公共服务设施建设。编制城区景观提升实施规划,打造独具魅力的景观体系。将城市设计融入规划制定的全过程,控制优化城市轮廓、重要视线、特色地段、关键节点。重点开展东北片区、金融商务区、澄江路南侧滨水商业区等城市空间设计。

突出功能提升。优化完善城市基础设施。全面贯通“九纵九横”干道,持续改进支路微循环系统,健全内外交通顺畅衔接的城市道路网络体系。加强防洪排涝设施建设,加大易涝地区改造力度,实施如泰运河与羌溪河堤岸达标、众安港南闸站、甸何中沟北闸站、跃进河贯通等城市防洪工程,确保城市东南片区、力争西北片区全面实现控水活水目标。启动第二水厂、应急备用水源地建设和老旧供水主管改造,提升安全供水能力。完善城市建筑物配建车位标准,加快公共停车系统建设,实施城市公共自行车服务系统二期工程,继续推动公共交通发展,努力缓解城区出行难、停车难。

突出品质提升。着力打造“双水穿城、活水绕城、水文一体、水绿相映”的城市特色。高标准实施“双水”滨河景观工程,综合实施滨河风光带、亲水平台、涉水步道和慢行系统。继续抓好黑臭河道整治,改造老旧污水收集管网,建成国庆路南侧、鼓楼南路西侧污水截流工程。启动实施植物园、东郊森林公园、西郊防护林提升等项目,加快建设龙河湾、香榭湖、羽惠河等城市公园,构建绿色生态网络。注重历史文脉的传承发展,恢复凤凰天、古城墙遗存,规划建设仙鹤湾风光带南延、济川古街工程,启动泰中老校区地块规划研究。多措并举改善城区环境,大力实施老城区有机更新、重点区段整治、节点打造、夜景亮化,确保棚户区、城中村、老旧小区、背后街巷改造年度目标全面完成。统筹规划,整合资源,启动智慧城市建设。

突出管理提升。瞄准市容短板,着力提升设施配套养护水平、环境卫生管理水平、市容秩序管理水平。巩固和扩大省级城市管理示范路创建成果,深入推动城市环境综合整治。推进城市交通综合治理,切实解决城市交通违法、秩序混乱等问题,有效降低高峰时段、拥堵路段交通压力。建立建筑垃圾、餐厨废弃物、园林废弃物的回收和再利用体系,推进生活垃圾分类收集处理。结合"四城同创",突出创建育民惠民,扎实推进市民素质"八大行动",广泛开展"八礼四仪"养成教育,深入践行"新十不"行为规范,不断提升市民文明素质和城市文明程度。

4.促进城乡统筹发展。进一步优化发展理念,优化城镇空间布局,合理确定各区域主体功能,着力构建新型城乡形态。

扎实推进现代交通和水利体系建设。实质性启动盐泰锡常宜城际铁路、北沿江高铁和泰常过江通道建设前期工作。加快完善"四纵四横"国省干线,完成江广高速扩容工程,开工建设355省道泰兴段,启动232省道、504省道、镇海路南延等工程前期工作。加快实施乡镇10-15分钟接入市域骨干路网工程,加大通村公路提档升级和危桥改造力度,构建外联内畅的大交通格局。建成马甸水利枢纽改建工程并投入使用,开工建设如泰运河泰兴如皋贯通工程,实施如泰运河城区段封航。全面推进省级农村河道疏浚整治工程,以及靖泰界河疏浚整治、东西姜黄河整治、黄桥中型灌区、四桥港排涝站、戴窑洼地排涝能力提升等工程。

提升沿江一体化发展水平。认真贯彻落实《长江经济带发展规划纲要》,修编完善沿江一体化开发总体规划。强化岸线保护利用,优化港口功能布局。加快港口基础设施建设,完成天星洲综合整治工程,按计划建成一批公用码头。积极发展港口物流业,港口吞吐量力争突破5000万吨。组建泰兴市港口集团,整合公用码头资源,更好引领和服务沿江产业发展。推进查验机构建设,建成边检营房,完成水上综合执法基地和国检实验室工程。

促进黄桥老区变"新区"。坚持规划引领,完善公共服务设施,提升黄桥小城市建设品质,为更多老区人民就地就近城镇化创造条件。发挥黄桥经济开发区、农产品加工园区的辐射带动作用,提高项目承载能力,促进有利于老区居民增收、企业增效、财政增长的产业集聚发展,打造引领老区发展的强劲引擎。支持黄桥老区乡镇根据自身特色,因地制宜打造工业型、商贸型、农业型、旅游型小城镇,实行差异化发展。支持黄桥老区普惠金融示范区建设,引导金融资源向老区倾斜。

加速建设美丽宜居村庄。做好"强富美高"新农村片区建设规划设计工作,积极启动示范片区建设。开展美丽乡路、美丽庄河、美丽农田、美丽家园创建行动,打造水清岸绿、整洁有序的农村环境。实施农村庄河整治工程,推进村庄生活污水治理,加大农村生活垃圾收集转运和村庄"八乱"治理力度。积极引导移风易俗,提高农村公益性公墓利用率。推进城乡基本公共服务均等化,建立完善功能齐全、便民惠民、管理规范的农村公共服务运行维护体系。

打好脱贫攻坚战。落实产业扶持、转移就业、挂钩帮扶和权益性增收等精准扶贫、精准脱贫措施,确保新一轮建档立卡低收入农户脱贫比例和经济薄弱村中集体经营性收入35万元以上的比例均在60%以上。进一步完善政策措施,致力解决因病因残致贫返贫问题。整合财政扶持和机关部门单位扶持资金,实行统一投入,有效监管,落实稳定的投资收益,实现经济薄弱村可持续增收。坚持以收定支、厉行节约、公开透明,规范村集体支出,严控村级负债。

5.加强生态文明建设。以"两减六治三提升"专项行动、中央环保督察整改专项行动和生态十大工程为主抓手,多方面齐抓共管、多领域协同并治,着力打好治气、治水、治土三大攻坚战,切实把绿色发展理念落实到生态文明建设工程上。

持续推进节能减排。坚持控增量与减存量并举,实行资源总量和产出强度双控行动,从源头上为生态环境减负。严把项目落地准入门槛,严控"两高一资"、低水平重复建设和产能过剩项目。扎实开展化工园区和涉重企业专项整治行动,推进泰兴经济开发区老A区和马甸化工集中区小化工企业关停拆除工作,加快实施小化工企业专项整治行动计划,完成50%以上小化工企业关停并转任务。完善促进土地节约集约利用的体制机制,严控新增建设用地总量和土地开发强度,大力提升节地水平和产出效益。加大土地整治开发力度,拓展用地规划空间。探索"低碳城市"发展机制,进一步加快实现生产方式、生活方式和消费方式的绿色化。

深入开展综合治理。落实"气十条""水十条""土十条",重点推进沿江生态建设和清水通道水环境、黑臭水体、畜禽养殖污染、生活垃圾、挥发性有机物污染、环境隐患"六大治理"。下大力气保护长江生态,编制沿江生态恢复重建规划,按计划打造长江生态廊道。持续加强化工企业废气专项整治,推进重点工业企业烟尘提标改造工程,综合治理机动车、渣土、施工扬尘等污染源,大幅减少灰霾污染。加快推进农村环境基础设施建设和农业面源污染治理,全面实施畜禽养殖污染防治。

严格环保监管执法。加快"天地一体化"环境监测体系建设,实现对区域水、气、土等环境要素及主要污染源的实时在线监测。坚持源头严防、过程严管、后果严惩,完善网格化环保监管体系,健全环境行政执法与司法联动机制,严厉打击各类环境违法行为。全面推行生态环境损害赔偿制度,完善生态文明建设绩效评价和责任追究制度。

6.切实保障和改善民生。按照坚守底线、突出重点、完善制度、引导预期的要求,切实解决好人民群众最关心最直接最现实的利益问题,实现经济发展与民生改善的良性循环。

提高民生工作水平。认真贯彻落实七大群体激励计划,不断创新增收举措,积极探索富民新路。实施就业援助千人计划,促进各类社会群体依靠自身努力和智慧创造财富,促进以高校毕业生为重点的青年就业和城镇困难人员、残疾人就业,加强对灵活就业和新就业形态的扶持。稳步推进机关事业单位养老保险制度改革,适时提高城乡居民养老保险基础养老金标准。进一步完善医保政策,建立统一的城乡居民基本医疗保险实施办法,提高参保人员待遇,确保政策范围内城乡居民医保和职工医保报销比例分别稳定在75%左右和80%以上。全面落实社会救助标准自然增长机制,积极推进城乡低保一体化。刚性落实被征地农民社会保障政策,将新增被征地农民全部纳入社会保障体系。完善社会养老服务体系,推进医养融合,提高居家养老服务水平。

加快发展社会事业。努力办好人民满意的教育,确保教育现代化监测指标达省先进市标准。加快泰兴中学新校区、黄桥新城学校建设,规划建设城市南片区和东北片区学校,抓好省优质幼儿园、省示范性社区教育中心、省现代化示范性职业学校和泰州市义务教育现代化学校创建。深化公立医院改革,探索建立"基层首诊、双向转诊、急慢分治、上下联动"的分级诊疗体系,完善现代医院管理制度。推动市级医院布局调整和建设,加快实施建制镇卫生院和村卫生室提升工程。严格落实食品安全"四有两责"要求,严防食品安全等级性事故发生。深入实施文化惠民工程,推进图书馆、档案馆等场馆数字化建设,全面提升文化设施的服务功能。加强群众性特色文化团队建设,精心打造"唱响泰兴""舞动泰兴""书香泰兴"等群众文化活动品牌。加大媒体融合力度,建设具有区域影响力的综合性传媒集团。推动全民健身与全民健康深度融合,加强重点体育设施建设。开展省级双拥模范城"六连冠"创建,进一步提升拥军水平。

加强社会综合治理。坚持专项治理和系统治理、综合治理、依法治理、源头治理相结合,创新社会治理体制机制。全面提升社区网格化管理水平,完善"三社联动""政社互动"体制机制,加快构建多元共治的现代化社区治理体系。深化"六无"村创建活动,开展以村民小组或自然村为基本单位的村民自治试点工作,进一步夯实社会治理的基层基础。建设市社会组织孵化中心,加强社会组织管理和人才队伍建设。建立立体化、现代化社会治安防控体系,推进政府大数据应急指挥平台和公安大数据指挥服务中心建设。升级技防建设标准,加大"天网工程"补漏补盲补密力度。扎实开展"七五"普法宣传教育,推进落实"谁执法谁普法"责任制。加强矛盾纠纷排查化解和信访风险防控预警,明确责任归属,推动各类信访问题解决在基层。坚持安全生产"一岗双责、失职追责",全面深化网格化监管机制,持续加强安全生产隐患排查整改,着力打通安全生产责任落实"最后一米",坚决防范和遏制较大以上事故发生。

办好为民十件实事。1.推进城乡居民增收,新增城镇就业1.1万人、创业1万人以上,新增转移农村劳动力3000人以上;构建电子商务"市级平台+乡镇服务站+村居服务点"三级运营服务网络,建成市级电商运营中心。2.推进农村生产生活条件改善,完成农村公路提档升级100公里,新建改造农桥165座;疏浚整治村庄河道400条。3.推进老城区环境提升和功能完善,实施5个棚户区、5个城中村、5个老小区改造,整治9个社区内部分背后街巷,新增公共停车位1200个以上,升级改造2家集贸市场。4.推进物业管理水平提升,所有无物管老旧小区实施准物业管理;有物管小区建立业主委员会或物业管理委员会,覆盖面达60%;实施物业管理分级服务达标评比,打造各类样板小区8个;全面落实住宅电梯管护责任。5.推进"绿色家园"建设,启动"双水"滨河景观建设,实施如泰运河北侧羌溪桥至文江桥、羌溪河两侧澄江路至阳江路、羌溪南路东侧风光带项目;建成香榭湖公园、龙河湾公园,新建改造城市游园、绿地9个;新增城市绿化100万平方米、成片造林3000亩,新创森林生态示范村30个。6.推进生态保护和环境治理,启动沿江生态走廊建设,恢复生态岸线2公里以上;实施工业废气整治,完成29家以上企业废气深度整治任务;实施黄桥镇南沙社区耕地土壤修复治理工程;强化农业面源治理,全面完成规模化畜禽养殖企业污染治理,整治非规模畜禽养殖村10个。7.推进底线民生保障提升,实施精准扶贫,新一轮建档立卡低收入农户脱贫率在60%以上;做好尿毒症、白血病、重性精神病三类特殊病种符合医疗救助条件对象的"救急难"工作。8.推进医疗卫生和养老服务条件改善,开工建设市新中医院、妇幼保健院和人民医院新区分院二期工程,建成市二院新院;完成4个乡镇卫生院和50个村卫生室提升工程;新建改建标准化居家养老服务中心(站)26个。9.推进文化惠民,组织开展420场文化惠民演出,整合建设村(居)基层综合文化服务中心100家。10.推进健康城市建设,均衡布局城区慢行步道,确保建成10公里以上。

加强政府自身建设

“重任千钧惟担当。”新的形势和任务，对政府工作提出了更高要求。我们要紧扣政府治理能力现代化目标，落实新发展理念，依法履职，勤勉履职，廉洁履职，为经济社会发展提供坚强保障。

全力打造法治型政府。切实增强依法行政、依规办事、依职尽责的意识，培育科学决策能力、政策执行能力、群众工作能力。完善重大事项决策机制，提高政府行政决策的科学化、民主化、法治化程度。进一步健全政府法律顾问制度，完善行政执法纠错问责和行政执法公示制度。推进重大事项、重点领域的信息公开，提高政务公开的信息化、集中化水平。自觉接受人大法律监督、工作监督，政协民主监督，认真办理人大代表建议、政协提案。广泛听取民主党派、人民团体和各界人士的意见建议，更加主动地接受群众监督和舆论监督。

全力打造服务型政府。进一步强化宗旨意识，树立正确的政绩观，多做打基础、谋长远和优生态、利民生、造福祉的工作。形成常态化长效化大走访大落实机制，真正到群众中去，到一线去，听真话、摸实情、出实招。充分发挥12345·政风行风热线、市长信箱等沟通平台作用，主动及时回应群众关切。以群众需求为出发点，以群众满意为最高标准，切实转变政府职能，不断提升服务群众、服务企业、服务项目的能力和水平。

全力打造创新型政府。坚持把改革创新贯穿于政府工作的全过程和各领域，聚焦阻碍转型发展的突出问题，在解放思想、先行先试中探求新举措，在学习先进、借智借力中谋划新思路。善于用市场化的办法解决新常态下面临的新情况新问题，努力在发展新产业新业态新技术、推动创新转型跨越发展方面创造经验，闯出新路。健全常态化学习机制，加强政府工作人员理论学习和金融、法律、管理、互联网等专业知识培训，让各级干部在“学思践悟”中提升专业化能力和专业化素养。继续坚持按季度、常态化查短板补短板工作机制，不断在创造性解决问题的过程中接长短板、实现突破。

全力打造高效型政府。真正把争创一流、争做旗帜作为政府工作的追求，带领广大机关干部“撸起袖子加油干”。大力倡导马上就办、办就办好的工作作风，完善政府内部运行和部门协调配合机制，促进政府工作规范高效运转。健全重点工作推进机制，完善重大项目矛盾协调、城建工程督查、经济运行分析研判预警，以及报大事查要事议难事等制度。进一步围绕重点工作、重大事项，完善大督查体制。改进考核方法，构建以求真务实为导向的绩效管理体系。强化行政效能问责，对市委决定的事项、人大形成的决议、政府作出的部署、面向群众的承诺，加强政策执行和任务落实情况跟踪督查，确保政令畅通、落实到位。启动建设电子政务协同办公系统，推进网上审批、网上执法、电子监察，用信息化手段倒逼效率提升。

全力打造廉洁型政府。严格落实党风廉政建设责任制，切实履行“一岗双责”。刚性执行中央八项规定和省市委十项规定，驰而不息纠“四风”。坚持无禁区、全覆盖、零容忍，始终保持惩治腐败的高压态势。坚持用制度管权、管事、管人，强化政府内部权力制约，营造风清、气正、劲足的干事氛围。完善“三重一大”事项集体决策制度，对领导干部履行经济责任情况实行审计全覆盖，加大行政监察和审计监督力度。强化预算刚性约束，严控一般性支出，继续压降“三公”经费，把有限的资金更多用到保民生、补短板、增后劲上。

各位代表，泰兴是我们的共同家园，建设“强富美高”新泰兴是我们的历史使命，带领120万泰兴人民创造幸福生活是我们的共同责任。让我们在中共泰兴市委的坚强领导下，紧紧依靠全市人民，以更加宽广的视野谋划发展，以更加昂扬的斗志迎接挑战，以更加务实的作风勤勉做事，为实现“聚力创新快转型、聚焦富民奔小康，争当苏中排头兵”的宏伟目标努力奋斗！

2016年度民生十件实事完成情况

1. 实施沿江排涝能力提升工程，增加排涝能力16立方米／秒，完成四桥港闸站和东夹江排涝站站身工程；完成戴窑洼地治理工程，建成闸站2座、控制涵闸6座、排涝站4座。（责任单位：水务局）

完成情况：四桥港闸站、东夹江排涝站已完成站身工程。戴窑洼地治理工程完成新建闸站2座、控制涵闸6座、排涝站4座任务。

2. 完成10家规模畜禽养殖场和8个试点村畜禽养殖污染治理任务。（责任单位：环保局、农委）

完成情况：已完成11家规模畜禽养殖场污染治理任务。8个非规模畜禽养殖粪污治理试点村385个田头调节池全部建成并投入使用。

3. 完成农村公路提档升级100公里；新建农桥150座、泵站200座、硬质渠道300公里；完成古马干河桥梁升级改造。（责任单位：交运局、水务局、财政局）

完成情况：已完成119.5公里农村公路提档升级和150座农桥、250座泵站、350公里硬质渠道建设任务。古马干河新建改建5座桥梁。

4. 建成泰师附小东润校区并投入使用，建成根思初中；建成人口健康信息化系统；完成50个村卫生室提升工程；提高新农合补偿和农村居民大病保险补偿

标准。(责任单位:教育局、卫计委、人社局、有关乡镇街道)

完成情况:已建成泰师附小东润校区并投入使用,建成根思初中。人口健康信息化系统平台已建成,完成54个村卫生室提升工程。新农合提高了限额标准,增加了特殊病种门诊的种类;农村居民大病保险降低了起付线,提高了报销比例,扩大了报销范围。

5.实现主城区主要公共区域免费无线网(WiFi)全覆盖;完成城市公共自行车服务设施选址布点工作并启动建设。(责任单位:经信委、城管局)

完成情况:主城区主要公共区域免费无线网(WiFi)已实现全覆盖,共完成245个场所643个AP点建设任务。城市公共自行车服务设施选址规划布点47个,已组织进场施工。

6.开工建设保障性住房4.8万平方米;完成城区7个老小区和10个背后街巷整治改造;城区新建公厕10个,新建、改建垃圾中转站8座。(责任单位:住建局、城管局)

完成情况:开工建设保障性住房5.7万平方米。已完成城区7个老小区和10个背后街巷整治改造、新建城区公厕10个、新建改建垃圾中转站8座等任务。

7.完成成片造林3000亩,新建完善农田林网8万亩;城区新建社区游园、街旁绿地、滨河景观等绿地8个,节点提升5项,新增绿化面积47万平方米。结合绿地建设,城区新增停车位300个。(责任单位:农委、住建局)

完成情况:全市新增成片造林4017亩,新建完善农田林网10.7万亩。实施城区绿化项目29个,新增绿化面积47.1万平方米。结合绿地建设,城区新增停车位320个。

8.大力实施城乡水环境治理工程。实施第二批中小河流重点县治理和村庄河塘疏浚整治,疏浚整治农村中小河流200条;彻底消灭城区黑臭河道;如泰运河以南地区污水截污基本到位,基本实现全天候"活水、清水"目标;实施如泰运河以北地区水系沟通工程,东北片区水系全面沟通。(责任单位:水务局、住建局)

完成情况:第二批中小河流重点县治理已全部完工。疏浚整治209条村庄河塘。完成学院河贯通、东军田河整治等工程,实现消灭城区黑臭河道目标。羌溪南路(澄江路至文昌路)污水管网工程已完工,如泰运河以南地区污水截污基本到位。东北片区水系全面沟通,西闻垈河开通工程和星火中沟开通工程已完成。

9.新增创业1万人,创业带动就业3万人,免费创业培训2000人,培植省级创业孵化示范基地1个。(责任单位:人社局)

完成情况:累计新增创业1.1万人,带动就业3.4万人,免费创业培训2465人,创建省级创业孵化基地1家。

10.实现农村公益性公墓全覆盖,新建经营性公墓并投入使用,建成市殡仪服务中心并投运。(责任单位:民政局)

完成情况:新建农村公益性公墓55处,三年累计建设141处,基本实现全覆盖。经营性公墓已建成126个墓穴并投入使用。市殡仪服务中心已建成投运。

做年豆腐(一)

做豆腐,蒸馒头,炒花生,是泰兴农家过年必做的三件大事。豆腐,区别于平时,前面总要加个"年"字;这里说的年豆腐,寓意年年头富、年年幸福。

寒冬腊月新春将近的时候,家家户户总要做点年豆腐。日晒雨淋,风吹霜打,农民是最辛苦的。做年豆腐,既是对过去一年的总结,也包含对新的一年期盼。一般在腊月二十以后的一天,当家的就挑着涨得胖胖的黄豆和捆得结打结实的豆楷,往专门帮着邻居做豆腐的人家走去,穿前落后的是伢儿和小花狗子,跟在后面捧着竹筛子的,当然是"内当家"了。这时的作坊里门庭若市,巴掌大的地方,三个女人一台戏,五个汉子吹牛皮,细伢儿追逐搞打,煮浆锅炊烟袅袅,一派热气腾腾的景象。水磨则在轰隆轰隆毫无倦意地哼着老龙河畅想曲,演绎着既古老又新鲜的故事。(未完待续)

(吕耕樵　吕晓文)

大事记

■编辑 张留红

1 月

3 日 上海市泰兴商会举行新年晚会暨泰兴招商项目推介会。

4 日 泰兴市召开园区“十三五”总体发展规划过堂会。

5 日 泰州市委书记蓝绍敏，泰州市委副书记、组织部部长史立军带领参加泰州市委四届十次全会的与会人员，分成两组到泰兴市观摩项目建设现场。

7～8 日 泰兴市委十二届十三次全会召开。

9～12 日 中国人民政治协商会议泰兴市第十二届委员会第五次会议在市委党校召开。

10～13 日 泰兴市第十四届人民代表大会第五次会议在影视城召开。

13 日 市委副书记、市人大常委会主任孙云，市委常委、市人大常委会副主任田之本、耿元进与新当选的市人大常委会组成人员向宪法宣誓，这在泰兴市人代会上尚属首次。

16 日 泰州市委副书记、代市长史立军，副市长杨杰带领部门负责人到泰兴市督查江广高速改扩建工程进展情况。

19 日 省委常委、组织部长王炯到泰兴市走访慰问困难群众和困难老党员。

20 日 省环保厅厅长陈蒙蒙调研泰兴市环保工作。

27 日 泰州市委常委、政法委书记张爱平，副市长孔德平到泰兴市走访慰问困难群众。

29 日 泰兴市召开老干部情况通报会。

2 月

3 日 中共泰兴市第十二届纪律检查委员会第四次全体会议召开。

15 日 市委书记孙耀灿在黄桥主持召开市委常委(扩大)会，专题研究“十三五”时期加快推进黄桥副中心建设事宜。

16 日 山东省淄博市桓台县县委书记贾刚，县委副书记、县长边江风带领党政代表团到泰兴市参观考察。

17 日 泰兴市城建交通工作会议召开。

23 日 省水利厅副厅长叶健一行，到泰兴调研农村水利工作。

△ 泰兴市工业经济会议召开。

25 日 江苏凤凰出版传媒集团董事长张建康一行到泰兴市考察。

26 日 湖北省公安县县委副书记、常务副县长杨运春一行到泰兴市考察经济工作。

3 月

1 日 全市政法信访工作会议召开。

9 日　兴化市委副书记、市长李卫国带领党政代表团到泰兴市参观考察。

△　泰州市委常委、常务副市长何榕到泰兴市督查重大项目招引建设和第八届中国·泰州水城水乡国际旅游节筹备工作。

12 日　全市 10 亿元以上重大产业项目督查推进会召开。

19 日　泰兴市在北京举行投资环境说明暨项目推介会。

22 日　全省 2016 年集体协商春季集中要约行动启动仪式在泰兴市举行。

28 日　泰兴市 9 个重大服务业项目集中开工。

30 日　山东省淄博市沂源县代表团在县委书记张学武的带领下到泰兴市参观考察。

是月　中国科协公布《关于命名首批 2016--2020 年度全国科普示范县(市、区)的决定》,泰兴市位列其中。

4　月

9 日　虹桥镇人民政府主办,市旅游局、体育局、市餐饮协会协办的 2016 泰兴虹桥江鲜美食节在森萱农庄开幕。

12 日　国家环保部环境监察局局长田为勇考察调研泰兴市环保工作。

14 日　如皋市委书记姜永华、市长陈晓东带领党政代表团到泰兴市参观考察。

△　镇江市副市长詹立风一行参观考察泰兴经济开发区安全和环保工作。

15 日　"对党绝对忠诚——泰州市全民国家安全教育宣传周暨沈安娜生平展"启动仪式在泰兴市举行。

19 日　河南省开封市政协副主席赵洁率领开封市餐饮行业协会到黄桥镇参观考察。

22 日　泰兴市在福建厦门举行土地暨服务业招商推介会。

25 日　省水利厅副厅长张劲松一行调研泰兴市防汛工作。

26 日　省教育厅副厅长曹玉梅一行调研泰兴市社会教育工作。

27 日　新疆昭苏县党政代表团到泰兴市考察城市建设。

△　泰州市政协四届四十五次主席会议在泰兴市召开。

28 日　省安监局党组成员、副局长陈忠伟一行到泰兴市巡查安全生产工作。

5　月

1 日　泰州市市长史立军、副市长杨杰检查经济开发区企业安全生产情况。

2 日　江苏省国税局党组书记、局长胡道新督导泰兴市国税局营改增工作。

5 日　天津市农委巡视员、副主任张世纬到泰兴市考察推进农业适度规模经营情况。

6 日　省人大常委会副主任、省工商联主席许仲梓到泰兴市调研民营制造业发展情况。

10～12 日　省委常委、省纪委书记弘强到泰兴市宣堡镇崇头庄村开展"三解三促"驻点调研。

14 日　由国家体育总局社会体育指导中心、中国大学生体育协会、中国中学生体育协会主办,泰兴市协办的 2015--2016 年全国跳绳联赛泰兴站比赛在市体育中心开幕。

16 日　中央综治办秘书室处长禹丽芸带队到泰兴市调研社会管理综合治理工作并实地参观虹桥镇。

17 日　上海金桥集团与市政府签署框架合作协议,共建上海金桥黄桥产业园。

20 日　省商务厅副厅长朱益民一行到泰兴市调研外经工作。

27 日　泰州市人大常委会副主任高纪明、泰州市副市长陈明冠到泰兴市现场督办靖泰界河整治建议落实情况。

△　国家安全监管总局安全监察专员王力争率国务院安委会第一巡查组到泰兴市开展安全生产巡查。

△　泰兴市公车改革取消车辆首场拍卖会在市委党校举行。

31 日　泰兴市不动产登记局和不动产登记中心正式揭牌。

6　月

2 日　泰州市委常委、军分区司令员李国强,政委张志洋一行检查泰兴市沿江防汛隐患段,研究沿江防汛应急措施。

16～17 日　上海协通集团董事长、总裁唐庆余一行到泰兴市,就城市建设及黄桥镇小城市建设、黄桥工业园区开发建设进行考察。

17 日　泰州市副市长杨杰到新街镇调研指导脱贫攻坚工作。

18 日　上海金桥集团黄桥产业园正式揭牌。

21 日 住房和城乡建设部督查办副主任韩煜带领专家督查组对泰兴市工程质量治理两年行动工作进行检查。

22 日 全市领导干部会议召开，宣布省委、泰州市委关于泰兴市委、市政府主要负责人调整的决定。张育林任中共泰兴市委书记，提名刘志明为泰兴市人民政府市长候选人。孙耀灿不再担任中共泰兴市委书记职务。

23 日 泰州市委常委、纪委书记马士光到泰兴市珊瑚镇推进精准扶贫、精准脱贫工作。

23～24 日 市十四届人大常委会召开第三十次会议。

28 日 省人大常委会环资城建委主任夏鸣带领省人大执法检查组到泰兴市，就贯彻实施《环境保护法》情况开展检查。

△ 泰州市委常委、军分区司令员李国强一行到泰兴市姚王镇走访慰问老党员、生活困难党员。

30 日 省铁路办副主任俞强到泰兴市调研铁路规划建设工作，就盐泰锡常宜、北沿江铁路线型以及拟建站场选址进行现场踏勘。

7 月

3 日 泰州市委副书记、市长史立军视察泰兴市防汛排涝工作。

4 日 省安监局副巡视员单昕光带领督查组，督查泰兴市危险化学品安全专项整治工作情况。

6 日 省编办主任俞军一行调研泰兴市基层治理构架和省直管县体制改革工作。

7 日 泰州市政协副主席董勤、蔡德熙率领部分泰州市政协委员调研泰兴市民政工作。

10 日 泰州市副市长陈明冠检查泰兴市天星闸防汛防台工作。

11 日 泰州市委书记蓝绍敏，泰州市委副书记、市长史立军带领参加泰州市委工作会议的与会人员，分成两组观摩泰兴市项目建设情况。

18 日 济川药业集团教育发展基金设立暨泰兴中学首届“清北奖”颁奖仪式举行。

△ 中国残疾人联合会组织联络部副主任常征调研泰兴市残疾人康复中心、泰兴市苏馨家园。

19 日 泰州市副市长王学锋到泰兴市元竹镇调研扶贫工作。

20 日 泰兴市在上海香格里拉大酒店举办投资环境说明暨项目推介会。

26～28 日 中国共产党泰兴市第十三次代表大会召开。

30 日 市委工作会议召开。

是月 泰兴市被表彰为“江苏省平安校园建设示范县(市、区)”。

是月 泰兴市黄桥镇祁巷村被中国生态文化协会授予“全国生态文化村”称号。

8 月

5 日 市人社局举行首批优秀人才购房券发放仪式，18 名优秀人才领到总值一百万元的购房券。

8 日 泰州市人大常委会副主任王建带领部分泰州市人大代表到泰兴市，专题调研普法工作开展情况。

10 日 市委书记张育林主持召开市委常委（扩大)会议，专题研究安全环保信访等工作。

16 日 市委召开老干部情况通报会。市委书记张育林向老干部通报市第十三次党代会和市委工作会议情况。

17 日 泰州市委常委、常务副市长、宣传部部长卢佩民带领部门负责人到泰兴市调研项目大突破和特色小镇建设工作。

△ 省发改委调研组到泰兴市开展“三解三促”活动，并实地调研乐器产业和绿色循环产业发展情况，指导推进产业提档升级。

18 日 泰州市小城市建设现场推进会在泰兴市虹桥镇召开，与会人员参观虹桥新城项目建设现场。

29 日 市委副书记、代市长刘志明主持召开市规委会 2016 年第三次会议，对部分项目建设和调整方案进行审议审查。

△ 省安监局局长陈正邦、副局长赵利复带队到泰兴市督查危险化学品安全专项整治工作进展情况。

30 日 全市党外代表人士“七一”讲话及市党代会、市委工作会议精神专题辅导报告会在市委党校举行。

是月 工信部直属研究机构中国信息通信研究院第二次发布《2016 年中国工业百强县(市)发展报告》，泰兴市以综合竞争力指数 57.2 分，位居榜单第 33 位，较 2014 年提升 26 位。

9 月

2 日 泰兴市家庭服务业协会成立大会召开，首批 70 多家企业入会。

11 日　省委常委、副省长杨岳到黄桥镇和新街镇调研扶贫开发工作。

13 日　市委书记张育林,市委副书记、代市长刘志明分别走访慰问台商、归侨。

20 日　泰州市人大常委会党组书记、副主任高纪明带领部分泰州市人大代表,到泰兴市视察代表建议办理情况。

△　泰兴市农村土地承包经营权证书颁发仪式在分界镇王厂村举办。市委副书记张坤代表市委、市政府向分界镇王厂村十九组承包方代表朱静颁发泰州市首份农村土地承包经营权证书。

△　江苏省环保厅在泰兴市召开苏中、苏北化工园区环保专项整治督办推进会。

22 日　陕西省信访系统到泰兴市考察群众依法逐级走访权益保障卡试点工作。

27 日　泰兴经济开发区主办,华东理工大学商学院协办的中国化工园区 EHS 发展论坛在泰兴市开幕。

29 日　省长石泰峰到黄桥老区调研老区发展和扶贫开发工作。

30 日　全市市乡两级人大换届选举工作会议召开。

是月　泰兴市残疾人托养中心阳光康复器材厂职工张变荣获里约残奥会女子乒乓球 TT5 级 (轮椅乒乓球)单打和团体冠军。

10　月

9 日　泰兴市召开开发园区 “追赶跨越三年行动计划”过堂会,听取“三区三园”未来三年发展目标、发展路径和重点举措。

11 日　泰州市委副书记、市长史立军到泰兴市黄桥镇调研扶贫开发工作。

14 日　全市秋季秸秆禁烧禁抛和综合利用工作电视电话会召开。

20 日　第八届中国(泰兴)银杏节在市体育馆开幕。

△　第八届中国(泰兴)银杏节举行重大项目暨科技合作项目签约仪式,现场签约重大项目和科技合作项目 43 个,投资总额 192 亿元,协议利用外资 11.35 亿美元。

28 日　“百名海外博士江苏行”泰兴情况说明会举行,来自美国、英国、德国、比利时等 10 多个国家和地区的 100 名海外博士到泰兴市参观考察、投资合作。

是月　泰兴市被评选为全国绿化先进集体, 泰兴市是泰州市唯一入选的全国绿化先进单位。

是月　位于城东高新区的壹能时空众创空间被江苏省科技厅新认定为省级众创空间, 并纳入省级科技企业孵化器管理服务体系, 这是泰兴市首个获此殊荣的众创空间。

11　月

1 日　泰州市委常委、秘书长、政法委书记张余松到泰兴市调研政法工作。

△　泰州市纪委组织 40 余名新任副县处级干部参观泰兴市廉政文化展览馆。

2 日　江苏省农资追溯体系建设交流推进会在泰兴市召开。

△　省交通运输厅副巡视员、运管局局长蒋振雄带领运管局及中设设计集团负责人赴泰兴市黄桥镇,开展“三解三促”活动,调研黄桥革命老区精准扶贫工作。

△　泰州市委常委、组织部长、统战部长张国梁到鑫泰大厦考察机关党建工作。

4 日　泰兴市城区主要公共区域免费无线 WiFi 建设项目顺利通过验收,标志着泰兴市在全省 27 个县级市中率先实现免费 WiFi 覆盖。

△　省发改委在南京主持召开 355 省道泰兴段初步设计审查会。

7 日～8 日　市委书记张育林率队赴张家港、江阴,开展一线招商。

8 日　长江航务管理局局长唐冠军一行到泰兴市,就共同推进长江经济带发展进行工作交流。

9 日　省安监局副巡视员单昕光带领督查组到泰兴市检查危险化学品专项整治工作推进情况。

10 日　省民政厅副厅长刘亚军带领督察组到泰兴市督查村(居)委会换届选举工作情况。

△　省国土资源厅副厅长吴震强、执法局局长袁晓军一行到泰兴市国土资源局督查信访维稳与执法监察工作。

16 日　国家安监总局监管三司司长孙广宇带领国务院安委办第 7 督查组到泰兴市开展安全生产专项督查。

△　省经信委副主任秦雁带领科技与质量处、装备工业处、消费品工业处人员, 赴泰兴市珊瑚镇新桥村、周岱村开展访贫问苦和调研活动。

△　沈安娜女儿华克放和沈安娜侄女沈佩琳一行到省泰兴中学,参加第六次“沈安娜奖学金”发放活动。

17 日　泰州市人大常委会副主任高纪明、秘书长赵留贯到泰兴市走访调研市乡两级人大换届选举工作。

18 日　省侨联副主席镇翔到泰兴市调研侨资企业发展情况。

20 日　“唱响泰兴”“舞动泰兴”“奏响泰兴”颁奖晚会在市文化馆梦想剧场举行。

18 日～22 日　市委常委、常务副市长刘荣华带领企业及部门负责人赴陕西省西安、宝鸡、咸阳等地区考察学习。

是月　泰兴香荷芋成功获得国家地理标志认证，这是泰兴市继大佛指银杏之后，又一个获得此项认证的“国”字号农产品。

是月　济川药业蒲地蓝可炎宁牙膏正式获得国家发明专利。

是月　江苏中裕药业有限公司顺利通过江苏省食品药品评审认证中心 GMP 认证检查组的现场检查。

是月　江苏省林学会、江苏省绿化委员会办公室公布“寻找最美银杏”活动评选结果，泰兴市国家古银杏公园获评江苏省最美银杏公园，分界镇长生村古银杏获评江苏省最美银杏。

是月　泰兴市黄桥镇荣获第二批江苏省农村电子商务示范镇称号。

12　月

1 日　省环保厅在南京组织召开《泰兴市生态文明建设示范市规划》专家评审会，审议通过泰兴市创建国家生态文明建设示范市规划。

4 日　在上海举行的第五届长三角地区中小学班主任基本功大赛上，泰兴市襟江小学吕晓丹老师代表江苏省参赛，荣获综合评选一等奖，是江苏省唯一获一等奖的小学老师。

5 日　水利部长江水利委员会砂管局局长夏细禾带队检查泰兴市长江扬中河段天星洲汊道段河道综合整治工程第二年度采砂项目。

△　“全国课改名校校长高峰论坛”在市洋思中学举行，中国教育学会初中专业委员会学术委员会常务副主任赵国忠主持论坛。

6～8 日　首届中国军民两用技术创新应用大赛决赛在泰兴市举行。

6～13 日　市委副书记、代市长刘志明带领经贸代表团赴日本、韩国开展经贸交流活动。

7 日　台湾制药公会理事长、生展生物科技公司董事长陈威仁，台湾环境保护工程公会荣誉理事长、菱正环保实业公司董事长林兆源一行到泰兴市，考察制药、环保产业投资环境。

△　中国泰兴投资环境说明会在日本东京举行。

△　水利部长江水利委员会主任魏山忠到泰兴市调研长江岸线保护和开发利用情况，查勘天星洲汊道段河道综合整治工程。

△　泰兴市首个“智慧村镇”信息系统平台上线仪式在姚王镇桑木村举行。

12 日　泰州市委常委、常务副市长杨杰到泰兴市督查市乡两级换届工作情况。

13 日　省国土资源厅厅长李侃桢到泰兴市主持召开全省国土资源所长座谈会。

△　泰兴市畜牧兽医中心顺利通过农业部全国畜牧总站组织的“基层畜牧技术推广示范站”评审专家组的验收。

△　华夏慈善基金会负责人和空军后勤部原副政委张国治少将一行到泰兴市康健护养院，看望抗战老兵。

17 日　全市干部纷纷走村入户，开展“大走访大落实”活动。

17～18 日　泰兴市组织党政代表团到深圳参加投资环境说明会暨项目签约仪式，签约项目 16 个，计划总投资额近 70 亿元。

19 日　省人大常委会原副主任、党组成员丁解民率领省直单位、省人大代表一行到泰兴市，就泰常过江通道推进情况开展专题调研。

22～23 日　共青团泰兴市第十七次代表大会举行。

24 日　泰州市委常委、常务副市长杨杰到泰兴市农产品加工园区、新街镇开展“大走访大落实”活动。

25 日　中国工程院院士、国家重点学科(烧伤外科学)学术带头人夏照帆院士与市人民医院签订“院士工作站”协议，并举行“夏照帆院士工作站”揭牌仪式。

26 日　第四届中国·黄桥烧饼节举行。

28 日　泰兴市召开 2017 年工业经济“开门红”动员会议。

△　由中铁建港航局集团与虹桥工业园区合作共建的泰州港泰兴港区七圩作业区公用码头工程举行开工仪式。

是月　全国县域经济专门研究机构，社会智库中郡所发布《2016 县域经济与县域发展报告》，泰兴市继续跻身前 100 强，列第 45 位，位次前移 6 位，在江苏参加县(市)中进步最大。

是月　江苏省医药行业“最具竞争力优秀品牌企业”荣誉榜揭晓，济川药业榜上有名。

专　记

■编辑　翁元锋

城建会战综记

2013年底,市委、市政府作出"城建会战"的战略部署,提出中心城市建设"再来一个大变化"的奋斗目标。在市委、市政府的领导下,城建口各部门以项目建设为抓手,以提升城市功能为目标,在配套改造老城区、完善提高东部新区、适度开发建设西南片区的同时,加快推进北部片区建设,城市功能进一步完善,中心城市形象进一步提升。

一、以城市规划为龙头,不断调优发展布局

市规划局围绕"文昌、城秀、生态、宜居"总体目标,完成《泰兴市城市总体规划(2014-2030)》修编工作,为进一步提升城市品质、完善城市功能、统筹城乡发展提供依据。整合城市片区控规,明确城市功能定位,编制完成面积42.93平方千米城市各片区控制性详细规划,即:主城规划分成5个居住分区(包括城中分区、城东分区、城南分区、城西分区、城北分区)和2个工业分区(城区科技工业园与城东工业区)。城中分区为整个城市的商贸服务中心,同时也承担居住生活功能。城东分区兼具行政商务、教育科研及居住生活的功能。城南分区以滨水居住为特色。城西分区以居住、文化旅游、生态休闲等功能为主导。城北分区主要功能是现代服务业集聚区和多种居住类型混合区。城区科技工业园主导发展高新技术产业。城东工业区主导发展环境友好型产业,逐步向商务、研发基地转变。

二、以工程推进为重点,稳步实施城建项目

三年中,泰兴市累计投入近500亿元用于城建重点工程建设,各类工程基本按序时推进。一是"九纵九横"框架成型。城区新建道路工程29项,总长28.2千米;改扩建道路工程18项,总长28.4千米。在"九纵九横"纵向道路中,镇海路、文江路、济川路、鼓楼南北路、江平路全线贯通,横向道路中,澄江路、文昌路、国庆路、鼓楼东西路、大庆路、阳江路全线贯通;先后修建桥梁50座,其中横跨如泰运河的文江桥、羌溪桥、鼓楼桥全部建成投入使用;新334省道泰兴段、镇海路北延竣工通车,加快推进江广高速扩容工程,城区路网"内联外畅"的目标逐步实现。二是民生保障项目顺利实施。先后投入3500多万元对23个老小区和59处背后街巷进行全面改造,集中整治市民反响强烈的下水道堵塞、路面破损等难题,改善了老小区居民的居住环境。保障房工程有序推进,配建公租房(含廉租房)658套4.5万平方米,竣工交付450套,建设经济适用房共计2765套26.6万平方米,开工建设保障房6100多套,近75万平方米。其中,银杏路保障房顺利安置住房困难家庭258户,龙河路保障房即将完工。在加强安置房、保障房建设的同时,做好回迁户安置工作,原政府地块、原汽车东站地块、种子库一期地块和后营地块3500多户均顺利回迁安置。三是市政设施逐步完善。如泰运河以南污水工程进一步完善,城北片区污水收集系统工程正加快推进,铺设污水管网23.6千米。大生垃圾处理场主体工程、背后街巷路灯补缺工程、城黄路路灯线路改造工程完工。四是社会事业工程成效明显。新区医院主体工程竣工，泰兴中学搬迁项目加快建设，泰师附小东润校区于2016年9月开学。民安广场及其游园项目建成开放，市人力资源市场和公共就业服务中心工程、残疾人康复中心项目已经完工。五是公共服务工程按期竣工。宝塔湾佛教文化保护项目工程、福利中心一期项目已经完工。文江路、文昌东路、济川南路设置30座港湾式公交站台全部安装到位。六是生态环境工程稳步推进。三年中相继实施生态停车场、星火绿地、亚太地块绿化等69项园林绿化工程，新增绿化面积128万平方米，城市绿地率达37.47%，建成区覆盖率41.13%，2014年成功创成江苏省园林城市。如泰运河风光带样板段正在进行施工，作为配套工程的马甸水利枢纽改建工程已进入施工阶段。围绕水环境整治，三年中累计投入2.6亿元实施欧式花园节制闸，新上横港、耿戴中沟整治等23项工程，提前完成“如泰运河以南主城区实现控水活水”目标，全面完成省环保委下达的10条黑臭河道整治任务。如泰运河以南主城区水系全面沟通，城市河道防洪排涝能力提升，城市水环境质量明显改善。

三、以方式革新为切点，逐步推进旧城改造

2012至2016年，全市共拆迁房屋共9659户，其中涉及棚户区改造3094户、上市地块3231户、道路绿化1846户、水系建设896户、民生工程592户，累计拨付拆迁资金98.3亿元，其中城投公司支付58亿元、土地储备中心支付40.3亿元。泰兴市共有两支专业的拆迁队伍，市房屋征收中心欣顺事务所负责国有土地，济川街道振泰拆迁公司负责集体土地。拆迁补偿方案，在历年的拆迁工作中不断修改完善。特别是2015年通过改变实施方式、统一奖励标准和进场时间、就近就地安置、现场公示补偿协议等举措，并探索“先安置、后拆迁、零过渡”就地就近安置做法，使拆迁方案更趋合理；及时化解拆迁工作中的矛盾纠纷，涉及的一般信访，城建指挥部政策法规组、法治保障组及职能部门进行讨论，确定解决方案；特殊信访，由政法委牵头提交信访联席会议研究；涉及诉讼的，由市法院成立专门工作班子，全面指导、全程参与，确保拆迁工作顺利推进。

四、以综合整治为抓手，逐步完善城市管理

各部门紧紧围绕“四城同创”〔国家生态文明建设模范市(国家环保模范城市)、国家园林城市、健康城市、省级水生态文明城市创建〕目标，牢固树立建、管并重理念，凝聚合力，强化工作，初步形成城市管理立体化运行模式。一是城市环境综合整治工作有序推进。按“创建省级城市管理优秀市”工作要求，完成城郊结合部、城中村、老旧小区改造、户外广告整治、建设工地整治以及幸福河、羽惠河等河道整治任务。五里墩示范社区顺利通过省级验收，国庆中路省级城市管理示范路创建工作也正在加快推进。二是违法建设防治效果明显。三年中共拆除违法建设1569起，面积7万多平方米，违法建设发现率和拆除率明显提高，防违工作整体运行态势良好。三是市容管理力度持续加大。围绕市民反映的热点和城市管理难点问题，狠抓城区市容环境专项整治工作。例如，针对马路市场的问题，对城北片区兴燕路、根思路、车站路等重点路段经营秩序和星火路餐饮烧烤店出摊经营等问题进行专项整治。城区主要干道两侧“场外经营”“马路市场”基本消除，废品收购店全部取缔，农贸市场周边经营秩序根本好转，有效解决了城市拥堵等问题，维护了交通秩序。

五、以经营城市为突破，全面提升融资效益

各部门牢固确立融资是城建交通工作生命线的理念，不断创新融资方式，拓宽融资渠道，在破解资金瓶颈上取得了突破。一是努力创新，拓展融资渠道。不断加大工作创新力度，充分彰显市场化运作的理念，积极运用项目上争、包装融资等模式，有效化解建设资金短缺的瓶颈制约。三年中，政府投资的城建项目资金都能按期到位，累计投入124.7亿元。同时，引导部门自筹资金61.8亿元、鼓励客商投资313.5亿元参与城市建设。二是精心服务，打造融资环境。各部门不断改进服务方式，尽力做好助商亲商安商工作。以优质的服务感动人，以舒心的作为吸引人，努力营造留住资金、留住项目的干事创业环境。新城控股、大连万达等一批大企业正与泰兴市展开洽谈，准备以多种投资方式参与泰兴城市建设。三是盘活资源，提高融资效益。按照“以城建城、以地养城、以业兴城”的思路，大力推进土地资源市场化工作，针对城建工程项目增多、建设用地紧缺的状况，在争取更多的用地指标、满足发展用地需求的同时，加强土地规划调控，盘活存量、优化增量，三年中，挂牌出让土地480宗1253.13公顷，收取土地出让金142.4亿元，实现了土地收益的最大化。

首届中国军民两用技术创新应用大赛综记

为促进国防科技工业开放发展，融合发展，激发军民协同创新热情，营造军民两用技术发展的良好社会氛围，增强军民协同创新的能力和活力，由工业和信息化部、国家国防科技工业局、中华全国工商业联合会共同主办,中国航天系统科学与工程研究院、江苏省经济和信息化委员会(中小企业局)、江苏省国防科学技术工业办公室、泰兴市政府等承办的首届中国军民两用技术创新应用大赛于2016年8月在泰兴市盛大启幕。首届大赛以“军民结合、协同创新”为主题,重点围绕电子信息、新材料、装备制造(高档数控机床和机器人、航空航天装备、海洋工程装备和高技术船舶)、新能源及节能环保等领域,按照“技术创新类”和“产业化类”项目分类安排竞赛,赛程主要分为报名及资质审核、初赛、半决赛、决赛等4个阶段。大赛旨在通过比拼,激发军工、军队和民间各类企事业单位或创新团队的积极性,增强军民协同创新的能力和活力,发现、挖掘优秀的军民两用技术,充分调动军、民两种资源,共同促进中国工业由大变强,推进军民融合深度发展。首届大赛自筹备以来,得到各地工业和信息化主管部门(中小企业主管部门)、国防科技工业主管部门、工商联,各军工集团公司的高度重视,主动动员、协调和指导本地方、本系统、相关成员单位积极参赛。

2016年7月20日至8月10日是大赛的筹备阶段,为保证大赛顺利进行,开展《首届中国军民两用技术应用大赛章程》等文件编制、赛程方案设计、宣传方案设计、LOGO征集等活动。在项目征集阶段,建立并丰富专家库,制定评审规则、评分标准,重点开展项目征集、材料接收、审核、报送等工作,并于同期举办多场赛前动员巡回说明会。截至2016年9月20日,经过各省(自治区、直辖市)和军工集团公司审核、初选推荐,首届大赛共计750个参赛项目顺利通过初步资料和资质审核,进入初赛。项目涵盖了新一代信息技术、高档数控机床和机器人、航空航天设备、海洋工程装备及高技术船舶、新材料、新能源动力与节能环保等七大重点领域。其中,技术创新类453项、产业化类297项。项目来源于全国28个省(自治区、直辖市)和12个军工集团公司,涉及541家企业和47个创新团队。组委会先后在上海、广东、江苏、山东、北京等地举办巡回说明会,详细介绍了大赛目的和意义、组织情况、参赛奖励、申报材料填写、创新(商业)发展计划书撰写、项目路演的注意事项等内容,扩大了大赛的影响力。9月6日,大赛巡回说明会在泰州市举办,泰兴市设立6000万元至8000万元军民融合发展引导基金支持大赛获奖项目。

9月27～28日,60位通过抽签随机产生的专家评委组成12个评审小组,在北京对参赛项目进行集中评审,评审专家按照统一的大赛评审标准,对参赛项目进行集中评定。经过专家打分,261家企业、14个创新团队脱颖而出,共184个技术创新类项目、116个产业化类项目晋级半决赛。9月29日,首届大赛新闻媒体通气会在北京召开,中央媒体、行业媒体进行了现场报道。半决赛赛前,大赛组委会分别在上海、北京、泰兴和西安、长沙、成都等地先后召开了巡回培训会。会上,大赛组委会办公室就大赛赛制、晋级方式、评分标准、半决赛形式与时间安排进行了说明,指导参赛单位突出表现企业或团队的特色、技术优势等,注重对行业细分市场的准确对标、对所占市场份额的科学估算,充分展现项目的经济、社会效益和应用前景。11月1～15日,首届大赛半决赛在北京、长沙、上海、成都先后举办。由初赛选出的300余个军民两用技术项目分场竞技,经过激烈角逐,新一代信息技术、高端数控机床和机器人、新材料、海洋工程装备和高技术船舶、新能源动力与节能环保以及航空航天设备领域共计122个军民两

12月6日,首届中国军民两用技术创新应用大赛　(张宏伟)

用技术项目晋级决赛。

根据中国军民两用技术创新应用大赛章程和首届大赛日程安排，首届中国军民两用技术创新应用大赛决赛于12月4～8日在泰兴市进行，同期开展参加决赛项目成果展示交流和洽谈活动。

决赛分为两个阶段进行，第一阶段按照技术领域和技术创新类、产业化类分组分类进行，其中排名前35%的40余项技术将入围第二阶段决赛。经过角逐，6个项目获得金奖、12个获得银奖、24个获得铜奖。大赛获奖项目由有关部门将其优先纳入支持计划，优先安排入驻产业园区，给予创业扶持政策，提供创业孵化服务等。泰兴市共有5家企业进入决赛，其中，南极机械研发的倪氏压载水管理系统获得金奖。倪氏压载水管理系统由南极机械自主研发，用于处理远洋轮船跨洲际作业后的压舱水。它采用了膜分离加充氮驱氧的纯物理处理工艺，与传统设备相比，效率更高、能耗更低，排放出来的水质更好，填补了国内空白。

市委书记张育林报告了大赛项目对接签约情况。大赛为军民协同创新搭建了展示引导平台，为军民两用技术创新主体提供了相互促进、交流合作的机会，推动地方政府完善支持项目落地的政策。大赛引起了社会广泛关注，来自地方政府部门、军工单位、民营企业、投融资机构等单位的千余名代表，观摩了各阶段比赛。观摩单位高度评价大赛路演与合作洽谈并行的安排，认为这样的方式有利于需求方、投资方与技术创新主体充分交流，提高了对接效率。同时，大赛组委会在市体育中心设立了产品展示中心，共有来自全国各地的80多家企业参加布展；泰州市也设立了专场活动，有60多家本土企业参加布展。

科技创新回眸

2016年是“十三五”开局之年，泰兴市紧紧围绕“聚力创新快转型”这一发展取向，坚持“企业是主体、政府是主导、创新是主线、环境是保障”工作思路，积极实施创新驱动战略，创新型城市迈出了新步伐，各项工作取得了新成效。2016年，全社会研发经费投入占GDP比重达2.35%，比上年提升0.1个百分点，在泰州三市四区中排名第二，增幅第一。实现高新技术产业产值1342.79亿元，增长21.68%，占规模以上工业比重达43.56%。国家级高新技术企业总数和全市当年新授权发明专利数首次双双突破100件，泰兴高新区获省政府批准筹建，同时建成省级平台“江苏省协同创新基地”，实现了泰兴科技工作发展征程上至关重要的双跨越。

一、致力完善科技创新政策体系

市政府强化科技创新“顶层设计”，先后出台《泰兴市科技创新券管理办法(试行)》《泰兴市科技创新券管理办法实施细则》《泰兴市专利专项资金使用管理办法(试行)》，对企业科技创新活动广泛进行资助奖励。广泛宣传并深入实施省政府科技创新“40条政策”，2015年帮助企业减免科技税收2.49亿元，为激发和调动全市创新创业活力提供有力支撑。

二、大力促进科技创新水平提升

泰兴市坚持把组织申报、牵头实施国家、省、市各类科技项目作为推进成果转化的重要抓手，涌现出一批重大创新成果。江苏友诚数控科技有限公司的碳纤维立体间隔织物成套装备的研发及产业化项目被列入省重大科技成果转化专项资金项目，获得江苏省财政资金扶持800万元；济川药业集团有限公司蛋白琥珀酸铁及口服溶液产业化项目被列入江苏省战略性新兴产业发展专项资金项目，获扶持资金1000万元；省重点研发计划(产业前瞻与共性关键技术)获批2项，省重点企业研发机构能力提升获批3项，省软科学研究计划获批1项，全市上争科技项目资金总量跃登新台阶。全年获省级科技进步奖三等奖1项；获泰州市科技进步奖18项，其中一等奖1项、二等奖2项、三等奖15项。首批“科技创新券”发放5600万元，兑付1444.46万元，财政资金的杠杆撬动作用初步显现。加强科技孵化器建设，泰兴市企业在泰州市创新大赛中获奖数量再次夺魁，2016年新增省级众创空间3家。

三、全力推进高新技术产业发展

泰兴市扎实抓好“高区、高企、高品”工作，将“聚焦创新快转型”的要求落实在高新技术产业发展的关键点上。坚决贯彻市委市政府创建高新区的决策部署，着力加强与省主管部门紧密对接，认真协同园区各项创建准备，促进泰兴高新区筹建的成功获批，同时创成省级平台“江苏省节能环保产业产学研协同创新基地”。2016年获批国家级高新技术企业46家，其中净增41家，顺利实现市交任务，承载科技创新的队伍迅速壮大。持续关注高新技术产品培育工作，新推荐申报高新技术产品98个，获批66个，为企业创新发展积蓄了后劲。高度重视创新平台建设，新获批省企业院士工作站1个、省研究生工作站3个、省工程技术中心2个，泰州市工程技术研究中心7个，泰州市重点实验室1个。新增省民营科技企业63家，全市大中型工业企业研发机构建有率稳定在95%以上。

四、合力推进政产学研科技合作

泰兴市积极参与或牵头实施政产学研活动,“武汉院校行”“中科院北京自动化研究所产学研对接会”、西北工业大学“院校行”等活动均做到“精选主题、精细摸底、精准对接”,工作成效显著提升。紧抓中国(泰兴)银杏节举办契机,推动“同济大学泰兴产学研基地”等4个重大科技平台项目成功揭牌,10个科技合作项目顺利签约,人才·科技广场正式启用。精心组织“百企百校协同创新”恳谈活动,开设“先进制造”“医药及医疗器械”“化工新材料”和“网上技术交易”四个分会场,取得预期效果。“苏科贷”服务范围显著拓展,共计发放贷款1.1亿元,其中三方模式3900万元;“泰科易”网上交易22笔、1424万元,数额明显提升。按照“四个一批”要求,全面启动“离岸孵化”工作。

五、聚力推动知识产权工作奋进

泰兴开广塑胶承担江苏省企业知识产权战略推进计划一般项目,获扶持资金30万元。金泰堡机械、晟楠电子、扬帆船舶、丰源船舶、亿尔等离子等5家企业通过《企业知识产权管理规范》国标认证。友诚数控、幸运宝贝等2家企业顺利通过省绩效评价。九天光电、科曼机械、炳凯富等10家单位开展企业知识产权贯标备案工作。永昇空调、航联电连接器被评为江苏省企业知识产权管理标准化示范创建先进单位。高度重视专利特别是发明专利的申报和授权工作,用足用活市场机制和激励政策,广泛调动各方积极因素,全市专利申请量5117件,其中发明专利申请2664件,实用新型专利1404件,外观设计专利990件;全市专利授权1041件,其中发明专利137件,实用新型专利511件,外观设计专利391件,有效发明专利累计达845件,PCT申请21件;万人有效发明专利拥有量达7.84件;发明专利申请量、有效发明专利量两项指标列泰州第一。

六、努力抓好农业科技工作创新

全市深入实施科技惠民行动计划,加强农业科技创新,江苏宇宸面粉有限公司的功能性全麦面粉生产关键技术与产品开发和江苏新广生物科技有限公司的大豆基面制品生物调质剂生产关键技术研究等2个项目获省重点研发计划(现代农业)成功立项。积极组织参加江苏省农业科技成果对接会,认真推送《新农村实用科技示范读本》,不断提高农技人员知识“获得感”。农村科技服务超市通过省厅考评验收,并获省农业科技社会化服务奖补资金奖励,泰兴市喜获“泰州市农村科技服务超市示范市(区)”荣誉称号。

2016年新农村建设综记

2016年,泰兴市认真贯彻落实《中共江苏省委、江苏省人民政府关于落实发展新理念深入实施农业现代化工程建设“强富美高”新农村的意见》和《泰州市推进“强富美高”新农村建设实施方案(试行)》文件精神,全面贯彻落实各项强农惠农富农政策,强化领导、精心组织、狠抓关键、扎实推进农村改革创新和示范创建工作,“强富美高”新农村建设和新一轮农村实事工程取得了明显成效。

一、强化目标必成,新农村示范创建取得新突破

按照“生产发展、生活宽裕、乡风文明、村容整洁、管理民主”社会主义新农村建设的总要求,认真践行创新、协调、绿色、开放、共享“五大发展理念”,以推进农业现代化为主题,以促进农民持续增收和增进农民群众福祉为核心,围绕“农业强、农民富、农村美、社会文明程度高”要求,规划创建90个左右“强富美高”新农村建设示范村,其中10个泰州市级“强富美高”新农村建设“十佳示范村”、80个左右“强富美高”新农村建设示范村。示范片区的选择以新农村建设重点示范村、三星康居村、旅游特色村为中心,结合国道、省道、市级主要干道沿线,全市初步确定8个创建示范片区。2016年,经基层推荐、审核把关、市级确认等程序,确定申报泰州市“强富美高”新农村建设示范村17家、“十佳”示范村4家(共21家),21个创建村中当年参加收益分配6.45万人,农村居民人均可支配收入2.15万元,村级集体经营性收入1726.4万元。年底,11个村(居)成功创建成泰州市“强富美高”新农村建设示范村,元竹镇蒋堡村、黄桥镇祁巷村成功创建成泰州市“十佳”示范村。

二、强化全域整治,“六位一体”管护取得新提升

按照“全域巡查、全域整改、全域提升,不留盲区”的要求,坚持问题导向,制定下发《泰兴市农村公共服务运行维护机制建设考核办法》,严格落实“月暗访、季考核”制度,首次利用卫星航拍图进行明察暗访,实现督查暗访自然庄台全覆盖,全年行程约1.5万千米、督查暗访村居200多个。向社会公开村庄环境投诉邮箱和电话号码,接收群众和社会监督,处理群众环境信访和网络举报10次;对全市农村公共服务设施进行专项督查,抽查106个村居,新增垃圾箱(桶)6100多只,新修垃圾箱423处，新建垃圾收集房123间，其中，黄桥镇70%的村居、广陵镇兴宁社区、珊瑚镇左庄村等为每户配备小型垃圾桶；在广陵镇、珊瑚镇召开全市“四有一责”暨农村环境“五位一体”长效管理现场推进会，圆满完成全国春季农业生产暨森林草原防火工作会议、中央环境保护部环境督查、全国危房改造验收等大型活动的环境现场准备工作。

三、强化项目推进，副中心社区建设取得新进步

2016年，泰兴市牢固树立主副中心一盘棋发展的指导思想，按照“规划超前，量力而行，分步实施，有序推进”的要求，坚持突出重点，打造亮点，立足当地产业基础和特色，继续加强对全市18个副中心社区的建设管理，健全工作机制、完善管理制度、加大资金投入、夯实发展基础，积极推进项目化管理，不断提高环境管护水平，进一步增强副中心社区的承载和辐射带动能力，提升综合发展水平和窗口形象，努力建设特色鲜明、设施完善、功能齐备、环境优美、宜业宜居的新型社区。全年共实施基础设施项目22个，以奖代补资金501.44万元。

四、强化绩效考核，农村垃圾收运率取得新进展

2016年，全市瞄准农村生活垃圾收集转运率95%的目标，提高农村生活垃圾收集转运在“五位一体”督查考核成绩所占权重，推行农村生活垃圾“组保洁、镇村收集、市镇转运、市统一处理”模式，建立健全基础台帐资料，落实垃圾收集转运日报表、周报表、月报表制度；每月对乡镇农村生活垃圾收集转运任务完成情况进行排名，对排名后4名的乡镇进行提醒，农村生活垃圾收集转运率大幅攀升。各乡镇将农村生活垃圾清运作为提升农村环境的重要抓手，黄桥、古溪、姚王等镇制定出台农村生活垃圾收集转运试行办法。黄桥镇按村(居)人口规模测算日产生活垃圾量，各村转运垃圾量每少10%扣减公共服务运行维护经费1%；姚王镇、元竹镇与物业公司签订合同，各村垃圾全部由物业公司负责收运到环卫中转站。曲霞镇投资10多万元购买11部电动垃圾运输车，分发到各村使用。

五、强化群策群力，新一轮实事工程取得新业绩

2016年，泰兴市新一轮农村实事工程主要包括农村危房改造、农村交通出行、农村卫生健康、农村环境整治、农村教育培训、农村社会保障、农村文化建设、农村信息服务、农村脱贫致富奔小康等9件实事，共9大类43个子项，涉及16个部门。各乡镇(街道)以农村实事工程为抓手，加快道路、桥梁、小农水设施建设，完善文体、卫生、改水、改厕等工作，累计投入资金11.87亿元，城乡基本公共服务均等化加快推进，完成农民危房改造450户，农村公路提档升级119.53千米，危桥改造61座；生命安全防护工程100千米；建设农村小型桥梁130座，新建农桥20座。农村新型合作医疗已参合74.4万人，参合率达到99%以上，其中农村低保、五保等贫困人口全部免费参加新农合，实现农村人口“应保尽保”。“农村重点医疗救助对象参加新型农村合作医疗的免收个人统筹费用，全免取消救助起付线和救助病种限制”的任务已提前完成，政策范围内个人自负费用救助比例已提高到70%。补助农村孕产妇住院分娩4133人，免费孕前健康检查4036人；新建改造村居级卫生机构50个，完成4个美丽乡村创建工作任务，并通过泰州市级验收；疏浚整治县乡河道2条1.24千米1.13万立方米、疏浚整治村庄河道7条4.63千米、村庄河塘75个村209条128.46万立方米，15处沼气主体工程完工，并投入使用。全年秸秆还田75万亩，还田率62.8%，秸秆综合利用率95%。申报15个省级绿化示范村、生态示范村，完成计划比例115%。普通高中建档立卡家庭免费人数227人，中等职业技能教育免费人数4676人；培育新型职业农民5005人；扶持农村劳动力自主创业628人；开展新生代农民工培训3869人；农村困难群众最低生活保障提高到每月480元；农村居民养老保险基础养老金提高到每月115元。对全市留守儿童进行摸排，建立信息库，录入全国未成年人保护系统，各乡镇均建立儿童福利工作站。全年送书2.5万册、送电影3814场、送戏332场、改造农家书屋100个；农村地区光纤覆盖率达到100%，4G网络全覆盖；电子商务培训266人；完成12种类以上农产品网上销售；新建电子商务平台1个、电子商务示范村1个、电子商务示范镇1个；48个经济薄弱村集体经营性收入达30万元，低收入人口脱贫1.14万人。加强组织领导，积极探索创新，严格督查考核，精心组织实施，新一轮农村实事工作取得明显成效，多次受到上级表彰，先后被评为江苏省“四好农村路”建设示范县、江苏省妇幼健康优质服务示范县、省级小型农田水利重点县优秀奖。黄桥镇被命名为江苏省电子商务示范镇、济川街道被命名为江苏省书香乡镇(街道)；马甸卫生院被命名为江苏省示范乡镇卫生院；张桥镇镇西村被命名为江苏省书香乡村(社区)建设示范点；河失镇司马村、曲霞镇镇西村、曲霞镇戴窑村、滨江镇苏垒村等4个村卫生室被命名为“江苏省示范村卫生室”。

(张吉祥)

第八届中国(泰兴)银杏节综记

中国（泰兴）银杏节两年一度，自2002年开始，2016年是第八届。本次活动主要突出“送文化大餐、看城乡变化、唱经贸大戏”三大主线,包括主题日活动和系列活动。人民日报、新华社、新华日报、江苏卫视、21世纪经济报道、腾讯网、泰州日报等近20家媒体予以报道。

一、第八届中国(泰兴)银杏节筹备工作

本届银杏节既沿袭了传统的做法，又具有创新的特色,在活动安排上,不仅体现热情热烈、全民参与,而且恪守中央“八项规定”和省市委“十项规定”,坚持节俭、高效原则,力求做到活动主题鲜明、内容丰富、安排紧凑,有较强的时代性、科技性和群众性。本次活动前,泰兴市组织开展招商引资百日竞赛活动和院(校)企科技合作对接洽谈系列活动,全市各园区、乡镇(街道)和部门以优势产业、骨干企业和特色资源作为招商引资、科技合作的平台,通过“走出去”“请进来”,全力推进招商引资和科技合作，成功洽谈一批产业投资项目和科技合作项目,并梳理一批重点产业合作项目对外推介。同时，形式多样的群众文化系列活动陆续上演。本届银杏节重点推介泰兴特色化发展的园区、产业、项目,成功招引了一批促进创新转型发展的重大项目,全面启动“百企百校(院、所)协同创新”恳谈活动,深入开展银杏产业发展和深度开发研讨活动,集中展示文化泰兴的独特魅力。

7月4日晚，泰兴市召开银杏节筹备工作动员部署会。市委副书记、代市长刘志明要求从早从紧从实抓好银杏节各项筹备工作,特别是招商引资“百日赛”活动，确保活动取得圆满成功。刘志明要求所有承担筹备工作任务的部门和各乡镇(街道)、园区要高度重视,提高认识,把组织好银杏节各项活动作为一项重要的政治任务,作为当前的一项重点工作,按照组委会的统一部署,精心组织,精益求精,不折不扣地完成各项筹备工作,确保万无一失、取得实效。要求突出重点,确保高标准筹备,要吃透银杏节活动方案精神,按照“活动组织要周密细致,项目招引要务实高效”的要求,专心抓好招商选资,用心写好创新文章,精心组织重要活动,细心打磨市容环境,尽心做好安全维稳,统筹协调推进各项工作。刘志明要求强化领导，确保高效率推进。各责任单位“一把手”作为第一责任人,分管领导作为直接责任人要强化责任,狠抓落实。各乡镇(街道)、园区和部门要强化大局意识和协作意识,加强沟通、协调联动、形成合力,积极主动地做好各项工作。同时,加强宣传,严格督查,确保第八届中国(泰兴)银杏节取得圆满成功。副市长顾刚就第八届中国(泰兴)银杏节活动方案作部署。

8月11日,泰兴市召开第八届中国(泰兴)银杏节专项活动方案过堂暨招商引资“百日赛”督查会,对筹备工作进行再督查、再落实、再推进。市委书记张育林强调,各园区、乡镇(街道)和部门要牢固树立“一盘棋”思想,注重细节,强化措施,切实把各项筹备工作抓紧、抓细、抓实,确保节会成功圆满举办。组委会各工作小组及部门负责人分别汇报了开幕式、经贸招商、客商邀请、城建项目、环境整治等节庆活动的筹备进展情况。

10月15日,泰兴市召开中国(泰兴)银杏节筹备工作督查会,对筹备工作进行再督查、再落实、再推进。市委书记张育林要求精心策划筹划，充分体现办节宗旨,围绕效果体现水平,确保活动安全、有序、高效。市委副书记、代市长刘志明主持会议。张育林、刘志明一行先后到观道博物馆、体育中心、市委党校、人才科技广场等地，现场督查银杏节主会场等场所工作准备情况,并就存在的问题提出明确要求。在督查会上,部门负责人分别汇报银杏节客商邀请、签约项目落实、各专项活动准备、安全及会务后勤工作落实等情况。

二、第八届中国(泰兴)银杏节主要活动

10月20日上午,第八届中国(泰兴)银杏节在市体育中心体育馆隆重开幕。泰州市委常委、常务副市长杨杰,中科院物理研究所院士陈立泉,上海浦东新区政协副主席吴泉国,江苏省农委副主任、林业局局长夏春胜,郑州机械研究所所长魏建军,爱森(中国)絮凝剂有限公司总经理布米诺,泰兴市市委书记张育林,市委副书记、代市长刘志明,市人大常委会主任孙云,市政协主席丁亚等市四套班子领导以及国内知名高校、科研院所的专家教授，海内外客商等参加开幕式。市委副书记张坤主持。杨杰宣布第八届中国(泰兴)银杏节开幕。张育林代表市委、市政府和120万泰兴人民,对参加第八届中国(泰兴)银杏节的各位领导、各位来宾表示热烈的欢迎,向长期以来关心、支持和参与泰兴发展的社会各界人士表示衷心的感谢。张育林介绍了泰兴市经济社会发展情况,诚挚邀请各位新老朋友,多到泰兴走一走、看一看,进一步了解泰兴、熟悉泰兴,关爱

泰兴、投资泰兴。刘志明围绕“一座积淀丰富、富有活力的城市,一个通江达海、优势独特的区位,一批基础雄厚、持续升级的产业,一组功能完善、特色鲜明的载体,一份用心待客、高效服务的真情”向与会客商作投资环境说明。市委常委、常务副市长刘荣华围绕化工产业、装备制造产业、新能源新材料产业、环保科技产业、军民结合产业、食品产业、旅游产业、城市功能配套项目等向与会客商推介12类22个重大产业项目。

10月20日,举行第八届中国(泰兴)银杏节启动仪式暨投资环境说明会·项目推介及签约仪式、人才·科技广场启用仪式、观道博物馆新馆开馆、“百企百校协同创新”专题恳谈活动及银杏产业发展和深度开发研讨活动。系列活动有开展招商引资“百日赛”、院(校)企科技合作对接洽谈系列活动、群众文化活动周活动、组织社会各界人士代表看城乡发展变化活动等。

10月29日上午,第八届中国(泰兴)银杏节器乐、声乐、舞蹈大赛决赛在市文化艺术中心拉开帷幕。这三大赛事为第八届中国(泰兴)银杏节系列群众文化活动之一。值得一提的是,比赛全程采用“文化泰兴”微信公众平台进行现场直播,这在泰兴市尚属首次。市委宣传部、市教育局、市文广新局联合举办“唱响泰兴”声乐大赛、“舞动泰兴”舞蹈大赛和“奏响泰兴”器乐大赛三大赛事,为实现全民参与群众文化营造欢乐氛围。

三、第八届中国(泰兴)银杏节主要成效

本届银杏节举行一系列研讨、展览和对接洽谈活动,为中外客商搭建高层对话、经贸合作、人文交流平台,在签约一大批高质量合作项目的同时,全面展示泰兴发展新成就、崛起新优势、合作新机遇,展现文化泰兴、优势泰兴、开放泰兴良好形象。

一是重点推介泰兴特色化发展的园区、产业、项目。投资环境说明·项目推介活动重点推介江苏省泰兴经济开发区、江苏泰兴黄桥经济开发区、江苏省泰兴高新技术产业开发区、泰兴市虹桥工业园区、泰兴市农产品加工园区、泰兴市城区工业园区等“三区三园”;推介化工、机电、医药三大传统产业,以及重点发展的高端装备制造、新能源新材料、节能环保等新兴产业;推介化工、装备制造、新能源新材料、环保科技、健康产业等12类22个重大产业项目。

二是成功招引一批促进创新转型发展的重大项目。经前一阶段充分洽谈,各园区、乡镇(街道)与境内外客商落实一批重大产业投资项目和科技合作项目,共达成签约产业项目97个、总投资255亿元,其中亿元以上项目45个、总投资220亿元;科技合作项目52个。举行重大项目签约仪式,现场签约重大产业项目和科技合作项目共43个,投资总额192亿元,协议利用外资11.35亿美元。其中:工业项目25个,总投资157.9亿元;服务业项目8个,总投资34.1亿元;科技合作项目10个。

三是全面启动“百企百校(院、所)协同创新”恳谈活动。10月20日下午,设置“化工新材料”“医药及医疗器械”“先进制造”“网上技术交易”四个分会场,会上发布清华大学、复旦大学、上海交通大学等108所高校院所最新科技成果信息200多项,泰兴重点骨干企业发布技术需求100多项。泰兴相关行业100多家科技型企业代表,与到会31家高校院所70多名专家教授进行对接洽谈和网上交流交易。

四是深入开展银杏产业发展和深度开发研讨活动。邀请省农委副主任、省林业局局长夏春胜,国家林业局银杏工程技术研究中心主任、南京林业大学教授赵林果,江南大学食品学院教授钱和女士等领导专家为泰兴银杏产业发展和深度开发探讨路径;组织开展银杏产品、作品展,进一步加大全市银杏产业和深度开发招商引资力度,促进银杏产业健康稳定发展。

五是集中展示文化泰兴的独特魅力。组织“唱响泰兴”“舞动泰兴”“奏响泰兴”“书香泰兴”“最美泰兴”五个活动赛事,举办“音乐话剧《传家宝》”“和谐乐章”“好声音”“舞林大会”“欢乐广场”“职工大舞台”六个专场演出,举办观道博物馆开馆仪式、“家乡美”手机拍客大赛成果展、名人字画展、当代书画作品展、非遗项目传统技艺展五个专题展览,开展百场惠民文艺演出基层行、百部优秀电影下乡、百集优秀影视剧展播“三百”文化惠民等一系列群众性文化活动,让百姓共享文化发展成果。

概　况

■编辑　凌长富

历史　地理

【建置沿革】 泰兴置县始于五代南唐升元元年(937),县名由来是随泰州兴起之意。属泰州管辖。北宋徽宗宣和四年(1122)改属扬州。南宋绍兴初,再属泰州;五年(1135),仍改属扬州;十年又属泰州;十二年又改属扬州。元时升泰兴为上等县,属扬州路总管府。明属扬州府。清雍正二年(1724)改属通州。民国3年(1914)属苏常道,16年直属江苏省,22年属泰州行政督察区,23年改属扬州行政督察区。1949年全县解放,属泰州行政区。1953年属扬州行政公署,1983年属扬州市。1992年经国务院批准撤县设泰兴市(县级),由江苏省直辖、扬州市代管。1996年8月由新设的地级泰州市代管。1997年4月,经省政府批准,将口岸、刁铺、田河、许庄、永安洲5个乡镇划归泰州市高港区。2008年8月,胡庄镇,泰兴市第二捕捞公司,宣堡镇赵王、乔杨、明河、钱赵、管营、孔桥、蔡庄等7个村划归泰州市高港区。始建县时,县治设于济川镇。后因塌江,于北宋太祖乾德二年(964),县治由济川镇移至今口岸以西的柴墟,并于四周累土为城。南宋绍兴初年,县治迁至延令村(今济川街道)。是亦为今市治。(史志档案办公室)

【位置面积】 泰兴市位于江苏省中部、长江下游北岸。北纬31°58′12″～32°23′05″,东经119°54′05″～120°21′56″。东接如皋市,南界靖江市,西濒长江,与扬中、常州两市隔江相望。北邻泰州市姜堰区,东北与海安县接壤,西北与泰州市高港区毗邻。东西最大直线距离为47.0千米,南北最大直线距离为43.5千米。全市属长江三角洲冲积平原,总面积1172.27平方千米,水域216.58平方千米(含江域面积42.88平方千米),占18.4%,地势东北高、西南低,由东北向西南渐次倾斜。

【气候】 2016年,全市气候基本特点:气温正常略偏高,降水异常偏多,日照正常略偏少。年平均气温16.6℃,比常年高0.8℃。年极端最高气温39.2℃,出现在7月24日,全年35℃以上的高温日数21天;年极端最低气温-9.3℃,出现在1月24日。年降水总量2051.0毫米,比常年多1019.3毫米,创历史极大值;年一日最大降水量121.3毫米,出现在7月3日。6月19日入梅,7月20日出梅,梅期长32天,梅雨量581.4毫米,接近常年的2.5倍。入梅正常,出梅偏晚,梅期偏长,梅雨量大,梅期强降水集中。年日照总时数1804.6小时,比常年少153.5小时,占可照时数的41%。

【自然灾害】 1.连阴雨:全年共出现3次持续阴雨天气,分别是:5月20日～6月8日,雨日16天,累计雨量170.7毫米,给夏收工作带来不利影响,部分田块出现夏熟作物倒伏和麦穗霉变发芽现象;10月20日～11月1日,雨日10天,累计雨量289.1毫米;11月17～23日,雨日7天,累计雨量51.5毫米。后两次连阴雨严重影响水稻、山芋等秋熟作物的产量,对秋收秋种工作的顺利进行也带来不利影响。

2.暴雨:全年共出现11次暴雨,其中7月1～7日连续强降水,造成水稻受淹面积28.2万亩,受灾20.4

万亩;玉米受淹面积 2.98 万亩,受灾面积 2.24 万亩;豆类受淹面积 3.88 万亩,受灾面积 2.73 万亩;花生受淹面积 3.66 万亩,受灾面积 2.95 万亩;蔬菜瓜类受淹面积 5.51 万亩, 受灾面积 5.36 万亩; 林果受灾面积 4.57 万亩,倒树 24736 棵;水产养殖受灾面积 3.42 万亩; 畜禽舍受淹 4600 平方米, 倒塌畜禽舍 1005 平方米,倒塌化粪池 100 立方米;根思乡、济川街道、张桥镇、新街镇共死亡鸡 38970 羽、猪 42 头、羊 72 只、鸭 1000 羽、鹅 1000 羽;全市河坡坍塌 60 多千米,硬质渠道倒塌 51 千米, 沟口涵洞倒塌 387 座, 电灌站受淹 691 座,桥梁受损 35 座。

3. 台风:2016 年,受第 14 号台风"莫兰蒂"影响,9 月 16 日,泰兴降水量 108.3 毫米;受第 17 号台风"鲇鱼" 减弱后的低压云系和冷空气的共同影响,9 月 29 和 30 日,泰兴降水量分别为 70.7 毫米、111.8 毫米。

4. 强对流:7 月 1 日 11～13 时,泰兴出现雷雨大风天气, 瞬时极大风速普遍为 6～7 级, 全市最大值 15.6 米 / 秒(7 级),出现在虹桥镇焦土闸。强对流天气造成济川街道、滨江镇、黄桥镇出现灾情,受灾总面积 2500 多亩,受灾总人口 1535 人,紧急转移及紧急安置人口 31 人,房屋倒损 214 间,受伤人口 5 人,电线受损 22 条。

5. 高温:全年 35℃以上的高温日数 21 天,其中 7 月 20～30 日连续 11 天最高气温超过 37℃,给全市水电供应带来很大压力,市自来水公司日供水量连续多日超过 20 万吨,两个主供水厂处于超负荷用水状态,7 月 21 日电网最高负荷达 82.2 万千瓦,创下历史新高。

6. 寒潮:全年共出现 5 次寒潮天气过程,分别是:1 月 22～24 日,48 小时最低气温下降 9.0℃,24 日最低气温 -9.3℃,给在田农作物造成不同程度的冻害;2 月 12-14 日,48 小时最低气温下降 12.5℃,14 日最低气温 -0.3℃;3 月 7-9 日,48 小时最低气温下降 8.3℃,9 日最低气温 2.4℃;11 月 21-23 日,48 小时最低气温下降 13.3℃,24 日最低气温 -0.8℃;12 月 13-15 日,48小时最低气温下降 9.3℃,15 日最低气温 -1.2℃。

(李 勇)

【水情】 2016 年, 汛期大通平均流量 47999 立方米 / 秒,比往年偏高,最大流量 70100 立方米 / 秒(7 月 14 日),最小流量 17900 立方米 / 秒(9 月 29 日)。汛期长江潮位偏高,过船港高潮超过设防水位▽3.91 米(废黄河基面,下同)的有 66 天,超过警戒水位▽5.04 米的有 4 天;7 月 5 日(农历六月初二)和 7 月 6 日(农历六月初三)受七月初强降雨影响,过船港出现当年汛期最高潮▽5.30 米;汛期最低潮为▽0.81 米,发生在 9 月 28 日(农历八月廿八)。汛期,黄桥站八时水位波动范围在▽2.09 米～▽4.26 米之间,黄桥八时水位超过▽2.5 米的有 125 天, 未出现低于▽1.8 米的水位。7 月 2～7 日,全市普降暴雨,内河水位暴涨,黄桥站八时水位 7 月 5 日达▽4.26 米, 比 7 月 1 日上涨 1.81 米,为 2016 年汛期最高水位。

【雨情】 2016 年汛期,全市雨情特点是总雨量偏多,降水多为强降雨,总面雨量 1159.7 毫米,较多年平均汛期面雨量多。5 月～9 月面雨量分别为 151.8 毫米、226.3 毫米、462.5 毫米、62.1 毫米、257 毫米。按各测站统计,5 月～9 月总雨量泰兴城区 1181 毫米、黄桥 1220 毫米、马甸 1019 毫米、过船 1219 毫米、天星 929 毫米。6 月 19 日入梅,7 月 20 日出梅,梅期长 32 天,较常年多 9 天,出梅偏晚,降雨总量大。梅雨期以过程性降水为主,市区梅雨量 582 毫米,异常偏多,接近常年的 2.5 倍。梅雨量泰兴城区 582 毫米、黄桥 583 毫米、马甸 553 毫米、过船 669 毫米、天星 466 毫米。汛期共发生 3 次暴雨天气过程, 分别为 7 月 7 日、9 月 16 日和 9 月 30 日,日降雨均超过 50 毫米,最大日雨量发生在 7 月 3 日,面雨量为 112.2 毫米,最大日降雨点在新街,日雨量为 150.5 毫米。

自然资源

【水资源】 泰兴市水资源分为降水、过境水和地下水,其中以降水和过境水为主,约 80%的用水依靠从长江引进。由于受潮汐和境内河网调蓄能力限制,全市长江过境水量虽然较大,但利用率很低,年引江水量约 9 亿立方米。地下水资源主要通过降雨和外引江水渗入补给, 年渗入补给量为 2.1 亿立方米, 其中降雨补给量 1.2 亿立方米,外引江水渗入补给量 0.9 亿立方米。

【江滩资源】 全市现状自然岸线长度 24.2 千米,其中可利用深水岸线 (指 -10 米以下等高线或深槽距长江一般小于 200 米～500 米)4.6 千米, 中深水岸线 (指 -10 米～-5 米等高线距江岸线长度一般小于 200 米～500 米)2.5 千米,浅水岸线(指距长江岸 200 米～500 米范围内河床高程在 -5 米以上)17.1 千米。全市现有江滩约 1030 公顷,其中堤外滩地约 200 公顷,滩面高程▽2.0 米～3.0 米(85 高程下同);天星港至焦土港江中天星洲洲体长约 8750 米,洲体最宽处约 1450 米,面积约 830 公顷,洲顶高程约 2.0～3.0 米。

【土地资源】 全市土地总面积 116964.83 公顷,其中:农用地 79393.23 公顷(耕地 66553.42 公顷),占土地总面积的 67.88%;建设用地 25922.83 公顷,占土地总面积的 22.16%;未利用地 11648.77 公顷,占土地总面积的 9.96%。土地形态以平原为主,河流纵横其间,地势东、北高,西、南低,由东北向西南渐次倾斜。按地形特征,全市地貌可分平原、河流、滩地 3 种形态。

【二氧化碳资源】 黄桥地区二氧化碳气田基本探明储量面积 19.51 平方公里,控制储量面积 32.67 平方千米,总面积 52.18 平方千米,经济开采储量 6.676×109 立方米,埋藏深度 1800 米～2650 米,纯度在 98.10%以上。气田压力高,属中深层、低丰度、高产能的中型气田,是目前国内已探明的储量最大、开发程度较高的天然二氧化碳气田。二氧化碳产品主要应用于铸造、焊接、化工、饮料、食品保鲜等行业。

【氦气资源】 氦气分布在溪桥镇一带。目前已知气层厚度 5.4 米,面积较小,属小型矿床;氦气埋藏浅,易开采;品位高,品位 1.06～1.17%。氦气产品主要应用于航天、航空、医疗卫生、深水作业等行业。

【地热资源】 河失镇、宣堡镇、济川街道西南地下蕴含丰富的地热资源。河失镇成功钻探一口地热浅井,地热井口温度 37 度,涌水量 2000 立方米/天,地热水中偏硅酸和溴含量达国家医疗热矿水标准,锶含量超过国家地热标准。地热水可间接用于医疗、洗浴行业。

【石油资源】 黄桥地区是目前唯一发现工业性气田的地区。黄桥最深探井 N4 井有良好的油气显示,包括可燃气、凝析油、轻质油和一般原油。下扬子区块理论上石油勘探前景良好,有待后期科技突破,进一步勘探开发。

(朱　立)

人　口

【概况】 年末全市家庭总户数 39.16 万户,年末全市户籍总人口 119.31 万人,比上年减少 0.22 万人。全年出生人口 9810 人,人口出生率 8.21‰;死亡人口 9624 人,人口死亡率 8.05‰。人口自然增长率 0.16‰。年末常住人口 107.74 万人,其中城镇 63.61 万人。年末常住人口城镇化率 59.0%,比上年提高 1.8 个百分点。

民　族

【概况】 至 2016 年年底,全市居民中共有 36 个少数民族,2293 户,4067 人,其中:土家族 1288 人,苗族 1068 人,布依族 362 人,侗族 280 人,回族 201 人,壮族 142 人,彝族 138 人,蒙古族 101 人,满族 82 人,白族 63 人,黎族 60 人,傈僳族 47 人,瑶族 35 人,藏族 32 人,朝鲜族 30 人,仡佬族 24 人,水族 21 人,仫佬族 5 人,傣族 14 人,畲族 13 人,拉祜族 14 人,佤族 7 人,锡伯族 4 人,毛南族 4 人,羌族 3 人,达斡尔族 3 人,鄂伦春族 2 人,柯尔克孜族 2 人,哈萨克族 2 人,维吾尔族 2 人,土族 4 人,哈尼族 3 人,怒族 1 人,坦吉克族 1 人,基诺族 1 人,保安族 1 人,另有穿青人 7 人。上述少数民族人口分布在全市 16 个乡镇(街道),具体分布情况是:济川街道 234 人,滨江镇 110 人,虹桥镇 91 人,宣堡镇 59 人,张桥镇 114 人,姚王镇 194 人,黄桥镇 972 人,广陵镇 214 人,新街镇 211 人,分界镇 235 人,元竹镇 196 人,珊瑚镇 236 人,曲霞镇 99 人,根思乡 98 人,古溪镇 441 人,河失镇 563 人。

(孔晓梅)

行 政 区 划

【概况】 泰兴市辖济川街道,黄桥、虹桥、广陵、滨江、宣堡、古溪、曲霞、河失、姚王、新街、珊瑚、张桥、分界、元竹 14 个镇和根思乡,共有 50 个居委会,298 个村委会。

(常　庆)

国民经济和社会发展

【概况】 2016 年,全市经济运行稳中有进,稳中快进,进中向好。实现地区生产总值 832.91 亿元,增长 10.8%。完成一般公共预算收入 57.20 亿元,增长 8.4%,增幅位居全省县(市)前列。工业经济平稳运行。全年完成固定资产投资 687.46 亿元,增长 22.6%;其中,规模上固定资产投资 619.78 亿元,增长 23.6%;房地产开发投资 67.69 亿元,增长 14.4%。二三产业投资快速增长,规模上工业投资 459.53 亿元,增长 25.0%;规模上服务业产业投资 146.23 亿元,增长 53.1%。完成工业国税开票销售 1190 亿元,增长 6.6%,总量居苏中苏北县(市)之首。全年规模以上工业增加值可比增长 14.3%。规上工业总产值实现 3082.42 亿元,比上年增长 18.8%。全年规模以上工业企业实现主营业务收入 3040.00 亿元,增长 18.7%;利润总额 274.81 亿元,增长 15.5%。全年净增规模以上工业企业 45 家。规模企业不断做大做强。净增年销售亿元以上企业 14 家,净增税收过千万企业 4 家、过亿元企业2家。深入推进项目大突破。精心组织“三比三赛”、招商引资“百日赛”,成功举办第八届中国(泰兴)银杏节。实际到账注册外资3.53亿美元，增长8.7%；新批协议注册外资7.33亿美元，增长100.9%。全年共批准外资项目37个，其中新批项目26个、增资项目11个,总投资超3000万美元的项目18个。全年完成进出口总额25.75亿美元，增长5.8%。其中,进口总额13.42亿美元,增长13.8%;出口总额12.33亿美元,下降1.7%。全年新开工亿元以上项目125个,总投资375.6亿元,其中10亿元以上项目12个;新竣工亿元以上项目75个,总投资160.5亿元,其中10亿元以上项目4个。全年完成规模以上项目产业投资605.76亿元,比上年增长30.8%。经济开发区获批扩区建设，并创成国家循环化改造重点支持园区;黄桥工业园区、城东高新区分别获批筹建省级经济开发区、省级高新区;虹桥工业园区、农产品加工园区、城区工业园区集聚功能进一步提升。泰兴港区集疏运能力进一步增强。天星洲综合整治工程有序实施。七圩作业区公用码头群项目列为省PPP示范项目,并正式开工建设。全市新增万吨级以上泊位2个。七圩作业区公用码头群项目列为省PPP示范项目并开工建设。全年完成建筑业总产值621亿元，同比增长10.9%;入库税收6.98亿元,同比增长8.1%。全年获国家级QC成果奖4项,省级QC成果奖24项,省级工法6项,参编国家标准1项,获发明专利7项,实用新型专利6项。创省优质工程10项,省标化项目12个。新增资质企业21家,资质增项扩项41个。服务业加速发展,占GDP比重比上年提高1.9个百分点,占GDP比重首次超过第二产业;全年实现社会消费品零售总额215.01亿元,比上年增长12.3%。年末金融机构人民币各项贷款余额581.39亿元,同比增长15.8%。旅游业发展取得新进展，黄桥镇获评中国最具价值文化旅游目的地,祁巷村被评为“全国生态文化村”。现代农业稳步发展。全市新增高效设施农业面积2.2万亩,新增高标准农田3.8万亩，新增泰州市级现代农业产业园区4个。高效农业保险扩面增量处于泰州市领先水平。农业现代化指标监测得分排名前移8位，首次跻身全省第一方阵。

加大简政放权力度,动态调整“五张清单”,全面深化行政审批制度改革,稳步推进“互联网+联合图审”、注册资本认缴登记、工商登记“先照后证”、企业营业执照“五证合一”等改革。加强执法体制改革,顺利推行市场监管和农业综合执法“五合一”。农村土地承包经营权确权登记颁证稳步实施，农村产权交易市场建设全面启动。省经济发达镇行政管理体制改革试点通过评估验收。供给侧结构性改革务实推进。大力淘汰落后设备,压缩低端产能,全面完成省定目标。积极化解房地产库存,商品房去化周期比上年末缩短4.4个月。精心组织金融服务实体经济活动,努力推动银企对接。全面落实企业减税降费政策，直接减轻企业负担近10亿元。补长经济工作短板,企业上市、“两化融合”、重大首台(套)装备研发、乡镇工业集聚发展等工作取得新进展。创新驱动战略深入实施。高层次人才(团队)创业券、科技创新券、优秀人才购房券等政策全面落实,市人才科技广场启用投运。成功承办首届中国军民两用技术创新应用大赛决赛，获金奖1项，招引参赛项目10个。全年新增国家级高新技术企业46家,全市国家级高新技术企业突破100家。实现高新技术产业产值1342.76亿元,同比增长20.0%,占规模以上工业总产值比重达43.6%。全社会研发经费投入占GDP比重2.4%以上。全年专利申请5117件,其中发明专利申请2664件;专利授权1041件,其中发明专利137件。拥有有效发明专利845件，万人有效发明专利7.84件。成功承办首届中国军民两用技术创新应用大赛决赛,获金奖1项。

城建交通重点工程有序实施,文江路、银杏路全线贯通,兴南路、龙河路、国庆东路、东阳南路、园林路、金城路顺利竣工,“九纵九横”总里程增至96.5公里。新334省道分黄段、东部南北干线先导段、新长铁路泰兴段平改立等项目全面建成。城市水利工程快速推进,如泰运河以南如期实现控水活水目标，城区水质有效改善。羌溪南路截污工程顺利竣工，银杏路和澄江路污水管网及泵站建设等工程有序实施。城市环境综合整治扎实推进,国庆中路创成省级城市管理示范路。黄桥、虹桥副中心建设取得积极进展,小城市基础设施进一步完善,虹桥镇获批国家级卫生镇。农村生产生活条件持续改善。完成农村公路提档升级120公里,新建改造农村桥梁150座,创成全省“四好农村路”示范县。沿江排涝能力不断提升，马甸水利枢纽主体工程顺利建成。生态文明建设扎实推进,环保执法经验全国推广。分别实施17项水污染减排工程、4项大气污染减排工程,关停小化工企业15家。城市空气质量达到及好于二级标准天数比例达78.2%。加快实施“天地一体化”监测系统建设,泰兴经济开发区65家企业实行刷卡排污。完成11家规模养殖场和8个养殖密集村畜禽粪污治理试点，对15个村进行拉网式农村环境综合整治。排污权质押贷款融资工作顺利启动，排污权有偿使用和交易全面实施。土地利用总体规划调整完善，上争点供指标等创历史新高。

扎实推进民生实事,大力实施民生幸福工程,一般公共预算用于民生支出的比重达75.8%。积极推进大众创业、万众创新,新增登记企业3554家,注册资本237.2亿元,分别增长29%和13%。新增创业1.27万人,城镇新增就业1.71万人,净增就业1.43万人,年末城镇登记失业率1.9%。城乡居民人均可支配收入分别达36521元和17842元,增长8.1%和8.8%。城乡居民养老保险参保覆盖率达99.98%,城乡低保月保障标准分别提高4%和5%。调高在乡老复员军人、残疾军人立功荣誉金标准,在全省率先实施重度失能农村五保老人护理补贴政策。积极促进精准扶贫,建档立卡低收入农户脱贫6873户,集体经营性收入35万元以上的村新增74个。人口健康信息化系统顺利建成,医养融合加快发展,村卫生室提升工程年度目标任务全面完成,创成省妇幼健康优质服务示范市。食品药品监管有力,食品安全监督抽检合格率达99.4%。教育现代化深入推进。高考、对口单招本科进线人数、进线率再创新高,建成省示范性教师发展中心,泰师附小东润校区投入使用,泰兴中学新校区、黄桥新城学校加快建设。公共文化服务体系进一步完善,"文化惠民券"全面实施,城区"15分钟文化圈"、农村"10里文化圈"加快建设。黄桥战役纪念地、新图书馆、观道博物馆对外开放。竞技体育取得新突破,泰兴籍运动员首夺残奥会金牌。平安泰兴建设深入推进。社会管理服务三级平台、综治信息系统建设全面覆盖,规范化、实战化水平全省领先。信访工作"属地管理、分级负责,谁主管、谁负责"责任制进一步落实,社会大局持续保持稳定。安全生产形势总体平稳,危化品专项整治深入开展。村(居)委会换届顺利进行。国防动员、人民防空、统计、档案、供销、物价、电信、外事、侨务、民宗、工商联、气象、海事、海关、国检、边检、保险、老干部、关心下一代、妇女儿童、红十字、残疾人等工作取得新的成绩。

组织机构及负责人

市　委

书　记　孙耀灿(至2016-6-20)
　　　　张育林(2016-6-20任)
副书记　张育林(至2016-6-20)
　　　　刘志明(2016-6-20任)
　　　　孙　云(至2016-5-10)
　　　　张　坤(2016-5-10任)
常　委　孙耀灿(至2016-6-20)
　　　　张育林
　　　　刘志明(2016-6-20任)
　　　　孙　云(至2016-5-10)
　　　　张　坤(2016-5-10任)
　　　　钱　娟(女,至2016-5-10)
　　　　刘荣华
　　　　田之本(至2016-7-28)
　　　　耿元进(至2016-7-28)
　　　　徐闻仲(2016-5-10任)
　　　　张红霞(2016-5-10任)
　　　　钱宏琦
　　　　孙　群(至2016-10-15)
　　　　朱俊浩
　　　　鞠林红(2016-5-10任)
　　　　刘　辉(2016-7-28任)

市人大

主　　任　戴仁泉(至2016-1-11)
　　　　　孙　云(2016-1-13任)
党组书记　戴仁泉
副 主 任　田之本(2016-1-13任)
　　　　　耿元进(2016-1-13任)
　　　　　王中先
　　　　　官新民
　　　　　王克毅

市政府

市　长　张育林(至2016-6-24)
代市长　刘志明(2016-6-24任)
副市长　刘荣华
　　　　周桂香(女)
　　　　刘　辉(至2016-8-25)
　　　　张健羽(至2016-10-26)
　　　　顾　刚
　　　　邵　骅(女,2016-12-9任)
　　　　钱　军
　　　　凌玉富(至2016-10-26)
　　　　谢红官(2016-8-25任)
　　　　李双山(2016-10-26任)
　　　　刘　俊(挂职,至2016-10-26)
　　　　包国芳(女,挂职,2016-1-4任,至2016-6-24)
　　　　王东升(2016-4-26任,挂职时间8个月)
　　　　吴绍义(2016-10-26任,挂职时间2年)

市政协

主　席　丁　亚
副主席　高寿林(至2016-1-10)

薛晨光
刘　建
顾爱军
孙　钬
张金堂(2016-1-12 任)
秘书长　周国庆(至 2016-10-8)

市纪委

书　记　钱宏琦

市人民法院

院　长　杨旭波
执行局
局　长　钱伟民(至 2016-11-29)

市人民检察院

检察长　吴文彬
反贪污贿赂局
局　长　印　华(女,至 2016-8-29)
张　荣(2016-8-29 任)
反渎职侵权局
局　长　张　荣
公诉局
局　长　朱春美(女)
黄桥检察室

驻泰兴经济开发区检察室(2016 年 5 月 4 日新设)

驻虹桥工业园区检察室(2016 年 5 月 4 日新设)

市人武部

部　长　朱俊浩
政　委　葛　涛

市委工作机构

市委办公室
主　任　谢红官(至 2016-8-29)
王长健(2016-8-29 任)
市委组织部
部　长　钱　娟(女,至 2016-5-10)
鞠林红(2016-5-10 任)
市委宣传部
部　长　张国祥(至 2016-1-21)
张红霞(女,2016-7-29 任)
市委统一战线工作部
部　长　高寿林(兼,至 2016-1-21)
刘　辉(2016-7-29 任)
市委政法委员会
书　记　田之本(至 2016-7-29)
徐闻仲(2016-7-29 任)
市委农村工作办公室
主　任　赵建东
市机构编制委员会办公室
主　任　徐旭洲
市委老干部局
局　长　何文军(至 2016-8-29)
市委市级机关工委
书　记　顾为成
市委党校
校　长　钱　娟(女,兼,至 2016-6-25)
张　坤(兼,2016-6-25 任)
市史志档案办公室
主　任　王向群
市经济环境监察中心(在市纪委挂牌)

市委研究室(在市委办公室挂牌)

市委机要保密局
局　长　潘明荣
市委台湾工作办公室(与市委办公室合署)
主　任　冯　军
市委组织员办公室(在市委组织部挂牌)
主　任　吕　斌(兼)
市委党的建设工作领导小组办公室(设在市委组织部)
主　任　管国堂(兼,至 2016-2-23)
吕　斌(兼,2016-3-23 任)
市委非公有制企业和社会组织工作委员会　(与市委组织部合署)
书　记　蔡桂生
市精神文明建设指导委员会办公室(在市委宣传部挂牌)
主　任　张余华(兼)
市委对外宣传办公室(在市委宣传部挂牌)
主　任　葛　斌(兼)
市哲学社会科学界联合会(与市委宣传部合署)
主　席　叶　青(女,至 2016-8-9)
姚　鸣(女,2016-8-9 任)

群众团体

总工会
主　席　　金爱萍
妇　联
主　席　　黄建云(女)
团市委
书　记　　刘　阳(至 2016-12-23)
　　　　　李　卉(2016-12-23 任)
工商联
主　席　　薛晨光(兼)
残　联
书　记　　封红年
理事长　　秦　娟(女)
科　协
主　席　　许咏诗(女,至 2016-3-23)
　　　　　叶　青(女,2016-6-17 任)
文　联
主　席　　林　林
侨　联
主　席　　殷红兰(女)
红十字会
会　长　　周桂香(女,兼)

市人大常委会工作机构

市人大常委会办公室
主　任　　陈新亮(至 2016-8-25)
　　　　　何文军(2016-9-28 任)
市人大常委会人事代表工作委员会
主　任　　朱　舒(2016-9-28 任)
市人大常委会法制工作委员会(2016 年 12 月 6 日改为在内务司法工作委员会挂牌)
主　任　　吴友林
市人大常委会内务司法工作委员会 (2016 年 12 月 6 日新设立,挂法制工作委员会牌子)
主　任　　吴友林(2016-12-9 任)
市人大常委会财经工作委员会(2016 年 12 月 6 日挂预算工作委员会牌子)
主　任　　臧荣国
市人大常委会教科文卫工作委员会
主　任　　朱桂明
市人大常委会环境资源城乡建设工作委员会
主　任　　张华国
市人大常委会农村工作委员会
主　任　　刘　军

市政府工作部门

市政府办公室
主　任　　王长健(至 2016-9-28)
　　　　　惠　星(2016-9-28 任)
市发展和改革委员会
主　任　　焦国庆
市经济和信息化委员会
主　任　　张　河
市教育局
局　长　　尹松林
市科学技术和知识产权局
局　长　　李　飞
市公安局
局　长　　凌玉富(至 2016-10-26)
　　　　　李双山(2016-10-26 任)
市监察局(与市纪委合署)
局　长　　周连荣(至 2016-9-28)
　　　　　周国庆(2016-9-28 任)
市民政局
局　长　　李宝泉
市司法局
局　长　　冯金华(至 2016-12-9)
　　　　　闾月清(2016-12-9 任)
市财政局
局　长　　董剑东
市人力资源和社会保障局
局　长　　肖　荣(至 2016-2-29)
　　　　　管国堂(2016-2-29 任)
市住房和城乡建设局
局　长　　周建国
市规划局
局　长　　尹辉宏
市城市管理局
局　长　　赵新元
市交通运输局
局　长　　刘国成
市水务局
局　长　　褚新华
市农业委员会
主　任　　叶　兵
市商务局
局　长　　刘新华
市文化广电新闻出版局
局　长　　张　敢
市卫生和计划生育委员会

主　任　　吴成剑
市审计局
局　长　　杨　健
市环境保护局
局　长　　吴小平
市体育局
局　长　　恽志华
市统计局
局　长　　孙晓健
市市场监督管理局
局　长　　孔　兵
市安全生产监督管理局
局　长　　马志刚
市粮食局
局　长　　叶亚东
市信访局
局　长　　李护军
市民族宗教事务局
局　长　　朱　咏
市民防局
局　长　　陆建明
市政务服务管理办公室
主　任　　吉小明
泰兴经济开发区
党工委书记　　孙　群(兼,至 2016-10-15)
　　　　　　　张　坤(兼,2016-11-25 任)
管委会主任　　吉　勇
市沿江开发管理办公室
主　任　　马书宁
市供销合作总社
主　任　　耿　进
市国家保密工作局(在市委办公室挂牌)
局　长　　潘明荣(兼)
市政府台湾事务办公室(在市委办公室挂牌)
主　任　　冯　军(兼)
市政府新闻办公室(在市委宣传部挂牌)

市政府侨务办公室(在市委统战部挂牌)
主　任　　顾晓平(兼)
市社会治安综合治理委员会办公室 (与市委政法委合署)
主　任　　茅建亚
市社会管理服务中心(正科级事业单位,隶属市委政法委)
主　任　　张光明
市事业单位登记管理局(在市编办挂牌)
局　长　　徐旭洲(兼)
市应急管理办公室(在市政府办公室挂牌)
主　任　　王长健(兼,至 2016-8-29)
　　　　　惠　星(兼,2016-8-29 任)
市政府研究室(在市政府办公室挂牌)
主　任　　熊　杰
市政府外事办公室(在市政府办公室挂牌)
主　任　　王　东(至 2016-9-19)
　　　　　黄杜鹃(女,2016-12-19 任)
市政府法制办公室(在市政府办公室挂牌)
主　任　　杨建成
市政府金融工作办公室 (市政府办公室下属副科级事业单位)
主　任　　肖　波(2016-4-19 任)
市政府公共服务热线中心 (市政府办公室下属正科级事业单位)
主　任　　蒋小明
市机关事务管理局(市政府办公室下属正科级事业单位)
局　长　　王祖锋
市物价局(在市发展改革委挂牌)
局　长　　王春中
市旅游局(在市发展改革委挂牌)
局　长　　张健羽(兼,至 2016-10-26)
市服务业发展局(市发展改革委下属正科级事业单位)
局　长　　蒋春生
市宣家堡古银杏森林风景区管理中心(副处级,由市发展改革委管理)
主　任　　吴志生(正科职)
市中小企业局(在市经济和信息化委挂牌)
局　长　　张　河(兼)
市政府教育督导室(在市教育局挂牌)
主　任　　尹松林(兼)
市地震局(市政府直属正科级事业单位)
局　长　　李　飞(兼)
市维护稳定工作领导小组办公室(设在市公安局)
主　任　　凌玉富(兼,至 2016-10-26)
　　　　　李双山(兼,2016-10-26 任)
杨根思烈士陵园(副处级,由市民政局管理)

市政府国有资产监督管理委员会(在市财政局挂牌)

市公务员局(在市人力资源社会保障局挂牌)
局　长　　肖　荣(兼,至 2016-2-26)
　　　　　管国堂(兼,2016-2-26 任)
市土地开发储备中心 (市国土资源局管理的正科级事业单位)
主　任　　孙红东
市建筑工程管理局 (市住房城乡建设局下属正科级事业单位)

局　长　　尹家斌

市城市管理行政执法局(在市城管局挂牌)

局　长　　赵新元(兼)

市广播电视台(市文广新局下属正科级事业单位)

台　长　　张　敢(兼)

市新四军黄桥战役纪念馆(正科级事业单位,黄桥镇代管)

馆　长　　张建荣(至2016-4-28)
　　　　　丁　政(2016-4-28任)

市食品药品监督管理局(在市市场监管局挂牌)

局　长　　朱宏全(兼,至2016-12-30)
　　　　　孔　兵(兼,2016-12-30任)

市人民防空办公室(在市民防局挂牌)

主　任　　陆建明(兼)

市档案局(在市史志档案办公室挂牌)

局　长　　王向群(兼)

市港口管理局(与市沿江开发办合署)

局　长　　马书宁(兼)

市口岸管理委员会办公室(在市港口管理局挂牌)

主　任　　马书宁(兼)

市中兴国有资产经营投资有限公司

总经理　　董剑东(兼)

市中泰城市建设投资有限公司

总经理　　赵爱军(兼)

市接待办公室

主　任　　冯　军(兼)

市物价局检查分局

局　长　　赵志坚

市旅游发展服务中心

主　任　　张建荣(兼)

市能源局

局　长　　周兴龙

市公安局政治处

主　任　　蔡进托(至2016-8-29)
　　　　　李　剑(2016-8-29任)

市公安局指挥中心

主　任　　鲍震宇

市公安局国内安全保卫大队

大队长　　焦玉平

市公安局治安管理警察大队

大队长　　李　剑

市公安局交通警察大队

大队长　　陈今文

市公安局刑事犯罪侦查大队

大队长　　肖顶峰

市公安局经济犯罪侦查大队

大队长　　苏永哲

市公安局水上管理警察大队(2016年11月21日改为在市公安局水上派出所挂牌)

大队长　　毛向东

市公安局巡特警大队

大队长　　李安明

市公安局网络安全保卫大队

大队长　　戴建华(至2016-7-13)

市公安局出入境管理大队

大队长　　张　浩(2016-3-23任)

市公安局警务督察大队

大队长　　徐承国

市公安局黄桥分局

局　长　　唐传星

市财政国库集中收付中心

主　任　　闾明康

市国有资产管理中心(2016年10月19日新设立的副科级事业单位,隶属于市财政局)

主　任　　成国晖(2016-11-29任)

市人力资源和社会保障局军官转业安置办公室

主　任　　孙建民

市社会保险管理处

主　任　　周国治(至2016-10-31)
　　　　　蒋小明(2016-10-31任)

市劳动监察大队

大队长　　张迎庆

市公共就业服务中心

主　任　　葛志兵

市房产管理局

局　长　　戴兴武

市房屋征收中心

主　任　　秦开泽

市拆迁管理办公室(在房屋征收中心挂牌)

主　任　　秦开泽(兼)

市城市管理行政执法大队

大队长　　于　恺

市地方海事处

处　长　　顾亚斌

市林业局

局　长　　李　群(兼)

市农业机械管理局

局　长　　成圣江(兼,至2016-3-23)
　　　　　朱　熊(2016-3-23任)

市农业资源开发局

局　长　　栾炳群(兼)

市农业技术推广中心

主　任　　王迎春

市畜牧兽医中心
主　任　　陈　君
市林业技术推广中心
主　任　　袁　觉
市农业综合执法大队
大队长　　戴兴生
中国国际贸易促进委员会泰兴市委员会
会　长　　李少峰(兼)
市爱国卫生运动委员会办公室
主　任　　季　玉
市卫生监督所
所　长　　杨　斌
市疾病预防控制中心
主　任　　范　敏
市新闻信息中心
主任　　王永生
市环境监察大队
大队长　　郭　建
市环境保护局黄桥分局
局　长　　杨国强
市市场监管稽查大队
大队长　　李　峰(兼)
市产品质量综合检验检测中心

市安全生产监察大队
大队长　　徐　凯(兼)
市政务服务中心
主　任　　吉小明(兼)
市公共资源交易中心(在市政务服务中心挂牌)
主　任　　陈　苏(兼)

市政协工作机构

市政协办公室
主　任　　周国庆(至 2016-10-8)
　　　　　张建新(2016-10-8 任)
市政协提案委员会
主　任　　郝兴华
市政协学习文史联络委员会(2016 年 12 月 6 日由学习文史委员会更名)
主　任　　袁　玲(女)
市政协经济科技委员会(2016 年 12 月 6 日挂港澳台侨委员会牌子)
主　任　　陈志军(至 2016-12-22)
　　　　　褚晓彬(2016-12-22 任)
市政协港澳台侨委员会(2016 年 12 月 6 日改为在经济科技委员会挂牌)
主　任　　张建新(至 2016-10-8)
市政协社会法制城乡建设委员会(2016 年 12 月 6 日撤销)
主　任　　丁向群(至 2016-12-22)
市政协社会法制委员会(2016 年 12 月 6 日新设立,挂农业农村委员会牌子)
主　任　　吴晓东(2016-12-22 任)
市政协城乡建设委员会(2016 年 12 月 6 日新设立)
主　任　　陈志军(2016-12-22 任)
市政协教卫文体委员会
主　任　　徐建华(至 2016-12-22)
　　　　　丁三友(2016-12-22 任)

垂直单位

市国土资源局(市政府工作部门)
局　长　　孙红东(2016-1-29 任)
国家统计局泰兴调查队
队　长　　常玉英(女)
省统计局泰兴调查局
局　长　　王晓建(女)
泰州出入境检验检疫局泰兴办事处
主　任　　高振兴
泰州海关驻泰兴办事处
主　任　　钱中华
市国家税务局
局　长　　朱鹏亚(至 2016-8-24)
　　　　　王　勇(2016-8-24 任)
泰州市泰兴地方税务局
局　长　　袁曙明
市烟草专卖局
局　长　　张云峰
中国电信股份有限公司泰兴分公司
总经理　　张建齐(至 2016-1-2)
　　　　　徐正友(2016-1-2 任)
江苏移动通信有限责任公司泰兴分公司
总经理　　赵广生
中国联通有限公司泰兴分公司
总经理　　张　锋(至 2016-11-18)
　　　　　马　飞(2016-11-18 任)
中国邮政集团公司江苏省泰兴市分公司
局　长　　马兴军(女,至 2016-5-24)
　　　　　孙越栋(2016-5-24 任)
国网江苏省电力公司泰兴市供电公司
总经理　　汤少卿

市盐务管理局

局　长　　姚　炜(至 2016-8-8)
　　　　　赵建忠(2016-8-8 任)

市气象局

局　长　　吕冬红

泰兴石油分公司

经　理　　徐贵江

泰州学院泰兴校区管委会

主　任　　丁伟东

泰州市住房公积金管理中心泰兴分中心

主　任　　王建泰

中国人民银行泰兴市支行

行　长　　邵应申

中国工商银行股份有限公司泰兴支行

行　长　　金旭东(至 2016-5-27)
　　　　　谢　波(2016-10-19 任)

中国农业银行股份有限公司泰兴市支行

行　长　　王　炜(至 2016-10-17)
　　　　　常振华(2016-11-15 任)

中国农业发展银行泰兴市支行

行　长　　姚　明

泰兴农村商业银行

董事长　　申和健

中国建设银行股份有限公司泰兴市支行

行　长　　倪红卫

中国银行股份有限公司泰兴支行

行　长　　姬　海

中国邮政储蓄银行股份有限公司泰兴市支行

行　长　　吴　祥

中国人民财产保险股份有限公司泰兴支公司

经　理　　钱　俊

中国人寿保险股份有限公司泰兴支公司

经　理　　高振海(至 2016-10-14)
　　　　　成联华(2016-10-14 任)

太平洋财产保险股份有限公司泰兴支公司

经　理　　祝　辉

太平洋人寿保险股份有限公司泰兴支公司

经　理　　赵拥军(至 2016-9-1)
　　　　　冯　霞(女,2016-9-1 任)

江苏有线网络发展有限责任公司泰兴分公司

总经理　　叶龙福

乡镇、街道

黄桥镇

党委书记　　耿元进(兼)
人大主席　　洪　飞(2016-12-04 任人大主席候选人)
镇　　长　　王晓云

古溪镇

党委书记　　洪　飞(至 2016-11-29)
　　　　　　丁晓江(2016-11-29 任)
人大主席　　洪　飞(至 2016-04-19)
　　　　　　顾昌圣(2016-04-19 任人大主席候选人,2016-07-30 当选)
镇　　长　　许习锋

珊瑚镇

党委书记　　肖强华
人大主席　　肖强华(至 2016-04-19)
　　　　　　陈卫国(2016-04-19 任人大主席候选人,2016-08-09 当选)
镇　　长　　成　峰

分界镇

党委书记　　管　玲(至 2016-10-31)
　　　　　　潘冬子(2016-10-31 任)
人大主席　　管　玲(至 2016-04-19)
　　　　　　周向明(2016-04-19 任人大主席候选人,2016-08-05 当选,至 2016-11-29)
　　　　　　王吉春(2016-11-29 任人大主席候选人,2016-12-28 当选)
镇　　长　　叶新全(至 2016-04-19)
　　　　　　周　伟(2016-04-19 任镇长候选人,2016-08-05 当选)

济川街道

党工委书记　　张金堂(兼至 2016-12-21)
　　　　　　　王建武(2016-12-21 任)
人大工作委主任　　张金堂(兼至 2016-03-23)
　　　　　　　徐　华(2016-03-23 任)
街道办主任　　王建武

滨江镇

党委书记　　孙　群(兼至 2016-10-31)
　　　　　　张　坤(2016-11-29 兼)
人大主席　　孙　群(兼至 2016-04-19)
　　　　　　蒋富生(2016-04-19 任人大主席候选人,2016-08-29 当选)
镇　　长　　殷凯杰

虹桥镇

党委书记　　钱　军(兼)
人大主席　　孙晓复
镇　　长　　孔　军

姚王镇

党委书记　　成文蔚
人大主席　　成文蔚(至 2016-04-19)
　　　　　　陈荣军(2016-04-19 任人大主席候选人,2016-08-28 当选)

镇　　长　潘冬子(至 2016-10-31)
　　　　　蒋　杰(2016-10-31 任镇长候选人，2016-12-26 当选)

河失镇

党委书记　惠　星(至 2016-08-29)
　　　　　王　东(2016-08-29 任)
人大主席　王社章(至 2016-04-19)
　　　　　刘松涛(2016-04-19 任人大主席候选人，2016-08-06 当选)
镇　　长　顾建中(至 2016-04-19)
　　　　　张　莉(2016-04-19 任镇长候选人，2016-08-06 当选)

张桥镇

党委书记　燕荣华
人大主席　燕荣华(至 2016-04-19)
　　　　　陈新猛(2016-04-19 任人大主席候选人，2016-07-23 当选，至 2016-11-29)
　　　　　顾大元(2016-11-29 任人大主席候选人，2016-12-28 当选)
镇　　长　周亚东(至 2016-05-06)
　　　　　张鹏飞(2016-05-06 任镇长候选人，2016-07-23 当选)

曲霞镇

党委书记　邵　鸣(至 2016-10-31)
　　　　　熊亚平(2016-10-31 任)
人大主席　周　伟(至 2016-04-19)
　　　　　周永林(2016-04-19 任人大主席候选人，2016-07-31 当选，至 2016-10-31)
　　　　　陈建明(2016-10-31 任人大主席候选人，2016-12-31 当选)
镇　　长　邵　鸣(至 2016-04-19)
　　　　　熊亚平(2016-04-19 任镇长候选人，2016-07-31 当选，至 2016-11-29)
　　　　　刘新明(2016-11-29 任镇长候选人，2016-12-31 当选)

广陵镇

党委书记　朱为祥(2016-04-19 任)
人大主席　王玉明(2016-04-19 任人大主席候选人，2016-08-02 当选)
镇　　长　朱为祥(至 2016-04-19)
　　　　　吴　剑(2016-04-19 任镇长候选人，2016-08-02 当选)

新街镇

党委书记　闾月清(至 2016-11-29)
　　　　　吉红霞(2016-11-29 任)
人大主席　王学军(2016-04-19 任人大主席候选人，2016-08-05 当选)
镇　　长　吉红霞(至 2016-11-29)
　　　　　陈新猛(2016-11-29 任镇长候选人，2016-12-28 当选)

元竹镇

党委书记　殷　建(2016-04-19 任)
人大主席　徐建国(2016-04-19 任人大主席候选人，2016-08-07 当选)
镇　　长　殷　建(至 2016-04-19)
　　　　　赵　军(2016-04-19 任镇长候选人，2016-08-07 当选)

宣堡镇

党委书记　申卫明
人大主席　申卫明(至 2016-04-19)
　　　　　肖　艳(2016-04-19 任人大主席候选人，2016-08-26 当选)
镇　　长　叶和林(至 2016-11-29)
　　　　　季　成(2016-11-29 任镇长候选人，2016-12-27 当选)

根思乡

党委书记　王　华
人大主席　王晓伟(至 2016-11-29)
　　　　　刘　阳(2016-11-29 任人大主席候选人，2016-12-28 当选)
乡　　长　王　华(至 2016-04-19)
　　　　　丁忠强(2016-04-19 任乡长候选人，2016-08-06 当选)

园　区

黄桥工业园区

党工委书记　耿元进(兼)
管委会主任　顾鹏程(至 2016-05-10)
　　　　　　邵　鸣(2016-10-31 任)

虹桥工业园区

党工委书记　钱　军(兼)
管委会主任　李炳良

农产品加工园区

党工委书记　刘　辉(兼)
管委会主任　丁晓江(至 2016-11-29)
　　　　　　叶和林(2016-11-29 任)

城东高新技术产业园区

党工委书记　顾　刚(兼)
管委会主任　陈　斌

城区工业园区

管委会主任　王建武

新任市级领导人简介

刘志明 现任中共泰兴市委副书记、市政府代市长、党组书记。1972 年 8 月出生,汉族,江苏靖江人,省委党校研究生学历,2000 年 6 月加入中国共产党,1990 年 8 月参加工作。

1987 年 9 月在泰兴师范学校学习;1990 年 8 月为靖江县(市)城北小学教师(其间:1994.06 南京师范大学汉语言文学专业自学考试大专毕业);1997 年 9 月为靖江市靖城镇党政办公室工作人员;1998 年 5 月为靖江市委办公室办事员(其间:1999.12 江苏教育学院汉语言文学教育专业自学考试本科毕业);2000 年 9 月任靖江市委办公室信息查办科副科长;2002 年 12 月任靖江市委办公室综合二科科长;2005 年 1 月任靖江市委办公室主任助理;2005 年 12 月任靖江市委办公室副主任;2007 年 11 月任靖江市新桥镇党委书记(其间:2006 年 9 月 -2009 年 7 月,参加江苏省委党校区域经济学专业研究生班学习);2012 年 2 月任靖江市新桥镇党委书记、新桥园区管委会主任;2012 年 8 月任海陵区委常委、海陵工业园区党工委书记、京泰路街道党工委书记;2014 年 11 月任泰州市委副秘书长;2015 年 8 月任泰州市委副秘书长、研究室主任;2016 年 6 月任泰兴市委副书记、市政府代市长、党组书记。

张　坤 现任中共泰兴市委副书记(保留正处级)、泰兴经济开发区党工委书记兼滨江镇党委书记、市委党校校长。1975 年 11 月出生,汉族,江苏靖江人,研究生学历,1998 年 10 月加入中国共产党,1999 年 8 月参加工作。

1995 年 9 月在南京师范大学化学教育专业学习;1999 年 8 月为兴化市张郭镇政府办事员,任张郭镇团委副书记;2001 年 12 月任兴化市招商局副局长;2002 年 4 月任兴化市招商局副局长,昭阳镇党委副书记、镇长;2002 年 12 月任兴化市大垛镇党委书记;2005 年 3 月任兴化市委办公室副主任、研究室主任;2005 年 9 月任共青团泰州市委副书记、党组成员(其间:2005 年 7 月 --2005 年 11 月,参加泰州市第五期青年干部培训班学习;2005 年 9 月 --2008 年 7 月,参加中央党校政治经济学专业学习,获硕士学位);2009 年 11 月任共青团泰州市委书记、党组书记(其间:2010 年 8 月 --2010 年 12 月,参加江苏省第三期中青年高级管理人才海外研修班学习;2011 年 4 月 -2012 年 4 月,参加江苏省第三期中青年高级管理人才美国马里兰大学海外研修班公共管理专业学习,获研究生学历、硕士学位);2012 年 5 月任泰州市政府外事办公室主任、党组书记;2015 年 4 月任泰州市外事侨务办公室主任、党组书记;2016 年 5 月任泰兴市委副书记(保留正处级);2016 年 6 月任泰兴市委副书记(保留正处级)兼市委党校校长;2016 年 11 月任泰兴市委副书记(保留正处级)、泰兴经济开发区党工委书记兼滨江镇党委书记、市委党校校长。

张红霞 现任中共泰兴市委常委、宣传部部长。1970 年 7 月出生,汉族,江苏泰兴人,省委党校研究生学历,1996 年 6 月加入中国共产党,1988 年 8 月参加工作。

1988 年 8 月为泰兴县泰兴镇中心小学教师;1991 年 4 月为共青团泰兴县委办事员;1992 年 2 月任共青团泰兴县(市)委宣传部副部长(其间:1993 年 9 月 --1995 年 7 月,参加江苏经济管理干部学院市场营销专业大专脱产学习);1995 年 8 月任共青团泰兴市委青农部部长(其间:1997 年 4 月 --1998 年 4 月,挂职泰兴市黄桥镇渡船村任副支书);1998 年 11 月任共青团泰兴市委副书记;2000 年 12 月任共青团泰兴市委书记;2002 年 11 月任泰兴市过船镇党委书记(其间:2003 年 2 月 --2004 年 7 月,参加江苏省委党校政治经济学专业研究生班学习);2005 年 9 月任泰兴市溪桥镇党委书记、人大主席;2007 年 5 月任泰兴市溪桥镇党委书记;2007 年 11 月任姜堰市副市长;2008 年 2 月任姜堰市副市长、农委主任、市委政法委副书记;2011 年 6 月任姜堰市(区)委常委、宣传部部长;2013 年 6 月任姜堰区委常委、区纪委书记;2016 年 5 月任泰兴市委常委;2016 年 7 月任泰兴市委常委、宣传部部长。

鞠林红 现任中共泰兴市委常委、组织部部长。1970 年 12 月出生,汉族,江苏靖江人,省委党校研究生学历,1992 年 5 月加入中国共产党,1993 年 8 月参

加工作。

1989年9月在天津轻工业学院发酵工程专业学习；1993年8月为江苏江山制药有限公司员工，任团委副书记；1995年12月为靖江市委组织部办公室办事员；1998年4月任靖江市委组织部青干科副科长；1999年12月任靖江市委组织部青干科副科长、干部科副科长(正股级)；2001年6月任靖江市委组织部干部科科长；2002年8月任靖江市委组织员、组织部干部科科长；2005年8月任靖江市委组织部副部长、干部科科长；2006年12月任靖江市委组织部副部长；2007年11月任靖江市西来镇党委书记、人大主席、靖江经济开发区党工委委员（其间：2006年9月--2009年7月，参加江苏省委党校区域经济学专业研究生班学习）；2010年1月任靖江市西来镇党委书记，靖江经济开发区党工委委员；2010年8月任靖江市西来镇党委书记，靖江经济开发区党工委委员、管委会副主任；2011年7月任靖江市委办公室主任；2012年9月任靖江市副市长；2016年5月任泰兴市委常委、组织部部长。

邵　骅　现任泰兴市政府副市长，民盟泰州市委副主委（兼）。1966年5月出生，汉族，江苏常州人，中央党校大学学历，民盟成员，1986年7月参加工作。

1984年9月在江苏省税务学校工业会计专业学习；1986年7月为县级泰州市(海陵区)审计局工交审计科办事员（其间：1995年12月南京大学经济管理专业自学考试大专毕业)；1997年3月为泰州市审计局经贸审计科科员（其间：1997年8月--1999年12月，参加中央党校函授学院经济管理专业本科班学习)；2002年7月任泰州市审计局经贸审计处副处长；2007年9月任泰州市审计局经贸审计处副处长、主任科员；2008年6月任泰州市审计局经贸审计处处长；2009年12月任泰州市审计局农业与资源环保审计处处长；2011年5月任泰州医药高新区管委会审计局局长；2016年1月任泰州医药高新区管委会卫生局局长；2016年12月任泰兴市政府副市长(其间：2011年12月起兼民盟泰州市委副主委)。

谢红官　现任泰兴市政府副市长、党组成员。1971年3月出生，汉族，江苏泰州人，省委党校研究生学历，1998年3月加入中国共产党，1993年8月参加工作。

1989年9月在山东大学(威海)汉语言文学专业学习；1993年8月为泰兴市劳动局办事员；1995年6月为市委办公室办事员；1997年3月任市委办公室副股级秘书；1998年3月任市委办公室调研科副科长（正股级)；2001年12月任市委办公室调研科科长；2002年9月任市委办公室主任助理；2003年11月任市委办公室副主任；2007年6月任市委办公室副主任、研究室主任；2007年10月任古溪镇党委书记；2007年12月任古溪镇党委书记、人大主席（其间：2005年9月--2008年7月，参加江苏省委党校政治经济学专业研究生班学习)；2010年4月任分界镇党委书记；2011年4月任分界镇党委书记、人大主席；2012年1月任市委办公室主任兼研究室主任、台办主任、市政府台湾事务办主任；2012年5月任市委办公室主任兼研究室主任、机要保密局局长、市国家保密工作局局长；2014年6月任市委办公室主任兼机要保密局局长、市国家保密工作局局长；2015年8月任市委办公室主任；2016年7月任市政府党组成员，市委办公室主任；2016年8月任市政府副市长、党组成员。

李双山　现任泰兴市政府副市长、党组成员，市公安局局长、党委书记兼市委政法委副书记、维稳办主任、督察长。1964年10月出生，汉族，江苏泰州人，中央党校大学学历，1999年7月加入中国共产党，1987年7月参加工作。

1985年9月在江苏省人民警察学校治安专业学习；1987年7月为县级泰州市公安局城南派出所民警；1997年8月任泰州市公安局海陵分局城南派出所副所长；1999年8月任泰州市公安局海陵分局下坝派出所所长（其间：2000年9月--2002年6月，参加江苏警察学院公安管理专业大专班学习)；2003年1月任泰州市公安局治安警察支队防暴大队大队长；2003年7月任泰州市公安局交通巡逻警察支队五大队大队长（其间：2002年8月--2004年12月，参加中央党校函授学院法律专业本科班学习);2007 年 11 月任泰州市公安局治安警察支队巡防一大队大队长;2008 年 1 月任泰州市公安局治安警察支队巡防一大队大队长,海陵分局党委委员、副局长;2010 年 9 月任泰州市公安局海陵分局党委委员、副局长(正局级);2014 年 5 月任泰州市公安局治安支队副支队长;2016 年 10 月任泰兴市政府副市长、党组成员,市公安局局长、党委书记兼市委政法委副书记、维稳办主任、督察长。

包国芳 泰兴市政府副市长、党组成员(挂职,2016 年 1 月 --2016 年 6 月)。1975 年 11 月出生,汉族,江苏泰州人,省委党校研究生学历,1996 年 11 月加入中国共产党,1994 年 8 月参加工作。

1991 年 9 月在泰兴师范学校学习;1994 年 8 月为泰兴市永安洲乡(高港区永安洲)中心小学教师;1998 年 4 月任高港区永安洲镇团委书记;1999 年 3 月任高港区永安洲镇团委书记、计生办副主任;1999 年 5 月任高港区永安洲镇镇长助理、团委书记、计生办副主任;1999 年 10 月任高港区永安洲镇镇长助理、团委书记、明沟村党支部副书记;2001 年 4 月任高港区永安洲镇镇长助理、团委书记;2002 年 1 月任高港区永安洲镇副镇长(其间:2002 年 6 月南京师范大学汉语言文学专业自学考试大专毕业;2001 年 8 月 --2003 年 12 月,参加中央党校函授学院行政管理专业本科班学习);2005 年 10 月任高港区永安洲镇党委委员、副镇长;2006 年 3 月任高港区永安洲镇党委委员、副镇长,永安洲工业园党工委委员;2007 年 11 月任高港区妇联副主席;2008 年 4 月任高港区妇联副主席、党组书记;2008 年 9 月任高港区妇联主席、党组书记;2011 年 2 月任泰州市妇联副主席、党组成员(其间:2008 年 9 月 --2011 年 7 月,参加江苏省委党校社会学专业研究生班学习);2014 年 2 月任泰州市妇联副主席、党组成员,妇女儿童工委办公室主任;2016 年 1 月任泰兴市政府副市长、党组成员(挂职)。

王东升 泰兴市政府副市长、党组成员(挂职,2016年 4 月 --2016 年 12 月)。1971 年 5 月出生,汉族,河南镇平人,新疆维吾尔自治区区委党校大学学历,1998 年 6 月加入中国共产党,1989 年 8 月参加工作。

1989 年 8 月为新疆生产建设兵团农七师 128 团

综治办干部(其间:1991 年 9 月 -1993 年 10 月,参加新疆公安司法管理干部学院法律专业学习);1994 年 10 月为新疆维吾尔自治区昭苏县公安局刑警队科员;1995 年 5 月为新疆维吾尔自治区伊宁县公安局刑警队科员;2001 年 6 月任新疆维吾尔自治区伊宁县愉群翁回族乡党委委员、政法书记(其间:2002 年 9 月 --2004 年 7 月,参加新疆维吾尔自治区区委党校法律专业学习);2002 年 12 月任新疆维吾尔自治区伊宁县莫洛托乎提于孜乡党委副书记;2004 年 1 月任新疆维吾尔自治区伊宁县莫洛托乎提于孜乡党委书记;2005 年 4 月任新疆维吾尔自治区伊宁县英塔木乡党委书记;2007 年 8 月任新疆维吾尔自治区特克斯县法院党组书记;2011 年 6 月任新疆维吾尔自治区霍城县法院党组书记;2012 年 10 月任新疆维吾尔自治区霍城县委常委、政法委书记;2013 年 8 月任新疆维吾尔自治区霍城县委副书记、政法委书记;2014 年 9 月任新疆维吾尔自治区伊犁哈萨克自治州财政局党组成员、纪检组组长;2016 年 4 月任泰兴市政府副市长、党组成员(挂职)。

吴绍义 现任泰兴市政府副市长、党组成员(挂职,时间二年),市科技镇长团团长。1974 年 12 月出生,汉族,山东兰陵人,硕士研究生学历,2004 年 11 月加入中国共产党,1993 年 7 月参加工作。

1993 年 7 月为山东省兰陵县庄坞中学教师(其间:1994 年 7 月 --1997 年 7 月,参加山东省临沂教育学院中文系大专班学习;1997 年 9 月 -1999 年 7 月,参加山东省教育学院中文系本科班学习);2000 年 9 月在南京大学中文系现当代文学专业硕士研究生班学习;2003 年 6 月为江苏少年儿童出版社编辑;2005 年 7 月为江苏省地方税务局办事员;2006 年 8 月任江苏省地方税务局办公室副主任科员、主任科员;2010 年 12 月任江苏省地方税务局办公室秘书科科长;2014 年8 月任江苏省地方税务局办公室副主任;2016 年 8 月任泰兴市科技镇长团团长;2016 年 10 月任泰兴市政府副市长、党组成员(挂职,时间二年),市科技镇长团团长。

张金堂 现任泰兴市政协副主席。1961 年 3 月出生,汉族,江苏泰兴人,省委党校大学学历,1986 年 1 月加入中国共产党,1982 年 7 月参加工作。

1982 年 7 月为珊瑚乡沼气办公室工作人员，任沼气办公室主任;1985 年 3 月任珊瑚乡团委书记;1985 年 9 月任黄桥区综合服务公司副经理;1987 年 9 月任珊瑚乡乡镇建设助理;1988 年 7 月任珊瑚乡工业二公司经理,商业公司经理,工业、商业联合支部书记;1993 年 1 月任珊瑚乡副乡长 (其间:1992 年 9 月 --1995 年 7 月,参加南京农业大学经济贸易学院国际经贸管理专业大专班学习);1997 年 1 月任宁界乡党委副书记;1998 年 11 月任元竹乡党委副书记、乡长;2000 年 3 月任元竹乡(镇)党委书记;2005 年 10 月任元竹镇党委书记、人大主席 (其间:2004 年 3 月 --2006 年 7 月, 参加江苏省委党校函授学院法律专业本科班学习);2006 年 11 月任市城市管理行政执法局党组书记、副局长;2007 年 7 月任市城市管理行政执法局局长、党组书记兼市城管局局长;2010 年 4 月任市城管局局长、党组书记兼市城市管理行政执法局局长;2012 年 5 月任市民政局局长、系统党委书记;2012 年 8 月任杨根思烈士陵园主任, 市民政局局长、系统党委书记;2014 年 3 月任杨根思烈士陵园主任,济川街道党工委书记、人大工委主任;2016 年 1 月任市政协副主席,济川街道党工委书记、人大工委主任;2016 年 3 月任市政协副主席, 济川街道党工委书记;2016 年 12 月任市政协副主席。

杨柳儿叶子烧饼

在民间,清明节的早餐,人们除备扁团等冷食外, 有一样食品是必备的, 这就是杨柳儿叶子烧饼。清明节的前夕,主妇不会忘记叫孩子们去河边采摘细嫩翠绿的杨柳叶儿,回来作成烧饼,这是举家老幼人人必吃的。杨叶烧饼的制作很简单,就是把少许嫩叶洒至摊好将熟的白面烧饼上, 用铲子贴着烧饼均匀铺开,待烧饼熟后起锅即食;或将杨叶和入荞麦屑中加水调匀, 在烧热的锅里倒上一圈,随即用铲子将面糊糊均匀地涂满锅面,待熟后浇上花生油,洒上细盐、大蒜叶子等。这种荞麦屑烧饼黑阵阵的,厚嘟嘟的,香喷喷的,美味可口,清香透人心脾,为泰兴民间的一道传统佳肴。荞麦面有降压、养肝、明目等妙用,它富含维生素 B 和烟酸,同时还含有其它谷类中很少具有的芦丁成分,烟酸和芦丁都具有降血脂、软化血管、预防脑出血的作用,另外还可辅助降压、降血糖,堪称“三高”(高血压、高血脂、高血糖)患者的食疗佳品。

吃杨叶烧饼与纪念战国时的介子推有关,但在泰兴民间,还有这样一个传说。古时候一个春暖花开的时节,江北到处流传着红眼病,许多人睁不开眼,生产、生活受到很大的影响,人们到处求医问药,终不见效。一天夜里,一位李姓秀才做了一个梦, 他梦见一位仙风道骨的白胡子老人指点他说:“治红眼病我有个秘方,只需举手之劳,病可除矣!” 于是白胡子老人在李秀才耳边小语几句,便拄着拐杖走了。李秀才醒来,将信将疑,来到河边,采了三把嫩绿的杨叶,一把烧水给人们洗眼睛,一把给人们冲茶喝,还有一把呢,就和在面粉里做烧饼,让人们吃。这样连续三天,人们的红眼病都好了,这杨叶可是立下了大功。人们一传十,十传百,四乡八邻,没有不知道的。久而久之,在清明期间吃杨柳儿叶子烧饼也就成了习俗。

(吕耕樵 吕晓文)

外向型经济

■编辑　凌长富

对外经济贸易

· 招商引资 ·

【园区建设】 2016年,泰兴“三区三园”完成工业国税开票销售1219.8亿元,同比增长8.5%,工商税收入库数55.7亿元,同比增长18.2%,基础设施建设投入113.7亿元,协议外资及港澳台资7.33亿美元,实际利用外资及港澳台资3.53亿美元。在手项目信息558个,新签约项目152个,进入报批项目110个。新开工亿元以上项目131个,总投资403.1亿元,竣工项目80个,总投资176.1亿元。2016年,经济开发区创国家级经济技术开发区进入两年“培育期”,黄桥经济开发区与泰兴高新区同时获批省级园区。

【大型综合招商活动】 2016年,全市围绕“破百超十争第一”,积极参加和开展各类招商活动,招商引资成效显著。泰兴市(上海)投资环境说明会暨项目签约仪式,签约项目21个,总投资约108.98亿元。泰州水城水乡国际旅游节集中签约大会,签约项目18个,总投资约232.48亿元。泰州金秋投资说明会,签约项目18个,总投资160亿元。第八届中国·泰兴银杏节、投资环境说明暨项目推介会,签约项目43个,总投资约192亿元。泰兴(深圳)投资环境说明暨项目推介会,签约项目16个,总投资约76.2亿元。

【利用外资】 2016年,泰兴市累计完成协议利用外资及港澳台资7.33亿美元,同比增长100.9%;实际利用外资及港澳台资3.53亿美元,完成泰州市交指标的103.7%,同比增长8.7%。实际利用外资及港澳台资总量在泰州三市四区中名列第一,完成序时进度第二,增幅第六。全年共批准外资及港澳台资项目33个(新批项目26个,增资项目7个),其中,总投资超3000万美元的项目18个,协议外资及港澳台5.56亿美元,占全市总量的75.9%。新设现代服务业项目6个,先进制造业项目3个,新批非化工项目25个,占新批项目的96.2%。新增跨国公司地区总部1个(法国爱森SNF公司在泰兴市设立地区总部)。世界500强企业投资项目2个(法国苏伊士集团总投资3.6亿元人民币的泰兴苏伊士废料处理有限公司和中国华润总公司投资总额4.2亿元人民币的华润电力(泰州)有限公司)。

· 对外及对港澳台贸易 ·

【概况】 2016年,全市实现自营进出口总额25.75亿美元,同比增长5.8%,完成全年计划105.1%,其中自营出口12.33亿美元,同比下降1.7%,自营进口13.42亿美元,同比增长13.8%。全市外贸流通企业实现进出口2.04亿美元,同比增长15.09%,占全市进出口额7.9%;自营生产企业实现进出口5.81亿美元,同比增长8.85%,占全市出口额22.56%;外商投资企业进出口17.91亿美元,同比增长3.91%,占全市出口额69.54%。

【进出口产品结构】 2016年,全市化工产品进出口

13.61亿美元，占进出口总额52.84%，同比增长9.02%；机电产品进出口1.97亿美元，占出口总额7.65%，同比增长6.15%；高新技术产品出口1.12亿美元，占进出口总额4.35%，同比增长10.68%；其他产品进出口9.05亿美元，占进出口总额35.15%。

【进出口市场】 2016年，全市对外贸易伙伴遍及全球，对亚洲进出口14.66亿美元，同比增长2.41%（其中对东盟进出口4.67亿美元，同比下降5.76%）；对欧洲进出口3.27亿美元，同比增长10.44%（其中对欧盟进出口2.92亿美元，同比增长13.6%）；对北美进出口3.82亿美元，同比增长14.44%；对大洋洲进出口8085万美元，同比下降11.76%；对拉丁美洲进出口2.25亿美元，同比增长30.47%；对非洲进出口9489万美元，同比下降12.82%。日本、韩国、美国、新加坡、印度为泰兴对外贸易5大贸易国。日本，对其进出口3.54亿美元，同比下降6.37%；韩国，对其进出口3.29亿美元，同比增长22.03%；美国，对其进出口3.19亿美元，同比增长10.19%；新加坡，对其进出口1.64亿美元，同比下降13.18%；印度，对其进出口9897万美元，同比下降21.01%。对五大贸易国合计进出口12.65亿美元，占全市进出口总额49.13%。

【贸易结构】 2016年，泰兴市对外及港澳台贸易中，一般贸易进出口20.64亿美元，同比增长4.78%；加工贸易进出口3.4亿美元，同比增长22.7%，加工贸易占全市外贸进出口总额13.2%。

·对外及对港澳台投资和经济合作·

【概况】 2016年，全市完成对外及港澳台经济合作营业额3.05亿美元，同比增长0.33%；全年新签境外工程合同项目9个，协议合同金额45180万美元，同比增长133%。

【对外投资】 2016年，泰兴市新批境外投资企业11家，同比增长37.5%；中方协议投资额3.27亿美元，其中：河海公司对印尼海印公司增资9000万美元，济川控股对中国香港济中投资增资3000万美元；2016年，中方实际投资4564万美元，其中：河海公司投资1920万美元，济川控股投资298万美元，凯力克钴业投资545.5万美元。

【对外承包工程】 2016年，全市完成对外经营业额3.05亿美元，同比增长0.33%，其中：河海公司完成营业额1.7亿美元，中兴公司完成7000万美元，泰兴一建完成4300万美元，环宇公司完成2200万美元；全年新签境外工程合同项目9个，协议合同金额45180万美元，其中：河海公司签约项目2个，合同金额1.86亿美元，中兴公司签约项目6个，合同金额22580万美元，泰兴一建签约项目1个，合同金额4000万美元。2016年，新增境外承包工程获权企业3家，分别是鹏图建设公司，江苏民生建设有限公司，江苏省国裕建设有限公司。

【劳务输出】 2016年，泰兴市外派劳务服务中心报名出国务工人员518人，累计外派劳务人员212人。从行业分布和人员结构看，形成以纺织服装、建筑业普通劳务人员为主体，逐步向中高层次、技术型、智力型劳务输出转变的多层次外派劳务格局。外经企业资格审查、外派劳务护照备案和培训严格规范，外派劳务纠纷多发势头得到遏制，全年共处理各类突发事件、劳务纠纷8起，涉及劳务人员12人，为劳务人员挽回经济损失20多万元。

海　关

【概况】 2016年，泰兴实现进出口总值170.1亿元（人民币），与上年同比增长12.6%，其中出口81.2亿元，进口88.9亿元，分别增长4.2%、21.5%。泰州海关驻泰兴办事处监管国际船舶1162艘次，监管货物391万吨，备案加工贸易合同372份，合同备案金额2.9亿美元，新增注册企业89家。

【海关监管】 2016年，泰州海关驻泰兴办事处组织进出口企业、代理公司进行业务培训，规范申报要求。与金陵作业中心保持业务对接，转达中心要求，解答企业问题，做中心与企业的中间人。是年，泰州海关驻泰兴办事处推动口岸开放工作，做好监管场所开放交验收辅导，辖区1家监管场所通过验收。推广油气液体化工品监控系统，加强对液态化工品、油脂监管场所管理；建立与地方政府信息共享和安全协作机制，加强危化品场所安全管理。给予船舶企业手册二次及以上延期免除风险担保金的优惠条件，减轻企业负担，保证企业正常运营。泰兴经济开发区化工企业用料多、用料急，船舶靠泊时间不固定，泰兴办事处采取允许企业缴纳风险金先行卸货的应急方式，解决企业难题。（刘　宇）

出入境检验检疫

【概况】 2016 年,泰兴地区出口货物 5946 批,同比增长 15.2%;货值 2.2 亿美元,同比增长 19.5%。进口 555 批,同比增长 26.4%;货值 2728.6 万美元,同比增长 -18.8%。产地证签证 6246 批,同比增长 30.9%;签证金额 3.72 亿美元,同比增长 15.3%。危险品包装 1230 批,同比增长 25.1%。

【区域审单】 2016 年,泰州国检局泰兴办事处按照统一、集中和专业的原则,在泰州设立区域审单中心,并于 2016 年 1 月试点运行,负责张家港、太仓、泰州入境木材以及连云港、南通、泰州入境大豆审单作业。推进一体化工作实践,实现沪苏、苏皖、苏赣等长江经济带直属局间通关一体化和鲁苏出口直放。

【食品安全检验】 2016 年,泰州国检局泰兴办事处围绕省级食品安全城市创建工作,做好泰兴辖区进出口食品检验和监管工作,按照泰兴市食品安全委员会的分工,整理迎检资料,在泰兴市食品安全宣传周期间,在广场现场设置咨询台,向市民宣传进出口食品安全知识,派发宣传手册。

【"高玲爱心志愿服务"】 2016 年,泰州国检局泰兴办事处持续推动"高玲爱心志愿服务"。1 月,为庆祝第 63 届"世界防治麻风病日"暨第 29 届"中国麻风节",高玲爱心志愿服务队将 250 袋大米送往泰兴市麻风病康复村,泰兴市副市长周桂香、"国际甘地奖"获得者张国成教授对高玲爱心志愿服务队多年来为麻风村做出的贡献表示感谢。3 月,"学雷锋活动周" 暨 "三八妇女节", 高玲爱心志愿服务队 12 名队员在麻风村为老人们服务一天,为老人维修水电、轮椅,洗衣晒被,打扫卫生,并为老人请来专业理发师。上半年,高玲志愿者服务队将 79 张木椅、21 张餐桌、1 张大圆桌和 1 张四方桌送到麻风村老人家中。5 月 4 日, 国家质检总局举办"全国质检系统青年优秀群体、优秀个人学习习近平总书记系列重要讲话心得汇报会",高玲作为全国质检系统 12 个优秀团体和个人代表之一汇报心路历程及高玲爱心志愿服务队情况。高玲当选为泰州市劳动模范。

(程为民)

沿江开发

【概况】 2016 年,市沿江办编制天星洲作业区控制性详规。委托上海华蓝设计有限公司完善《江苏省泰州港泰兴港区概念规划暨天星洲作业区控制性详细规划》,通过专家评审并报市政府审查。编制泰州港总体规划优化调整方案。委托省交通规划设计院股份有限公司编制《泰州港泰兴港区过船作业区液体化工泊位区(一)上游段规划优化方案》,取得泰州市政府批复。编制十三五港口发展规划。委托中交水运规划设计院有限公司编制《泰兴市"十三五"港口发展规划》,取得市政府批复。

【整治工程】 2016 年,天星洲综合整治工程完成总量 90%以上, 基本完成左汊左岸防护、洲头及左右缘防护、左汊疏浚、洲体围堰等工程。3 月,市政府与中交投资基金管理(北京)有限公司、中国交通建设股份有限公司总承包经营分公司签订基金合作框架协议, 设立总规模 100 亿元的中交泰兴产业基金, 主要用于天星洲保护性开发及基础设施配套工程。

口岸管理

【概况】 2016 年,泰兴港区接卸外轮 1162 艘次,接卸外贸货物 391 万吨, 完成进出口总值 20.7 亿美元,实现海关税收 15.5 亿元。

【口岸协调服务】 2016 年,市口岸管理办公室定期组织召开口岸查验工作例会和座谈会, 加强与涉港查验机构以及相关企业的工作交流, 协调解决口岸业务发展中遇到的问题和困难。邀请泰州市口岸管理办公室和泰州海事、海关、国检、边防等查检单位对全市沿江 5 个在建码头对外开放准备工作进行集中业务辅导。泰州边防检查站监护二中队营房工程完成地下室结构施工,训练馆和办证大厅完成土建施工,营房内部进入装饰阶段,审议通过水上(港政)综合执法基地和国检泰兴办事处检疫检疫实验室建设方案, 开展前期工程设计工作。

开发园区

■编辑　张留红

泰兴经济开发区

【概况】 2016年，泰兴经济开发区实现地区生产总值189.1亿元，同比增长10.8%；工业国税开票销售660亿元、工商税收26.5亿元，同比增长3.9%和9.2%；完成产业投资212.8亿元，同比增长27%；实现服务业增加值32.9亿元、税收5.5亿元，同比增长37%、41%；实现建筑业施工总产值29.2亿元，同比增长15%；实际利用外资7985万美元、自营进出口总额18亿美元。创成国家循环化改造重点支持园区、全国产业集群区域品牌建设精细化工产业试点园区，进入全省省级开发区前10强，蝉联泰州市省级以上经济开发区绩效管理考核一等奖、泰兴市项目大突破一等奖。

招商引资　2016年，泰兴经济开发区成功举办“世界化工巨头EHS发展论坛”“中国涂料工业百强企业走进泰兴经济开发区”和德国、日本、韩国及中国上海、北京、深圳等招商活动。全年实施亿元以上重大产业项目80个，总投资526亿元，其中1亿美元或10亿元人民币以上项目25个，单个项目平均投资规模达6.5亿元。新开工项目29个、结转在建项目17个、在批项目23个、新竣工项目15个。总投资10.2亿元的长园华盛锂电池新型电解质材料项目实现当年签约、当年开工、当年竣工，与三聚环保苯乙烯项目同时被评为泰州市十佳重大工业投资项目。全年新签约项目27个，总投资280.9亿元。

4月21日，泰兴经济开发区、法国苏伊士环境集团、中核利柏特三方举行项目签约仪式　（张宏伟）

企业扶持　2016年，泰兴经济开发区启动园区封区管理，应急救援指挥平台完成主体建设，开展重点化工企业安全环保专项行动、危险化学品安全专项整治。172家企业使用安全隐患排查治理系统，累计排查事故隐患4000多处，整改率达98.8%；关停拆除6家小化工企业及4家小船厂；63家企业完成“刷卡排污”项目建设。全年新增规模以上企业10家、高新技术企业6家；推进5家企业上市，济川药业集团税收突破9亿元，泰州首家外商投资企业跨国公司地区总部——爱森中国区总部顺利获批。

基础设施建设　2016年，泰兴经济开发区预征土地213.33公顷，盘活闲置土地51.33公顷。推进58项重点基础设施工程，福泰大桥及连接线工程、文化路西延、东一路等路桥竣工通车。完成动迁签约拆除1266户，安置851户1193套，新增道路绿化面积6.2万平方米，沿江绿色生态走廊雏形初显，实现全区蒸汽管网互联互通。完善沿江岸线规划体系，港口码头公共化建设进程加快，滨江通用码头、金燕、阿尔贝尔化工码头等工程加快建设，实现货物吞吐量3500万吨。

【中国化工园区EHS发展论坛】 9月26日至27日，泰兴经济开发区与华东理工大学商学院联合举办“中国化工园区EHS发展论坛”，来自世界各地的36家知名化工企业在泰兴经济开发区围绕EHS(环境、健康、安全的英文缩写)管理共同探讨化工产业未来发展。国务院参事、国家安监总局原副局长、国务院应急管理专家组组长闪淳昌，国家发改委能源所所长韩文科，华东理工大学商学院党委书记马玲，国际化学品制造商协会责任关怀委员会主席、瑞士科莱恩化工(中国)有限公司大中华区可持续发展及管理事务总监宋榕华以及泰兴市领导张育林、刘志明、刘荣华、孙群出席。 (吕晓文)

虹桥工业园区

【概况】 2016年，虹桥工业园区完成工业国税开票销售221亿元，同比增长10.5%；工商税收收入7.93亿元，同比增长23.3%；完成自营进出口1.9亿美元，实际利用外资9000万美元；净增规上工业企业8家。工业国税开票销售超亿元企业12家，纳税超1000万元企业8家。园区绩效管理综合考核得分在全市排名第一，项目大突破和生态文明建设获得全市二等奖。扬子鑫福位列泰州市十强企业第9位，税收达3.8亿元，列泰兴市第二位；中丹集团国税开票销售总额超50亿元，税收首次突破亿元大关，列全市第四位。

招商引资 2016年，虹桥工业园新签约亿元以上项目34个，总投资129.8亿元，其中10亿元以上6个；新开工亿元以上项目30个，总投资83.5亿元，其中10亿元以上3个；新竣工项目18个，新开工、新竣工项目数量均为全市第一。

转型升级 创成省众创空间、省企企通试点园区、国家产学研协同创新示范镇；幸运宝贝获评中国驰名商标，森萱股份创成省名牌产品。宏大特钢被评为全市十佳高新技术企业；中丹集团、扬子鑫福研发中心分别被认定为省级院士和研究生工作站。宏大特钢、康威塑业被评为AAA级国家标准化良好行为企业；江辉农产品公司成为全市首家挂牌上市农产品企业。

园区建设 2016年，虹桥镇创成国家级卫生镇，虹桥新城在泰州市九个小城市综合考核中排名第一。昆仑燃气投入运营，公用码头群被列为省PPP示范项目并已开工建设；临港产业大道建成通车；完成项目区691户动迁任务；建成交付安置房960套10.7万平方米，累计安置741户1168套；新增建设用地指标120公顷、扩展指标50公顷，点供土地33.13公顷，办理农用地转用86.47公顷和项目供地70.47公顷。长江美食主题公园、四桥港风光带、新城市民生态湿地公园正式开工。完成农村公路提档升级21.8千米，整治村庄河道94.3千米，新改建农桥17座、泵站12座；改造农村危房20户。六圩村被评为泰州市强富美高十佳示范村。 (孙纪刚)

黄桥工业园区

【概况】 江苏泰兴黄桥工业园区始建于2003年，是江苏省委、省政府重点政策扶持、鼓励发展的省级经济开发区。黄桥工业园区规划面积18平方千米，进区企业近千家，初步形成以现代装备制造、新能源新材料、乐器制造、食品加工等为主导的产业格局。园区于2013年跻身省级经济开发区管理序列，并与江阴高新产业技术开发区南北共建，享受省级开发区和南北共建园区的政策。2016年6月，省政府批准筹建江苏泰兴黄桥工业园区，实行现行的省级经济开发区政策。园区被赋予900多项县级经济社会管理权限，包括项目立项、规划、建设许可等。是年，黄桥工业园区全部工业实现现价产值293.9亿元、销售288.9亿元、利税37.36亿元、利润21.07亿元，同比分别增长21.0%、21.3%、38.1%、36.9%；实现工业国税开票销售102亿元，同比增长28.8%；两税入库7.12亿元，同比增长27.2%，高于全市平均增幅17个百分点，净增1.51亿元；实际利用外资1225万美元，自营进出口7610万美元，各项主要经济指标均全面完成市交目标任务。

项目开发 2016年，黄桥工业园区开发实施亿元以上重大工业项目37个，总投资85.3亿元。其中5亿元以上项目5个、10亿元以上项目1个。全年实现新开工亿元以上工业项目16个，其中5亿元以上项目2个、10亿元以上项目1个；新竣工亿元以上工业项目10个，其中5亿元以上项目1个。惠尔信机械公司投入5000万元，引进多台套具备国际一流水平的精加工设备，华诚、友诚、炳凯富和亿尔等离子等公司发明的分布式太阳能并网控制箱、插管式蒸发器、过热蒸汽碳化炉等专利填补行业内技术空白。是年，园区共申请专利118项，获得国家专利授权235项，发明专利17项。全年研发经费达4.3亿元，创历史新高。是年，园区新增列统骨干企业6家；新增国税开票销售超亿元企业2家、超5000万元企业3家、超2000万元企业4家；

新增税收超千万元企业1家。其中,九天光电公司国税开票首次突破6亿元大关,创区镇工业企业历史新高。

基础设施建设 2016年,黄桥工业园区累计投入近6亿元,完善基础设施及雨污水、强弱电等配套工程,重点实施永丰路南延、何韩路、乐城区间路、老姜八公路改造等道路工程和横巷中沟整治工程以及王韩、吴韩等安置小区建设工程。新增道路及绿化面积约5.6万平方米;新建安置小区3.5万平方米。

【九天光电公司被上市公司收购股权】 泰兴市江苏九天光电科技有限公司是一家专业从事通信光缆专用钢(铝)塑复合带生产的企业。是江阴高新区、黄桥工业园区“南北共建”成立后第一家进驻的江阴企业。2014年8月,举行燕山大学与江苏九天光电科技产学研合作授牌仪式,公司积极与燕山大学、江苏大学等高校展开合作,使企业的发展融入高新技术力量,自主实现热(冷)轧钢卷直至铬钝化、镍钝化钢带的覆膜、分切全流程深加工,形成年产5万吨通信光缆专用钢基带,5万吨超深冲专用精密钢带。2016年,公司被省经信委公布为2016年度江苏省中小企业科技小巨人企业。九天光电与上市公司东方电热达成协议,东方电热收购九天光电51%股权。九天光电与上市公司东方电热强强联合,通过资本运作,兼并重组,直接融资,实现加速创新发展的战略目标。

【上海金桥黄桥产业园共建协议签署】 上海金桥集团成立于1990年,是承担国家级开发区上海金桥经济技术开发区开发建设任务的大型国有企业,主要负责区内土地开发、基础建设、招商引资、产业发展和功能配套。金桥经济技术开发区以先进制造业为立区之本,通过龙头项目和重点项目带动产业集聚,形成电子信息、汽车制造及零部件、现代家电、生物医药与食品加工四大产业主导的先进制造业基地,集聚50多家总部机构、100多家研发技术中心。3月1日,上海金桥集团总裁、党委书记黄国平到黄桥工业园考察,双方商定在产业转移、人才培训、合作共建等方面加强合作。5月17日,上海金桥集团与泰兴市政府签署框架合作协议,共建“上海金桥黄桥产业园”。在黄桥工业园区规划范围内划出一定区域设立“上海金桥黄桥产业园”,作为上海金桥集团产业转型升级及产业转移的基地,发挥各自优势,依托金桥的品牌效应、开发管理经验与辐射作用,携手共同将“上海金桥黄桥产业园”打造成双方转型升级和经济发展的样板工程和国内知名的产业园区。6月18日,上海金桥集团黄桥产业园正式揭牌,标志着上海金桥集团与黄桥经济开发区的合作迈入实质性推进阶段。上海金桥集团党委书记、董事长、总裁黄国平,泰兴市委副书记、市长张育林,共同为上海金桥集团黄桥产业园揭牌。10月19日,上海金桥集团、江苏黄桥经济开发区管委会、上海上南集团有限公司共同签署战略合作框架协议。根据战略合作框架协议,上海上南集团作为出资主体牵头组建投资开发有限公司,在约定区域内进行开发建设运营工作,初期启动项目面积约为33.33公顷。金桥集团和黄桥经济开发区发挥各自人才、信息、资源和平台优势,为共建产业园在规划建设、产业发展、项目招引、品牌创建、政策扶持等方面提供支持和帮助。

6月18日,张育林等领导为上海金桥集团黄桥产业园揭牌 (蒋 凯)

【中一环保项目奠基】 8月1日,黄桥经济开发区中一环保项目举行奠基开工仪式。泰兴市委书记张育林,市委副书记、代市长刘志明,市人大常委会主任孙云,市政协主席丁亚,市委副书记张坤,市委常委、常务副市长刘荣华,市人大常委会副主任、黄桥镇党委书记、黄桥经济开发区党工委书记耿元进,江苏中一环保科技股份有限公司董事长顾根生等出席,并共同为开工项目培土奠基。江苏中一环保科技股份有限公司是联合丹麦Ferreo、德国菲玛、上海交通大学合作成立的科技创新型企业,公司依托上海交通大学机械与动力工程学院、华东理工大学、南京工业大学为技术支撑、以节能方案设计为主业,集研发、设计、制造、安装、调试及培训等工程总包于一体。致力于制药成套设备及节能环保设备的研发、制造,主要产品有降膜蒸发浓缩设备、强制循环蒸发设备、MVR蒸发浓缩结晶系统,为医药、农药、化工等污染排放重点企业提供污水处理方案及设备。江苏中一环保科技股份有限公司新扩建项目分两期建设,总投资10亿元。

【重大项目集中开工】 2月27日,黄桥工业园区举行重大项目集中开工仪式。集中开工6个重大项目总投资9.1亿元,分别是生物发酵可得然胶项目、隧道救生舱项目、中国燃气综合站项目、货梯和升降平台项目、空心刨花板项目、电动汽车零配件项目。由江苏东圣食品科技有限公司投资建设的生物发酵可得然胶项目,总投资5亿元,预计2018年2月竣工投产。5月15日,黄桥工业园区举行重大项目集中开工仪式。集中开工重大项目4个,总投资7.65亿元,分别为OLED装备制造项目、船舶设备和液压油缸项目、乐器文化产业研发创意中心项目、螺杆压缩机及涡旋压缩机项目。12月24日,黄桥镇举行重大项目集中开工仪式。开工重大项目3个,总投资3.7亿元,分别为:江苏欧美嘉乐器有限公司投资建设的中高档提琴项目、江苏中连绿能科技有限公司投资建设的太阳能集热器项目、创智同赢电子商务江阴有限公司投资建设的电商产业园及智能物流仓储中心项目。

【江阴投资环境说明会】 4月21日,黄桥工业园在江阴召开投资环境说明会暨项目推介会,向与会客商宣传介绍投资环境。江阴市委常委、高新区党工委副书记、管委会副主任冯爱东,泰兴市市委常委、黄桥镇党委书记、黄桥工业园区党工委书记耿元进出席。投资环境说明会吸引江阴近100家企业负责人参加。黄桥工业园区有16家江阴企业入驻园区,总投资达38亿元。会上,黄桥工业园区进行了项目推介。(袁冬杰)

泰兴高新区

【概况】 2016年,泰兴高新区完成国税开票销售64.5亿元,同比增长58.2%,占市交计划134.4%;实现工商税收3.52亿元,同比增长46.7%,占市交计划120.6%;完成固定资产投资58.4亿元,同比增长108%;自营进出口1.86亿美元,同比增长15.2%;协议利用外资及港澳台资1.3亿美元,同比增长30%;实际利用外资及港澳台资5098万美元,同比增长154.9%。

项目建设　2016年,泰兴高新区实施亿元以上产业项目38个,总投资128.1亿元。当年新开工亿元以上项目22个,其中5亿元以上项目3个、10亿元以上项目2个,总投资68亿元,其中16个工业项目是"三大主导产业"链上项目,总投资57.6亿元;全年新竣工工业项目11个,总投资41.8亿元,达产达效后可形成国税开票125.9亿元,工商税收6.9亿元;已签约待开工亿元以上项目10个,总投资49.98亿元(其中10亿元以上项目2个)。

品牌创建　2016年,泰兴高新区创成"中国产学研合作创新示范基地""江苏省高端装备制造特色产业基地""江苏省两化融合试验区""江苏省节能环保产业产学研协同创新基地""省级高新技术产业开发区。蓝电环保被认定为"中国驰名商标";科兴电器、蓝电环保、南极机械分别创成"江苏省名牌产品";南极机械、恒源变压器、中兴水务创成"江苏省著名商标";钜宝钢结构、壹能企划创成"泰州名牌产品";汉皇印象、德福来、鑫尔泰创成"泰州知名商标";科兴电器获得泰兴市2016年度唯一的"市长质量奖"。

基础设施建设　2016年,"六横十纵"道路框架全面建成,200多万平方米的绿化风景宜人,近千亩融"清水、近绿"为一体的凤栖湖景区成为市区和周边群众休闲观光的首选。高新区凤栖小镇被认定为泰州市首批特色小镇,小镇规划面积约3平方千米,核心区1平方千米已建成10万平方米人才科技广场、3.4万平方米人才服务中心、5.2万平方米邻里中心,为小镇集聚人才团队、推动创新创业提供基础保障。国家级科技企业孵化器、文化创意中心等创新创业平台完成主体建设。人才科技广场正式启动运营,上海交大慧谷科技产业园,太阳能光伏研究院、中兴生态环保研究院、中泰固废与土壤修复研究院、协鑫中央研究院泰兴分院,以及东南大学、上海大学、南开大学、西安交大、西北工大技术转移中心等各类合作平台入驻,"人才科技创新"核心竞争力加快形成。充分发挥苏科贷、科技贷、过桥资金和融资担保、融资租赁、智光创投、资产管理等金融平台作用,加快引进创业投资、产业基金、并购基金,为高新区和企业的发展提供更加优质高效的金融服务保障,2016年共提供各类资金服务10.7亿元。

企业扶持　年内,泰兴高新区列统工业实现销售收入增长20.2%、利税总额增长27.8%。远大投资集团全年实现开票销售8.02亿元;塑光汽车、恒源变压器、汉皇印象等国税开票同比增幅分别达39.68%、294.44%、36.26%,科兴电器、汉皇印象等税收收入同比增幅均在50%以上。蓝电环保主板上市IPO申报资料已由国家证监会受理,晟楠电子在新三板挂牌上市,汉皇印象内审资料已报全国中小企业股份转让系统,佳佩环保、绿源航天、杏时代在场外市场挂牌。

【壹能时空众创空间认定为省级众创空间】 壹能时空众创空间由壹能企划咨询江苏有限公司于2015年8月在泰兴市体育中心成立,以创客咖啡、创客书坊为载体,整合各类创业服务资源,努力为创业者提供各类创业咨询和支持。至2016年底,先后开展创业培训、创客沙龙等活动100多场,为3600多名创业者提供创业咨询,为1800多名创业者注册企业1300家,孵化企业290多家,入驻企业54家,代理注册商标650多件，创成中国驰名商标5件、江苏省著名商标3件、泰州市知名商标6件。壹能时空众创空间于2016年2月被认定为首批泰州市级众创空间，同年10月荣膺省级众创空间称号，并纳入省级科技企业孵化器的管理服务体系。此次获评省级众创空间称号的泰州市仅5家，壹能时空获此殊荣，在泰兴市尚属首家。（刘小艳）

农产品加工园区

【概况】 2016年，农产品加工园区完成工商税收9324.6万元，国税开票53.4亿元，外贸出口3000万美元，协议利用外资7000万美元，实际利用外资及港澳台资2022万美元。全年新竣工项目10个，总投资16.05亿元；新开工项目13个，总投资34.95亿元。2016年农产品加工园区工商税收与国税开票完成任务序时、增幅均名列全市第一，获泰兴市开发园区经济发展二等奖、泰兴市开发园区“项目大突破”目标任务完成奖、开发园区财税收入一等奖、财政收入组织工作先进单位、财政收入新增贡献先进单位。

项目建设　“中国供销·万牧国际畜禽冷链物流园”项目总投资18.13亿元，被列入国家发改委专项资金重点扶持项目、江苏省重点建设项目，投产后将形成100亿元的年销售规模。总投资5.6亿元的江康药业和总投资5.48亿元的聚峰压延科技船用型钢结构件等项目建成投产。

企业扶持　泰州市龙洋木业有限公司获泰兴市优质项目提名奖、工商税收总量2000万元以上增幅奖。菇本堂生物科技有限公司获“江苏省科技型中小企业”称号。至2016年底，园区入驻企业30家（建成投产22家，在建8家），农业产业化国家重点龙头企业3家，省级龙头企业4家。新增就业岗位8000多个。

基础设施建设　2016年，园区建成道路19.5千米，“三横五纵”道路框架基本成型，新增绿化面积28万平方米，河滨公园建成使用，新安装路灯296盏，铺设污水管网17千米，日处理5000吨的污水处理厂投入运行，铺设天然气管道19.6千米，建成安置房8.1万平方米，3万平方米粮食仓库建成运营，配套内港池码头投入使用。新建1.8万平方米的康梦尔大酒店主体工程封顶，新睿商业广场1.5万平方米商务写字楼开工建设。（赵　峰）

城区工业园区

【概况】 2016年，城区工业园实现地区生产总值131亿元，完成两税收入8.86亿元，分别增长12.6%和22.5%。实现工业国税开票销售119.5亿元，同比增长19.6%。完成规模以上企业固定资产投资83.88亿元，其中工业投资42亿元；自营进出口1.94亿美元，设备抵扣税2136.66万元；协议利用外资及港澳台资4386.6万美元、实际利用外资及港澳台资2300万美元。实现服务业增加值93.18亿元，服务业税收16.92亿元。实现农业增加值3.4亿元，城乡居民人均可支配收入分别为36521元、25280元，同比增长8.1%、10%。园区获批江苏省高端装备制造业特色产业基地、泰州市军民融合产业园和全国中小企业创新服务示范单位。

招商引资　2016年，城区工业园区组建专业队伍，分赴北京、长沙、上海、成都等地跟踪洽谈，全年签约亿元以上项目30个。新开工亿元以上项目20个，其中工业项目11个，总投资近26亿元，服务业项目5个，总投资近30亿元。新竣工亿元以上项目6个，其中工业项目3个，总投资3.25亿元，服务业项目3个，总投资15亿元。中航光电充电桩冷却液、中邦电子玻纤布等项目当年签约、当年开工、当年投产。

园区建设　2016年，城区工业园区启动向荣路北延、向荣桥修建、长征路东延、根思路西延工程的征地动迁；实施园区绿化节点、河道整治工程；完成向荣路北延、根思路园区西段、长征路东延、龙河路西延、大生园区富生路、泰莱和斯帝尔围墙建设等工程建设任务。

【科技创新】 2016年，城区工业园区坚持“军民融合、协同创新”，成功举办全国首届军民两用技术创新应用大赛，开创泰兴市承办国家级政府赛事记录。年内，新增军工企业4家，新增三部委认定的国家高新技术企业5家，新认定省民营科技企业15家，实现高新技术产业产值184.5亿元。创办泰州市级技术中心4家、产学研联合体5家。新增专利授权520件、发明专利申请350件，规模以上工业企业专利拥有率、大中型工业企业发明专利拥有率均达75%以上，29家企业成功申领科技创新券。（朱　鹏）

党政机关

■编辑　蒋淑颖

中国共产党泰兴市委员会

· 重要会议 ·

【全市三级干部大会】 2016年2月25日下午,全市三级干部大会在泰兴影视城召开,市委副书记、市长张育林主持会议。市四套班子全体负责人,法院院长、检察院检察长,各乡镇(街道)党委(党工委)书记、乡镇长(街道办主任)、分管工业和农业农村工作负责人、各村居(社区)党组织书记,群众工作团办公室主任及各队队长,各园区管委会主任,市级机关部门、市直单位、驻泰单位主要负责人出席会议。会议共有6项议程:观看专题片;市委副书记孙云作工作报告;表彰先进;大会交流发言;各乡镇(街道)递交2016年工作目标责任状;市委书记孙耀灿讲话。会议要求贯彻中央、省和泰州市部署,以全面建成小康社会为统揽,落实“创新、协调、绿色、开放、共享”五大发展理念,推进农业供给侧结构改革,加快转变农业发展方式,建设“强富美高”新农村,为全面建成小康社会提供有力基础支撑。

2月25日,孙耀灿、张育林等市领导为目标管理先进单位颁奖　　（蒋　凯）

【全市工业经济大会】 2016年2月23日下午,全市工业经济大会在影视城召开。会议由市委副书记孙云主持,市四套班子全体负责人;法检两长;市级机关有关部门主要负责人,部分部门扩大至分管负责人;各园区、乡镇(街道)党政主要负责人、分管负责人、经发局局长或经服中心主任;各园区、乡镇(街道)规模以上工业企业主要负责人,在建或拟建投资亿元以上项目或企业主要负责人出席会议。会议共有4项议程:市长张育林作工作报告;表彰先进;交流发言;市委书记孙耀灿作重要讲话。会议要求全市上下进一步确立工业立市、工业兴市、工业强市的“第一方略”,真正把加快新型工业化进程作为泰兴加快发展最重要、最核心、最紧迫的任务,以工业的快速提升带动经济总量再攀新高、发展效益再上新台阶。

【中国共产党泰兴市第十三次代表大会】 7月26日至28日,中国共产党泰兴市第十三次代表大会在市区召开。市委副书记、代市长刘志明主持会议。市委书记张育林代表中国共产党泰兴市第十二届委员会作题为《践行“五大理念”、实施“六大工程”,再创一个泰兴科学跨越发展黄金期》工作报告。报告分为9个部分:回顾过去五年工作;用新理念引领新发展,以新状态引领新常态;再创一个科学跨越发展黄金期的奋斗目标;大力实施产业升级工程,在创新转型上实现新提升;大力实施载体再造工程,在改革开放上实现新提升;大力实施区域协同工程,在统筹协调上实现新提升;大力实施生态建设工程,在绿色安全发展上实现新提升;大力实施民生幸福工程,在共建共享上实现新提升;大力实施党的建设工程,在全面从严治党上实现新提升。市委常委、市纪委书记钱宏琦代表中国共产党泰兴市第十二届纪律检查委员会作题为《坚持全面从严治党、忠诚履行党章赋予职责,为再创一个泰兴科学跨越发展黄金期提供坚强纪律保证》的工作报告。会上,书面报告党费收缴、使用和管理情况。市人大、市政府、市政协领导班子中非中共党员的领导成员,民主党派主要负责人和工商联主要负责人列席会议。列席大会的还有不是代表的原市四套班子党员负责人;不是代表的市政府党员负责人和市人武部政委;不是代表的市十二届"两委"委员;不是代表的市级机关部门、直属单位党政主要负责人;不是代表的双重管理部门主要负责人以及银行等相关垂直单位主要负责人;不是代表的市纪委委员候选人预备人选出席会议。与会代表以无记名投票方式,差额选举产生35名中国共产党泰兴市第十三届委员会委员、15名中国共产党泰兴市纪律检查委员会委员和79名出席中国共产党泰州市第五次代表大会代表。大会以举手表决的方式,通过《中国共产党泰兴市第十三次代表大会关于中国共产党泰兴市第十二届委员会报告的决议》和《中国共产党泰兴市第十三次代表大会关于中国共产党泰兴市纪律检查委员会工作报告的决议》。在随后召开的第十三届委员会第一次全体会议上选举产生中共泰兴市第十三届委员会常务委员会委员:张育林、刘志明、张坤、刘荣华、徐闻仲、张红霞、钱宏琦、孙群、朱俊浩、鞠林红、刘辉。张育林当选书记,刘志明、张坤当选副书记。会议通过中共泰兴市纪律检查委员会第一次全体会议选举结果。

【第十三届委员会第二次全体会议】 2016年12月31日,第十三届委员会第二次全体会议在泰兴城区举行,市委常委会主持会议。出席会议的市委委员33名、候补委员7名。不是市委委员的市四套班子负责人、市纪委委员、有关方面负责人和有关企业负责人列席会议。全会听取市委书记张育林代表常委会所作的《聚力创新快转型、聚焦富民奔小康,奋力争当苏中地区发展排头兵》工作报告,审阅《在中共泰兴市委十三届二次全会上关于市委常委会工作的报告》,会议决定同意这两个报告。全会充分肯定市委常委会一年来的工作。2016年,全市上下紧紧围绕"全面领先苏中、加快融入苏南"目标追求,积极应对严峻复杂的宏观形势,统筹推进各项工作,既科学谋划长远,又扎实抓好当前,经济社会发展总体平稳、稳中有进、稳中向好,实现了"十三五"发展首战首胜、良好开局,再创一个泰兴创新转型跨越发展黄金期迈出坚实步伐。全会指出,"十三五"期间,肩负再创一个泰兴创新转型跨越发展黄金期、争当苏中地区发展排头兵的重要任务。能不能实现"十三五"的既定目标,今后三年十分关键。要深入贯彻习近平总书记系列重要讲话精神,自觉践行"五大理念",大力实施"六大工程",始终坚持"稳中奋进"工作总基调,紧紧围绕"争当苏中排头兵"的目标定位,聚力创新快转型、聚焦富民奔小康,推动城乡区域、各项事业协调发展和全面从严治党迈上新台阶,让泰兴的发展更具质量、更加协调、更有温度,再创一个创新转型跨越发展的黄金期。全会提出,今后三年泰兴发展的总体定位是"聚力创新快转型、聚焦富民奔小康、争当苏中排头兵"。全市上下要把创新转型作为第一任务,把富民惠民作为第一责任,把争先领先作为第一追求,把求真务实作为第一保证,按照今后三年工作的总体部署,抓好2017年各项目标任务的落实,力争实现地区生产总值两位数增长,一般公共预算收入增长8%,国税开票销售增长15%以上,固定资产投资增长18%以上,实际利用外资3.6亿美元,城乡居民人均可支配收入增长9%左右。全会要求,全市上下要更大力度聚力创新转型,不断提高发展的质量效益。围绕"五个加快"目标,加快化工产业转型升级、加快机电产业改造提升、加快医药与医疗器械产业规模扩张、加快战略性新兴主导产业培育壮大、加快现代服务业发展提升,在坚持项目支撑,坚持创新驱动,坚持深化改革,坚持绿色发展,坚持企业主体、市场主导、政府推动"五个坚持"上持续发力加力、加快落地见效。要更实举措聚焦富民惠民,不断增强人民群众的获得感满意度。把加快富民步伐放在重中之重的位置,着力推进脱贫攻坚工作,把生态建设作为最大的民生工程,不断满足人民群众的精神文化需求,大力营造和谐稳定的社会环境。要更快步伐推进协调发展,不断促进城乡区域经济社会共建共享共进。加快推进城乡一体化发展,促进区域经济协调发展,构建城乡大交通格局,推动公共服务均衡提升。要更强责任全面从严治党,不断营造风清气正劲足的政治生态。进一步坚定理想信念,筑牢思想根基;坚持常态长效,狠抓作风建设;坚持建管并重,打造过硬队伍;坚持固本强基,建强战斗堡垒;坚持反腐倡廉,保持高压态势,为推进创新转型跨越发展提供坚强有力的政治保证和组织保证。全会强调,要始终坚持"发展第一要务"与"党建第一责任"两手齐抓、相互促进。全市广大党员干部要有定力、善创造、敢担当、重落实、守规矩。

· 组织工作 ·

【概况】 2016年,全市市乡两级换届工作完成,全年共调整干部11批642人,其中提职提级125人。推进干部交流,从综合部门、开发园区选拔23名优秀干部充实乡镇领导班子;从经济综合部门和乡镇选拔11名优秀中青年干部充实开发园区领导班子。大力选拔优秀年轻干部,先后选拔“80后”干部6名、“85后”干部16名、“90后”干部2名。继续开展名校优生选聘,新选聘“985”高校优秀毕业生14名。遴选产生新一批副乡局级后备干部380名。举办党的十八届五中全会和习近平总书记系列重要讲话精神培训班、中青年干部研修班、年轻公务员成长计划班等主体班13个、专题班30个,举办领导干部“学思践悟”讲坛、年轻干部学习交流会,培训干部5500多人次。选调部分机关干部到信访部门、省级机关、上海和苏南开发园区锻炼。规范机关事业单位人员调配和借用管理,常态化推进公务员职务与职级并行。推进干部人事档案工作提档升级,分期分批组织基层单位管档人员轮岗锻炼。建立市管干部负面问题信息库,扎实推进审计监督工作,全年实施“三责联审”项目3个、经济责任审计项目9个。

【人才队伍建设】 2016年,全市围绕项目和产业,推行“双招双引”模式,全年引进优秀人才310人,其中新增留学回国人才57人。先后引进院士2人、国家“千人计划”专家和“长江学者”各1人,入选省“双创计划”4人,入选泰州(泰兴)市“双创计划”11人。引进第九批江苏省科技镇长团成员10人,柔性引进高校院所教授博士64人挂职企业。政产学研金有机聚集综合体“人才·科技广场”正式启用,总结放大上海项目育成中心“离岸”孵化模式;连续第九年承办“百名海外博士江苏行”活动和连续第四年举办“百企百校(院、所)协同创新”恳谈活动,承办全国性的创新创业大赛——“首届中国军民两用技术创新应用大赛决赛”;成立泰兴市高层次人才合作促进会,搭建市内外高层次人才合作交流平台。强化本土人才培养,开展第二期“323高层次人才培养工程”培养对象增选工作,陈铭等147人成功入选,培养对象共计339人;组织开展2016年度本市高层次人才科研项目资助工作,共有16个项目入选;济川药业董自波博士入选省第五批“333高层人才培养工程”第二层次培养对象,成为泰州首批入选的4人之一,另有15人入选第三层次培养对象;中丹集团总经理张家庆、亚太泵阀公司副总经理张成华和董自波3人成功入选江苏省第四批产业教授。

【“人才·科技广场”正式启用】 10月20日,泰兴市“人才·科技广场”举行启用仪式。“人才·科技广场”位于江苏省泰兴高新技术产业开发区,占地7万平方米,总建筑面积18万平方米,总投资7.5亿元,是泰兴市重点打造的集创业孵化、技术研发、成果转化、产品展示、融资担保、审批代理、人才交流、人才中介以及商务休闲、餐饮休憩等功能为一体的政产学研金有机聚集综合体。截止年底,共有30多个创新创业团队和300多名高层次人才入驻广场。广场拥有院士工作站2个,博士后科研工作站(创新实践基地)3个;上海交通大学(泰兴)慧谷科技产业园、南开大学科技成果转化中心等8个高校科研院所科研成果转移中心;颐高集团、江苏他拍档(集团)有限公司等电子商务、众创空间平台;中国澳大利亚(泰兴)技术交流中心、北京京师律师事务所泰兴工作站、中关村泰兴创新中心科技人才中介服务机构;汉皇印象、霓兰电器等一批总部经济;中兴环保产业基金、泰兴高端装备制造产业基金、智光创投公司、智光担保公司、智光资产管理公司等金融服务平台。

【市高层次人才合作促进会】 12月10日,泰兴市高层次人才合作促进会召开成立大会。大会通过《泰兴市高层次人才合作促进会章程》;选举产生104名理事和46名常务理事;聘请王德滋、常印佛、叶培建、夏照帆、陈学庚、万建民6名泰兴籍“两院”院士为名誉会长。泰兴市高层次人才合作促进会主要由泰兴籍国内各类高层次人才以及在泰兴创新创业的各类高层次人才组成,是市内外人才合作交流的新平台。

【基层党组织建设】 2016年,泰兴市推进“走村结亲、固本强基、雁阵培育、脱贫攻坚、争先竞赛、清单管理、先锋增色、服务升级、关爱激励、基础保障”十大行动,配套实施“末梢激活、红色领航、主业回归、培土育苗”4项行动。全年新建中心村党组织9个,组建各类产业链党组织和合作社党组织161个,新组建各类功能型党小组926个。全市16名大学生村官担任村(社区)“两委”正职,6名大学生村官进入乡局级领导班子。选派第二批55名“第一书记”到村任职,全市3家“为民电商联盟店”和“为民电商会员店”被命名为泰州市首批示范店。全面落实每个社区20万元为民服务专项资金,济川街道、黄桥镇26个社区建立“社区党群服务站”,打造五里墩“双点双选”、跃进社区“一家亲邻里中心”等一批社区党建服务品牌。分区划片设立区域性党组织206个,新建400平方米以上园区党群服务中心3个、200平方米以上工业集聚区党群服务中心6个,建成一批“两新”(新经济组织、新社会组织)组织“党员之家”。分层分类举办“两新”组织党务干部培训班29个班次,集中培训1906人次,“两新”组织党务干部培训工作连续5年被省委组织部评定为优秀等次。实行“党务联商、工作联动、活动联办、阵地联建、品牌联创”的“五联”工作机制,联合打造“鑫泰之旗”党建联盟品牌,党的生活》专题推介泰兴市做法。

【第六届基层干部"培训周"】 4月25～29日，市委组织部以"强党性·争进位·做先锋"为主题，举行第六届基层干部"培训周"活动，对全市乡镇(街道)党政领导班子成员、村(居)"两委"党员干部、机关选派"第一书记"、大学生和退役士兵村官、基层站所及"两新"组织党组织负责人等1.8万多人次进行培训。除泰州市委组织部统一安排的专题辅导等内容外，全市组织乡镇(街道)党(工)委组织委员、全体村(社区)党组织书记参加专题授课，指导各乡镇(街道)进行现场观摩教学，并开展"订单式"集中培训。

【2013-2015年度"两优一先"评选活动】 2016年6月，市委组织部开展全市2013-2015年度先进基层党组织、优秀共产党员和优秀党务工作者评选活动。新四军黄桥战役纪念馆党支部等100个基层党组织被表彰为先进基层党组织，丁金国等200人被表彰为优秀共产党员，孙晓复等50人被表彰为优秀党务工作者。

【党组织换届选举】 5月26日至30日，组织全市15个乡镇先后召开党员代表大会，选举产生新一届乡镇党委领导班子成员157名。9月25日至30日，全市340个村(居)先后召开党员大会，选举产生新一届村(居)党组织班子成员1780人，选举产生村(居)党委书记11人，村(居)党(总)支部书记329人。

【"两学一做"学习教育】 2016年5月，市委开展全市"两学一做"学习教育。开展"党课大家讲、人人上讲台"活动，举办"扬家风家规家训传承，展向上向善向廉风采"主题演讲比赛，开展重温入党誓词、党课、专题讨论等现场教育活动，泰州市委书记蓝绍敏参加在杨根思烈士陵园开展的支部活动。开展党员挂牌上岗、"在职党员进社区、服务群众零距离"、承诺践诺、党员责任区创建和"再创一个泰兴创新转型跨越发展黄金期"大调研大讨论大落实等活动。制定领导班子任务清单、"一把手"职责清单和学习教育责任清单，并组建15个督查指导组开展督导检查，在上级组织的历次检查中均获得好评。

两学一做学习教育主题知识竞赛 （吴 頔）

【"百团千村万企"大走访大落实活动】 2016年12月起，市委组织开展"百团千村万企大走访大落实"活动。成立"大走访大落实"活动领导小组，各乡镇(街道、园区)建立走访工作小组。组织开展两次集中走访，走访住户18万多户，企业1146家，梳理出首批涉及转型升级、富民增收、社会事业等方面的共性问题32个。

12月17日，张育林走访农村卫生室 （宗 禾）

【书记抓党建述职评议活动】 2016年底，市委召开专题会议，对全市各乡镇(街道、园区)和部分市直党(工)委书记抓基层党建和落实全面从严治党主体责任进行述职评议，机关工委、广陵镇等7位市直和乡镇党(工)委书记进行现场述职，其他13个乡镇(街道、园区)和部分市直党(工)委书记进行书面述职，市委书记张育林及其他市委常委进行现场点评，部分市领导、相关单位主要负责人及部分"两代表一委员"(党代会代表、人大代表和政协委员)等70多人进行现场测评。

· 纪检监察工作 ·

【概况】 2016年，全市纪检监察组织共接受信访举报1115件，处置问题线索1256件，实施函询32人(次)，提醒谈话267人(次)，诫勉谈话252人(次)；立案查处各类违纪违规问题444件，给予党政纪处分454人(次)，其中轻处分349人(次)，占比76.9%；移送司法机关处理26人。建立重复越级举报办理人才库，完善执纪审理标准化实施办法，提高信访办理和执纪审理质效。建立受处分党员干部激勉谈话制度，全市各级党组织和纪检监察组织共实施激勉谈话153人。全年提醒约谈纪检监察干部1人、函询2人，移送司法机关1人。

【"两责"落实】 2016年,市纪委监察局全面推行落实党风廉政建设"两个责任"任务清单、监督清单、负面清单制度,制发全程纪实工作手册,形成责任体系。开展"两个责任"专项巡察,对5家单位进行巡察,发现并督促整改问题26个。开展党风廉政建设责任制年度检查考核,提出整改要求97项。组织乡镇(街道)、开发园区党组书记向市委汇报履行主体责任情况,逐一点评,民主测评。市委出台实践运用监督执纪"四种形态"实施意见、基层党组织监督执纪"第一种形态"运用规范,全面推行"一书一单一表"制。组织8家单位纪检组织书记当面报告、公开述责。强化问责,实施责任追究12人,通报落实全面从严治党主体责任不力问题2期6起。

【纠治"四风"】 2016年,市纪委监察局完善作风建设主责部门联动督查机制,落实基层纪检监察组织作风建设监督检查月报制度,抓重要节点和具体问题监督检查,全市共查处违反中央八项规定精神问题103个,处理111人,通报曝光问题案例3期13起。实施防治"在岗不作为履职不担当"两年专项行动计划,集中整治"庸懒散"突出问题,公开曝光典型问题3期17起。实施容错纠错4起,专题通报实例1起。精准实施扶贫开发、农村项目建设等领域突出问题专项整治,发现和纠正问题152个,立案查处112人,挽回直接经济损失400余万元,集中通报典型案例8起。

【源头防范】 2016年,市纪委监察局布展市廉政文化展览馆,开展"家风家规家训教育与传承"系列活动,组织拍摄《何氏家范》专题片,在中纪委网站和客户端推送。召开领导干部警示教育大会、播放警示教育片《开弓没有回头箭》、组织庭审旁听等方式,强化党员干部的纪律规矩和廉洁自律意识。以中央、省委和泰州市委巡视巡察问题整改落实为契机,推进"六个专项行动",建立健全机关事业单位编外人员管理、工程建设招投标规范、扶贫开发问责办法等一批制度。做好市管干部党风廉政情况征求意见回复工作,对52批716人(次)进行回复,否决9人(次)。协助市委制定出台《关于坚持和完善党内谈话制度的实施办法》,市四套班子成员带头实施提醒约谈、诫勉谈话党员领导干部38人。成立专项督察组和问题快速处置组,加强对"九严禁"换届纪律执行情况的监督检查。

(顾仁庆　陆　炜)

· 宣传思想文化工作 ·

【概况】 2016年,市委宣传部牵头策划重大宣传活动近20次,制定专项宣传报道计划近20份。全年在泰州市级以上媒体用稿1100多篇(条)。其中,《人民日报》2篇,中央电视台8篇,《新闻联播》1篇,中央人民广播电台9篇;《新华日报》《扬子晚报》、江苏人民广播电台、江苏卫视等省级媒体用稿180多篇。在省市新闻作品评选中,获泰州市一等奖作品18个,二等奖16个,获奖档次和数量均位居泰州各县市第一;荣获省级二等奖5个、三等奖7个,在全省县级市中排名靠前。入选泰州市宣传文化系统首期"六个一批"人才工程培养对象2人,并参加省市组织的培训,2个项目获2016年泰州市高层次人才科研项目资助;实施年轻人才培养计划,推进"青蓝工程"。何健忠当选省岗位学雷锋标兵,市卫计委疾控中心马玉华当选中国好人。2人入围中国好人榜,1人当选中国好人,2人当选江苏好人,13人获泰州市及以上最美人物、道德模范等各类荣誉称号。

【市委中心组学习】 2016年,全市以党的十八届三中四中五中六中全会和习近平总书记系列讲话精神作为学习主题主线,市委中心组先后集中学习24次,交流研讨4次,邀请清华大学李江涛等专家教授到泰兴作辅导报告。配合全市"两学一做"学习教育,在《泰兴日报》开辟专栏,集中展示黄桥等28家基层党委(党组)中心组主要负责人心得体会,整理编印系列学习内刊7期,更新"泰兴微学习"微信公众号平台,转载重要理论文章1600余条,推送原创信息200余条。组建14名专家学者参加市"两学一做"党课师资团,开展示范党课培训,编写印发党课资料,组织师资团赴基层一线上理论党课48场,打通宣讲"最后一公里"。

【基层党员干部冬训】 2016年,泰兴市组织开展2015-2016年度基层党员干部冬训工作,成立冬训工作调研组,针对不同层次、不同对象,采取不同模式按需施教,提高冬训的针对性。制作冬训电视专题片,评选表彰冬训先进集体10家,先进个人28名,优秀教案10篇,创新案例10个,该做法被省委宣传部推介,被泰州市委宣传部表彰为党员冬训先进集体。

【思想道德建设】 2016年,全市推出市民"新十不"行为规范,印制5000张宣传画,制作2万个"文明餐桌"提示牌、3万张社会主义核心价值观招贴画,免费发放至市各乡镇、街道以及城区各酒店、宾馆、商户张贴。开展教育活动,全市道德讲堂总堂每月正常开展3场活动。

【志愿服务网络】 2016年,泰兴市做好志愿者招募、志愿者队伍专业化建设、健全志愿服务组织网络、志愿服务平台规范化建设、志愿服务阵地建设等工作,全市注册志愿者 14.61 万人，开展志愿服务活动 2031 项，近 52 万小时。

【文明单位创建活动】 2016 年，全市对文明行业、文明单位实行动态管理。在农村开展“晒乡景、赞乡贤、传乡风”主题活动，开展“星级文明户”“幸福农家”“好婆媳”评选。全年新创成省级文明乡镇 1 个，省级文明村 7 个，省级文明单位 6 个，省级文明社区 1 个，通过省社会文明程度测评。元竹镇蒋堡村、姚王镇毛庄村、虹桥镇六圩村创成泰州市最美乡村。

【未成年人思想道德教育】 2016 年，全市开展以“八礼四仪”“我和爸妈一起知和行”主题活动，倡导“小手拉大手 文明礼仪一起走”，编印《弟子规》《安全节电常识》《学法小读本》《文明交通进校园》1 万多册。组织开展“我们的节日”传统文化活动、“七彩的夏日”“缤纷的冬日”等活动。推进乡村学校少年宫建设，新增 1 所学校获中央专项彩票公益金资助，7 所乡村学校少年宫获省专项彩票公益金资助，实现中央、省彩票公益金资助的少年宫农村小学全覆盖。

【群众文化服务】 2016 年，全市建成 128 个村(社区)综合文化服务中心。制定实施“文化惠民券”，设立 300 万元专项资金。策划开展“送文化大餐”系列群众文化活动，百支特色文化团队走进农村社区。开展全民阅读活动，泰兴市被表彰为省实施农家书屋提升工程试点工作示范市。在全省县级市中率先建成非遗展示馆和 2 个非遗项目传习所。

【文艺精品创作】 2016 年，全市制定《优秀文艺作品奖励办法》《重点文艺作品资助办法》，重点扶持有创意、基础好、潜力大、有影响的文艺精品项目，表彰奖励优秀文艺作品、创作人员和组织者。舞蹈《奶奶的木偶戏》、歌舞《银杏花儿开》入围江苏省第十二届五星工程奖，音乐情景剧《盲》获江苏省残联文艺汇演二等奖，市广播电视台 2 件作品获国家级奖项，9 件广播电视作品获省级奖项，56 件作品获泰州市奖项。

【文化产业】 2016 年，全市制定完善“十三五”文化产业发展规划，提升文化产业的规模化集约化程度，重点打造以新四军黄桥战役纪念地和杨根思烈士陵园为龙头的红色旅游产业带、以天星洲湿地生态资源为基础的沿江湿地文化产业带、以宝塔湾佛教文化基地为依托的宗教观光产业带，以及黄桥乐器文化产业园、黄桥古镇文化旅游等，黄桥乐器文化产业园区被评定为江苏省重点文化产业园区。

【网上舆论工作】 2016 年，全市开展网上正面宣传，加强中国特色社会主义和中国梦、践行社会主义核心价值观习总书记系列讲话精神以及省市党代会精神、市委市政府重点工作等方面的宣传。构建以“泰兴发布”官方微博微信为主体，泰兴网、泰兴政府网、智慧泰兴 APP 等客户端为补充的宣传矩阵。全年发布各类政策信息和资讯信息 3 万条，及时在线回应网民诉求，回复率保持在 95%以上。加强网上舆情监测、研判、处置工作，健全网上舆情监测报送体系，先后处置一批重点舆情。完善《泰兴市互联网突发事件应急预案》，处置和引导网上负面新闻和不实报道，严格 24 小时值班制度，全年共计完成交办舆情 78 条，编发《每日网情快报》109 件，重大突发事件《网情专报》23 件。加强网络公益活动的统筹策划，先后组织网民报道身边的典型，组织网民报料热点活动，先后举办“最美泰兴”手机拍客大赛、宝贝星球 2016 年台历萌宝大赛、“粉色宣堡”采风大赛和“医院里的最美瞬间”网络评选活动。

(王　孝)

· 统战工作 ·

【概况】 2016 年，全市 16 个乡镇(街道)均配备副乡局级党委(党工委)统战委员，市高新区、市农产品加工园区明确统战工作分管负责人。市委制定年度政党协商计划，召开协商会议 3 次，开展专题协商活动 4 次。引导人大代表、政协委员中的党外人士，围绕社会热点问题深入调研、建言献策，上报调研文章、社情民意 100 余篇，其中 1 篇得到省领导批示，多篇得到市领导肯定。在统战系统开展“我为再创一个泰兴创新转型跨越发展黄金期金点子征集”活动，梳理“金点子”20 条(篇)。指导开展“急救知识进校园”“结对关爱留守儿童”以及送医疗、送温暖、送科技进基层等特色服务活动 10 多次。

【港澳海外联络联谊】 2016 年，市委统战部在机关部门开展专项侨情调查，建立“海外泰兴人”微信群，在高新区建成省级“新侨创新创业基地”，在黄桥镇建成“江苏省中华海外文化交流基地”，济川街道越街社区创成“江苏省社区侨务工作示范单位”。

【非公经济代表人士综合评价工作】 2016 年，市委统战部启动非公有制经济代表人士综合评价工作。由统战部牵头，成立组织部、工商联、公安局、人力资源社会保障局、环保局、卫计委、国税局、地税局、市场监管局、安监局、总工会等单位组成的非公经济代表人士综合评价领导小组。在人大、政协、工商联换届中，按照“凡进必评”要求，先后对 265 名非公经济代表人士进行综合评价,把好非公经济代表人士政治安排入口关。

【党外干部推荐】 2016年,泰兴市开展党外代表人士专项调查,形成200多人的党外代表人士基础台账,在全市后备干部队伍中党外干部的比例超过20%。推动党外干部实职安排,至年底,全市有25名党外人士担任副乡局级以上干部。市委统战部规范政协委员的推荐、考察、协商程序。泰州市、泰兴市两级政协换届后,全市312名政协委员中党外委员188名,占比60.3%;51名泰兴市政协常委中,民主党派和无党派人士34名,占比66.7%。26人担任泰州市政协委员,其中民主党派和无党派人士19人,占比73%。

【领导干部与党外代表联系交友制度】 9月,中共泰兴市委印发《进一步完善市委领导干部与党外代表人士联系交友制度的意见》,明确联系交友名单,11位市委常委分别联系2名各界党外代表人士。11月,经市委同意,建立市委组织部、统战部党外干部工作联系会议制度,对党外干部的选拔任用联合部署、联合会办、联合考察、联合督查通报。

· 台湾工作 ·

【概况】 2016年,市台办接待至泰兴经商、探亲台胞以及考察团组23批128人次,办理因公赴台团组2批12人次,办理企业赴台团组14批42人次。

【对台经济工作】 4月,泰台经贸交流合作峰会在泰州举办,台湾源大环能股份有限公司投资1亿美元项目签约。市经济开发区与台湾联成化学科技股份有限公司对接,洽谈产业深度合作项目。6月24~30日,副市长顾刚率领泰兴高新区赴台进行经贸考察活动。在台期间,泰兴高新区与台湾企业进行洽谈,达成一项新能源合作项目,投资5000万美元。2016年,泰州联成化学工业有限公司增资2000万美元,泰兴市开广塑胶有限公司增资300万美元,江苏嘉禄嘉锋制冷设备有限公司增资105美元,新落户1000万美元以上台资项目2个。

【涉台服务】 3月4日,全市举办台商座谈会,邀请台商以及市国税局、市供电局、市公安局出入境管理科等涉台部门负责人共30多人,共商发展大计,共叙两岸友情。会后建立微信群。9月,市委书记张育林、代市长刘志明、市委常委统战部长刘辉率市委市政府中秋慰问团,深入泰州联成化学工业有限公司、江苏盛泰化学科技有限公司、双键化工(泰兴)有限公司、江苏嘉禄嘉锋制冷设备有限公司进行中秋慰问,为台资企业职工送上慰问品及祝愿。

【交流交往】 5月9日,台商文化经贸考察团一行6人到黄桥镇参观考察。考察团一行先后参观黄桥提琴文化产业园区正在建设的江苏凤灵乐器产业集聚区、江苏凤灵乐器集团。12月7日,台湾制药工业同业公会理事长、生展生物科技公司董事长陈威仁一行21人到泰兴考察。市委书记张育林会见考察团成员。市委常委、统战部长、农产品加工园区党工委书记刘辉,市政府副市长、高新技术产业开发区党工委书记顾刚陪同参观,陈威仁一行先后参观泰兴市农产品加工园区(新竹科技工业园)、泰兴市高新技术产业开发区(环保产业园)、泰兴人才科技广场、江苏江康药业有限公司、江苏南极机械有限责任公司等。 (杨 磊 曹 琴)

· 保密工作 ·

【保密基础数据库】 2016年4月,全市开展涉密岗位和涉密人员确定工作,并上报泰州市保密局审核备案,7月初,开展全市保密机构队伍建设情况调查工作,进一步完善保密工作基础数据库。

【保密检查】 5~6月,市保密局在全市范围内开展机关、单位互联网门户网站、政务微博、微信公众号、互联网办公自动化系统等保密检查。共检查门户网站16个、政务邮箱20个、公众微信号12个、计算机68台、移动存储介质12个、台帐18本。删除敏感信息5条,封存移动存储介质1个,发放整改通知书2份。

【保密法制宣传】 9月,市保密局开展"保密法制宣传周"活动。26日,市委副书记、经济开发区党工委书记、保密委主任张坤给四套班子全体负责人上保密专题党课。市保密局对35家重点涉密单位开展保密党课情况进行督导,宣传活动在城区和乡镇主要街道悬挂标语14条,法制宣传广场开辟保密宣传专栏2个,在5个广场电子显示屏进行保密宣传视频展播,在泰兴有线和无线电视台插播滚动字幕500条次,向机关干部发送保密宣传短信400余条。组织机关单位2000余人签订"保密承诺书",并开展保密知识竞赛,在《泰州日报》上刊登业务稿件1篇。

【涉密场所建设】 12月,全市完成涉密机房建设。该机房建于市行政办公中心某地,另外有配电间和设备间相配套,是近年来全市投入最大的涉密项目。预计有多家网络运营商涉密线路接入,联通相关机关单位涉密系统。与涉密机房同步规划建设的20平方米电子回

收仓库和60平方米纸质文件回收中心也一并投入使用。 （蒋 锐）

· 老干部工作 ·

【概况】 至2016年底，全市共有离休干部396人，其中行政机关118人，事业单位119人，企业单位92人，垂直单位46人，易地安置21人；享受地（市）级政治生活待遇5人，享受部分地（市）级政治生活待遇12人，享受处（县）级政治生活待遇76人；抗日战争时期参加工作的71人，解放战争时期参加工作的325人。

【老干部“两项建设”】 2016年，泰兴市继续开展老干部“两项建设”（认真抓好离退休干部思想政治建设、进一步加强离退休干部党支部建设），全市新增5个“五好”示范点支部。3月，举办离退休干部党支部书记培训班。7月，按片分组召开老干部工作座谈会，重点督查老干部支部建设情况。5月，在济川街道五里墩社区开展离退休干部党建工作试点，成立工作领导小组，制订具体工作方案，采取务实举措。8月，成立全市首个机关联合临时老干部党支部。12月，逐支部对全年工作开展检查考核，对各支部的工作进行指导。

【老干部生活待遇落实】 2016年，市老干部局坚持“五必访”服务（老干部生病住院、去世吊唁、特殊困难、高龄整寿以及逢重大节日必访）。3月上旬，开展新春走基层活动，着重慰问有特殊困难老干部。4～5月，组织对1400多名老干部进行体检，及时更新完善老干部健康档案。5月、10月分别组织乡镇及机关市管退休干部开展“走进最美乡村”及庆重阳系列活动。扩大“电子保姆”惠及面，新增用户80户。全年，85位老干部的求助需求得到解决，15位老干部急病求助得到救治，中心进行电话回访600人次，回访满意率92%。全年编印4期《老干部健康手册》，发放至全体离退休干部。开展为九十岁以上整寿离休干部祝寿活动，及时送达组织的祝福。建立健全特困老干部帮扶机制，完善帮扶档案，共落实帮扶老干部86名，资助款物等近10万元。全年慰问住院老干部210人次，吊唁去世离退休干部72人。

【老干部学习阵地建设】 至2016年秋学期，市老年大学共设6个系，开设文史、书画、摄影、保健、声乐、古筝、舞蹈、太极拳等23个专业，56个班级，学员1200多名，在校学习人员2800人次。2016年，市老年大学被评为江苏省社会力量办学100强，承办元林基金会“敬老爱心奖”表彰大会。老干部艺术团全年演出20多场，赴乡镇、园区、机关、企业、社区、广场进行公益性演出。老干部活动中心开展主题活动，举办书画诗词摄影作品展和各类文体竞赛，并组织老干部“园区行”等参观活动。在活动中心设立老干部健康门诊，邀请名医坐诊，免费提供健康咨询、测量血压血糖、做心电图等保健服务。 （倪 晶）

· 机关工委工作 ·

【概况】 至2016年底，全市机关党组织共有党员2319人，新发展党员22人，其中，大专以上学历21名，占95.45%；35岁以下党员19名，占86.36%；女党员10名，占45.45%。全年受理党员违纪案件6件，处分党员8人。

【机关大讲堂】 2016年，市级机关工委开办机关大讲堂，每季度设定一个主题，围绕创建安全文明机关、学党章党规做合格党员、供给侧改革等主题，邀请市党政领导、市内外专家教授解读方针政策，畅谈时事热点，全年共举办4期，1600多名党员干部参加学习。与市委组织部联合开办市级机关中层干部季度大讲堂，每季度举办1期，为中层干部提供理论学习和实践指导，中层干部参学率100%。

【机关“党建联盟”】 2016年，市级机关工委创办“鑫泰之旗”机关党建联盟。市财政局、市国税局、市地税局、市审计局4家盟员单位通过“五联”机制（党务联合、工作联动、活动联办、阵地联建、品牌联创），开展联学联建活动。12月，在全市召开机关党建联盟现场推进会，作为创新典型案例在全市推广。

【最美党员、最美党员家庭评选活动】 2016年，市级机关工委在市级机关部门中开展寻找“身边最美党员”和“最美党员家庭”活动。经过提名推荐、资格审查、组委会评审、考察公示等环节，评选出10名“身边最美党员”、6个“最美党员家庭”，制作VCR专题片在庆“七一”文艺演出中宣传表彰；举办事迹报告会，集中宣讲10名最美党员的先进事迹。

【大调研大讨论大落实主题活动】 2016年，市级机关工委引导市级机关党员干部开展“再创一个泰兴科学跨越发展黄金期”大调研大讨论大落实主题活动。9月上旬，开展大调研，组织到村“第一书记”开展“党代会精神宣讲村村行”活动，撰写驻村民情日记和调研报告；召开市级机关党组织书记座谈研讨会，听取各部门谋划实施“六大工程”的思路举措和对机关党建工作的意见建议。9月中旬，组织大讨论，开展“金点子”征集活动,共征集“金点子”72条;召开窗口服务部门讨论会,针对“慵懒散”和“冷横硬”及吃拿卡要等问题,商务局、国税局、人社局等7个部门重点科室发言交流;举办“青春微讲堂”,10名青年党员通过演讲、相声、PPT解说等形式,围绕“我为创新转型跨越发展做贡献”主题建言献策。9月下旬,推进大落实,开展“爱岗有为 履职担当”“先锋增色”等活动,引导市级机关各部门对主题活动中存在的问题,明确整改清单,限时办结、逐个销号,研究制定本部门“三年创新创优行动计划”。

【“爱岗有为履职担当”主题教育】 2016年,市级机关工委开展“爱岗有为履职担当”主题教育活动,组织机关部门各科室、个人对照“爱岗有为履职担当”标准,查找不足,整改落实。联合组织部选树“三优”典型,经过评委初选、网络投票、现场评审、票决公示等环节,评选出10个“优质服务品牌”、10个“优质服务科室”及10名“优质服务标兵”。

【庆“七一”市级机关文艺汇演】 2016年,市级机关工委联合市委组织部、宣传部、市文广新局、文联举办“永远跟党走 共筑中国梦”庆“七一”文艺会演,从34家单位上报的53个节目中评选出优秀节目参加全市庆“七一”文艺演出。其中市卫计委、市民政局、市交运局、市城管局4家单位选送的节目在泰州比赛获得一等奖、二等奖的成绩,市民政局情景诗《永远的传承》被选送参加泰州建市20周年文艺演出。

【第三届市级机关运动会】 2016年,市级机关工委联合市总工会、体育局举办第三届市级机关运动会,来自市级机关各部门54支代表队1047名运动员参加足球、篮球、乒乓球等8个项目比赛。

【挂钩帮扶】 5月23日,市扶贫开发工作会议召开,市级机关工委在机关部门中迅速开展“六个一”活动,组建一套工作班子、进行一次走访调研、拿出一份脱贫方案、开展一次“送学下乡”活动、慰问一次特困党员、列出一份责任清单,推进挂扶工作展开。7月,利用1个月时间对全市55个经济薄弱村逐村走访座谈,了解挂钩帮扶序时进度;举办“第一书记”和挂扶村党组织书记培训班,召开全市挂钩帮扶工作推进会,明确挂钩帮扶工作的目标任务。2016年,96个市级机关挂扶部门为结对帮扶村投入资金1164.47万元,开发增收项目76个,基础设施建设项目58个,组织党员干部结对低收入农户1303户,脱贫469户,占比36%,2016年须脱贫的8个村中,6个村按期完成,占比75%。

(常新玉)

· 党校工作 ·

【概况】 2016年,市委党校举办18期培训班,3090人次参训。其中包括全市乡局级领导干部学习贯彻党的十八届五中全会暨习总书记系列重要讲话精神培训班、市级机关中层干部季度大讲堂、乡镇党委换届暨“两学一做”学习教育业务培训班、2016年度全市乡局级干部自主选学专题轮训班、领导干部“学思践悟”讲坛、泰兴市2016年“年轻公务员成长计划”班(2013、2014级)、泰兴市2016年“年轻公务员成长计划”班(2015级)、2016年全市共青团干部培训班等。与人社局、法制办、信访办、司法局、姚王镇、农产品加工园区等部门、单位联合办班15期,培训3083人次。送教进乡镇、机关、企业、学校50余场,参训4000人次以上。

【学历教育】 2016年,市委党校与省青年管理干部学院联合举办社区管理与服务专业大专班,录取新生35人,报到注册33人。大专、本科在籍学员180人。2014级大专经济管理专业26人,6月全部毕业;2015级、2016级大专社区管理与服务专业18人、78人;2014级本科行政管理专业35人,6月全部毕业;2015级本科行政管理专业13人;2016级财务管理专业10人。2016年下半年,南京航天航空大学人文学院MPA研究生双证班录取新生10人,报到注册9人。

【调研科研】 2016年,市委党校承担市社科联《发展红色旅游产业,带动黄桥老区致富》《推进供给侧结构性改革,助力泰兴经济持续向好发展》《新形势下加强党员干部马克思主义理论教育研究》3项调研课题。其中《发展红色旅游产业,带动黄桥老区致富》获2016年度社科应用研究成果评比三等奖,《推进供给侧结构性改革,助力泰兴经济持续向好发展》获泰州市党校系统供给侧结构性改革征文比赛二等奖。全年完成调研报告10篇;在地级市以上刊物发表论文10篇;新增主体班成熟课题10个,课题《当前党员干部关心的几个党史问题》获泰州市党校系统年度竞课活动二等奖。

【党性教育基地建设】 2016年,市委党校整合红色教育资源,开发完善包括中共江浙区泰兴独立支部旧址纪念馆、新四军黄桥战役纪念馆、杨根思烈士陵园在内3个党性教育基地,市委组织部、市委党校联合组织拍摄《铁军东进——新四军在1939-1941年》党性教育片,完成党性教育理论讲稿《把“三个谁”之问写在江淮大地上》。党性教育特色基地初步建成,全年接待外来办班13期,近600人次。

(万志娟)

· 史志档案工作 ·

【概况】 2017 年,《中国共产党泰兴历史 (1978—2016)》第三卷编撰工作启动,《泰兴市志(1988-2005)》取得书号,《泰兴年鉴(2016)》出版发行。全年,接待查阅档者 5063 人次, 调阅档案 12454 卷次, 复印档案 58475 页;征集进馆各类家(族)谱、资料 173 本,政府公开信息资料 233 件, 文书档案 580 卷、10873 件;全市 20 家基层单位档案室通过星级测评和星级复查,其中市人民检察院建成省五星级档案室, 市供电公司通过省五星级复查;全市 4 人取得助理馆员资格,1 人取得馆员资格,1 人取得副研究馆员资格。

【党史三卷本征编工作动员培训会】 6 月 30 日,召开全市党史三卷本征编工作动员培训会,对党史三卷本编纂和专题资料征集工作进行动员部署, 邀请泰州专家对全市参与三卷本编纂工作的人员进行培训,并以市委办名义印发《关于认真做好〈中国共产党泰兴历史(1978—2016)〉资料征集和专题编写工作的意见》。市级机关党委、党组、支部宣传科长或办公室主任、乡镇街道宣传委员 100 多人参加会议。

【宗教档案业务培训班】 3 月 22 日,市档案局联合市民宗局在市基督教堂举办全市宗教档案工作培训班。全市宗教界共有 80 多名档案人员参加此次培训。培训班开设《档案基础知识》《宗教档案的收集范围》《档案室业务建设》等 8 门课程。通过培训,全市宗教档案工作人员增强对档案工作认识,了解宗教档案工作内容,学习档案管理知识。

【全市档案业务培训班】 4 月 8 日,市档案局举办全市档案业务培训班开班,各乡镇(街道)、园区、市级机关各部门、企事业单位等共 97 名档案人员参加培训。培训过程除安排《文书档案的整理要求》《科技文档整理》《档案室业务》等理论科目,还结合档案工作中存在的实际情况, 通过 PPT 向参培人员讲授档案整理中应用操作技能。

【卫计系统档案业务培训班】 4 月 26 日,市档案局联合市卫计系统举办档案业务培训班,全市各卫生、计生单位档案管理员近 50 人参加培训。培训班上,市档案局业务人员从卫计系统档案资料归档不归档范围、保管期限划分;各类档案的整理操作;档案室建设等方面作理论讲解。通过培训, 提高卫计系统档案人员业务知识水平和实际操作能力,推动全市卫计系统各单位档案规范管理工作。

【漆冠山调研泰兴方志工作】 5 月 5 日,省地方志办公室主任漆冠山、副主任蔡金良一行到泰兴调研地方志工作。泰州市党史方志档案办公室主任申俊才,调研员陈维等陪同调研,副市长周桂香参加座谈。漆冠山一行参观考察新四军黄桥战役纪念馆, 听取地方志年鉴工作的情况汇报。漆冠山对泰兴地方志工作提出三点希望和要求:一是加强宣传,提高全社会对方志年鉴工作的认识;二是加强指导,提升方志年鉴编纂质量;三是加强推进,确保按时保质完成二轮修志工作任务。

【广场档案宣传】 6 月 13 日,市档案局与市人社局、市计生委、市住建局、市民政局 5 家单位在市区鼓楼广场,联合举办“档案与民生”宣传活动。活动现场设立档案咨询台,并陈列“档案与民生”宣传图板。活动吸引 100 多名老百姓驻足观看、咨询,发放宣传资料 100 多份。

(凌长富)

泰兴市人民代表大会

【概况】 2016 年, 市人大常委会召开常委会会议 11 次、主任会议 6 次,组织代表视察 4 次、执法检查 1 次,开展专题询问 1 次,听取和审议“一府两院”专项工作报告 16 项,做出决定决议 9 项,备案审查规范性文件 4 件,评议人大任命干部 11 人,依法任免国家机关工作人员 81 人次, 完成市乡两级人大代表换届选举,选出 372 名市人大代表。

【市十四届人大五次会议】 2016 年 1 月 10—13 日,市十四届人大五次会议于召开,365 名代表出席会议。会议审议通过市长张育林作的政府工作报告, 市人大常委会主任戴仁泉作的人大常委会工作报告, 市人民法院院长杨旭波作的法院工作报告, 市人民检察院检察长吴文彬作的检察院工作报告。审查和批准《泰兴市国民经济和社会发展第十三个五年规划纲要 (草案)》,审查和批准《泰兴市“十二五”规划纲要及 2015 年国民经济社会发展计划执行和 “十三五” 规划纲要(草案)及 2016 年计划(草案)的报告》,审查和批准《泰兴市 2015 年财政预算执行情况和 2016 年财政预算(草案)的报告》。会议接受戴仁泉辞去市人大常委会主任职务, 选举孙云为市第十四届人民代表大会常务委员会主任,选举田之本、耿元进为市第十四届人民代表大会常务委员会副主任。会议期间,代表 10 人以上联名提出议案 36 件,内容涵盖农业农村、水利建设、经济财税方面、城乡建设、环境保护、交通建设、教科文卫等方面。经大会秘书处审查,36 件议案全部作为建议、批评和意见，与其他收到的代表对各方面工作提出的78件建议、批评和意见一起，交由部门研究办理并答复代表。

【市十四届人大常委会会议】 2016年，共召开11次会议，即市十四届人大常委会第二十六次至三十六次会议。

第二十六次会议 1月4日召开，通过市人大常委会主任会议提请的人事任职议案和市政府提请的人事任职议案。

第二十七次会议 2月29日召开，通报市人大常委会2016年工作要点和议题安排；听取和审议市法院落实市人大常委会有关审议意见情况的报告；表决市政府和市检察院提请的人事任免议案。

第二十八次会议 4月26日召开，听取和审议市法院刑事审判工作情况的报告；听取和审议市政府城区安置房建设情况的报告；通过市人大常委会主任会议、市政府、市法院提请的人事任免议案；组织履职评议。

第二十九次会议 5月17日召开，通过人事任免；开展法律培训。

第三十次会议 6月23日—24日召开，听取和审议市政府关于沿江港口物流业发展情况的报告；听取和审议市政府关于黄桥老区乡镇脱贫攻坚工作情况的报告；听取济川街道人大工作委员会的工作报告；通过人事任免议案；组织履职评议。

第三十一次会议 8月25日召开，听取和审议市政府关于2015年财政决算和决算审计及2016年上半年财政预算执行情况的报告；听取和审议市政府关于推进企业品牌建设情况的报告；组织履职评议；通过人事任免议案。

第三十二次会议 9月28日召开，听取和审议市人大常委会关于市乡两级人民代表大会换届问题的决定(草案)；听取和审议市人大常委会主任关于提请设立泰兴市选举委员会的议案；听取和审议关于提名决定乡镇选举委员会和济川街道、市级机关选举工作领导小组成员的议案；通过市人大常委会主任会议、市政府、市法院、市检察院提请的人事任免议案。

第三十三次会议 10月26日召开，听取和审议代表建议、批评和意见办理情况的报告；审议、表决《泰兴市人民代表大会常务委员会关于开展第七个五年法治宣传教育的决议(草案)》；审议、表决市政府2016年财政预算调整方案；听取和审议市检察院关于反贪污贿赂工作情况的报告；通过人事任免议案；组织履职评议。

第三十四次会议 11月29日召开，通过人事任免议案。

第三十五次会议 12月9日召开，通过市人大常委会主任会议、市政府、市检察院提请的人事任免议案。

第三十六次会议 12月25日召开，听取和初审市政府关于2016年国民经济、社会发展计划执行情况和2017年计划安排(草案)的报告；听取和初审市政府关于2016年财政预算执行情况和2017年预算(草案)的报告；审议、表决市十五届人大一次会议的有关事项；讨论、修改人大常委会报告。

【执法检查】 5月，市人大常委会对《中华人民共和国道路交通安全法》和《江苏省道路交通安全条例》开展检查，配合泰州市人大进行联动执法检查。检查组实地视察新区中队智能化执勤岗亭、城区“九纵九横”道路建设工程、南郊生态停车场等，视察后听取专题汇报并查阅台账资料，提出综合施策，解决突出问题。

【代表视察】 7月21日，市人大常委会组织常委会组成人员、部分在泰兴的泰州市人大代表和泰兴市人大代表视察城区物业管理工作，提出要高度重视物业管理工作，建立健全物业管理体系。8月24日，市人大常委会组织45名市人大代表，分组视察全市“三区三园”开发区工业重大项目，提出要聚力精准招商，加快项目建设，优化协调服务。10月19日，市人大常委会组织部分市人大代表视察评议畜禽养殖污染物处理试点工作，提出要继续高度重视畜禽养殖污染物处理工作，根据当前实际进一步完善试点方案，加强工程建设质量，扩大试点范围，努力打造空气清新、水质清澈、环境清洁的美丽乡村。11月29日，市人大常委会组织在泰兴的全国人大代表和部分省、泰州市、泰兴市人大代表，分组视察检查2016年政府民生十件实事办理情况，重点对民生实事工程的规划和推进开展专题视察。

【代表工作】 2016年，市人大常委会围绕十四届人大五次会议上代表们提出的建议、批评和意见，强化重点建议督办，市人大常委会负责人及相关委办分别联系市交运局、水务局、住建局、财政局、教育局、公安局、经信委7个建议重点承办部门，跟踪了解办理进度，提高办理质量和落实解决率。常委会与政府负责人围绕“加大对非园区乡镇重点工业集聚区扶持建设力度”“全市骨干河道水环境管护”“解决城区主干道交通拥堵现象”“加大对开发区小化工企业综合整治力度”“清理规范中介服务”“构建食品安全社会共治体系，增进民生福祉”等多件重点建议，多次联合召开督查会、协调会、现场会，了解、督查建议办理进程和办理质量。人大五次会议期间和闭会期间共收到代表建议130件，均依法及时交办，落实解决率达76%。实现届内共115件

"B""C"类建议转化为"A"类。 （顾 飞）

泰兴市人民政府

· 重要会议 ·

【市政府第三十四次常务会议】 2016年4月20日，市长张育林主持召开市政府第三十四次常务会议。会议原则同意市场监管局提出的《泰兴市市长质量奖评审规则》及《泰兴市市长质量奖管理办法》。会议原则同意市经信委提出的《关于推进乡镇工业集聚区发展的意见》。会议原则同意市科技局提出的《泰兴市科技创新券实施细则(试行)》。会议听取市住建局关于新奥燃气中期评估情况的汇报，会议要求围绕"保障民生、促进发展、确保安全"原则，抓好燃气规划、建设、供应和管理。会议原则同意市民政局提出的《重度失能农村五保对象护理补贴发放工作方案》和《关于提高在乡老复员军人、伤残军人立功荣誉金发放标准的工作方案》。

【市政府第三十五次常务会议】 2016年5月25日，市长张育林主持召开市政府第三十五次常务会议。会议学习《江苏省行政许可监督管理办法》。会议原则同意市发改委提出的《关于推进服务业转型升级发展的政策意见》，要求根据会议讨论的意见作进一步修改，经市政府法制办审核把关后下发施行。会议听取市发改委关于鼓励企业挂牌上市融资政策意见的汇报，要求按照综合性意见的要求修改后印发施行。会议原则同意市民政局提出的《泰兴市城乡困难居民临时救助实施细则》。会议原则同意市交运局提出的《关于全市农村公路提档升级两年行动计划的实施意见》。会议原则同意市环保局提出的《泰兴市环境监管网格划分实施方案》

【市政府第三十八次常务会议】 2016年7月23日，代市长刘志明主持召开市政府第三十八次常务会议。会议听取市法制办关于全市全面推进依法行政工作情况的汇报，会议要求重大事项按法律法规和程序决策、市政府决策事项进行目录化管理、健全完善政府法律顾问制度。会议原则同意市法制办提出的关于泰兴市市场监督管理相对集中行政处罚权暂行办法和泰兴市农业领域相对集中行政处罚权暂行办法。会议原则同意财政局提出的关于泰兴市预决算信息公开管理暂行办法。会议原则同意市商务局提出的关于鼓励外资企业以未分配利润转增资的意见。会议听取虹桥园区关于泰州港泰兴港区七圩作业区公用码头群PPP项目的情况汇报。会议同意人社局提交的全市中层及以下公务员2015年度嘉奖和记三等功人员名单，要求人社部门牵头按规定进行表彰奖励。会议原则同意市人社局提出的关于推进供给侧结构性改革下岗失业人员分流安置和培训再就业工作的意见。会议原则同意市人社局提出的泰兴市城乡医保一体化管理测算方案。

【市政府第三十九次常务会议】 2016年8月17日，代市长刘志明主持召开市政府第三十九次常务会议。会议原则同意市财政局提出的《关于2015年财政决算草案和2016年上半年预算执行情况的报告》。会议原则同意市人社局提出的《关于解决相关人员住房（租金）补贴的汇报》和《关于建立城乡居民基本养老保险丧葬补助金制度》。会议原则同意市政府办提出的《关于部分执行机关公务员(工勤)工资的非参公事业单位人员要求享受公务交通补贴的建议处理意见》。会议原则同意市安监局提出的《泰兴市安全生产网格化管理实施方案》《泰兴市安全生产网络化管理实施办法》以及《泰兴市生产经营单位安全生产不良记录黑名单管理办法(试行)》。会议原则同意市审计局提出的《关于2015年度市本级预算执行及其他财政收支情况的审计工作报告》。

【市政府第四十次常务会议】 2016年8月26日，代市长刘志明主持召开市政府第四十次常务会议。会议听取市发改委关于五星级酒店项目招商政策制定及项目推进相关工作的汇报，会议明确五星级酒店项目地点、土地面积及用途、实施要求和扶持政策。会议对《关于加强园区部门市级政府投融资平台公司融资担保等管理工作的通知》的修改出台提出具体要求。会议原则同意市国土局提出的关于全市工业企业不动产登记遗留问题的处理意见。

【市政府第四十二次常务会议】 2016年11月18日，代市长刘志明主持召开市政府第四十二次常务会议。会议要求加快推进2016年民生各项民生实事工程，会议明确面向全市做好2017年民生实事项目公开征集和遴选工作。会议原则同意《泰兴市全面落实流动人口同城待遇实施办法》。会议原则同意市城管局按照泰州市推进市区工程建设例会明确的要求与获得泰州市餐厨废弃物处理BOT项目特许经营权的蓝德环保科技有限公司签订特许经营协议。会议原则同意《泰兴市河道和水利工程管理范围划定工作实施方案》。会议原则同意市国土局提出的《关于全市工业企业"两证"遗留问题的处理意见》。会议通报泰州市效能办关于泰州市新开工项目投资环境的调查报告，要求相关部门、园区认真排查问题,限期整改。会议原则同意市国土局提出的《全市部分已建房屋“两证”遗留问题的处理意见》。会议原则同意市编办提出的《关于开展园区招商体制改革试点工作的实施意见》,会议原则同意市地税局提出的关于城镇土地使用税土地等级范围及税额标准的调整方案。

· 重要活动 ·

【重大项目集中开工周】 2月24日,经济开发区举行一季度重大项目集中开工仪式,6个项目开工建设,总投资近23亿元。全市2016年度第一个“重大项目集中开工周”活动正式启动。此次集中开工周活动时间从2月24日至3月1日,期间共有29个重大项目开工,总投资达71.7亿。其中10亿元以上项目2个,亿元以上开工项目24个。这些项目主要涉及新型电解质材料、新能源、汽车零部件、电器配件、食品加工等领域。

【沈安娜生平展】 4月15日,全国第一个全民国家安全教育日,“对党绝对忠诚——泰州市全民国家安全教育宣传周暨沈安娜生平展”启动仪式在泰兴市举行,泰州市委常委、政法委书记张爱平,泰兴市领导孙耀灿、田之本、王中先以及沈安娜的女儿华克放等出席启动仪式。启动仪式结束后，与会领导和嘉宾参观沈安娜生平展。此次展览通过展板、多媒体等形式,对沈安娜生平进行简要介绍。沈安娜1915年出生于泰兴,凭借速记本领,深入敌人核心部门,潜伏14年,其中在蒋介石身边长达11年,期间多次出席国民党军、政、情报会议,为共产党提供大量重要的机密情报,被誉为“按住蒋介石脉搏的人”。展览中首次播放由中央新闻纪录电影制片厂在泰州实景拍摄的沈安娜纪录片。

【投资环境说明暨项目推介会】 7月20日下午,泰兴市在上海香格里拉大酒店举办投资环境说明暨项目推介会,向上海及国内外各界客商推介泰兴区域概况、主导产业及人才引进政策，促进泰兴市与上海及国内外企业、客商在产业、企业、园区、人才等多个方面的交流与合作。市领导张育林、刘志明、张坤、刘荣华、耿元进、孙群、刘辉、顾刚、钱军,惠生集团总裁曲颂,林德集团全球投资发展副总裁鲁荣等来自海内外的100多家知名知名企业代表共话发展。市委书记张育林发表致辞,市委副书记、代市长刘志明作投资环境说明,市委副书记张坤主持推介会,市委常委、经济开发区党工委书记孙群作项目推介。本次活动部分项目达成合作意向,其中20个项目举行集中签约仪式,计划总投资102亿元。

【第八届中国(泰兴)银杏节】 10月20日,第八届中国(泰兴)银杏节在市体育馆开幕,市委副书记张坤主持启动仪式,市委副书记、代市长刘志明作投资环境说明,市委书记张育林致辞,泰州市委常委、常务副市长杨杰宣布第八届中国(泰兴)银杏节开幕。第八届中国(泰兴）银杏节举行重大项目暨科技合作项目签约仪式,现场签约重大项目和科技合作项目43个,投资总额192亿元,协议利用外资11.35亿美元。

· 市长公开信箱、“12345”政务服务热线 ·

【市长信箱办结率100%】 2016年,全市共受理市长信箱、群众来信1055件,办结率100%。“12345”政府公共服务热线和政风行风热线共处理市民来电60191个,办结率100%,满意率97.92%。

【建议、提案满意率99.5%】 2016年,市长公开信箱、“12345”政务服务热线接受市人大和市政协监督,实行线上线下结合办理。按时办结425件建议、提案,面复率100%，满意和基本满意率99.5%，落实解决率85.2%。

· 行政服务 ·

【概况】 至2016年底，25家部门和单位进驻政务服务中心,设立服务窗口70个,相关涉企前置审批中介机构7个,工作人员182名,办理各类行政审批服务事项515个。

【项目办理】 2016年,政务服务中心全年办理各类事项23.44万件，其中，即办件12.21万件、上报件11.15万件、承诺件742件,按期办结率100%。共完成工程发包477个标段,金额64.91亿元。其中,招标发包项目344个标段,发包预算金额36.34亿元,中标金额28.55亿元,节约7.79亿元,节约率21.43%。组织实施各类政府采购项目254个标包,采购预算价2.15亿元,中标(成交)价1.71亿元,通过政府采购,节约资金4453.83万元,节约率20.7%。

【不动产登记实行“两证合一”】 5月31日,不动产登记窗口在政务服务中心大厅正式运行。政务服务中心将契税缴纳窗口调整至大厅一楼与之配套,至年底,全市共发放不动产权证书14933本，不动产登记证明

9875本。

【“互联网+”联合图审】 2016年，市政务服务中心制订《泰兴市“互联网+”联合图审实施方案》，设立联合图审窗口，开发联合图审软件，实行“一窗对外、统一收件、网上流转、同步审查、限时办结、统一发证”，图审时间由原来的30个工作日缩短到7个工作日。

【“五证合一”登记制度改革】 10月1日起，市政务服务中心实施营业执照、组织机构代码证、税务登记证、社会保险证、统计登记证“五证合一”改革，由市场监督管理部门核发加载统一社会信用代码的营业执照，社会保险登记证和统计登记证不再另行发放，全年发放登记证16267本。

【“包办”“帮办”服务】 3月，市政务服务中心制定“包办企业墙外事、帮办企业墙内事”实施方案，由政务办牵头，各部门窗口参与，定期进园区、进乡镇、进企业，为各类企业尤其是重大项目提供现场指导、联合会商等服务，提前介入指导企业准备相关报批手续。全年为“三区三园”及部分乡镇提供上门服务20次；为81家企业提供现场服务和提前介入服务，协调解决审批过程中遇到的问题120多个。

【重编办事指南】 4月，市政务办编制各类办事指南32项，并分别绘制流程图。窗口515个事项全部制成流程图，编印《服务指南》500多本，供各园区、乡镇参照。10月，修改完善2007版《行政服务300问》。所有流程图、办事指南、行政服务300问、各类表单等资料，全部在政务办门户网站公开。 （吉小明 汤云星）

· 政府法制 ·

【概况】 2016年，泰兴市在政府门户网站主动公开政府信息5786条，重点领域信息公开302条。全市接收政府信息公开申请163件，受理163件，答复159件。制定出台《法治政府建设实施纲要(2015-2020年)》实施意见，围绕法治政府建设目标，进一步完善目标评价考核体系。

【行政管理改革】 2016年，泰兴市深化行政管理体制改革试点，先后两次向黄桥镇政府下放行政权力。出台《泰兴市企业投资建设项目并联审批实施办法》《关于进一步加强行政审批中介规范管理的意见》。启用“江苏省投资在线审批监管平台”。

【规范政府决策】 2016年，泰兴市出台《泰兴市市场监管领域相对集中行政处罚权暂行办法》《泰兴市农业领域相对集中行政处罚权暂行办法》和《泰兴市流动人口全面落实同城待遇实施办法》。集中清理2012—2015年出台的政府规范性文件和政策类文件。制定《市政府关于加强“三重一大”事项决策和监管的意见》。组织开展2014—2015年涉及市政府重大财政资金管理使用的5项重大行政决策的后评估工作。

【规范执法行为】 2016年，全市启动行政执法主体和行政执法人员清理工作，严格行政执法人员资格准入。制定出台《泰兴市行政执法程序重要制度优化工作方案》，优化执法全过程记录、重大行政执法决定法制审核和行政执法公示制度。

【行政复议】 2016年，全市累计收到行政复议案件31件，受理29件，不予受理2件，审结22件，其中维持2件，终止审理3件，驳回复议申请13件，确认违法3件，撤销1件。全面引入行政复议听证程序，复议保障工作全面落实。

【法制培训工作】 2016年，政府常务会议四次集中学习中共中央、国务院《法治政府建设实施纲要(2015—2020年)》等政策法律。组织新上岗镇(乡)局级领导干部和全市新一届政府组成人员开展任前法律知识考试7次；组织121名非人大任命副镇(乡)局级领导干部任前法律知识考试。制定下发《全市行政执法人员法制培训工作计划(2016-2018)》，全年组织1500多人参加法律知识培训和考试。 （张 辉）

· 信访工作 ·

【概况】 年内，市信访局共受理人民来信及网上投诉1100件，同比上升25%。接待来访群众1712批7358人次，同比分别上升25%和32%，其中集访278批5167人次，同比分别上升55%和33%；全年发生进京上访162批276人次，同比分别下降24%和5%；去省上访133批400人次，同比批次下降15%，人次上升14%；到泰州市上访78批222人次，同比分别下降48%和49%；全市未发生一起有影响的群体性事件和恶性上访事件。古溪镇、分界镇、元竹镇、张桥镇年内无进京去省上访、无去泰州集访及本市集访、无信访老户、无信访积案，被市委、市政府授予信访工作“四无”乡镇。滨江镇新星村等244个村，年内无越级上访、无矛盾纠纷积案、无有影响的群体性事件，被市委、市政府授予信访工作“无访村(居、社区)”。

【党政干部接访活动】 年内，市信访局采取定期接访与重点约访相结合的方式，开展市四套班子负责人接待群众来访工作。市委、市政府负责人到市人民来访接待中心接访14次，面对面接待来访群众54批366人次。各乡镇(街道)、市级机关各部门党政负责人在所在单位信访接待场所定期接待群众来访，按照主要负责人每周不少于1天、其他党政负责人每个工作日轮流接访的要求开展领导接访工作;村(居、社区)负责人随时接待群众来访。

【化解信访积案】 2016年,市信访局交办信访积案29件,其中省信访局交办件4件,市信访局自排25件,均按要求交办到乡镇(街道)、部门实行领导包案处理。年内,共化解23件,化解率79%。

【进京去省重复访集中化解】 2016年,市信访工作联席会议办公室在交办的14件进京去省重复访事项外,排查梳理7件进京去省重复访事项，在全市政法暨信访维稳工作会议动员部署,将21件进京去省重复访事项交办到乡镇(街道)、部门实行领导包案处理。年内,所有交办件均得到妥善化解。

【越级去省进京访专项整治】 2016年,市信访工作联席会议办公室结合交办的64件去省进京访事项,排查1～10月越级上访，梳理出82件越级去省进京访事项,以市信访工作联席会议名义发文,召开专题会议动员部署,将146件越级去省进京访事项交办到乡镇(街道)、部门实行领导包案处理。年内,共化解128件,化解率达88%。

【权益保障监督卡】 2016年,江苏省群众依法逐级走访权益保障监督卡制度正式实施,市信访局开展信访工作人员发卡用卡综合素质、上访群众领卡用卡综合素质“两个素质”养成工作,实现发卡率、规范率、办结率“三个100%”,权益保障卡工作得到省、泰州市的肯定和推介,全年省内外15个市(县、区)到泰兴观摩学习。

(姬　娜)

· 编制工作 ·

【概况】 2016年,市编办制订出台《关于贯彻落实〈江苏省行政权力事项清单管理办法〉的意见》,建立权责清单动态调整机制,对“5张清单”进行集中更新调整。完成公共服务事项清单和行政事业机构清单编制工作。12月,开展权力清单标准化工作,以县级行政权力与省和泰州市“三级四同”为目标,经过三轮审核及合法性审查，全市42家部门初步确定行政权力事项7046项,编制行政权力办事指南7043份(含18项初审转报事项),同时健全清单动态调整机制。

【中介治理】 2016年,市编办编制并对外公布市级部门行政审批前置中介服务事项清单,清单涉及16个部门57项中介服务项目,对中介服务项目的名称、设定依据、办理时限、收费标准等进行统一规范。对涉及承担行政审批中介服务的事业单位，通过剥离中介服务职能或转企改制等形式予以脱钩，完成撤销市价格认证中心所挂的价格事务所牌子，明确其不再从事价格评估中介业务。同时对涉企行政审批中介服务收费进行清理规范，对列入政府定价和政府指导价管理的中介服务事项,现有收费标准为最高限价。先后放开46项政府定价中介服务项目收费,实行市场调节价,取消20多项中介服务收费。对企业投资建设项目的土地勘测定界、地价评估等中介项目,评估费用一律纳入土地出让金,不再向企业收费。

【行政审批流程优化】 2016年,市编办在住建系统实施“互联网+联合图审”,推行“一窗对外、统一收件、网上流转、同步审查、限时办结、统一发证”,图审时间由30个工作日缩短到7个工作日。制定出台《关于新征用地建设项目容缺受理提前介入管理暂行办法》,针对已获得用地预审意见，且本年度内可以取得国有土地使用证的新征工业用地项目,对其试行容缺性审批,市各部门利用土地报批的“窗口期”,对项目进行审查,出具同意容缺受理通知书，待取得合法土地手续并达到法定条件后，将模拟审批预审意见转化为正式审批文件。启用“江苏省投资在线审批监管平台”,实现投资项目审批、核准、备案“一窗受理、并联办理、依责监管、全程监察”。

【省直管县和经济发达镇体制改革试点】 2016年,市编办针对省直管县前期改革过程中存在的实际问题,新梳理出8项权力事项清单报省编办。7月,试点工作通过省编办组织的第三方评估验收。按照评估完善意见，对黄桥镇综合执法局内设机构和职能进行优化整合,将镇安全环保监管职能划归综合执法局,对业务科室和中队进行整合,并减少综合执法局内部管理层级。

【园区招商体制改革试点】 12月,全市启动泰兴高新区开展招商体制改革试点工作,出台《关于开展园区招商体制改革试点工作的实施意见》《泰兴高新技术产业开发区招商发展有限公司人员公开竞聘上岗实施办法》《泰兴高新技术产业开发区招商工作绩效考核办法》等文件,在高新区成立园区招商发展有限公司,探索以“公开竞聘制、身份档案制、淘汰退出机制”为核心的管人用人机制,以及以岗定薪、按绩取酬的绩效考核机制。

【机制体制调整】 2016年,市编办对全市不动产登记职责进行整合,完成住建系统与不动产登记管理局人员划转、职责移交和不动产登记中心“三定”规定的编制工作。4月,市不动产登记中心开始运行,全市不动产实行统一登记。按照省编办对综合执法改革试点评估工作的要求,对全市农林牧渔和市场流通领域综合执法改革试点工作进行完善。8月,通过省编办组织的评估验收。12月,开展市广播电视台体制调整工作,整合市广播电视台、市新闻信息中心和市网络传媒中心,实行“三个机构、一体化运行”管理模式。

【机构编制管理】 2016年,市编办继续开展控编减编工作,全年机关事业单位实有人数与2012年相比净减少963名,优化整合事业机构6个。编制机关事业单位2017至2021年五年间空编使用规划,出台《泰兴市机构编制委员会议事规则》。对市编委议事制度、组成成员、议事形式和编委会的议事范围、召开次数和时间、议题确定程序和决议形成办法、议事纪律等内容进行规范。在科级及以上机构和领导职数审核确认的基础上,以机构编制实名制管理信息系统为依托,建立健全泰兴市科级领导职数名录数据库和预审平台,对科级领导配备情况实现动态管理。

【机构编制督查】 2016年,市编办继续落实市政府关于财政供养人员只减不增的“红线”要求,加大编制核查力度,巩固控编减编工作成果。根据职能要求,对相关部门“三定”规定执行情况评估。以“三责联审”为载体,采取“评审一体化”工作模式,开展对广陵镇、根思乡和经信委等3家单位党政主要领导干部机构编制责任审核,纠正联审工作中发现的机构编制方面存在的问题。

【事业单位法人登记管理】 2016年,市编办实施事业单位法人年度报告公开工作。全年全市应参加法人年度报告公示事业单位481家,均按期报送事业单位法人年度报告书,并在泰兴网进行集中公示。持续推进中文域名工作,完成全市584家党政群机关及事业单位中文域名续费工作。 (任国斌 周 云)

·应急工作·

【概况】 2016年,泰兴市制定印发《泰兴市政府办公室关于开展突发事件应急预案编修工作的通知》,全年共修订《泰兴市突发公共卫生事件应急预案》《泰兴市防汛防旱应急预案》《泰兴市城市防洪应急预案》《泰兴市防御台风预案》《泰兴市抗旱预案》《泰兴市辐射事故应急预案》等6个应急预案;新制定印发《泰兴市沿江港口突发公共事件应急预案》《泰兴市突发公共事件医疗卫生救援预案》等2个应急预案。建立应急预案网络体系,其中市级总体预案1个,专项预案30个,部门预案242个,园区、乡镇(街道办事处)预案169个,行政村(居委会)、学校、企业预案近8600个。

【应急预案演练】 2016年,全市开展危险化学品事故应急救援、丙烯储罐泄漏突发环境事件应急演练等市级层面演练2次,部门、乡镇演练近120次,企业演练2350余次。

【应急知识培训】 2016年,泰兴市通过电视、政府门户网站、报纸、微信、短信等媒体,结合“科普宣传周”“安全生产月”“国际减灾日”“全国消防日”等活动,以举办知识抢答赛、专题讲座、报告会和座谈会等形式加强干部职工应急知识的集中学习,提升单位干部职工应急意识,增强单位干部职工应急能力。结合“5·12”防震减灾日、校园安全活动月、应急预案演练周、应急管理宣传周等活动,加强对安全教育活动的组织、策划和实施。组织学校围绕突发公共卫生、社会安全事件、地震等自然灾害事件开展应急演练。

【应急平台建设】 2016年,泰兴市应急经费投入不断增加,应急资金拨付、应急救援器材、物资储备制度初步形成。市财政每年安排应急保障经费1000万元。2014—2016年,市财政累计投入3000多万元用于应急装备建设建设。各项基础设施建设、设备配备初具规模,公安消防灭火和抢险救援能力得到提高。建立物资储备数据库。各园区、乡镇(街道)、部门(单位)成立应急救援队伍和应急志愿者队伍,基层应急救援队伍近900人,应急志愿者队伍共1500人,有安全生产、环境保护、公共卫生等5支30人专家队伍,有5人被列入省环境应急专家库。 (鞠德华)

·外事工作·

【概况】 2016年,全市办理因公出国手续出国23批68人次,其中自行组团出国7批31人次,双跨团组16批37人次。全年办理19批27人次外国人来华手续。党政干部因公出国(境)审批、出访经费先行审核、出访人员行前外事纪律培训、因公出国(境)团组诚信承诺书、领导干部因公出国(境)证件管理、团组出访小结等制度进一步完善。中美创新科技产业园——项目联合体与城东高新技术产业园区对接,接待德国爱因斯坦(AEG)师生代表团访问交流。APEC商务旅行卡共办理35人次,其中新卡6张。4月,组办全市因公出国管理

培训班。 (钱 莉)

· 侨务及港澳工作 ·

【概况】 2016年,市侨办接待入境探亲访友华侨、华人、港澳同胞80人次,办理各类来信来访10件(次),办结率100%。向泰兴籍海外华侨华人寄送贺信、贺卡100多份。对3名符合“三侨生”加分政策的学生进行身份审核认定。对全市侨港资企业进行摸底调查,经核实,全市有华侨、华人、港胞企业13家,其中独资企业10家、合资企业3家。先后3次赴深圳、1次赴香港与旅港同乡会开展联谊交流活动。济川街道越街社区创成“江苏省社区侨务工作示范基地”。黄桥镇获批“江苏省海外文化交流基地”。

【归侨侨眷关爱工程】 2016年,市侨办组织全市华侨华人、侨眷侨属、侨港资企业召开中秋、新春茶话会,通报全市经济社会发展情况。慰问归侨、侨眷、侨资企业100多人次,市领导先后慰问20多名重点归侨、侨眷侨属和侨资企业负责人。

【侨情调查】 10~11月,市侨办联合市侨联开展桥梁、华人、出国留学人员情况调查,新增侨情信息130条,向泰州旅英同乡会推荐会员8名,其中副会长1名。

· 机关事务管理 ·

【概况】 2016年,市机关事务管理局全年核发通行证900多张,来客登记5700多人次,接待信访人员90批次2300多人,未发生一起恶性事件。加强夏季防火、地下停车场消防、重大节日和重大活动期间安全,对安保人员加强安全教育,组织开展消防知识讲座和消防演练培训活动。对消防系统和监控系统进行维护,全年更换灭火器76只,补充消防水带16根,更换和维护监控摄像头。

【公共机构节能】 2016年,市机关事务管理局开展节能低碳少儿书画竞赛等活动。建立能耗统计评价机制,统计覆盖率100%。超额完成“十二五”期间公共机构节能目标,行政办公中心、滨江镇政府、人民医院先后通过省节能示范单位验收。

【公务用车制度改革】 2016年,市机关事务管理局分三批拍卖封存的359辆公务用车(一般公务用车215辆,执法执勤用车144辆),成交价1059万元,溢价率76.51%。筹建公务用车集中管理保障平台,对全市保留的应急用车统一更换使用固定号段车牌,安装北斗定位系统,并全部完成过户手续。

【会务管理】 2016年,市委、市政府及其他部门在会议中心召开大、中、小型会议1300余场,接待与会人员13万多人次,同时完成国家、省、市级大中型活动会议及验收、检查、调研近80余场。 (奚 佳)

政协泰兴市委员会

【概况】 2016年,政协泰兴市十二届委员会全年共召开全体会议1次,常委会议6次,主席会议6次,组织走访视察活动6次,民主评议活动1次,形成各类调研、协商成果25篇。

【市政协十二届五次会议】 2016年1月9~12日,政协泰兴市十二届五次会议召开。会议听取和讨论市委书记孙耀灿讲话;听取和审议市政协主席丁亚作的常委会工作报告和市政协副主席顾爱军作的提案工作报告;列席市十四届人大五次会议,听取并讨论市长张育林作的政府工作报告和其他报告。分别围绕“大众创业、万众创新”和“打造优美居住环境”主题开展对口协商。举行大会选举,补选张金堂为政协泰兴市第十二届委员会副主席。闭幕会上,表彰2015年度优秀政协委员、2015年度先进政协联络委员会和界别活动小组以及市政协十二届四次会议以来的优秀提案;通过政协泰兴市第十二届委员会第五次会议决议,丁亚作闭幕讲话。会议期间,政协委员通过提案、分组讨论、对口协商等形式,对党政部门工作建言献策。

【十二届常委会议】 十二届二十四次常委会议 1月10日,市政协十二届二十四次常委会议召开,表决通过市政协副主席高寿林的辞呈,协商通过市政协十二届委员会副主席、常务委员候选人名单、《选举办法》(草案),并对选举大会监、计票人员名单进行协商。

十二届二十五次常委会议 1月11日,市政协十二届二十五次常委会议召开,听取各组召集人汇报本组讨论市政府工作报告、国民经济和社会发展计划报告、财政预决算报告的情况,听取各组酝酿候选人、讨论选举办法情况,对市政协十二届五次会议决议(草案)进行协商。

十二届二十六次常委会议 1月12日,市政协十二届二十六次常委会议召开,讨论通过市政协2016年工作意见和工作计划。

十二届二十七次常委会议 7月15日,市政协十二届二十七次常委会议召开。会议听取市政府关于上半年经济社会发展情况通报，围绕“加快推进城市‘副中心’黄桥小城市建设”与市政府开展专题协商。

十二届二十八次常委会议　9月28日，市政协十二届二十八次常委会议召开，听取市政府关于市政协十二届五次会议以来提案办理工作情况的通报，围绕全市突出载体建设、打造“双创”平台建设情况与市政府进行专题协商。

十二届二十九次常委会议　12月22日，市政协十二届二十九次常委会议召开。围绕“完善市乡医疗卫生体系”与市政府开展协商；听取讨论政府工作报告（征求意见稿）；讨论法院、检察院工作报告和财政预决算报告（征求意见稿）；讨论协商《政协常委会工作报告》和《提案工作报告》（讨论稿）；协商确定市十三届政协委员名单；表决通过召开政协十三届一次会议的决定（草案）、2016年度优秀委员、优秀提案、先进集体名单。协商通过政协机关内设机构调整，撤销市政协社会法制城乡建设委员会，设立市政协社会法制委员会（挂农业农村委员会牌子）和城乡建设委员会；将市政协港澳台侨委员会由单独设置调整为在经济科技委员会挂牌；将市政协学习文史委员会更名为学习文史联络委员会，将市政协办公室联络方面的职能学习文史联络委员会。

【主席会议】　3月1日，市政协十二届十五次主席会议召开，围绕全市工业企业安全生产工作与市政府开展专题协商。4月25日，市政协十二届十六次主席会议召开，围绕全市农村土地承包经营权确权登记颁证工作与市政府开展专题协商。6月14日，市政协十二届十七次主席会议召开，学习考察姜堰区社区体育规划建设情况，与市政府就全市社区体育设施规划建设工作开展专题协商。8月31日，市政协十二届十八次主席会议召开，围绕全市水利工程建设管理及城乡黑臭河道整治与市政府开展专题协商。10月17日，市政协十二届十九次主席会议召开，围绕食品安全监管工作与市政府开展专题协商。12月13日，市政协十二届二十次主席会议召开，围绕全市主城区社区基层组织建设情况与市政府开展专题协商。

【主席走访】　2月24日，市政协主席、副主席与部分政协常委、委员及市城建办、市规划局等分管负责人，走访住建局和民防局，专题了解城市绿化和人防工程建设情况。5月11日，市政协主席、副主席带领部分政协常委、委员集体走访视察虹桥工业园区及天星洲码头建设情况，为园区工业经济发展和沿江一体化发展建言献策。10月25日，市政协主席、副主席及部分政协委员、部门单位负责人走访政协委员企业江苏塑光汽车部件有限公司，了解企业生产经营情况、存在困难以及需要帮助解决问题。

【委员视察】　3月24日下午，市政协组织部分政协委员和部分乡镇、市级机关部门负责人视察农产品加工园区建设和发展情况，并就如何把园区建设得更好开展座谈协商。8月5日，市政协组织部分政协常委、委员专题视察行政审批制度改革工作，围绕“深化行政审批制度改革、加快组建行政审批局”开展协商座谈。11月14日，市政协组织部分政协委员视察泰兴市2014年后部分新开工亿元以上重大项目建设情况，并围绕视察情况进行座谈讨论。

【民主评议】　7月下旬至10月中旬，市政协组织民主评议小组，通过动员部署、座谈走访、问卷调查等多种形式，对市民政局社会养老事业发展工作开展民主评议。8月10日，召开民主评议动员会，明确民主评议内容、工作原则以及时间要求等。10月18日，召开民主评议总结大会，市政协主席丁亚要求以这次民主评议为契机，进一步增强服务意识，重视人才队伍建设，提高信息化水平，推动全市社会养老事业向更高水平发展。

【委员活动日】　2016年，市政协组织全体委员集中开展3次“委员活动日”活动。4月中、下旬，组织委员学习《市政协关于学习贯彻中共十八届五中全会精神的意见》、《市政协关于进一步加强和改进专题调研工作的意见》和《市政协社情民意信息工作考核奖励办法》，传达泰州政协文史资料《诗颂新泰州》征稿启事，收集反映社情民意信息。8月上旬，组织委员学习全省政协工作会议精神、市第十三次党代会精神，征集下一年度工作课题，开展“民情工作室”接待群众活动，收集反映社情民意信息。12月上旬，组织学习省第十三次党代会精神，听取各乡镇（街道）政协联络委员会和界别活动小组年度工作总结，组织委员交流年度履职情况。

【提案工作】　3月29日，全市政协委员提案、人大代表建议交办工作会召开，420件建议提案在会上正式转交给各承办单位。“关于科学配置道路绿化带植物，提升道路景观视觉效果的建议”“关于整合城区专业市场，提升市场发展层次的建议”“关于持续发力推进省级现代农业园区建设的建议”“关于建立长效机制，巩固卫生创建成果的建议”“关于稳定和发展乡村医生队伍的建议”5份提案被列为市政协重点提案，分别由市政府分管市长和市政协驻会主席联合进行督办。9月23日，市政协重点提案联合督办座谈会召开，政协委员对本年度提案办理情况表示满意。

【社情民意信息工作】 5月12日,市政协召开社情民意信息工作会议,表彰市政协2015年度社情民意信息工作先进个人,邀请省政协研究室副主任金建明进行业务辅导,并由分管副主席部署全年工作。2016年,共收集社情民意信息150多条,向市委、市政府报送26条,向泰州市政协整理报送65条、采用28条,被省政协采用1条,被全国政协信息局采用5条。

【历史文化研究】 2016年,市政协继续推进文史资料工作,《泰兴印记·泰兴古城》《泰兴印记·黄桥古镇》《泰兴印记·泰兴古村》《泰兴民俗文化》4册书定稿印刷,《泰兴历史文化》会刊编辑出版3期。为《诗颂新泰州》诗歌集征集作品150多篇,40余篇被采纳录用。

【中秋联谊】 9月12日,市政协举办2016年台侨胞眷属中秋联谊活动,市政协副主席顾爱军代表市政协向全市广大台胞侨胞眷属致以节日的祝福。会后,组织台胞侨胞眷属、外资企业代表参观黄桥镇裕泰和茶叶店、黄桥新城、祁巷村。

【政协联谊会】 2016年,市政协第四届联谊会按季度开展参观考察活动。12月9日,市政协联谊会四届二次会员会议召开,听取联谊会2016年工作报告和2017年工作安排,以及市政府关于2016年全市经济社会发展情况通报,并增补理事会副理事长。

(沈苏敏)

六月十九吃冷面

民间有个六月十九吃冷面的风俗。冷面,就是把煮熟的小刀面捞起后放进冷开水里面浸三两分钟,再捞出去水,拌上油盐佐料或以蛋皮、虾子、韭菜等制作的浇头,吃起来清凉爽口,别有风味,这个风俗是怎么来的呢?

相传很久很久以前,泰兴东北方有个罗塘镇(即今姜堰),镇上有个大财主,盘剥老百姓的鬼点子特别多,大秤进,小秤出,筛扬拣选,无所不及。五月里新麦一登场,他立即收租。佃农租谷一交,就所剩无几了。一进六月,锅上没粮,灶下没草,吃了上顿没下顿,日子十分难过,就不得不向大财主借粮。大财主六月放粮,黄豆场一过,借一还二,穷苦百姓哑巴吃黄连,有苦没处说。

为了对付大财主的盘剥,有一年,四乡百姓商量好,一天省一把,大家克勤克俭,相互帮助,齐心不向财主借粮。转眼五月到了,新麦进了仓,大财主就派家丁天天向麦子上洒水,等着农户来借粮。可是今年一直等到六月十四,还没有一个人来借粮。财主慌了,就派狗腿子窜到各村去观察动静,打听是怎么回事。狗腿子们一口气奔跑了三十六个村庄,只见家家烟囱冒烟,人们面带微笑,一点也看不出饥饿的样子。回来一说,财主摸着胡子嗨嗨笑道:“要不了五天,穷鬼们是要上门来的!”

一晃五天到了,这天正是六月十九,财主的夹心斗、哭丧秤都准备好了,等着老百姓来借粮。等啊,等啊,老半天也不见一个人影儿。这下老财主可慌了,忙叫家丁用车子推着他,打着阳伞,到乡村去看个究竟。谁知他走到哪里,哪里的老百姓不分男女老幼都捧着大碗,有的坐在大树下,有的坐在家门口,一边乘凉,一边吃冷面,其乐融融。老财主气得两眼直竖,加之天气热,令他直喘粗气,浑身上下被汗水浸得湿淋淋的。回到家打开仓门一看,完了,堆积如山的新麦被洒上的水一泡,全都发了霉,发了黑,涨得打了饼,有的还出了牙,老财主又气又急,竟两眼一翻,倒在地上不动了。

大财主家忙着开丧,十里八乡的老百姓无不欢呼雀跃,拍手称快。从那以后,每年六月十九,家家户户都吃冷面来纪念他们“罢借”的成功,渐渐形成风俗,一直流传到今天。

(吕耕樵　吕晓文)

民主党派·群众团体

■编辑　张留红

民主建国会泰兴市总支委员会

【概况】　2016年,民建泰兴市基层委员会发展新会员16人,其中本科学历13人、大专学历3人。新会员中有泰州市政协委员1人,泰兴市政协委员1人。

【参政议政】　年内,民建泰兴市基层委员会向市政协十二届五次会议提交提案27件。会员叶骏、陆伟分别作《关于解决我市停车难、停车乱问题的建议》《关于建设城市社会治安防控体系的建议》发言。全年向市政协提交社情民意42篇,4件社情民意被泰兴政协采用。会员积极响应"献计新泰兴,再创黄金期"活动精神,共献计献策28篇。基层委员会撰写《关于加快发展我市新能源光伏发电产业的建议》《关于做好我市化工企业安全生产工作的建议》和《关于加强我市工业特色小镇建设的建议》3篇专题报告报中共泰兴市委、市政府,为民生发展作参考。

【社会服务】　2016年,民建会员闻鸿建免费为市区敬老院修理家电,为市麻风村送去洗衣机、空调等。会员王兰邀请相关企业赴杭州、泰州等地考察学习,积极推进非公有制企业信息化进程。会员向盐城阜宁、射阳龙卷风灾区捐款2万多元。会员中的律师提供法律咨询和援助31次;医生章旭、殷俊、丁荣杰等人开展医疗咨询、专家义诊,启动党外知识分子联谊会"急救知识进校园"系列活动,在泰州师范附属实验小学举办关于心肺复苏、外伤救护等讲座,提高学生在校应急救护能力。章旭、殷俊被泰兴市卫生系统表彰为"2016年度最美卫计人"。张爱群积极捐资助学,被民建中央表彰为民建全国社会服务先进个人候选人。

【组织建设】　3月,基层委员会组织部分会员赴常州市武进区基层委员会进行工作交流,并共同签署《友好合作共建协议书》。创建会员QQ群、"民建泰兴市基层委员会微信群"及企业家联谊沙龙等,增进会员之间的联络沟通、学习探讨。9月29日,民建泰兴市第二届基层委员会会员大会在泰兴市政府政协四楼会议室召开。会议选举产生民建泰兴市第二届基层委员会,通过出席民建泰州市第五次代表大会代表名单。市政协副主席、市工商联主席薛晨光再次当选为民建泰兴市基层委员会主委,殷红兰、张国兴、殷俊当选为副主委。　(常杰平)

泰兴市工商业联合会

【概况】　年内,市工商联共有会员1798个,行业商会7家,异地泰兴商会4家,泰兴异地商会1家,乡镇(街道)园区商会16家,园区商会1家。

【上海市泰兴商会迎新年晚会】　1月3日,上海市泰兴商会在上海虹桥宾馆举行迎新年晚会暨泰兴招商项目推介会,市委书记孙耀灿、市人大主任戴仁泉、市政协主席丁亚、副市长刘俊、市政协副主席薛晨光及300名会员出席会议。迎新年晚会以说唱、舞蹈等表演形式展现家乡经济社会发展成果。会上开展慈善拍卖活动,拍卖款项62.6万元缴入上海市泰兴商会慈善基金,用于资助泰兴地区贫困学生。

【光彩事业】 1月16日,上海市泰兴商会代表与爱之家协会志愿者到泰兴市燕头小学慰问贫困学生,并发放慰问物资。6月26日,上海泰兴商会向会员发出募捐倡议,6月29日通过泰兴市红十字会向盐城龙卷风灾区捐款12万元。张桥镇商会为镇西村校外义务辅导站送去桌椅、书橱等教学设备,并送去慰问金1.5万元。7月1日,市工商联前往新街镇夏徐村慰问3名特困党员。重阳节,市工商联副主席吴忠华带领日用快消品行业商会会员一行10人到宣堡镇敬老院、市社会福利中心、慈济康复中心开展慰问活动,送去物资1.5万元。

【交流交往】 2016年,市工商联加强与经济发达地区工商联沟通,搭建会员企业对外互动交流平台。3月8日,吉林市委统战部常务副部长、工商联党组书记任庆士到泰兴学习考察,参观黄桥凤灵乐器集团。市工商联与吉林省舒兰市缔结成友好商会。3月15日,市工商联组织各乡镇(街道)商会会长、宣传统战委员41人,参观考察武进区新誉集团、武进区湖塘镇商会、江阴中南重工股份有限公司。6月15日,姜堰区委统战部副部长、工商联党组书记李建胜率队到泰兴交流,泰兴工商联介绍基层商会、行业商会、异地商会、青商会建设工作经验和做法。6月22日,淮安市工商联副主席徐震等一行6人到泰兴进行友好访问,泰兴工商联就"五好"工商联创建工作做汇报,并与淮安市清河区工商联缔结成友好商会。7月2日,市工商联组织13名企业家赴杭州华三通信技术有限公司学习考察。

【许仲梓调研民营制造业】 5月6日,省人大副主任、工商联主席许仲梓一行6人就民营制造业发展情况展开调研,了解民营制造业发展现状,深入分析制造业发展遇到的困难和问题,促进高端装备制造业良性发展,加快制造业转型升级。许仲梓考察民营制造业龙头企业泰隆集团,了解企业生产运营及技术研发情况,并就企业加快转型升级提出意见和建议。

【商会建设】 6月16日,泰兴市乡镇(街道、园区)商会换届观摩会在古溪镇召开,各乡镇(街道)统战委员、重点乡镇商会以及异地商会会长共35人观摩。截止2016年12月,全市16个乡镇(街道)商会中11个完成换届工作。7月8日,泰兴市婚庆行业商会在豪庭大酒店四楼召开成立大会,省婚庆行业协会副秘书长张新军、泰兴市副市长周桂香、市政协副主席、工商联主席薛晨光等市领导和130多名泰兴婚礼人参会,金保洲当选为会长;9月12日,泰兴市装饰装修行业商会在龙庭大酒店二楼召开二届一次会员大会,市委常委、统战部部长刘辉,市政协副主席、工商联主席薛晨光参加会议,丁爱平当选为会长;11月8日,泰兴市日用快消品行业商会在天水雅居大酒店17楼召开成立大会,副市长周桂香、市政协副主席薛晨光应邀出席,选举市浩润食品有限公司董事长陈龙为会长;12月4日,深圳市泰兴商会成立庆典在深圳南山区棕榈泉国际俱乐部财富大厅召开。

【深圳泰兴商会会长恳谈会】 12月17日,泰兴市在深圳市举行深圳市泰兴商会会长恳谈会。市委书记张育林与深圳泰兴商会代表20余人欢聚一堂,同叙乡情乡谊、共商发展大计。共青团广东省委副书记张志华、深圳市政府副秘书长吴优,深圳市泰兴商会会长刘庭福及泰兴市领导刘志明、刘荣华、刘辉、耿元进、钱军、薛晨光参加。

【十届五次执委会(扩大)会议】 3月16日,市工商联在市政府第四会议室召开十届五次执委(扩大)会议,全体执委以及各乡镇、街道商会宣传统战委员、行业商会、异地商会代表等80余人参加会议。副市长顾刚,市政协副主席、工商联主席薛晨光出席会议。会议传达学习习总书记3月4日参加全国政协十二届四次会议民建、工商联界委员联组会上的讲话精神,听取薛晨光作的工作报告。副主席吴忠华通报2016年会费收缴和使用情况,宣读表彰决定。

【《追梦》出版】 2016年,市工商联围绕民营企业家与中国梦编写系列人物专访,编印出版《追梦》一书,从爱国篇、诚信篇、敬业篇、创新篇、创业篇、贡献篇、爱心篇等7个方面采写近50名会员。 (张美玲)

泰兴市总工会

【概况】 2016年,泰兴市组建独立工会135家,工会联合会20家,覆盖小而散企业400多家,发展会员22500人,其中农民工会员21825人,超额完成年度递增任务。深化"模范职工之家"创建活动,开展会员评家、评工会干部等活动,90%以上的基层工会达到合格职工之家标准。工会帮扶服务等5项工作受到全国总工会、省总工会表彰,劳动保护片区服务站、工会信息等工作在省总工会会议上作经验介绍。全年收集、编报各类信息400余篇,被全国总工会、省总工会、泰州市总工会采用 200 多篇，省总工会网站信息用稿排名前列。全年征集调研文章 68 篇，评选表彰优秀调研文章 30 篇。2016 年度工会工作综合考核获泰州市一等奖。

【平台建设】 2016 年，市总工会微信平台“职工集结号”栏目新颖、内容丰富，及时推出职工喜闻乐见的内容，吸粉 2 万余人。市总工会门户网站全面改版，开设工会要闻、基层动态、宣教文体、生产保护、民管法工、组织建设、帮扶服务、财务经审、党务公开、问题解答等 11 个栏目。

【结对共建】 2016 年，市总工会开展“结对共建、联手强家”活动，共有 6 家“全国模范职工之家”、19 家“省模范职工之家”与 26 家企业结对共建，促使结对单位提前达到“六有”标准。

【职工权益维护】 2016 年，全省工资集体协商春季集中要约行动启动仪式在泰兴市举行，全市规模以上企业开展工资集体协商面达 100%，一线职工工资增幅 10%以上。176 家企业通过泰州工资集体协商“三星级企业”考核验收。在 14 个行业开展工资集体协商，续聘 9 名律师组成法律顾问团，吸纳 8 名工会法律援助志愿者参与职工维权工作。畅通 12351 维权热线、维权 QQ 和“职工集结号”微信平台，全年处理职工来信来访 116 人次、咨询 400 余人次，为农民工提供法律援助 22 人次，调处结案劳资纠纷 89 件。开展农民工工资追欠“百日维薪”法律援助专项行动，帮助 1358 名农民工领回 1106.69 万元欠薪。

【劳动保护】 2016 年，全市职代会规范化建设现场观摩会召开，全市各乡镇(街道)、系统直属单位的 40 名工会负责人，现场观摩江苏中丹集团精化公司职工会。至年底，全市百人以上企事业单位实行职代会制度面达 95%以上，工会代表常任制品牌效应向乡镇（街道)、园区、行业和规模以上企业延伸。是年，全市认真实施《江苏省企事业工会劳动保护工作规范》，320 多家基层工会达到劳动保护合格工会标准，6 个基层工会被评为“省劳动保护工作示范工会”。推进“1+3”安全监控体系，深化“安康杯”竞赛，覆盖企业 450 家。“网上安康课堂”和“安全隐患随手拍”活动受到省总工会表彰。开展夏季“安康三送”(送清凉、送安全、送法律)活动，慰问一线职工 1 万余人。

【劳动竞赛】 2016 年，泰兴市开展技术革新、技术攻关、发明创造、合理化建议等活动，直接参与和跟踪服务重点项目 10 个。全市规模以上企业劳动竞赛面达 96%，参赛职工 12 万余人次，市总工会组织举办 11 个工种职工技能大赛，174 名职工获奖晋级。表彰奖励职工优秀科技创新成果 9 项，优秀合理化建议 10 条，先进操作法 11 项，工人先锋号 12 个，优秀班组长 15 名，金牌工人 20 名。创建省、市级劳模创新工作室 8 家，“何健忠劳模创新工作室”获评“江苏省示范劳模创新工作室”。

【职工素质工程】 2016 年，市总工会深化“两争一树”、“职工读书月”等活动，制定下发《职工素质工程五年规划(2016—2020)》，深化“两争一树”创建活动，发挥职工之家、职工书屋作用，引导职工岗位创新、自学成才。市总评选表彰“学习型班组”27 个，“文明职工”32 名，10 个班组和职工被泰州市总表彰为学习型班组和文明职工。不断放大“职工文化大舞台”品牌效应，全年送节目下基层 14 次，参与职工 2 万余人，引导广大职工参加企业文化、职工文化建设，创造更多积极向上、喜闻乐见的精神文化产品，16 个基层单位被泰州市总工会表彰为“三个文化建设”示范单位，供电公司职工书屋被省总工会命名为“职工书屋示范点”。

【职工帮扶】 2016 年，市总工会探索建立“互联网 + 工会”模式，通过“微心愿、微发布、微志愿、微服务”活动，建立社会化工会工作者和职工志愿者队伍。全市职工服务中心、18 个乡镇(街道)、园区帮扶服务站和 200 余家规模以上企业帮扶服务点正常运行；40 个“安康驿站”升级为“爱心驿站”，被省总工会表彰为“爱心驿站”建设示范单位，在 8 个女职工较多的企业创建“爱心妈咪屋”。组建 20 个“职工志愿者服务队”，年服务职工 5000 人次以上。举办“相约七夕、邂逅幸福”联谊会，130 多名青年职工参加。深化两节“送温暖”、“金秋助学”、结对帮扶、阳光就业、大病救助等帮扶服务活动，审核发放第十八批特困职工证 89 户，资助困难学子 68 名，救助大病困难职工 76 人，两节慰问困难职工 2000余户，发放慰问金 100 余万元。

（丁正骥　耿国先）

共青团泰兴市委员会

【概况】 2016 年，全市基层团组织 1123 个，其中新增团组织 22 个；团员 30320 人，其中新增团员 1427 人；专职团干部 144 人，其中新增 6 人；兼职团干部 512 人，其中新增 24 人。

【电商展销节】 1 月 1 日，团市委、济川街道在鼓楼广场举办泰兴市首届电商展销节，全市 56 家青年电商携

400多种产品参展,涵盖特色农产品、食品、服装、绿植、教育培训等门类,共吸引客流6000余人次。电信、农业银行、邮政快递、碧云电商广场等多家单位为青年创客提供通讯、金融、物流、平台等服务支持。

【暖冬行动】 1月22日,团市委组织10余名青年志愿者到姚王镇"青少年之家"开展"青春走基层,暖冬在行动"志愿服务活动,与姚王小学10余名贫困生互动交流,并送上保温杯、围巾、手套、护眼灯等物品。2月19日,组织20余名青年志愿者走进张桥镇镇西村"青少年之家",与30余名留守儿童开展"大手牵小手,快乐闹元宵"做花灯、猜灯谜活动,并送去文具、书本等学习用品。

团市委为10名贫困学生送去生活和学习用品

(张宏伟)

【返乡大学生座谈会】 1月27日,团市委举办2016年寒假返乡大学生座谈会,30余名来自南京大学、东南大学、复旦大学、江南大学、江苏师范大学的泰兴籍大学生代表和创业青年代表参会。会上,组织大家观看《风华泰兴》城市宣传片,并介绍泰兴市就业形势、人才引进及大学生就业创业政策。

【共青团泰兴市十六届五次全委(扩大)会议】 3月17日,共青团泰兴市十六届五次全委(扩大)会议召开,来自基层各战线的70余名团干部参加会议,市委常委、组织部长钱娟出席会议并讲话。团市委书记刘阳作工作报告,回顾总结2015年工作,研究部署2016年工作任务。会议表彰2015年度共青团工作先进集体和先进个人。

【"六个一"团建项目现场观摩会】 3月24日,团市委、市教育局召开学校共青团、少先队会议暨中学中职"六个一"团建项目现场观摩会,总结经验,布置2016年学校共青团工作。全市各中小学团组织和少先队负责人60余人现场观摩实验初中一课、一月、一员、一室、一角、一档案"六个一"团建项目成果。

【"十佳青年创业明星"评选】 3月,团市委启动泰兴市首届"十佳青年创业明星"评选活动,170余位青年创业者报名参与。经过资格审核、初评、微信投票、现场答辩等环节,评选出泰兴市"十佳青年创业明星"及提名奖共计20人。5月3日,团市委、市人社局、城东高新区在市体育馆举办泰兴市首届"十佳青年创业明星"颁奖典礼暨众创环境发布会,市委常委、常务副市长刘荣华,市委常委、组织部长钱娟,副市长包国芳,创业型城市领导小组成员单位负责人出席并为"创业明星"颁奖,800余名青年代表、大学生村官以及乡镇(系统)团干部观摩颁奖典礼。

【青年教师演讲比赛】 4月,团市委、市教育系统团工委举办泰兴市首届"五四杯"青年教师演讲比赛,近120名青年教师报名参加。选手们以"成长经历和工作感悟"为主要内容,紧紧围绕"让青春在三尺讲台闪光"主题,用成长故事诠释教育情怀、师德情操、奉献精神,最终评出一等奖6名、二等奖12名、三等奖20名。

【青年电商培训班】 6月6日,团市委举办泰兴市第二期青年电商培训班,80多名电商青年参加。邀请淘宝大学讲师楚红人以及中国电商协会网商服务委员会副会长单峰授课,围绕电商能力提升设置传统企业电商转型、淘宝店铺运营策略、案例分析等专题课程。

【创业故事分享会】 6月7日,团市委在泰兴供销职业技术学校举办"奋斗的青春最美丽"创业故事分享会,泰兴市新业电子有限公司总经理朱剑,宝妈的花店负责人,市"十佳青年创业明星"毛晶、杨睿,泰州市九月文化有限公司总经理,与200余名应届毕业生分享创业故事,并向学子们提供19个实践岗位。

【"品味端午民俗、共庆欢乐六一"主题活动】 6月3日,团市委、黄桥镇团委在黄桥镇东街小学开展"品味端午民俗、共庆欢乐六一"主题活动,团市委党员义工、古镇微公益志愿者与20多名留守儿童一起包粽子、聆听端午节故事、朗诵端午诗歌。

【"红色寻访"活动】 7月1日,团市委、市少工委开展"学党史、感党恩、跟党走"——百名青少年寻访家乡红色足迹活动,组织全市100余名青少年重温红色记忆,寻访红色之旅,参观新四军黄桥战役纪念馆、中共江浙区独立支部纪念馆。

【学校团队干部培训班】 7月2日,团市委、市教育局举办2016年学校团队干部培训班,全市各中小学100

余名团委书记、少先队辅导员参加培训，内容包括团队基础业务知识、共青团活动设计、青少年社会公益项目、党团知识测试、交流发言、户外拓展等。

【暑期见习】 7月11日，团市委在市行政服务中心六楼会议室举办2016年高校泰兴籍在校学生暑期见习欢迎会，40余名学生来自"985""211"重点高校以及市国土局、残联、黄桥镇等15家见习单位的代表参加。见习为期一个月，见习生完成一篇调研文章、一篇见习报告，为泰兴发展献一策。

【"泰兴青年说"活动】 7月，团市委启动"泰兴青年说"活动，围绕青年关心话题、"关键词"头脑风暴，对热点辩题展开讨论。活动举办两期，机关部门青年公务员、党政青年人才50余人参加。

【青年创业游学寻访营】 2016年，团市委启动"青年创业启航工程"，开展青年创业游学寻访营活动。4月7日，首期组织创业青年代表、社会组织负责人、基层团组织书记、党政青年人才代表10余人赴江阴参观江阴市青创联合会及传澄袜业、海特服饰、三牛众创空间、极地营企业管理、辛德里拉山泉水公司等。8月3日，第二期组织20余人赴常州参观嘉壹度众创空间、创意产业基地、H5次方公益空间、爱尔威智能科技有限公司、张太雷纪念馆等。

【青年创业者协会】 2016年6月，青年创业者协会登记注册，吸纳自主创业青年143人，平均年龄32岁，创业项目涵盖农业、工业、服务业、高新技术行业等领域，通过自愿申报、组织审核、自主竞选等环节，产生泰兴市青创会第一届理事会的会长、副会长、秘书长和理事。开展创业政策大篷车、创业项目连连看、创业故事分享会、创业导师面对面、创业航海见习生、创业游学寻访营等活动，指导全市青年创新创业。

【农商行助学金】 8月31日，团市委举办希望工程圆梦行动"农商银行"助学金受助学生欢送会暨创新创业分享会，现场向60名贫困大一新生发放助学金21万余元。

【青年电商创业比赛】 10月，团市委、市科协、市供销社、济川街道办举办泰兴市青年电商创业比赛，20余家单位参加。参赛项目涉及高效农业、工业制造、商业贸易、文化创意以及软件和服务外包等10多个产业，通过资格审核、初赛、决赛，最终评选出10个优秀创业项目，给予优先入驻济川街道创业孵化基地以及创业金融扶持。

【建队日活动】 10月13日，团市委、市教育局、市少工委在泰兴师范附属小学联合举办庆祝建队67周年少先队特色文化展示暨少先队辅导员说课比赛。30余名少先队辅导员代表参观学校儿童诚信教育基地、观摩入队仪式、参加说课比赛。

【团干部培训班】 10月13～14日，团市委在市委党校举办团干部培训班，全市各乡镇、系统、学校近100名团干部参加。培训内容包括泰兴市第十三次党代会精神解读、团务基础知识、青年论坛、参观市廉政文化教育基地、户外拓展等。

【新浦助学金发放仪式】 11月18日，团市委举行2016年度新浦助学金发放仪式，150名中学贫困生受到资助，现场发放30万元。省侨联副主席镇翔、泰州市侨联主席顾永伯，泰兴市委常委、组织部部长鞠林红出席。

11月18日，新浦助学金发放仪式 （燕丽娟）

【共青团泰兴市第十七次代表大会】 12月21～23日，共青团泰兴市第十七次代表大会召开，市四套班子负责人、泰州团市委负责人以及278名正式代表参加。市委书记张育林对新时期泰兴共青团事业发展和广大团员青年成长进步提出要求，少先队员向大会献词，市妇联主席黄建云代表群众团体致贺词，李卉代表共青团泰兴市第十六届委员会作工作报告。李卉当选为共青团泰兴市委员会书记，蒋宇、陈琛当选为副书记。

（吴 婷）

泰兴市妇女联合会

【概况】 2016年，全市有15个乡镇妇联、1个街道妇联,319个村级(含涉农社区)妇联,26个城区社区妇联;市直属系统妇委会27个。11月2日在济川街道鼓楼社区召开村(社区)妇代会改建妇联工作现场会,截至2016年底,全市255个村居(社区)成功改建成妇联,改建率达72.8%。抓住村级组织换届契机,推动女性进村(社区)"两委"各项指标任务完成。建立微信群、公众号等平台,畅通信息渠道。全年办结信访289件302人次,调处家暴案件10余件,举办"反对家庭暴力、营造和谐家庭"专场法律咨询服务活动,全市13个家长学校被命名为泰州市优秀村、社区家长学校,市妇联被表彰为"泰州市平安家庭创建先进集体"。

【巾帼建功】 2016年,市妇联开展巾帼文明岗创岗升级竞赛和星级评定活动,在全市职业女性中开展"建功十三五,巾帼作贡献"职场能手风采展示活动。新街镇月琴家庭农场等5家单位创成省级巾帼农业科技示范基地。

【创业创新大赛】 2016年,市妇联面向全市征集"互联网+"巾帼创业创新大赛项目,经过专家评审,37个项目中10个被推荐参加泰州评审,泰兴鹏源养殖、永兴生态牧业分获农业类项目一等奖和二等奖,济川街道角梦商务信息有限公司获电商类一等奖,根思乡"小康路上 姐妹同行"创业行动获3万元扶持资金。

【妇女就业培训】 2016年,市妇联举办首届"互联网+"巾帼电子商务培训班,54名妇女获结业证书;在奥体家政"好苏嫂"门店正常开展月嫂家政服务培训班;举办妇女农业职业技能培训,76名种植大户、农民专业合作组织骨干成员参加。

【优秀创业女性评选】 2016年,市妇联开展评选并表彰优秀创业女性12名,获奖的优秀女性结合自身经历,自编自演歌伴舞、戏曲串烧、小品等精彩节目,编印、发放"美丽女人·精彩由你"宣传册1000余份,引领全市妇女投身"大众创业、万众创新"热潮。

【"最美家庭"评选】 2016年,市妇联开展2016年度"美德善行·吉祥人家"之最美家庭寻访活动,共收到家庭事迹材料72份,7户获评泰州市级"最美家庭"、20户获评"五好文明家庭"。根思乡周圣银家庭获全国"最美家庭"称号,黄桥镇赵明生家庭获全国"五好文明家庭"称号,张定家庭获全国"书香家庭"称号。

【家庭文化建设】 2016年,泰兴市开展"扬家风家规家训传承,展向上向善向廉风采"主题活动,开展晒家规家训、讲家风故事、展家庭文化系列活动。组织家风家训演讲比赛中的优秀选手到乡镇、社区、机关宣讲。举办"魅力女性"评选活动,338人参加,46名选手进入决赛,展现善良、勤俭、博雅的魅力女性形象。开展"我爱我家·同悦书香"亲子阅读活动,宣传"阅读小达人""阅读之星""书香家庭"等先进典型。市妇联被表彰为泰州市全民阅读活动先进集体,虹桥镇妇联被表彰为泰州市优秀社会阅读组织。虹桥、宣堡等4个乡镇及城乡中小学开展"科学家教进万家—儿童心理健康教育大型公益巡讲"活动。

【妇女儿童权益维护】 2016年,市妇联开展"十二五"妇女儿童发展规划终期监测评估工作,Namaste卓越父母志愿队、张桥镇留守儿童博爱驿站申报为2016年度省妇女儿童公益社工服务一类和三类项目,上争资金11万元。7月,市妇联、司法局、泰兴律协分会联合举办律师志愿者与"妇女儿童之家"暨"法律服务进万家"结对共建启动仪式。遴选15名律师与7个乡镇15个村的"妇女儿童之家"结对,签订"结对共建协议书",设置律师信箱。

【帮贫扶困】 2016年,市妇联推进护蕾培训、滚动帮扶、寻访"最美春蕾"等活动。分界镇、虹桥镇、根思乡妇联通过爱德基金会e万行动农村孤儿助养项目申报、考察和资助。"让爱住我家——呵护成长'罐'爱"项目,501个爱心家庭、38个爱心单位认领爱心储蓄罐。浙江商会胡月珍女士资助18名儿童5.7万元学费、生活费。携手华山医院"六一"慰问10名贫困儿童;携手新浦化工成立关爱"两癌"母亲基金,对10名"两癌"贫困母亲结对捐助;6名"两癌"母亲获得全国妇联专项救助。

(蒋宏娟)

泰兴市科学技术协会

【概况】 2016年,市科协在全市公共场所安放科普阅览屏130多台,在"智慧泰兴"APP、微信公众平台推送科普信息800余条,全新改版市科协网站,发送科普短信100余次,初步形成"科普阅览屏""科普微信""科普网站""科普短信"等"四位一体"的新媒体科普宣传格局。组建85名科技工作者的科普讲师团,举办科普讲座482场次,受众10万人次,市科普讲师团被表彰为"2014—2015年度省先进科普讲师团二等奖"。编印《泰兴文化·科普文艺作品集》3000余册,编排科普文艺节目巡演40多场,开展科普大篷车进校园活动,专题培训学校科技辅导员100多名。济川街道府前社区、鼓楼社区成功创建成江苏省科普示范社区。市科协被中国科协等9部门联合表彰为“十二五”期间全民科学素质工作先进集体，泰兴市成功创建成“2016—2020年全国科普示范市”。中国工程院院士夏照帆在市人民医院建立夏照帆院士工作站，中国工程院院士、南京林业大学校长曹福亮在农产品加工园区建立院士工作站。

【产学研合作】 2016年，全市4家企业与省级学会签订合作协议，成功建立4家省级科技服务站，博世威科技公司与南京林业大学理学院合作建立产学研合作基地，泰兴高新产业开发区被命名为中国产学研合作创新示范基地，江苏泰隆减速机股份有限公司被中国产学研合作促进会表彰为“2016年产学研合作创新奖”。

【科技服务活动】 2016年，市科协邀请南京理工大学吴欣教授赴航联电连接器有限公司举行“TRIZ技术创新方法”专题培训班，为提升企业科技创新能力与发展能力提供新思路和方法。促成真格天使基金创始人、新东方文化发展研究院院长徐小平回家乡为泰中学子作励志报告，捐赠100万元成立“徐小平科学创新奖”。举办2016“企业科技信息服务项目”培训会，开展“大众创业、万众创新”主题“讲、比”竞赛、“金桥工程”等活动，向上级推送“讲、比”竞赛项目10个，“金桥工程”项目11个，4000多名科技工作者参加。

【科普惠农活动】 2016年，市科协举办农技协领办人培训班，组织农技专家分赴各项目现场，通过发放科普资料、举办实用技术培训、现场技术指导等形式，为群众开展科技服务活动。泰兴市元龙园蔬菜专业合作社科普惠农服务站创建成省科普惠农服务站，泰兴市双联植保农机专业合作社、姚王镇桑木村成功创建泰州市科普惠农服务站。

【科普宣传】 2016年，市科协出台《泰兴全民科学素质行动计划纲要实施方案（2016—2020）》，科学规划“十三五”全民科学素质工作。制定下发《泰兴市2016年全民科学素质工作要点》，表彰奖励全民科学素质工作先进集体15个、先进个人43名、科普志愿者42名。全年开展科普讲座150余场次，科技咨询、科技培训250期（次），印发科普资料6万份，电话或现场解决科技难题460余条。承办全省民防科普知识进社区活动，精心举办科普宣传周和全国科普日活动。市科协被省科协表彰为2016年全国科普日优秀组织单位。

（陈　峰）

泰兴市文学艺术界联合会

【概况】 2016年，市文联举办各类文艺培训、座谈、笔会、采风、比赛等近20次，参加者达1000多人次。文艺作品获全国性奖项近20项，地级市以上奖项50多个；在国家级杂志发表作品近20篇（首），地级市以上杂志发表作品近100篇（首），出版发行《银杏风》文学丛书。组织骨干会员参加“中国梦·泰州美”泰州市首届群众文化艺术节群众文艺大创作活动，报送原创音乐作品12首，其中歌曲《望江南》《故乡吉祥》《做你的孩子真好》等被选为优秀展演作品，《望江南》发表于国家级《歌曲》杂志；组织骨干会员参加“第三届祥泰之州书法美术摄影展”“项目大突破、城建新提升”主题摄影大赛，报送作品80余件，12幅作品获作品奖、提名奖和入展奖；选派骨干作者参加国家、省、市各类大型创作采风、培训活动30人次。黄桥历史文化研究会编辑出版4期《黄钟》文学刊物和2期《黄桥历史文化研究》；民间文化研究会编辑出版4期《龙河》文学刊物；诗词楹联协会出版4期《泰兴诗苑》；写作协会出版3期《泰兴文学》。

【原创作品新年音乐会】 1月10日，“梦想·跨越2016泰兴原创作品新年音乐会”在东进影剧院举办，本届音乐会体现原创，注重形式创新和队伍锻炼，增加本地歌手上台演绎作品分量，邀请全国、全省有较大影响的歌唱家、歌手加盟。市委常委孙群，市政府副市长周桂香、刘辉，市政协副主席薛曙光等四套班子领导与各界群众一起观看演出。

【泰兴宜兴书法联展】 1月5日，泰兴、宜兴两地市委宣传部、文广新局、文联联合举办“兴兴”相印泰兴宜兴书法作品联展在市文化馆开幕。副市长周桂香，市政协副主席高寿林，原市委副书记、政协主席张泽民出席。联展展出两地41位老中青书法家近期创作的精品力作62件。

【银杏风文学丛书首发式暨作品研讨会】 3月17日，“银杏风文学丛书”首发式暨作品研讨会在泰兴市举办。首发式由市文联主席林林主持，市人大常委会副主任王中先到会祝贺，副市长周桂香致辞。丛书是市文联推介本土文学作者、体现泰兴文学创作水准的文艺品牌工程，收入泰兴籍12名骨干作者的作品，涵盖小说、诗歌、散文、歌词等。首发式后的研讨会邀请著名评论家黄毓璜，江苏省文艺评论家协会副主席温潘亚、泰州市作协主席庞余亮与丛书的12位作者交流研讨。

【诗词楹联大赛】 3月～6月,为纪念孙中山先生诞辰150周年和毛泽东、周恩来、朱德三位老一代革命家逝世40周年,“缅怀伟人,继承传统”诗词楹联大赛由市委宣传部、市教育局、市文联联合主办,泰兴市诗词楹联协会承办。参赛作品达218件,共评出一等奖3名、二等奖8名、三等奖14名、优秀奖18名,获奖作品在《泰兴诗苑》专刊发表。

【著名诗人流沙河泰兴寻根】 5月,著名诗人流沙河本名余勋坦,到泰兴寻根。他出生于四川成都,所编诗选《台湾诗人十二家》引起轰动,成为将台湾诗介绍至大陆的第一人。泰兴“余家湾”,即现在的商井居委会,为流沙河的祖籍地,“大圣村”即如今的大生村,是其九世祖迁川之前的居住地。10年前,老人凭着童年对祠堂里石碑上碑文的记忆,写信求助泰州一诗歌爱好者,希望能找到自己的故土。10年后,在泰兴热心人张定的帮助下,确定泰兴就是祖居地。85岁的流沙河到泰兴,在市文联主席林林和张定等人的陪同下,找到令他魂牵梦萦的根。

【幸平书法展】 2016年6月26日～7月6日,由中共泰兴市委宣传部、江苏省泰兴经济开发区、泰兴市文联主办,杭州觉社艺术馆、泰兴市书法家协会承办“心平气和”——幸平书法展,在杭州南宋御街觉社艺术馆展出。幸平系中国书法家协会会员、泰兴市书法家协会主席,从事书法研习和创作数十年,曾进修中书协培训中心高研班和刘洪彪草书研修班,书法作品和论文分别入选第四届全国书坛新人展、中书协培训中心教学成果展、第九届全国书法篆刻展,并散见于《书法》杂志、《书法报》和《书法导报》。本次展览作品以书法小品和斗方居多,共42幅,体裁涉及行书、草书、楷书、隶书、篆书五种书体。著名书法家王冬龄为展览亲自题写展题,两届曹禺戏剧文学奖获得者刘春鹏先生撰写展序。

【组织江苏省少儿才艺大赛泰兴赛区比赛】 由江苏省少工委(中国少年先锋队江苏省工作委员会)、江苏省妇联、江苏广电总台、江苏省音乐家、舞蹈家、书法家、美术家协会、江苏省朗诵协会8家单位共同主办,江苏广电总台教育频道、凤凰网江苏站联合承办的第二届“未来之星”江苏省少儿才艺大赛于2015年11月至2016年7月举行。泰兴市文联承办泰兴赛区初赛和复赛,70名少儿晋级泰州赛区决赛,16名选手在泰州赛区决赛中获奖,其中,一等奖1名,二等奖4名,三等奖11名,获奖选手7月底登上江苏广电总台演播大厅的舞台。

【王文焗作品展】 10月27日,由泰兴市委宣传部、泰兴市文联联合主办的“王文焗书法、中国画、根艺、盆景作品展”在市文化艺术中心六楼举行。王文焗先生年届古稀,多年自学成才,其书画、根艺作品多次入选省级和国家级展会并获奖,创作的多幅年画作品由江苏美术出版社出版并全国发行,国画四条屏《碧波锦鳞》入选“全国第六届年画大展”。8月,由北京工艺美术出版社出版的《王文焗根艺》在全国发行,这是泰兴市首部根雕个人作品集。本次展览为书法、中国画、根艺、盆景四艺同台,是泰兴艺术展览史上一次类别丰富、颇有新意的艺术展览。

【文艺志愿服务】 2016年,文联及下属协会共组织文艺志愿服务、文艺惠民演出100多场,参与活动的会员300多名。2月,组织书协骨干开展“送春联下乡”活动10多场。4月-8月,牵手祁巷村与黄桥在线组织实施并全程参与首届“泰隆杯”小南湖牡丹花海摄影大赛,助阵宣堡桃花节、黄桥牡丹节、广陵红枫(荷花)节、虹桥美食节,为节日主题摄影并进行作品评选。10月,举办重阳节敬老活动,评选、表彰泰兴市首届幸福老人。12月,为“国际助残日”捐赠书法、美术作品,为贫困姐弟组织书画义卖活动。“2016江苏省公益慰问演出社区行”项目在全市演出30场。全年开设诗词讲座36次,受众超过1500人。开设市民摄影知识公益讲堂40多场,受众近2000人次。 (张　浙)

2016年全市文艺创作主要成果统计表

表1

主创人员或单位	类别	作品名称	出版、发表、获奖、入展情况
周新天	纪实文学	《文心涅槃》	入选江苏省作协“雨花忠魂”文学出版项目。
周新天	童话	《冰雕王子》	入选江苏省作协首批“托起梦想的翅膀”儿童文学创作工程
余宁台	摄影	《角斗》	获“国际摄影协会(IPA)第六届国际摄影艺术展”银奖;入围第22届江苏省摄影艺术展览

续表 1

主创人员或单位	类别	作品名称	出版、发表、获奖、入展情况
余宁台	摄影	《南极冰山》	获“第 18 届全国艺术摄影大赛颁奖盛典”银奖
石启荣词,杨武麟曲	歌曲	《走过石牌坊》	获由中国音乐家协会、安徽省委宣传部、安徽省文联联合主办的“美好安徽”全国歌曲征集铜奖
余宁台	摄影	《阿婆》《制陶》《晨曦》《水乡一角》	获“国际摄影协会(IPA)第六届国际摄影艺术展优秀奖
杨　然	摄影	《塑》《我的最爱》	入围 2016 年第八届 PSAChina 国际摄影大赛
黄国建	摄影	《茄树》《建美丽姜山,迎菜博宾朋》	入展“德润绿城杯”第十七届中国(寿光)国际蔬菜科技博览会全国摄影大展
钱红旗	诗词	《钱红旗诗词选(十首)》	入围西泠印社诗书画印大展
石启荣词,尚青曲	歌曲	《情定月光岛》	获浙江省音乐家协会、杭州市人民政府举办的“唱响千岛湖”原创歌曲全国征集歌曲二等奖,歌词三等奖
张海词,王强曲	歌曲	《千岛星棋》	获浙江省音乐家协会、杭州市人民政府举办的“唱响千岛湖”原创歌曲全国征集歌曲三等奖,歌词优秀奖
张　海	歌词	《吴韵汉风锦绣图》	获江苏省文化厅“歌唱江苏,传播精彩”歌词作品征集优秀奖
马张留	小小说	《请客》	获中华全国法治新闻协会、《小说选刊》杂志社、《啄木鸟》杂志社联合主办的首届中国潇湘法治微小说征文优秀奖
何雨生	短篇小说	《化工厂三强》	获“顺德青橙杯”中国工业文学奖三等奖;发表于《翠苑》双月刊 2016 年 4 期
伏如林词,姚绍宏曲	歌曲	《追梦少年》	获泰州市委宣传部“五一工程”奖
蒋康政	诗歌	《那朵小小的羞愧》	获中国诗歌网主办的 2016 年“中国诗歌论坛”第一期诗歌大赛三等奖
石启荣词,谢文婷曲	歌曲	《海门谣》	获江苏省音乐家协会、海门市音乐家协会举办的海门“城市形象歌曲”征集二等奖
严荣德	诗歌	《台城游·南京明城墙》	获江苏省诗词协会举办的南京城墙全球华语诗词创作大赛优秀奖
陈苏扬	歌词	《周庄夜雨》	入围江苏省音乐文学学会、昆山市文联、昆山市音乐家协会举办的“夜周庄梦水乡”全国征歌活动
刘明生	歌词	《双桥月》	入围江苏省音乐文学学会、昆山市文联、昆山市音乐家协会举办的“夜周庄梦水乡”全国征歌活动
石启荣	歌词	《周庄小夜曲》	入围江苏省音乐文学学会、昆山市文联、昆山市音乐家协会举办的“夜周庄梦水乡”全国征歌活动
伏如林词,徐湘曲	歌曲	《情系黄鹤楼》	获武汉市文联举办的黄鹤楼征歌铜奖
石英华	诗词	《满庭芳·荷》	获新华社《新华诗叶》、《诗刊》子曰诗社、《诗潮》杂志社联合主办的首届“湘天华杯”全球华人诗词大赛优秀奖
张海词,珊卡曲	歌曲	《走进畲乡》	入围浙江省音乐家协会主办的“最美畲歌”征集10 首
伏如林	歌词	《一江春水唱新歌》	获浙江省音乐家协会主办的“五水共治”征歌作词奖

续表 1

主创人员或单位	类别	作品名称	出版、发表、获奖、入展情况
张海	歌词	《悄悄告别这座城市》《清晨，洒水车从街头驶过》	入围山西省委宣传部、总工会、音乐家协会联合主办的首届“工人好歌曲”原创歌曲大赛歌词征集全国 40 首
伏如林	歌词	《中国工人之歌》	入围山西省委宣传部、总工会、音乐家协会联合主办的首届“工人好歌曲”原创歌曲大赛歌词征集全国 40 首
石启荣	歌词	《星星与花朵》	获上海市文联、音乐家协会主办的上海市民文化节“唱响心中的歌”歌词征集优秀奖
周新天	短篇小说	《鲜桃》	获第二届泰州市“稻河文学奖”
张海词，珊卡曲	歌曲	《望江南》	获泰州市群众文艺大创作优秀作品奖
伏如林	歌词	《轻轻说声我爱你》	入围江苏省音乐家协会、海门市音乐家协会主办的“城市形象歌曲”歌词征集
季开楠	摄影	《雪中花》	获泰州市建市 20 周年暨第三届“祥泰之州”美术书法展、摄影赛摄影提名奖
黄国建	摄影	《产业集聚》	获泰州市“项目大突破、城建新提升”主题摄影展赛入展奖
王志平	摄影	《城市美容师》《工场剪影》	获泰州市“项目大突破、城建新提升”主题摄影展赛入展奖、提名奖
石启荣词，陶思耀曲	歌曲	《追梦的翅膀》	获泰州市全运会会歌征集入围奖
伏如林	歌词	《好个熙和湾》	获广东省熙和湾征歌优秀作词奖
刘明生	歌词	《大爱流芳》	获“浦东志愿者之歌”征集入围奖
刘明生词，薛凯文曲	歌曲	《心儿丢在越西》	获“文昌故里水韵越西”全国征歌优秀作品奖
刘明生	歌词	《千座琴台》	获“唱响千岛湖”原创歌曲全国征集歌词优秀奖
石启荣词，栾仁杰曲	歌曲	《家风和畅》	获重庆永川“和美家风”主题歌曲征集优秀奖
王节	诗歌	《为了心中一抹蓝》	获“中国梦·劳动美”第七届“银鹰杯”全国职工诗歌大赛优秀奖
马张留	散文	《一瞬永恒》	获“难忘的瞬间”纪念建党 95 周年主题征文优秀奖
李培新	摄影	《西部情怀》系列	发表于《大众摄影》杂志 2016 年第 4 期
马张留	散文	《看不见的城市》	发表于《中国散文家》2016 年第 1 期；《华夏散文》2016 第第 2 期；《北方作家》2016 第 1 期
马张留	散文	《倾听》	发表于《中国散文家》2016 年第 3 期
马张留	散文	《看不见的城市》	发表于《华夏散文》2016 第第 2 期；《北方作家》2016 第 1 期
周新天	短篇小说	《香椿树臭椿树》	发表于《雨花》2016 年第 3 期
周新天	纪实文学	《密审与杀戮》	发表于《雨花》2016 年 9 期
何雨生	短篇小说	《桃花煞》《一指禅》《飞车走壁》	发表于《佛山文艺》2016 年第 2 期、第 5 期、第 9 期
何雨生	短篇小说	《过龙兵》《驾土遁》	发表于《短篇小说》2016 年第 2 期、第 10 期

续表 1

主创人员或单位	类别	作品名称	出版、发表、获奖、入展情况
黄金梅	短篇小说	《安全帽里的巧克力》	发表于《短篇小说》2016 年第 3 期
黄金梅	短篇小说	《祈福》	发表于《北方作家》2016 年第 2 期
周新天	短篇小说	《刺槐坡》	发表于《芳草·潮》双月刊 2016 年第 2 期
马张留	诗歌	《冬天》	发表于《意林》2016 年第 2 期
蒋康政	诗歌	《倾斜》	发表于《绿风》诗刊 2016 年 6 期
马张留	散文	《卑微的天堂》	发表于《骏马》2016 年 4 期
马张留	散文	《盛世兴古玩,刻铜溢清芬》	发表于《艺术中国》2016 年第 9 期
钱红旗	诗词	《钱红旗诗选(六首)》	发表于《诗刊》增刊《子曰》2016 年第 1 期
钱红旗	诗词	《木缘堂诗词抄(八首)》	发表于《扬子江诗刊》2016 年第 5 期
严荣德	诗词	《七律·猴年咏猴》《歌行·两岸情歌》《满庭芳·不夜凤城河》《鹧鸪天·欢呼长征七号发射成功》《调笑令二首·"仲裁"与"萨德"》《行香子·贺省诗词协会成立 30 周年》	发表于《江海诗词》2016 年第 1 期、第 2 期、第 3 期、第 4 期
赵天林	诗词	《鹧鸪天·人生思考》《水调歌头·游望海楼》《七律·党旗颂》《七律·赞 20 国杭州峰会》	发表于《江海诗词》2016 年第 2 期、第 3 期、第 4 期
缪旭东	楹联	《纪念中国国共产党建党 95 周年》《同题颂荷花》	发表于《江海诗词》2016 年第 2 期、第 3 期
陈少良	诗词	《七律·游陈庵孔尚任旧居》	发表于《江海诗词》2016 年第 2 期
张琴珍	诗词	《七律·登望海楼感赋》	发表于《江海诗词》2016 年第 2 期
蒋康政	诗歌	《雨季,雨季》	发表于 2016 年 10 月 28 日《华语诗刊》
蒋康政	诗歌	《引江河之恋》	入选诗集《大美引江》(河海大学出版社)
石启荣	歌词	《阳光超市》《周庄小夜曲》《情定太阳岛》	发表于《词刊》2016 年第 1 期、第 4 期、第 8 期
刘明生	歌词	《双桥月》	发表于《词刊》2016 年第 4 期
张　海	歌词	《醒来,又在吴中》	发表于《词刊》2016 年第 7 期
陈苏扬	歌词	《周庄夜雨》《跟着一滴水游太湖》	发表于《词刊》2016 年第 4 期、第 7 期
石启荣	歌词	《走过石牌坊》《喀什老街》《海门谣》	发表于《歌曲》2016 年第 2 期、第 7 期
刘明生	歌词	《元宵夜》《摆地摊》	发表于《歌曲》2016 年第 3 期、第 8 期
陈苏扬	歌词	《我心太湖湾》	发表于《歌曲》2016 年第 9 期
张　海	歌词	《明月坡》《望江南》	发表于《歌曲》2016 年第 9 期、第 10 期
钱红旗	诗歌	《钱红旗诗三首》	发表于《书法报》2016 年第 20 期
王　节	诗歌	《激情税月》	发表于 2016 年 9 月 23 日《中国税务报》
赵荣华	散文	《微信里的 APP》《嗨老赵》	发表于《江苏邮电报》2016 年 1574 期,第 1600 期
赵荣华	诗歌	《柔软》《有人在修剪枝叶》	发表于《江苏邮电报》2016 年 1588 期,第 1592 期
蒋康政	诗歌	《特别家书》	发表于 2016 年 6 月 29 日《杭州日报》
马张留	诗歌	《诗人归来》	发表于 2016 年 6 月 12 日《泰州晚报》
严荣德	书籍	《格律诗词创作入门》	被评为江苏省老年大学优秀教材

泰兴市归国华侨联合会

【概况】 2016年,市侨联与柬埔寨江苏同乡商会、澳大利亚江苏联合会建立联系;与市银杏树律师事务所合作,设立“泰兴市侨界群众法律服务中心”;春节、中秋两节期间走访慰问归侨、重点侨眷130余人。新浦化学(泰兴)有限公司荣获“江苏省优秀侨资企业”称号;新浦化学(泰兴)有限公司董事长曾宪相被评为江苏省首届“侨商慈善之星”。

【第五次归侨侨眷代表大会】 6月,市第五次归侨侨眷代表大会召开,泰州市侨联主席顾永伯、市委副书记张坤、市人大副主任王中先、市政府副市长顾刚、市政协副主席顾爱军出席。市侨联主席殷江兰作工作报告。会议选举产生市侨联第五届委员会,聘请17名侨联海外顾问。

(吕日群)

泰兴市残疾人联合会

【概况】 2016年,全市9437名残疾人享受重残无业生活救助,586名残疾人享受一户多残、依老养残救助,137名残疾人享受低保内重残补贴,2700人享受护理补贴,48名高中阶段、65名高等教育阶段残疾学生、108名重残人员子女和82名低收入家庭残疾人子女享受教育补贴,223名残疾人机动轮椅车车主享受燃油补贴,4名残疾人享受C5驾证补贴。市残疾人联合会为246名0-6岁各类别残疾儿童申请省级康复救助项目经费补助344.51万元,为211名7-14岁脑瘫、孤独症儿童申请省级康复救助项目经费补助56万元,为1500户贫困家庭残疾人免费适配辅助器具1730件,为213名贫困白内障患者提供免费复明手术,为80名贫困精神病患者提供一次性住院医疗救助,为523名贫困家庭精神残疾人提供免费基本用药救助,20474名非重残人员参加残疾人意外伤害保险。全年707名残疾人参加职业技能培训,安置残疾人就业303名,其中超比例企业26家,超比例安排77名残疾人。年审安置残疾人就业企业133家。

【残疾人福利基金会一届三次会议】 1月6日,市残疾人福利基金会一届三次会议在市政府第三会议室召开。会议总结2015年工作,研究2016年工作计划,市委常委、政法委书记、基金会名誉主席田之本和市残疾人福利基金会理事、监事参加会议。会议增补市残联理事长秦娟为市残疾人福利基金会第一届理事会理事、副主席,增补市财政局社会保障科科长徐接男、市肢残人协会副主席、虹桥镇残疾人专职委员李雪梅为市残疾人福利基金会第一届理事会监事。

【全市残疾人工作会议】 3月24日,全市残疾人工作会议在市行政会务中心4号会议室召开,市政府副市长刘辉出席会议并讲话,市残联五届主席团委员、市残工委成员单位、各乡镇(街道)分管负责人、残联理事长、专职委员、市残联系统中层以上人员110人参加会议。会议要求围绕就业增收、兜底保障、普及服务三项重点任务,突出改革创新、突出融入大局、突出精准服务,推动全市残疾人事业加快转型升级、持续健康发展。

【残疾人就业创业扶持】 3月底,市残联出台《残疾人创业扶持试行办法》《关于在全市托养机构发展残疾人辅助性就业的暂行办法》,年内,向34名残疾人发放首次创业补贴57万余元,涉及盲人按摩、种养殖、个体工商、企业经营4个行业领域。全市10家托养机构共对接实施辅助性就业项目16个,126名智力、精神和重度肢体残疾人实现辅助性就业。

【助残公益创投】 5月5日,市文明办、市残联、市残疾人福利基金会联合开展2016年助残公益创投活动。先后有“泰兴市青少年机器人协会”等6家社会公益组织和个人,分别申报和承担“脑瘫儿童早教”等6个助残公益创投项目。至年底,各助残公益创投项目实施团队累计服务1000名残疾人。

【残疾人辅助器具现场发放活动】 5月10日,市残联在根思乡老叶村举办残疾人辅助器具现场发放活动。市委常委、政法委书记田之本和市残联、根思乡负责人,受赠残疾人代表和助残志愿者80人参加活动。活动现场为30名残疾人适配和发放辅助器具30件,全年共为1500户贫困家庭残疾人免费适配辅助器具1730件。

【家电助残捐赠仪式】 5月12日,市残联、市残疾人福利基金会联合新街镇党委政府举行捐赠家电仪式,50户贫困残疾人家庭接受捐赠。市委常委、政法委书记、市残疾人福利基金会名誉主席田之本,市政府副市长、市残疾人福利基金会主席刘辉,市残联、市财政局、新街镇负责人以及受赠残疾人代表和助残志愿者出席仪式。2016年,共向全市贫困残疾人发放电视机200台、洗衣机200台、电饭煲500个。

【全省第九届残疾人文艺汇演】 8月19日，全省第九届残疾人文艺汇演(第二片区)在泰州举行，泰兴市两个小品节目《盲》和《牵着蜗牛去散步》获得大赛二等奖，这是泰兴首次自行创作语言类节目参赛，来自视力、智力、肢体3个类别的5名残疾文艺爱好者参加表演。

【参加全省残疾人职业技能比赛】 8月26日至27日，全省残疾人职业技能部分项目比赛在南京举行，泰兴市6名选手参加海报设计、动漫制作、桌面排版、手机维修、计算机程序5个项目，吴建荣获手机维修项目第一名，沈海获桌面排版项目第一名。

【张变夺得两块残奥会金牌】 9月4日至18日，泰兴市残疾人张变参加第15届里约残奥会，获女子轮椅乒乓球TT5级单打、团体两块金牌。9月27日，市委书记张育林、市长刘志明等看望张变并参观"心无边界"张变奖牌展览，召开张变勇夺残奥会冠军表彰会。

9月27日，张变向市领导介绍获奖情况 (蒋 凯)

【脑瘫儿童"希望之家"建成使用】 12月16日，泰州市脑瘫儿童"希望之家"揭牌仪式暨"残健共融"亲子嘉年华启动仪式在市残疾人康复中心举行，泰州市慈善总会常务副会长常龙福、市委常委政法委书记徐闻仲、市民政局局长李宝泉、市残联党组书记封红年、理事长秦娟等出席仪式。市脑瘫儿童"希望之家"是集康复训练、潜能挖掘、主题活动为一体的综合性脑瘫儿童康复活动基地，由泰州市慈善总会、市慈善总会和市残疾人福利基金会共同资助实施，总投资115万元，依托泰兴市残疾人康复中心建设，能同时容纳300名特殊儿童在机构体验和训练。

【第二届残疾人文艺汇演】 12月29日，全市第二届残疾人文艺汇演在市鼓楼文化中心举办，19个节目、112名演员参演，共评出2个一等奖、2个二等奖、5个三等奖、5个创作奖、4个组织奖。虹桥镇残联选送的小品《质朴的坚守》和分界镇残联选送的音诗画《隐形的翅膀》获一等奖。汇演遴选出9个优秀节目参加12月30日举行的"因为有你"全市首次残疾人新年文艺演出，并通过网络向社会直播。

【"残疾人之家"建设】 年内，市乡两级残联将19家基层残疾人托养服务机构打造成集辅助性就业、康复训练、技能培训、文体活动为一体的综合性服务机构——"残疾人之家"，指导各机构按"七有"标准(有合法的法人登记注册、有独立的财务核算、有统一的名称标识、有适宜的活动场所、有管理服务队伍、有健全的管理制度、有安全保障)进行规范化建设。全年发放各级各类"残疾人之家"运行补贴资金346.4万元，辅助性就业补贴资金27.34万元，举办10期机构管理人员和服务人员培训，培训200人次。12月9日，在姚王镇政府召开全市"残疾人之家"建设现场推进会，全年各机构累计服务入托对象400人，姚王镇石桥村"残疾人之家"等6家机构通过省级验收。 (陈 浩)

泰兴市哲学社会科学界联合会

【概况】 2016年，泰兴市社科联组织市社科学会、研究会和社科工作者，深入社区、村(组)、学校、企业等基层单位，围绕时事政治、卫生保健、法律法规等群众关心的热点问题，开展30多场咨询活动，发放各类社科宣传手册、资料、书籍200多种，5000余册(份)，数万群众受益。在《泰兴日报》设立《学习与思考》社科专栏，宣传推广社科优秀成果，2016年共刊发27期。

【市社科联一届五次理事会议】 8月9日，在市政府第二会议室召开泰兴市社科联一届五次理事会，会议要求推进社科普及、社科课题研究、社科成果转化、社团管理建设等工作。市委常委、宣传部长张红霞到会讲话。会议选举姚鸣为社科联主席。

【社科应用研究】 2016年，组织市委党校、发改委、经信委等单位开展调查研究，将优秀调研成果汇编成《泰兴发展研究报告(2016年选编本)》。撰写编印《住宅小区电梯安全管理》《农村电商发展模式》《整合革命遗址资源 做大做强红色旅游》等4份《群言》，送市委市政府主要负责人参阅，有3篇得到批示并落实。《加强村级法制建设》被《江苏人文社科科学讲座》录用，《农村电子商务发展模式研究》获省社科联立项，《这是一座爱阅读的城市》等成果在《大众社会科学》等杂志发表，《跟课文学写作》获泰州市第十届哲学社会科学优秀成

果二等奖。 (卜用庆)

泰兴市红十字会

【概况】 2016年，泰兴市红十字会接受社会捐款物257万余元，其中，物资18万元，红十字博爱万人捐92.2万余元。全年培训初级救护员1100人，普及性培训21007人；无偿献血7878人次，共计12306个单位全血，切实保障全市临床用血；造血干细胞有效采样177份，再动员33例，高分辨6例，实现造血干细胞捐献1例。各级媒体用稿61篇，其中《中国红十字报》5篇，《江苏红十字报》9篇，《泰州日报》1篇，《泰州晚报》1篇，江苏省红十字网站14篇。在《泰兴日报》开辟“走近红十字”专栏，宣传红十字运动、造血干细胞捐献、应急救护等知识。发动社会各界向盐城风灾募捐，接受定向盐城特大自然灾害捐款92笔，合计69.46万元。联合市环保局筹集红十字环保公益金8万元，开展环保公益项目和扶贫帮困活动，救助贫困家庭54户。“情系孤儿博爱无边”项目运行第6年，资助112名贫困中学生，累计救助贫困学生近千名，发放救助资金近70万元。全年救助血液病患者11名，资金6.6万元，累计救助83名，救助金额近56万元。

【第四次会员代表大会】 8月5日，市红十字会第四次会员代表大会召开。全市各会员单位共选出130名代表参会，包括6名红十字社会监督员和4名红十字志愿者。市委书记张育林出席会议并讲话，市红十字会常务副会长唐小丽作工作报告。会议听取和审议《泰兴市红十字会第三届理事会工作报告》《泰兴市红十字会本级2010年1月—2015年12月财务收支情况报告》；表彰2010—2015年全市红十字工作先进集体(个人)和博爱奉献集体(个人)；选举产生泰兴市红十字会第四届理事会理事、常务理事、会长、常务副会长、副会长，决定秘书长，聘请市委书记张育林、市长刘志明为名誉会长。

【救护培训】 2016年，泰兴市将公益性应急救护培训纳入高一新生入学教育课程。全市高一新生接受应急救护知识普及性培训。联合民防科普宣传进社区活动，传播应急救护心肺复苏和气道异物梗阻知识和技能。南京工业大学高校红十字会学生代表红十字会应急救援队现场展示地震避险演练。“白金十分钟”和“海姆立克的拥抱”，以广场舞的形式，传播心肺复苏和气道异物梗阻急救知识和技能。组织“延陵荟”金陵泰兴籍医疗专家回乡义诊，深圳星银医药向家乡捐赠药物价值近4.5万元。联合市人民医院组织12位具有副高以上职称的专家，到黄桥老区免费义诊，并普及常见病的预防及保健常识，接待问诊群众300人次。市疾控中心、二院、中医院等单位多次深入社区村组，围绕提升市民健康素质开展健康宣讲和义诊活动。

【爱心收集美丽你我】 2016年是红十字会开展“爱心收集美丽你我”活动第三年，全市主动将衣物送往市红十字志愿服务联络点的群众增多，捐赠物品种类日渐丰富。9月，集中进行初步筛选、分类打包后，衣物集中发往西藏，书籍发往青海省互助县东和乡，为小学生建立“爱心书屋”。10月，先后收到棉衣3000余件，其中，九成新以上儿童衣服500多件。100件送达本市部分孤儿，其余发往贵州毕节山区3所小学，委托当地学校发放。

【志愿服务】 5月17日，市红十字会工作人员和志愿者们前往爱心基地聋儿语训康复学校，一起欢度助残日。同时送上慰问金和节日祝福，并与50多名聋儿进行互动。6月，市红十字志愿服务队陪同苏馨家园托养人员到宣堡桃园采摘。8月10日，组织25名残障人员参观新四军黄桥战役纪念馆和丁文江先生故居。8月底，志愿者分别赴虹桥、张桥、焦荡、马甸，走访看望9名特困学生，并带去学习用品、衣服和食品，同时给予资助。10月，组织志愿者陪同定向扶助的9个孩子畅游公园、享用美食、增长见识。10月17日是国家扶贫日，红十字会筹集50桶幸福门食用油，配套2.5万元人道救助金，走进曲霞镇戴窑村，开展扶贫济困活动，结对帮扶43个困难家庭。12月，在仙鹤湾、国庆新村进行爱心义卖，募集爱心捐款2500余元。 (张金娟)

泰兴市老区建设促进会

【概况】 2016年，市老区建设促进会、扶贫开发协会(简称“两会”)积极推进扶贫志愿者队伍建设，全市扶贫志愿者队伍达6000人，比上年增加814人。实施“春风助学行动”，资助34名高中贫困学生每人每学期1500元。实施省“三会”扶贫项目9个，落实资金90万元；实施泰州“三会”扶贫项目2个，落实资金20万元，实施泰州贴息项目8个，贷款120万元，贴息2.6万元；实施泰兴“三会”扶贫项目1个，落实资金10万元，实施贴息项目14个，贷款210万元，贴息9万元，引导项目实施单位资助贫困学生68名。全年形成调研材料和建议50篇，在泰州市“三会”《老区民生》、省《江苏老区》、国家《中国老区建设》及《大江南北》等老区刊物上刊载28篇，获全国老区宣传工作特等奖，珊瑚镇“两会”分会获三等奖，12个单位获优秀奖。

【扶贫志愿活动】 2016年，市“两会”组织帮扶1913户3739人，脱贫率90%以上；资助贫困学生132名，资助资金20万元。开展第二届最美扶贫志愿者评选活动，评选出最美扶贫志愿者10名，优秀扶贫志愿者13名。黄桥镇南沙村陆国生、分界镇野庙村李光才、珊瑚镇鸿达农副产品有限公司张建平、曲霞镇金宇防腐科技公司卢翔、市兆胜集团秦天庆受泰州市“三会”表彰。

【扶贫基金会】 2016年，经民政部门审核批准，成立泰兴市扶贫基金会，筹集400万元扶贫资金，明确朱有瑞为理事长，王洪林、张德仁为副理事长，程荣浦为秘书长，封熹、朱和平为理事，市委农工办赵建东为监事长，农工办顾峰、财政局马松泉为监事。全市乡镇“两会”分会共筹集扶贫资金79.4万元，村扶贫小组筹资340.7万元；针对突发情况致贫开展急用即筹活动316次，筹集扶贫资金373万元。

【第四届“两会理事会”】 4月8日，召开泰兴市第四届“两会”理事会议，选举朱有瑞为会长，王洪林、俞南松、张德仁为副会长，俞南松兼秘书长。驻会人员由12人减至7人，平均年龄由77.1岁降至65.7岁，下降11.4岁。新选出10名机关“两会”常务理事。统一乡村“两会”组织名称，乡镇、街道原“两会”工委统一改称“两会”分会，并统一更换印章，村扶贫组织统一改为扶贫工作小组。

（程荣浦）

七 月 半

农历七月十五叫“中元节”，这是道教祭拜地官的节日。七月十五是地官生日，也是他下凡考察民间善恶的日子，所以这一天民间祭拜地官，祈求赦罪，百姓称七月是“鬼月”，七月十五是“鬼节”，俗称为过“七月半”，这一天有祭奠祖先之灵为标志的民间信仰民间。民间是以一家一户为单位，进行祭祖活动仪式，具有浓厚的崇拜祖宗亡人的成份，而旧时的包含崇拜佛教道家，超度孤魂鬼色彩的成份已消亡。

农家的“七月半”，人们十分重视。那时，在此之前的若干日，老太太就坐在家中，把页页锡箔折成银光闪闪的锞子；准备七月半“烧”给祖宗亡人。是日，主妇一大早就忙七忙八，准备丰盛的中餐祭祖。特别是要包扁食，光准备“包肚”（扁食馅）就有许多工序，单是肉就要买、切、剁，加人粉芡、作料拌和等，也要忙上老半天；等“包肚”做好后，把准备好的用擀面杖擀好的扁食皮子放在手边，再一只一只的包起来，整整齐齐、一圈一圈摆进那竹筛子里，真要费好长时间。正午之前，当家的先做好整洁工作，就在堂中安排好桌椅，安放好酒盅碟筷，主妇则恭恭敬敬，端上一盆盆香气四溢的菜肴，待斟酒、上菜之后，当家的就铺好拜垫，点起“锞儿”，举家老幼一个个磕头拜祖，十分虔诚。七月半是民间慎终追远的重要节气。是日，凡是能赶回的都要回家祭祖，出嫁的女儿也不可滞留娘家，必须回公婆家祭拜夫家祖宗。

据传说，七月里阴司地府开“鬼门关”，让阴司的鬼魂到民间自由活动，直到七月三十日关闭“鬼门”为止。因此，七月的最后一天，阴间鬼神就要进“关”了，人们便忙碌起来，有钱的大户人家专门念经、放焰口，超度鬼魂，规模甚大，主要是表示对那些没有子孙后代，平时无人祭祀的饿鬼进行施舍。晚上还有两个重要节目。一个是沿途焚化纸钱。人们在河边沟旁、街头巷尾、三岔路口，乃至屎缸头等各僻静处焚钱化纸，口中念着“大鬼小鬼拿钱用”，用以买嘱鬼魂不要干扰自己的家庭幸福和孩子们的健康成长；第二就是放河灯。所谓河灯，就是用各色彩纸糊成的精巧玲珑的船形物，以荷花灯最漂亮。灯中装有半截蜡烛，有的在大贝壳里安上豆油和灯草。人们过了七月二十就动手扎河灯了，削篾子的削篾子，备纸的备纸。到了七月三十黄昏头，人们驾起装满河灯的轻舟，或在岸边慢慢放灯，此时河岸锣鼓喧天，人头攒动，观者无数。过去城里最是红牌坊以南、庆云寺以北的史家埝的河面上盛况空前。2007年农历七月三十，曲霞镇印达村还举办了河灯节。当晚，一万多盏河灯在印达村2500米的界河上点燃，使得古老的界河宛若银河，煞是漂亮，吸引了泰兴、靖江等地市民5000多人参观。各种颜色的莲花形河灯，诉说着人们对故人的追思，也表达着对当今美好生活的期盼和祝愿。

（吕耕樵　吕晓文）

军事·政法

■编辑　翁元锋

军　事

·人民武装·

【概况】 2016年,市人武部党委贯彻古田全军政工会议精神,推进"两学一做"和"改革强军"教育活动,拓展全民国防教育,以"传承红色基因,共筑巩固国防"为主题,开展第十六个全民国防日系列活动,连续29年在全市组织开展万人国防知识竞赛活动;投入资金20万元帮扶贫困村,结对帮助14名贫困学生和困难群众。年底在军分区干部军事考核中,连续4年取得团体第一名,并被表彰为省军区军事训练先进单位。完成民兵成建制军事训练、兵器室武器弹药调运等训练任务。

【"两学一做""改革强军"教育活动】 年内,市人武部贯彻古田全军政工会议精神,推进"两学一做""改革强军"教育活动。先后召开部党委会、干部职工大会,传达学习上级电报精神,认真研究贯彻落实方案。按照领导干部、机关干部、民兵党员和职工党员4个层次,梳理19个问题,班子成员带头宣讲辅导、带头上党课,开展入党宣誓、集中讨论、承诺践诺等活动,通过学《准则》,找回党员这个第一身份,唤起党员初心,增强党员先锋模范意识。全体干部职工围绕"12个重大是非问题"和"着重查纠的问题"表态发言、对照检查和讨论辨析,全面彻底肃清郭伯雄、徐才厚流毒影响。

【战备演练】 年内,市人武部针对新的领导管理体制和联合作战指挥体制要求,严格落实战备制度,强化战备值班,2次对应急分队进行不打招呼拉动,确保作战要素齐全、队伍反应迅速。自筹资金80万元,完成战备库室建设,通过军分区验收。加强民兵情报信息网建设,开展"情报战备值班加强月"活动,安装《凤城卫士》APP,共有7条信息被上级采用。

【军事训练】 年内,市人武部强化首长机关指挥训练,组织"四知一明白"(知敌情、知我情、知战场环境、知专业技术,明白信息化战争制胜机理)学习,参加军分区"两实"(实兵实弹)训练考核,副部长陆波参加省军区比武考核,在120多名参考人员中取得第十名。年底在军分区组织的干部军事考核中,现役干部连续4年取得团体第一名,并被表彰为省军区军事训练先进单位。通过参加上级集训、集中驻训和请兄弟单位帮训等方式,组织防化、抗洪、情报信息等专业分队以及应急队伍训练。

【抗洪抢险】 年内,市人武部支援地方防汛抗洪准备工作,认真组织现地勘察、防汛工作军地联席会议,及时掌握汛情、研究对策、细化任务,主汛期常态保持民兵抗洪抢险队伍600余人备勤。7月5日上午,出动杨根思民兵应急连125名官兵,完成滨江镇如泰运河过船大桥段北侧堤坝抗洪抢险任务。

【征兵工作】 年内,市人武部按照"一季征兵,四季准备"要求,突出国防部"五率"(报名率、上站率、合格率、择优率、退兵率)考核重点,每季度召开专武干部例会,专题分析研究形势,通报网上兵役登记和报名情况,层层传导压力,确保各项工作在基层落实。通过主流媒体、新兴媒体,创新征兵宣传办法,5月开展集中宣传月活动,录制大型访谈类节目《社会正能量》在市主要媒体播出,激发应征青年参军报国热情。全市网上登记总人数2,75万人,网上报名1.77万人。抓好体检、政考、定兵、运输等关口,及时将廉洁征兵要求和定兵人员花名册向社会张榜公布,完成上级赋予的新兵征集任务,其中,大专以上学历占总数60.2%,高中文化占总数的36%,新兵综合素质较往年提高。

【民兵整组工作】 年内,市人武部开展潜力调查,科学制定整合方案,提高专业对口率、在位率、可出动率,防止“一兵多编、交叉编组”等倾向,狠抓民兵队伍、人防交战专业队伍、预备役部队组织服役,各类参战支前力量专业对口率,退伍军人比例超70%。4月,对全市16个乡镇的基干民兵应急分队进行集中点验,官兵相识,民兵参点率、专业对口率和退伍军人比例及党团员比例达到上级要求。年底,杨根思民兵应急连党支部被泰州军分区表彰为“先进党支部”。

【国防知识竞赛活动】 年内,市人武部认真贯彻党中央、国务院、中央军委关于加强全民国防教育的重要指示,适应时代要求,探索和完善国防教育的新思路、新举措,用历史告诉未来,用系列活动助力国防教育,用故事注入红色基因;创新拓展国防教育普及渠道,加大全民国防教育工作力度,探索推开国防教育进学校、进社区、进企业活动,推动全市国防教育与文化建设融合发展。国防知识竞赛参赛人数达15万人,6个单位和100个人获奖,覆盖全市党政机关、社会团体及人民群众。

【双拥共建】 年内,市人武部投入资金20万元帮扶贫困村,结对帮助14名贫困学生和困难群众。组织驻泰部队官兵和民兵预备役开展军警民大巡防、植树造林、义务献血、城市创建、秸秆禁烧、抢险救灾等活动;会同人社局、民政局完成退役士兵专场招聘任务。

【安全管理】 年内,市人武部深入贯彻依法治军从严治军方针,以迎接全军安全工作大检查为契机,狠抓人武部正规化管理。每季度召开安全形势分析会,查找安全隐患,落实安全责任,先后3次对各类场所进行拉网式排查,发现6个方面21个具体问题,投入3万余元购买安全设施,逐一逐项抓好整改落实。与公安、信访等部门保持经常互联互通,及时了解掌握驻地安全稳定形势,完成民兵成建制军事训练、兵器室武器弹药调运等训练任务。抓好兵器室、保密室等要害部位实时监管,组织暑期安全竞赛,创新保密办公、集中文印。严格落实车辆使用、枪弹动用审批报告等制度,加强值班人员、在外人员掌控,坚持每周交班通报讲评,扎紧制度和措施,确保全年安全稳定。

【后勤建设】 年内,市人武部加强预算调控,统筹财力配置,重点向战备、训练、信息化建设等方面倾斜。严格财经纪律,规范经费使用、发票报销审批程序,落实公务卡强行结算制度,清理不合规发票。坚持物资集中采购,加强办公用品、车辆维修、油料消耗等管理,防止浪费。认真贯彻军委《关于军队和武警部队全面停止有偿服务活动的通知》指示精神,先后3次召开会议研究方案,16个可控托底的租赁项目已停止并全部收回。

(封志龙)

· 武警中队 ·

【概况】 2016年,中国人民武装警察部队泰兴市中队完成安保任务5次、担负武装押解勤务40余次。中队连续32年完成“三无”(无刑事案件、无责任事故、无严重违纪)目标。2016年,中队被武警江苏总队评为“基层建设标兵中队”,2人因工作表现突出荣立三等功,10人被评为优秀士兵。

政治思想 武警泰兴中队深入开展改革强军主题教育活动,组织官兵参观黄桥战役纪念馆、杨根思烈士陵园、中共江浙区泰兴独立支部旧址,重温党员誓词。中队广泛开展大谈心活动,每月定期组织优秀官兵评比,帮助官兵树立正确的世界观,中队每周进行一次新闻点评,坚持“月读一本书”活动,每月撰写一篇心得体会,提升官兵的理论素养。

执勤工作 武警泰兴中队组织官兵练战术、练技能、练处置,参加“卫士-16”演习,重点对兵力抽组、防暴队形、班组战斗进行训练,全面提升官兵执勤能力。开展部队专勤专训,突出哨兵情况处置能力训练。推进看守所外围警戒建设,按期完成备勤室前置、监区“白昼化”等弱电项目改造,消除执勤隐患,提升执勤安全系数。召开12次联席会议,集中开展执勤隐患排查整治活动,整改执勤隐患3处。

军事训练 武警泰兴中队坚持军事训练,提高官兵“能打仗、打胜仗”能力。深入贯彻落实武警部队教练员千人大集训精神,对照执勤分队训练科目,每个科目安排一名主教练员,两名预备教练员,通过岗位锻炼、以老带新、送学培训等形式,提升教练员素质。坚持“走出去、请进来”的办法,丰富训练手段,官兵军事素质不断提升。中队加大应急处置力量建设,突出应急班能力建设,抓住人装结合、人车结合和战法研究,提高应急班在战术队形、战术手语和装备使用等科目训练成效。

·人民防空·

【概况】 2016年,泰兴市结建人防工程新立项8个,完成年度任务300%;新开工10个,完成年度任务272%;竣工验收工程11个,完成年度任务160%;人防易地建设费征收完成年度任务300%;检修防空警报器32台次,警报器鸣放成功率、音响覆盖率100%;新建黄桥镇社区民防工作站16个,成立社区民防志愿者队伍16支320人;举行5次覆盖学校、社区、化工企业、商场人防应急疏散演练活动,参演人员4000多人次;"民防进社区"专题文艺宣传巡回演出30余场次;开播《民防时空》电视专题节目2160批次、刊发《民防天地》报纸专版20多期,《新华日报》《国防时空》《扬子晚报》《泰州日报》等各类媒介刊用民防信息20余条。

【指挥信息系统建设】 年内,泰兴市完成人民防空指挥机构实战化编组,实名率100%;投资500万元,对地面、地下固定指挥所升级改造,与上级主管部门实现视频直通、数据互联、语音互通;组织通信保障人员开展信息采集工作,采集信息300余条,在泰州市民防局年度数据调查中,完整率和准确率均达100%。

【人防专业队建设】 2016年4月,市人防专业队与民兵、预备役人员同步进行整组,包括通信、运输、抢险抢修、医疗救护、防化防疫、治安、消防等7个专业种类,分别由公安、交运、住建、水务、环保、教育、卫计委、文广新、电信、供电公司等部门单位负责组建,战时编制XXX人,战时扩编XXX人。11月26日,在市职教中心举行泰兴市人防心理防护专业队授旗仪式,成立泰兴市人防心理防护专业队共14人。

【人防执法检查】 年内,市民防局组织5人成立人防执法检查小组,对全市46家人防工程建设单位进行监督检查,依法严肃查处人防违法违规行为,共查处案件10件,其中处罚1件,立案1件,整改8件,追缴人防易地建设费XXX万元。

【民防进乡镇社区】 年内,市民防局选择黄桥镇16个社区建立民防工作站,开展宣传教育、技能培训等,共发放《民防应急手册》4.8万本,配套民防应急器材(应急柜、应急包等)16套,成立社区民防志愿者队伍16支共计320人。

【人防应急疏散演练】 4月27日,泰兴市开展"市襟江小学2016应急疏散演练"活动,加强处置突发事件应急疏散自救能力,提高抗击突发事件应变能力,增强师生民防安全意识。市人武部、民防局、公安局、教育局等部门组织襟江小学全体五年级师生近1000人参加演练;6月28日,泰兴市开展"黄桥中心小学2016年人防应急疏散演练",市人武部、民防局、公安局、教育局等部门组织黄桥中心小学五年级近800名师生参加此次演练;9月18日,泰兴市在滨江化学工业有限公司组织开展危险化学品生产安全事故应急救援演练,市委副书记、市长刘志明任总指挥,市委常委、市经济开发区党工委书记孙群,副市长、市虹桥工业园区党工委书记钱军出席演练。市民防局、安监局、公安局、环保局、交运局、卫计委等部门单位参加演练,演练人数近1000人;10月11日,市民防局联合济川街道兴燕社区举行居民应急疏散演练,参演人数近400人;11月15日,市民防局组织鼓楼购物中心员工人防应急疏散演练,参演人数近500人。

【民防知识竞赛】 8月10日,泰兴市在襟江小学举办首届民防知识竞赛电视大奖赛。大赛由市民防局主办,市教育局、济川街道办、黄桥镇、市广播电视台协办。泰州市民防局副局长王一平现场观摩指导。比赛分必答题、抢答题、风险题3个环节。比赛由6支代表队参加,最终市济川街道办商业街区代表队获一等奖。11月5日,"民防大课堂,安全你我他——2016江苏省民防科普知识竞赛进社区"活动在泰兴市鼓楼广场举行。本次活动由省民防局、省科学技术协会、省红十字会联合主办,市民防局、市科协、市红十字会协办,知识竞赛采取现场抢答、科普互动、地震应急演练和文艺汇演穿插进行的方式,让市民理解民防工作、接受民防知识,近1000名市民参与其中,发放《民防应知应会100题》《急救小贴士》宣传单页近2000份。

11月5日,社区工作人员向群众发放民防科普知识宣传册 (尹正建)

政　　法

· 社会治安综合治理 ·

【概况】 2016年,全市政法系统妥善处置"高考减招""夏粮减产""出租车停运""古马干河水污染"等群体性事件,完成全国春季农业生产暨森林草原防火工作会议、第八届(中国)泰兴银杏节等重大活动期间的安保任务。

【社会管理服务三级平台规范化建设】 2016年,泰兴市政法委按照泰州市社会管理服务三级平台等级评定标准,明晰三级平台的功能定位,市社会管理服务中心建设达一级水平,全省领先,16个乡镇(街道)均达到二级以上水平,347个村(居)中129家达到一级水平,超过泰州市30%的比例要求,中央政法委秘书处和国家标准委到泰兴市调研时给予充分肯定。经验做法被中央综治办收入全国镇级综治中心典型案例名录,并被《长安》杂志第七期刊载。

【平安法治创建】 2016年,全市227个小区创成平安小区、33家医院创成平安医院、53家学校创成省级平安校园,泰兴市被省命名为"平安校园示范市",被中国教育学会表彰为2015-2016年度安全教育实验基地全国示范单位。131个村(居)创成"六无"村(社区),并顺利通过抽查复核。123个村(居)创成省级民主法治示范村。

【法治泰兴建设暨依法治市领导小组工作会议】 10月10日,泰兴市法治泰兴建设暨依法治市领导小组工作会议召开。会议由市委副书记、代市长刘志明主持,市委书记张育林要求法治泰兴建设服务发展有成效,重点工作有特色,司法改革有突破,基层基础有强化,为全市经济社会发展提供坚强保障。进一步增强全面依法治市的思想自觉和行动自觉,为再创一个泰兴创新转型跨越发展黄金期提供坚强的法治保障。市委常委、政法委书记徐闻仲全面回顾了法治泰兴建设工作,对下一阶段任务进行部署。

· 公　安 ·

【概况】 2016年,市公安局完成全国春季农业生产暨森林草原防火工作会议、G20峰会、中共十八届六中全会等重大活动安保任务79次,妥善处置"高考减招""夏粮减产""出租车停运""古马干河水污染"等引发的规模较大群体性事件63件;全年共立刑事案件3447件,破案1062件,破案率30.8%,连续7年命案全破;共公诉1050人,同比887人上升18.4%;国保、网安等多项工作位居泰州条线考核第一。"情报信息研判破案"阶段应用工作法被省公安厅评为2016年度科技强警三等奖。

【出入境管理】 2016年,市公安局成立出入境黄桥、虹桥分理点,形成以城区出入境服务窗口为中心,以东片黄桥受理点、西片虹桥受理点为支撑,三个半径20千米"服务圈"。2016年,全市共受理各类出入境证件60421人次,同比52831人次上升14.4%。受理公民因私出国申请18814人次,同比14977人次上升25.6%;受理公民往来港澳申请36056人次,同比35534人次上升1.5%;受理公民去台申请5551人次,同比2320人次上升139.3%。

【大型活动安保】 2016年,市公安局推行"安全与服务并举"的大型活动安保工作新举措和"安全与利民并举"的路线警卫勤务新模式。全年共完成各类大小安保活动90余场次,其中规模较大有各级"两会"、全国春季农业生产暨森林草原防火工作会议、G20峰会、中共十八届六中全会、胡锦涛回泰州视察、中共泰州市委四届十次全会泰兴观摩活动、省委领导"三解三促"驻点调研活动、姜堰溱潼会船节、全市工业大会安全保卫任务、"创富泰兴·星耀昌建"群星演唱会、泰州市委工作会议、第八届中国(泰兴)银杏节、香榭湖·皇家水岸音乐会"等。

【重点人员管控】 2016年,全市公安机关围绕重大活动和敏感节点安保工作,对特殊群体和重点人员教育管控,共组织开展7次重点群体专项排查活动,排查上报四类重点人员533名,其中上访重点人员174名、肇事肇祸精神病人329人,三级以上重点管控人员184名、关注对象30名、一般人员48名人。

【人口管理】 2016年,公安治安部门开展户口清理整顿,共排查各类无户口人员471人,已解决467人,完成率99.2%,注销重复户口154个,并报请市政府出台户籍制度改革意见,为60名符合条件人员提供落户服务。年内实现省内户口网上迁移和异地办理身份证,共办理省内异地证198张,办理外省异地证16张;新登记流动人口信息2.25万条,完成公安部下发的39人跨省重号纠正任务。落实全市329名肇事肇祸精神病人监护人和监管民警"两个责任",收治肇事肇祸精神病人38人,肇事肇祸案(事)件"零发生"。

【“微警务”建设】 2016年,市公安局积极探索“互联网+警务”工作模式,积极推进“微警务”建设,将治安、户籍、出入境、交管、消防等公安行政许可业务模块化、产品化上线,最大限度为群众提供便捷服务。日常管理中,明确交警大队负责交管业务3个子模块和轻微交通事故快处、自助移车模块的维护应用,出入境大队负责出入境业务4个子模块的维护应用,治安大队负责户籍政策咨询、办事指引、平安义工模块的日常维护应用和治安防范宣传内容的把关推送,法制大队负责执法公开4个子模块的维护应用,对公开的案件要进行审核把关,行政许可科负责户籍业务4个子模块的维护应用。年内,泰兴公安“微警务”关注量达88944人,“微警务”平台共受理户籍、档案业务319条,接受非紧急报警122个、违法犯罪线索151条,审核通过“平安义工”16924人。

【“合成作战中心”建设】 2016年,市公安局整合图侦、网侦、技侦、情报等专业手段于一体,成立“警务资源共享、部门优势互补、组织结构优化、扁平指挥一体化”合成作战中心。推行“1+8+N”实体建设模式,即以指挥中心为牵头单位,刑侦、治安、国保、网安、技侦、巡特警、交警、消防8个警种部门派员常态进驻,其余单位按需进驻;中心下设情报研判组、案件侦查组、治安防控组和数据质量组四个工作小组,打破警种、资源壁垒,完善联动、协作机制,解决情报力量分散、各自为战、难以满足警务实战化的问题。年内,合成作战中心共搜集研判各类情报信息1371条,成功预警稳控进京重点上访人员27人,破获各类案件291件,抓获违法犯罪嫌疑人359人。

【智慧危管】 2016年,市公安局针对涉危、剧毒化工企业集中在沿江区域的特点,主动前移防控、服务的关口,在滨江派出所设立“危管警务”工作站,将由市局审核审批的权限下放至派出所,由分管副所长和专管民警进行现场审核审批,在释放警力的同时,让企业享受到了足不出户的服务。开通“泰兴危管QQ群”“泰兴危管微信群”结合危险物品管理信息系统、远程视频监控、远程QQ协助形成网络信息平台,由治安大队危管中队负责人担任“群主”,将38家剧毒化学品企业和派出所监管民警全部纳入“QQ群”、微信群。两个网络群上班时用电脑、手机同时“在线”,下班后用手机“挂机”。市局监管民警和派出所专管民警实行AB角互补,确保第一时间回应受理,为企业提供24小时在线申购审核、法律咨询、远程协助等服务,并适时发布通知通报、预警提示等信息,及时沟通交流,跟踪监督管理。为全市有剧毒化学品管理职能的18家基层所队及38家危险物品单位安装管理系统,对全市392辆危化品运输车辆全部安装GPS跟踪定位系统,实现危险物品申报、审核、使用、储存、运输等环节网上全程动态管控。“智慧危管”经验做法被人民公安报、江苏法制报宣传推广。2016年,共整改危化品安全隐患724处,下发责令改正通知书343份,责令“三停”4家,全市39家剧毒化学品单位,5家放射源单位,56家易制爆企业危险品丢失、被盗案(事)故“零发生”。

【打击和防范非法集资专项行动】 2016年,公安经侦部门先后3次组织警力对涉及非法集资的重点企业开展排查,会同市场监管、人民银行等部门对互联网金融和投融资中介机构开展拉网式摸底调查,多种形式广泛开展防范非法集资宣传,全力压降非法集资案件。年内,通过新闻媒体宣传16次,与电视台合作制作电视宣传片2次,组织民警深入社区和企事业单位开展宣传4次;立案侦查非法吸收公众存款案件11件,涉及利益受损群体300余人,涉案金额6200余万元,破案12件(含年前案件),移送起诉18名犯罪嫌疑人。

【破获“2·19”河失故意杀人案】 2月22日,公安刑侦部门通过缜密侦查,成功破获“2·19”河失故意杀人案,在北京市朝阳区抓获犯罪嫌疑人印某某(男,57岁,河失镇人)。经查,2月9日(正月初二),印某某因女婿(女儿已故)和孙子前来拜年心里难过,又遇丁某向自己要钱打牌并被丁嘲笑,遂怀恨在心,产生报复丁的想法,于2月18日晚11点多钟在丁某家附近守候,待丁某打牌回家,用携带的铁铲木柄、地上砖头击打该丁某头部致其死亡。

【破获“10·4”抢劫杀人案】 10月7日,公安刑侦部门综合运用走访调查、视频侦查、数据比对、研判分析等多种侦查措施,通过连续2天技术侦控、伏击守候,成功破获“10·4”抢劫杀人案,抓获犯罪嫌疑人陈某(男,38岁,泰兴市人)。经查,10月3日中午,陈某打车外出办事途中产生抢劫汽车的念头,遂将被害人张某骗至市经济开发区勒死。

【摧毁黄桥地区恶势力犯罪团伙】 2016年5月,公安刑侦部门通过历时近半年缜密侦查、线索经营,成功摧毁以吴某某为首、长期盘踞在黄桥地区的恶势力犯罪团伙,抓获15名团伙成员,破获非法拘禁、寻衅滋事案件15件。经查,2015年5月起,该团伙以开办投资公司为名放高利贷,并采用殴打、侮辱、拘押等暴力手段,对借贷者逼债、非法拘禁,严重侵犯公民的人身权利。

【摧毁特大吸贩毒犯罪团伙】 4月19日,公安刑侦部门经过3个多月的深挖细查、潜心经营,成功摧毁一特大吸贩毒犯罪团伙，抓获温某某（男,47 岁，泰兴市人）、许某某(男,42 岁,扬州市人)等 19 名吸贩毒成员,缴获冰毒近 2 千克。经查,2015 年起,该团伙长期盘踞在泰兴进行毒品贩卖活动,且数量较大。2016 年,共打击处理涉毒犯罪人员 51 人，查处涉毒人员 286 人,缴获各类毒品 1.5 千克。

【交通安全】 2016 年,公安交警部门以“降事故、促畅通、保安全”为目标,结合“四城同创”“文明示范路”创建等活动,精心开展酒驾、“三超一疲劳”(超速、超员、超载和疲劳驾驶)、涉牌涉证等交通违法行为专项整治,保障全市道路交通安全。全年共查纠各类交通违法行为 49.8 万余起,处罚 49.7 万余人次,查处酒驾 641 起，办理醉驾 280 起，移送起诉 280 人，吊销驾驶证 232 本;发放各类牌证 3.4 万副(本),检测汽车 3 万余辆,查扣未检汽车 2804 辆、未检摩托车 1.12 万辆,收缴假牌、挪用号牌 568 副;在城区 19 个重点路段及黄桥、河失、元竹、珊瑚等乡镇主干道,安装抓拍违停监控 54 套,增设交通标志 326 块、施划交通标线 9 万平方米,完成路口渠化 52 处;新建城区交通岗亭 8 个、黄桥镇区交通岗亭 3 个。全市共受理各类交通事故 2.8 万余起,其中重大交通事故 195 起、死亡 199 人,同比上年 208 起 218 人分别下降 6.3%和 8.7%。

市公安交警大队全警全力应对雨雪降温天气

（黄新丽）

【消防安全】 2016 年,市政府与乡镇(街道、园区)、35 个消安委成员单位签订消防工作目标责任状,把消防工作纳入政务督查和综合治理范畴,明确各地、各部门消防安全工作职责和任务。推动养老机构安装独立式感烟火灾探测报警器 1000 余只、简易喷淋装置 30 套,小场所安装逃生装置 150 套，建成重点单位微型站 140 座、社区微型站 10 座，重点单位微型站共有 560 名微队员,社区微型站共有 66 名微队员,配备 4 辆小型消防巡逻车。全年共检查各类单位、场所 2321 家,排查整改安全隐患或违法行为 4433 处,下发责令改正通知书 1618 份、行政处罚决定书 100 份、临时查封决定书 32 份,罚款 84.44 万元,责令“三停”20 家;圆满完成“3·28”泰常线汽油槽罐车泄漏事故处置、“4·22”靖江德桥化工仓储火灾爆炸事故增援、“11·25”泰兴三木物流丙烷泄漏爆燃事故处置等重大灭火救援和消防安全保卫任务;全市共发生各类火灾事故 330 起,死亡 2 人，经济损失 310.02 万元，同比分别下降 54.5%、50%和 35.5%。

·检　察·

【概况】 2016 年,市人民检察院全年共立案查处贪污贿赂犯罪 17 件 18 人,其中,科级干部 5 人,大案率为 100%。立案查处渎职犯罪 3 件 6 人,科级干部 2 人,3 件案件均为双罪名案件且损失确定超过 400 万元。全年共批准逮捕 213 件 275 人,提起公诉 698 件 908 人;不捕 75 件 115 人,不诉 17 件 22 人。开展羁押必要性审查 24 件,变更强制措施 24 人。

全年监督撤案 2 人,监督立案 4 人,书面监督纠正侦查活动违法 18 件。书面纠正审判活动违法 1 件,抗诉 3 件。成立驻法院检察官办公室,审判程序违法监督 3 件,执行监督 8 件。注重虚假诉讼监督,发出再审检察建议 11 份。依法对一起非法采砂造成长江资源损失 680 余万元的行政处罚不当案件发出督促履职令。督促公安机关以涉嫌拒不执行判决、裁定罪立案 1 件。督促行政机关履行职责 11 件。是年 3 月,预防邮路得到中央领导肯定，并被最高检写入全国“两会”报告,9 月，最高检和中国邮政集团联合发文在全国推广。以此为主题撰写的宣传文章荣获“全市新闻作品一等奖”,以此为题材制作的微电影《邮路青莲分外香》荣获“全省优秀奖”，其做法在全省首届志愿服务展示交流会上作经验介绍。

【贪污贿赂案件查处】 2016 年,市检察院共立案查处贪污贿赂犯罪 17 件 18 人,渎职犯罪 3 件 6 人,为国家挽回直接经济损失 1000 余万元,其中,立案查处科级干部贪污贿赂犯罪 5 人,科级干部渎职犯罪 2 人。查办窝串案，在长江非法采砂领域查处职务犯罪 10 件 11 人,被省、市院全面推开,查处贪渎案件,其中有 5 件案件均为双罪名案件。医疗系统职务犯罪案件分析被评为“全省优秀”。办理的 1 件挪用公款案被评为泰州市“零瑕疵案件”。推进“智慧侦查”,与“心理应激微反应”科学研究院联合成立泰兴“三微”工作室。开展预防调查 51 次,预防分析 86 次,发出检察建议 36 份,推动建章立制 10 件,开展行贿犯罪档案查询 13832 次,召开典型案例剖析会,促进廉洁从政。

【“美丽泰兴护航”行动】 2016年，市检察院开展“美丽泰兴护航”行动，把打击破坏生态文明建设犯罪作为重点，先后办理污染环境案件3件，滥伐、盗伐林木案件12件，非法狩猎案件2件。成立环保专门办案小组，建立环保案件优先办理、快速办理机制，依法快捕快诉，铺就“绿色通道”。依法督促行政机关移送污染环境案件1件2人，依法批捕中央环保组交办的污染环境案件1名犯罪嫌疑人，及时介入省院督办的非法填埋500余吨危险废物案。

【“预防邮路村邮站”】 4月1日，泰兴市人民检察院联合市邮政分公司在根思乡港湖村村邮站举行“预防邮路村邮站”启动揭牌仪式，同时对根思乡另8家村邮站进行集体授牌和宣传资料发放，标志着泰兴市开设“预防邮路村邮站”正式拉开帷幕，全年逐步延伸预防邮路工作至全市328个村邮站，给“预防邮路”在农村安个“新家”。

【周末讲堂】 3月18日，市检察院开展第一期“周末讲堂”，全国人大代表何健忠简要回顾全国人大大会概况，重点传达习近平总书记的指示精神、政府工作报告、中纪委王岐山书记在江苏代表团的讲话以及最高人民检察院的工作报告精神，介绍“两会”审议《“十三五”规划纲要》《中华人民共和国慈善法》等内容以及提出13条建议的情况。何健忠在主席团第一次会议前，向习近平总书记汇报预防邮路并获得称赞。何健忠表示，这次受到习近平总书记的肯定，对检邮双方来说意义重大，今后要加倍将预防邮路工作做精做好，不断推出有文化、有底蕴、有品位的原创性预防活动。预防邮路写进最高检的工作报告让人深受感动，倍受鼓舞，他把“希望预防邮路的做法能早日得到最高检和邮政集团公司的联合推广，在全国范围内全面推行”作为1号提案进行提交，并联合30名全国人大代表共同署名。何健忠表示，下一步将紧紧围绕最高检检察长曹建明提出的“四个方面预防”的要求，不断将预防邮路赋予新内涵，提高知名度，争取早日在全国推广。本期周末讲堂由市检察院检察长吴文彬主持。

【“预防邮路”志愿服务主题宣传活动】 3月5日，由市检察院、市公安局、市邮政公司联合举办的“预防邮路”志愿服务主题宣传活动在鼓楼文化广场启动。活动以“珍惜生命，远离酒驾”为主题，由“预防职务犯罪邮路”志愿者和襟江小学学生代表共同参与，通过向市民发放醉驾宣传手册、设立酒驾宣传展板等形式，告诫市民远离酒驾，遵守交通规则。由市人民检察院和市邮政公司共同开展的预防邮路“清风泰兴，廉洁新春”预防职务犯罪宣传周活动正式启动。全国人大代表何健忠领衔、126名邮递员组成的“预防邮路”志愿者将2万册预防邮路宣传手册送达千家万户以及全市所有机关企事业单位。

【“晶晶说法”】 2016年，市检察院推进检务公开改革，整合微博、微信、客户端以及门户网站力量，形成宣传集群效应，共发布重要部署、检察动态、典型案例等信息1.6万余条。是年，“泰兴检察”客户端获得全国检察头条号周榜第一名，单文阅读量全省第一，1期微信作品获得全国检察新媒体“优秀作品奖”。

【“七彩虹”关护未成年人工程】 2016年，市检察院实施“七彩虹”关护未成年人工程，编印《七彩虹》法制报，为残疾儿童开展义务劳动，让失足未成年人感受到幸福生活来之不易。成立“检察官妈妈”志愿服务组织，连续5年结对帮扶8名家庭困难的儿童，真正做到生活上关心、学习上关注、心理上关怀，公诉局被评为“江苏省十大维护妇女儿童权益示范岗”，未检科1名干警被评为泰州市“六五”普法先进个人、泰州市“最美志愿者”。编印10期《七彩虹》法制报，进学校、进家庭、进村居，共发放10万余份。开展“七彩虹”法律知识竞赛、“读小报、谈感想”读后感评选等活动，引导青少年远离犯罪，积极向上，奋发有为。成立“七彩虹”关护基地、“法制教育体验基地”“志愿者服务基地”，组织不捕不诉的未成年人参加公益劳动，对涉案未成年人实施心理疏导，为流浪儿童提供法律帮助等。

【规范司法行为专项整治】 2016年，市检察院不断深化规范司法行为专项整治成果，检察长驻看守所1天开展“规范司法行为回头看”活动，听取意见建议，深刻剖析原因，迅速加以整改。开展司法办案监督“影子”行动，加强案件监管，流程监控429件，向办案部门发出口头提示33次，发出“案件流程监控通知书”1份。组织现场督查在办案件87件，下发督查通报8份。加强案件质量评查，共评查案件221件，制作评查通报3份。加强检律互动，共接待律师239人，阅卷183次，接受律师预约阅卷11次。

【“法治进校园”】 9月18日，市检察院赴江苏省泰兴中等专业学校，作“杜绝不良行为 远离违法犯罪”法制教育专题讲座。这是2016年秋学期泰兴检察院举行“法治进校园”宣讲活动的第一站。泰兴检察院未成年人刑事检察科干警通过一个个生动形象案例的讲解，将全校4000多名师生带入法治世界。讲座现场，检察院未检科干警针对学生、家长及老师关心的热点问题，结合所办的典型案例，以案说法，剖析聚众斗殴、寻衅滋事、盗窃、抢劫、强奸等常见的未成年人犯罪和遭受犯罪侵害的原因、特点和危害性,告诫同学们要明辨是非,增强自控,结交好友,学会保护,提升学法用法意识。讲座结束后,未检科干警向同学们发放检察院自编的《七彩虹》法制小报第9期,希望同学们能够在日常的学习生活中更多的了解的法律知识。

【“举报宣传周”】 6月21日,泰兴检察院在广陵镇拉开宣传全国检察机关第18个“举报宣传周”活动序幕。该院20多名干警发放宣传资料360份,提供咨询95人次,吸引近千人到场。活动期间,通过报刊、电视,积极开展宣传活动。6月22日,市检察院举办举报宣传周新闻发布会,向媒体通报上半年检察工作情况。“举报宣传周”主题是“加强举报人保护,惩治群众身边的腐败”。举报人可以直接到检察机关控申接待大厅举报、控告、申诉,也可以通过信件向检察机关举报、控告、申诉;拨打全国检察机关统一举报电话12309进行举报、控告、申诉;登录泰兴检察院网站,在“网上检务”平台内进行举报、控告、申诉或通过关注泰兴检务官方微博、官方微信和今日头条新闻客户端了解泰兴检察工作,并通过私信等4种方式向市检察院举报问题。宣传周期间,市检察院还在虹桥镇、鼓楼广场开展预防讲座、广场宣传、检察开放日等系列活动,邀请人大代表、政协委员、人民监督员听取检察工作情况汇报。

(季红芹)

·审 判·

【概况】 2016年,市人民法院新收各类案件15792件,审判、执行结案15632件。其中,新收刑事案件802件,审结814件;新收民商事案件9812件,审结10064件;新收行政诉讼案件1件,审结18件;新收执行案件5099件,执结4648件;新收国家赔偿案件2件,审结2件;新收申诉复查案件76件,审结86件。(以上结案均含旧存)

【集中春训】 2月15日(正月初八)至19日(正月十二),市法院组织全体人员开展集中春训活动,全体人员接受最高法院业务视频培训,召开党风廉政建设动员大会,观看警示教育片《触碰纪律“雷线”的毁灭》,邀请省高院专家型学者型法官上业务课,邀请中国地质大学博士上心理疏导课,邀请市纪委、市委组织部负责人上党风廉政课,提升全院人员遵守党的政治纪律和政治规矩的自觉性,提升干事创业的热情,提升服务大局、联系群众的能力与水平。

【维护妇女儿童合法权益示范岗】 6月,泰州市妇女联合会命名市法院少年及家事案件审判庭、黄桥法庭为“泰州市级维护妇女儿童合法权益示范岗”。少年及家事案件审判庭和黄桥法庭立足本职岗位,对涉及妇女、儿童维权案件,热心为当事人答疑解惑,创新审判方式,保障妇女儿童的合法权益,解除他们的后顾之忧。黄桥法庭针对未成年人保护发出的司法建议入选2015年全省法院优秀司法建议。

【检察官办公室】 5月5日,泰兴市人民检察院驻泰兴市人民法院检察官办公室揭牌仪式在泰兴法院审判楼大厅举行。泰兴法院院长杨旭波、泰兴检察院检察长吴文彬出席仪式。市法院和检察院通过协商,达成“把监督关口向法院执法一线延伸”的共识,由检察院在法院设立检察官办公室,明确工作职责、工作模式、管理制度等,规定检察官轮流到检察官办公室值班办公,做好执法工作监督、法律咨询投诉以及法检双方沟通协调等工作。检察官办公室的设立有利于市检察院对法院工作进行“零距离”法律监督,促使法院不断改进工作作风、提高案件质量、保持司法廉洁;有利于法检两院沟通交流,在常规渠道之外又增加了一个长期且固定的沟通交流渠道;有利于互相支持工作,使法检两院在履行法律监督、服务人民群众、接受当事人申诉、提供法律咨询等方面形成合力,发挥更加直接、积极的作用。

【成立泰州法院系统首家少年及家事案件审判庭】 3月30日,市法院召开新闻发布会,宣布成立泰州法院系统首家少年及家事案件审判庭。随着反家庭暴力法的颁布实施,婚姻家庭纠纷案件的审判,越来越受到社会的高度关注。新成立的少年及家事案件审判庭,在少年庭原有的负责未成年人综合审判工作的职能基础上,增加了婚姻家庭类民事案件的审判职能和妇女、老人权益保护的职能。与传统少年审判庭相比,新成立的审判庭受案范围更广,不仅实现了专业化、集约化归口审判新模式,而且通过深化综合审判,可最大程度、全方位保护未成年人、妇女、老人的合法权益。

【编印醉酒驾驶类犯罪案件审判白皮书】 4月,市法院召开危险驾驶案件白皮书新闻发布会,向社会公众通报2011年至2015年危险驾驶案件受理情况和危险驾驶案件的总体特征、危险驾驶案件的认识误区,向社会公众作了温馨提示,回答记者就危险驾驶罪的认定、刑事速裁程序适用、机动车的界定等提问,新华日报、扬子晚报、泰州日报、泰兴生活网等10余家新闻媒体参加发布会。刑事审判庭收集醉酒驾驶类犯罪典型案例,编印审判《白皮书》1000册,免费发放给机动车驾驶者、政府监管部门和广大市民,遏制醉酒驾驶类犯罪。此外,市法院还先后编印劳动争议、合同纠纷、执行工作等审判执行白皮书多篇。

【合同法讲座】 2016年,市法院、市市场监督管理局联合在泰兴体育中心壹能众创空间举办《中华人民共和国合同法》讲座,为27家江苏省级以上“重合同、守信用企业”、10家青年创业企业、15家成长型企业讲解法律、保驾护航。民二庭审判人员结合多发性的案例,根据《中华人民共和国合同法》的条文,就合同订立中常出现的问题以及合同订立与履行风险防范等内容,进行近两个小时讲解,与参加培训的50余名企业负责人进行互动交流。

【商品房买卖合同纠纷案件司法建议】 2016年,济川法庭在受理多起商品房预售合同纠纷过程中发现,部分房地产公司存在消防验收合格前将商品房交付买受人的行为,遂向市公安局消防大队发出关于商品房消防验收备案问题的司法建议,并出台《供给侧改革下商品房买卖合同纠纷案件的调研报告》。该司法建议得到副市长、公安局局长凌玉富的批示。

【河失法庭推行“民情丈量工作法”】 辖区内邻里纠纷、界址纠纷、土地使用权纠纷及排除妨害纠纷案件多发,当事人情绪对立,矛盾容易激化,是影响社会安定的因素之一。2016年,河失法庭开展“民情丈量工作法”,凡是审理此类案件,一律由审判人员现场实地查勘与取证,近距离听取当事人的陈述,了解案件的发生背景、发展经过,对原、被告矛盾纠纷的由来,获得更直观、更准确的了解,并向原、被告当事人赠阅法庭自行编印的《邻里好赛金宝》之故事汇编。通过“丈距离、量面积、衡得失、应民心”,法官在办案过程中,带上测量距离、面积的尺,带上一颗公正无私的心,深入田间地头,走进街道社区,准确把握案情,正确运用法律,并通过《邻里好赛金宝》之故事汇编的赠阅,通过心平气和的阅读,给当事人带来一丝启发,在处理案件过程中,多一份包容,少一些纷争。同时,通过案件的审结,丈量出法官自身的业务能力和化解矛盾纠纷的能力,丈量出法庭的司法公信力。

【组建民事审判专业团队】 2016年,泰兴法院在民一庭设立建设工程合同纠纷类、劳动争议纠纷类、侵权责任纠纷类、民间借贷纠纷类及民事综合类5个审判团队,推行审判长+主审法官+法官助理/书记员运行模式,其中,主审法官参照上级法院司法改革文件精神,享有文书签发等权利,实现民事案件专业化审理,统一类案全院裁判尺度。

【“账单式服务”活动】 2016年,泰兴法院选择58家重点骨干企业和14个城建交通重点工程项目作为联系服务点,由领导班子成员牵头负责,实行“项目化”管理包干,走进企业、项目宣传法律,化解司法难题。开展走访服务活动54余次,助解司法难题28件。

(丁晓楚 孙海雯)

·司法行政·

【概况】 2016年,泰兴市被省政府表彰为“六五”普法先进市,在“四个全覆盖”(着力构建包括“矛盾纠纷排查调处全覆盖、公共法律服务全覆盖、特殊人群服务管理全覆盖、法治宣传教育全覆盖”在内的一大工作体系)服务体系建设考核中,位列全省县(市、区)第九名,社区矫正工作被省司法厅表彰为“严格执法、严格管理”先进集体。

普法工作 2016年,市司法局在全市小学中开展“第二届法治小故事演讲比赛”,将法律条文、典型案例和身边事融合成一个个故事,用竞赛的模式激励青少年群体既要当好“学法者”,又要做好“普法者”,在日常生活中传播法治正能量。继续开展“法润江苏·春风行动”,抓牢农村群众、园区企业流动人口的法治宣传教育,开展“法治文艺”巡演43场、“以案释法”专题讲座34次、法律志愿服务39次,赠送普法书籍、宣传册4.2万余册。制定下发《关于开展“六五”普法终期考核的通知》和《关于对市级机关部门“六五”普法工作终期考核实施方案的通知》,分别检查、考核并总结乡镇、机关部门推进普法工作的成效及亮点,报请市委、市政府表彰“六五”普法先进集体26家,先进个人44名。

矛盾纠纷调解工作 2016年,全市累计排查受理矛盾纠纷2568件,化解2537件,调解成功率98.8%。“金牌调解走进荧屏”收视率逐年上升,“公堂舅舅”调解品牌日渐叫响,“调委会+专业法律工作者+五老志愿者+能人+名人”多元化矛盾纠纷调处创新项目实施,提升人民调解社会公信力和纠纷调处成功率。全市7200多个矛盾排查预警网格发挥了重要作用。“三无村(居)”和“无矛盾纠纷积案”乡镇(街道)、村(居)创建活动有序推进。

社区矫正和安置帮教工作 2016年,全市开展“严格执法、严格管理”专项活动,对少数“挂牌攻坚”社区服刑人员实施精准矫正。矫正信息管理平台融合社区服刑人员基本信息、电子卷宗、流程监控、“面部+指纹识别”及手机信号定位等高科技装备的应用,强化对社区服刑人员的实时监控。市社区矫正阳光中心建设竣工并投入运行。年末,全市在册社区服刑人员480人,其中管制1人,假释27人,暂予监外执行13人,无脱、漏管,无有影响重新犯罪。

法律援助工作 2016年,泰兴市依托“12348”司

法行政服务平台和“镇村法律服务视频即时通”载体，以“互联网+窗口”服务模式，线上线下解答群众法律咨询3568例，转接服务需求366件，受理各类法律援助案件1489件，受援1489人，当事人避免损失或取得利益金额1773余万元。虹桥法律服务所陈建生等法律工作者承办的《杨某等442名职工追索劳动报酬案》获2016年江苏省法律援助十大优秀案例。江苏银杏树律师事务所徐宪龙承办的《法律援助为受虐儿童撑起一片蓝天》案例、江苏律园律师事务所于菲承办的《法律援助献一份热情·法治社会添一方平安》案例被《江苏法律援助优秀案例选辑》一书收录。江苏律园事务所苏娟、马素琴承办的《黄荣德等88人追索劳动报酬纠纷案》、新街法律服务所蒋庆东承办的《叶某某等60名农民土地承包经营权纠纷案》获泰州市法律援助十大优秀案例。

法律服务工作 2016年，市司法局实行“大窗口、小机关”服务模式，机关科室与乡镇（街道）公共法律服务窗口联合办公，规范基础台帐制作，协调部门协同服务，集中工作力量重点化解社会矛盾。全市16个乡镇（街道）、347个村居公共法律服务平台建成率和运转率100%。优化镇村“两级平台”人员配置，聘请87名司法战线退休人员充实法律顾问队伍，缓解“顾问少村居多”的难题。市律协分会在园区和重点企业建立6个律师工作站，开展所企恳谈活动15次，组织法律体检活动21批次，建立小微企业联系点119个，担任法律顾问212家，制订企业转型升级办法、措施98条。依托“12348”司法行政服务平台和“镇村法律服务视频即时通”载体，以“互联网+窗口”服务模式，线上线下解答群众法律咨询3568人次，转接服务需求366件。公证处推行电话网络预约、上门服务和“一证一单”质量“互查”、“会签”、跟踪督查制度，办理各类公证3225件，无错证，零投诉。

【“七五”普法规划】 2016年，泰兴市“七五”普法规划征求意见活动于3月启动，首先发放征求意见稿给全市人大代表、政协委员以及通过网络征求意见，然后邀请市人大实地调研，在全市范围内征求“七五”普法规划意见建议，发放征求意见表6000余份，回收4062份，召开基层、机关、学校、企业代表以及人大代表、政协委员座谈会5场次，征集社会各界意见建议300余条。通过微博、微信等形式，发动社会公众共同参与“七五”普法规划专题调研。组织专门班子，学习消化全国《关于开展第七个五年法治宣传教育的规划》、江苏省《关于开展第七个五年法治宣传教育的规划》，研究借鉴外地的举措，起草《关于在全市公民中开展法治宣传教育的第七个五年规划（2016-2020年）》（讨论稿），并印发给全市各阶层征求修改意见和建议。9月，专题召开市法治宣传教育领导小组全体成员会议对其进行讨论、修改。

【“七五”普法启动】 11月25日，全市‘六五’普法总结表彰暨‘七五’普法动员部署会在市东进影剧院举行，市委书记张育林出席会议，市四套班子负责人、各乡镇、机关部门主要负责人、分管负责人等参加会议。会议全面贯彻全国第八次法治宣传教育工作会议和省、市“六五”普法总结表彰暨“七五”普法动员部署会议精神，总结回顾全市“六五”普法工作，表彰先进，部署“七五”普法各项工作，进一步推进全市市法治宣传教育的深入开展。会议由市委副书记张坤主持，市委常委、政法委书记徐闻仲宣读表彰决定。与会人员还观看了以“法润泰兴·德法同行”为主题的法治文艺节目。

【村居法律顾问】 2016年，全市116名基层法律服务工作者全部担任村居顾问，直接成功调解各类矛盾纠纷675件，协助调解587件，组织各类法治宣传活动85场次。累计走访企业1760家，排查化解矛盾纠纷305件，出具法律意见书48份，挽回经济损失达1.5亿元。办理法律援助案件554件，案件受援人数达880人，其中免费办理144件。

【社区矫正知识竞赛】 2016年8月，市司法局举办《江苏省社区矫正工作条例》知识竞赛，全市各乡镇60多人参加，于8月27日开展电视竞赛，经过角逐，姚王代表队获一等奖，元竹、古溪代表队获二等奖，黄桥、济川、滨江代表队获三等奖。市委常委、政法委书记徐闻仲为获奖代表队颁发证书与奖品，副市长凌玉富出席并致辞。

（叶　磊）

8月27，市司法局开展《江苏省社区矫正工作条例》知识竞赛　（戴海波　周　萍）

工　业

■编辑　沈国富

综　述

【概况】 年内,全市工业经济运行稳中有进、稳中快进、进中向好,实现了“十三五”良好开局,获泰州市工业经济目标管理一等奖。

主要指标泰州领先:规模以上工业完成产值3082亿元、增加值737亿元、利润275亿元,分别增长18.8%、14.3%和15.5%;实现工业国税开票销售1199亿元,增长8.25%。以上指标的总量和增幅均在泰州各市(区)领先。

项目开发势头强劲:实施亿元以上工业重大项目176个,总投资617.5亿元。新开工亿元以上工业项目104个,总投资317.4亿元,其中,5亿元以上项目20个,10亿元以上项目11个;新竣工亿元以上工业项目62个,总投资139亿元,其中,5亿元以上项目10个,10亿元以上项目5个;30个项目当年开工、当年竣工。荣获泰州市项目投入奖、新开工项目奖、竣工项目质效奖、利用外资贡献奖4个一等奖。

企业运行稳中向好:净增规上工业企业45家;净增销售收入过10亿元企业5家、过50亿元企业2家,入库税收净增千万元以上企业12家;济川药业、新浦化学、扬子鑫福三家企业被评为泰州市工业“十强”,其中,济川药业税收超9亿元,新浦化学、扬子鑫福税收超3亿元。成功承办首届中国军民两用技术创新应用大赛决赛,南极集团倪氏船舶压载水管理系统获决赛金奖。企业上市取得新突破,蓝电环保完成主板报会,“新三板”挂牌1家,区域性场外市场挂牌25家,一批企业完成股改,进入上市辅导期。

产业结构持续优化:完成高新技术产业产值1342亿元,增长20%,占规上工业比重达44%。实现新兴产业产值586.7亿元,增长28%,占规上工业比重达19.2%,比上年提高1.5个百分点。新开工亿元以上新兴产业项目45个,占比达43.3%,比上年提高13.2个百分点。实施5000万元以上技改项目95个,总投资232.3亿元,同比分别净增46个和77.5亿元。

创新资源加快汇集:深入实施创新驱动战略,高层次人才(团队)创业券、科技创新券、优秀人才购房券等政策全面落实,市人才科技广场启用投运,全市共引进高层次人才383名。完成专利授权2050件,其中发明专利授权135件,万人有效发明专利达7.45件。全社会研发经费投入占GDP比重达2.35%。获省级及以上科技进步奖3项、泰州市科技进步奖18项。泰兴高新区成功获批“江苏省节能环保产业产学研协同创新基地”。全年获批国家级高新技术企业46个、高新技术产品66个、省民营科技企业63个、省科技成果转化专项资金1项、省重点研发计划2项;新认定省级专精特新科技小巨人企业3家,省互联网与工业融合创新示范企业1家、试点企业2家,省级两化融合管理体系贯标试点企业6家。

供给侧结构性改革扎实推进:加快淘汰落后产能,彻底整治“地条钢”,关停小化工企业15家。组织企业参加各类展会,加快工业品去库存,全市规上工业产销率达99%。认真落实降低实体经济企业成本政策,按月办理、足额兑现各项税收优惠21.42亿元,占入库税款的28.2%。规范涉企服务收费,先后放开46项政府定价中介服务项目收费,取消中介服务收费20多项。

加大创争帮扶力度，全年上争扶持资金 3.34 亿元、贴息贷款 2.08 亿元,发行企业债券 10 亿元。举办“政银企”对接活动 7 场次，帮助 104 家企业达成融资意向 145 亿元,资金到位率达 82%;全市融资性担保公司为中小企业担保额达 6.07 亿元。推动质量品牌补短板，扎实开展首届市长质量奖、十大质量新闻、十佳质量工匠、品质泰兴等质量评选活动，新增中国驰名商标 2 件、省著名商标 6 件;新增省名牌 7 个,省质量信用等级 AA 级 2 家、AAA 级 1 家。全年参与制(修)订国家、行业标准 6 项。

(经信委 封金峰)

2016年市 50 家重点企业主要经济指标完成情况汇总表

表 2 单位:万元

序号	企业名称	国税开票销售	入库税收
1	新浦化学(泰兴)有限公司	683302	37590
2	济川药业集团有限公司	550338	90254
3	江苏中丹集团股份有限公司	519814	10310
4	江苏扬子鑫福造船有限公司	391454	37396
5	泰兴市振华油脂有限公司	377577	715
6	泰兴市昇科化工有限公司	368602	471
7	泰州联成化学工业有限公司	320084	348
8	爱森(中国)絮凝剂有限公司	221802	9347
9	江苏常隆农化有限公司	188689	560
10	江苏盛泰化学科技有限公司	184524	395
11	泰兴金江化学工业有限公司	138481	2458
12	江苏凯力克钴业股份有限公司	137984	3738
13	泰兴市锦鸡染料有限公司	116230	7917
14	江苏泰隆减速机股份有限公司	107069	5358
15	江苏百汇农业发展有限公司	105250	74
16	泰兴金燕化学有限公司	87579	322
17	泰州市龙洋木业有限公司	87264	2503
18	泰州百力化学股份有限公司	82525	2901
19	泰兴市兆胜集团	81513	9803
20	泰州远大家俬有限公司	72290	4148
21	江苏奥喜埃化工有限公司	69512	2983
22	江苏星光发电设备有限公司	62068	2146
23	泰兴市扬子医药化工有限公司	47628	5883
24	江苏南极机械有限责任公司	36617	2672
25	江苏宏大特种钢机械厂有限公司	35861	1106
26	泰兴协联众达化学有限公司	35104	936
27	江苏锡华铸造有限公司	34265	1760
28	阿克苏诺贝尔氯乙酸化工(泰兴)有限公司	30172	1405
29	泰兴汤臣压克力有限公司	29956	1864
30	先尼科化工(泰兴)有限公司	28825	3652
31	泰兴维娜三信时装股份有限公司	28662	1741
32	泰兴市兴安精细化工有限公司	27253	1096
33	江苏广域化学有限公司	27140	2712
34	泰兴联创绝缘材料有限公司	26316	1466

表 2

序号	企业名称	国税开票销售	入库税收
35	泰兴开广塑胶有限公司	24390	4267
36	江苏蓝电环保股份有限公司	20523	3480
37	泰兴市航联电连接器有限公司	20183	3320
38	江苏凤灵集团	18991	1573
39	泰兴马斯特华克食品有限公司	18205	1918
40	江苏森萱医药化工股份有限公司	17805	1392
41	亚太泵阀有限公司	17758	1228
42	泰兴市东圣食品科技有限公司	17344	2651
43	江苏科兴电器有限公司	17078	1514
44	丰益春之谷生物科技(江苏)有限公司	16591	1670
45	江苏一鸣生物股份有限公司	15836	2684
46	江苏河海给排水成套设备有限公司	12762	1050
47	江苏永昇空调有限公司	12180	950
48	泰兴市康鹏专用化学品有限公司	11883	1371
49	泰星减速机股份有限公司	9925	1093
50	泰兴市圣达铜业有限公司	3395	1148

【泰兴列工业百强县第 33 位】 2016 年,工信部直属研究机构中国信息通信研究院第二次发布《2016 年中国工业百强县(市)发展报告》,泰兴市以综合竞争力指数 57.2 分,位居榜单第 33 位,较 2014 年提升 26 位,并成功跻身江苏省工业十强县(市)。中国信息通信研究院工业百强县(市)课题组依托制造强国产业基础大数据平台,创新评价方法,通过对 2016 年各县(市)工业竞争力进行实证分析和比较研究,形成 2016 年中国工业百强县(市)排行榜。

精 细 化 工

【概况】 年内,全市化工生产企业 141 家,实现规上产值 1019.71 亿元、利润 67.8 亿元,同比分别增长 16.6%和 16.2%,占全市规模以上工业总量的比重分别达 33.1%和 24.7%。其中,新浦化学(泰兴)有限公司实现国税开票销售 68.3 亿元,总量居化工行业第一。江苏中丹集团股份有限公司实现国税开票销售首次突破 50 亿元,达 51.98 亿元。泰兴市精细化工产业集群被认定为江苏省特色产业集群,泰兴经济开发区在全国 502 家化工园区中排名第 7 位。全年,实施 1000 万元以上化工类项目 34 个,总投资 172.38 亿元,其中亿元以上 23 个,总投资 168.5 亿元。泰兴梅兰新材料有限公司的含氟新材料技改一期、长园华盛(泰兴)锂电材料有限公司的年产 5800 吨锂电池新型电解质材料、阿贝尔化学(江苏)有限公司的 50 万吨苯乙烯(一期 25 万吨)等 7 个项目竣工投产。 (季华成)

生 物 医 药

【概况】 年内,全市医药制造业拥有规模以上企业 14 家,主要产品有中成药、化学药、医药器材等。全年,实现规上产值 162.66 亿元、利润 15.6 亿元 ,同比分别增长 29.4%和 19%,占全市规上工业总量的比重分别达 5.3%和 9.6%。实施 1000 万元以上医药类项目 22 个,总投资 73.21 亿元,其中亿元以上 15 个,总投资 70.6 亿元。济川药业集团有限公司的中药提取及原料药、江苏江康药业有限公司的中药项目一期、泰兴市康威塑业有限公司的医药包装等项目竣工投产。

(季华成)

机 械 电 子

【概况】 年内,机械电子产业实现现价产值 1251.8 亿元,同比增长 20.2%;完成销售收入 1224.9 亿元,同比增长 20.5%；利润 114.9 亿元，同比增长 13.4%；产值、销售和利润分别占全市规模以上工业总量的比重达 41%、40%、42%。其中，江苏泰隆减速机股份有限公司建立了全国同行业中检测功能最全、仪器最先进的 2000kW 测试中心，泰兴市航联电连接器有限公司建有"嫦娥一号"卫星系统总设计师兼总指挥——叶培建院士工作站。全年实施 1000 万元以上机电类项目 112 个，计划总投资 151.3 亿元，其中亿元以上 48 个，计划总投资 129.3 亿元。江苏汤臣新材料科技有限公司的现代大型水族馆压克力装备及设施项目、江苏百澄特种钢管制造有限公司的特种钢管钛合金制品生产项目、泰兴市华诚机电制造有限公司的煤矿救生舱扩建项目等竣工投产。（封金峰）

轻工纺织

【概况】 年内，轻工纺织产业实现现价产值 159.2 亿元，同比增长 30%；完成销售收入 158.3 亿元，同比增长 31.5%；利润 9.8 亿元，同比增长 26.4%；产值、销售和利润分别占全市规模以上工业总量的比重达 5%、5%、3.6%。其中，江苏凤灵集团提琴创办了国家级乐器声学品质检测实验室、国家级特有工种职业技能培训中心，其生产规模、技术力量、出口创汇均居世界首位。泰州市龙洋木业有限公司公司专业从事板式家具及家具零配件的生产，长期为瑞典宜家(IKEA)贴牌加工，现已成为"宜家亚太区最重要供应商"。泰州远大家俬有限公司致力于铝／铁框架的编藤家具类产品，产品销往美国，荷兰，澳大利亚等 40 多个国家和地区。全年实施 1000 万元以上轻工纺织类项目 28 个，计划总投资 19 亿元，其中亿元以上 10 个，计划总投资 11.8 亿元。泰州远大投资集团有限公司的高档花园家具扩建项目、泰州龙洋木业有限公司的新式板式家具生产四期工程等竣工投产。（封金峰）

重点企业选介

【江苏济川控股集团有限公司】 公司是一家集中西医药、中药日化、中药保健产业，专业从事产品研发、生产制造、商业流通为一体的国家级高新技术企业集团，国家火炬计划骨干企业、全国制药工业 50 强企业，国内 A 股上市企业(代码 600566)。形成以儿科、妇科、呼吸科、消化科、老年病科五大领域为主的中西组合药品，以"蒲地蓝牙膏"领衔的中药日化系列产品，以及以"五仙草"为主推的中药保健组合产品。年内，公司荣获"省最具竞争力优秀品牌企业"、"省医药行业十佳优秀品牌企业"等称号，并荣登"A 股医药生物行业最佳上市公司 TOP10" 第 7 名、"中国化学制药工业企业综合实力百强榜" 第 17 位。全年公司实现国税开票销售 55.03 亿元，入库税收 9.03 亿元。

【江苏泰隆减速机股份有限公司】 公司现拥有总资产 18.77 亿元，占地面积 80 万平方米。拥有各类通用、专用生产、检测设备 1900 余台(套)，高精尖进口生产设备和检测设备达 48%。建立了全国同行业中检测功能最全、仪器最先进的 2000kW 测试中心，创建了国家级博士后科研工作站、全国减速机标委会秘书处、江苏省传动机械与控制工程技术研究中心、泰隆—哈工大工程技术研究中心。拥有专利百余件。产品成功应用于中华世纪坛、三峡大坝、嫦娥一号发射等国家重点工程。全年公司实现国税开票销售 10.71 亿元，入库税收 5358 万元。

【新浦化学(泰兴)有限公司】 公司总投资额为 6.69 亿美元，注册资本为 2.23 亿美元。主要产品为烧碱、液氯、二氯乙烷、氯乙烯、苯乙烯、苯胺、硝基苯、盐酸、氢气等。公司拥有战略性的地理位置，依托黄金水道配套有可直接停靠外轮的三座码头：万吨级液体化工码头、三万吨级煤炭码头和五万吨级液体化工码头。经过数次扩建和发展，至年底有 75 万吨／年离子膜烧碱、10 万吨／年苯胺、50 万吨／年氯乙烯、32 万吨／年苯乙烯等生产装置，自备热电装置。年内，公司被评为"泰州工业十强企业"、"泰州外经贸十强企业"。全年公司实现国税开票销售 68.33 亿元，入库税收 3.76 亿元。

【江苏中丹集团股份有限公司】 公司主要从事精细化工、染料、医药、农药的研发、生产和销售，总部位于江苏省泰兴虹桥工业园区，在重庆、内蒙和新疆建有生产基地。靛蓝、氨基苯醚、乙氧基喹三个主导产品国际市场占有率均居世界第一，65%以上的主导产品出口到世界 30 多个国家和地区，是全国化工先进企业、全国出口创汇先进企业、国家重点培植的出口创汇基地、江苏省重点出口骨干企业。全年公司实现国税开票销售 51.98 亿元，入库税收 1.03 亿元。

【泰州联成化学工业有限公司】 公司系台湾联成化学科技股份有限公司投资设立的企业，投资总额 9998 万美元，占地 40 余公顷。主要进行苯酐、增塑剂等生产，是华东、华南两个地区最大、最具竞争力的苯酐、增塑剂制造供货商。全年国税开票销售 32 亿元，入库税收

348万元。

【爱森(中国)絮凝剂有限公司】 公司系法国SNF公司的全资子公司,至年底投资总额由最初的3500万美元增加到3.72亿美元,注册资本由最初的2300万美元增加到1.24亿美元,员工700多名。公司主要产品絮凝剂主要用于污水处理,油田开采,造纸选矿等,年产量约13万吨。全年公司实现国税开票销售22.18亿元,入库税收9347万元。

【江苏凤灵集团】 集团注册资本3008万元,资产总额2.6亿元,年产各类型号和各种档次的提琴产品30万套、吉他产品60万套,90%以上的产品销往美国、德国、日本、意大利等86个国家和地区。提琴的生产规模、技术力量、出口创汇均居世界首位,销量占世界提琴总量的30%以上。集团被命名为国家文化产业示范基地、国家工业旅游示范点、国家文化出口重点企业,连续多年跻身中国乐器行业10强企业,被授予江苏省明星企业、江苏省质量诚信企业、江苏省精神文明建设先进单位等荣誉称号。全年公司实现国税开票销售1.9亿元,利税1573万元。

【中兵航联科技股份有限公司】 公司为与中国兵器北方导航控制技术股份有限公司控股子公司,注册资本8418万元,资产总额2.33亿元。公司现有员工490名,大中专以上学历的人员占80%。主产品有电连接器、线缆、线缆组件,广泛应用于航空、航天、船舶、通信、兵器、铁路、医疗器械、汽车、石油勘探等领域,部分产品直接出口国外。公司系江苏省高新技术企业,内设科研所,建有“嫦娥一号”卫星系统总设计师兼总指挥叶培建院士工作站、江苏省特种电连接器工程技术研究中心。拥有各类专利48件。经营规模在军品行业中名列全省第一、全国前五。全年公司实现国税开票销售2.02亿元,利税3320万元。

【江苏扬子鑫福造船有限公司】 公司是江苏扬子江船业集团下属的大型船舶和海洋工程装备制造基地。总投资30亿元人民币,占地面积146万平方米,利用长江岸线1200多米。建有大型总装干船坞1座、1000吨龙门吊2台、舾装码头4座,生产厂房总面积32万平方米;配有大型平面分段流水线、21米三芯辊等先进的大型船舶和海洋工程制造设备设施,特涂车间4喷8涂。年钢材加工能力约40万吨,年造船能力可达300万载重吨。现有员工8000余人。全年国税开票销售39.15亿元,入库税收3.74亿元。

【泰兴汤臣压克力有限公司】 公司注册资本5000万元,资产总额2.62亿元。拥有江苏省企业技术中心和市级工程技术研究中心,研发团队32人,其中中级职称及以上的人数27名,涵盖高分子材料、机械制造、自动化等学科。公司拥有压克力板材自动化生产线5条,产能位列国内行业首位。主导产品包括压克力板材系列、声屏板材系列、水族馆装备系列和压克力制品等,产品市场占有率达13%。先后制订了GB/T7134《浇铸型工业有机玻璃板材》和GB/T29641《浇铸型聚甲基丙烯酸甲酯声屏板》两项国家标准,参与制订了TB/T3122《铁路声屏障声学构件技术要求和测试方法》铁道行业标准。拥有发明专利7项,实用新型专利9项,江苏省高新技术产品2个。江苏省专利新产品1个,产品被认定为江苏省名牌产品;“DONCHAMP”牌被认定为江苏省著名商标。全年公司实现国税开票销售3亿元,利税1864万元。

【亚太泵阀有限公司】 公司有员工486名,占地面积4.8万平方米,建筑面积3.9万平方米,注册资本1.12亿元,资产总额1.95亿元,固定资产7836万元。主要生产潜水轴流泵、混流泵、贯流泵、移动液压泵站等八大系列水泵产品,广泛用于水利、化工、市政、交通、电力等领域,大功率潜水电泵产品填补国内空白,并为南水北调、淮河入海水道、三峡工程等30多个国家重点水利工程以及上海、南京、洛阳等60多个大中城市防洪排涝工程配套应用,国内市场占有率达50%以上。全年公司实现国税开票销售1.78亿元,利税1228万元。

【泰兴市金江化学工业有限公司】 公司是香港叶氏化工集团(港股代码HK00408)成员单位之一。公司占地面积16.7万平方米,行政办公及生活后勤中心、生产中心相互独立。在职员工283人。公司主要产品为醋酸乙酯、醋酸正丁醇、酒精和二氧化碳,现有30万吨/年醋酸乙酯装置、12万吨/年醋酸正丁酯装置、5万吨/年酒精装置及副产2.5万吨/年二氧化碳回收装置,醋酸酯产能全球第一,现有项目物料消耗和综合利用水平在国内同行业中处于领先地位,属泰州市50强骨干企业,江苏省高新科技企业。全年国税开票销售13.8亿元,入库税收2458万元。

【江苏凯力克钴业股份有限公司】 公司是中国有色金属工业协会钴业分会理事单位,国家高新技术企业和国家战略物资储备局邀约招标单位。注册资本1.19亿元,总部占地面积10万平方米。2015年格林美股份有限公司(GEM)(股票代码002340)以现金完成对凯力克100%股权的收购,成为其全资子公司。公司为中国第一大四氧化三钴与第二大电积钴生产商,年产钴金属量达10000吨。凯力克金属钴品牌“KLK9995”是伦敦金属交易所LME上市的金属钴期货合约可交割品牌。2016年国税开票销售13.8亿元，入库税收3738万元。

【圣达电气有限公司】 公司是生产各种无氧铜及铜合金产品的专业工厂。现有员工205人，其中工程技术人员64人。工厂占地面积4.68万平方米，建筑面积2万平方米，注册资本7000万元，资产总额1.78亿元，年综合生产能力2万吨。公司具有科研、开发、生产各种无氧铜及铜合金制品的能力，是江苏地区门类较全，规模较大的专业铜加工生产厂家。公司汽轮发电机用空芯铜导线、铜合金接触线被授予江苏省名牌产品称号，合金铜线及微电机用异型铜排被授予泰州市名牌产品。全年公司实现国税开票销售3.9亿元，入库税收1148万元。

【江苏科兴电器有限公司】 公司是专业从事35kV及以下的电磁式、电子式互感器研发、生产、销售、服务为一体的国家高新技术企业。现有职工376人，其中高级职称2人，中级职称16人，大专以上员工95人。注册资本1.01亿元，占地面积5.33万平方米。公司产品广泛应用于各个地区、各个行业的输配电设备中，重点工程有三峡大坝、奥运工程、世博场馆、高铁动车等项目。参与多项国家标准的起草，是中国电器工业协会高压开关分会理事单位。公司是华东地区最大、国内第三大中压互感器制造商。公司拥有全国最大的静态混料真空浇注系统，国内首家真空隧道炉。车间采用精益化U型布局，全自动智能化互感器生产线被评为首批“江苏省示范智能车间”，其中线圈生产、成品装配及全自动检测流水线、线圈干燥用真空隧道炉、烘模及后固化隧道炉、RGV自动流转小车等设备均为行业首创。全年公司实现国税开票销售1.7亿元，入库税收1514万元。

【江苏华骋科技有限公司】 公司拥有9万平米厂区面积和4.8万平米厂房建筑面积，注册资本2000万元，资产总额2.09亿元，员工610人。主要为一汽、北京现代、合力股份、杭州叉车等大中型汽车制造企业、工程机械和叉车制造企业配套生产100多种规格型号的灯具。公司现为“国家级中型企业”“江苏省高新技术企业”“江苏省规划布局内重点软件企业”，累计拥有71件专利成果，6个科技项目获国家和省级立项，12个省高新产品，3个国家重点新产品，2个江苏省优秀软件产品奖(金慧奖)。全年公司实现国税开票销售1.8亿元，入库税收超920万元。

【泰兴市昇科化工有限公司】 公司是上市公司江苏裕廊化工有限公司投资成立的全资子公司。总占地面积为22万平方米，注册资金7亿元人民币，是一家专业生产丙烯酸及酯系列产品的公司。目前已建成3套16万吨/年丙烯酸装置，1套18万吨/年丙烯酸丁酯装置，是国内最大的丙烯酸生产企业。全年国税开票销售36.86亿元，入库税收471万元。

【江苏兆胜空调有限公司】 公司系中国最大的船用空调系统集成及服务供应商，专业从事舰船用空调、冷藏、通风、冷却器、特种空调等系统及设备的研发、设计、制造、工程安装、调试维修服务，所有产品均通过CCS、DNV、GL、LR、BV、ABS、NK、RINA等国际十大船级社认证，拥有专利93项，其中发明专利18项，新型实用专利75项，是江苏省高新技术企业，知识产权重点保护单位、江苏AAA级信用企业、国家武器装备科研生产定点单位、三级保密单位，拥有“江苏省船舶与海洋空调冷冻工程技术研究中心”“江苏省博士后创新实践基地”“企业研究生工作站”。全年公司完成销量继续蝉联国内行业第一，实现国税开票销售8.15亿元，入库税收9803万元。

【江苏南极机械有限责任公司】 公司占地面积25万平方米，建筑面积15万平方米，拥有各类冷、热加工生产设备450多台套，其中大型及高精度设备230多台套，现总资产近5亿元。大中专以上学历员工占总人数90%以上，拥有科技人员160多人，其中高、中级职称80多人，有百名以上工人技师和高级工。为国家火炬计划重点高新技术企业、全国环保百强企业、全国科技创新示范企业、全国机械行业管理示范先进企业、全国企业文化优秀单位、江苏省高新技术企业、江苏省船舶配套行业重点企业、泰兴市重点骨干企业。公司主要生产经营“南极”牌舰船防污染类、船舶动力系统轴舵系类、船用压力容器类及其它舱室机械类产品，并承接大型机械加工业务。产品主要销往全国各大、中船厂，被“南极”长城站、中山站、“极地号”考察船、“远望”系列测量船、“辽宁舰” 和赴索马里护航编队等国家重点船舶和国防工程广泛选用，并配套出口10多个国家和地区。公司科研实力雄厚，被认定为江苏省企业技术中心和江苏省船舶污水序批式膜法处理设备工程技术研究中心，同时建有国内最大最先进的模拟全船压载水处理试验中心，以及功能齐全的船舶生活污水处理、油污水处理、中间轴承、振动测量等各类试验中心。倪氏船舶压载水管理系统获首届中国军民两用技术创新应用大赛决赛金奖。全年国税开票销售3.66亿元，入库税收2672万元。

(封金峰)

农业·水务

■编辑　辛　仕

农　业

· 综　述 ·

【概况】　2016年,全市粮食面积9.59万公顷,总产量68.47万吨;新增设施农业1066.67公顷,新发展3.33公顷以上规模高效设施农业项目26个;新增成片造林267.8公顷,新建通村公路绿色通道和绿色河道147千米,创建森林生态示范村30个;出栏生猪115万头、家禽1162万羽、肉羊39万只。现有规模养殖场(户)3314家,生猪大中型规模养殖比重达73.4%;新增各类农机具1241台,使用国家、省农机购置补贴资金1972.6万元;国家农业综合开发中低产田改造等项目投入4530万元,新建高标准农田1666公顷,土地治理2533.3公顷;完成农业招商引资项目72个,实际利用"三资"26.85亿元,新开工规模以上项目33个,农产品出口3096.33万美元。培训农民0.8万人次。市农委被国家林业局授予"全国绿化先进集体"荣誉称号,市畜牧兽医中心被农业部评为全国"基层畜牧技术推广示范站",为全国农业春耕生产暨森林草原防火工作现场会提供现场。

· 农村工作 ·

【概况】　2016年,全市总投入1.31亿元,实施村级增收项目169个。珊瑚镇整镇推进标房项目,建筑总面积1.5万平方米,共涉及13个村;张桥镇整镇推进标房项目,共涉及4个村,建筑总面积4149.5平方米;河失镇整镇推进标房项目,建筑总面积1.6万平方米,共涉及13个村,根思乡整镇推进高炮广告牌建设项目,共建设高炮广告牌21个,涉及10个村新街、姚王镇整镇推进建设标准厂房2.3万平方米,共涉及44个村;村内实施项目50个。省级村级增收试点项目30个,其中土地股份合作社10个,农机专业合作社20个,劳务合作社1个,标准化厂房建设2万平方米等。村内自行组织实施项目5个。每年可增加村级集体稳定性收入1200万元。11个村(居)成功创建泰州市"强富美高"新农村建设示范村,元竹镇蒋堡村、黄桥镇祁巷村成功创建成泰州市"十佳"示范村。

【农民合作社规范化建设】　2016年,全市共有农民专业合作社1075家,入社农户28.5万户,农户入社率达93%,合作社年度报告公示率达93.5%。累计创建国家级示范社5家,省级示范社11家,泰州市级示范社41家。创建泰兴市级"星级示范社"200家,200家示范社拥有注册商标37个,通过"三品一标"(无公害农产品、绿色食品、有机农产品和农产品地理标志)认证34个,设立直销窗口17个,开展电子商务33个。苏合农副产品销售合作联社、祁巷农民合作社综合社、鹏程禽蛋农民专业合作社和香飘飘甜瓜农民专业合作社等4家农民合作社,成功入驻苏宁易购农产品销售旗舰店。全市农民合作社统一购买生产资料8亿多元,其中统一购买达80%以上的合作社有440家;合作社统一销售农产品近15亿元,其中统一销售达80%以上的合作社480家。

【农村三资管理】　2016年,市委农工办修订完善《全市农村集体经济组织财务管理制度》,研究制定《业务工作操作规范》,拟定《泰兴市农村财务管理岗位责任追究制度》。组织实施农村集体“三资”管理检查专项行动,共查处违规发放工资、补助12.62万元,交通费超标列支4000元,全部清退到位。全面推行“先理财、后审批、再入账”的财务工作流程,定期开展村务公开。委托用友公司开发农村“三资”网络监管平台软件,委托第三方对16个乡镇(街道)经服中心代管资金收支情况进行专项审计,每个乡镇(街道)抽查审计1个村,对审计发现的问题跟踪督查,限期整改。

【农村产权交易】 2016年,市级农村产权交易中心在市公共资源交易中心设立窗口,各乡镇落实专门办公、交易场所,在农经服务窗口增设农村产权交易服务,建立健全各项管理制度。全市统一购置电脑、打印机、高拍仪、身份证阅读器18台套等硬件设施,为乡镇安装调试到位。市镇两级产权交易项目总数1303个,成交总金额3.78亿元,溢价总金额3060万元,其中:农村土地承包经营权交易26笔,交易额1566.6万元,集体资产资源交易1277笔,交易额3.62亿元。是年,泰兴市被评为省农村产权交易市场建设先进集体,黄桥、分界、姚王、虹桥4个乡镇被省评为先进集体。

【农业保险】 2016年,全市实现小麦、水稻、油菜等主要种植业保险保费2695.98万元,其中:小麦承保57.13万亩,实现保费1256.82万元;水稻承保55.76万亩,实现保费1226.82万元;油菜承保9.65万亩,实现保费212.34万元。实现高效农业保险保费5906万元,占总保费68.66%,其中:实现高效种植业保险保费2468.2万元,高效养殖业保险保费3437.8万元。全年打卡发放受灾理赔资金5830万元。

【脱贫致富奔小康工程】 2016年,全市召开扶贫开发工作三级干部大会,出台《关于组织实施脱贫致富奔小康工作的意见》,明确245个经济薄弱村、7000元以下建档立卡低收入农户17963户、30613人,到2019年全面脱贫。市委农工办绘制印发经济薄弱村脱贫进度图,建立健全帮扶信息档案,逐户填发《帮扶手册》,将扶贫开发专项工作列入乡镇(街道)、市级机关部门绩效管理考核内容。建立挂钩帮扶机制,市级组织29个市领导挂钩16个乡镇(街道),96个市级部门单位、三区三园近80家企业,结对帮扶119个经营性收入低于20万元的重点经济薄弱村,选派55个“第一书记”和组建群众工作团驻村推进精准扶贫工作。至年底,全市帮扶企业投入资金746万元。96个挂扶部门投入帮扶资金1164.47万元,为经济薄弱村实施增收项目76个,基础设施建设项目58个。9261户获得捐赠救济资金889.69万元。全年,按规范程序确认新增低收入农户59户161人;脱贫6909户,11401人,脱贫率分别达38.46%、37.24%;75个建档立卡经济薄弱村达标越线,脱贫率达30.6%。

【农村土地承包经营权证书颁发仪式】 9月20日,泰兴市农村土地承包经营权证书颁发仪式在分界镇王厂村举办。王厂村村民领取泰州市第一批农村土地承包经营权证书。省农委经管站站长杜海蓉、泰州市委农工办主任姚灿华、泰兴市委副书记张坤出席,副市长谢红官主持仪式。颁证仪式上,张坤代表市委、市政府向分界镇王厂村十九组承包方代表朱静颁发泰州市首份农村土地承包经营权证书。（马齐齐）

· 种植业 ·

【概况】 2016年,全市农作物总播种面积13.96万公顷,其中:粮食面积9.59万公顷,总产量68.47万吨,同比减产4.5%,粮食单产比2015年减少3.85%;油菜面积0.89万公顷,总产量2.4万吨;蔬菜(含瓜果)播种面积2.73万公顷,总产量95.4万吨,同比减产2.46%。夏粮收割期间连续阴雨,水稻受涝成灾,10月底11月上中旬连续阴雨天气,影响水稻及时收割和小麦适期播种。全市16个乡镇,321个村,6780个组,农业支持保护补贴户数27.95万户,补贴面积4.39万公顷,补贴资金7895.8万元。

【粮食生产】 2016年,全市夏粮面积4.49万公顷,比上年增加200公顷,增长0.45%;总产25.28万吨,比上年减产6.1%。水稻主推品种为武运粳24、扬育粳2号等,种植面积4.39万公顷,平均单产9111千克/公顷,总产39.95万吨。农业生产全程社会化服务扎实推进,全市50亩以上的种植大户、家庭农场659个,规模种植面积2.08万公顷,建成泰州级农业园区23个,其中粮食产业园区7个。

【蔬菜生产】 2016年,全市蔬菜播种面积2.73万公顷,平均单产35085千克/公顷,蔬菜总产94.5万吨。建成新街镇、黄桥镇2个万亩“菜篮子”蔬菜生产基地。

· 水产业 ·

【概况】 2016年,全市水产品总量2.5万吨,渔业总产值7.83亿元,繁育种苗9.6亿尾。高效设施渔业面积达1万公顷,占养殖面积的39.31%,列泰州市第一;“三品”(无公害水产品、绿色水产食品、有机水产品)面积占渔业总面积93.73%,位列全省第20位。渔业科技入户工作获省海洋与渔业局一等奖。全年开展长江禁渔专项执法执法检查20余次，拆除各类渔具168部(条);开展非法捕捞专项整治行动、长江专项捕捞执法检查27次;开展水产品质量安全监督检查执法检查27次,检查水产养殖(繁育)场所(户)、超市66家次,检查渔船88艘次,调处渔业水污染事故46起,为养殖户挽回经济损失近30万元。未发生一起水产品质量安全事件。

·林　业·

【林业绿化】　2016年，全市新增成片造林267.8公顷、新建完善农田林网7126公顷,完成森林抚育面积1695.8公顷、四旁植树66.5万株;30个村完成市级森林生态示范村创建任务,15个村上报省级森林生态示范村;新建完善市级以上绿色通道516.1公顷、通村公路58千米、绿色河道89千米。新增50亩以上的高效设施林果项目6个;新申报果品无公害基地4个,无公害产品13个,市农委被全国绿化委员会、人力资源和社会保障部、国家林业局授予“全国绿化先进集体”荣誉称号;林业局被省林业局授予“2013—2016年度森林防火先进集体”;黄桥镇祁巷村被评为“全国生态文化村”;济川街道农业园区被认定为泰州市现代农业园艺产业园区。4月20日,全国农业春耕生产暨森林草原防火工作会议,参观宣堡镇绿化现场。

全国农业春耕生产暨森林草原防火工作会议参观泰兴林业现场　(农委供稿)

【银杏产业】　2016年,全市拥有定植银杏树300万株,盛果树200万株,银杏产量1.1万吨;张河村13.33公顷有机银杏生产基地通过北京中绿华厦有机食品认证中心“泰兴白果”有机食品认证和现场查验。10月20日,配合举办第八届中国·泰兴银杏节。

·畜牧业·

【概况】　2016年,全市出栏生猪115万头、家禽1162万羽、肉羊39万只。有规模养殖场(户)3314家,其中万头猪场11家、万羽禽场156家、千只羊场43家、五百头以上牛场1家,生猪大中型规模养殖比重达73.4%,比上年提高4个百分点。新申报产业化引导资金、畜禽标准化规模养殖场建设、生猪奶牛良种补贴、生猪科技入户、三新工程等各类项目19个,验收项目12个,推广新品种、新技术、新模式8个，补贴良种公猪精液21.6万瓶、良种公牛冻精7000支,畜牧业科技进步贡献率达65%以上。新创建农业部畜禽养殖标准化示范场1家,省畜牧生态健康养殖示范场7家;新申报省级无公害生产基地和产品各5个。全年投保养殖场户3.5万个,保险能繁母猪5.3万头、育肥猪125.1万头、仔猪62.3万头,家禽632.3多万羽,山羊9.5万只,奶牛0.18万头,保费总额达5478.3万元,增收保费1000万元。

·农业资源开发·

【概况】　2016年,全市建成国家农业综合开发项目高标准农田1666公顷,完成投资3220万元。项目区新建各类田间配套建筑物75座、电灌站34座、硬质渠道69千米、埋设管道4.4千米、砼路32.8千米。建成省级沿江农业综合开发项目高标准农田866.6公顷，完成投资1690万元。新建各类田间配套建筑物46座、电灌站15座、硬质渠道31.31千米、埋设管道1.13千米、砼路19.41千米。完成2015年度国家农业综合开发产业化经营贷款贴息项目申报和贴息结算，涉及流动资金贷款1000万元,贴息额20万元。

【项目开发】　2016年,全市上争立项3类项目,其中2000公顷国家一般土地治理项目，投资4530万元;666.6公顷省级高沙土项目，投资1300万元；完成2015年度产业化贴息项目入库及结算工作，涉及流动资金贷款1000万元,上争省级以上财政资金20万元;完成2016年度产业化贷款贴息项目入库工作,涉及流动资金贷款4700万元。合计争取泰州市级以上资金5182.5万元。全年项目区流转土地466.67公顷,成立家庭农场15个。新建各类田间配套建筑物187座、电灌站27座、硬质渠道52千米、埋设管道2.1千米、砼路38.3千米。

·农业机械化·

【概况】　2016年,全市本级财政农机购置补贴370万元,使用国家、省农机购置补贴资金1972.651万元,报废更新资金52.2万元,受益农户532户。2016年,全市新增各类农机具1241台，其中新增80马力以上大中型拖拉机配套秸秆还田机 187 台(套)、联合收割机 170 台、高地隙式喷杆式植保机 95 台、粮食烘干机 147 台、高效设施农业装备 200 余台套。2016 年,全市创建省级农机合作示范社 2 个、泰州市农机合作示范社 11 个,召开现场会、举办培训班 16 次,培训人员 1500 多人次。

【水稻机插秧】 2016 年，全市 3 亩以上秧池面积达 347.7 公顷，水稻机插面积达 3.11 万公顷，机插率达 93%,13 个乡镇(街道)实现机插秧整镇推进。全省粮食生产全程机械化推进行动水稻机插秧现场会观摩泰兴现场。

【农机安全监理】 2016 年,全市累计年检小型、变型拖拉机 2150 台、联合收割机 449 台、大中型拖拉机 206 台;新注册登记拖拉机 134 台、收割机 168 台;初次申领驾驶证 38 个、有效期满换证 463 个。年检车辆保险率达 100%,全年未发生重特大道路外农机事故。

· 农业产业化 ·

【概况】 2016 年,全市完成农业招商引资项目 72 个,实际利用“三资”26.85 亿元,新开工规模以上项目 33 个,其中 1.5 亿元以上项目 5 个。规模以上农产品加工产值 210 亿元,农产品出口 3096.33 万美元。

· 农村能源利用 ·

【概况】 2016 年,全市投入 1100 万元,建成运行沼气工程 15 处,建池容积 6600 立方米,新增粪便处理能力 1.32 万吨;2016—2017 年在建沼气工程 15 处,建池容积 8000 立方米,投入专项资金 1225.8 万元。配合环保局责成 11 家规模养殖场对环保设施提档升级,共投资 4500 多万元,更新环保利用设施,全部投入运营,其中中央投入 197.5 万元,省级财政补助 975.5 万元。全年实现秸秆多种形式利用 11 万吨，秸秆综合利用率达 95.18%,高于全市目标任务 4.18 个百分点

【非规模畜禽养殖污染治理试点】 2016 年,实施市政府民生实事工程——全市非规模畜禽养殖粪污治理试点工程,市财政 3 年内每年预算安排专项资金 1000 万元,采取“以奖促治、先建后补、打包下拨”形式给予扶持。采用“户用蓄粪池 + 田头调节池 + 大田利用”畜禽粪污治理模式,建设田间调节池,采购运排粪污配套设备。市政府补助种植户 15 元 / 亩。8 个试点村 385 个田头调节池全部建成,粪污输送管道、粪污运输车辆、施灌设备全部配备调试到位。

· 农民培训 ·

【概况】 2016 年，全市举办农业职业技能培训班 21 期,农产品电子商务培训 1 期,培训 3246 人。举办新型职业农民培育培训班 28 期,培训 5010 人;开办新型农业经营主体带头人(农机)培训班 1 期,培训 103 人;完成新型农业经营主体带头人(农业)培训 151 人;367 人取得农民中职教育毕业证书，全年各项培训班共计培训 8877 人，新型职业农民培育程度新增比例达 10.08%。

(徐长杰)

水 务

· 综 述 ·

【概况】 2016 年，市水务局实现水利建设总投资约 11.23 亿元,较上年增长 13%,共建设城区闸站 2 座,泵站 1 座,节制闸 4 座,桥梁 4 座,整治河道 21 条 7.5 千米,绿化工程 12 万平米。铺设各类供水管网 4291 千米,入户改造 9.8 万户。全年完成水利总土方 112.13 万立方米,疏浚整治河道 40 条 44.5 千米,新建各类小沟以上建筑物 333 座、防渗渠道 207 千米、河道护岸工程 19.28 千米,更新改造农桥 20 座。

· 水利建设 ·

【水利规划编制】 2016 年,市水务局修订完善《泰兴市城市水环境治理规划(2013-2030)》,获市政府批准。编制完成泰兴市“十三五”水利专项规划和各类农水项目专项规划。开展《泰兴市水资源保护规划》、《“十三五”节水型社会建设规划》等规划编制。结合省级水生态文明城市创建,启动编制《泰兴市水生态文明城市建设实施方案》。上报如泰运河接通工程项目建设书和古马干河区域治理等项目可研报告,获省水利厅立项。

【防汛抗旱工程建设】 2016 年，市水务局投入 2.38 亿元，组织实施马甸水利枢纽改建工程。马甸枢纽改建工程被省水利厅评定为“省级文明工地”。投资 4800 多万元建设四桥港闸站、东夹江排涝站。两个闸站建成后,排涝能力达到 16 个流量,提升虹桥新城和开发区北部片区排涝能力。投资 600 万元实施戴窑洼地治理排涝控制工程,汛前完工。

【农村水利建设】 2016 年,市水务局组织实施小型农

田水利重点县、城黄灌区续建配套改造、戴窑洼地治理、农村河道疏浚、市级村庄河塘疏浚、四桥港闸站、中小河流治理重点县以及干河农桥等一批重点水利工程,项目覆盖全市16个乡镇(街道),工程建设总投资达3.95亿元,共完成水利总土方581万立方米,其中疏浚整治河道246条204千米237万立方米;兴建各类小沟以上建筑物750座,其中拆建、新建泵站266座、排涝站7座、涵闸8座、闸站11座、涵洞439座、桥梁20座;新建防渗渠道425千米,河道护岸工程105千米。在2016年省水利厅、财政厅组织的小型农田水利重点县年度绩效考评中,泰兴市连续第三次被评为优秀等次,奖励项目追加投入300万元。

【城市水环境治理】 2016年,市水务局总投资约2.4亿元建设26项水环境治理工程,共建设闸站2座,泵站1座,节制闸4座,桥梁4座,整治河道21条7.5千米,绿化工程12万平方米。其中,2015年度转接项目共11项,已全部完工验收,2016年新开项目15项,6项工程已完工验收,9项工程正在施工。同时,利用自动化控水调水系统,加强调水换水、科学蓄水引流,实现如泰运河以南城区河道控水活水,如泰运河以北水系沟通,消灭黑臭河道目标。

· 水政水资源管理 ·

【水政执法】 2016年,市水务局调整充实水政执法队伍,修订完善水政执法一系列规章制度,加强水政执法人员法律业务学习培训,加强对长江、内河以及各类涉水建设项目执法巡查力度,开展水法宣传、"3·22世界水日""中国水周"等宣传工作。全年开展联合执法44次,出动执法人员800多人次,抓获非法采砂、运砂船只8艘,立案处罚8起,行政处罚60多万元。

3月22日,"世界水日"市水务局向市民普及水法律法规知识 (李曦波)

【生态创建】 9月,市水务局组建水生态文明城市创建工作办公室。2016年,虹桥镇被评为"水美乡镇",黄桥东顾村等6个村被评为"水美乡村",推进水利科普馆项目建设。完成《泰兴市节水型社会建设实施方案(2016—2018)(报批稿)》专家审查并获得市政府批复同意,《泰兴市节水型社会示范区建设自评估报告》(送审稿)通过省厅专家评审。推进节水型工业、社区、单位和学校创建。全市共建成节水型小区16个,省级节水型学校6所,市级节水型学校26所。落实最严格水资源管理制度,加大入河排污口监管力度和水环境整治力度,严格入河排污口审批,严格实行排污总量控制,联合环保部门,开展执法专项行动,对污染物排放不达标企业一律停产整顿直至关闭取缔。全市重点水功区水质达标率达到66.7%。

【水利工程管理】 2016年,市水务局开展水利工程管理标准化创建活动,提升水管单位规范化水平。天星闸、过船闸通过省二级管理单位复核。招投标确定由泰兴市奥体家政公司负责对河道水面进行保洁管护,配置8条打捞船,聘请20多名打捞人员负责水面保洁工作。

· 防汛防旱 ·

【概况】 2016年,市防汛防旱指挥部办公室对《泰兴市防汛防旱应急预案》《泰兴市防御台风预案》《泰兴市抗旱预案》进行修订完善。制定《马甸水利枢纽改建工程2016年度汛预案》。组织防汛抢险队员参加省水利厅举办的军地防汛抢险联合演练,组织马甸水利枢纽改建工程各参建单位举行工地防汛抢险演练。开展防汛隐患排查,共检查发现隐患19处并限期整改到位。备齐备足防汛物资,筹措编织袋14万根、钢管脚手2000根、土工布1.2万平方米、块石1万吨,登记建档,确保物资根据需求储备到位。"7·3"特大暴雨期间,市水务局抽调80多名党员,成立党员抢险先锋队,抢排低洼小区涝水;建立汛情快报制度,确保第一时间发布最新汛情资讯;沿江各闸、涵、站按照市防指统一指令,做好引排调度,其中马甸、过船、天星三闸,整个汛期共引水3.26亿立方米,排水1.59亿立方米,增设临时排涝泵站30台套,共排涝水2.3亿立方米。7月3日,泰州市委副书记、市长史立军赴泰兴视察防汛排涝工作。泰兴市经受住了"7·3"特大暴雨和"尼伯特"1号台风的严峻考验,成功战胜近50年一遇的洪涝灾害。

· 区域供水及饮水安全 ·

【概况】 2016年,市水务局投资2.5亿元,实施新一轮农村饮水安全工程,累计完成管道铺设4291千米,入户改造9.8万户。全面实施镇村供水管网改造工程,对黄桥老区及张桥等10个乡镇进行管网户表改造,完成张桥镇村管网改造工程建设任务。 (许爱如)

商贸服务业

■编辑　翁元锋

综　述

【概况】 2016年,全市实现服务业增加值390.44亿元,增长12.2%,增幅在泰州市排名第三;服务业增加值占GDP比重达46.9%,比2015年提高1.9个百分点。实现服务业产业投资146.23亿元,增长53.13%,增幅在泰州市排名第一。实现服务业税收31.06亿元,受营改增和物流政策取消的影响,下降3.2%,但下降幅度在泰州市最低;其中,批发和零售业税收4.92亿元,增长12.3%,住宿和餐饮业税收2529万元,下降38.9%。实现社会消费品零售总额215.01亿元,增长12.3%,高于泰州市平均增幅0.8个百分点,在泰州市中,总量和增幅均位列第二位;按消费形态分,批发和零售业销售额1190亿元,增长13.8%,住宿和餐饮业营业额52.1亿元,增长13.7%。完成净增限上批零住餐企业数30家,超额完成泰州市交目标21家。组织开展"消费促进月"活动,活动期间8家企业共销售各类消费品1.09亿元,同比增长1.4%。年内创建成功电子商务示范镇、示范村各1个,其中黄桥镇被认定为第二批江苏省农村电子商务示范镇、白庄居委会被省商务厅认定为第四批江苏省农村电子商务示范村。

【重点项目专业市场建设】 2016年,泰兴市在厦门举办服务业暨土地招商会,成功签约服务业项目11个,银杏节期间成功签约服务业项目8个。城市功能性项目招引取得突破,总投资10亿元的五星级酒店、金融中心项目和总投资25亿元的吾悦广场成功落户。全年新开工1000万元以上服务业项目68个,总投资257.7亿元,其中亿元以上项目32个,总投资132.5亿元;新竣工亿元以上服务业项目19个,在泰州市排名第一。建工大酒店、华美达大酒店、科技广场、中介大厦等亿元以上项目相继竣工或营业,昌建广场、新浦轻烃仓储、新竹科技创业大厦、黄桥乐器研发创业中心等亿元以上新开工项目加快推进实施。

【物流企业建设】 2016年,泰兴市新增物流企业70家,实现物流税收2.76亿元,增长18.6%。房地产开发投资增长14.4%,增幅在泰州市排名第二;商品房销售额增长28.5%,销售面积增长23.2%。住宿餐饮业稳中有进。实现住宿餐饮业营业额59.25亿元,增长13.6%。服务业重点企业培育成效显著。净增服务业限上、规上企业分别为30个、20个,超额完成泰州任务,净增个数均在泰州排名第一;济源医药有限公司成为全市首家税收超亿元的服务业企业。

餐　饮　业

【概况】 2016年,泰兴市实现餐饮住宿业总收入40.63亿元,同比增长8.7%。香格里拉大酒店、华美达大酒店相继建成开业。豪庭国际大酒店被江苏省餐饮行业协会认定为江苏省餐饮名店。杨剑等8人被认定为江苏省烹饪大师。梅秀珍等3人被认定为江苏省餐饮服务大师,森萱农庄"长江八鲜"被评为江苏省名宴,黄桥香酥肉干、宣堡小馄饨被评为江苏省名小吃,泰兴市餐饮行业协会被评为江苏省商贸流通服务业优秀社团组织,同时被江苏省餐饮行业协会评为“优秀行业协会”。

【参加江苏省乡村美食大赛】 2016 年 10 月,江苏省旅游局和人社厅在宜兴根大生态园举办江苏省乡村美食大赛,市餐饮行业协会与市旅游局组织中华红枫园大酒店、绿园春生态农庄、祁巷农家乐、贡殿生态园和泰兴九寨人家生态园等参加比赛,10 个参赛菜品,3 个获金奖,6 个获银奖,泰兴获奖面达到 90%,大赛组委会及评委给予高度赞扬,授予泰兴市最佳组织奖。

【参展泰州市金秋美食展】 2016 年 9 月,泰州市商务局、泰州市工商联联合主办“2016 年泰州市首届金秋美食展”,泰兴市 12 家餐饮企业参加,市餐饮行业协会名厨委以“银杏之乡、泰兴风味”为主题,展示泰兴浓郁深厚的餐饮文化。经组委会评定,凯悦大酒店“银杏扣肉”、君悦大酒店“江鲜三宝”入选“泰州当家菜”,仁和楼涨烧饼入选“泰州当家点心”,银光大酒店“双味香荷芋”等 8 家企业 8 道菜品入选“泰州名菜”。

泰州市首届金秋美食展泰兴展台　　（蔡振凤）

【参加江苏省国际餐饮博览会】 2016 年 10 月，中国(江苏)国际餐饮博览会在南京国际展览中心举办,泰兴市 10 多家餐饮企业参加,黄桥烧饼获博览会“中华第一饼”荣誉称号。宣堡小馄饨、黄桥香酥肉干很受消费者亲睐。杨剑、黄良、章欣建、周建良参加中国青年名厨大赛分别获特金奖和金奖，杨魁参加中国青年名厨大赛获“中国最美青年名厨”荣誉称号。

【第四届黄桥烧饼节】 2016 年 12 月 26 日,中国(黄桥)第四届黄桥烧饼节开幕。市餐饮协会与黄桥烧饼协会联合组织 16 家黄桥烧饼生产厂家在黄桥大戏院广场现场制作、销售黄桥烧饼。举办黄桥烧饼质量评比活动,市餐饮行业协会邀请中国全军首席面点大师陈景华、中国十大面点大师沈风珠女士等 5 位资深专家担任评委,“为群”黄桥烧饼获特金奖,“东进”“伟群”“仁和楼”黄桥烧饼获金奖。举办“黄桥烧饼产业发展论坛”,省餐饮行业协会副会长兼秘书长于学荣,扬州大学烹饪旅游学院马健鹰教授等专家学者，围绕黄桥烧饼传统制作与创新、保质与包装、打造品牌和拓展市场提出建议。

【“舌尖上的江苏”节目摄制组走进泰兴】 2016 年 11 月，市餐饮行业协会特别邀请江苏卫视“舌尖上的江苏”节目摄制组走进泰兴,对泰兴香荷芋、祁巷八大碗、黄桥烧饼、刘陈猪四宝、宣堡小馄饨、仁和楼小吃、江鲜和银杏等泰兴特色传统菜品进行拍摄,以“舌尖上的江苏(泰兴篇)”在江苏卫视连续播放一个星期,提升泰兴美食在全省乃至全国的知名度。

【“暖冬行动”】 2016 年元旦凌晨五点,市餐饮协会与仁和楼酒店负责人一起走上街头,带上仁和楼早餐(两只馒头、一碗粥)慰问环卫工人,同时给 693 名环卫工人赠送每人 50 元早餐券,共发放 3.65 万元。是年,市餐饮协会发动餐饮企业帮助贫困大学生，提供暑期社会实践岗位 150 多个，成中酒业一次性提供岗位 43 个。年底,市餐饮协会与广播电视台、泰兴日报社联合开展“暖冬行动”,16 家餐饮企业分别到 16 个乡镇(街道)为贫困家庭(孤寡老人、因病致贫人员、残疾人、孤儿等家庭)送上春节生活用品,发放慰问金 10 多万元。

（吴长元）

旅　游　业

· 综　述 ·

【概况】 2016 年,全市接待游客 240 万人次,同比增长 13.4%，实现旅游综合收入 16.7 亿元，同比增长 14.1%。年内投资 3 亿元的小南湖景区度假木屋项目签约并开工。规划占地 80 公顷,估算总投资 2 亿元的三阳生态园与盐城投资商签约。全市共有列统在建旅游项目 16 个,2016 年投资总额为 20 亿元，其中景区类 2.8 亿元,旅游小城镇与古街区 1.5 亿元,旅游综合体 5 亿元,住宿餐饮 4 亿元,公共服务设施 2.3 亿元。黄桥古镇旅游区游客集散中心投入运营，新四军黄桥战役纪念地项目开馆运营；丁西林故居项目房屋动迁基本完成;永丰客栈主体工程完工;生态湖项目主体工程完工。宣堡古银杏生态旅游区实施 13.33 公顷银杏湖。占地 20 公顷的龙河湾湿地休闲公园项目完成公园内龙河以南地块土丘整形、建筑物及构筑物主体、空中步道钢结构，正在实施六角亭和四角亭、石驳岸降水等。小南湖风景区20公顷牡丹园、四季花海及景观绿化项目已实施到位，4月开园。中华红枫园拓展园、千人大食堂项目竣工，佛教文化园项目及景观升级改造有序推进。宣堡美食暨桃花节、虹桥首届江鲜美食节、小南湖牡丹节暨美食文化旅游节、曲霞汤包节等特色节庆活动，累计吸引游客50万人次。全市有A级景区达8家，其中AAA旅游景区级5家(新四军黄桥战役纪念馆、江苏泰兴国家古银杏公园、中华红枫园、小南湖风景区、庆云禅寺)，AA旅游景区级3家(中共江浙独支纪念馆、泰兴公园、森萱农庄)；星级酒店5家，其中四星级1家(银光大酒店)，三星级3家(凯悦大酒店、君悦大酒店、桥缘宾馆)，二星级1家(黄桥宾馆)；省星级乡村旅游点15家，其中省四星级乡村旅游点5家(小南湖生态园、森萱农庄、印达小秦淮生态园、郭家寨生态园、绿园春生态旅游庄园)，省三星级乡村旅游点10家(三泰农庄、九寨人家、桑木生态园、西桥生态园、三阳生态园、沙河湾农庄、鑫沙生态园、贡殿生态园、永兴生态园、三香果业)；1家四星级乡村旅游点(普丰生态园)因复核不通过而被摘牌。旅行社32家，其中星级旅行社7家(舜天旅行社、山水旅行社、九州旅行社、金色假日旅行社、青年旅行社、神州旅行社、天天旅行社)。济川药业获评为省级工业旅游示范点。

【小南湖牡丹节暨美食文化旅游节】 4月17日，由黄桥镇人民政府、市旅游局共同主办，黄桥镇祁巷村、江苏金辰农业科技公司承办的"2016黄桥小南湖牡丹节暨美食文化旅游节"举行。泰州市旅游局副局长王立新为小南湖国家AAA级旅游景区授牌。市委常委、市人大常委会副主任、黄桥镇党委书记耿元进宣布2016黄桥小南湖牡丹节暨美食文化旅游节开幕。副市长张健羽致辞。2015年9月，祁巷村投入600多万元，从山东菏泽引进并栽种6.67公顷观赏牡丹、20公顷油用牡丹，共计25个品种，其中不乏"状元红""二乔""赵粉""姚黄""鲁荷红""绿玉"等名贵品种。小南湖以百亩牡丹园开园为契机，举办"赏牡丹、品美食"为主题的牡丹节活动，吸引游客参观，活动期间游客达到近6万人次，实现营业收入100余万元。

· 乡村旅游景点 ·

【古银杏公园】 江苏泰兴国家古银杏公园——国家级森林公园，全国农业旅游示范点，国家AAA景区。公园座落于享有"中国银杏第一镇"美誉的泰兴市宣堡镇境内，南临京沪高速、宁通高速、东临宁靖盐高速；上海、南京等周边城市至景区仅有约1小时，方便快捷。公园总面积1600平方千米，园内古银杏资源极为丰富，密集程度世所罕见。其核心区一带现有定植嫁接银杏树6.58万株，其中挂果树1.72万株，百年以上树龄的5226株，200年以上树龄的1600株，千年古银杏3株。江苏省古银杏森林公园绵延千米不断的银杏树组成"世界绝无、中国仅有"的原生态森林风貌，犹如华盖云集，四季景色各有千秋：春季嫩枝吐翠，一片葱绿；如夏郁郁葱葱，浓荫蔽日；秋色金果累累，满园飘香；寒冬虬枝傲天，迎风斗雪，被专家誉之为"自然之奇迹，休闲之胜地"。

【祁巷村】 黄桥镇祁巷村——中国最美乡村，江苏最美乡村，江苏省四星级乡村旅游点，国家AAA景区。祁巷村位于江苏省泰兴市黄桥镇南首，该村水系发达，生态环境优美，村内有占地面积240公顷的现代农业高科技生态观光园。春有草莓、樱桃、茶；夏有枇杷、苹果、葡萄、桃、李、杨梅与瓜类；秋有板栗、梨子、猕猴桃；冬有埃及糖橙、蜜桔、脐橙等。一年四季，百果飘香。村内有近3.33公顷的人工湖——小南湖。该村先后开发水果(蔬菜)自采、高尔夫球、骑马、飞靶射击、真人CS、垂钓、拓展训练、农家乐、棋牌、球类、健身、KTV等10余种室内外娱乐项目；另有极具特色的餐饮服务餐饮，以宴会厅、农家乐为主，农家菜系列款式多变，味道可口，原料多产自该村蔬菜基地及养殖基地。村内拥有标准单人间、标准双人间、标准三人套房、豪华三人套房、豪华复式套房、豪华行政套房等，人性化布局、设计，宽敞、舒适、绿色、豪华、温馨。

【印达村】 曲霞镇印达村——江苏最美乡村，江苏最具魅力休闲乡村，江苏省四星级乡村旅游点。印达村位于曲霞镇南部，文化底蕴深厚，自然环境优美，古庙"十方庵"距今已有450年历史，小秦淮河两岸古树遮天蔽日、郁郁葱葱，村内阡陌纵横，水系交错，身临其境，如入桃花源中。该村以"吃老灶头、品农家乐、尝蟹黄包、钓生态鱼、采甜葡萄、观印达灯"为主线，全力打造"小秦河风光带"，发展特色养殖种植。挖掘地方民俗文化，以灯会为载体，筹划举办洋灯节、河灯节等丰富多彩的灯会节庆活动，以灯展会友、以灯展引商、以灯展带动乡村旅游产业发展。

【中华红枫园】 中华红枫园——国家AAA级旅游景区，江苏省四星级乡村旅游点。中华红枫园位于江苏宁通高速公路广陵出口处，以红枫为主题，融休闲、垂钓、采摘、吃饭、住宿为一体的乡村旅游休闲观光度假区。红枫园占地面积204.53公顷，其中，高效园艺产业区100公顷、现代生态养殖区25.33公顷、锦绣森林休闲区26公顷、乡野田园休闲区20.67公顷。

【森萱农庄】 森萱农庄——江苏省四星级乡村旅游

点,国家AA级旅游景区。森萱农庄位于虹桥镇滨江生态园的核心区，系江滩湿地整理而成，占地8平方千米。农庄内规划为5个功能区,即生态养殖区:利用江水资源养殖特种水产品10个(河豚、鳜鱼、鲈鱼、丁桂鱼、中华鳖、青虾、大闸蟹、白条、鮰鱼、昂公等);休闲垂钓区:建有垂钓台和亭阁50个,供游客享受垂钓的乐趣;水果采摘区:园内枇杷园、梨园、水蜜桃园、红枫园、燕竹园、有机茶园,供游客观光采摘;江鲜美食区:建有水上美食长廊,1500平方米，让游客在欣赏水上美景时,品尝江鲜美食佳肴;科普教育区:园内建有200平方米的特种水产品展览馆,让游客尤其是青少年直观感受长江特种水产品的知识性和趣味性。

【郭寨生态园】 郭寨生态园——江苏省四星级乡村旅游点。郭寨村位于中国银杏第一镇——宣堡镇境内，系国家级生态村。郭寨村建成休闲健身公园，宣南中沟景观河，村庄景观河,133.33公顷特色林果花木基地,450米竹结构生态型长廊,3个生态型鱼棚，以及10多处休闲绿化景观节点。投资500多万元的郭家寨生态农庄会所占地4.53公顷，系集农家乐餐饮住宿、休闲垂钓、农业观光旅游于一体的乡村旅游项目。

【桑木生态园】 桑木生态园——江苏省三星级乡村旅游点。桑木村西邻泰兴城区,北接城东工业园区，334省道穿村而过。村内休闲公寓区既具城市面貌，又有乡村特色。该村农业特色鲜明，成立桑木土地股份合作社,首期开发面积106.67公顷,其中占地33.33公顷的花卉苗木基地,20多种苗木近10万株,配套观光亭、健身器材、园内绿树成荫,鸟语花香;占地20公顷的药材种植基地,种植半夏和丹参;占地10.67公顷的聚丰水果合作社,主产优质葡萄、水蜜桃等高档优质水果,可现摘现尝;占地10公顷的禾作生态园,设有苗木培植区、垂钓区、农家乐区、高档盆景区、花卉区等;占地近百亩飞仙鹅业合作社,产销一条龙;元庄羊业合作社存栏4000只波杂山羊、1.33公顷的蔬菜大棚,2个生态垂钓中心。有2家生态农庄开业营业农家乐,为客人提供农家菜肴。

【泰兴果园场】 泰兴果园场位于黄桥镇北郊，占地67.67公顷,拥有25.33公顷葡萄观光采摘园、6.67公顷立体种养示范园、3.33公顷特色水果园、2公顷垂钓中心、2000平米游客服务中心、1000平米特色餐饮中心。景区常年对外免费开放,生产的夏黑、魏可、巴西、美人指、信浓乐、里扎马特等在国家、省、市葡萄评比中多次获得金、银奖,并通过国家农业部绿色食品认证;常年水果产量500万吨,年接待游客达10万人次。先后被认定为“江苏省无公害果品产地”“江苏省科普教育基地”“江苏省葡萄标准化示范园”“国家葡萄产业技术体系示范点”。

粮油贸易

【概况】 2016年，泰兴市粮食企业实现购销总量279.04万吨,全年粮食收购总量29.9万吨(小麦16.2万吨,粳稻13.7万吨),其中,国有粮食购销企业收购19.8万吨,非国有粮食购销企业收购10.1万吨。国有粮食购销企业按国家最低收购价收购量5.8万吨（小麦3.1万吨,粳稻2.7万吨)。12家国有粮食购销企业落实小麦收购订单合同141份，收购量达4.97万吨;落实粳稻收购订单合同120份，收购量达5.53万吨。全市粮油工业实现销售收入86.7亿元、利税0.52亿元。是年,先后有7家国有粮食购销企业新建3.3万吨标准仓房和0.45万吨简易仓，分别对11家粮食收纳库点仓库进行维修改造,修缮仓容0.65万吨,同时完成泰兴粮食储备库智能化升级项目，并在横巷粮油经营公司建成1个日烘干能力达210吨的粮食烘干服务中心。

【粮食储备库智能化升级项目】 泰兴粮食储备库位于泰兴市河失镇,2016年经省、市粮食局批准实施智能化升级建设项目,2016年3月开始调研筹划，后于2016年7月5日开工,总投资200.01万元(其中省补资金83万元),10月底竣工,11月试运行,12月13日通过预验收。智能化升级项目主要是建设粮库业务核心应用、智能出入库、多功能粮情检测、智能仓储应用、智能安防等系统，并实现与省市综合管理信息化平台系统的互联互通和主要业务数据的实时动态传输和远程监管。项目实施提升粮食收储能力和应急保障能力,提高了粮库工作效率,降低了经营成本,方便了群众售粮。特别是通过实时对粮情和磷化氢气体的监测,确保

6月10日,市委书记张育林检查夏粮收购工作

（市粮食局供稿）

存粮安全,延长库存粮食的保鲜度,提高了上级主管部门对粮食库存的远程监管力度。 (黄 姣)

供销合作经济

【概况】 2016年，泰兴市供销合作总社建成具有代购、代销、代售功能的电商综合服务站39个。整合市内培训资源,举办形式多样的信息技术和电子商务培训,累计培训1574人次。全年完成16个为农服务社提档升级,其中省定经济薄弱村4家。总投资3000万元、占地1.33公顷、总建筑面积1.6万平方米的惠农农资仓储配送中心7月投入使用。投入100多万元购置15台大型施肥喷药机，每台每天可施肥喷药350～400亩，专门服务种植大户。全市286个农资网点实行连锁经营,全年供应各类化肥2万吨、农药600吨。与市内9个种田大户订立托管协议,对9800多亩小麦、水稻从播种到收割全程托管。供销职业技术学校继续推进“产教融合、校企合作”,打造“车间进课堂、课堂进车间”的办学格局,2016年秋季招生410人,对口单招实现本科进线人数“四连增”,技能合格率100%、专科进线率100%。连续多年毕业生就业率保持在95%以上,就业巩固率达98%。 (张兴华 蒋俊斌)

盐业专营

【概况】 2016年,泰兴市盐务管理局(分公司)实现销售收入3787万元,销售总量1.66万吨,其中小包装销售4700吨,工业用盐销售1.06万吨。

【盐政执法】 2016年,泰兴市盐务管理局(分公司)按照国务院《中华人民共和国盐业管理条例》《食盐加碘消除碘缺乏危害管理条例》《食盐专营办法》等法律法规,组织开展“消费与民生”“食盐健康访万家”“保障国庆、中秋期间食盐市场安全”“保障元旦、春节期间食盐市场安全”等专项整治行动，全年共出动执法人员1650余人次,执法车辆550余台次,检查零售户1.32万余次，走访食品加工点、餐饮点、食堂和居民灶台4.5万余家,发放各类宣传材料3.5万余份,共查处各类盐业违法案件173起，罚款5万余元，没收盐产品5.6吨,碘盐覆盖率达98%,碘盐合格率达98%。

(叶 军)

烟草专卖

【概况】 2016年,市烟草专卖局出动专卖管理执法检查8860人次，查获各类违法案件436件，总案值达685.72万元。全年共销售卷烟4.12万箱，实现税利2.18亿元，先后获评2013—2015年度江苏省文明单位、泰州市’三个文化’建设示范单位、泰州市烟草系统先进单位等荣誉称号。加大违法卷烟打击力度,“10·26”“3·30”两件大案成功告破,辖区市场净化率始终保持在97%以上。全年新办许可证105件、停业417件、注销384件,无证经营率控制在3%以内。 (王 波)

石油经营

【概况】 2016年,泰兴市辖区内参加年检的成品油经营企业共78家,其中:批发企业1家,仓储企业1家,零售企业76家。当年成品油市场总体运行平稳,全市各零售网点共销售成品油15.1万吨(不包括中石化和中石油所属高速公路加油站),同比增长7.9%。中国石化销售有限公司江苏泰州泰兴石油分公司拥有加油站30座,其中水上加油站一座,高速公路宣堡服务区加油站为万吨级加油站。2016年,销售成品油13.77万吨,比上年增加销售近9000吨,实现销售额约10.5亿元,其中零售12.6万吨,分直销1.17万吨;油站便利店(非油品)销售2400万元,比上年增加300多万元。泰兴城区中心加油站投入改造资金近300万元进行整体改造,于9月正式营业。是年,该公司被市物价局评为价格城信单位。 (王利凯)

财税·金融

■编辑 辛 仕

财政·税收

·财 政·

【概况】 2016年，全市一般公共预算收入实现57.2亿元,占调整同比增长8.4%,税占比82.4%。全市实现财政支出155.7亿元,比上年增支0.2亿元,同比增长0.2%,其中:一般公共预算支出完成76.4亿元,比上年增支8.9亿元,同比增长13.2%。2016年,民生支出占一般公共预算支出的比例达到75.8%。教育、科技、社保等8项重点支出达49.6亿元,占全市一般公共预算支出65%,同比增长22.6%。其中:教育支出增加0.1亿元,增长1.1%;科技支出增加0.2亿元,增长6.7%;社保支出增加0.3亿元,增长4.5%。2016年，市财政盘活存量资金，收回可用存量资金0.7亿元。2016年,市财政局连续第六年被省厅评为“法治财政标准化建设先进单位”,继续被确定为“全省法治财政标准化建设示范点”，被财政部表彰为全国财政系统“六五”普法先进单位。

【预算公开管理】 2016年，市财政推进预算管理改革,实行全口径预算管理,加大四本预算有机衔接和统筹。全面公开政府和部门预决算信息，提高预算透明度,增强预算法定意识,预决算信息公开工作受到省厅表彰。

【国库集中收付改革】 2016年,在全省首批实施国库集中支付电子化改革。国库集中收付中心全年共办理集中支付业务12.7万笔,支付金额133.3亿元;为2万多行政事业单位在职、离退休人员统发工资,总额达16.53亿元；全年超百亿的支出对账准确率达100%；全市559家资金账户,服务对象满意率达100%;全年累计拒付各类申请238笔,金额达1854万元,同比减少158笔,下降39%。

【筹资推进城建工作】 2016年,市财政局筹集资金,加大城市建设投入，支持实施新建道路工程29项,总长28.2千米;改扩建道路工程18项,总长28.4千米。建设经济适用房2765套26.6万平方米、安置房6100多套75万平方米。累计投入4亿元,实施外环城河北闸站、济川闸站等46项水系控制、河道护岸和河道清淤工程。实施生态停车场、星火绿地等69项园林绿化工程，新增绿化面积153万多平方米，城市绿地率达37.47%,建成区覆盖率达41.13%。 (于驰宇)

·国家税收·

【概况】 2016年,市国税局共组织国税收入50.61亿元，同比增长26.79%；完成公共预算收入21.27亿元,同比增长72.53%;建筑业实现增值税收入2.1亿元,国税收入总量、公共预算收入、建筑业收入总量均居泰州县(市、区)首位。市国税局被评为“江苏省文明单位”“全省国税系统税收管理改革示范点”,荣获“泰州市六五普法先进集体”,连续第九年获得“泰兴市十佳服务地方发展单位”“2016年度泰州市国税系统绩效管理先进单位”。

【税收减免】 2016年，市国税局共办理各类减免退税19.68亿元，占入库税款50.6亿元的39%。累计享受各类税收优惠近18.95万户次，其中：办理出口退税5.09亿元；办理小微企业减免税6028万元，同比增长20.49%；办理高新技术企业所得税减免7205万元，同比增长71.7%。

【办税服务】 2016年，市国税局推进实名制办税，采集实名制信息16956条。联合建工、水利等部门，制定《泰兴市建筑施工项目税收联合管理办法》，建立建筑业常态化信息交换机制，全年共交换信息1128条。3月，建成国地税联合办税大厅；5月挂牌成立国地税联合稽查办案中心；8月，营改增全面落地；10月，“金三”系统顺利上线，核实维护异常数据37类4405条，国地税比对信息8153户次。完成前后台和外围系统功能测试，测试面、测通率均达100%。 （陈 海）

· 地方税收 ·

【概况】 2016年，市地税局共征收入库各项收入58.12亿元，其中市级税收31.45亿元，社会保险费22.79亿元，超额完成年度计划；地税公共财政预算税收收入25.39亿元，营改增后，剔除营业税同口径增长11.14%，占全市公共财政预算收入比重达53.85%。督促企业自行补缴企业所得税4577万元、营业税3600万元，查补入库税款504万元。

【国地税合作】 2016年，市国税局、市地税局明确“45+N”个合作事项以及26个年内先期落实事项。2月，开展“纳税人学堂”等一系列联合培训。3月，拆除办税服务大厅国地税部门间隔墙，启动建设国地税联合办税服务厅。4月，国地税联合稽查办案中心正式挂牌成立。5月1日，联合办税窗口面向全市纳税人开放。6月，国地税联合检查案件2件，其中1件为百万元大要案。

【营业税改征增值税】 2016年3月，市地税局加强与财政、国税、住建、金融等部门协作，通过组织国地税青年干部百里骑行宣传营改增、召开政企座谈会等方式积极开展营改增工作。4月，市地税局开展营改增办税服务应急演练。4月27日，市国地税联合办税服务厅开出第一张营改增模拟业务发票。5月3日，地税代征增值税第一笔业务在市政府服务中心窗口诞生，营改增平稳落地。

【金税三期税收管理系统上线运行】 2016年1—9月，市地税局通过业务培训、业务测试、采集数据等方式，部署“金税三期税收管理系统”上线准备工作，通过张贴公告、发放宣传资料、运用媒体平台等方式，做好“金税三期”宣传和辅导。至9月底，纳入“金税三期”系统测试范围的业务功能有140项，测试成功139项，累计发生各类业务数量3652笔。10月8日，“金税三期税收管理系统”上线运行，成功办理第一笔业务。“金税三期”系统上线首月申报率达99.93%，当月通过新系统共办理涉税业务近1.8万笔。

【税收风险管理】 全年，市地税局完成中等税收风险应对任务1264户次，应对入库税款1.57亿元，应对税款贡献率达4.85%，较2015年提高0.3个百分点；完成高等税收风险应对任务27户次，应对入库税款1.75亿元，应对税款贡献率达5.42%，列泰州地税系统第一。

【税收优惠】 2016年，市地税局减征社保费1740万元，全面停征并退还防洪保安资金121万元，为1987户纳税人减免教育费附加124万元，受理固定资产加速折旧和一次性扣除所得额申报841万元，受理研发费用加计扣除所得额申报21户次共1.36亿元，受理高新技术企业所得税减免申报20户次共1.22亿元。 （冯 莉）

银 行

· 中国人民银行泰兴市支行 ·

【概况】 2016年，全市共有金融机构20家，新增华夏银行泰兴支行、靖江农商行泰兴黄桥支行2家银行，机构数量泰州市县域最多。全年本外币贷款余额589.67亿元，较年初增加77.7亿元，同比增长15.17%，增速高出泰州同期2.9个百分点。本外币存款余额930.97亿元，较年初增加162亿元，同比多增51.02亿元。全省金融生态县创建提档升级工作现场会在泰兴召开。泰兴市再次获得“江苏省金融生态优秀县(市)”荣誉称号。每季度开展银企融资洽谈对接和金融超市开市活动，全年累计办理企业家座谈会以及市领导督查项目中反映的企业融资需求16件，金额达38.5亿元。协助市政府以金融服务实体经济为主题举办专项银企对接活动，现场签约融资协议101亿元。全年为泰兴农商行申请小微企业和支农再贷款指标2亿元。在泰州地区率先开展县域市场利率定价自律机制试点和农房财产权抵押贷款试点。全年办理农村“两权”抵押贷款380万元。在新街镇创新采取“政府+龙头企业+农户”生猪寄养项目扶贫模式,共发放小额扶贫贷款346户、696.5万元。探索“龙头企业+公司+基地+农户”远大家佩项目扶贫模式,就近吸纳3000人就业,为贫困户增加收入8400万元。发放老促会扶贫项目贷款330万元,支持贫困农户21户。支持金融机构开展小微贷、pos贷、创业贷、鑫联税、投贷联等创新产品,“苏科贷”授信11户,贷款余额9100万元。全年引导金融机构发放应收账款质押融资97笔、43.17亿元,推动一鸣建材办理全省首单应收账款供应链融资业务。涉农金融机构创新发展“富农贷”“金农贷”“农保贷”,计8500万元。开展“农民合作经济组织融资通达工程”,全年投放新型农业经营主体贷款5000万元。支持黄桥乐器产业园争创“江苏省文化金融合作试验区”,开办青年电商创业贷款、商标权和专利权质押贷款等文化金融信贷产品3亿元。发行省政府置换债券62.45亿元,替换银行贷款44亿元,降低政府融资成本1.5亿元。推动河海科技、凯力克钴业2家企业获准开办跨境双向人民币资金池业务,人民币净流入额度达680万元;指导联成化学采用人民币借用外债6500万元。

【省金融生态县创建工作经验交流会】 9月28日,全省金融生态县创建工作经验交流暨下一阶段工作推进会在泰兴市召开。泰兴市市委常委、常务副市长刘荣华出席。刘荣华说,泰兴贷款增量、增速、新增存贷比、银行数量等主要金融指标均位居泰州市区之首,呈现出社会融资总量明显上升、信贷投放明显增加、金融创新明显加快。会议要求,各市县(区)要继续深化金融生态县创建工作,积极开展金融业改革与发展,推动依法维护金融债权,严厉打击非法金融活动,同时要大力提升各金融机构服务水平,促进当地经济发展。

【国库集中支付电子化】 2016年,泰兴市建成农村综合金融服务站295个,在全省率先实现国库集中支付电子化,全年共核准开立和变更基本存款账户6636户、预算单位专用存款账户16户、临时存款账户14户。全年共办理预算收入入库849202笔,金额140.24亿元;办理预算收入退库3315笔,金额8.31亿元;受理财政预算支出83328笔,金额215.61亿元。

(王志宏)

· 中国农业发展银行泰兴市支行 ·

【概况】 2016年,农发行泰兴市支行累计发放各类贷款13.21亿元,政策性贷款12.91亿元;商业性流动资金贷款3000万元。其中:黄桥城镇化建设项目4.5亿元;泰兴市中鑫水环境整治项目2.6亿元;334省道泰兴段改扩建项目2.8亿元;虹桥四海家园项目2亿元。贷款余额较去年同期增加8.77元。全年各项存款余额10.57亿元,贷存比为53.03%,日均存款8.8亿元。实现非利息业务收入217万元,国际业务结算量763万元。支持市蒋华粮库市场化小麦收购贷款412万元,累计收购小麦数量368万千克,收购值877万元。

(朱爱军)

· 中国工商银行泰兴支行 ·

【概况】 2016年,中国工商银行泰兴支行实现拨备前利润3.13亿元,同比增加4441万元。全年新增个人客户1.78万户,新增中高端客户113户,12月末全行个人客户全口径金融资产额达70亿元,比年初增长4.6亿元,增幅达7.04%。新拓展代发工资客户5422户,累计代发工资客户达4.1万户,累计代发工资金额达29亿元,同比增加7亿元。新拓展小企业客户11户,实现投放4395万元。至年末,全行各项存款100.43亿元,比年初新增9.55亿元;各项贷款余额达64.45亿元,比年初新增3.53亿元; (彭庆华)

· 中国农业银行股份有限公司泰兴市支行 ·

【概况】 2016年,农行泰兴市支行各项存款余额111.56亿元,比年初净增5.11亿元。各项贷款余额64.76亿元,比年初净增2.30亿元。不良贷款余额2058万元,不良率0.32%。堵截各类诈骗案件34起,避免银行和客户资金损失735万元。全行保持平安运行,未发生案件、安全责任事故和重大风险事件。 (丁 玲)

· 中国建设银行泰兴支行 ·

【概况】 2016年,建行泰兴支行一般性存款余额92.32亿元,新增10.41亿元,贷款余额65.99亿元,比年初新增13.46亿元。其中,公司贷款余额36.27亿元,比年初新增2.07亿元,个人贷款较年初新增11.4亿元,实现账面利润2.16亿元,比上年同口径增加6000万元。在泰兴地区设立13个营业网点,增加40台“智慧机”。 (张荣华)

· 中国银行泰兴支行 ·

【概况】 2016年,中国银行泰兴支行本外币存款日均新增6.88亿元,同业第二;贷款新增7.6亿元,同业第二。年底江苏省分行制定泰兴地区授信指导策略,首批列入支持的授信项目16个,金额45亿元。 (李济民)

· 交通银行泰兴支行 ·

【概况】 2016年,交通银行泰兴支行各项存款日均余额17.04亿元,较年初增加6.25亿元,当地同业市场占比2.1%,较年初增长0.34%。各项贷款时点余额29.3亿元,较年初增长7.42亿元,当地同业市场占比5.04%,较年初增长0.06%。 (王 鑫)

· 中国邮政储蓄银行泰兴市支行 ·

【概况】 2016年,中国邮政储蓄银行泰兴市支行个人存款余额71.56亿元,公司存款余额7.58亿元;个人贷款余额19.31亿元,小企业贷款余额1.62亿元。实现业务收入同比增长7%,列全省第25位;实现利润总额列全省第24位。

· 江苏泰兴农村商业银行股份有限公司 ·

【概况】 2016年末,泰兴农村商业银行各项存款余额211.7亿元,比年初增加34.1亿元,增幅19.2%;贷款余额138.6亿元,比年初增加13.9亿元,增幅11.2%;离柜率70.5%,比年初增加14.3个百分点;圆鼎借记卡累计发卡45.6万张,比年初新增4.8万张;布放POS机1234台,比年初增加600台。全年新设立离行式自助银行12个,布放存取款机138台,安装助农取款机具701台,全省第一家在助农取款设备上实现新农保实时缴费功能。继续开展农村地区“阳光信贷”和城区“三进”工作,累计走访98个行政村,65203户农户,预授信29930户,预授信金额127678万元。

· 江苏长江商业银行泰兴支行 ·

【概况】 2016年,江苏长江商业银行泰兴支行主要业务围绕打造小微企业精品银行目标,坚守“服务小微、服务地方、服务市民”市场定位,做深做实长江卡、小微企业贷款和小面额票据贴现三项传统特色业务。至2016年末,泰兴支行各项存款余额近12亿元,贷款余额超8亿元。 (刘 可)

· 小额贷款公司 ·

【概况】 2016年,全市农村小额贷款公司发放贷款余额1.39亿元,其中,农户贷款1.29亿元,占贷款总额的92.8%。在虹桥工业园区新建泰州市和创科技小额贷款公司。泰兴农商行、邮储银行、农业银行、建信村镇银行、农发行5家金融机构为新型农业经营主体发放贷款余额4.05亿元(其中信用贷款0.24亿元)。按主体分类,支持产业化龙头企业22家,余额2.83亿元;支持专业大户69家,余额0.44亿元;支持农业合作社175家,余额0.66亿元;支持家庭农场63家,余额0.12亿元。 (马齐齐)

保 险 业

·中国人民财产保险泰兴支公司·

【概况】 2016年,人保财险泰兴支公司经营全市农业保险承保工作,以政府给予财政补贴、税收优惠等政策扶持,对种植业、养殖业等农业产业在生产过程中因遭受特定自然灾害、意外事故或者疫病所造成的经济损失进行赔偿的保险活动。24小时开通服务专线95518和人保微信服务平台,向客户提供“快、优、全、广”的咨询、投诉、回访、救援、预约投保等多功能、个性化服务。推出以全员全流程服务为内涵的“金牌服务工程”,提高客户服务质量。全年共计完成保费收入2.51亿元,同比增长17.4%,高于市场增速2个百分点,其中完成车险保费收入17291万元,同比增长20.6%,高于市场增速4.5个百分点,完成非车险保费收入4600万元,同比增长8.3%,完成农险保费收入3231万元,同比增长15.1%。2016年报表利润总额405.1万元。 (张 联)

· 中国人寿保险股份有限公司泰兴支公司 ·

【概况】 2016年,中国人寿保险股份有限公司泰兴支

第四届“中国人寿”杯老年春节联欢晚会 (叶余华)

公司保费规模实现6.97亿元,同比增长17.01%。全市参保人数14.47万人,参保率达59%,保费578.74万元,全年赔付1688人次,赔付金额265.72万元,提供咨询服务3万余人次。泰兴新农合、城镇职工、城镇居民等5个大病保险项目参保人数达188万人,管理基金1.21亿元。为泰兴市近3万名学生及幼儿园入园儿童承保学生住院医疗意外伤害保险,为近380家企业提供员工综合保障福利计划。（沈　晨）

证券交易

·申银万国证券股份有限公司泰兴营业部·

【概况】 2016年,申万宏源证券泰兴营业部经营面积800平方米,证券从业人员8人。全年新开户1000余户,实现交易额200亿元,位列泰兴地区首位。

【客户服务】 2016年,申银万国证券股份有限公司泰兴营业部针对有需要个性化服务及投资风险偏好较高的投资者,举办多次小型高端座谈会;针对新股民、新基民等投资经验较少的中小投资者,继续开办每周一次的股民学校,向股民讲解证券市场基础知识、证券帐户开户和交易流程、证券投资常识等。设立投资者教育园地栏目,侧重对基金投资产品、集合理财产品、融资融券、股指期货、创业板等新业务的普及和教育,制作小册子向新股民发放。关注宏观经济和资本市场发展变化趋势,及时向股民提出警示。（卢松年）

摸　秋

中秋期间,民间除了“偷瓜送子”、“敬月拜神”等习俗,还有一个“摸秋”习俗,深为孩子们所喜爱。有些人年龄大了,还常常唠叨儿时摸秋的乐趣。

摸秋一般在八月半晚上。皓月当空,孩子们借着明亮的月光,到别人家园中、田头,“偷”向日葵、青豆角子、吊杀鸡(一种形似玉米的高杆甜食植物,比甘蔗更酥甜,今已难觅踪影)、蕃瓜等,有的“现偷现食”,有的则暗中抛入尚未得子的新媳妇床上,被“摸”的人家不仅不能咒骂,不能说人家“偷”,还要表示乐意;床上有瓜的新媳妇家人上下,更是乐不可支,说不定明年就抱上“状元郎”呢。这“摸秋”是怎么来的呢,民间传说着这样一个故事。

元朝末年,刘福通领导的农民起义队伍“红巾军”,纪律严明,所到之处秋毫无犯,深受百姓欢迎。一年八月半的晚上,红巾军转战南北,来到一个村子驻扎休息。百姓见刘福通的部队来了,纷纷请他们到家中共度中秋,饮酒赏月。刘福通深知民众疾苦,从不肯扰乱百姓,他一声通令,任何人都不准离开营房。长途行军加上饮食不周,不少士兵受饥饿折磨,便到地头随便摘点南瓜、向日葵籽儿、到河边捞点菱角充饥。刘福通知道了,对那些违令的士兵要按军法处之。老百姓闻知此事,都纷纷赶来请求“刀下留情”,但刘福通哪里肯听。这时,一位白胡子老者上前说道:刘将军有所不知,我们这儿有个规矩,八月十五的晚上摸秋不为偷。”刘则笑道:“老人家不必言此,我家离这儿也不太远,有这个规矩我怎么能不晓得!”老者说:“将军,自古以来,‘十里不同风,百里不同俗’,将军家离这里百里之遥,况且这个规矩是元朝皇帝近年来横征暴敛,百姓涂炭后才有的呀。庄稼未收,青黄不接,只好到田里去摸点能充饥的来度命啊,慢慢就有了摸秋不为偷的规矩。敬望将军入乡随俗,让我们代替违纪的兵士受刑,留下他们跟将军杀尽元兵,解救百姓。”老者话音未落,扑通跪下。众乡亲一起叫道:愿替身而死。

刘福通见状,泪流满面,上前扶起老者,应允了百姓的请求。从此八月半“摸秋不为偷”的习俗就传开了。

（吕耕樵　吕晓文）

城乡建设·环境保护

■编辑 张留红

城乡规划

【概况】 2016年,市规划局共办理《建设项目选址意见书》39份、《建设用地规划许可证》202份、《建设工程规划许可证》121份、《乡村建设规划许可证》1707份;出具用地性质确认、竞价出让红线图、规划设计红线图、联合审批表562份;审批修建性详细规划100份,发出建筑设计方案审定意见51份;办理项目规划核实39个;全年共审批各类建设项目约199.08万平方米。市规委会召开5次,讨论建设项目34个。共进行规划批前公示42份,批后公布72份。

【控规修编】 2016年,泰兴市以打造济川药业"健康产业园"为契机,整合城市西区和西南片区控制性详细规划,完成《城市西区控制性详细规划及核心区城市设计》规划,2016年8月,市政府批准实施。组织修编《澄江路(南三环)南侧地块控制性详细规划及城市设计》。启动《城北片区控规更新及重点地段城市设计》招投标工作,对原城北片区、东北片区、江平北路东西两侧等地块控规进行全面整合,细化落实教育布局、养老设施、海绵城市、地下管廊等专项规划内容。

【专项规划编制】 2016年,市规划局组织编制重大基础设施和城市公共服务设施专项规划。编制《鼓楼南路东片区旧城更新规划》("凤凰天"景观园和古城墙恢复)和《中心城区历史文化遗存保护规划》,并通过专家论证。编制完成《中心城区地下综合管廊规划》;形成《中心城区地下管线综合规划》初步方案。编制完成《中心城区消防专项规划》《城市养老服务设施布局规划》《泰兴市城市综合交通规划》,2016年8月,市政府批准实施。

【镇村规划编制】 2016年,市规划局指导乡镇开展集镇总体规划修编和近期建设用地范围控制性详细规划修编工作。编制完成《广陵镇总体规划(2015-2030)》和《广陵镇控制性详细规划》,《黄桥镇小城市发展战略规划》和《虹桥镇小城市发展战略规划》通过专家论证。对古溪、虹桥、宣堡等3个乡镇控规适当调整,调整方案正式成果通过专家论证,2016年8月,市政府批准实施。对市域16个乡镇(街道)城镇建成区外村庄发展,提出优化村庄布局规划方案,2016年6月,市政府批准实施。

【规划设计】 2016年,市规划建筑设计院编制完成《宣堡镇区控规调整》《虹桥新城控规调整》《古溪镇镇区控规调整》《横垛社区控规调整》4个控制性详细规划,完成古溪镇、元竹镇、新街镇、滨江镇等10个镇村布局规划编制任务,编制完成40多个单位的修建性详细规划。

【测绘工作】 2016年,市规划测绘院完成新浦化学(泰兴)有限公司等238个建设单位地形图测绘工作,占地面积400公顷;完成超辰化工有限公司等22个单位房产面积测算,总建筑面积约42万平方米;完成新能源房产开发公司等16个建设单位定位放线工作,总建筑面积约35平方米;完成坤佳房地产开发有限公司

等21个单位竣工测量工作。　（姚俊茂）

城乡建设

· 综　述 ·

【概况】 2016年,市住建局实施31项道路桥梁工程,铺设污水管网11.36千米,完成27项增绿工程,实施4个地块房屋征收工程,2个地块攻坚扫尾24户,整治改造7个老小区、29处背后街巷工程。城市基础设施投入2.8亿元,新增道路面积29.43万平方米,新增绿地面积92.2万平方米。开发商品房165.1万平方米,动迁房屋5万平方米。是年,市住建局监督全市国有资金建设工程项目213个,公开招标179项,非国有资金以及限额以下直接发包126项。

【建设管理】 2016年,市住建局发放商品房预售许可证52件,准许销售面积165.21万平方米。出具房屋安全鉴定报告190户（处），鉴定房屋面积57.5万平方米。验收备案建筑节能项目45项158万平方米,上争建筑节能专项引导资金和新墙材应用补助资金380万元。获得省级绿色建筑星级标识项目9个，建筑面积92.89万平方米。泰兴市墙改建筑节能办获评"'十二五'江苏省建筑节能先进集体"。开展燃气安全检查5次,取缔无证供应站点4家,组织应急预案演练4次,开展城镇燃气生产经营场所安全专项整治1次。

【城建档案】 市城建档案馆全年接收各类城建档案2436卷、光盘325张、电子档案2436卷，接待查档182人次，与建设单位签订建设工程报送责任书91份，出具《江苏省建设工程档案专项验收意见书》38份。张桥镇、姚王镇村镇建设档案室通过省特级验收,古溪镇、元竹镇通过省级验收,在泰州第一个实现达标档案馆全覆盖。

· 市区建设 ·

【概况】 2016年,银杏中路、东阳路、羌溪南路、龙河路、兴南路、金城路、国庆东路等工程全面竣工,实施文昌路、羌溪北路、根思路等路道建设工程,中心城市"九纵九横"框架基本形成。实施澄江路北侧绿化、金城路西侧游园、园林路两侧游园等27项增绿工程,新增绿地面积92.2万平方米,城市绿地率达37.82%,人均公共绿地面积达11.47平方米。凤凰天公园、图书馆及周边等4个地块完成签约,迎幸中学及周边地块、长征路北延地块项目攻坚扫尾签约24户，老政府及周边、老东站两个地块完成247套安置房结账工作；完成7个老小区、29处背后街巷整治改造工程；银杏路安置房通过主体验收,推进济川南路保障性住房建设;羌溪南路截污工程竣工，银杏路和澄江路污水管网及泵站建设等工程顺利实施。

【园林绿化】 2016年,泰兴市区新增绿地面积92.2万平方米，城市绿地率37.82%，人均公共绿地面积11.47平方米。新建龙河湾公园、园林路两侧绿地、文江北路东侧绿地等13个公共绿地。城区镇海路北延、新334省道、龙河路、太平路、兴南路、南辅路等9条道路实施绿化,栽植法国梧桐、香樟、榉树等行道树。完成文江路与大庆路、鼓楼东路与镇海路等6个城区节点改造提升。新党校南侧地块、战备河节制闸站及河北侧、两泰官河、羽惠河南段两侧等17个附属地块进行绿化。完成南郊苗圃生产绿地建设任务,种植紫薇、西府海棠、广玉兰、栾树、国槐、垂丝海棠等园林苗木1.35万多株。

【公园管理】 2016年下半年,市住建局投入185.61万元对泰兴公园、羌溪河滨公园、银杏公园、仙鹤湾风光带进行公开招标，分别签约江苏高正物业管理有限公司等4家物业公司,负责公园环境维护、安全保护等。制定《泰兴市公园物业管理考核办法》和《泰兴市公园物业管理考核评分标准》,每月组织考核,以考核结果支付管护费,确保管护效果。

【老旧小区改造】 2016年,市住建局投入3100万元对鼎盛集团、银杏新村三区、济川新村二区等7个老小区,东联社区南后街、华泰新村7区12号楼等12个社区29处实施背后街巷道路改造、绿化亮化、管网改造、管线整改、环境整治等工程。改造重点为雨污水管网改造、拆除新建混凝土路面、化粪池、雨水井、墙面刷白等,基本达到管网通、路面平、路灯亮、绿化新、环境美、管理优的目标。根据12345热线、数字化城管、群众举报等反映窨井盖破损、下水道堵塞、路面损坏影响群众生活和出行问题，及时安排施工技术人员到现场快速处理,投入180万元,更换、新建窨井盖340只,疏通、维修下水道1185米,维修路面3757平方米。

【物业管理】 5月,市住建局和市广播电视台联合举办泰兴市首届物业管理知识竞赛,6家物服企业参赛。年内,开展物业上岗及继续教育培训2次,解读物业管理条例、政策、法规,新上岗培训80人次,继续教育培训240人次。新审批4家物服企业,吊销资质1家,25家通过资质年检。全年在建项目缴存维修资金2500多万元,建立 7797 户业主信息。申请维修项目 89 个,使用维修资金 442.3 万元,为 200 多户业主解决屋面漏雨、外墙脱落等问题。建立应急快速维修通道,对可能影响到业主人身安全的隐患,安排人员第一时间赶到现场,启动应急使用方案,坚持特事特办,简化审批流程,先抢险救急,排除安全隐患,结束后完善手续。

【物业行业协会】 11 月 14 日,经市民政局同意,泰兴市物业行业协会成立,由市住建局主管。至年底,全市有物业企业 59 家,其中一级资质 12 家,二级资质 4 家,三级资质 20 家,暂三级 23 家,物业服务范围涵盖住宅、办公楼、商厦、工业园区、学校、医院等。

· 村镇建设 ·

【概况】 2016 年,全市小城镇建设投入 82 亿元,新增道路面积近 67 万平方米、绿化面积 74 万平方米,铺设污水管网 65.05 公里,开发商品房 88.3 万平方米,完成农村危房改造 450 户,管道天燃气通达古溪、分界、广陵、珊瑚等 12 个乡镇。村庄生活污水处理专项规划通过省住建厅专家评审。宣堡张河、黄桥新洋等 4 个村通过省"美丽乡村"验收,广陵曹市、黄桥双桥等 3 个村启动省"美丽乡村"创建工作,张桥镇焦堡村成功申报省"康居村庄"。

【小城市建设】 2016 年,市政府下发《关于推进小城市建设的意见》,为小城市推进指明方向。加快黄桥、虹桥 2 个小城市建设,全年完成基础设施投入近 50 亿元,新增道路 26 万平方米,新增绿化面积 46 万平方米,铺设污水管网 9.05 千米,开发商品房 27.8 万平方米,完成农村危房改造 65 户。

【泰州市小城市建设现场推进会】 8 月 18 日,泰州市小城市建设现场推进会在泰兴市虹桥镇召开,与会人员参观虹桥新城项目建设现场。泰州市重点打造的小城市共有 9 个,包括泰兴市的黄桥镇和虹桥镇。

【美丽乡村建设】 2016 年,市住建局坚持把美丽乡村建设作为城乡统筹发展的载体,把美丽乡村建设与城乡发展一体化相结合,与生态环境保护和发展旅游业相结合,宣堡镇张河村、曲霞镇李圩村、黄桥镇双联村和新洋村创建成"江苏省美丽乡村",获奖补资金 1230 万元。

【农村危房改造】 2016 年,泰兴市结合村庄环境整治,探索改善困难农民群众住房条件与改善乡村人居环境、塑造乡村特色风貌相结合的机制,提高农村困难群众的生活条件。全年完成 450 户农村危房改造任务,其中修缮加固 303 户,翻建新建 147 户,涉及农村建档立卡贫困户危房改造任务 288 户。 (王　欢)

城市管理

【概况】 2016 年,市城管局下发各类法律文书 1 万多份,拆除各类路边经营亭棚 157 处,清理报废汽车、摩托车 320 辆,拆除户外破旧广告、叠加广告、不符合城市容貌标准的广告 1601 个、LED 广告 196 个、清除店外灯箱广告 350 个,取缔流动摊点 1 万个。为全国春季农业生产现场会、首届中国军民两用技术创新应用大赛、泰州市委扩大会议、国家卫生城市复审、文明城市指数测评、第八届中国(泰兴)银杏节等 24 次重大活动提供市容环境保障。

【城市环境综合整治】 2016 年,市城管局围绕"931"目标,完成 10 个类别 282 个整治项目。完成 1 个城郊结合部、2 个城中村、3 条背街小巷、3 条河道整治,改造棚户区 1 个、老旧小区 2 个,整治建设工地 3 个、户外广告 250 处,规范建设经营疏导点 3 处,建设便民服务点 30 个。国庆中路创成"江苏省城市管理示范路"。

【市容专项整治】 2016 年 2 月 23～29 日,执法大队会同公安、济川街道开展城市整治行动。3 月,执法大队对江平路、国庆路、大庆路等市区主干道两侧店外经营、不规范户外广告进行整治。5 月 15 日至 6 月 20 日,市城管执法大队对城北片区的兴燕路、根思路、车站路等重点路段进行专项整治。6 月 28 日,市城管执法大队开展城区夜市排档及烧烤摊点综合整治。7 月 18 日起,市城管局联合市环保局、市场监管局、公安局、济川街道办对星火路开展城市综合环境整治。7 月 31 日晚,市城管执法大队采取突击整治行动,对"108 烧烤""零点烤吧""东北烧烤"3 家店外占道经营的商户实施查处。9 月,市城管执法大队对城区 15 所学校周边进行经营秩序整治,共管理摊点 187 处。11 月 7 日,市城管执法大队会同公安、教育、济川街道对洋思中学北大门环境进行整治。

【城区环境卫生保洁】 2016 年,市城管局加大城区主次干道、河坡绿地、河道、公厕保洁力度,全年累计清运生活垃圾 28.4 万吨,城区生活垃圾无害化处理率达 100%;机械化清扫面积达 140 万平方米;分别对星火路、华泰新村、城中小区、国庆二村、联盟新村和银杏仙子公厕等多处化粪池进行清理,全年清理化粪池 250

只,无害化处理粪便 1.09 万吨,疏通下水 2675 米;配合水务局完成学院河、西文岱河、羽惠河南段等河道的综合整治和日常保洁工作。

【路灯照明管理】 2016 年,市城管局完成镇海路(334 省道—宁通高速)全线景观亮化工程;完成背后街巷路灯改造任务,新安装路灯 106 盏;在新街镇扶贫村安装路灯 80 盏;在城区及黄桥镇区内补缺破损路灯灯具 58 盏、电气门 162 件、控制箱门 20 扇;组织实施鼓楼中心区、豪庭周边、国庆桥、羽惠河桥、镇海门桥、鼓楼桥、兴泰华庭等亮化工程以及国庆中路、鼓楼中路路灯改造工程,城区主次干道亮灯率常年保持在 98% 以上。

【防治违法建设】 2016 年,市城管局研究制定违法建设专项治理五年行动方案,按照“历史违建做减量,新增违建零存量”工作要求,完善考核办法,加大督查考核和责任追究力度,全年共拆除违法建设 479 起,面积 3.23 万平方米。

【环卫基础设施建设】 2016 年,市城管局完成三阳环卫工作站(含公厕)、郭庄环卫工作站(含公厕)、王垄环卫工作站(含公厕)、房元环卫工作站(含公厕)、三营环卫工作站(含公厕)、南郊环卫工作站、文江路环卫工作站、新区菜场环卫工作站等 8 座环卫工作站和 10 座公厕建设改造任务;组织采购 8 辆 8 吨拉臂车、5 辆 15 吨拉臂车、4 辆 5 吨密闭车、2 辆 8 吨密闭车、3 辆 8 吨洗扫车、5 辆 5 吨压缩车、4 辆 5 吨拉臂车、1 辆 8 吨吸污车、1 辆 5 吨吸污车、1 辆 3 吨吸粪车、1 辆 3 吨装载机、5 辆皮卡车、2000 只果壳箱和 2000 只垃圾桶。

【农村生活垃圾收运处理】 2016 年,市城管局提前制定方案,面对乡镇生活垃圾显著增加的实际,主动与各乡镇党委、政府沟通对接,配合市农工办、效能办定期

生活垃圾焚烧发电二期 (生 捷)

做好乡镇生活垃圾量的考核工作,全力推进城乡生活垃圾收运处理一体化进程。全年累计转运乡镇中转站压缩过的生活垃圾 17.9 万吨。 (陈 宏)

环境保护

·综 述·

【概况】 2016 年,泰兴市践行“环保优先、生态立市”战略,坚守生态红线,推进污染治理,强化执法监管,创成省级绿色学校 1 所、泰州市级绿色学校 2 所,省级绿色社区 1 个、泰州市级绿色社区 2 个。全年削减主要污染物化学需氧量 3%,氨氮 2%、二氧化硫 5%、氮氧化物 5%。城区 PM2.5 平均浓度 52 微克 / 立方米,较 2015 年下降 12 微克 / 立方米,城市空气质量优良率 76%,较 2015 年提高 4.8%。《人民日报》《群众》对泰兴市严格环境执法进行专题报道。

【污染防治】 2016 年,市环保局完成 11 家企业挥发性有机气体整治和 38 个港口岸电系统工程项目,淘汰高排放黄标车 2585 辆,完成 26 家社会化加油站油气回收装置核查。组织征收扬尘排污费,完成 G20 峰会空气质量保障任务。完成 15 个村覆盖拉网式农村环境综合整治工作,提升农村生活污水收集处理率。完成 11 家规模化畜禽养殖企业污染防治试点,基本实现畜禽粪便综合利用。对 17 家企业开展电镀行业专项整治,责令 4 家企业停产整治,1 家企业实施关闭,拆除 3 家违规电镀项目生产设备。组织实施水减排工程 2 个、气减排工程 2 个、结构减排工程 5 个、农业源减排工程 10 个。完成 83 台燃煤锅炉整治任务,全市 10 蒸吨以下燃煤锅炉基本完成整治。完成危险废物填埋场建设,具备运营条件,危废处置能力增强。编制黄桥南沙地区土壤修复试点项目实施方案,组织土壤修复工程招标,确定工程施工单位,并启动项目施工。

【生态建设】 2016 年,市环保局对全市生态红线保护区域优化调整,明确优化开发、重点开发、限制开发、禁止开发四类功能区,方案获省环保厅、泰州市政府批复。按要求设置各生态红线区域保护标示牌和边界标志,明确保护区域。将能耗、水耗及主要污染物排放强度、清洁生产水平作为强制性门槛,否决不符合国家环保产业政策、产业布局不合理、没有环境容量的建设项目,从严处罚环保“三同时”落实不到位企业。开展“十小”企业专项排查,对 4 家“十小”企业报请市政府实施关停。全面推进企业排污权有偿使用,所有新、改、扩建

项目,有新增 COD、氨氮、二氧化硫、氮氧化物四项主要污染物排放指标的,都通过排污权交易获得。对于减排任务或治理任务未能完成的,或企业环境行为信用等级被评定为红色或黑色的,明确不得申购排污权指标。是年完成 30 个项目排污权交易,交易额 1100 余万元。对全市 1032 家企业开展环保信用评价,在泰兴日报、泰兴环境信息网等平台公告评级结果。对评为红、黑等级的企业征收差别化电价、水价,通过经济杠杆,倒逼企业纠正环境违法行为、严守环保底线。

【环境监管】 2016 年,市环保局实施环境行政处罚案件 199 件,罚款 2602 万元,实施断电 33 起、实施移送行政拘留 29 起,查封扣押 6 起,限制生产 14 起,停产整治 15 起,刑事移送 9 起。按行政区域将全市划为市、乡镇(街道)、村(居)三级网格,按网格对辖区内环境问题开展日常巡查监管,拓展环境监管深度和广度。坚持白天检查和夜间检查、日常巡查和突击检查相结合,确保全天候监管无缝隙,提升监察效能。环保、公安、供电等多部门综合运用断电、按日计罚、限产停产、查封扣押、行政拘留、司法介入等手段,给环境犯罪者以最严厉打击,形成持续发力、打出气势的环境执法“高压新常态”。开展环境执法大练兵,大练兵期间累计查处环境违法案件 138 件,处罚金额 1880.5 万元,均居全省县(市、区)前列。

【环保监测装备建设】 2016 年,市环保局投入 500 余万元改装一辆环境应急监测车,投入 260 万元购置 GC-MC 废气自动监测仪 1 台,市环境监测站具备开展水、气、噪声和土壤等类别共 215 个项目监测能力,年监测数据达 16 万个,综合实力位于江苏省县级环境监测站前列。启动“天地一体化”监测系统建设,利用信息技术和卫星遥感技术大范围、全天候、全天时优势,加快整合“数字环保”平台、在线监测监控网络、经济开发区预警平台、环境应急指挥系统,探索集成全方位、多层次的天地一体化监测体系,为环境管理战略转型提供技术保障。62 家污染企业安装刷卡排污系统,新安装污染源自动在线监控设施企业 22 家,形成“人防 + 技防” 监管合力。环境执法人员全部配备移动执法仪以及防护服、防毒面具等应急设备,一线执法监测人员持证率 100%。

【环保宣传】 年内,市环保局通过泰兴电视台《蓝天碧水》专栏和《新闻快报》、泰兴人民广播电台《环保热线》、《泰兴日报》等媒体,开展多方位、立体式宣传。创立“泰兴环保”微信公众号,编印《生态泰兴》杂志,打造生态文明建设宣传一条街。组织开展“环保小天使”评选活动,获评首届“江苏环保网络文化季”优秀活动项目。开展“美在泰兴”摄影大赛和“生态泰兴·我的家园”微征文大赛,收到微征文 200 余篇、照片 200 多张。加大环保信息公开力度,通过电子显示屏、互联网、第三方软件,实时公布区域空气、噪声环境质量。

· 环境质量 ·

【环境空气】 2016 年,全市设新区信访局和襟江小学 2 个空气质量自动监测站,全年空气中二氧化硫、二氧化氮、可吸入颗粒物(PM10)、细颗粒物(PM2.5)年均值分别为 14 微克 / 立方米、36 微克 / 立方米、80 微克 / 立方米、52 微克 / 立方米,主要污染物为细颗粒物、可吸入颗粒物。环境空气质量优良天数占全年总天数的 76.0%。降尘年均值 6.0 吨 / 平方公里·月。降水 pH 年均值 6.07,全年未出现酸雨。

【水环境】 年内,泰兴市城市集中式生活饮用水由泰州三水厂供水,泰州三水厂取水口水质达标率 100%。2016 年城市水域功能区水质达标率 100%。

【声环境】 2016 年,区域环境噪声平均值 56.3 分贝,交通噪声平均值 67.1 分贝。泰兴市噪声功能区 1 类区、2 类区、3 类区、4 类区噪声监测结果(Ldn)分别为 51.7 分贝、60.0 分贝、58.8 分贝、66.7 分贝。

2016年泰兴市环境空气质量指数(AQI)统计表

表 3

统计年度	AQI≤50		50<AQI≤100		AQI>100		AQI 小于 100 的天数比例(%)
	天数(天)	比例(%)	天数(天)	比例(%)	天数(天)	比例(%)	
	89	24.3	189	51.6	88	24.0	76.0

2016年泰兴市城市水域功能区监测结果表

表4　　单位:mg/L,pH无量纲

河流	断面	pH	溶解氧	高锰酸盐指数	五日生化需氧量	氨氮	水质目标
如泰运河	冷库码头	7.45～8.58	8.93	3.4	2.5	0.508	GB3838-2002Ⅳ
如泰运河	砂石场	7.12～8.25	7.87	4.7	3.1	0.662	GB3838-2002Ⅳ
靖泰界河	毗芦大桥	7.26～8.65	7.64	4.8	3.2	0.609	GB3838-2002Ⅲ
羌溪河	大庆桥	7.09～8.28	6.99	4.8	3.3	0.741	GB3838-2002Ⅴ

2016年泰兴市功能区定点噪声监测结果统计表

表5　　单位:dB(A)

功能区	Ld	Ln	Ldn
1类区	51.1	42.7	51.7
2类区	60.6	48.6	60.0
3类区	58.8	50.4	59.4
4类区	66.7	52.3	65.6

(顾　建)

八月中秋庆团圆

八月半,是民间传统的中秋佳节。中秋之夜,月儿最亮、最圆,月色最为美好。因此,夜幕降临,玉兔东升,家家户户便在门前、庭院,摆上涨烧饼、月饼、柿子、菱角和各种瓜果等供品拜月。待到明月高悬,清辉洒满大地之时,举家老幼便围坐一起,一边分享供月礼品,一边叙谈家常,老人还给孩子讲起嫦娥奔月的故事,活脱脱一幅合家团圆共乐太平的迷人画卷。

中秋拜月传统已久。古时候人们把农历的每季的三个月和每月的三个10天分别称为孟、仲、季。因为农历八月十五是秋天的正中,所以称"仲秋"。"仲"就是居中的意思,故称八月十五为"中秋节"。中秋节人们欢庆团圆,举行一些活动,来自这样一个传说。元朝末年,统治者对广大民众残酷压迫、奴役,他们十分害怕人民起来造反,不准老百姓家里有金属器具,就连菜刀也只准十户合一把,由元兵监督使用,引起了人们的强烈不满和反抗。农民起义领袖朱元璋组织民众起来造反,但通风报信很困难,无法统一行动。怎么办呢?他的军师刘伯温心生妙计,在月饼里面夹一张写有"八月十五,一起动手"的小纸条,约定八月十五为统一行动的时间。到了中秋之夜.家家掰开月饼,看到了小传单,就迅速组织起来。在朱元璋的领导下,统一指挥,南征北战,推翻了元朝的统治。从此每到中秋,人们都要吃月饼,用以纪念他们起义造反、奋起抗争的日子,并渐成风俗。至今每个月饼的上面都有一张小纸片,据说就是为了纪念人们的反抗斗争精神而代代相传下来的。

月饼象征着团圆,象征着美满,象征着甜蜜,是中秋佳节必不可少的食品、礼品。中秋以家庭为单位或与亲朋好友的相聚中,联络感情、增进亲情,企望团圆和谐、美满幸福的心理已深深扎根于人们心中。泰兴民间中秋节,人们除了必备月饼外,还有就是家家少不了的涨烧饼。涨烧饼是以面粉调酵而成。跟做馒头一样,酵是两种,一种是老酵头,即上次调酵时留下来的带有酵母菌的面团,另一种是以酒药子酵水和面粉调酵。酵调好后焐,保持一定的温度,使之发酵发面,就是让它"涨",时间长短则视"涨"的情况。火候到了,抓紧热锅,放油少许,倒进酵面,以文火炊之,洒上芝麻,待表面崩紧,将面团翻身,继续以文火闷焐。做好的涨烧饼,表层面金黄,香气四溢。拜月供祭之时,家庭主妇就把涨烧饼连同月饼和其它供品,"请"到供桌上,点上香,对着"月亮菩萨",恭恭敬敬拜上几拜,接着就是举家共享甜美的供品,老人们开始讲故事,"嫦娥奔月"、"玉兔捣药"、"吴刚伐桂"等传说很大程度就是依托中秋节而代代相传的。今天的中秋节除那些封建迷信、一些陋习逐渐消亡外,举家团圆共乐的传统风俗仍然长盛不衰。

(吕耕樵　吕晓文)

建筑业·房地产业

■编辑 张留红

建 筑 业

· 综 述 ·

【概况】 2016年，全市建筑业企业完成施工产值622.5亿元,同比增长10.9%;工程结算收入514.2亿元,同比增长11.4%。入库税收6.98亿元,同比增长8.1%，税收总额位列泰州第一。在建工程建筑面积6486万平方米,同比增长11.3%;承建规模工程1847栋,其中29层以上超大规模工程373栋,占规模工程总数20%。全市产值超亿元企业45个,超10亿元企业21个。泰兴一建成功晋升特级资质,新增施工总承包一级资质企业2家、二级资质企业7家;新增专业承包一级资质企业1家、绿化资质企业17家;实现资质增项扩项41个,涵盖钢结构、市政公用、机电安装等专业。至2016年底,全市建筑企业224家,施工总承包企业95家,其中特级资质企业2家,一级、二级、三级资质企业分别为9家、31家、53家。全年创国家、省优质工程11项、省标化项目12个。泰兴一建承建的“成都华侨城四期”项目获国家优质工程奖,是2016年泰州建筑行业唯一的国家级工程质量奖。民生公司在贵州省六盘水市承建造价3000万元、全长495米的贵龙隧道,在泰州建筑史上尚属首次。市住建局出台《泰兴市建筑产业现代化发展规划(2016-2025)》,推进建筑产业突破传统经营模式。中兴公司率先采用装配式施工方式参与万科集团房产开发，中昱建设在上海成立铭际建筑科技有限公司,专业从事PC(预制混凝土)构件的设计、生产、安装。

· 建筑业科技进步 ·

【概况】 2016年，全市建筑行业拥有一级建造师543人、二级建造师2055人,各类中高级经济技术职称人员385名。获国家级QC成果奖4项,参编国家标准1项,获发明专利5项、实用新型专利7项,省级工法6项,省级QC成果奖22项。扬子净化工程有限公司被评为“江苏省高新技术企业”。报送泰州市建筑业协会科技论文37篇,其中一等奖4 篇,二等奖17篇,三等奖16篇。

【教育培训】 2016年,市住建局、市建管局组织各类业务培训班38期,共计4000多人次。新增一级建造师82人,二级建造师194人,新增国家高级职称15人,岗位管理人员212人。组织三类人员培训班2期700人次、网上继续教育5313人,举办建筑施工特殊工种培训班15期573人次,复审培训8期639人次,技术工人职业技能培训12期1320人次，物业管理员培训1期99人。

· 质量安全管理 ·

【概况】 2016年，市住建局受监工程163项，面积306.56万平方米,提前介入工程24项,面积48.20万平方米;保障性住房项目8项,面积44.48万平方米;商品住宅房28项,面积166.85万平方米;监督竣工验收工程129项,建筑面积252.17万平方米。

【工程质量治理两年行动】 2016年,市住建局采取日常巡查、专项检查、不定期抽查等方式,结合"工程质量治理两年行动"对在建工程进行4次综合质量巡查,对混凝土企业和检测机构巡查各2次;主体结构监督抽测306次,合格率为93%,签发整改通知书147份;接受质量投诉186例,其中处理"12345"市长热线投诉34起,办结率达100%。提交工程质量监督报告106份。

【建筑安全专项整治】 2016年,市住建局组织大检查7次,签发安全隐患整改指令书197份,检查记录457份,全面停工通知书1份,局部停工通知书2份,发现安全隐患2473条并及时整改。组织专业检测人员对全市60%在用起重机械进行抽查,整改合格率达100%。现场查封塔吊5台、施工升降机4台。责令停用塔吊15台,施工升降机17台。暂停起重专业承包资格企业1家。

· 建设市场管理 ·

【概况】 2016年,市建管局改革完善招投标监管制度,开展建设市场突出问题专项治理,完成省外建筑企业资质核验换证3家,信用手册工程业绩认定26家,新办信用手册128家。全年共办理施工合同网上备案215件,其中省内合同备案167件,省外合同备案48件。8家企业被纳入黑名单管理,3家企业被清出泰兴建筑市场。出台新的房屋建筑和市政基础设施工程招标评标办法,房建工程项目平均下浮率由30%降至20%,市政工程项目平均下浮率由35%降至27%,保障企业合法收益和工程质量安全。

【建设市场突出问题专项治理】 2016年,市建管局开展建设市场突出问题专项治理行动,共检查53个工程项目,发现违规问题469条,下发监督执法意见书111份,停工通知书1份,8家企业被清出泰兴建设市场,其中3家企业被上报至省住建厅限制其市场准入。开展打非治违综合检查,对全市建筑市场共巡查51次,发放停工通知书183份。征缴农民工工资保证金1600多万元,帮助2700多名农民工追讨欠薪7400多万元。

【服务乡镇园区建设】 2016年,市住建局采用上报检查与主动巡查相结合,定期季度检查与不定期巡查相结合的方式,重点做好对乡镇(园区)建筑市场管理的指导工作。全年共处理乡镇村建站上报打非项目处理函38份;实施乡镇业务指导57个(次),建筑市场巡查85个(次)。

2016年度泰兴市重点工程项目(29层以上)一览表

表6

序号	企业名称	工程名称	工程所在地	建设单位	高层幢数	建筑层数
1	中兴建设有限公司	重庆恒阳房地产开发有限公司	重庆市	重庆恒阳房地产开发有限公司	2	52
2	中兴建设有限公司	雅典国际	广西壮族自治区	广西人和集团	1	46
3	中兴建设有限公司	华润置地重庆二十四城三期工程	重庆市	华润置地(重庆)有限公司	3	40
4	中兴建设有限公司	合肥市华润置地·熙云府项目工程	安徽省	合肥庐阳房地产开发有限公司	15	39
5	中兴建设有限公司	中海国际社区14地块一标	广西壮族自治区	中海地产	3	35
6	中兴建设有限公司	玉潭花溪B地块G1S1、G2S2、G3S3、Y1、Y2、Y4、Y5、Y6、Y10#	徐州市	徐州市虹飞置业有限公司	9	35
7	中兴建设有限公司	花语城一期三批项目	湖南省	长沙荣成房地产开发有限公司	4	34
8	中兴建设有限公司	公园壹号观邸DK-3项目　1#楼	陕西省	陕西荣民房地产集团有限公司		34
9	中兴建设有限公司	无锡中海太湖新城	无锡市	无锡中海太湖新城置业有限公司	5	34
10	中兴建设有限公司	万科城B地块8#、9#住宅楼工程	徐州市	徐州万科城置业有限公司	2	34
11	中兴建设有限公司	华润二十四城五期	重庆市	华润置地重庆有限公司	13	33
12	中兴建设有限公司	重庆恒大中渝广场3#地块	重庆市	重庆中渝物业发展公司	6	33
13	中兴建设有限公司	南院改扩建项目1#楼、2#楼、3#楼	陕西省	中国科学院西安光学精密机械研究所		33

续表 6

序号	企业名称	工程名称	工程所在地	建设单位	高层幢数	建筑层数
14	中兴建设有限公司	宏府龙翔长安项目 7DK 7#、9#、10#、12#、13# 楼及裙房、地下车库	陕西省	西安市宏岭实业有限公司	5	33
15	中兴建设有限公司	XDG-2011-86号地块 C 块 B 标段	无锡市	无锡中海太湖新城置业有限公司	5	33
16	中兴建设有限公司	大沙环苑	内蒙古自治区	内蒙大沙房地产开发公司		33
17	中兴建设有限公司	国际社区 13 号地块一期一标	广西壮族自治区	中海地产	3	32
18	中兴建设有限公司	御湖熙岸一期三标	广西壮族自治区	中海地产	5	32
19	中兴建设有限公司	首开万科台湖一期项目	北京市	北京首开万科房地产开发有限公司		31
20	中兴建设有限公司	华润置地(昆明)有限公司	云南省	华润置地(昆明)有限公司	7	31
21	中兴建设有限公司	生态住宅社区二期工程(A-7)-T26～28	湖北省	武汉华侨城实业发展有限公司	2	31
22	中兴建设有限公司	3#楼等 3 项（房山区良乡镇 17-01-03、17-01-04 地块 C3 商业金融用地项目）	北京市	北京旭科置业有限公司	7	30
23	中兴建设有限公司	海兰云天·盛世华城二期工程	重庆市	海兰云天房产开发公司	2	30
24	中兴建设有限公司	博雅海润广场一期工程	四川省	成都华润置地驿都房地产有限公司	5	30
25	中兴建设有限公司	绵阳中玮海润城一期 A 标段项目	四川省	中玮房产公司	5	30
26	中兴建设有限公司	告庄西双景栋赛主体项目	云南省	西双版纳海诚旅游发展有限公司	8	30
27	中兴建设有限公司	丰和坊一期项目	陕西省	陕西福源置业有限公司	11	30
28	中兴建设有限公司	香溢花城四期	上海市	上海昊川置业有限公司	3	29
29	中兴建设有限公司	恒大世纪城首期	重庆市	恒大世纪房产	5	29
30	源丰建设有限公司	万郡华府 3# 楼及地下室	广西壮族自治区	广西凭祥祥兴国际商业街开发有限公司	1	33
31	源丰建设有限公司	商住楼三期	山东省	山东曲阜东盛置业有限公司	2	33
32	源丰建设有限公司	金域龙湾二期	山东省	曲阜东盛置业有限公司	2	33
33	源丰建设有限公司	汇阳幸福城三期项目建安工程 1#、2#5#、6#	山东省	山东汇阳置业有限责任公司	4	30
34	源丰建设有限公司	唐人中心二期三标段	黑龙江省	黑龙江大庆昆仑唐人商业街投资有限公司	4	30
35	泰兴市天安建筑安装工程有限公司	滨河新苑 4# 楼及车库	山东省	济南小清河开发建设投资有限公司	1	33
36	泰兴市天安建筑安装工程有限公司	环溪原筑	山东省	山东燕熙置业有限公司	8	32
37	泰兴市天安建筑安装工程有限公司	历城区城中村	山东省	济南市历城区国有资产运营有限公司	9	30
38	泰兴市第一建筑安装工程有限公司	英利金融街项目	重庆市	重庆英利辉利房地产开发有限公司	2	48
39	泰兴市第一建筑安装工程有限公司	燕含组团工程	广东省	深圳华侨城房地产公司	4	47
40	泰兴市第一建筑安装工程有限公司	星河揽月湾西侧地块项目三期	常州市	常州星河协达房地产开发有限公司	2	47
41	泰兴市第一建筑安装工程有限公司	苏河湾 1 街坊	上海市	华侨城(上海)置地有限公司	19	45

续表 6

序号	企业名称	工程名称	工程所在地	建设单位	高层幢数	建筑层数
42	泰兴市第一建筑安装工程有限公司	天山世界之门 28# 地项目	河北省	天山房地产开发有限公司	8	43
43	泰兴市第一建筑安装工程有限公司	华联城市全景花园	广东省	华联控股股份有限公司	3	39
44	泰兴市第一建筑安装工程有限公司	攀峰·创世纪商业广场 A 区	四川省	成都泰合瑞峰实业有限公司	1	39
45	泰兴市第一建筑安装工程有限公司	经纬城市绿洲 B3 地块一期二标段 12#、13#、17#、18#	天津市	经纬城市绿洲(天津)置业有限公司	4	34
46	泰兴市第一建筑安装工程有限公司	西古城城中村改造 7、9# 高层及花园洋房	河北省	石家庄国龙房地产开发有限公司	2	34
47	泰兴市第一建筑安装工程有限公司	同祥城 AB 区 11#、12# 楼	河北省	石家庄金石房地产开发有限公司	2	34
48	泰兴市第一建筑安装工程有限公司	天山 41# 地项目 2#、3#、9#、10#、16# 楼高层住宅	河北省	河北尚润房地产开发有限公司	3	34
49	泰兴市第一建筑安装工程有限公司	顺德天鹅湖花园三期(第一标段)	广东省	华侨城房地产公司	2	34
50	泰兴市第一建筑安装工程有限公司	同祥城 D 区 6#、7#、8# 楼	河北省	石家庄金石房地产开发有限公司	2	34
51	泰兴市第一建筑安装工程有限公司	西仰陵城中层改造项目	河北省	石家庄西仰陵村委会	2	33
52	泰兴市第一建筑安装工程有限公司	公园壹号 1-1#、2#、3# 楼	河北省	衡水斯凯学园房地产开发有限公司	4	33
53	泰兴市第一建筑安装工程有限公司	东方之珠住宅小区 25#、27# 楼	河北省	中石房地产开发有限公司	2	33
54	泰兴市第一建筑安装工程有限公司	天成嘉园 1#、2# 住宅楼	河北省	保定市福顺天成房地产开发有限公司	2	33
55	泰兴市第一建筑安装工程有限公司	肖家营商品区 1#、2#、5#、6#、19# 楼、会所	河北省	河北旭运祥华房地产开发有限公司	2	33
56	泰兴市第一建筑安装工程有限公司	西安华侨城天鹅堡三期	陕西省	西安曲江华侨城投资发展有限公司	2	33
57	泰兴市第一建筑安装工程有限公司	阳光华府	海南省	海口中金久盛房地产咨询服务有限公司	4	33
58	泰兴市第一建筑安装工程有限公司	中储城市广场 A、B、D 座	河北省	石家庄三利房地产开发公司	2	33
59	泰兴市第一建筑安装工程有限公司	中海国际社区二期	广西壮族自治区	广西南宁中海宏洋置业有限公司	4	33
60	泰兴市第一建筑安装工程有限公司	金源城三期	广西壮族自治区	广西金源置业集团有限公司	2	33
61	泰兴市第一建筑安装工程有限公司	首盛广场	广东省	深圳市华园房地产开发有限公司	4	33
62	泰兴市第一建筑安装工程有限公司	阜阳天章水岸国际二期	安徽省	安徽天章房地产开发有限公司	5	33
63	泰兴市第一建筑安装工程有限公司	成都华侨城五期高层区	四川省	成都天府华侨城实业发展有限公司	10	32

续表 6

序号	企业名称	工程名称	工程所在地	建设单位	高层幢数	建筑层数
64	泰兴市第一建筑安装工程有限公司	嘉汇尚悦一期工程	广西壮族自治区	广西桂嘉汇房地产集团有限公司	4	32
65	泰兴市第一建筑安装工程有限公司	香山里花园三期	广东省	华侨城房地产公司	2	32
66	泰兴市第一建筑安装工程有限公司	天鹅湖花园一期	广东省	华侨城房地产公司	4	32
67	泰兴市第一建筑安装工程有限公司	天津华侨城地产项目二期 C 地块高层三期 18#、19#、25# 楼	天津市	天津华侨城实业有限公司	3	32
68	泰兴市第一建筑安装工程有限公司	东岗怡园 A 南区 20# 楼及车库	河北省	石家庄市聚和置地房地产开发有限公司	2	32
69	泰兴市第一建筑安装工程有限公司	四川内江世纪滨江四期	四川省	四川内江浦发置业有限公司	6	32
70	泰兴市第一建筑安装工程有限公司	成都华侨城六期高层区	四川省	成都天府华侨城实业发展有限公司	2	32
71	泰兴市第一建筑安装工程有限公司	西安华侨城天鹅堡四期	陕西省	西安曲江华侨城投资发展有限公司	2	32
72	泰兴市第一建筑安装工程有限公司	云辰国际城市综合体项目	四川省	四川云辰置业有限公司	4	32
73	泰兴市第一建筑安装工程有限公司	重庆寸滩四期农转非安置房项目	重庆市	重庆市富理德房地产开发有限公司	2	32
74	泰兴市第一建筑安装工程有限公司	桃园丽璟城	河北省	石家庄东海融发房地产开发有限公司	2	32
75	泰兴市第一建筑安装工程有限公司	国宾壹号 12#、13#、17#、18#、21#、22# 楼	河北省	河北天山睿铭房地产开发有限公司	2	32
76	泰兴市第一建筑安装工程有限公司	香山里花园四期	广东省	华侨城房地产公司	2	32
77	泰兴市第一建筑安装工程有限公司	中洲里程施工总承包工程	四川省	成都中洲洲成房地产有限公司	3	32
78	泰兴市第一建筑安装工程有限公司	东方龙公馆二期	广东省	深圳宝安南方特种化工厂	1	31
79	泰兴市第一建筑安装工程有限公司	顺德华侨城天鹅湖二期二标段	广东省	广东顺德华侨城实业发展有限公司	4	31
80	泰兴市第一建筑安装工程有限公司	聚龙山一号	广东省	聚龙山房产开发公司	3	31
81	泰兴市第一建筑安装工程有限公司	南山区长源村改造项目(02# 地块)	广东省	深圳市京基房地产开发股份有限公司	3	31
82	泰兴市第一建筑安装工程有限公司	留村旧村改造回迁安置楼工程 11#～17# 楼	河北省	石家庄高新技术产业开发区长江街道留村村民委员会	2	30
83	泰兴市第一建筑安装工程有限公司	万泽云顶翠堤	广东省	万泽房地产开发有限公司	5	29
84	江苏中昱建设工程有限公司	危旧房改造项目(幸福庭苑综合楼)	广西自治区	广西宏基凯联房地产投资有限公司	1	33
85	江苏星月星建筑安装工程有限公司	凯旋华府 3#、5#	南通市	启东市兴隆房地产开发有限公司	2	32
86	江苏省国裕建设有限公司	长风苑小区建设项目	山西省	山西陆达房地产开发有限公司		45

续表6

序号	企业名称	工程名称	工程所在地	建设单位	高层幢数	建筑层数
87	江苏金江建筑安装工程有限公司	中登文景家园 21#、24# 楼	陕西省	西安中登房产开发公司	2	33
88	江苏金江建筑安装工程有限公司	石家庄盛世御园 5#,7#1 楼	河北省	河北省盛邦房产公司	2	33
89	江苏金江建筑安装工程有限公司	石家庄孙村 1# 地块 3#,5#,6#	河北省	河北盛邦房产有限公司	4	33
90	江苏金禾建设工程有限公司	内蒙古舍必崖	内蒙古自治区	内蒙古铭德房地产开发有限公司	10	31

2016年度泰兴市建筑工程获省级以上标准化工地一览表

表7

序号	项目名称	建筑面积 M^2 或造价(万元)	施工单位	项目经理	工程详细地点
1	济川南路保障性住房建设项目的 7#、8# 楼	30129.34㎡	江苏省国裕建设有限公司	周凤顺	泰兴市澄江路南侧、济川南路西侧
2	泰兴昌建广场一期 2# 楼	1000万元	江苏省苏中建设集团股份有限公司	李小峰	泰兴市国庆东路市政府东 300 米
3	江苏省泰兴中学移址新建项目教工宿舍楼、学生宿舍楼、食堂工程	27382㎡	泰兴市新兴建筑工程有限公司	赵志荣	文江路西侧、龙河路北侧
4	泰兴昌建广场 1#、3#、5# 楼	76845㎡	江苏省苏中建设集团股份有限公司	李小峰	泰兴市国庆东路市政府东 300 米
5	泰兴市佳源新天地 1-S1 地块	167701㎡	南通四建集团有限公司	徐　周	泰兴市大庆路北侧羌溪路西侧
6	新世界广场 6# 地块 1#、3#、6#、7#、9# 楼工程	58899㎡	江苏省金陵建工集团有限公司	唐士兵	国庆路南侧、东阳路西侧
7	江苏泰兴农村商业银行新营业办公大楼项目幕墙、室内装修	2778万元	深圳市文业装饰设计工程股份有限公司	郑　良	泰兴市国庆东路北侧
8	泰兴祥泰未来城市花园 2# 地块(11#-16# 楼、地下车库、配电房)	131368㎡	浙江祥生建设工程有限公司	楼俞儿	泰兴市澄江路北侧、羌溪路西侧
9	银杏路棚户区改造安置房建设项目的 1#、2# 楼及地下室	29563㎡	源丰建设有限公司	樊　晨	银杏路北侧、驾培路东侧
10	银杏路棚户区改造安置房建设项目的 3#、4# 楼、地下室及物管用房公厕工程	31331㎡	江苏福宇园林建设有限公司	徐圣华	银杏路北侧、驾培路东侧
11	祥泰未来城市花园 7 号地块 47#、48#、49#	35929㎡	浙江祥生建设工程有限公司	马奎明	—
12	凤凰和泰 TX2013-04 幅地块土建及水电安装	209776㎡	江苏省建筑工程集团有限公司	陈天寿	—
13	凤凰和泰 TX2013-05 幅地块 3#、4#、5# 楼土建及水电安装	37722㎡	龙成建设工程有限公司	唐景林	—
14	泰兴市中南世纪城 15#、18#	85000㎡	江苏广宇建设集团有限公司	赵　谧	—
15	泰兴市中南世纪城 11#、19#	31500㎡	江苏广宇建设集团有限公司	赵　谧	—

续表7

序号	项目名称	建筑面积 M^2 或造价（万元）	施工单位	项目经理	工程详细地点
16	威尼斯圣皇宫	202993㎡	江苏省苏中建设集团股份有限公司	葛　宏	
17	滨湖国际A1、A4、A5、A7#楼	49734㎡	江苏大隆鑫建筑工程有限公司	杨　晶	

2016年度泰兴市建筑业企业科技获奖情况表

表8

序号	获奖类型	获奖内容	获奖单位
1	国家级QC成果奖	中玮海润城项目部QC小组(建协质证字第2361号)	中兴建设
2	国家级QC成果奖	成都双楠·港汇广场项目QC小组(建协质证字第2333号)	中兴建设
3	国家级QC成果奖	百达万泉QC小组(建协质证字第2131号)	泰兴一建
4	国家级QC成果奖	华侨城五期高层工程QC小组	泰兴一建
5	省级QC成果奖	华侨城五期高层工程QC小组	泰兴一建
6	省级QC成果奖	华侨城三期QC小组	泰兴一建
7	省级QC成果奖	西政国际学术交流中心3#楼QC小组(证字2016 210号)	泰兴一建
8	省级QC成果奖	西安光机所项目QC小组(证书号第20165197号)	中兴建设
9	省级QC成果奖	官园壹号官邸项目部QC小组(证书号第20165434号)	中兴建设
10	省级QC成果奖	四川中玮海润城项目部QC小组(建协质证字第2361号)	中兴建设
11	省级QC成果奖	盛世华城二期项目部项目部QC小组(证字2016第306号)	中兴建设
12	省级QC成果奖	陕西华侨城天鹅堡项目部QC小组(证书号第20165279号)	中兴建设
13	省级QC成果奖	重庆英利金融街QC小组(证字2016第301号)	中兴建设
14	省级QC成果奖	华润二十四城三期项目部QC小组(证字2016第305号)	中兴建设
15	省级QC成果奖	中兴建设有限公司中星微QC小组(沪工质协2016 3号)	中兴建设
16	省级QC成果奖	中兴建设有限公司虹口QC小组(沪工质协2016 3号)	中兴建设
17	省级QC成果奖	中兴建设有限公司中兴QC小组(沪工质协2016 3号)	中兴建设
18	省级QC成果奖	中兴建设有限公司中兴QC小组(沪工质协2016 3号)	中兴建设
19	省级QC成果奖	中兴建设有限公司华纺和成QC小组(沪工质协2016 3号)	中兴建设
20	省级QC成果奖	中兴建设有限公司华纺和成QC小组(沪工质协2016 3号)	中兴建设
21	省级QC成果奖	中兴建设有限公司中兴QC小组(沪工质协2016 3号)	中兴建设
22	省级QC成果奖	中兴建设有限公司中兴QC小组(沪工质协2016 3号)	中兴建设
23	省级QC成果奖	中兴建设有限公司陆尖QC小组(沪工质协2016 3号)	中兴建设
24	省级QC成果奖	中兴建设有限公司贺桥公寓QC小组(沪工质协2016 3号)	中兴建设
25	省级QC成果奖	中兴建设有限公司合肥华润熙云府QC小组(皖工质协2016 2号)	中兴建设
26	省级QC成果奖	泰州师专泰兴附属实验小学项目部QC小组(苏建协质2016 5号)	源丰建设
27	省级工法	多向穿心牛腿、环梁、钢管混凝土柱梁节点施工工法(苏建质安2016 698号)	中兴建设
28	省级工法	装备式混凝土结构钢筋套筒半灌浆连接接头施工工法(苏建质安2016 27号)	中兴建设

续表 8

序号	获奖类型	获奖内容	获奖单位
29	省级工法	地下室桩承台外置吊塔三角形桩基础施工工法(苏建质安 2016 27 号)	泰兴一建
30	省级工法	超高层电梯井筒模板支设平台施工工法(苏建质安 2016 27 号)	泰兴一建
31	省级工法	预制装配式檐口装饰施工工法(苏建质安 2016 366 号)	金禾建设
32	省级工法	模块化曲面透明屋面系统施工工法(苏建质安 2016 366 号)	源丰建设
33	发明专利	体育看台吊模支撑(证书号第 1966851 号)	泰兴一建
34	发明专利	单面支模薄抹混凝土隔墙施工工艺(证书号第 2000583 号)	泰兴一建
35	发明专利	一种单面支模薄抹混凝土隔墙施工工艺(证书号第 2016183 号)	泰兴一建
36	发明专利	墙体型钢背楞组合模板结构(证书号第 553755 号)	源丰建设
37	发明专利	一种双支撑安放式潜水推流器(证书号第 2073150 号)	亚太泵阀
38	发明专利	一种自循环润滑冷却的潜水电泵(证书号第 2166925 号)	亚太泵阀
39	实用专利	桩墙联体防水结构(证书号第 5436858 号)	金禾建设
40	实用专利	一种高低跨单面模支撑体系(证书号第 5698828 号)	泰兴一建
41	实用专利	一种混凝土预制拼装塔机基础(证书号第 5720074 号)	泰兴一建
42	实用专利	一种超高化工塔落地式脚手架(证书号第 5695321 号)	泰兴一建
43	实用专利	一种深基坑桩锚支护装置(证书号第 5700550 号)	泰兴一建
44	实用专利	垃圾多段热解沸腾炭化二次氧化处理装置(证书号第 5431444 号)	河海给排水
45	实用专利	一种带活动踏步栈桥的摇臂输水管(证书号第 5420234 号)	河海给排水
46	主参编标准	国家级行业标准:CJT203-2016 无堵塞泵	亚太泵阀

2016年度泰兴市建筑行业质量创优情况一览表

表 9

序号	获奖工程名称	获奖单位
	国家级奖项	
1	成都华侨城四期 75#、76#、77#、78# 楼 -(2016-2017 年度)“国优奖”(中施企协字[2016]65 号)	泰兴一建
	省部级奖项	
1	上海苏河湾 1 街坊项目 T2 楼 -2015 年度“白玉兰奖”沪建施协(2016)24 号	中兴建设
2	枫丹天城一期 1-10# 楼 -2015 年度“海河杯”沪建联(2016)2 号	泰兴一建
3	泰兴警示教育中心 -2015 年度“扬子杯”(苏建质安[2016]56 号)	中兴公司
4	淮安市第三人民医院精神科病房楼 -2015 年度“扬子杯”(苏建质安[2016]56 号)	中兴公司
5	江苏省计量检测基地(1 标段)综合实验室 1-3 号楼 -2015 年度“扬子杯”(苏建质安[2016]56 号)	中兴公司
6	黄桥清华园 4# 楼 -2015 年度“扬子杯”(苏建质安[2016]56 号)	江苏金龙
7	泰兴民安广场人防 -2016 年度“扬子杯”(苏建质安[2016]742 号)	江苏民生
8	淮师文化苑土建及安装二标段 -2016 年度“扬子杯”(苏建质安[2016]742 号)	中兴建设
9	丰县中学专业学校新校区 A 区建设工程 A4# 楼 -2016 年度“扬子杯”(苏建质安[2016]742 号)	中兴建设
10	江苏姜堰农村合作银行金融大厦 -2016 年度“扬子杯”(苏建质安[2016]742 号)	中兴建设
11	昭苏县泰州高级中学建设项目 -2016 年度“扬子杯”(苏建质安[2016]742 号)	中兴建设
12	泰兴市文江北路道路工程一、二标段 -2016 年度“扬子杯”(苏建质安[2016]742 号)	江苏民生、江苏鹏图
13	泰兴市庆云禅寺大雄宝殿工程 -2016 年度“扬子杯”(苏建质安[2016]742 号)	江苏福宇

2016年泰兴市建筑业重点企业(二级资质以上)情况表

表10

序号	企业名称	注册地址	法人代表	资质类型	
				主项资质	增项资质
1	中兴建设有限公司	济川路26号	倪道仁	房建总包特级	钢构一 机电一 装饰一 地基与基础一 市政公用二 古建筑工程二 起重二 环保三
2	泰兴市第一建筑安装工程有限公司	济川南路87号	周荣生	房建总包特级	装饰装修二 起重设备二 机电安装三 市政公用三 钢结构三
3	江苏金禾建设工程有限公司	过船镇通江南路18号	石建新	房建总包一	市政公用二 装饰装修二 起重设备二 防水防腐二 钢结构三 地基基础三
4	源丰建设有限公司	江平中路68号	何金城	房建总包一	市政公用二 装饰装修二 钢结构二 起重设备三 机电安装三 地基基础三 模板脚手架不分等级
5	江苏省国裕建设有限公司	溪桥镇华溪中路6号	钱照华	房建总包一	市政公用二 装饰装修二 机电安装二 钢结构二 石油化工三 环保三
6	江苏金基市政建设工程有限公司	城东高新园区文昌东路南侧	丁 军	房建总包一	市政公用一 钢结构一 装饰装修一
7	江苏中昱建设工程有限公司	华太大厦1283室	陈玉先	房建总包一	市政公用三 地基与基础三 钢结构三
8	江苏星月星建筑安装工程有限公司	大庆东路31号	梅俊 梅取生	房建总包一	起重设备三 市政公用三
9	江苏金江建筑安装工程有限公司	陵园路6号	孙荣兵	房建总包一	市政公用三 钢结构三
10	江苏大隆鑫建筑工程有限公司	黄桥镇东进西路290-3号	宋霞 宋辉	房建总包一	
11	江苏民生建设有限公司	济川南路169号	封同生	市政总包一	公路二 房建二 桥梁二 公路路基二

续表 10

序号	企业名称	注册地址	法人代表	资质类型	
				主项资质	增项资质
12	江苏鹏图建设工程有限公司	城东工业园文昌东路南侧	刘伯甫	市政公用一	房建总包一 装饰装修二 机电安装三 钢结构三 环保三
13	河海科技工程集团有限公司	国庆东路 38 号	俞建国	水利总包一	河湖整治二 港口与海岸三 航道三
14	江苏金龙建设有限公司	南沙镇南沙西路	马金华	房建总包二	装饰装修二 机电安装二 钢结构三 市政公用三
15	泰兴市天润建筑安装有限公司	济川路 12 号	陆守稳	房建总包二	装饰装修二 电子与智能化二 市政公用三 钢构三 机电设备三 地基基础三
16	江苏隆和建设有限公司(原鼎圣)	陵园路 28 号	董小明	房建总包二	石油化工三 钢结构三
17	江苏锦城建设有限公司	济川北路 58 号	张国民	房建总包二	市政公用二 装饰装修二 钢结构二 起重设备三 机电安装三
18	泰兴市十里甸建筑安装工程有限责任公司	万桥路名人山庄 9 号	王建共	房建总包二	装饰装修二 市政公用三 钢结构三 起重设备三 机电安装三
19	江苏黄桥建设工程有限公司	黄桥镇工业园区通站路北侧	朱家宝	房建总包二	装饰装修二 市政公用三 钢结构三
20	江苏祥宇建设有限公司	国庆东路 39 号	张月峰 张维祥	房建总包二	起重设备三 水利水电三 市政公用三
21	江苏中房建设有限公司	姚王镇桑木村元庄四组	赵兴中	房建总包二	装饰装修二 市政公用三
22	江苏华兴城建有限公司	张桥镇焦前街南	李国平	房建总包二	市政公用二 环保工程三
23	泰兴市方圆建筑有限公司	国庆二村一区一号楼	薛玉宏	房建总包二	市政公用三 园林古建三 起重设备三
24	泰州市苏北建设工程有限公司	滨江镇闸北路 8 号	刘小根	房建总包二	市政公用三 水利水电三
25	泰兴市新兴建筑工程有限公司	大庆东路新建巷 1 号	张新生	房建总包二	市政公用二 装饰装修二 钢结构三

续表 10

序号	企业名称	注册地址	法人代表	资质类型	
				主项资质	增项资质
26	泰兴市天安建筑安装工程有限公司	河失镇城黄西路	赵纪和	房建总包二	市政公用二
27	泰兴市福利建筑安装工程有限公司	鼓楼南路 396 号	黄俊 黄建顶	房建总包二	装饰装修二 市政公用三 起重设备三
28	江苏永发建设工程有限公司	溪桥镇工业园区	钱继进	房建总包二	—
29	江苏鹏腾建筑有限公司	横垛镇人民路 100 号	何军	房建总包二	装饰装修二 市政公用二 机电安装三
30	江苏鑫天晨建筑安装工程有限公司	经济开发区通江路 28 号	石小龙	房建总包二	—
31	江苏华腾建设有限公司	黄桥镇东进路 96 号	张留圣	房建总包二	—
32	江苏裕泰建筑工程有限公司	黄桥镇城黄东路 182-1 号	何书琴	房建总包二	市政公用三 钢结构三
33	江苏鑫泰建设工程有限公司	济川南路 99 号	田福寿	市政总包二	公路路基二 建筑工程三 起重设备三
34	江苏道源市政建设有限公司	振兴东路 88 号 13 幢 401 室	印雪龙 王新建	市政总包二	建筑工程三
35	江苏方诚建设有限公司	黄桥工业园区通站路	丁海荣	市政公用二	特种工程(特种防雷技术)不分等级
36	江苏鼎洲建设有限公司	分界镇繁荣路水利大楼	徐志刚	市政公用二	水利水电三
37	泰兴市路桥工程有限公司	济川路 26 号	叶春德	公路总包二	市政公用二 公路路基二 公路路面二
38	江苏信成交通工程有限公司	车站路 50 号	陈炳章	公路总包二	桥梁二 市政公用二
39	江苏国润水利建设有限公司	莲花新村 1 号	徐国平	水利总包二	河湖整治二 桥梁工程二 市政公用二
40	江苏昌泰建设工程有限公司	济川南路 118 号	陈庆荣	水利总包二	公路路基二 河湖整治二 房建三
41	泰兴市机电设备安装有限公司	车站路 46 号	汪晶	机电总包二	市政公用二 机电设备安装二 钢结构三
42	亚太泵阀有限公司	大庆东路 64 号	常磊	机电安装二	环保工程三 市政公用三
43	江苏扬子净化工程有限公司	城区工业园庄基路 8 号	杨勇	机电设备一	装饰装修二 钢构二 消防设施二 电子与智能化二
44	江苏国枫机电设备安装有限公司	江平北路 6 号	吴小平	机电安装二	—
45	亚太泵阀有限公司	大庆东路 64 号	常磊	机电安装二	环保工程三 市政公用三
46	江苏四新机电设备安装有限公司	广陵镇北首村	苏新华	机电安装二	—

续表 10

序号	企业名称	注册地址	法人代表	资质类型	
				主项资质	增项资质
47	泰兴市成拓净化工程有限公司	车站路 52 号	顾铁成	电子与智能化工程二	—
48	江苏河海电气有限公司	济川北路 88 号	俞建国	电子与智能化工程二	机电安装三
49	江苏弘太电讯工程有限公司	泰兴曲霞镇曲霞村	李书兵	电子与智能化二	通信工程三
50	江苏广发建筑装饰工程有限公司	鼓楼南路春区 16-124 号	戴广仁	建筑幕墙二	—
51	江苏苏泰门窗幕墙有限公司	姚王镇十里甸村	姚年元	建筑幕墙二	—
52	泰州市腾飞金属门窗有限公司	泰兴镇江平路 21 号	周军	建筑幕墙二	钢结构三
53	泰兴市中恒建筑装饰工程有限公司	泰兴镇江平南路	曹红霞	建筑幕墙二	装饰装修二
54	泰兴市安能电力工程有限公司	大庆东路 5 号	顾宏海	消防设施工程二	电力工程三、城市及道路照明三、建筑工程三
55	江苏华盾消防工程有限公司	星火路 17 号	叶国民	消防设施工程二	—
56	江苏宏达交通工程有限公司	泰兴镇东站路北首	叶正新	公路交通（安全设施一）	环保工程二 钢结构三
57	泰兴市交通安全设施厂	车站路 30-1 号	武乔章	公路交通（安全设施二）	—
58	泰兴市金华公路养护工程有限公司	车站路 4 号	张炳年	公路路基二 公路路面二	公路总包三
59	泰兴市新特耐火材料有限责任公司	大生镇天星闸北	张卫民	防腐保温二	冶金工程三
60	泰兴市恒信特种耐火材料有限公司	经济开发区棋东路 8 号	钱正金	防水防腐二	—
61	泰兴市一建防水工程有限公司	兴燕路 154 号	李亚军	防水防腐二	—
62	泰兴市亿达防水工程有限公司	羌溪南路 86 号	张玉	防水防腐二	—
63	江苏百思特装饰安装工程有限公司	华泰大厦 601-3 室	丁爱平	电子与智能化二建筑幕墙二装饰装修二	机电安装三
64	江苏慧都建设工程有限公司	吉润花苑 5 幢 118 室	周建良	装饰一体化二	—
65	江苏比特装饰工程有限公司	泰兴市鼓楼东路 185#-1	董志永	装饰装修二	—
66	江苏领尚建筑装饰工程有限公司			装饰装修二	—
67	江苏锦绣装饰设计工程有限公司	星火路 137、139 号	叶颖文	装饰装修二	—
68	泰兴市华扬建筑装饰工程有限公司	过船镇通江南路 80 号	张俊	装饰装修二	—
69	江苏和为建设有限公司(原其美)	南二环路(事大搂三楼)	张向阳	装饰装修二	—
70	江苏海纳装饰工程有限公司	济川北路 88 号	叶留平	装饰装修二	—
71	江苏金蚂蚁装饰工程有限公司	泰常路 9 号	陈秀英	装饰装修二	—
72	江苏铭寓装潢设计有限公司	鼓楼南路 84、86 号	朱 东	装饰装修二	—
73	江苏百成数码影业有限公司	国庆东路 48 号	栾跃生	装饰装修二	—

续表 10

序号	企业名称	注册地址	法人代表	资质类型	
				主项资质	增项资质
74	江苏兴润建筑装饰工程有限公司(原润扬)	中兴大道 118 号	李建明	装饰装修二	古建筑三
75	泰兴市绿洲建筑装饰工程有限公司	通江路 138-34 号	沈红萍	装饰装修二	—
76	泰兴市恒泰电力综合服务有限公司	大庆东路 5 号	乔军	装饰装修二	—
77	泰州市润桦装饰工程有限公司	吟福花苑 16 幢 113 室	何建	装饰装修二	—
78	江苏晖明装潢有限公司	城东高新技术产业园区姚垈	祝朝军	装饰装修二	—
79	泰州市奇星建设工程有限公司	古溪镇尹垛村	尹必璋	装饰装修二	市政公用三 防水防腐保温二
80	江苏晶鑫特种技术建筑安装有限公司	黄桥镇西街翻生西村 80 号	张朋	特种工程（结构补强）	装饰装修二
81	泰州市华宸建筑工程有限公司	泰兴市城东高新技术产业园区戴王璐西侧	翟美华	特种工程（结构补强）	—

· 河海公司 ·

【概况】 2016 年,河海科技工程集团有限公司完成经济总量 23.2 亿元,国内 16 个项目,施工产值 5.27 亿元;海外工程施工产值 12.28 亿元;海泰和给排水公司销售收入分别为 2.39 亿元和 2.49 亿元; 河海电气销售收入 3600 万元;纳米公司销售收入 3200 万元;同源堂销售收入 900 万元。2016 年,河海集团荣获“中国对外承包工程 AAA 级资信企业”“江苏省建筑业百强企业”“泰州市外经贸十强企业”“泰兴市社会管理综合治理先进集体”, 纳米公司荣获 “泰兴市科技进步一等奖”。

【印尼围海造陆项目】 2016 年,河海集团在印尼万丹省西冷市中标神华印尼爪哇 7 号发电厂项目, 在印尼中标工程累计金额达 12 亿美元。2016 年获得江苏省财政厅对外承包工程奖励基金 908.8 万元。

· 泰兴一建 ·

【概况】 泰兴市第一建筑安装有限公司始建于 1950 年,1993 年公司取得一级施工资质,1997 年获得 ISO9002 贯标认证,并获得海外经营业务签约权,2016 年底成功晋升建筑工程施工总承包特级资质,注册资金 3.68 亿元。拥有 13 家直属分公司,业务范围包括房屋建筑、装饰装修、机电设备安装、园林、消防、防水、房地产综合开发等,经营市场分布北京、上海、深圳等全国二十多个省、市、自治区。2016 年,公司新接工程建筑面积 459.1 万平方米,工程总造价 93.16 亿元;在建工程施工面积 738 万平方米,工程总造价 149 亿元。年内,公司创国家优质工程 1 项,创省优工程 4 项,创省、大市级文明标化工地 17 个; 获国家级发明专利 3 项,国家级实用型专利 4 项;获省级新技术应用工程 1 项,省级用户满意工程 1 项;获国家级 QC 成果 3 项,获省级 QC 成果 11 项; 泰兴建工大酒店获省住建厅科技发展中心“二星级绿色建筑设计标识”证书。

房地产业

【概况】 2016 年, 泰兴市完成房地产投资 67.69 亿元,同比增长 14.36%;新开工面积 165.1 万平方米,竣工面积 86.6 万平方米;销售 157.65 万平方米,同比增长 44.43%,销售金额 100.86 亿元。竣工项目主要有中南世纪城一期、新能源·新世界广场一期、襟江豪景苑等。在建项目有新能源·新世界广场、中南世纪城、凤凰和泰、祥生·未来城市花园、兴隆福府、融科苑、锦润福府等。

【房地产业管理】 2016 年,全市发放商品房预售许可证 52 份,准许销售面积 165.21 万平方米;完成房屋安全鉴定 190 户(处),鉴定面积约 57.5 万平方米;实施白蚁预防 45 户(处),灭治 118 户(处)。

【住房保障体系建设】 2016 年,泰兴市住房保障范围和标准调整为:对具有城区城镇户口五年以上,人均住房建筑面积在 20 平方米以下, 人均月收入在 1000 元(含)以下的市区低收入住房困难家庭,通过发放租赁补贴的方式进行保障；对具有城区城镇户口五年以上且实际居住3年以上，无房或人均居住建筑面积20平方米以下，人均月收入在1700元(含)以下的住房困难家庭，通过提供公共租赁住房进行保障，城区低保、特困家庭优先配租；对具有本市城镇户籍或取得居住证满3年，与用人单位签订劳动合同，并在泰兴市缴纳社会保险的新就业人员和外来务工人员，通过提供公共租赁住房进行保障，租金标准按同地段市场租金的70%结算；对具有城区正常城镇户口满5年且实际居住，人均住房建筑面积20平方米以下，人均月收入2000元(含)以下的住房困难家庭，通过配售经济适用住房进行保障。全年实际发放廉租房租赁补贴14.41万元，完成4批次共62户家庭公共租赁住房审核配租工作。黄桥镇筹集公共租赁住房210套，安置63户。

济川南路保障性住房开工建设　　(周　冰)

【保障房建设】　2016年，济川南路保障性住房项目(总建筑面积10.5万平方米，计1069套)完成主体结构和二次结构施工；康乐家园(银杏路棚户区改造安置房，总建筑面积约5.7万平方米，计383套)完成主体结构封顶以及内墙粉刷工作；红砂场地块安置房完成勘探、图纸设计等前期工作；兴南佳园26#、27#楼通过竣工验收。　(王　欢)

·泰州市住房公积金管理中心泰兴分中心·

【概况】　2016年，泰州市住房公积金管理中心泰兴分中心归集住房公积金6.28亿元，完成年度计划指标的109.97%，全年提取住房公积金13.79万人次4.64亿元，全年新增开户单位64个，新增开户人数7472人，完成年度计划指标的103.77%；全年共发放个人住房公积金贷款3107户10.03亿元，其中公转商1858户5.98亿元，完成年度计划指标的212%，年末在贷8327户个贷余额18.47亿元，存贷比93.35%，逾期率为0，公积金增值收益率达1.5%，上缴廉租房资金381万元。截至年底，全市已有1000多单位近13万名职工受益，累计缴存住房公积40.2亿元，公积金余额19.78亿元，覆盖率保持在88.53%；累计为1.5万多户职工家庭购建住房提供32亿元住房公积金贷款；累计为地方政府廉租房建设提供约3337万元补充资金。

做年豆腐(三)

做豆腐首先要把涨好的黄豆磨成豆糊糊。作坊中央架着石磨，推磨的在一圈一圈地作匀速运动，石磨则慢慢地吞食胖乎乎的黄豆，又从磨缝中吐出白色的豆糊糊，堆积在磨堂里，以后刮进木桶，倒进“缚子”里去“扯浆”。扯浆既要花力气，又要有技巧。一个木制的可张可合的十字架吊在屋梁上，一块正方形的白棉布系于十字木架的四端。这就是“缚子”。豆糊糊一倒入缚子。白棉布便陡地垂下来，好像猪八戒的大肚子。扯浆的人叉开双腿，双手抓住扣缚子的两根绳索，然后有节奏地摆动双臂，那缚子便上下左右地扯，豆浆便汩汩滴人下面的小缸里；加水再扯，缚子里就只剩下那圆球似的豆腐渣了。于是，当家的把豆浆打入锅中，开始煮浆。固然是燃起豆萁，噼啪有声。不一会儿，锅中的豆浆沸腾起来，千滚万火笃(dū)，势不可挡，所以扬汤止沸或釜底抽薪均无济于事，但只消一勺冷水，便风平浪静。于是稍等片刻，便可以挑皮子了。挑皮子时，两手捏着早已准备好的两根齐草(小麦秸秆)两头，紧贴锅边往浆中一沉，移到锅的中间，两手轻轻一提，一张乳黄色的浆皮拎起来了，成了明年正月内当家炒春拌的主要原料之一。皮子不能挑得太多，太多了豆腐就没得精润，香口就不怎么好了。　(未完待续)

(吕耕樵　吕晓文)

交通　电力

■编辑　蒋淑颖

交　通

· 综　述 ·

【概况】　2016 年，全市交通工程建设总投资 9.7 亿元。334 省道分黄段、东部南北干线先导段(繁荣路)、新长铁路泰兴段平改立工程、虹桥园区临港产业大道、镇海路北延景观绿化、泰兴至靖江连接线曲霞段、沿江高等级公路泰兴段完善工程、334 省道澄江路路面改善工程、334 省道数字化公路建设工程等九个在建项目全部竣工。农村公路提档升级竣工约 240 千米，危桥竣工 72 座，等级航道桥梁改建 10 座，改建市道 10 千米，大中修市道 34 千米。泰兴作为泰州唯一县市，申报并成功创建成为全省“四好农村路”建设示范县。投资建设古马干河驳岸续建工程，项目总投资 100 万元，驳岸全长 300 米。融资 2100 万购置 30 辆纯电动新能源公交车，公交 IC 卡发卡 5 万张，城市公交加入全省公交“一卡通”系统。黄桥客运站通过初步设计方案和施工图设计，正式开工建设。公路客运量 0.082 亿人次，客运周转量 8.45 亿人千米；货运量 1499 万吨，货运周转量 20.64 亿吨千米。水路货物运输量 130 万吨，货运周转量 2.02 亿吨千米。全年航政人员上航 736 人次，航政艇巡查 1.47 万千米，清除碍航物 17 处计 12.8 吨，清除暗桩 19 根，维护航标 1 座计 48 次，受理航道行政许可 15 起，出具许可决定书的 5 起，收取航道赔补偿费 41.83 万元。地方海事共出动海巡艇 1486 艘次，海事执法人员 5761 人次，巡航时间 6349 小时，巡航里程 2.15 万千米，安检船舶 412 艘次，违章处罚 3173 艘次，完成船舶检验 132 艘，3.57 万吨，1.58 万千瓦，确保检验合格率 100%。全年共办理公路许可 25 起，查处路政违法案件 136 起，其中处理交通事故损坏公路附属设施案件 114 起，处罚案件 22 起；发放各类管理通知书 2500 余份，清理种植物 660 平方米，清除占路堆积物 1055 立方米，清除摊点 819 个，拆除非交通标志牌 617 块。全面加强国省干线公路养护，共计修补路面 3.19 万平方米，路面灌缝 4.01 万米，清理边沟 923.22 千米，整修边坡 955.82 千米，整修路肩 926.22 千米，补栽绿化灌木 3929 平方米，补栽轮廓标 84 根，里程碑 3 块。干线公路技术状况指数(MQI)达 93.9，路面损坏状况指数 (PCI) 为 95.5，路面行驶质量指数 (RQI)为 91.6。334 省道泰兴段改扩建工程分黄段一标段、二标段获得 2015 年度省公路水运工程“平安工地”建设省级“示范工地”。

【春运管理】　1 月 24 日至 3 月 3 日，市交通运输部门共投入公路客运车辆 303 辆，城市公交车 100 辆，镇村公交车 142 辆。公路旅客运输量达 118.5 万人次，其中省市及县际旅客运输量 38.9 万人次、农村客运量 79.6 万人次。城市公交客运量达 115.9 万人次。七圩汽渡共渡运 3890 个航次，渡运各类车辆 8.86 万辆次，运送旅客 23.5 万人次。

【镇海路北延景观大道竣工】　4 月 20 日，全市首条双向八车道城市快速通道——镇海路北延景观大道一级绿化工程竣工。该景观工程全长约 4.6 千米，两侧绿化各宽 15 米。项目总投入约 5000 万元，共培土 45 万立方米,栽植各类乔灌木2万株,绿地总面积达30万平方米。

【城区公交21路线试运行】 6月28日,泰兴城区公交21路线试运行。该线路由新客站开往隆盛花园,试投放车辆3辆,每天32个班次,班次间隔时间为25~30分钟,途径阳江东路、文江路、济川南路等,共设置18个站点。

【334省道改扩建工程泰兴段全线贯通】 9月28日,334省道改扩建工程泰兴段全线贯通。该工程西起长江江堤,东至如皋交界,道路全长约42千米。共分3段实施,其中,滨江段、城黄段均已先期建成通车;黄桥姜八线至如皋段(分黄段)全长约8.5千米,双向四车道,新建桥梁7座,其中上跨新长铁路大桥1座,工程投资约3.9亿元,于2015年2月底完成征地拆迁主要工作量,完成工程施工、监理、检测招标,中标单位进场施工,2016年6月主体工程施工结束并于9月底通过交工验收。

【355省道泰兴段初步设计通过省级审查】 11月,省发改委审查并通过355省道泰兴段初步设计方案。该工程起点位于古溪镇北与如皋市交界处,折向西后在元竹镇北与229省道交叉,并与宁靖盐高速公路相交,继续向西经新街镇农产品加工园区后折向西北,终点止于泰兴与高港交界处。路线全长约26.76千米,其中改造利用古田线里程7.94千米,新建18.83千米。该项目按照一级公路标准规划,设计速度为80千米/小时,采用24.5米宽标准双向四车道断面。全线共设置跨河桥梁21座,其中大桥1座,中小桥20座;分离式立交1处,平面交叉26处;工程总投资10.76亿元。 (田留军)

·港口建设·

【概况】 2016年,泰兴港区全年完成货物吞吐量4205万吨,增幅19.52%。至年底,建成投运码头13座、生产性泊位18个,其中万吨级以上泊位11个,对外开放泊位9个。

【项目服务】 2016年,泰兴港区完成港口建设投资5.57亿元,各拟建、在建项目有序推进:东夹江开发一期油品泊位工程完成前期批复;七圩作业区公用码头工程项目取得交通运输部岸线批文;裕兴通用码头取得初步设计、施工图批复,完成招投标工作;滨江通用码头开工建设;宏锦物流公用码头工程完成水工部分交工验收;虹桥仓储有限公司码头完成交工验收。

【港口管理】 2016年,泰兴港区开展港口安全管理年活动,全年检查企业240家次。利用港口安全监管与应急管理信息系统,逐步实现事故隐患线上线下双重闭环管理,所有港口企业均纳入系统管理,事故隐患按要求上报并在限定时间内完成整改。印发《泰兴市沿江港口码头突发事件应急预案》,纳入全市应急救援体系;全年组织开展各类应急演练30余次。开展危险化学品储存场所安全专项整治、危险化学品安全专项整治行动、危险货物港口作业安全治理三年专项行动。

电 力

【概况】 至年底,全市共有变电所32座,其中500千伏变电所1座,220千伏变电所6座,110千伏变电所19座,35千伏变电所6座。2016年,泰兴市全社会用电量54.57亿千瓦时、网供电量47.85亿千瓦时,分别同比上升5.07%、0.55%。电网最高负荷85.5万千瓦,同比增长11.04%,创历史新高。供电电压合格率、可靠率均达99.9%以上。

【电网建设】 2016年,市供电公司全年完成电网建设投资6.55亿元,新建1座110千伏变电站,完成2座110千伏变电站主变扩容工程。按期投运5个迎峰度夏项目,应对"7·1"龙卷风灾情,泰兴电网平稳度夏。完成城农网专项项目680个,配网项目558个,农网项目516个。集中检修变电站5座、电力线路103条,线路故障、强停率分别同比下降21%和46%。

【电力服务】 2016年,市供电公司电力营销服务业扩时限同比缩短20%。建成水电"多表一体化"采集5000户,电e宝功能最早应用,全省首家实现水表在线数据推送、水费自助缴纳。更换全市非智能电表4000余只,电力计量更加精准。推进电能替代,推广电锅炉78套,建成57套内河岸电系统及2座城市快充站。试点"全面社会责任管理",其中"废旧电杆回收利用"根植项目实现供电、电信、移动等多方互利共赢。 (王 韵)

电力设施保护宣传周 (供电公司供稿)

2016年江苏省电网销售电价表

表 11　　　　单位：元／千瓦时

用电分类			电度电价						基本电价	
			不满1千伏	1～10千伏	20～35千伏以下	35～110千伏以下	110千伏	220千伏及以上	最大需量(元/千瓦·月)	变压器容量(元／千伏安·月)
一、居民生活用电	阶梯电价	年用电量≤2760千瓦时	0.5283	0.5183						
		2760千瓦时<年用电量≤4800千瓦时	0.5783	0.5683						
		年用电量>4800千瓦时	0.8283	0.8183						
	其他居民生活用电		0.5483	0.5383						
二、一般工商业及其他用电			0.8366	0.8216	0.8156	0.8066				
三、大工业用电				0.6601	0.6541	0.6451	0.6301	0.6151	40	30
四、农业生产用电			0.5090	0.4990	0.4930	0.4840				

说明：

1. 以上附表所列价格，均含国家重大水利工程建设基金，具体标准为：居民生活用电 0.3 分钱，其他用电 1.491 分钱。除农业生产用电外，其他用电均含国家大中型水库移民后期扶持资金 0.83 分钱以及地方小型水库后期扶持资金 0.05 分钱。

2. 以上附表所列价格，除农业生产、农村居民生活用电外，均含城市公用事业附加费，具体标准为城镇居民生活用电 3 分钱，其他用电 0.6 分钱。大工业用电、一般工商业及其他用电含可再生能源电价附加 1.9 分钱。

3. 对国家明确规定执行居民用电价格的非居民用户，按其他居民生活用电价格标准执行。

4. 对城乡"低保户"和农村"五保户"家庭每户每月给予 15 度免费用电基数，电价标准为 0。

2016年江苏省工业用电峰谷分时销售电价表

表 12　　　　单位：元／千瓦时

类别	价格 \ 时段	高峰	平段	低谷
大工业用电	1～10 千伏	1.1002	0.6601	0.3200
	20～35 千伏以下	1.0902	0.6541	0.3180
	35～110千伏以下	1.0752	0.6451	0.3150
	110千伏	1.0502	0.6301	0.3100
	220千伏及以上	1.0252	0.6151	0.3050
100千伏安(千瓦)及以上普通工业用电	不满 1 千伏	1.3943	0.8366	0.3789
	1-10千伏	1.3693	0.8216	0.3739
	20-35千伏以下	1.3593	0.8156	0.3719
	35-110千伏以下	1.3443	0.8066	0.3689

说明：7-8 月季节性尖峰电价按照我省季节性尖峰电价相关实施文件执行。

2016年江苏省电热锅炉(蓄冰制冷)峰谷分时销售电价表

表 13　　　　单位：元／千瓦时

类别	价格 \ 时段	平段	低谷
服务于居民生活的电热锅炉蓄冰制冷用电	不满 1 千伏	0.5483	0.2628
	1-10千伏	0.5383	0.2594
非工业普通工业	不满 1 千伏	0.8366	0.3789
	1-10千伏	0.8216	0.3739
	20-35千伏以下	0.8156	0.3719
	35-110千伏以下	0.8066	0.3689

说明：

1. 饭店、商场、办公楼(写字楼)、医院等用户中电热锅炉(蓄冰制冷)部分的用电。

2. 大工业生产车间的电热锅炉(蓄冰制冷)用电，执行大工业峰谷分时电价。

邮政　电信

■编辑　蒋淑颖

邮　政

【概况】 2016年,市邮政公司累计实现业务总收入1.62亿元,业务规模位列泰州全区邮政企业第一,同比增幅13.46%;其中代理金融业务收入1.16亿元,占总收入72.45%,同比增幅13.95%;邮务类业务收入4104万元,占总收入25.55%,同比增幅10.28%。全市39个支局网点(城区支局7个,农村支局32个);建成县级电商运营中心1个,乡镇电商服务站38个,村邮站333个,"邮乐购"加盟店493个,实现辖区内行政村全覆盖。

【金融业务】 年内,市邮政公司开展邮商联盟、"母亲节""端午节"、VIP客户联谊等活动;进社区进乡村开展普惠金融服务、客户联谊会、反金融诈骗宣传等活动。全年累计新增资金总量15.96亿元,其中保险8.93亿元、理财保有量1.42亿元。

【寄递类业务】 年内,市邮政公司快递类业务业务量101万件;快包业务依托张桥麻将市场建成2200平方米仓配处理中心;开展"旺季攻坚"客户大走访、"邮路寻包"等客户开发活动,集群市场占有率60%。

【报刊发行】 年内,市邮政公司报刊发行业务全年实现报刊流转额2758万元,累计实现业务收入841万元。组织小小报童、公益讲堂、少儿才艺大赛等"书香校园行"系列活动和"光明书香节"活动服务校园,实现校园报刊流转额375万元,同比增长20.97%。做好党报党刊及行业报刊征订;走进社区设置移动报刊订阅点。

【集邮函件】 年内,市邮政公司借银杏艺术节契机,印发《风华泰兴》宣传册;走访泰兴全市16个乡镇、4个园区、43家企事业单位,制作泰州建市20周年纪念封50多万枚。先后举办《全民阅读》《现代科学家(七)》《大唐玄奘》及《扶贫日》特种邮票首发活动。

【电子商务】 9月9日,泰兴邮政"邮滋味泰兴馆"与邮乐农品泰州市馆同步上线。泰兴银杏、黄桥烧饼、黄桥肉渣等近20种泰兴地方名特产在邮乐网发布销售。全市"邮乐购"加盟店月均成交1200多笔电商业务,交易额6万元。在泰州全区率先试点启动"税邮合作"项目,38个网点代开税票业务全部破零,累计代征税额8.2万元。

【习近平在人大会议期间接见何建忠】 3月4日,全国人大代表、泰兴市分公司江平路邮政支局局长何健忠连续第四次当选当选主席团成员。主席团第一次会议前,何健忠受到习近平总书记接见,他向习近平总书记汇报说:"这两年,检察院和邮政部门按照您2013年'预防职务犯罪出生产力'的重要指示,在预防职务犯罪上创新了预防方法,检察部门利用邮政天然的投递网络,通过投递员,把预防工作触角延伸到了社会的每个角落。这项工作已在江苏全省推广。同时,邮政积极响应您'打赢脱贫攻坚战'和'精准脱贫'的重要指示精神,利用邮政农村电子商务平台帮助贫困户实现农产品进城,在精准脱贫方面做了务实有效的工作。"总书记肯定道:"你们所做的这两项工作与中央是同步的。邮政又做了两件有意义的事情。"

【预防邮路创建】 年内,市邮政公司加强与检察院沟通,建立健全"1+X"工作机制,"预防邮路"创建经验在全国推广。年初,开展预防邮路"清风泰兴,廉洁新春"预防职务犯罪宣传周活动,发放2万册预防邮路宣传手册;3月5日"学雷锋"日,联合市人民检察院、市公安局举办"珍惜生命,远离酒驾"预防邮路志愿服务宣传活动;中秋节前,向全市副科级领导干部投送劝廉信以及《廉洁家风宣传手册》;10月7日世界"扶贫日",联合市检察院、市扶贫办、市民政局和黄桥镇人民政府在黄桥启动"预防邮路"助力黄桥老区精准扶贫志愿服务活动及"扶贫日"纪念邮票首发仪式,启动黄桥老区的扶贫入户调查。 (赵婷婷)

电　　信

【概况】 2016年,中国电信股份有限公司泰兴分公司围绕天翼、宽带、ITV三大业务,天翼用户29万户,宽带用户18万户,ITV用户11万户。公司年运营收入超过3亿元。

【网络建设】 2016年,中国电信泰兴分公司投资7649万元,建成开通421个4G基站,实现泰兴主城区及农村镇区4G覆盖。全光网由薄到厚,日趋成熟,网络覆盖到位;网络设备、中继光缆双物理路由,网络稳定性增强。光纤用户21.4万户,H宽带用户占比72.6%,宽带最高带宽200兆,家庭宽带平均接入带宽40.75兆,带宽达到20兆以上的用户占比85%。2016年,完成南新、延令2、延令3个端局77个接入点PSTN退网;有源设备退网231个接入点,累计退铜650吨。节电约52万度。

天网工程验收现场 (电信公司供稿)

【智慧城市建设】 2016年,中国电信泰兴分公司完成全市公共区域免费无线WIFI项目、市房管局机房专项项目、市国土局监控项目、市国土局服务器存储项目、全市装修辅助系统项目、市开发区污水排放口视频监控工程等建设。"天网工程"项目全部施工完毕,通过江苏省公安厅技术专家验收,其他系统集成项目有市滨江污水处理有限公司西厂二期监控、市人民武装部值班室改造项目、市公安局水警大队水上监控项目、黄桥镇社会全面监控、黄桥镇城管监控、滨江镇社会全面监控等。新334省道平安走廊项目、多目标雷达测速项目、华美达大酒店综合布线项目、市人防办指挥中心系统工程、虹桥园区无线覆盖项目仍在施工中。

移动通信

【概况】 2016年,中国移动通信集团江苏有限公司泰兴分公司实现运营收入4.2亿元,累计发展用户75万户,其中4G用户数发展36万户,累计宽带用户11万户。

【网络支撑】 2016年,中国移动通信集团江苏有限公司泰兴分公司全年新建4G站点224个、光纤200千米。开展"室分扫楼"活动,摸查小区内2G、4G网络状况,累计覆盖43个小区,286栋楼宇;开展宽带装维专项活动3次;开展网络集中优化工作20次;开展以网络各项指标提升为目标的各类专项活动12次,网络覆盖率99%。

【网络维护服务】 2016年,中国移动通信集团江苏有限公司泰兴分公司开展"新建小区宽带PK赛"活动52场次、互联网装机活动10次,实现当天办理、当天安装,新装宽带1084户。志愿服务队开展志愿服务活动12次,为客户提供手机清洁、免费贴膜及业务咨询;开展"诚信守信 从我做起"等系列主题道德讲堂活动6次;开展为弱势群体送温暖活动,看望和慰问留守儿童、敬老院老人16人次;开展结对帮扶活动,投入4.5万多元帮扶挂靠行政村;参与"大走访、大落实"活动,为根思乡政府提供帮扶资金10多万元,帮扶困难群众;开展吉祥号义卖,筹集资金近3万元用于资助公益事业。开展秋季高校迎新服务,现场为学生提供免费贴膜、软件辅导业务。开展"十分满意推荐"客户满意度提升活动,全年投诉一次解决率85%,万客户投诉比全省排名第一;投诉客户满意度全区第一;客户满意度全区最高。

【信息化建设】 2016年,中国移动通信集团江苏有限公司泰兴分公司持续推动信息化与党务、政务、企务等服务需求相融合,提升信息化配套服务能力,服务好全市党政机关和企事业单位,全年先后与卫生局、水务局、国土局、交通局、教育局、文广新局、社保局等职能部门达成信息化项目签约和建设。签约泰兴区域人口健康信息平台项目,为全市人口信息化管理构建平台,被市政府列为今年"民生十件实事"项目之一;达成"智慧水务"项目,为全市城市防洪提供支撑;达成国土资源综合动态管理系统项目,对国土资源情况进行实时监控。全省首创智慧督导、掌上社保等工作手机项目。

联通通信

【概况】 2016年,中国联合网络通信有限公司泰州市泰兴市分公司(简称泰兴联通)围绕企企通、云桌面、wifi热点、IDC大带宽等行业应用,实现收入5441万元,移动用户数达11万户,其中4G用户数3.7万户。全市共有卖场渠道10家,建制镇营业厅15家,便民服务店250家。全年万人投拆率10户/百万户,低于全区平均值。打造4G+精品网,实现高接通率、低掉线率、通话清晰的通信服务。开展科学规划、网元补点活动,实现辖区内城区覆盖率99.2%。至年底,共建3G基站10座,4G基站30座。建成楼宇室内分布系统12个。

(谢忠霞)

吃了重阳糕 就把晚茶撂

农历九月初九,是传统的重阳。《易经》中将九定为阳数,因这一天日和月都逢九,两阳相重,故称之为"重阳"。民间向有重阳登高之俗。

据传,汉朝时有个汝南人叫桓景,随道士费长房学道术,游学多年。一天费长房对桓景说:"九月初九这天,你家必有大难。"桓景闻听大惊,急忙求教回避解救之法。费长房说:"你赶快回家,叫家人皆佩戴一只装有茱萸的绛色袋子,系于臂上,登高饮菊花酒,便可免难。"桓景听罢,匆匆回家,遵照师父所嘱,令全家登高。到了晚上回家一看,院中的鸡犬牛羊,全部暴死。费长房闻讯后说:"这是家畜代你全家受了祸。要不是全家佩茱萸登高饮酒,事情就大了。"桓景真是感激不尽。这件事到处传开了。从此,每逢农历九月初九,人们为趋吉避祸,纷纷佩带茱萸,登高饮菊花酒。象我们泰兴,地处平原,既无山也没有高地,怎么登高避灾呢?后来有人就想出了一个办法,九月初九做糕吃,"糕"与"高"同音,就以吃糕表示登高消灾,聊以自慰。

茱萸为常绿小乔木,每到农历九月,茱萸成熟,色泽赤红,香气浓郁。民间多于初九采插于头上或挂于身上,俗信可驱邪避毒,治病延年。菊花酒在旧时被视为延年益寿的长命酒。它虽然达不到令人不老的奇效,但确有清热解毒、明目祛风、平肝疏肺、益阴滋肾的药效。重阳蒸糕之俗由来已久。糕(高)是生长、向上、进步、高升的象征。重阳之际,金风送爽,云淡风清,满目苍翠,如果能结伴外出,饮酒赏菊,登高望远,美景徐来,尽收眼底,令人心旷神怡,是何等的痛快。民谚:"吃了重阳糕,就把晚茶撂。"白天短,夜天长,中晚饭之间,即就是干体力活,人们也不需要再辅之以小食了。"过了重阳节,夜作没得歇",则是说要干夜工了。九九重阳节实在是应天顺人的佳节。旧时此日,县城城隍庙、夫子庙等处,各家把精心绘制的各色彩旗,荟集一道,展览竞美,真是赏心乐事。

重阳节的活动深得老年人喜爱,都与老年人相关。1987年,国家将传统的重阳节定为"老人节",成了法定的"敬老日"。中华民族的敬老、爱老、尊老之风得到更好地发扬,重阳节又注入了新的内容,新的活力。

(吕耕樵 吕晓文)

综合经济管理与服务

■编辑　辛　仕

计划管理

【概况】 2016年,泰兴市完成“十三五”规划编制工作,修改完善《泰兴市国民经济和社会发展第十三个五年规划纲要》,提交十四届人大五次会议审议通过。加强“十三五”园区发展规划、专项规划的审核、报批、汇编工作,印发《泰兴市园区“十三五”发展总体规划汇编》《泰兴市“十三五”专项规划汇编》,起草形成《“十三五”规划纲要主要目标任务分解方案》。起草形成《关于2016年国民经济和社会发展计划执行及2017年计划安排(草案)的报告》,组织相关部门分解2016年全市经济工作指标,起草形成2017年经济社会发展主要指标计划初步安排方案。按季度形成经济形势分析和重大项目推进及服务业发展情况分析,开展主要指标完成情况分析,每月两次编发《发改快报》。编发4期《发展和改革参考(政策动态信息)》。

重大项目建设　2016年,全市实施亿元以上项目246个,总投资941.6亿元,当年完成投资242.4亿元,累计完成投资371.9亿元。新开工亿元以上项目137个,总投资428.8亿元,其中10亿元以上项目15个;新竣工亿元以上项目83个,总投资179.9亿元,其中10亿元以上项目5个。

固定资产投资　2016年,全市完成固定资产投资687.46亿元,同比增长22.6%,其中规模以上固定资产投资619.78亿元,同比增长23.6%。工业投资稳步增长。完成工业投资459.53亿元,同比增长25%,增幅高于泰州市平均增幅5.2个百分点。完成服务业产业投资146.23亿元,同比增长53.1%,增幅高于上年同期5.7个百分点,高于泰州市平均增幅21.5个百分点。完成房地产投资67.7亿元,同比增长14.4%,高于去年同期6.9个百分点。施工面积517万平方米,同比增长17.3%,其中住宅面积422.6万平方米,同比增长17.3%;房地产竣工面积86.6万平方米,同比下降18.9%,其中住宅面积78.9万平方米,同比增长7.5%。房地产销售市场平稳发展。房地产销售面积达146.5万平方米,同比增长23.2%,其中住宅面积134.2万平方米,同比增长20.8%;销售额达94.8亿元,同比增长28.6%,其中住宅82亿元,同比增长22.1%。

农村经济　2016年,天星洲汊道段河道综合治理工程项目在2015年获中央和省补资金1.6亿元的基础上,又获中央投资资金1.5亿元,泰兴城黄灌区项目投资资金3850万元,众安港、学院河等河道整治工程获省补助资金880万元,东姜黄河、西姜黄河治理工程项目经省发改委立项,投资总额70%获省级补助;标准化养殖场建设项目方面,市双喜牧业有限公司奶牛标准化规模养殖场建设项目获中央补助资金130万元,申报泰兴市黄桥老区河道整治工程第三批专项建设基金项目,计划上争专项资本金8850万元。会同市财政局、农委、水务局等部门对2014年、2015年2个千亿斤粮食工程项目、2个大型沼气建设工程、2个奶牛标准化规模养殖场项目、马甸枢纽改扩建项目进行建设现场督查、项目完工验收。

工业外经　2016年,市发改委帮助中科金龙至省发改委申报设备退税32.95万美元;帮助友诚纺机申报泰省级工程中心;组织南极机械集团申报军民融合项目,并获省专项补贴173万元;组织济川药业申报小儿翘翅项目,并获批专项资金500万元;组织南极机械、亚太泵阀、科兴机器、凯力克钴业、友诚纺机等5家企业积极申报省级战略性新兴产业、组织泰兴高新区申报双创示范基地、组织城区工业园区申报先进制造业基地、组织泰兴高新区申报产业集聚发展试点;成功申报获批3个省重点项目,已获土地指标奖励460亩;组织10个项目申报2017年省重点项目;组织新良面粉公司、苏三零面粉集团等5家企业申请2017年进口小麦配额,组织九鼎饲料申请2017年进口玉米配额。组织经济开发区、黄桥工业园、泰兴高新区申报省级园区,黄桥工业园区、城东高新区分别获省政府同意筹建省级园区。组织有关园区、乡镇积极申报创建和培育特色小镇,黄桥乐器小镇、高新区凤栖小镇列入泰州市首批创建特色小镇。2016年,完成1家企业主板报会、2家企业新三板挂牌、10家企业区域性场外市场挂牌;1家企业融资6.42亿元;制定出台《市政府关于加快推进企业上市工作的意见》;组织企业上市市外培训3次、市内培训5次,召开上市协调会4次、组织中介机构进园区进企业10次,建立企业上市联席会议制度。

社会事业　2016年,根思初中教学及辅助用房项目、殡仪服务中心建设项目、黄桥古镇旅游基础设施项目、南新小学综合楼项目等社会事业项目获得中央预算内资金共计2870万元。

涉企中介机构管理　2016年,抽查2015年度中介服务收费情况,汇总形成中介机构年度评星初步结果,通报2015年度涉企类重点中介机构星级评定结果,印发2016年度涉企类重点中介机构星级评定实施意见。推进清理红顶中介中心工作,督促制定红顶中介机构脱钩方案。下发《市政府办公室关于印发〈泰兴市行政审批前置中介服务事项目录清单〉的通知》(泰政办发〔2016〕52号),对前置中介服务事项、对应的审批事项、设定依据等内容予以明确,涉及16家部门57项中介服务项目。

体制改革　2016年,印发《2016年全面深化改革工作要点》《2016年全面深化改革工作责任清单》《泰兴市供给侧结构性改革的任务分解方案》《泰兴市推进供给侧结构性改革责任清单》《泰兴市改革方案报审办法(试行)》《泰兴市全面深化改革第三方评估办法(试行)》等文件,印发《泰兴市市级机关部门(单位)2016年度全面深化改革绩效管理工作考核细则》,向省委、泰州改革办报送《改革创新勇为先综合执法显成效》改革案例,并入选《江苏基层改革案例汇编》;制定《发改委服务经济发展建立联动工作机制实施方案》;推进黄桥国家建制镇和新型城镇化改革试点,研究制定并实施黄桥国家建制镇和新型城镇化改革试点方案,成立国家新型城镇化综合试点工作领导小组,形成《关于加快推进新型城镇化建设的调研汇报》的调研报告。组织科鼐生物制品有限公司、江苏瑞和化肥有限公司、江苏绿源航天科技有限公司等14家企业申报股权融资信息。对财政局、开发区、虹桥园区已发债券的资金使用以及到期还本付息情况进行督促检查,指导中泰养老公司、黄桥镇兴黄公司、城东高新区智光环保公司、虹桥园工业开发有限公司发行债券工作,中泰养老产业投资有限公司发行10亿元项目收益债券获国家发改委审批。

能源建设　2016年,完成泰兴市"十三五"热电联产规划(2016—2020)编制;实现西气东输泰兴站365天安全生产运行,建立隐患排查台账,落实整改措施,消除风险隐患,完成泰兴段两处石油天然气管道保护区域施工保护方案许可;建成江苏华电泰兴新街镇农业种养光伏综合开发利用项目一期5兆瓦工程。

市场监督管理

【概况】 2016年,市市场监督管理局推进商事制度改革,推行企业简易注销登记、个体工商户"两证合一"。全年新增驰名商标2个、著名商标6个、知名商标13个,新增省名牌7个、泰州名牌10个、服务业名牌2个、质量管理奖3个、服务质量奖3个;新增省质量信用等级AA级2家、AAA级1家。新增国家级守重企业2家,省级守重企业6家,市级守重企业22家。

【登记注册】 2016年,市市场监管局深化注册资本登记改革和前置审批"先照后证"改革,推行企业简易注销登记、企业名称核准全程电子化,与国地税、统计、人社等部门全面实施"五证合一、一照一码"登记。全年办理先照后证市场主体2600多户,"一照一码"换照业务登记1万余户。12月1日起,开始实施个体工商户"两证合一"登记,至年底登记400余户。全年新设立企业3400余户,同比增长18.3%;新增注册资本217.27亿,同比增长23.3%,其中,外资企业255户,注册资本34.31亿美元,与上年同比增长5.37%和24.27%。

【质量强市】 2016年,市市场监管局举办市长质量奖培育企业总裁培训班,开设卓越绩效评价标准企业骨干培训班,邀请管理类专业教授为150多名企业主要负责人及质量管理人员主讲质量管理最新知识,组织国家、省知名质量专家完成首届市长质量奖评审工作。开展首届"十大质量新闻""十佳质量标杆企业""十佳质量工匠""品质泰兴"系列质量评选活动。姚王镇等5个镇(园区)创成质量强市示范镇(园区),江苏黑松林粘合剂厂有限公司等22个企业创成"质量强企"示范单位，济川药业集团有限公司等267家单位成为全市首批“质量信誉承诺”工业企业，18家单位被命名为泰兴市中小学生质量教育基地。

【消费维权】 2016年，市市场监管局开展消费侵权案件和地条钢专项整治，查处销售假冒伪劣商品、不合格食品、虚假宣传等一系列侵害消费者权益的违法案件38件。适时向社会公布，为消费者提供消费指导信息，全年报送典型案例16个，发布消费警示26条。全年开展商品监测3次，共抽检641批次，涉及服装类、床上用品类、建材类等61个品种。全年共受理申（投）诉517件，全部办结，调解成功473件，为消费者挽回经济损失34.02万元，审查、督办诉转案案件12件。全市共培育省级诚信品牌企业2家，省级先进示范单位50家。

【执法检查】 2016年，市市场监管局共组织案件评查2次，抽查一般程序行政处罚案卷计50份，对评查中发现问题，通报到具体单位、具体经办人。全年共查处市场监管案件近300件，案件类型涉及食品药品、医疗器械、特种设备、违法广告、商标侵权等多个重点领域，移交公安机关20件、追究刑事责任11人。

【质量、计量管理与监督】 2016年，市市场监管局开展对全市42家集贸市场免费强检，检定计量器具近2400台件。组织对全市35家乡镇医院、252家社区、农村医疗卫生室、16家乡镇计生站免费强检。开展诚信计量示范单位培育争创活动，与200余家单位签订诚信计量承诺书，公开承诺，接受社会监督。

2016年泰兴市驰名商标企业名册一览表

表14

序号	商　标	注册人名义	注册证号	国际分类	核定使用商品
1	贝贝卡西及图	江苏幸运宝贝安全装置制造有限公司	4082605	12	儿童安全座(车辆用)
2	蓝电 landian 及图	泰兴市电除尘设备厂有限公司 (已更名：江苏蓝电环保股份有限公司)	1910394	7	电动清洁机械和设备、静电工业设备、清洁用除尘装置商品

2016年泰兴市江苏省著名商标名单一览表

表15

序号	商　标	商标注册人(利害关系人)	核定使用商品(服务)
1	盛吉中兴及图	江苏中兴水务有限公司	泵(机器)、阀(机器)等
2	恒变 hengbian 及图	江苏恒源变压器有限公司	电力变压器
3	泰微及图	泰兴市东盛电子器材厂	天线、接插件、电缆插头等
4	南极及图	江苏南极机械有限责任公司	污水处理装置
5	fukun及图	江苏福坤玻璃有限公司	磨沙玻璃、建筑玻璃等
6	黄桥烧饼	泰兴市黄桥烧饼协会	烧饼

【标准化管理与制定】 2016年，泰兴市共完成参与制修订国家、行业标准6项，省级标准化试点立项2个，市级标准化试点立项1个，市级地方标准立项5个，标准单位创建14家，产品采标42个。省减速机质检中心投入近1000万元，建成国内首家机器人精密减速器实验室，主持制定的1项国家重点行业标准正式发布并实施，1项行业标准通过全国齿轮标准化技术委员会审查，机器人精密减速器国家标准和1项行业标准获得国家标准委和工信部立项。市场监管局牵线郑州机械研究所在高新区和姚王镇设立郑州机械研究所传动机械高端研究院，为全市减速机产业转型升级提供技术支撑。

【特种设备安全监管】 2016年，市市场监管局加大特

2016年泰兴市江苏省名牌产品

表16

名牌	所属企业
寿牌三拗片	济川药业集团有限公司
泰兴白果	泰兴市银杏协会
凤灵牌提琴、吉他	泰兴凤灵乐器有限公司
石油钻井悬吊工具	泰兴石油机械有限公司
苏三零牌挂面	江苏三零面粉有限公司
复混肥料(复合肥料)	江苏瑞和化肥有限公司
HUTCHIN牌户内高压真	泰兴市华诚机电制造有限公司
圆柱齿轮减速机	江苏太兴隆减速机有限公司
隔热保温制品	赢胜(江苏)节能有限公司
新型抗癫痫病药物前体	江苏森萱医药化工股份有限公司
TZY牌藤编家具	泰州远大家俬有限公司
航联牌电连接器	泰兴市航联电连接器有限公司

种设备专项检查力度,开展5次专项整治,2个专项行动,办理特种设备施工告知1300余台(件),考核作业人员近5000人,督查企业255家,整治隐患308条,查处举报投诉案件55起,检验检测机构检验特种设备89余台、压力管道近500千米、安全阀校验6400只、检验气瓶11.34万只。对65家企业存在的涉及特种设备违法行为下达安全监察指令书,立案查处违法案件6起。全年接到特种设备安全投诉举报(含其他部门移送案件)55起,均及时答复。

【食品安全监管】 2016年,全市技改投入185万元,实施重点商品"靶向"监测,全年抽检1401批次、委托检验2487批次。开通"食安泰兴"微信公众号,开展食药安全"你我系列"活动,在村居普遍设置宣传栏;实施"飞行检查",推进食品药品放心工程。完善监管网络,建立各乡镇(街道)建立所辖村(居)食品药品安全监管协管员队伍,聘用食品安全协管员376名,承担协助执法、隐患排查、信息报告、宣传引导等职责。全年召开食品安全委员会成员单位联席会议、联络员会议专题部门联办会商会议6次,研究解决省级食品安全城市重点问题分工、食用农产品上市前后监管衔接、肉制品检验检疫职能划分、联合联动执法等难点问题6个。梳理无证经营、食品小作坊、农产品加工点等未纳入监管视线风险点1200余个,会同农委、城管等部门,分类梳理,分类开展"扫雷净土"综合治理行动、星火路综合整治行动、打击私屠滥宰专项行动、黄桥镇动物油脂专项治理行动等各类专项治理5次。全年未发生重大食品安全事故。

【医疗器械监管】 2016年,全市三类医疗器械经营企业开办25家。5家医疗器械生产企业在许可证延续及产品注册时通过省局组织的GMP检查,4家二类器械生产企业通过国家局《医疗器械生产企业质量体系考核办法》考核。重点加强对注射用透明质酸钠经营使用、冷冻(藏)医疗器械、高风险的无菌和植入性医疗器械产品监管,开展医疗器械流通领域经营行为集中整治。全年上报医疗器械不良事件报告756份。

(曹　毅)

2016年度泰兴市采标登记表

表17

序号	单位名称	采标产品	执行标准	国际标准	有效期
1	江苏科曼机械制造有限公司	KMFZB型夹板式氟合金自吸泵	GB/T 5656——2008	ISO 5199:2002	2019.03.13
2	江苏科曼机械制造有限公司	KMTLB型脱硫专用泵	GB/T 5656——2008	ISO 5199:2002	2019.03.13
3	江苏科曼机械制造有限公司	KJF型夹板式特种工业耐酸泵	GB/T 5656——2008	ISO 5199:2002	2019.03.13
4	江苏科曼机械制造有限公司	ZA型石油化工离心泵	GB/T 3215——2007	ANSI/API 610-2004	2019.03.13
5	江苏科曼机械制造有限公司	KMCFB-F型塑料离心泵	GB/T 5656——2008	ISO 5199:2002	2019.03.13
6	江苏科曼机械制造有限公司	KMCZ型化工离心泵	GB/T 5656——2008	ISO 5199:2002	2019.03.13
7	江苏科曼机械制造有限公司	KMCFB型磁力离心泵	GB/T 5656——2008	ISO 5199:2002	2019.03.13
8	江苏华霖电器有限公司	YBM-12/0.4(F.R)/T-630 高压/低压预装式变电站	GB 17467——2010	IEC 62271-202:2006	2019.04.06
9	江苏华霖电器有限公司	GGD交流低压配电柜(InA=1500A~630A)	GB 7251.12——2013	IEC 61439-2:2011	2019.04.06
10	江苏华霖电器有限公司	GGD交流低压配电柜(InA=6300A、4000A-1600A)	GB 7251.12——2013	IEC 61439-2:2011	2019.04.06
11	江苏华霖电器有限公司	GCK交流低压配电柜	GB 7251.12——2013	IEC 61439-2:2011	2019.04.06
12	江苏天成超纤革业有限公司	鞋面用聚氨酯合成革(鞋革)	Q/321283YGS 01——2015	JIS K 6601-1995	2019.07.12
13	江苏河海纳米科技股份有限公司	防晒用纳米二氧化钛	Q/321283MDD 1——2016	ISO 18473-2(2015)	2019.08.15

续表2

序号	单位名称	采标产品	执行标准	国际标准	有效期
14	江苏丰源电气有限公司	GGD低压成套开关设备	GB 7251.12——2013	IEC61439-2:2011	2019.08.25
15	江苏丰源电气有限公司	MNS低压抽出式开关柜	GB 7251.12——2013	IEC61439-2:2011	2019.08.25
16	江苏丰源电气有限公司	XJM计量箱	GB 7251.3——2006	IEC60439-3:2001	2019.08.25
17	江苏丰源电气有限公司	PZ30组合式配电箱	GB 7251.3——2006	IEC60439-3:2001	2019.08.25
18	江苏丰源电气有限公司	XL-21低压动力配电箱	GB 7251.12——2013	IEC61439-2:2011	2019.08.25
19	江苏丰源电气有限公司	GCS低压抽出式开关柜	GB 7251.12——2013	IEC61439-2:2011	2019.08.25
20	江苏丰源电气有限公司	XLW电缆分支箱	GB 7251.5——2008	IEC60439-5:2006	2019.08.25
21	江苏幸运宝贝安全装置制造有限公司	汽车儿童安全约束装置	GB 27887——2011	ECE R44	2019.09.06
22	波瑞电气有限公司	MNSH型低压抽出式开关柜	GB 7251.12——2013	IEC61439-2:2011	2019.09.19
23	波瑞电气有限公司	GCK型低压抽出式开关柜	GB 7251.12——2013	IEC61439-2:2011	2019.09.19
24	波瑞电气有限公司	GGD2型低压固定式开关柜	GB 7251.12——2013	IEC61439-2:2011	2019.09.19
25	波瑞电气有限公司	GGD3型低压固定式开关柜	GB 7251.12——2013	IEC61439-2:2011	2019.09.19
26	波瑞电气有限公司	动力箱	GB 7251.12——2013	IEC61439-2:2011	2019.09.19
27	波瑞电气有限公司	电表箱	GB 7251.3——2006	IEC60439-3:2001	2019.09.19
28	波瑞电气有限公司	BRXW型预装式箱式变电站	GB 17467——2010	IEC 62271-202:2006	2019.09.19
29	波瑞电气有限公司	BRHCG型箱型固定式金属封闭开关设备	GB 3906——2006	IEC 62271-200:2003	2019.09.19
30	波瑞电气有限公司	KYN28型铠装中置移开式金属封闭开关设备	GB 3906——2006	IEC 62271-200:2003	2019.09.19
31	江苏鑫恒泰电气科技有限公司	GCK低压抽出式开关柜	GB 7251.12——2013	IEC 61439-2:2011	2019.11.27
32	江苏鑫恒泰电气科技有限公司	GGD低压开关柜(InA=400A-100A)	GB 7251.12——2013	IEC 61439-2:2011	2019.11.27
33	江苏鑫恒泰电气科技有限公司	GGD低压开关柜(InA=1600A-630A)	GB 7251.12——2013	IEC 61439-2:2011	2019.11.27
34	江苏鑫恒泰电气科技有限公司	GGD低压开关柜(InA=4000A-1600A)	GB 7251.12——2013	IEC 61439-2:2011	2019.11.27
35	江苏鑫恒泰电气科技有限公司	XJM计量配电箱	GB7251.3——2006	IEC60439-3:2001	2019.11.27
36	江苏鑫恒泰电气科技有限公司	KYN61-40.5/2000-31.5铠装移开式户内交流金属封闭开关设备	GB 3906——2006	IEC 62271-200:2003	2019.11.27
37	江苏鑫恒泰电气科技有限公司	YBW-40.5/0.69-1600高压/低压预装式变电站	GB17467——2010	IEC 62271-202:2006	2019.11.27
38	江苏鑫恒泰电气科技有限公司	YBW-12/0.4-1250高压/低压预装式变电站	GB17467——2010	IEC 62271-202:2006	2019.11.27
39	泰兴市航联电连接器有限公司	Y50EX系列圆形电连接器	Q/321283 LSB04——2015	MIL-DTL-26482H	2019.11.27
40	泰兴石油机械有限公司	卡瓦	GB/T 19190——2013	API Spec 8C:2012	2019.11.27
41	泰兴石油机械有限公司	吊卡	GB/T 19190——2013	API Spec 8C:2012	2019.11.27
42	泰兴石油机械有限公司	吊环	GB/T 19190——2013	API Spec 8C:2012	2019.11.27

安全生产监督管理

【概况】 2016年,全市开始推行网格化管理,设立三级网格422个,姚王、虹桥、分界3个乡镇网格化建设通过泰州市验收。全年发生生产安全事故142起,死亡61人。其中,生产经营性道路交通事故128起、死亡47人(先后发生三起过境危化品车辆泄漏事故);工矿商贸企业事故10起、死亡10人;建筑业事故4起、死亡4人。全年未发生较大及以上安全生产责任事故。

【责任体系建设】 2016年,市安监局对《泰兴市安全生产目标责任制考核管理暂行办法》进行修订完善;建立乡镇(街道)、园区和部门安全生产工作履职情况定期巡查和分片督查制度,组织开展2轮巡查、4次督查;6月24日,市安委办牵头召开安全生产联席会议,协调解决安全生产领域职责交叉、责任不清等问题,细化明确消防、住建、港口、商务等部门安全生产工作职责。启动"落实企业安全生产主体责任专项行动",质询16家、约谈103家重点企业负责人,组织开展"两访"活动,在泰兴电视台和《泰兴日报》开设专栏,"专访"正面典型、"探访"安全隐患,电视台播出"专访"45期、"探访"52期,《泰兴日报》刊登96期。96家粉尘涉爆、涉氨制冷、构成重大危险源的重点工贸企业和75家危险化学品企业配备安全总监,两重点一重大企业安全总监配备率100%。

【隐患排查治理】 2016年,市安监局开展制度化检查、复查企业400家次,开展3轮大检查,检查企业292家次。组织开展危险化学品安全专项整治、特殊作业专项治理、夏季安全生产夜查、化工罐区安全体检、化工企业推磨互查等5轮专项检查,检查企业508家次。组织对工贸涉化、粉尘涉爆、金属冶炼、涉氨制冷、有限空间作业、船舶修造等6大类企业开展安全专项整治,检查企业303家次。开展打非治违专项行动,检查企业(零售网点)441家次。全年查出安全生产隐患9273条,隐患整改率98.6%,指导1838家企业登录安全生产隐患自查自报系统,自查自改并上报隐患2.34万条。

【监管监察执法】 2016年,全市事前处罚68起,处罚金额132.5万元;行政立案91起,下达处罚决定书88份,处罚494.72万元,对29家存在重大安全隐患的企业采取停产停业措施,停电7家;查处信访举报107起,信访处理率100%;关停24家小化工企业,占泰州总数(51家)的47%。会同市教育局、交运局开展校车安全专项检查、"两客一危"道路运输专项督查等联合整治行动;联合公安、交运等部门查处烟花爆竹非法违法经营行为17起,处罚2.1万元;8月,江苏省安监局组织泰州市安监局及泰兴市安监局开展三级联合执法专项行动,对3家单位进行检查,查处隐患67条,停产整顿1家,立案查处2家。 (杨 娟)

物 价 管 理

【概况】 2016年,泰兴市落实财政预算价格调节基金500万元,实际发放价格临时补贴共计885.75万元。开展平价商店规范年活动,每月为市民节约开支约20万元。全年免收企业涉税财产价格认定费200多万元。完成各类价格认定案件458件,标的额10.3亿元。

【价格调控目标考核】 年内,市政府下发《泰兴市2016年价格调控目标责任制实施意见》,安排落实财政预算价格调节基金500万元,实际发放价格临时补贴共计885.75万元,下拨40万元补贴市自来水公司运营和市"爱心供水工程";市物价局将大型超市、家电商场、零售药店、农贸市场近300个品种价格全部在泰兴网、政府网、物价局网站上公示;出台重要涉及民生的调价项目,提高对困难群众优惠力度。1～12月,居民消费价格指数涨幅控制在2%内。

【资源环境价格改革】 2016年,市物价局组织水气大用户合同交易,下发《关于实施水气大用户价格直接交易的通知》;实施居民生活用气阶梯价格制度;联合环保局、财政局、住建局、建工局下发《泰兴市城市施工工地扬尘排污费征收管理办法》,联合环保局推行挥发性有机物排污收费试点工作;实施差别化污水处理费征收政策,开征乡镇污水处理费,纳入"十三五"水价方案,对被市环保局在企业环保信用等级评定中确定为"红色"、"黑色"等级的企业,实行惩罚性水价,提高污水处理费征收标准;明确纯电动汽车充电服务价格。

【收费清理】 2016年,市物价局完成6个收费目录清单,梳理、更新《泰兴市行政事业性收费项目目录》《泰兴市政府性基金项目目录》《泰兴市行政审批前置中介服务事项目录清单》《泰兴市政府定价管理的经营服务性收费目录清单》《泰兴市政府定价管理的中介服务收费目录清单》《泰兴市2014年以来国家、省取消、停止、免征和调整行政事业性收费项目清单》。贯彻落实涉企收费政策和涉税价格认定零收费政策,全年免收企业涉税财产价格认定费200多万元。建立开发区价费服务工作站。

【平价商店规范化建设】 2016年,市物价局开展平价商店规范年活动,组织自查和接受交叉检查,实现在线监控。全市平价商店每月为市民节约开支约20万元,为农民增收近5万元,受益人数累计达15万人;2016年春节期间开展优惠让利活动共发放专项补贴和奖励计6.63万元。

【价格专项检查】 2016年,市物价局开展通信价格专项检查,查获部分单位价格欺诈行为;以乡镇公立医院为重点,开展药品和医疗价格收费专项检查,查获部分单位违反药品作价规定和自立项目收费、重复收费、超范围收费和提高收费标准等价格违法问题100多万元,召开市级公立医院负责人和卫生局长约谈会,限期整改;开展商品房价格和物业收费专项检查中,对城区和黄桥镇主要楼盘和小区开展检查,对存在问题的单位约谈负责人,下发责令整改通知书8份;开展涉企收费检查,处理8家行政事业性单位,中介机构1家,其他单位1家,退还违法所得10.7万元,收缴罚款15.92万元;开展涉企收费减免政策落实情况专项检查,检查民政、民防、交通和气象等4个部门及所属单位,查获扩大范围收费68万元。

【价格认定】 6月,市价格认证中心更名为市价格认定中心,转为差额拨款事业单位,增挂"泰兴市价格争议调解办公室"牌子。开展固废处置费用、超规划违章建筑工程造价、矿产资源补偿费计费等价格认定。全年完成各类价格认定案件458件,标的额10.3亿元。其中:刑事案件164件,标的额210万元;涉纪价格认定13件,认定金额5.1万元;涉税价格认定230件,标的额10.22亿元,行政执法案件价格认定5件,标的额582万元。

(王春中　朱志平)

国土管理

【概况】 2016年,全市获农用地转用计划352.22公顷,办理农用地转用、土地征收18个批次590.93公顷。挂牌出让土地203宗536.93公顷,土地出让金47.29亿元。建成高标准基本农田2266.66公顷。完成耕地占补平衡项目93个,新增耕地156.6公顷;完成增减挂钩项目123个,新增耕地74.66公顷;完成滨江、虹桥、黄桥三镇同一乡镇范围内村庄建设用地布局调整试点二期工程,新增农用地57.93公顷。全年办理被征地农民社会保障286个组次5189人。

【土地执法监察】 2016年,市国土资源局建立违法违规用地督查约谈机制,组织开展"违法违规用地集中整治百日行动"和"违法用地集中整改月"活动,按照查事、查人、整改"三到位"的原则,对违法违规用地进行集中整改,违法用地宗数、面积与去年同期相比分别下降10.3%、15.6%。

【土地节约集约利用】 2016年,市国土资源局出台《关于进一步加强建设用地批后监管的意见》,建立建设用地批后公示、交地放样、开工申报、竣工验收等制度。依法处置10宗房地产开发项目超容积率行为,补交土地出让金573.7万元。2016年新增建设用地供地率达60%。全年处置存量土地346.66多公顷。完成16个乡镇工业用地外业调查和内业数据录入、处理工作,建立低效工业用地数据库。

【不动产统一登记】 5月31日,市不动产登记局和不动产登记中心正式揭牌,颁发第一本不动产权证书。标志着泰兴市不动产统一登记颁证工作正式启动,土地、房产、林地等不动产分散登记的历史已告结束。省不动产登记局局长林颢,市长张育林,市委常委、常务副市长刘荣华出席。9月29日,与国家信息平台对接。出台《不动产登记质量管理办法》等制度,缩减不动产登记承诺期限,推行预约服务、上门服务、延时服务,增设"流动窗口",提升服务水平和质量。

【土地收购储备】 2016年,市国土资源局实施羌溪北路周边、东阳路西侧等项目及乡(镇、园区)合计18个项目收购储备工作,土地收购面积79.8公顷,收购补偿款达1.16亿元。

【"慧眼守土"工程建设】 2016年,市国土资源局完成"慧眼守土"工程建设,全面启用综合动态智能监管系统,局机关建成210平方米的国土资源智能监管中心,9个分局全部设置分中心,211个高清摄像头布设到位,实现全市域实时监控。

(朱　立)

审　　计

【概况】 2016年,市审计局完成审计项目单位48个,其中预算执行审计18个,财政决算审计2个,财政财务收支审计5个,专项资金审计5个,政府投资建设项目竣工决算审计16个,企业审计2个。累计完成市政府交办的工程预算审计、资金拨付审核、竣工结算审计936个;审计查出主要问题金额61.73亿元,其中违规金额 9.62 亿元,损失浪费金额 512 万元,管理不规范金额 52.06 亿元,审计发现非金额计量问题 260 个;移送纪检监察机关事项 1 件;审计期间,被审计单位整改金额 1.27 亿元;审计后,促进增收节支 3.42 亿元,已调账处理金额 84 万元。9 月,被省精神文明建设指导委员会表彰为 2013—2015 年度江苏省文明单位。

【经济责任审计】 2016 年,市审计局对 13 名领导干部实施任期经济责任审计,其中任中审计 9 名、离任审计 4 名。审计查出主要问题金额 1.78 亿元。被审计对象所在单位采取措施落实整改。在广陵镇原党委书记、镇长等 3 名同志经济责任审计中,试行同步组织领导干部自然资源资产离任审计。

【政府投资审计】 2016 年,市审计局完成 16 个政府投资项目竣工决算审计,完成市政府交办的工程预算审计、资金拨付审核、竣工结算审计 936 个,核减政府投资建设项目预算、决算、结算 5.63 亿元。

(周　祥)

统　计

【概况】 2016 年,市统计局完成国家及省市 33 个专业常规统计调查和 10 个专项调查任务,第三次全国农业普查工作完成阶段性任务。全年统计调查部门共编撰统计分析、统计专报 74 篇、统计资料手册 12 期,得到市委市政府领导同志批示 13 篇次。

(黄继东)

【第三次全国农业普查准备工作】 第三次全国农业普查的标准时点为 2016 年 12 月 31 日, 时期资料为 2016 年度资料。泰兴市第三次全国农业普查的对象为在泰兴市行政区域内的农村住户, 包括农村农业生产经营户和其他住户;城镇农业生产经营户;农业生产经营单位;村民委员会(涉农居委会);乡镇人民政府(街道办事处)。普查的行业范围包括农作物种植业、林业、畜牧业、渔业和农林牧渔服务业。主要内容包括农业从业者基本情况,农业土地利用与流转情况,农业土地利用与流转情况,农业生产与结构情况,新型农业经营主体与农业规模化、产业化发展情况,新农村建设情况,农村人居环境与农民生活方式变化情况等方面。4 月 15 日,全市统计调查工作暨第三次全国农业普查动员会议召开。市长张育林、市委常委、常务副市长刘荣华出席。张育林强调要完善绩效管理制度,把对乡镇(街道)、园区的考核纳入绩效网络平台,强化日常动态监督管理,特别是各乡镇(街道)、园区、部门主要负责人要亲自过问, 主动协调解决统计工作的实际困难和问题;切实承担起本系统、本行业的统计责任,要健全政府综合统计与部门统计的合作机制, 不断提高统计工作整体水平。5 月 25 日,泰州市第三次全国农业普查综合试点培训在泰兴市启动, 省地方统计调查局局长王当龄、泰兴市副市长刘俊出席。姚王镇被选定为此次农业普查综合方案试点乡镇, 与会人员到姚王镇毛庄村,现场调研试点工作情况。

做年豆腐(三)

下一道程序是点卤水,这是做豆腐的关键。只见师傅一手掌勺,一手把壶,当卤水徐徐滴下时,那勺子就慢慢来回摆,搅动豆浆。一刻儿工夫,豆浆就成豆腐脑子。接着就是上箱。在豆腐箱中铺上纱布,慢慢将豆腐脑儿舀进去,盖上箱盖,加压去水,再用豆腐刀子这么横竖划上几划,便成了一方方嫩如凝脂,清香四溢的豆腐了。

豆腐豆腐,头富头富。年豆腐做得好,意味着新年开头就来了好运气。当家的夫妇配合着把豆腐小心地搬进竹筛子里,排放整齐,再贴上一张小红纸。腊月岁底,白的更白,红的更红,欢乐祥和的年味更浓了。年豆腐做回来后用缸装,一块一块地围在缸底,再一层一层的叠上来,最后倒上水,让水漫过豆腐,这样保存能一直吃到来年开春。

(吕耕樵　吕晓文)

科技·教育·体育

■编辑　翁元锋

科学技术

·综　述·

【概况】 2016年,泰兴市贯彻实施创新驱动和科技强市战略,在泰州市科技创新年度考核中荣获一等奖第一名,获省(部)级科技进步奖三等奖1项。获泰州市科技进步奖一等奖1项、二等奖2项、三等奖15项。致力完善科技创新政策体系。先后出台《泰兴市科技创新券管理办法(试行)》《泰兴市科技创新券管理办法实施细则》《泰兴市专利专项资金使用管理办法(试行)》,对企业科技创新活动进行资助奖励。首批"科技创新券"发放5600万元,兑付1444.46万元。实施省政府科技创新"40条政策",帮助企业减免科技税收2.49亿元,为激发和调动全市创新创业活力提供有力支撑。是年,全市全社会R&D支出占GDP的比例为2.35%,比上年提升0.1个百分点,在泰州三市四区中排名第二,增幅第一。是年,全市高新技术产业产值1342.79亿元,增长21.68%,占规模以上工业比重达43.56%;累计申报江苏省级以上各类科技项目183个;获批三部委认定的高新技术企业46家,全市高新技术企业总数达100家,高新技术产品66个,省民营科技企业63家。泰兴市以建设国家知识产权试点城市为契机,通过修订资助奖励政策以及开展专项活动,着力提升知识产权创造质量和数量。全市专利申请量5117件,其中发明专利申请2664件,实用新型专利1404件,外观设计专利990件;全市专利授权1041件,其中发明专利137件,实用新型专利511件,外观设计专利391件,有效发明专利累计达845件,PCT申请21件;万人有效发明专利拥有量达7.84件;发明专利申请量、有效发明专利量两项指标列泰州第一。至2016年底,泰兴市拥有国家火炬计划特色产业基地1个,江苏省级高技术重点实验室1个,江苏省级院士工作站5个,江苏省级企业研究生工作站18个,江苏省级工程技术研究中心22个,江苏省级现代农业科技园1个,泰州市级工程技术研究中心56个。

·科技计划实施·

【概况】 2016年,泰兴市共申报江苏省级以上科技项目183项。其中:江苏友诚数控科技有限公司碳纤维立体间隔织物成套装备的研发及产业化项目被列入省重大科技成果转化专项资金项目,获得江苏省财政资金扶持800万元;亚太泵阀有限公司、江苏中科金龙化工有限公司增强型地热发电系统耐磨蚀高温潜水电泵的研制和废弃二氧化碳基可生物降解保墒保温地膜的研究与开发项目被列入省重点研发计划,各获得江苏省财政资金扶持130万元;济川药业集团有限公司蛋白琥珀酸铁及口服溶液产业化项目被列入江苏省战略性新兴产业发展专项资金项目,获扶持资金1000万元。江苏泰隆减速机股份有限公司、江苏兆胜空调有限公司、亚太泵阀有限公司3家省工程技术研究中心绩效评价获得优良等次,各获后补助资金60万元。江苏省农村科技服务超市泰兴设施蔬菜产业分店、便利店建设获江苏省农业科技社会化服务奖补资金15万元,新认定江苏农村科技服务超市便利店1家;江苏宇宸面粉有限公司、江苏新广生物科技有限公司等2家企业的项目被列入2016年省重点研发计划(现代农业)项目,各获50万元省财政资金支持。

2016年泰兴市获得省级以上项目一览表

表18

序号	项目类别	项目名称	承担单位	资金额(万元)
1	江苏省科技成果转化专项资金	碳纤维立体间隔织物成套装备的研发及产业化	江苏友诚数控科技有限公司	800
2	江苏省重点研发计划（产业前瞻与共性关键技术）	增强型地热发电系统耐磨蚀高温潜水电泵的研制	亚太泵阀有限公司	130
3		废弃二氧化碳基可生物降解保墒保温地膜的研究与开发	江苏中科金龙化工有限公司	130
4	江苏省战略性新兴产业发展专项资金项目	蛋白琥珀酸铁及口服溶液产业化项目	济川药业集团有限公司	1000
5	江苏省重点企业研发机构绩效优良	江苏省工程技术研究中心绩效评价优良	亚太泵阀有限公司	60
6		江苏省工程技术研究中心绩效评价优良	江苏泰隆减速机股份有限公司	60
7		江苏省工程技术研究中心绩效评价优良	江苏兆胜空调有限公司	60
8	江苏省重点研发计划（现代农业）	功能性全麦面粉生产关键技术与产品开发	江苏宇宸面粉有限公司	50
9		大豆基面制品生物调质剂生产关键技术研究	江苏新广生物科技有限公司	50
10	江苏省农业科技社会化服务奖补资金	江苏农村科技服务超市泰兴设施蔬菜产业分店建设	泰兴市青源蔬菜发展有限公司	15
合计				2355

2016年度泰兴市获批泰州市级以上研发机构情况一览表

表19

序号	名 称	承担单位	研发机构类别
1	江苏省企业院士工作站	江苏中丹集团股份有限公司	省级院士工作站
2	江苏省汽车智能天窗工程技术研究中心	江苏德福来汽车部件有限公司	省级工程中心
3	江苏省航天电器互联工程技术研究中心	泰兴市航天电器有限公司	省级工程中心
4	企业研究生工作站	泰兴联创绝缘材料有限公司	省研究生工作站
5	企业研究生工作站	泰兴冶炼厂有限公司	省研究生工作站
6	企业研究生工作站	江苏扬子鑫福造船有限公司	省研究生工作站
7	工程技术研究中心	江苏泰隆减速机股份有限公司	省绩效优良研发机构
8	工程技术研究中心	江苏兆胜空调有限公司	省绩效优良研发机构
9	工程技术研究中心	江苏亚太泵阀有限公司	省绩效优良研发机构
10	泰州市高压低转速潜水混流泵重点实验室	亚太泵阀有限公司	市重点实验室
11	泰州市(亿尔)危险废弃物处置工程技术中心	江苏亿尔等离子体科技有限公司	市级工程中心
12	泰州市(爱森)聚丙烯酰胺工程技术研究中心	爱森(中国)絮凝剂有限公司	市级工程中心
13	泰州市(中丹)农用化学品工程技术研究中心	江苏中丹化工技术有限公司	市级工程中心
14	泰州市高分散高纯氧化亚铜工程技术研究中心	泰兴冶炼厂有限公司	市级工程中心

续表 19

序号	名 称	承担单位	研发机构类别
15	泰州市(九天)锂电池钢基材料工程技术研究中心	江苏九天光电科技有限公司	市级工程中心
16	泰州市(菇本堂)珍稀食用菌工程技术研究中心	江苏菇本堂生物科技股份有限公司	市级工程中心
17	泰州市高性能汽车空调蒸发器工程技术研究中心	江苏炳凯富汽车零部件制造有限公司	市级工程中心

· 科技管理 ·

【科技表彰】 2月14日,全市工业经济大会在市体育馆召开。会上表彰一批科技创新先进集体和先进个人。济川药业集团有限公司等10家企业被表彰为十佳高新技术企业,汉皇印象江苏生物科技股份有限公司等10家企业被表彰为和发明专利十强企业,江苏省精细功能高分子材料高技术研究重点实验室等10家企业研发机构被表彰为十佳企业研发机构,孔霞等10人被表彰为十佳专利发明人,黄珍宏等20人被表彰为优秀科技创新管理员,王卫等20人被表彰为优秀企业科技专员,封佳等20人被表彰为科技工作先进个人。会上对获得2016年度泰兴市科技进步奖项目进行表彰,江苏友诚数控科技有限公司的全数控智能型剑杆织机生产技术等45个项目获得表彰。

· 科技成果 ·

【概况】 2016年度,泰兴市获省(部)级科技进步奖1项,泰州市科技进步奖18项,表彰泰兴市科技进步奖45项。

2016年度泰兴市获省(部)级科技进步奖项目一览表

表 20

序号	项 目 名 称	完 成 单 位	获奖等次	主要完成人员
1	新型电解槽与氯化钴电积新技术研究及其产业化	江苏凯力克钴业股份有限公司,北京矿冶研究总院	三等奖	张爱青 王振文 杜长福 叶圣毅 江培海 尹 飞 牛镇岭

2016年度泰兴市获泰州市科技进步奖项目一览表

表 21

序号	项 目 名 称	完 成 单 位	获奖等次	主要完成人员
1	全数控智能型剑杆织机生产技术	江苏友诚数控科技有限公司	一等奖	王 勇 周新强 杨 毅 杨中青 汪亚俊 朱乐章 吕建友
2	带履带隧道救生舱	泰兴市华诚机电制造有限公司	二等奖	谢翠斌 赵和平 邵鹏程 杨 光 谢 荧 项忠庆 周鹏程
3	核电和其他特殊行业5000kW以上大功率立式齿轮箱机组	江苏泰隆减速机股份有限公司		孔 霞 蔡云龙 张介禄 张绍明 徐 哲
4	绿色环保型10000TEU集装箱船研发	江苏扬子鑫福造船有限公司	三等奖	穆友江 管华东 闵 松 陈金炉 许金波
5	潜孔锤凿岩钻孔机用一体式双向输出动力头	江苏泰来减速机有限公司		张吉林 丁锁平 吴声震 钱亚宾 殷 凡
6	聚四氟乙烯永久性建筑膜材关键技术研发及应用	江苏维凯科技股份有限公司		李维伟 朱其达 陈南梁 蒋金华 徐卫兵
7	轻便智能型大排量防洪抢险泵研发及产业化	亚太泵阀有限公司		张成华 蒋文军 周 琴 徐 云 曹国春

续表21

序号	项目名称	完成单位	获奖等次	主要完成人员
8	鹿茸菇等珍稀食用菌现代工厂化生产技术集成创新	江苏菇本堂生物科技股份有限公司	三等奖	贲伟东 杨仁智 赵明文 张源 师亮
9	经内镜隧道式粘膜下剥离术治疗大面积食管早癌及癌前病变	泰兴市人民医院		周正斌 戴晓荣 成宏伟 黄震 闫坤锋
10	电子止吐仪联合盐酸帕洛诺司琼预防高致吐化疗药物所致胃肠道反应的研究	泰兴市人民医院		刘君 肖扬 郭建雄 马益慧 蔡丽华
11	癌痛患者多模式综合镇痛的临床研究	泰兴市人民医院		余健 王荣 毛冬兰 李安宝 印红梅
12	颅脑外伤患者的免疫改变及早期高压氧联合依达拉奉的免疫干预和疗效	泰兴市人民医院		封林森 马建华 季海明 刘艺春 段晓春
13	腹腔镜下腹主动脉旁淋巴结切除在子宫内膜癌诊治中的临床研究	泰兴市人民医院		杨纪实 周留林 王君 印慧琴 邵莉萍
14	尿毒症继发性甲状旁腺功能亢进的综合治疗	泰兴市人民医院		章旭 曹娟 赵彩霞 李海涛 王涛
15	恶性脑胶质瘤术后三维适形放疗联合三苯氧胺治疗的临床研究	泰兴市人民医院		周绍兵 刘阳晨 尹小祥 高飞 孙红娟
16	同步放化疗联合厄洛替尼治疗食管癌的疗效观察	泰兴市人民医院		叶宏勋
17	星状神经节阻滞治疗经前期综合征的研究	泰兴市第三人民医院		王宏伟 田斌斌 顾春亮 胡百奇 曹兵
18	泰兴市城乡居民主要慢性病患病现况及危险因素研究	泰兴市疾病预防控制中心		常军 周余春 刘红建 徐爱国 范敏

2016年度泰兴市科技进步奖项目一览表

表22

序号	项目名称	完成单位	获奖等次	主要完成人员
1	全数控智能型剑杆织机生产技术	江苏友诚数控科技有限公司	一等奖	王勇 周新强 杨毅 杨中青 汪亚俊 朱乐章 吕建友
2	核电和其他特殊行业5000kW以上大功率立式齿轮箱机组	江苏泰隆减速机股份有限公司		孔霞 蔡云龙 张介禄 张绍明 徐哲 刘易
3	带履带隧道救生舱	泰兴市华诚机电制造有限公司、武汉船舶设计研究所		谢翠斌 赵和平 邵鹏程 杨光 谢荧 项忠庆 周鹏程 张兴国 孙新民
4	聚四氟乙烯永久性建筑膜材关键技术研发及应用	江苏维凯科技股份有限公司、东华大学		李维伟 朱其达 陈南梁 蒋金华 徐卫兵 钱斌 马桂华 赵霖 王伟
5	可磁分离的纳米光催化剂及其宏量制备	江苏河海纳米科技股份有限公司、南京理工大学		徐斌海 汪信 成庆堂 吴卫星 陈美 付永胜 陈爱娣
6	鹿茸菇等珍稀食用菌现代工厂化生产技术集成创新	江苏菇本堂生物科技股份有限公司、南京农业大学、天津市宝坻区和泰丰食用菌有限公司、天津市福运福食用菌科技有限公司		贲伟东 杨仁智 赵明文 张源 师亮 王亚林 任斌 刘建雄 向银春
7	经内镜隧道式粘膜下剥离术治疗大面积食管早癌及癌前病变	泰兴市人民医院		周正斌 戴晓荣 成宏伟 黄震 闫坤锋 陈永康
8	恶性脑胶质瘤术后三维适形放疗联合三苯氧胺治疗的临床研究	泰兴市人民医院		周绍兵 刘阳晨 丁文秀 高飞 孙红娟 叶向阳 郭信伟 尹小祥

续表 22

序号	项 目 名 称	完 成 单 位	获奖等次	主要完成人员
9	轻便智能型大排量防洪抢险泵研发及产业化	亚太泵阀有限公司	二等奖	张成华 蒋文军 周 琴 徐 云 曹国春 马亚斌
10	绿色环保型 10000TEU 集装箱船研发	江苏扬子鑫福造船有限公司		穆友江 管华东 闵 松 陈金炉 许金波 应 友 王立平
11	潜孔锤凿岩钻孔机用一体式双向输出动力头	江苏泰来减速机有限公司		张吉林 丁锁平 吴声震 钱亚宾 殷 凡 李苗苗 杨天益
12	粮仓专用高效智能空气调节机组	江苏永昇空调有限公司、江苏大学、泰州职业技术学院		王建明 宋新南 戴亚东 石滨泉 张 斌 吴 萍 张 俊
13	轮胎三角胶四工位卧式热贴设备	泰兴市双羊皮革橡塑机械厂		尹家旺 彭贤刚 顾宏年 赵永兴 朱 磊 王 燕 尹备战
14	活性红 3B 系列	泰兴市锦鸡染料有限公司、泰兴锦云染料有限公司		苏金奇 鞠苏华 张卫平 薛 乐 陈爱民 黄 磊 王 兵
15	治疗猪无名高热病的中药制剂制备技术与应用	泰兴市农诺科技有限公司		钱 峰 李祥圣 徐剑敏 黄建余 钱 尉 曹 旭 程 辉
16	电子止吐仪联合盐酸帕洛诺司琼预防高致吐化疗药物所致胃肠道反应的研究	泰兴市人民医院		刘 君 肖 扬 郭建雄 马益慧 蔡丽华 吴宜嘉 周 娟
17	癌痛患者多模式综合镇痛的临床研究	泰兴市人民医院		余 健 王 荣 毛冬兰 李安宝 印红梅 李文江 吴 健
18	颅脑外伤患者的免疫改变及早期高压氧联合依达拉奉的免疫干预和疗效	泰兴市人民医院		封林森 马建华 季海明 刘艺春 段晓春 任 红 丁 燕
19	尿毒症继发性甲状旁腺功能亢进的综合治疗	泰兴市人民医院		章 旭 曹 娟 赵彩霞 李海涛 王 涛 印 荻 周长菊
20	同步放化疗联合厄洛替尼治疗食管癌的疗效观察	泰兴市人民医院		叶宏勋
21	麻醉护理在临床实践工作中的应用	泰兴市人民医院		倪加凤 孔兰凤 佘迎萍 汪建美 栾翠芳 陈 丽 印玉芹
22	依达拉奉联合脉络宁治疗急性脑梗死疗效探讨	泰兴市第二人民医院		何国富 季立功 袁文全 陈 灵 孔娇娜
23	右正中神经电刺激对脑损伤昏迷患者促进复苏的临床疗效探讨	泰兴市中医院		殷 俊 陈 磊 翟国锁 汪 波 赵剑锋 陶建坤 蒋 俊
24	泰兴市城乡居民主要慢性病患病现况及危险因素研究	泰兴市疾病预防控制中心		常 军 周余春 刘红建 徐爱国 范 敏 徐 兴 汤祖华
25	关于“腰源性股骨头坏死”的临床新见解	泰兴古溪针刀中医门诊部		陈贵斌
26	凝胶发泡抽真空橡塑精细发泡装置及其制品	赢胜(江苏)节能有限公司	三等奖	秦伯军 刘远斌 姜建荣 叶青峰 周良义
27	固体废弃物的处置及资源化循环利用的关键技术研究	江苏亿尔等离子体科技有限公司		符国华 赵龙章 姚 晨 刘玉江 李春华

续表 22

序号	项　目　名　称	完　成　单　位	获奖等次	主要完成人员
28	一种 5-羟甲基噻唑合成的优化方法	江苏森萱医药化工股份有限公司	三等奖	顾维龙　张迎春　封乃军　严　箐　胡舜承
29	料液防污染乳液泵	泰兴开广塑胶有限公司		丁要武　刘　蓉
30	ZS11外开式两片玻璃全景天窗	江苏德福来汽车部件有限公司		王鹏翔　徐以枢　孙凯明　初　江
31	动物防疫消毒设备研制与推广应用	江苏建宏农业科技有限公司、泰兴市济川街道畜牧兽医站		丁建红　朱　琴　尤翠萍　王雅琴　李　霞
32	IAG方案治疗老年急性髓细胞白血病疗效观察	泰兴市人民医院		叶春美　石培民　孔兴美
33	食管癌围手术期综合治疗的临床策略	泰兴市人民医院		奚小祥　吕必宏　陈　瑞　刘　慧　秦爱华
34	小剂量环孢素联合左旋咪唑治疗非重型再生障碍性贫血研究观察	泰兴市人民医院		季　国　汪宏梅　张云宁　李　娟
35	锁定钢板与传统钢板治疗跟骨关节内骨折的疗效比较	泰兴市人民医院		张建林　叶　峥　严　斌　蒋　赟　陈　雷
36	中西医结合方案治疗椎基底动脉缺血性眩晕	泰兴市人民医院		薛　枫　吴伟翔　路敬叶　陈齐鸣　常　娟
37	ABO-OGS指数及头影测量评价下颌 2 个切牙缺失的正畸疗效分析	泰兴市人民医院		桂　娟
38	抗 CCP 抗体检测在诊断 RA 中的应用	泰兴市第二人民医院		朱继文　章小军　朱　华　王　涛　戴宝平
39	白内障术后低视力原因分析	泰兴市第二人民医院		吕先进　肖向前　徐丽娟
40	老年性糖尿病并发脑梗塞临床特点分析及护理干预方案	泰兴市第二人民医院		李　玮
41	小儿静脉留置针穿刺改良方法的效果研究	泰兴市第二人民医院		叶爱兰　钱海霞　马　卉　王延芳
42	正中神经电刺激对脑损伤后昏迷患者脑血流速度的影响	泰兴市中医院		殷　俊　陈　磊　陶建坤　朱少锋　蔡小琴
43	立体定向微创软通道在治疗高血压脑出血中的应用价值	泰兴市中医院		陈　磊　殷　俊　陶建坤　朱少锋　杨建宇
44	中医护理技术提升右正中神经电刺激促醒颅脑损伤昏迷疗效	泰兴市中医院		黄苏闽　蔡小琴
45	胸乳入路腔镜下甲状腺次全切除术	泰兴市中医院		丁朝晖　卜建仁　洪　章　孙　燕

· 知识产权保护 ·

【概况】 2016 年,泰兴市编制《泰兴市知识产权发展"十三五"专项规划》。全市专利申请量 5117 件,其中发明专利申请 2664 件,实用新型专利 1404 件,外观设计专利 990 件; 全市专利授权 1041 件, 其中发明专利 137 件,实用新型专利 511 件,外观设计专利 391 件,有效发明专利累计达 845 件,PCT 申请 21 件; 万人有效发明专利拥有量达 7.84 件;发明专利申请量、有效发明专利量两项指标列泰州第一。

【知识产权宣传】 8 月 23 日,在市政府会议中心举行江苏省规模以上企业负责人知识产权培训省级讲师团巡回宣讲(泰州站)活动。江苏省知识产权局副局长张春平出席活动并授课。泰州市各市(区)科学技术和知识产权局分管局长、部分处室负责人,以及泰兴市各乡镇(街道)、园区分管负责人、科技科长(助理),257家规模以上企业负责人参会。宣讲会上,张春平围绕知识产权的形式与政策、企业知识产权保护、企业知识产权布局,通过企业的典型案例,向参会人员分析讲解知识产权对企业发展的影响与作用。

【企业专利工作】 2016年,泰兴开广塑胶承担江苏省企业知识产权战略推进计划一般项目,获扶持资金30万元。金泰堡机械、晟楠电子、扬帆船舶、丰源船舶、亿尔等离子等5家企业通过《企业知识产权管理规范》国标认证。友诚数控、幸运宝贝等2家企业顺利通过省绩效评价。九天光电、科曼机械、炳凯富等10家单位开展企业知识产权贯标备案工作。永昇空调、航联电连接器被评为江苏省企业知识产权管理标准化示范创建先进单位。

【制定出台激励政策】 6月14日市政府常务会议讨论通过《泰兴市专利专项资金使用管理办法(试行)》,对当年新授权发明专利奖励由5000元/件调高至1万元/件,对专利大户的奖励也由原来的仅对数量作要求调整至对发明专利提交实质审查和授权作出要求。该政策进一步突出发明专利申请授权的鼓励和导向作用,促进专利大户提高发明专利产出数量和质量。

2016年度泰兴市发明专利十强企业表

表23

企业名称	有效发明专利
汉皇印象江苏生物科技股份有限公司	26
济川药业集团有限公司	26
江苏兆胜空调有限公司	23
泰兴市航联电连接器有限公司	19
江苏泰隆减速机股份有限公司	17
泰兴开广塑胶有限公司	16
江苏友诚数控科技有限公司	16
江苏中丹集团股份有限公司	13
江苏南极机械有限责任公司	10
江苏幸运宝贝安全装置制造有限公司	10

2016年度泰兴市知识产权项目情况

表24

序号	项目名称	项目承担单位
1	江苏省企业知识产权战略推进计划一般项目	泰兴开广塑胶有限公司
2	江苏省企业知识产权管理标准化示范创建先进单位	江苏永昇空调有限公司
		泰兴市航联电连接器有限公司

【知识产权保护】 4月,泰兴市组织开展"市县乡三级联动"大执法活动,对河失镇区内的泰兴市大润华超市和泰兴市美乐购食品经营部进行专利行政执法检查。累计抽检各类商品500多件,涵盖食品、日化、玩具、五金、服装等大类,其中涉及专利标识的商品共计56件。经检索分析,针对涉嫌专利假冒侵权的22件产品下发《限期整改通知书》,要求检查的两家超市在规定的时间内整改到位。并做好跟踪监督,督促检查对象在规定期限内整改到位。指导宏大特钢、中丹制药、济川药业等企业开展知识产权维权援助活动,通过帮助企业分析侵权产品,比对技术特征和权利要求,制定合适的诉讼方案和策略,维护企业的合法权益。

· 科技活动 ·

【概况】 2016年,泰兴市加大与国内著名高等院校、科研院所合作的力度,采取多种政产学研形式,引进海内外优秀人才来泰兴创新创业。全年共签订正式产学研合作协议100项,共建成产学研联合体21项。

【产学研活动】 3月下旬,围绕"高技术船舶及海工装备"专题,组织泰兴市部分船舶生产及配套企业去武汉理工大学、华中科技大学、武汉船舶设计研究所举行"产学研对接活动";组织全市化工企业围绕"化工及化工新材料"专题征集技术难题,并于5月组织部分企业赴苏州参加"中科院北京自动化研究所产学研对接会";12月中旬,组织部分企业围绕装备制造及光机电一体化专题赴西北工业大学、中科院西安光学精密机械研究所、西北机电工程研究所等单位开展"院校行"活动;中科院原副院长杨柏龄及院地合作处翟金良处长一行考察泰兴市院地合作情况,实地考察合肥固体所与江苏海河科技股份有限公司的合作项目,听取中科院金龙化工有限公司与中科院合作项目进展情况,听取泰兴工作站的工作汇报。

【"百企百校(院、所)"协同创新洽谈活动】 10月20日上午,第八届中国(泰兴)银杏节启动仪式暨投资环境说明会·项目推介及签约仪式上,"同济大学泰兴产学研基地""环保部南京环境科学研究所环保新技术导引基地""郑州机械研究所传动技术研究院""南京工程学院电力工程学院泰兴电机(电气)工程技术研究中心"等4个重大科技合作项目揭牌,10项科技合作项目签约,人才·科技广场正式启用;下午,举行"百企百校协同创新"专题恳谈活动,来自国内的52家高校和科研院所的80多名专家、教授与泰兴市100余家企业代表参加现场洽谈。按照"先进制造""医药及医疗器械"和"化工新材料"3个领域设立分会场,同时设立"网上技术交易"分会场。

2016年泰兴市科技合作(正式协议)项目统计表

表25

序号	项目名称	企业名称	技术支撑单位
1	产学研战略合作协议	泰兴市人民政府	中北大学
2	投资合作协议	泰兴市经济开发区管委会	中国科学院上海高等研究院赵志军博士
3	技术咨询合同书(江苏省泰兴经济开发区封闭管理可行性研究报告)	泰兴市经济开发区管委会	中安国研(北京)安全技术咨询有限公司
4	技术开发合同(湿法磷酸纯化与水溶性高效农用肥料产业化生产)	江苏瑞和化肥有限公司	南开大学
5	协议书(含铜酸性废液高效回收高纯铜粉及资源化利用关键技术开发与应用)	泰兴冶炼厂有限公司	合肥工业大学
6	项目合作协议书(低值淡水鱼全鱼超细带骨鱼肉泥加工新技术及产品的研发)	泰兴新渔食品加工有限公司	江南大学
7	技术服务合同(啶酰菌胺Form I结晶工艺及晶型质量标准研究)	泰州百力化学股份有限公司	华东理工大学
8	技术开发合同(阻燃剂开发与应用研究项目)	泰州百力化学股份有限公司	北京工商大学
9	技术开发合同(芳炔硫醚类化合物的设计及合成)	泰兴先先化工有限公司	湖南大学
10	技术开发协议(加氢PAP母液循环利用技术中试方案)	泰兴市扬子医药化工有限公司	重庆大学
11	校企深度合作协议书	江苏泰特尔新材料科技有限公司	扬州市职业大学生物与化工工程学院
12	产学研合作协议书	南大环保科技服务泰兴有限公司	国家环境保护有机化工废水处理与资源化工程技术中心
13	Flobond土壤调理剂肥料登记协议书	爱森(中国)絮凝剂有限公司	南京农业大学
14	项目投资协议书	江苏诺兴生物科技有限公司	泰兴市黄桥工业园区管理委员会
15	技术合作协议(碳纤维立体间隔织物成套装备的研发及产业化)	江苏友诚数控科技有限公司	江南大学、南通大学
16	技术开发合同(特种产业纤维织造技术及装备、穿经机的开发)	江苏友诚数控科技有限公司	江南大学
17	关于联合申报江苏省2016年度省重点研发计划项目《硅-石墨烯复合材料的构建及在锂动力电池中应用的共性关键技术研究》的协议	江苏三杰新能源有限公司	江南大学
18	技术合作协议(CO_2可生物降解保墒保温地膜产品)	江苏中科金龙化工有限公司	新疆农垦科学院
19	产学研合作协议	江苏亿尔等离子体科技有限公司	合肥学院生物与环境工程系
20	产学研合作框架协议	江苏世林博尔制冷设备有限公司	郑州大学河南省过程传热与节能重点实验室
21	技术开发合同书(超低频P波段雷达材料及其工程化应用研究)	泰州拓谷超细粉体材料有限公司	南京航空航天大学

续表 25

序号	项目名称	企业名称	技术支撑单位
22	合作协议书	泰兴市睿济科技有限公司	合肥工业大学水利科学研究所
23	合作协议书	江苏睿济鼎诚科技工程有限公司	李圭白院士
24	技术开发合同（高产 PG 酶和 TG 酶菌株的育种及生产工艺研究）	泰兴市东圣食品科技有限公司	华东师范大学
25	加盟煤矿救生舱产品生产制造协议书	泰兴市华诚机电制造有限公司	武汉船舶设计研究所
26	产学研科技合作框架协议	泰兴高新技术产业开发区	郑州机械研究所
27	战略合作协议	泰兴高新技术产业开发区	北京科技园建设(集团)股份有限公司
28	合作协议	江苏省泰兴环保科技产业园	上海大学
29	项目合作协议书(高载药量、长续航、带静电喷雾无人植保机及应用关键技术研究)	江苏绿源航天科技有限公司	扬州大学
30	产学研合作协议（增强型地热发电系统耐磨蚀高温潜水电泵的研制）	亚太泵阀有限公司	江苏大学
31	项目合作协议书（MW 级薄膜硅／晶体硅异质结太阳电池产业化关键技术）	中智(泰兴)电力科技有限公司	王琪
32	技术开发合同（互联网污水收集及输送一体化泵站关键技术研制及产业化）	江苏河海给排水成套设备有限公司	江苏大学
33	技术转让合同（离心泵叶轮的四工况点水力设计方法）	江苏河海给排水成套设备有限公司	江苏大学
34	技术转让合同（一种潜水轴流泵导叶设计方法及潜水轴流泵导叶）	江苏河海给排水成套设备有限公司	江苏大学
35	专利实施许可合同（一种双螺旋混流泵叶轮设计方法）	江苏河海给排水成套设备有限公司	江苏国泉泵业制造有限公司
36	专利实施许可合同（一种消除单叶片泵叶轮不平衡力的方法）	江苏河海给排水成套设备有限公司	江苏国泉泵业制造有限公司
37	关于出资设立泰兴高研投资管理有限公司的合作协议	江苏智光创业投资有限公司	上海张江中科产业技术创新与育成中心、上海创阮金融信息服务有限公司、关建国
38	产学研合作协议书	江苏钜宝钢结构有限公司	常州大学
39	产学研合作协议书	江苏佳佩环保机械设备有限公司	常州大学
40	技术合作开发中试项目合同（靛蓝污水治理及碱蒸发扩能综合设计项目）	内蒙古泰兴泰丰化工有限公司	江苏智远科创科技有限公司
41	技术开发合同（N- 甲基对甲氧基苯胺工业技术开发）	江苏中丹集团股份有限公司	清华大学
42	技术开发合同书（用于乙氧基喹啉合成的固体酸催化剂的开发）	泰兴瑞泰化工有限公司	南京工业大学科技开发中心
43	合作协议	江苏贝瑞特富氧科技有限公司	东华大学
44	丙肝产品合作协议	江苏森萱医药化工股份有限公司	厦门蔚嘉化学科技有限公司
45	技术开发合同（抗丙肝药物索弗布韦及中间体产业技术开发）	江苏森萱医药化工股份有限公司	厦门蔚嘉化学科技有限公司
46	保密和不仿制不拆解不做材料内构表征分析协议	泰兴市中全新能源技术有限公司	湖州百成电池有限公司
47	产学研合作协议书	泰兴市农产品加工园区管理委员会	南京林业大学轻工科学与工程学院
48	项目合作协议（珍稀食用菌鹿茸菇现代工厂化生产技术成果转化项目）	江苏菇本堂生物科技股份有限公司	南京农业大学

续表 25

序号	项目名称	企业名称	技术支撑单位
50	项目合作协议书（功能性全麦粉生产关键技术研究与产品开发）	江苏宇宸面粉有限公司	南京农业大学
51	技术合作协议书（利用面粉及其副产品开展干法生产谷朊粉研究）	江苏宇宸面粉有限公司	南京林业大学轻工科学与工程学院
52	挂职协议	江苏宇宸面粉有限公司	王佳宏
53	挂职协议	江苏宇宸面粉有限公司	康亮
54	技术开发合同(WN-25冷凝器改进设计及性能研究)	江苏永昇空调有限公司	南京航空航天大学
55	技术开发合同(新能源汽车快充电连接器研发)	泰州航宇电器有限公司	江苏大学
56	技术开发合同(面向配电的快锁航空连接器研发)	泰州航宇电器有限公司	江苏大学
57	创新人才引进工作协议	江苏福坤玻璃有限公司	郭立童(中国矿业大学)
58	联合共建“江苏泰隆减速机－南京工程学院精密传动技术研究中心”合作协议书	江苏泰隆减速机股份有限公司	南京工程学院
59	共建研究生联合培养基地协议书	江苏晨光数控机床有限公司	中北大学
60	战略合作协议	江苏晨光数控机床有限公司	中北大学
61	技术合作协议书	泰兴市恒兴船舶设备制造有限公司	江苏金泰船舶研究设计有限公司
62	产学研合作协议书	泰兴市迅达通讯器材有限公司	南京工业大学
63	天线技术合作协议	泰兴市东盛电子器材厂	解放军理工大学通信工程学院
64	科技合作协议（设施蔬菜高效栽培模式示范与推广）	泰兴市元龙园蔬菜专业合作社	扬州大学园艺与植物保护学院
65	科技合作协议	泰兴市元竹镇农技服务中心	南京林业大学
66	项目合作协议书（工业固体废弃物规模化分区式气化技术研究及示范）	江苏金江生物能源科技有限公司	华东理工大学
67	产学研合作协议书	泰兴市农诺科技有限公司	江苏农牧科技职业学院
68	项目合作协议书（防治仔猪腹泻的中药制剂制备技术与应用）	泰兴市农诺科技有限公司	江苏农牧科技职业学院
69	项目合作协议书（设施果蔬连作障碍综合治理技术研发与示范）	江苏古溪农业发展有限公司	扬州大学
70	合作协议书（大豆基面制品生物调质剂生产关键技术研究与新产品开发）	江苏新广生物科技有限公司	江南大学
71	合作协议	江苏洋宇生态农业有限公司	江苏省农业科学院园艺研究所
72	科技合作协议（泰兴夏季叶菜类新品种及优质高产安全生产关键技术推广）	泰兴市绿色经典蔬菜专业合作社	江苏省农业科学院蔬菜研究所
73	技术依托协议书(优质美国薄壳山核桃种植项目)	泰兴市东林家泰水果农地股份专业合作社	南京林业大学经济植物研究所
74	技术依托协议书(优质葡萄种植基地项目)	泰兴市东林家泰水果农地股份专业合作社	江苏省农业科学院园艺研究所
75	技术依托协议书(优质猕猴桃种植项目)	泰兴市东林家泰水果农地股份专业合作社	扬州杨氏猕猴桃科学研究所
76	高细掺和料制备生产线的技术合作协议	江苏德玛超细粉体科技有限公司	中国建筑材料科学研究总院
77	合作协议	泰兴市安泰精密传动机械有限公司	江苏省减速机产品质量监督检验中心
78	油井监控系统试用协议	泰兴市安泰精密传动机械有限公司	山东胜利通海集团东营天蓝节能科技有限公司

续表25

序号	项目名称	企业名称	技术支撑单位
79	挂职协议	江苏富强特钢有限公司	李文武
80	技术开发合同（氧化铜和氧化亚铜干法表面处理及紫色氧化亚铜的干法工艺研究）	江苏泰禾金属工业有限公司	华东理工大学
81	产学研科技合作协议书	江苏泰禾金属工业有限公司	常州大学
82	产学研科技合作协议书	江苏科立德制冷制备有限公司	常州大学
83	项目合同书(后备古银杏资源保护与利用)	江苏古银杏生态园有限公司	泰兴市林业技术推广中心
84	产学研合作协议书	江苏博世威节能科技有限公司	南京林业大学
85	共建教学实习基地协议书	江苏博世威节能科技有限公司	南京林业大学
86	共建就业创业实训和社会实践基地协议书	江苏博世威节能科技有限公司	南京林业大学
87	共建研究生科研实践基地协议书	江苏博世威节能科技有限公司	南京林业大学
88	合作协议	江苏鹏江电子科技有限公司	江苏大学材料科学与工程学院
89	耐热脂肪氧合酶高效制备关键技术合作研究协议	江苏一鸣生物股份有限公司	江南大学
90	技术开发合同（高分泌型耐温工程菌发酵生产脂肪酶的关键技术）	江苏一鸣生物股份有限公司	江南大学
91	技术开发合同（红曲黄色素提取精制技术的研究开发）	江苏一鸣生物股份有限公司	江南大学
92	技术开发合同（红曲黄色素稳态化及其在食品体系中的应用产品开发㈠）	江苏一鸣生物股份有限公司	江南大学
93	技术服务合同（红曲黄色素稳态化及其在食品体系中的应用产品开发㈡- 红曲黄色素的功能特性开发）	江苏一鸣生物股份有限公司	江南大学
94	专利实施许可合同(真菌酯酶生产技术)	江苏一鸣生物股份有限公司	中国农业大学
95	“食品添加剂与配料绿色制造关键技术研究及开发”联合申报确认函	江苏一鸣生物股份有限公司	北京工商大学
96	技术开发合同（脂肪酶复配技术及其在造纸领域中的应用研究）	江苏一鸣生物股份有限公司	华南理工大学
97	高校企业科技合作协议	泰兴市宏成塑业有限公司	江南大学纺织服装学院
98	科研项目合作协议	江苏泰顺能源科技开发有限公司	常州大学机械工程学院
99	高纯磷酸二氢铝合成工艺项目服务合同	江苏省国盛稀土有限公司	中南大学
100	江浙风力发电机配件研发中心	江苏锡华铸造有限公司	浙江大学

· 科技产业化 ·

【概况】 2016年,全市高新技术产业产值1342.79亿元，增长21.68%，占规模以上工业比重达43.56%。2016年获得三部委(科技部、财政部、国家税务总局)认定的高新技术企业46家，新认定省高新技术产品66个,63家企业被认定为江苏省民营科技企业。

2016年泰兴市获批的高新技术企业一览表

表26

序号	企 业 名 称	备注
1	泰兴市振兴电子有限公司	三部委认定的高新技术企业
2	江苏苏东化工机械有限公司	三部委认定的高新技术企业

续表 26

序号	企业名称	备注
3	泰兴市迅达通讯器材有限公司	三部委认定的高新技术企业
4	江苏松林汽车零部件有限公司	三部委认定的高新技术企业
5	江苏丰源船舶工程有限公司	三部委认定的高新技术企业
6	江苏富强特钢有限公司	三部委认定的高新技术企业
7	江苏扬子鑫福造船有限公司	三部委认定的高新技术企业
8	江苏新广生物科技有限公司	三部委认定的高新技术企业
9	江苏强达新材料科技有限公司	三部委认定的高新技术企业
10	江苏泰特尔新材料科技有限公司	三部委认定的高新技术企业
11	江苏天脉化工有限公司	三部委认定的高新技术企业
12	江苏金泰堡机械制造有限公司	三部委认定的高新技术企业
13	江苏凯特莉包装科技有限公司	三部委认定的高新技术企业
14	江苏锡华铸造有限公司	三部委认定的高新技术企业
15	江苏万华拓谷新材料科技有限公司	三部委认定的高新技术企业
16	泰兴市东盛电子器材厂	三部委认定的高新技术企业
17	江苏省国盛稀土有限公司	三部委认定的高新技术企业
18	泰兴瑞泰化工有限公司	三部委认定的高新技术企业
19	江苏中丹制药有限公司	三部委认定的高新技术企业
20	泰兴市臻庆化工有限公司	三部委认定的高新技术企业
21	泰兴协联众达化学有限公司	三部委认定的高新技术企业
22	丰益春之谷生物科技(江苏)有限公司	三部委认定的高新技术企业
23	惠尔信机械(泰兴)有限公司	三部委认定的高新技术企业
24	中船永志泰兴电子科技有限公司	三部委认定的高新技术企业
25	泰兴市凤灵提琴制造有限公司	三部委认定的高新技术企业
26	江苏达力叉车有限公司	三部委认定的高新技术企业
27	江苏星鑫分离设备制造有限公司	三部委认定的高新技术企业
28	江苏扬子净化工程有限公司	三部委认定的高新技术企业
29	江苏晟楠电子科技股份有限公司	三部委认定的高新技术企业
30	江苏佳佩环保机械设备有限公司	三部委认定的高新技术企业
31	江苏源泉泵业有限公司	三部委认定的高新技术企业
32	华和通信科技江苏有限公司	三部委认定的高新技术企业
33	江苏星辰星汽车附件有限公司	三部委认定的高新技术企业
34	江苏福坤玻璃有限公司	三部委认定的高新技术企业
35	泰兴市福昌环保科技有限公司	三部委认定的高新技术企业
36	泰兴市康复护理设备有限公司	三部委认定的高新技术企业
37	欧技工业设备(江苏)有限公司	三部委认定的高新技术企业
38	泰兴市凤灵吉他制造有限公司	三部委认定的高新技术企业
39	江苏润钰新材料科技有限公司	三部委认定的高新技术企业
40	泰兴市双羊皮革橡塑机械厂	三部委认定的高新技术企业

续表 26

序号	企 业 名 称	备注
41	江苏精彩风机制造有限公司	三部委认定的高新技术企业
42	江苏兆胜空调有限公司	三部委认定的高新技术企业
43	江苏中科金龙化工有限公司	三部委认定的高新技术企业
44	江苏河海给排水成套设备有限公司	三部委认定的高新技术企业
45	江苏兆胜科技股份有限公司	三部委认定的高新技术企业
46	亚太泵阀有限公司	三部委认定的高新技术企业

2016年度泰兴市新认定江苏省高新技术产品一览表

表 27

序号	产 品 名 称	企业名称
1	高活性球形四氧化三钴	江苏凯力克钴业股份有限公司
2	电积钴	江苏凯力克钴业股份有限公司
3	活性黄 3R 系列	泰兴锦云染料有限公司
4	活性红 3B 系列产品	泰兴锦云染料有限公司
5	活性黑 C-G 系列	泰兴锦云染料有限公司
6	PTA 残渣资源化综合利用处理装置	泰兴市福昌环保科技有限公司
7	高耐碱性活性艳蓝 KN-RSR 染料	泰兴市臻庆化工有限公司
8	高效防静电型丙烯酸压敏胶保护膜	泰兴联创绝缘材料有限公司
9	节能环保型 261000 载重吨矿砂船	江苏扬子鑫福造船有限公司
10	高强度耐磨损耐低温 2.5 兆瓦风电机组弹性支撑	惠尔信机械(泰兴)有限公司
11	高强度耐疲劳 3 兆瓦风电机组轴承座	惠尔信机械(泰兴)有限公司
12	防腐蚀防盐雾 3 兆瓦海上风力发电机组固定轴	惠尔信机械(泰兴)有限公司
13	耐低温耐磨损 2.5 兆瓦风力发电机组轴承座轴承法兰	惠尔信机械(泰兴)有限公司
14	高静强度高刚性 3 兆瓦风力发电机组底座	惠尔信机械(泰兴)有限公司
15	高性能精密镍复合钢带	江苏九天光电科技有限公司
16	高效澄清砂滤给水装置	江苏睿济鼎洲科技工程有限公司
17	弹性体活塞油泵	泰兴开广塑胶有限公司
18	速溶性磷酸一铵高效复合肥	江苏瑞和化肥有限公司
19	优化高质氨基油	泰兴市臻庆化工有限公司
20	氟啶胺	泰州百力化学股份有限公司
21	高度集成机车多频组合天线	泰兴市东盛电子器材厂
22	超短波大功率中馈车载天线	泰兴市东盛电子器材厂
23	无线无源温控系统用单极子全向电小天线	泰兴市迅达通讯器材有限公司
24	船用侧开式橄榄型风雨密通风筒	江苏丰源船舶工程有限公司
25	船用气动式矩形水密风闸	江苏丰源船舶工程有限公司
26	一种压滤机用弹性隔膜滤板	江苏星鑫分离设备制造有限公司
27	高扬程潜污泵的平衡式装置	江苏源泉泵业有限公司
28	99.99 级高纯度氧化钕	江苏省国盛稀土有限公司

续表 27

序号	企 业 名 称	备注
29	400000载重吨矿砂船	江苏扬子鑫福造船有限公司
30	11800标准箱超大型集装箱船	江苏扬子鑫福造船有限公司
31	吡罗昔康凝胶制剂	江苏中丹制药有限公司
32	乙氧基喹啉原油	泰兴瑞泰化工有限公司
33	高倍率长寿命快充锂离子电池	江苏三杰新能源有限公司
34	锂离子电池耐高温密封安全阀盖	泰兴市振兴电子有限公司
35	1.65MV 风力发电齿轮箱行星架	江苏锡华铸造有限公司
36	风力发电齿轮箱箱体	江苏锡华铸造有限公司
37	二板式大型注塑机模板	江苏锡华铸造有限公司
38	单级单吸悬臂式石油化工流程泵	江苏科曼机械制造有限公司
39	单级双吸悬臂式离心油泵	江苏科曼机械制造有限公司
40	IP31透亮防水型内藏式天窗	江苏德福来汽车部件有限公司
41	ZS11高透光低噪音全景天窗	江苏德福来汽车部件有限公司
42	新型智能汽车天窗系统	江苏德福来汽车部件有限公司
43	基于 CAN 总线的车辆动力故障智能诊断系统	江苏华骋科技有限公司
44	GS1100T数控高速剑杆织机	江苏友诚数控科技有限公司
45	粮仓专用高效智能空气调节机组	江苏永昇空调有限公司
46	一种氧化加热炉系统	江苏泰禾金属工业有限公司
47	结构型复合阳离子聚丙烯酰胺	爱森(中国)絮凝剂有限公司
48	船用射流送风式冷却装置	江苏兆胜空调有限公司
49	UHF9001350MHz高增益高性能全向天线阵	泰兴市迅达通讯器材有限公司
50	分子筛制氮船舶压载水处理系统	江苏南极机械有限责任公司
51	WCMBR(N)-6 型内河船舶生活污水处理装置	江苏南极机械有限责任公司
52	舰船用厨房灰水中油污水处理装置	江苏南极机械有限责任公司
53	变速式减速机	江苏瑞星减速机有限公司
54	耐高温减速机	江苏瑞星减速机有限公司
55	水泥机械立窑用减速机	江苏瑞星减速机有限公司
56	潜水泵用减速机	江苏瑞星减速机有限公司
57	高性能钢塑复合带	江苏九天光电科技有限公司
58	过热蒸汽碳化印染中间体生产废水的装置	江苏亿尔等离子体科技有限公司
59	机器人关节用摆线包络精密减速器	江苏泰隆减速机股份有限公司
60	RPG特大功率辊压机减速装置	江苏泰隆减速机股份有限公司
61	桥式起重机械轻量化减速器	江苏泰隆减速机股份有限公司
62	大型电子设备高效精准控温机组	江苏永昇空调有限公司
63	汽轮发电机用空心铜导线管	圣达电气有限公司
64	挤压成型镍硅锆铜转子槽楔	圣达电气有限公司
65	环保型抗冲击液体分配器	泰兴开广塑胶有限公司
66	车辆专用前悬架装置	江苏金泰堡机械制造有限公司

2016年度泰兴市列入江苏省民营科技企业一览表

表 28

序号	企业名称	序号	企业名称
1	江苏三杰新能源有限公司	33	泰兴市济源包装材料有限公司
2	泰兴市农诺科技有限公司	34	江苏泰极重工机械有限公司
3	泰州市百冠泵阀科技有限公司	35	中智(泰兴)电力科技有限公司
4	江苏进睿芯电子科技有限公司	36	江苏天成超纤革业有限公司
5	泰兴市永诚车灯塑件有限公司	37	江苏泰顺能源科技开发有限公司
6	泰兴市振兴电子有限公司	38	泰兴市宏成塑业有限公司
7	江苏奥凯医疗设备有限公司	39	泰州市军昊制塑有限公司
8	江苏中邦输送带有限公司	40	江苏赛勒宝科技有限公司
9	江苏鑫恒泰电气科技有限公司	41	泰兴市昊华复合材料有限公司
10	江苏一脉科技有限公司	42	泰州纳新新能源科技有限公司
11	中船重工天禾船舶设备江苏有限公司	43	汉皇印象江苏生物科技股份有限公司
12	泰兴冶炼厂有限公司	44	嘉旭(江苏)塑料有限公司
13	江苏盛日机械设备制造有限公司	45	江苏盛鸿电力设备有限公司
14	江苏松林汽车零部件有限公司	46	泰州斯普瑞能源科技有限公司
15	江苏瑞和化肥有限公司	47	泰兴市华龙化工实验设备有限公司
16	江苏丰源船舶工程有限公司	48	泰兴新型工业泵厂
17	江苏荣拓实验设备有限公司	49	江苏友腾机械有限公司
18	江苏万华拓谷新材料科技有限公司	50	江苏华辉照明科技股份有限公司
19	江苏科曼机械制造有限公司	51	江苏永昇空调有限公司
20	泰兴市兴港毛纺机械有限公司	52	江苏芬奇工业设备制造有限公司
21	泰州市佳航船舶机械设备有限公司	53	泰兴市爱普诺电器有限公司
22	江苏黎明发电设备有限公司	54	江苏森博苑机电科技有限公司
23	泰州市连成机械制造有限公司	55	泰兴协联众达化学有限公司
24	泰兴市惠宏机械厂	56	江苏瑞星减速机有限公司
25	江苏星光发电设备有限公司	57	江苏开绿循环农业技术开发有限公司
26	江苏江航医疗设备有限公司	58	泰兴市华胜装卸运输机械厂
27	江苏亿尔等离子体科技有限公司	59	江苏鹏江电子科技有限公司
28	江苏友诚数控科技有限公司	60	泰兴市恒顺纺织有限公司
29	江苏泰禾金属工业有限公司	61	华鹏美雅特装饰材料(泰兴)有限公司
30	江苏黑松林粘合剂厂有限公司	62	江苏星光发电设备有限公司
31	江苏省国盛稀土有限公司	63	江苏恒盛达环境科技有限公司
32	江苏锡华铸造有限公司		

· 防震减灾 ·

【概况】 2016 年,泰兴市地震局组织开展地震科普宣传进社区、进学校活动,组织广场宣传活动 2 次,发放宣传资料 10000 份,展出画板 85 块,群发短信 2 万条。“7·28”唐山大地震纪念日期间,市地震局向全市有关人员群发短信“防震减灾,从我做起”和“依法防震减灾,建设安全和谐泰兴”等宣传标语 1 万条。地震局工作人员加入科普讲师团,就地震常识、社区地震应急、地震宏观异常测报等内容，分别在泰兴市济川街道东城等社区进行宣讲。组织济川街道跃进、府前社区创建省级地震安全示范社区，分界镇初级中学和泰师附小创建省级防震减灾科普示范学校。开展台站建设，强震台和数字测震台的监测仪器全部安装到位，专用数据传输光缆与上级地震部门无缝对接，安排专人在台站进行定期维护，保证监测仪器运行正常，数据传输到位。加强“三网一员”队伍建设，发挥各乡(镇)、街道办事处防震减灾工作助理员队伍的作用，定期组织工作人员到各宏观测报点进行实地考察，对全市地震宏观测报点进行重新认证，新增3个地震宏观测报点，健全各项联络体系，确保地震信息报送渠道畅通无阻。

教　育

·综　述·

【概况】　截至2016年底，泰兴市共有各级各类学校149所，其中幼儿园56所、小学43所、初级中学36所(含九年一贯制6所)、普通高中10所、职业学校3所、特殊教育学校1所，教职工11133人，在校学生120530人。2016年，泰兴市先后获得省促进义务教育均衡发展先进单位、省教科研先进集体、省中小学校责任督学挂牌督导创新市、省平安校园建设示范市、省社区教育示范区等荣誉称号。

泰兴中学首届“清北奖”颁奖典礼　（教育局供稿）

学校建设　2016年，泰兴市投入4600多万元，新建幼儿园5所，改扩建5所；投入8000多万元，推进校安工程、薄弱学校改造工程以及现代化学校建设，完成18万平方米校舍新建、改扩建工程。泰师附小东润校区、根思初中(市政府2016年民生十件实事)建成并投入使用，省泰兴中学新校区一、二期主体工程实现封顶。

江苏省平安校园示范市建设　2016年，泰兴市根据《省平安校园示范校和示范县创建工作的通知》精神，进行省平安校园示范县创建申报，并于3月25日接受省考核评估组验收。6月17日，省平安校园示范县创建结果公布，泰兴市在泰州市率先创成江苏省平安校园建设示范市。年内，全市被评为2015—2016年度安全教育实验区全国示范单位、泰州市安全教育先进市。1所学校被中国教育学会评为2015—2016年度安全教育示范学校，16所学校被泰州市评为安全教育先进学校。全系统未发生安全责任事故。

教育督导　2016年，泰兴市推行“1+X+N”(紧扣“1”个主题，补齐“X”个短板，打造“N”个品牌)督导模块，运用工作平板电脑，建成泰兴“智慧督导”系统平台，被授予江苏省挂牌督导工作创新市。推进教育现代化建设，顺利完成年度监测目标。实施义务教育学校标准化建设监测，均衡差异系数小学为0.370，初中为0.356，被表彰为江苏省促进义务教育均衡发展先进集体。

教师队伍　2016年，泰兴市公开招聘新教师105名，其中学前教育事业编制教师25名，研究生9名。面向社会认定176人具备所申请教师资格。新增江苏省特级教师6人，6人被表彰为江苏省优秀教育工作者，21人被表彰为泰州市优秀教育工作者，3人获江苏省教学名师称号。印发《泰兴市2016年中小学、幼儿园教师继续教育计划》，实施幼儿园园长和骨干教师“引智培训”项目，安排26名教师出国培训；组织1000多名教师参加学历提升培训，安排专项经费进行学历提升奖补。发放优秀教育人才奖励基金80万元，设立济川药业集团教育发展基金。义务教育学校584名教师参加交流，占比20.16%，其中，骨干教师143人，占比27.08%；4名教师赴甘肃酒泉部队子女学校支教；2名教师赴西藏拉萨江苏实验学校支教。

教育科研　2016年，泰兴市开展“学洋思·创新课堂教学”比赛，推进“三多两少一转变”(课前研究多一点、自主探索多一点、多维互动多一点，单向讲授少、课后作业布置少，变“学会”一元目标为“乐学、学会、会学”多元目标)教学新常态建设。承办泰州市普通高中教育教学工作会议，“分类管理、分层教学、适性发展”经验做法得到推广。加强义务教育区域教研中心建设，通过名师走教、主题教研、“开放日+视导”、区域学业质量监测等途径促进义务教育均衡发展。全市10多名教师在省基本功比赛中获奖，两项校本课程获省优秀课程一等奖、十一项获泰州市一二等奖。年内，新增省规划课题15项，其中重点课题6项。

教育装备　2016年，泰兴市投入4000多万元，更新“班班通”教室多媒体教学系统412台(套)、新增全自动高清录播教室12个、电脑2904台。全市中小学校园网、多媒体教学系统“班班通”均达100%，省级教育资源服务平台覆盖率达95%以上，15所学校通过“泰

州市数字化校园合格校”验收,新增泰州市教育现代化学校10所。强化“泰微课”资源建设与应用,新增资源5161件,其中A、B级资源3961条。组织3441名教师参加全国“一师一优课,一课一名师”活动,网上晒课2588节,获部级优课28节、省级优课24节。

· 义务教育 ·

【概况】 截至2016年底,泰兴市义务教育阶段小学入学率、巩固率均达100%,小学毕业生升入初中入学率为100.04%;初中入学率、巩固率分别为100.04%、100%,初中升入高中(含职中、中专、高职)入学率为97.57%。全市小学、初中教职工总数分别为3182人、3343人,在校生总数分别为48883人、26528人。

【未成年人思想道德建设】 2016年,泰兴市开展“与爸妈一起知行”“寻访红色足迹”“低碳环保”“歌唱祖国”“法润泰兴”等主题教育实践活动,评选20名“环保小天使”,表彰20名“法制故事”演讲比赛优秀选手。全市164名学生获得省、市三好学生、优秀学生干部、优秀少先队员称号。在泰州市“学科德育精品课程”评选活动中,全市获一等奖15人,二三等奖20人。举办家庭教育讲座50多场,心理健康讲座26场,策划泰兴籍“清华北大优秀学子成才报告会”3场,受到一致好评。在省市中小学班主任基本功比赛中,获泰州市一等奖9名、二等奖1名,江苏省一等奖1名、二等奖1名、三等奖2名,襟江小学吕晓丹教师代表江苏参加长三角地区班主任基本功大赛获一等奖。

【特色学校建设】 2016年,泰兴市落实《泰兴市特色学校建设工作指导意见》,80多个项目在泰州市第五届中小学艺术展演评比中获奖,襟江小学、实验初中等9所学校被评为泰州市首批体育艺术“一校一品一特色”学校,蒋华小学、西城初中等8所学校被评为泰州市素质教育“5+2”工程先进学校,泰师附小、洋思中学等5所学校被评为“江苏省文明校园”,江平路幼儿园、宣堡初中、南新小学等被评为省市绿色学校。

· 普通高中教育 ·

【概况】 截至2016年底,泰兴市共有普通高中10所,其中省四星级4所,省三星级3所,全市普通高中共有教职工1921人,在校学生15854人。2016年,全市高考本二以上进线率持续攀升,高分段人数实现突破,高考理科400分以上人数25人,文科380分以上人数19人,10人被北大、清华录取,629人被985、211高校录取。

· 学前教育 ·

【概况】 截至2016年底,全市共有幼儿园56所,其中省优质园48所,占比85.7%,泰州市优质园3所,泰州市级以上优质园占比91%,其中2016年创成省优质园5所、泰州市优质园2所,4所幼儿园通过省优质园现场评估。教职工2217人,专任教师1405人,其中2016年新招聘事业编制幼儿教师25名,占新招聘教师总数的23.8%。1055人取得教师资格证书,占专任教师总数的75.1%。适龄幼儿24830人,在园幼儿24439人,学前三年入园率达98.4%。在泰州地区率先完成幼儿园房屋安全鉴定工作,对全市开展抗震安全鉴定工作的幼儿园实施奖补,共计资金65万元。

财政投入 2016年,泰兴市市乡两级财政共投入4860万元用于幼儿园建设。公办幼儿园、普惠性民办幼儿园生均公用经费每生每年400元,全部拨付到位。安排150万元用于学前教育教师专项培训,300万元保障编外教师收入。同时,按1000元/生标准,资助贫困幼儿2159人,占比10.04%。

【课程游戏化建设】 2016年,全市各幼儿园积极开展课程游戏化探索与实践,滨江镇中心幼儿园“快乐体验课程游戏化”、古溪镇中心幼儿园“适性生长课程游戏化”成功申报为省课程游戏化建设项目。至2016年底,全市共创成省级课程游戏化基地4个,泰州市级课程游戏化基地3个。

【明晰幼儿园性质】 2016年,泰兴市根据《江苏省普惠性民办幼儿园认定管理办法》,对全市民办幼儿园管理、收费、师资、保教、安全等情况进行现场勘查,确认黄桥镇启乐幼儿园等12所幼儿园为普惠性民办幼儿园并签订协议。全市56所幼儿园法人登记工作全部完成。

· 职业教育 ·

【概况】 截至2016年底,泰兴市共有职业学校3所(含部门办2所),即省泰兴中专校、市技工学校和市供销职业技术学校,共有教职工470人,在校生4826人,其中2016年招生2151人。毕业生中职双证、高职高级工通过率分别达98%、90%以上,就业率达97.3%以上。在泰州市政府中等职业教育考核中获一等奖。全市职业学校师生在江苏省技能大赛中获得3个一等奖、4个二等奖、15个三等奖;在省教学大赛中获1个一等奖、2个三等奖;在省创新大赛中获二等奖1个、三等奖6个。全市职业学校共招生2151人,其中应届生 1945 人。开展职业技能培训,年累计培训超过 1 万人次。

【省现代化示范性职业学校创建】 2016 年,泰兴市将泰兴中专校创建省现代化示范性职业学校列入市委市政府民生十大工程三年行动计划 (2017-2019 年),年内新增省中等职业教育现代化专业群 1 个 (数控技术应用),省高水平示范性实训基地 3 个(建筑、数控、机电)。经省教育厅批准,省泰兴中专校与泰州学院和南京理工大学泰州科技学院联办中职本科 “3+4”3 个专业(数控、建筑、精细化工),共招收新生 80 人。

【对口单招蝉联泰州第一】 2016 年,泰兴市建立技能教学质量抽测、技能教学教考分离、技能教学视导等制度,完善考核目标,优化工作举措,全市 620 名考生参加对口单招考试,144 人进入本科分数线,本科进线人数蝉联泰州第一。

· 成人教育与民办教育 ·

【概况】 截至 2016 年底,全市共有省标准化社区学院 1 所、省标准化乡镇(街道)社区教育中心 13 个、泰州市标准化乡镇(街道)社区教育中心 3 个、省标准化村(居)民学校 111 个。民办教育机构共 37 个,其中,民办学校 19 所(高中 3 所、九年一贯制学校 1 所、幼儿园 9 所)、民办非学历教育机构 18 个。

【社区教育创建】 2016 年,泰兴市投入 44 万元推进省标准化区教育中心、村(居)民学校建设,新增图书 1600 测册、电脑 32 台,张桥、分界 2 个镇创成省级标准化乡镇社区教育中心,24 个村(居)创建成省标准化村(居)民学校,顺利通过省社区教育示范区验收。

【成人教育培训】 2016 年,全市各乡镇(街道)通过集中培训、上门指导、举办讲座、网上学习、召开现场会等途径加强成人继续教育工作。从业人员继续教育年参与率达 62.59%,城镇、农村居民参加社区教育活动年参与率分别达 62.7%、47.8%, 老年人继续教育活动年参与率达 22.64%。

体　　育

【概况】 2016 年,泰兴市体育综合工作全省考核名列苏中第二、全省排名第 13 位。全年举办各级各类群众性体育赛事和健身展示活动 100 余次, 全市有体育社团 34 个,民办非俱乐部 15 个,其中,AAAA 级体育社团 2 个、AAA 级 6 个,AAA 级民非俱乐部 3 个。乡镇(街道)基层体育组织 80 个。是年共培训、申报国家级社会体育指导员 12 人,一级 85 人,二级 525 人,三级 500 人以上,每万人拥有社会体育指导员人数达 40 人。全年投入资金近 400 万元,建设乡镇多功能运动场 6 个,新增健身路径 127 套,支持村(居)建成综合性文体服务中心,配发乒乓球桌 60 张,篮球架 70 付,实现行政村体育设施全覆盖;建成集体质监测、健康体检和运动康复为一体的体质监测中心,全年完成 3200 人国民体质监测指标。是年,泰兴市运动员参加全国各项比赛获金牌 16 枚,银牌 7 枚,铜牌 2 枚;参加省级各项比赛获金牌 15 枚,银牌 13 枚,铜牌 6 枚;参加省县组田径比赛成绩优异, 成功进入甲级队行列。全年体育彩票销售总额 1.3939 亿元, 销量增幅为 2.39%, 全省排名 23 位,比 2015 年前进 1 位。

【全国跳绳联赛泰兴站】 5 月 14 日,2015—2016 年全国跳绳联赛泰兴站比赛在市体育中心举行, 比赛由国家体育总局社体中心、江苏省体育局、中国大学生体育协会、中国中学生体育协会主办,全国跳绳运动推广中心、江苏省社体中心、泰兴市人民政府承办,市体育局协办。来自江苏、北京、上海、山东、重庆、河南等地的 600 多名跳绳选手参加比赛。总局社体中心副主任刘北剑、泰州市体育局局长陈学东、泰兴市副市长张健羽、总局社体中心五部副主任魏勇、全国跳绳运动推广中心执行秘书长蔡颖敏、江苏省社体中心副主任张晃新等出席赛事活动。

【2016 年中国乒乓球女子超级联赛】 2016 年中国乒乓球俱乐部超级联赛在泰兴市体育中心举行。该项赛事是由中国乒乓球协会主办, 泰州市体育局和泰兴市体育局承办, 泰兴球迷在家门口欣赏高水平的体育赛事。比赛由八一京博控股俱乐部主场迎战山东齐鲁交通俱乐部。经过紧张激烈角逐,八一队最终以 0∶3 负于山东齐鲁交通。

【2016 年江苏省青少年柔道锦标赛】 7 月 12—15 日,由江苏省文明办、省体育局、省教育厅、共青团江苏省委、省妇女联合会、省发展体育基金会主办,泰兴市人民政府承办的 2016 年江苏省青少年柔道锦标赛在市体育中心举办。本次比赛共有来自无锡、苏州、宿迁、盐城、镇江、南通、淮安等全省 13 支代表队参赛。裁判、领队、教练、工作人员等约 580 人参加比赛。

文化·新闻·卫生

■编辑 凌长富

文 化

· 文学艺术 ·

【概况】 年内,《银杏花又开》获省“五星工程奖”“五个一工程奖”,大型话剧《传家宝》首演获得成功。是年,泰兴市共新创80多个文艺节目,数量和质量为历年之最,其中情景表演《蝶恋花》、歌舞《银杏花儿开》、音诗画《永久的传承》获“中国梦·泰州美”泰州市首届群众文化艺术节优秀节目奖,歌曲《望江南》、小品《香椿芽》、音乐情景剧《情洒公交》获优秀作品奖。舞蹈《奶奶的木偶戏》、歌舞《银杏花儿开》入围省第十二届五星工程奖舞蹈类及音乐类决赛,《奶奶的木偶戏》获舞蹈类铜奖,《银杏花儿开》获优秀演出奖。

· 新闻出版 ·

【概况】 年内,市文广新局开展“清源2016”“秋风2016”“净网2016”“护苗2016”等专项行动。对全市53家印刷厂分别检查一次以上,对襟江小学、中心小学、济川中学、济川实验初中等学校周边书店进行重点检查,共查处2家无证经营点。开展优秀阅读项目、优秀民间阅读组织、优秀阅读推广人、书香企业、书香机关、书香校园、书香之家、书香社区(村)、星级农家书屋(社区图书室)、书香之乡(镇)等推荐评比活动。举办读书节暨2016年书香泰兴建设启动仪式,组织全市6万名学生参观朱东润先生故居,开展东润杯读书征文活动,收到征文数量1000篇以上。开展为期45天的“绿书签行动”系列宣传活动。

· 文博图书 ·

【概况】 年内,泰兴市新建黄桥战役纪念地、新图书馆和非遗展示馆。文化馆、图书馆、新四军黄桥战役纪念馆、独支纪念馆、朱东润故居、影视娱乐城实施改造提升工程,观道博物馆新馆在银杏节期间建成对外开放。全市有11个市级公共文化场馆,数量在全省县级市中名列前茅。市文化博览中心被评为“江苏省科普教育示范基地”。农家书屋实现“总分馆”“一卡通”全覆盖。市文化博览中心接待来自全国各地的嘉宾团队350批次近136万人次,散客自由行达60万人次。巩固提升省农家书屋提升工程示范市创建成果,三星级以上农家书屋达到全市总数20%,市图书馆获省第七届公共图书馆优秀服务成果一等奖。

· 新华书店 ·

【概况】 2016年,泰兴新华书店营业收入同比增长4.5%,利润同比增长2.6%,超额完成“凤凰传媒”股份公司预算指标。教材教辅发行连续38年做到“课前到书,人手一册”,生均供应水平排名全省县市级子公司第5位。一般图书发行,全店门店经营同比增长4%。济川路店(中心店)图书零售同比增长6.93%,门市经营提档升级,新增精品超市、儿童桌椅、9D虚拟现实体验等项目。年内,济川中心店及黄桥、虹桥、宣堡门店分别通过公司“三星级门店”“农家书店示范店”检查验收。

【天猫泰兴新华书店创办】 8月6日,泰兴新华书店在“天猫网”创办“泰兴新华书店图书专营店”,至年底,净成交额10万元,在全省子公司新开设网店中名列前茅。

【校园人文行】 4月25日,市新华书店特邀南师大文学院教授、博士生导师何永康到市实验初中举办写作报告会。会后,该校征订作文图书1000多册。11月10—11日,市新华书店特邀儿童文学作家秦文君到济川小学、泰师附小和黄桥中小举办读书报告会。3场报告会现场签售图书3000多册,创“校园人文行”活动新高。

【农家书屋】 2016年,市新华书店为黄桥镇、河失镇、分界镇、横垛镇、元竹镇、珊瑚镇、新街镇、姚王镇、古溪镇、广陵镇、张桥镇、宣堡镇、根思乡等13个乡镇“农家书屋”(图书馆、室)配送社科、文艺、科技、少儿、生活百科等各大门类图书800多册。

【公益捐赠】 年内,市新华书店累计捐助(减免)全市城乡学校贫困学生各类学习用书价值50万元以上。其中,向市聋儿语训康复中心捐款2000元,向拉萨江苏实验中学赠书1000册,向市矛盾调解中心赠书200册,向贵州毕节山区贫困儿童捐助寒衣200多件。

·电　影·

【概况】 年内,市电影院全年共接待各类重要会议23场、大型演出活动13场。组织开展送电影进校园活动,全年共进校园放映70场。组织由宣传部牵头的爱国主义优秀电影进校园、观后感征文活动;组织由省体育局部署的千场体育电影进农村活动。和猫眼电影、微票、淘票票等6家网络平台签订购票协议,观众可足不出户,随时打开手机选座订票,自助取票,进场观看,网络售票额占总票房80%以上。开办会员卡充值优惠购票业务;与邮政储蓄银行合作,刷卡购票享受折扣优惠;与电信公司合作,通过天翼院线通电子售票系统购票享受5折优惠;与“美团网”合作,实行网上订票优惠结算业务;与汇银家电连锁公司签订联盟合作协议;与“时光网”合作,授权在其所属网站发布影城影讯。全市拥有城市影院6家,2016年票房收入1600多万元。全市拥有农村电影放映队23个,全年送电影下乡4000多场。

·戏　剧·

【概况】 市歌剧团全年共接待各类会议、演出50多场,创收20多万元。年内,完成泰州、泰兴文化惠民演出279场演出任务,配合完成庆祝建党95周年文艺汇演、“六五”普法总结表彰表彰暨“七五”普法启动仪式等机关部门的专题演出任务。原创话剧《传家宝》完成初排,在城区公演3场,创收40多万元。音乐情景剧《盲》参加省残联文艺汇演获得二等奖,打鼓说唱《特殊天使》参加泰州建市20周年群众文艺汇演获得一等奖。

·文化市场·

【概况】 2016年,市文广新局共受理、办结行政许可(审批)和完成年检事项250余家(次),办结率100%。组织文化市场“双随机”抽查16次,检查各类场所48家次。执法大队共出动执法车辆160多车次、执法人员800多人次,检查文化市场经营场所440多家次。全年立案查处违法违规经营案件24件,结案率100%。

·文化产业·

【概况】 年内,泰兴市召开文化产业工作推进会,加大文化产业统计考核力度。黄桥乐器文化产业园被评为省级文化产业示范园区,10多个文化项目落户泰兴。全市拥有国家级文化出口重点企业2个,省级重点文化科技企业2个。全市拥有文化及相关产业法人单位737家,其中,文化企业总产值或营业收入超5000万元20家,超亿元12家,超10亿元以上规模1家,2016年新增规上(限上)文化企业25家。2个文化产业项目获得省文化产业引导资金240万元。文化企业吸纳就业人数1.3万多人。

·群众文化·

【概况】 年内,市委、市政府制定出台《泰兴市文化惠民券实施方案》,设立300万元专项资金。组织专业团体和业余团队深入农村、社区,全年演出365场。第八届中国(泰兴)银杏节期间,组织开展5个活动赛事、6个专场演出、5个专题展览、“三百文化惠民活动”4个“文化套餐”。其中,唱响泰兴——“好声音”声乐大赛、舞动泰兴——“舞林大会”舞蹈大赛、奏响泰兴——“和谐乐章”器乐大赛、书香泰兴——“全民阅读”系列活动,最美泰兴——“家乡美”手机拍客大赛有声有色,吸引群众广泛参与。全年建成80个村(社区)综合文化服务中心,至2016年底,全市累计建成108家。全年送戏下乡537场,送书2.5万册,送电影3814场,送展览16场。

·非物质文化遗产·

【概况】 年内,市文广新局组织姜堰面塑、兴化糖塑、口岸虎头鞋、黄桥烧饼制作技艺、泰兴砖雕等12个项目开展现场展览展销活动。泰兴杖头木偶戏数字技艺工程被省文化厅列为全省第二批试点项目之一。开展“泰兴说唱”“泰兴硬木雕刻”民间艺人普查工作。

(肖宏君)

新 闻

·广播电视·

【概况】 年内,市广播电视台围绕“聚力创新快转型、聚焦富民奔小康、争当苏中排头兵”开设专题专栏48个,策划连续系列报道及新闻行动50次。加强《泰兴新闻》《直播泰兴》《银杏彩虹》《泰兴人》《泰兴警方》《小小银杏花》《行风热线》等品牌栏目建设。围绕泰州市委工作会议和“十三五”开局之年、创建全国生态市、国家双拥模范市等市委市政府中心工作,制作宣传片20部。中央电视台用稿(片)11条,中央广播电台用稿8篇,《江苏卫视》用稿48篇,泰州电视台用稿800多篇,对外宣传保持苏中地区领先位置。构建“声屏网报”四位一体运行机制,在党委政府、部门单位与群众之间架设联系沟通桥梁。“智慧泰兴”APP注册用户突破20万,公共信息联播网终端在全市布点100个。

(陈庆国)

·《泰兴日报》·

【概况】 2016年,《泰兴日报》策划开设《聚力创新快转型、聚焦富民奔小康、争当苏中排头兵》《提振干事创业精气神、再创泰兴发展黄金期》《学习贯彻十八届六中全会精神》《好记者讲好故事》等30多个主题栏目,运用现场特写、通讯、图片等报道全市各条战线取得的成绩。出版市第十三次党代会、第八届中国(泰兴)银杏节等专刊、特刊,得到市负责人肯定。全年出版报纸296期,自采文字图片7000多篇(幅)。全年在《泰州日报》以上媒体用稿182篇,其中《人民日报》1篇,《新华日报》35篇。在全省县市新闻中心好新闻评比中,10篇作品获奖,其中一等奖1篇,二等奖3篇,三等奖4篇,好标题、好版面各1个。

(常 斌)

·泰兴网·

【概况】 2016年,泰兴网坚持内容为王,适应碎片化阅读,做最快捷、接地气的新闻资讯。加强网上舆论引导,通过设置议题、主动发声,掌握话语权,用正能量滋养网络空间。以体制机制改革为突破,坚持统筹协调、创新发展、一体化发展,实现各种媒介资源、生产要素的有效整合,实现信息内容、技术应用、平台终端、人才队伍的共享融通,充分运用新技术新应用创新传播方式,占领信息传播制高点,掌握网络空间话语权,巩固宣传思想文化阵地,提高广电主流媒体的传播力、公信力、影响力和舆论引导能力。泰兴网有泰兴新闻、聚焦泰兴、政务、经济、城建、法治、广电快讯、供求信息等数10个栏目。年内先后开展“‘善行无迹’系列公益广告”“江苏抗日根据地共产党人”“梦娃系列动画视频展示”“图说我们的价值观”“江苏治国理政新实践”“纪念红军长征胜利80周年专题”“这三年”“两会”“中国泰兴银杏科技节”等专题专栏。是年,泰兴网发布信息1.87万条,浏览量485.41万人次。全年组织多场活动,包括泰兴市市级机关部门“优质服务科室”“优质服务标兵”“优质服务品牌”评选活动,新城吾悦广场摄影大赛评活动,“关爱儿童从齿开始”大型义诊活动等。

(祝朝晖)

卫 生

【概况】 2016年,泰兴市调整成立以市委、市政府主要负责人为组长的市深化医药卫生体制改革工作领导小组,组建以市政府主要负责人为主任的公立医院管理委员会。市人民医院新区分院建成即将投入使用,启动新中医院和妇幼保健院建设工作,推进市二院新院建设。整合市妇保所和计生指导中心,以蒋华、七圩、新市三家卫生院为基础组建市第四人民医院,实现一体化运行,委托市人民医院管理。实施第一轮建制镇卫生院改造建设项目,制定全市191家村卫生室标准化改造三年工作方案。是年,完成50家村卫生室提升工程建设目标。引导社会资本投资康复、疗养、老年护理等紧缺服务,新批准设置民营医疗机构47家。推进分级诊疗体系建设,在珊瑚、常周卫生院,燕头社区卫生服务中心开展高血压、糖尿病签约服务试点,开展以市二院为核心的东部医联体建设,依托市人民医院完成临床检验中心、病理分析中心、影像诊断中心、远程诊疗中心建设,为分级诊疗提供技术支持。推进医养融合发展,5家非建制镇卫生院完成融合转型,创办4个护理院和3个以康复护理为主的综合医院,在6家养老院和1家社会福利院设置医务室。将人口健康信息化平台建设纳入政府为民办十件实事工程,市域内实现卫生计生信息互联互通。是年,泰兴市建成省妇幼健康优质服务示范市、省卫生应急示范市、省农村改厕示范市,实现国家级卫生镇、省级临床重点专科零突破。市人民医院通过三级乙等综合医院复审。

【疾病预防控制】 2016年,全市共报告4起突发公共卫生事件,均属一般事件。急性传染病总体呈较低发病水平,未发生甲类传染病和重大传染病暴发疫情,传染病网络直报覆盖率100%。完成江滩查螺和内陆查螺工作,调查面积1500万平方米,未查到钉螺,接受省、泰州市血吸虫病消除评估。组织开展高血压、糖尿病、肿瘤等重点慢性病社区健康教育,建立196个慢性病自我管理小组,覆盖55.21%的社区。推进基本公共卫生均等化服务,35岁以上首诊测血压率95.86%,规范管理率86.81%,2型糖尿病患者规范管理率87.05%。居民健康档案建档率98%,动态管理率93.25%,65岁以上老年人建档率100%。重性精神疾病患者规范管理率51.97%。完成22家作业场所职业危害因素监测工作,合格率100.0%。完成全市15个乡镇农村生活饮用水丰水期和枯水期监测,监测11家二次供水单位。开展科技重大专项工作,完成医改重大专项食管癌/贲门癌早诊早治项目任务,重组金黄色葡萄球菌疫苗(大肠杆菌)Ia期临床试验项目通过国家一次性临床试验基地验收。在3个乡镇开展新人群健康状况调查10001例,开展食管癌胃癌病例对照调查1504人。《肠道病毒71型(EV71)灭活疫苗免疫策略研究》获江苏医学科技一等奖。《泰兴城乡高血压流行状况及防治策略研究》获泰兴市科技进步二等奖。

【医政医管】 2016年,市人民医院妇科建成省重点专科,市中医院针灸推拿科建成省级中医临床重点专科,实现泰兴省级重点专科双突破。市人民医院普通外科获评省重点专科建设单位。市人民医院肾内科、妇产科建成泰州市级重点学科,麻醉科、消化内科、神经外科、感染科、血液科等5个科室建成泰州市级临床重点专科。全年市卫计委组织下派47名医护人员对口支援,对170名乡村医生进行实用技能培训。推进预约诊疗,加强临床路径管理。对全市29家卫生院、4家社区卫生服务中心医疗质量控制进行检查督导,开展门诊、住院病历、处方质量检查,实现各级各类医疗机构质量和安全监管全覆盖。依法查处违法违规行为,注销诊疗科目17项,查处超范围诊疗活动4家。严格医师和护理队伍管理,追究2起医师医疗事故责任,1名医师因违反医疗规范被暂停执业6个月。

【基层卫生】 2016年,泰兴市健全三级公共卫生服务体系,基本公共卫生服务经费标准提高到50元·人·年,落实12大类45项基本公共卫生服务项目。开展“群众满意的乡镇卫生院”建设活动,珊瑚、常周和横垛卫生院通过省、国家验收。马甸卫生院建成省示范乡镇卫生院,曲霞镇镇西村和戴窑村、河失镇司马村、滨江镇苏垈村卫生室建成省示范村卫生室。实施7大类重大公共卫生服务项目,对贫困白内障患者、老年人等人群重大疾病进行免费干预治疗或给予补助,农村孕产妇住院分娩率100%,免费提供预防艾滋病、梅毒和乙肝母婴传播综合干预服务。适龄儿童免疫规划疫苗接种率保持在98%以上。高血压、糖尿病患者规范管理率分别为82.79%和88.46%,在册严重精神障碍患者规范化管理率97.77%。

【妇幼健康服务】 2016年,泰兴市孕产妇住院分娩率、住院分娩补助落实率、妇幼保健机构健全率和托幼机构卫生保健合格率100%。孕产妇系统管理和保健管理、0-6月婴儿纯母乳喂养、婴儿死亡、7岁以下儿童保健管理、新生儿听力筛查、出生缺陷发生、免费孕前优生健康检查目标人群覆盖及避孕药具不良反应/不良事件监测等全部达到或超过省定标准,建成全省妇幼健康优质服务示范市。

【中医药管理】 2016年,泰兴市完成“中医药基层服务能力提升工程”省终期评估准备工作。开展基层在职在岗中医药人员学历教育和继续教育,组织村卫室与社区卫生服务站医生开展系统理论与实践培训。推广中医适宜技术,完善市中医院“基层中医药适宜技术推广基地”建设,遴选省、市基层适宜技术项目18项,举办市级培训班2期,举办中成药、中药注射剂临床应用、中医病历及处方书写培训班、中医公共卫生项目培训班各1期,培训中医骨干152人次。开展基层医生中医基础知识和技能培训,培训乡村医生222人次。

【卫生应急】 2016年,泰兴市实施省突发中毒事件卫生应急资源调查及服务网络模式试点工作,搜集毒源信息2000多条,形成《泰兴市突发性中毒事件风险评估报告》并对外发布。是年,泰兴市投入300多万元建成突发事件卫生应急指挥中心,加强紧急医学救援基地日常管理和内涵建设,提升突发事件紧急医学救援的实战能力和水平，建成省卫生应急示范市。

【爱国卫生】 2016年，泰兴市爱卫会制定下发《泰兴市2016年爱国卫生工作意见》，健全三级爱国卫生组织网络。虹桥镇建成国家卫生镇，珊瑚镇建成省卫生镇。全年建成8个省级卫生村和8个泰州市级卫生村。截至年底，全市有6个省级卫生镇，64个省级卫生村，4个泰州市级卫生镇，59个泰州市级卫生村。启动健康城市建设，制定印发《泰兴市建设健康城市工作实施方案》。虹桥镇、五里墩社区分别启动健康乡镇、社区建设。强化健康教育宣传，开展健康巡讲活动155场次。加大控烟督查力度，完善控烟措施，42家公共场所单位建成控烟示范单位。强化改厕项目管理，完成改厕5070座，无害化卫生户厕普及率89.07%，建成省农村改厕示范市。开展季节性病媒生物防治活动，病媒生物密度控制在国家规定标准以内。

【卫生行政执法】 2016年，泰兴市完成各类卫生许可事项2940件，发放公共场所卫生许可证584件，发放及校验放射诊疗许可证21件，新批准设置医疗机构30家。市卫计委严格市场准入和监管，全年8家医疗机构因限期整改后仍达不到开展助产技术服务标准被勒令停止执业。完成156名符合免试条件人员的资格确认工作和100名申请“母婴技术合格证”人员的实践技能考试工作。严格执行住院分娩实名制，与市公安局联合制发《关于印发泰兴市〈出生医学证明〉管理办法的通知》。严格托幼机构卫生监管，53所幼儿园达到相应级别的卫生保健合格标准（其中省优40所，市优7所，合格园6所），托幼机构卫生保健合格率100%。严格医疗服务监督，医疗机构日常监督检查383家，对138家基层医疗机构开展量化分级检查评级工作。查处非法行医38件，罚没款50多万元。

立夏吃蛋百病消散(一)

清明过后一个月就到了立夏，立夏就是夏天的开始。春去夏来，天气日渐暖热，万物生机勃勃，大自然一片绚丽风光。过冬的作物已成熟待收，新鲜的园蔬也采撷登盘了。大白菜、芥菜、黄瓜、莴苣、白笋、面筋、咸鸭蛋等，还有青蚕豆、青豌豆，也在这天尝新，条件许可的人家还要买鲥鱼，这些都是主要的应时鲜品。

立夏之日，民间有称体重的习俗。农家把大秤悬于堂前屋梁上，用绳索悬一竹椅于秤钩子上，人人都坐上去秤一秤，看看有多重，作为夏季前夕的体重记录，据说这样可以免除疾病，可防消肥增瘦。立夏有忌坐午槛(门槛)之俗，说这天如坐午槛，夏天里就会疲倦多病，精神萎靡不振，如不慎坐了，则需连坐七次，方可消灾。俗语云：“立夏十，当头勒。”是说立夏过了十天，麦子就成熟了，麦穗即可勒下来作“汁嫩”(嫩麦作成的食品)食用。在生活条件极差的时候，人们千方百计想着保重身体，准备过麦场，也是很有道理的。

立夏时日，正值皂角树蓬勃生长开花结实之际，妇女们赶在这天用皂角洗头，认为这样头发可保一年“不腻不垢”；同时，门上还悬上皂角，因其状若刀形，称为“悬刀”，相传可以吓跑鬼怪；做父母的同时还不会忘记叮嘱孩子，摘上几片带花的皂角树叶戴在头上，既防“疰夏”(夏日生病)，又可除秽避邪，另外还要在书本中夹上几片叶子，以防虫蛀书。如今泰兴皂角树上已经很少，过去各庄各堡还是蛮多的。其为落叶乔木，枝干上有硬刺，为人们挑螺螺肉子的主要“工具”。每逢立夏期间，树上开白色或淡黄色的小花，结荚果，形似硕大的扁豆。荚果、树皮、刺均可入药，有祛痰功能。皂角避邪镇妖的传说源于上古时黄帝战蚩尤的故事。黄帝战胜蚩尤，定国安邦，是立夏之日，又有赖于皂角树之力，故有了“立夏与皂角”的民俗相传，其实我觉得人们经过长期实践，认识了皂角的药理去污杀虫作用，而充分利用它，又不能从理论上来解释，就赋予了一些神秘色彩，似乎有点道理。肥皂、香皂、药皂的名称，想来是与皂角有关的。

“立夏吃蛋，百病消散。”这是泰兴的古话。每年立夏，家家户户都要煮鸡蛋、鸭蛋给小孩吃，源于何时，已不可考，不过这个习俗的来历，还有一个小小的故事。(未完待续)

（吕耕樵　吕晓文）

社会生活

■编辑　辛　仕

人民生活

【概况】　2016年,泰兴市城镇常住居民人均可支配收入36521元,增长8.1;农村常住居民人均可支配收入17842元,增长8.8%。城镇常住居民人均生活消费支出22891元,增长8.4;农村常住居民人均生活消费支出11935元,增长12.3%。　（黄继东）

民政工作

【城乡居民最低生活保障】　7月,泰兴市全面提高各类困难群体保障水平,实现与城乡居民收入同步增长。城市低保月保障标准由570元/人提高到590元/人,全年共保障1445人687.85万元;农村低保月保障标准由420元/人提高到480元/人,全年共保障16289人5294.87万元。

【农村五保供养】　2016年,泰兴市五保分散供养年保障标准由5800元/人·年提高到7380元/人·年,集中供养由7300元/人·年提高到8000元/人·年,全年共保障6634人4194万元。泰兴市在全省首创重度失能农村五保老人护理补贴政策,对为生活不能自理的重度失能五保对象提供护理服务的养老机构或护理人员发放800元/月护理补贴。

【普惠性社会福利】　2016年,市民政局制订《临时救助工作实施细则》,明确临时救助资金筹集来源和标准,并列入市、镇两级财政预算。在全省率先出台《困境儿童分类保障实施意见》,投入450万元对5大类19种类别的困境儿童分类施保。开展“携手花蕾·温情有我”孤儿慰问活动,1168名困境儿童及1742名留守儿童现状录入未成年人社会保护信息系统。全市132名孤儿的集中和散居补助标准分别提高至每人每月1900元和1350元,城市“三无老人”(城镇居民中无劳动能力、无生活来源、无赡养人和扶养人,或者其赡养人和扶养人确无赡养或扶养能力的60周岁及以上老年人)集中和散居补助标准分别提高至每人每月1745元和1370元,全年共支出283.73万元。发放困难群众节日慰问费245.55万元。对全市42863名80周岁以上高龄老人发放尊老金2919.5万元。新增彩票销售点22个,福彩销售全年销量达1.55亿元,同比增长14.6%。

【防灾减灾】　5月,泰兴市开展“5·12”防灾减灾日宣传活动,开设防灾减灾知识专栏,发送公益短信4万余条。投入142.53万元实施“佑护万家”自然灾害惠民保险,全年共理赔239例55.3万元。下拨救灾资金155.8万元。滨江镇仁寿村创成全国综合减灾示范社区。

【流浪乞讨人员救助管理】　2016年,泰兴市共实施救助流浪乞讨人员397人次,其中未成年人97人次,疑似精神病人90人次,110护送来站78人次,街头主动救助服务54人次;查无下落流浪滞留人员35人。

【困难群众医疗救助】 2016年,市民政局开展重性精神病患者和尿毒症、白血病患者专项救助活动,共发放资金205.85万元。全年医疗救助6.91万人次2656.6万元。

【双拥工作】 2016年,泰兴市各乡镇(街道)和民政部门在元旦、春节、八一期间走访慰问现役官兵家属、烈军属、残疾军人、在乡老复员军人、带病回乡退伍军人和军队离退休干部300多人,赠送慰问金、慰问品累计350多万元。

1月27日,张爱平一行看望抗日战争时期伤残军人端高生 (蒋 凯)

【退役士兵安置】 年内,泰兴市共接收退役士兵(士官)545名,其中,经省集中交接、服现役满12年的退役士官、选择政府安排工作的4名,2人得到岗位安置。集中发放12年以下退役士兵一次性经济补助金2300多万元,自主就业率达99%。退役士兵免费职业技能培训参训率达99.4%,双证获取率达95%以上。

【优待抚恤工作】 年内,泰兴市调整原在乡残疾军人、"三属"抚恤金标准,1~4级残疾军人护理费标准,在乡复员军人、带病回乡退伍军人、"两参"(参战参试部队)退役人员定期生活补助标准,发放义务兵家庭优待金和大学生奖励金共计2087.3万元。在全省率先提高在乡老复员军人、残疾军人的立功荣誉金标准,一、二、三等功分别由原来的每人每月50元、40元、30元提高至每人每月300元、200元、100元。"八一"期间,泰兴市先后开展优抚对象立功荣誉金发放和在乡老复原军人"光荣车"发放等系列活动。

【社会组织登记管理】 年内,市民政局共登记社团22家、民办非30家,基金会1家,全市社会组织注册登记总数达到389家。全年评定AAAA级社会组织1家,AA级2家,全市获AAA级以上等级的社会组织17家。年检社团143家,民办非141家。

【殡葬改革】 2016年,泰兴市火化遗体9764具,累计减免殡葬服务费近777.8万元,全年火化率保持100%。全市建成镇村两级公益性公墓公墓138座。开展联合执法行动,依法取缔非法经营性公墓4座、棺木制作窝点50多个。完成总投资1500万元的泰兴殡仪服务中心主体工程建设。新建农村公益性公墓55处,基本实现镇村全覆盖。启动"慈孝园"生态公墓一期工程建设,建成首批墓穴126座。

【专项社会事务管理】 2016年,泰兴市规范婚姻登记收养工作,全年共办理结婚登记15286对,离婚登记2976对;依法办理收养登记15件。

【基层政权建设】 2016年,泰兴市大力推进"政社互动"和"三社联动",城乡社区"政社互动"覆盖率、一站式服务大厅设置率、网格化管理覆盖率和社区减负增效落实率明显提升。开展第十届村(居)委会换届选举工作,全市347个村(居)委会完成换届选举任务,选举参选率达98.6%,成功率达99%。

【社会工作人才队伍建设】 2016年,全市共810人参加全国社会工作者职业水平考试,216人获证,占泰州市考试通过总人数53.6%;并对获得初、中级证书人员分别给予1000、1500元奖励,共发放奖金21万余元。

【区划地名工作】 2016年,市民政局实施地名命名专家论证制度,对6个住宅小区、83个建筑物和22条道路、街巷进行命名。

【慈善事业】 2016年,市民政局实施"情暖江苏""慈善助学""贫困家庭儿童大病救助"等一批慈善项目,共支出468万元。全年接受慈善捐赠约400万元。

【社会化养老】 2016年,泰兴市新增养老床位315张,全市养老机构总床位达1.04万张,每千名老人拥有养老床位数达38.2张。市民政局制订发布《养老机构医养结合服务规范》,填补了泰州市医养结合服务标准空白。通过市场化运作的方式,吸引社会资本2亿元,规划建设市福利中心二期工程;九久乐、新竹等两家民办养老机构建成护理院。

【烈士褒扬工作】 2016年,市民政局完成杨根思烈士陵园内外部环境改造,接待各级党政机关2000多人次开展"两学一做"学习教育。启动杨村庙烈士祠修缮工程,打造园林式内部环境,推动"慰烈工程"提档升级。杨根思烈士陵园和市革命烈士纪念馆在清明节期间共接待凭吊祭扫近10万人次。 (常 庆)

人口与计划生育

【概况】 2016年,市计生委免费提供预防艾滋病、梅毒和乙肝母婴传播综合干预服务。稳妥实施全面两孩政策,优化生育服务登记,共办结生育服务登记1.01万例,办结再生育审批174例。落实计划生育奖励优惠政策,落实年满60周岁独生子女伤残、死亡特别扶助对象扶助金提标工作,完成年度持证退休企业职工和持证非从业居民一次性奖励金兑现工作。全市住院分娩率、住院分娩补助落实率、妇幼保健机构健全率和托幼机构卫生保健合格率均为100%,适龄儿童免疫规划疫苗接种率保持在98%以上。孕产妇系统管理和保健管理、0-6岁婴儿纯母乳喂养、婴儿死亡、7岁以下儿童保健管理、新生儿听力筛查、出生缺陷发生、免费孕前优生健康检查目标人群覆盖及避孕药具不良反应/不良事件监测等全部达到或超过省定标准,泰兴市创建为省妇幼健康优质服务示范市。

【生育登记】 2016年,全市实施全面两孩政策,优化生育服务登记,完善再生育审批服务制度,全年共办结生育服务登记10111例,办结再生育审批174例。落实计划生育奖励优惠政策,落实年满60周岁独生子女伤残、死亡特别扶助对象扶助金提标工作,完成年度持证退休企业职工和持证非从业居民一次性奖励金兑现工作,做好计划生育特殊困难家庭扶助工作。

民族宗教工作

【概况】 至2016年底,全市有依法登记的佛教寺院9个,道教宫观5个,基督教堂点33个。全市有基督教信徒近1.2万人。

【宗教活动场所建设】 2016年,市民宗局对《泰兴市宗教活动场所布局规划》作进一步修改完善,面向社会公示。支持庆云禅寺实施硬件改造和软件建设,12月通过省旅游部门创建国家AAA级旅游景区验收。启动泰兴基督教教堂异地扩建。组织宗教界参与省星级宗教活动场所创建活动。至年底,全市11家宗教活动场所通过星级考核认定,其中四星级场所1家、三星级场所4家、二星级场所6家。

【民族团结进步宣传周】 2016年,市民宗局开展“民族团结进步宣传周”活动,在《泰兴日报》上开设专版,在“泰兴生活”微信公众平台上,发布民族政策法规以及事关少数民族切身利益的办事流程等内容。将宣传内容编辑成网络段子,增强可读性、趣味性,在评论区与网友互动交流,回答网友提问。

【民族政策落实】 2016年,泰兴市共有96名中、高考少数民族考生通过身份认定;组织全市16个乡镇(街道)民宗助理开展农村少数民族贫困家庭建档立卡工作。将拟享受清真食品补贴的148人名单上网公示,将补贴款打入补贴对象“一卡通”账户。

【宗教慈善活动】 2016年,庆云慈善功德会春节前走访慰问全市98户贫困家庭,发放救助金10万元,及价值1万多元的棉被、食用油等年货;举办新年慈善团拜会,邀请慈善会会员代表、孤寡老人、贫困学子共300多人,聚餐座谈,辞旧迎新;向100名品学兼优的贫困学生发放20万元奖学金。庆云知味坊素食馆每天给环卫工人和80岁以上老人送出20份爱心餐。市基督教爱心工作站春节前慰问走访76户贫困家庭,发放慰问金和部分生活用品。盐城阜宁发生龙卷风灾害,全市宗教团体捐款2万元送往灾区。

【宗教政策法规学习月】 6月,市民宗局支持宗教团体和宗教活动场所开展宗教政策法规学习宣传。各宗教团体进行宣传动员、组织学习培训,开展专题研讨和对照检查,解决实际问题。市基督教三自爱国会举办宗教政策法规培训班,邀请泰州市民宗局政法处负责人作宗教政策法规专题讲座,市佛教协会、市道教协会安排学习宣传活动。学习月活动期间,市民宗局、市公安局在济川街道、曲霞镇开展反邪教宣传教育活动。

【宗教事务管理】 2016年,市民宗局聘请律园律师事务所律师担任3大宗教团体及7家重点宗教活动场所的法律顾问,为宗教界提供法律咨询、依法维权等服务。会同济川街道处理南郊基督教活动点拆迁安置问题,会同滨江镇做好禹王庙拆迁安置工作。支持宗教团体依法办理广陵镇“玉皇宫”和元竹镇丁庄基督教聚会点筹备设立手续。

【宗教场所档案室星级评定】 3月22日,市民宗局联合市史志档案办公室举办宗教档案工作培训班,各宗教团体和宗教活动场所负责人、团体和场所档案管理员94人参加培训。11月,庆云禅寺、泰兴基督教堂等9家宗教活动场所档案室通过省星级档案室评定。至年底,全市有17家宗教活动场所通过省星级档案验收,其中三星级档案室9家,二星级档案室8家。

(孔晓梅)

人力资源管理

【概况】 2016年,泰兴市面向社会公开招录126名公务员(其中市级机关60名,乡镇公务员56名,参照管理事业单位工作人员10名)。面向社会公开招聘录用人民警察23名;聘用事业单位工作人员249名。根据人事调配管理政策法规和办事程序,市人社局办理119人调动手续(调入本市15人、调出本市77人、市内调动27人)、178人系统内流动手续和268人划转手续;完成20名军转干部(其中1名团职干部)和1名随调家属的安置、落户工作,组织17名军转干部参加岗前培训。全年共引进高层次人才383人,其中海外人才69人。新增专业技术人才3300人,新增高技能人才3215人。

2月15日,2016年新春大型招聘会 （卢 怡）

【公务员管理】 2016年,市人社局加大公务员队伍管理力度,加强公务员业务能力培训和政策法规培训,组织全市各级机关乡局级及以下公务员和参照公务员法管理单位工作人员,开展公务员网上培训、依法行政知识竞赛和优秀调研报告评选活动;继续实施"年轻公务员成长计划",围绕提升公务员业务能力和思想素质,开展理论培训和交流实践。全年,参加培养计划总人数达209人。

【事业单位岗位设置】 2016年,市人社局指导市部分机关及乡镇共3家事业单位完成岗位核准及人员聘用工作,共核准岗位34个,其中管理岗位10个、专业技术岗位20个、工勤技能岗位4个。重新核准部分市级机关及乡镇共30家事业单位岗位设置方案,重新核准岗位579个,其中管理岗位146个、专业技术岗位417个,工勤技能岗位16个。

【机关事业单位工资制度改革】 12月,市人社局召开在职人员工资标准调整和离休人员增加基本离休费专题会议,从2016年7月1日起,调整机关事业单位工作人员基本工资标准、增加机关事业单位离休人员离休费。调整乡镇(街道)、园区、部门、改制单位和其他人事代理等各类在职人员工资标准近2万人次,调整离休人员基本离休费200多人次,工资按期兑现到位。机关事业单位退休人员首次实现由社保经办机构调整增加养老金待遇。

【政产学研对接洽谈活动】 1月,市人社局组织南京林业大学轻工学院15名教授博士到农产品加工园区,与园区4家企业进行人才项目对接洽谈;3月,市人社局配合城区工业园,与中国航天系统科学与工程研究院组织开展泰兴军民结合产业合作项目座谈会,12家企业与其进行对接洽谈;组织千人计划专家、中国科学技术大学计算机学院执行院长李向阳与城东工业园、城区工业园进行项目对接;4月,市人社局组织城区工业园18家企业参加北京军民两用技术应用推进大会,与11家高校科研院所进行对接洽谈;8月,市人社局组织园区和企业参加"第八届中国(北京)高层次人才创新创业大会",与3名海外高层次人才达成合作意向。会同市委组织部先后组织中科院上海高等研究院、中航研究院、中北大学专家教授来泰开展考察交流和项目洽谈活动,与中北大学和中国航天系统科学与工程研究院签订校(院)地战略合作协议,与中科院上海高等研究院达成共建科研项目创业"天使基金"协议。

【"百名海外博士江苏行"泰兴洽谈会】 10月28日,"百名海外博士江苏行"活动连续第九年走进泰兴。来自10多个领域101名海外博士参与,共计带来96个项目,与78家园区及企业进行对接洽谈,成功达成初步合作意向41个,其中进行技术难题合作26个,开展技术、研发合作15个。

10月28日,张育林、刘志明一行现场了解项目洽谈情况 （蒋 凯）

【“三张券”助推高层次人才智汇泰兴】 3月,泰兴市出台《关于加快推进“人才强企”的政策意见的实施办法》,推出“创业券”“购房券”和“创新券”,从提供创业启动资金、鼓励科技创新、支持安家生活等多个方面,给高层次人才创新创业提供系列保障。全年共发放“创业券”1200万元,有134名“985”“211”高校本科毕业生及硕士以上高层次人才领取“购房券”共计772万元,129家企业领取5480万元“创新券”。

劳动就业和社会保障

【概况】 2016年,全市新增创业1.27万人,带动就业3.8万人,城镇新增就业1.71万人,净增就业1.43万人,新增农村劳动力转移6100人,失业人员再就业1.36万人,城镇登记失业率1.87%,就业形势总体稳定。企业职工养老、医疗、工伤、生育、失业保险参保人数分别达17.68万人、24.1万人、15.7万人、12.2万人、13.5万人;城乡居民养老保险参保25.06万人;城镇居民医疗保险参保7.07万人;新农合参保74.53万人;被征地农民参保4.94万人。各险种养老金按时足额发放率达100%。全市规模以上企业和已建工会企业劳动合同签订率均达100%。全年职业技能培训1.03万人,创业培训3537人。小额担保贷款2929万元,劳动密集型企业贷款2600万元,创建省级创业孵化示范基地1家和泰州市级创业孵化基地3家。开发高校毕业生就业见习岗位577个,困难高校毕业生征集覆盖面和援助就业率100%,主动监察用人单位796户,为职工特别是农民工讨要工资、加班费等共计3805万元。仲裁委“三方驻会”(工会、经信委、企业家协会)办公室建成率100%,劳动争议人民调解工作室组建运行率达100%,劳动争议“五位一体”调处机制运行率达100%,劳动、人事争议仲裁办案准确无错率达100%,各类劳动、人事争议案件全年结案率达100%。

【就业援助】 2016年,市人社局采取政策扶持、就业促进、创业带动、就业服务等手段,做好城镇零就业、农村零转移就业家庭,低保家庭和困难企业帮扶工作,加快农村劳动力转移就业。依托“就业援助驿站”、基层服务平台,发挥“15分钟公共就业服务圈”效能,与851名就业困难人员签订帮扶协议,让基层平台工作人员和劳动保障协理员成为贫困群体的一对一“帮扶义工”。

【大众创业扶持】 2016年,市委、市政府出台《关于做好形势下就业创业工作的实施意见》《泰兴市创业示范基地认定办法》《关于印发〈泰兴市建设创业型街道(乡镇)社区(村)和园区工作方案〉的通知》等文件。成功举办泰兴市第三届创业富民大赛,参加泰州市第四届创业富民大赛,3人被评为泰州市“十佳”创业标兵,1个创业项目被评为泰州市优秀创业项目。

创业青年无土栽培大棚 (吴 婷)

【校园引才活动】 2016年,市人社局组织企业去西安、重庆、山东、河北、安徽、南京等地30多所院校举办校园引才活动,累计吸引1800多名高校毕业生应聘。组织泰兴市32家重点企业到泰州参加高校毕业生就业专场招聘会,吸引600多名高校毕业生应聘。10月,在徐州举办“徐州院校泰兴专场校园招聘会”。与江苏师范大学和徐州工业职业技术学院签订“校地合作协议”,建立校园人才服务工作站。

【技能型人才培养】 2016年,市人社局动员所有民办培训学校和社会一切资源开展职业培训工作,重点在建筑业、船舶制造业、机械加工业、服装制作业和家政服务等市场需求量较大岗位开展培训。先后在扬子鑫福船厂、中兴公司、金江公司、天润公司等培训外来劳动力2300余人,培训鉴定焊工、砌筑工、钢筋工、木工、服装制作等工种农村劳动力共32批3200余人,通过日常社会化培训鉴定维修电工、车工、家政服务员等工种600多人。为博扬服装、汤臣亚克力、泰隆集团等10多家市重点骨干企业培训鉴定服装制作、有机合成工、焊工、数控车等工种技术工人5000多人,组织鉴定考核近40场次,2000余人取得初、中级工证书,2000多人获得高级工证书。

【创业六送进镇入村】 2016年,市人社局推行创业“六送”(送创业政策、送创业指导、送创业项目、送创业培训、送创业补助、送创业贷款)进镇入村活动。全年累计帮扶指导300余人。同时,为25名困难党员实施创业指导,发放创业帮扶资金7.5万元,发放城乡创业贷款贴息补助 11.8 万元，新增创业孵化基地补助 11 万元，房租补贴 12.37 万元。

【提高社保待遇】 2016 年，近 5 万名企业退休人员平均增资 163 元／月，平均养老金水平达 2030 元／月，同步对被征地农民社会保障待遇进行调整。城乡居民基础养老金从 105 元／月调高至 115 元／月。机关事业单位退休人员平均增资 270 元／月，平均养老金水平达 4129 元／月。职工医保政策范围内报销比例达 82%，大病医疗救助基金报销封顶线由 25 万元提高至 40 万元，扩大职工医保单病种结算范围，职工慢性病补助封顶线由 2400 元提高至三类病种的 8000 元。全年实施医保大病保险，职工医保、居民医保、新农合分别有 1905 人、102 人、2074 人享受大病保险救助，合计享受 2936 万元。

【基层服务平台建设】 2016 年，市人社局在全市各乡镇和合作银行设立 21 个社保卡服务网点，方便基层参保群众办理社保卡申领、挂失、密码修改等各项业务。全市有 320 个村(社区)实现“四个不出村”便民服务。

【城乡居民基本医疗保险制度】 2016 年，市政府制定《泰兴市城乡居民基本医疗保险实施办法》《泰兴市城乡居民基本医疗保险慢性病门诊补助办法》《泰兴市城镇职工、城乡居民基本医疗保险市外转诊管理办法》3 项文件，推动城镇居民医疗保险和新型农村合作医疗进一步整合。

【降低企业保险缴费费率】 2016 年，市人社局配合供给侧结构性改革，降低社会保险单位缴费费率。企业职工养老保险费率单位承担部分由 20%下降至 19%，生育保险费率单位承担部分由 1%降至 0.5%，工伤保险费率按照工伤保险行业风险类别，平均缴费费率单位承担部分由 1.35%降至 1.14%，失业保险费率单位承担部分由 1.5%降至 1%，4 项保险单位费率累计降低 2.21%。同时执行缴费基数下限不调增，维持在 2550 元，全年为全市企业减负人力成本近 6800 万元。

【社保卡综合服务大厅建成】 2016 年，市人社局新建社保卡综合服务大厅，实现社保卡业务“一厅式”服务。综合服务大厅约 400 平方米，设有人工业务办理区、自助服务区、等候休息区等 3 大功能区。4 家合作银行各派驻 1 名工作人员，负责各自社保卡金融功能激活、金融功能密码修改、正式挂失等业务。

【治理农民工工资拖欠问题】 2016 年，市人社局下发《关于加强建筑领域农民工工资管理的通知》，落实实名制管理、农民工工资单独列支、银行定期代发农民工工资等制度。在建筑劳动密集型行业各选树 1 家单位试点一卡通实名制管理模式。从 9 月开始在全市范围内开展农民工工资支付专项排查，每月召开工资支付推进督查会。加大清欠力度，确保欠薪案件及时妥善处置。全年移送公安部门涉嫌欠薪逃匿案件 4 起。

【三级调解网络组织】 2016 年，市劳动人事争议仲裁员在全市 16 个乡镇(街道)、339 个行政村、196 家企业件建立“劳动人事争议人民调解中心—劳动关系协调组织—企业劳动人事争议调解委员会”三级调解网络组织，完成全部基层调解组织更名工作，名称标牌、职责类标牌、调解文书格式由市仲裁委统一制作下发。7 月，市仲裁机构联合市总工会共同发文，对全市 100 人以上及骨干企业进行全面摸底，将企业调处劳动纠纷人员信息、案件信息等编辑汇总，装订成册。10 月中旬，省人社厅调解仲裁管理处处长曹炳泰到泰兴市调研，对仲裁工作给予高度评价。12 月 9 日，在苏州召开的江苏省劳动人事争议基层调解组织建设推进现场会上，市仲裁委作为全省唯一一位县级市仲裁委现场展示泰兴市基层调解组织建设情况。 (徐鑫赟)

立夏吃蛋百病消散(二)

据说早先天上有个凶恶的瘟神，平时爱睡懒觉，直至每年立夏他才醒过来，带着他的瘟神袋，溜到人间播疫作祟。凡是被他毒害的，轻则发热厌食，身疲肢软，重则日渐消瘦，一病不起，人们就称这病叫“疰(zhù)夏”。细伢儿抗病力弱，最容易“疰夏”。伢儿有病急煞娘，望着本来白白胖胖的儿女，一下子病得面黄肌瘦的，做娘的怎么不心疼呀！于是她们哭哭啼啼，到女娲娘娘庙烧香叩头，求娘娘消灾降福，保佑后代。女娲娘娘一听此事，就把瘟神找来说：“今后凡是我的嫡亲孩儿，决不准你去伤害他们。”瘟神知道娘娘法力无边，不敢跟她作对，说：“不知娘娘有几个嫡亲孩子在下界？”娘娘一笑说：“我的手翻一翻就是一个，你数好了。”说罢，双手翻动如飞，瘟神看得头发昏，眼发花，忙说：“娘娘别翻了，小神实在数不过来。”娘娘笑道：“这样吧，立夏这天，命我的孩儿在衣裳前挂一只蛋袋，你认准记号，千万不可胡来！”

第二年立夏那人，瘟神醒来，又急匆匆赶往下界，只见一个个孩童胸前都挂着蛋袋，不敢动手，里面放着煮熟的鸡蛋、鸭蛋。瘟神知道是女娲的孩子，哪敢作恶，只好走开。他走呀走呀，从早走到晚，见孩子们个个都有蛋袋，不敢动手，最后筋疲力尽，气呼呼地累死在路上。瘟神死后，孩子们把蛋都吃了。为了纪念女娲娘娘的大恩大德，以后每年立夏，家家户户都煮蛋给孩子们吃，这个风俗就一代一代传了下来。

(吕耕樵 吕晓文)

街道·镇乡概况

■编辑　翁元锋

黄　桥　镇

【概况】　黄桥建镇于北宋神宗元丰年间,是一座具有悠久历史的千年古镇和丰厚底蕴的文化名镇。该镇位于泰兴、如皋、海安、姜堰、靖江县(市)中心,南临珊瑚镇、广陵镇,西接河失镇、根思乡,北依新街镇、元竹镇,东与分界镇、古溪镇接壤,是苏中、苏北地区规模最大的城镇,区位优势明显,是“五县(市)通衢”的交通要冲,沟通苏南、苏北的重要门户,素有“北分淮倭、南接江潮”的水上框纽之称,334省道、229省道在镇区内交叉穿越,宁靖盐高速穿境而过,新(浙)长(兴)铁路在黄桥设有客货编组站,水陆交通十分便捷。全镇下辖1个省级经济开发区、2个国有场圃、55个村委会、10个居委会,总面积176平方千米,总人口23万人,其中城区面积36平方千米,城区人口15万人。该镇是国家建制镇示范试点镇、国家新型城镇化综合试点镇、江苏省经济发达镇行政管理体制改革试点镇、泰州市区域发展“重点小城市”,是泰兴市东部地区的经济、文化、商贸和交通中心,泰兴的“副中心”和小城市。该镇先后获得“中国历史文化名镇”“中国提琴产业之都”“全国文明镇”“国家级生态镇”“全国特色景观旅游名镇”“全国音乐教育联盟示范基地”等15个国家级称号。2016年,该镇实现地区生产总值75.85亿元,同比增长4.7%;实现工商税收7.12亿元,同比27.2%,比2013年翻了一番,实现“三年翻一番”目标。完成协议利用外资及港澳台资1.15亿美元、实际利用外资及港澳台资1225万美元、实现自营进出口7610万美元,同比分别增长984.9%、480.6%和30.3%。特色产业发展速度较快,现代装备制造、新能源新材料、乐器制造3大特色产业格局基本形成,国税开票分别达全镇的38%、26%和20%。

工业经济。2016年,该镇全部工业实现现价产值293.9亿元、销售288.9亿元、利税37.36亿元、利润21.07亿元,同比分别增长21.0%、21.3%、38.1%、36.9%;实现工业国税开票销售100.7亿元,同比增长27.1%;两税入库7.12亿元,同比增长26.9 %,高于全市平均增幅17个百分点,净增15112万元。

小城市建设。2016年,该镇瞄准“建设黄桥小城市,打造市域副中心”目标,以及市委市政府《城建会战三年行动计划》,完成城市建设总投入65亿元,实施各类重点工程150多项,拆迁总面积达12.5万平方米,新增高等级道路10.6千米,新增城市绿化面积56万平方米。编制完成《经济开发区总体规划》《黄桥小城市统筹发展规划》《黄桥镇新城拓展规划》《黄桥镇旅游总体规划》《镇村布局规划》。完成金溪路南延、致富路南延、永丰路南延、老姜八线扩建改造及其配套工程,启动北环路西延、金溪路北延,新建、改造花园桥、南坝桥、三柳桥、银杏桥、西华中沟桥等13座桥梁,改造污水收集管网14.6千米,建成供水、供气、供热管网22千米,城市路网全面贯通。启动新城基础教育的规划建设;完成市第二人民医院主体工程建设任务,实施内部装修;通过市场化运作,建成新城邻里中心;完成集贸市场建设改造,新建中心幼儿园,便民服务中心综合大楼主体封顶,保障性住房投入使用。恒富融科、兴隆福府、邻里人家、广和置业、裕元置业、恒润置业、恒源地产、双源地产、隆府福地等开发项目登场。是年,该镇申报实施耕地占补平衡项目20公顷,全部实施到位并通过市级验收；完成村庄建设用地布局试点项目112户26.67公顷实施任务，为全镇争得国有土地用地计划24公顷；全年报批国有土地用地26宗，供地率达96%;对14起违法违规案件追踪处理,退还耕地0.97公顷。整治城黄线、东进路、塔东路、纪念塔周边、十桥路、老姜八线等地段经营秩序;实施城乡生活垃圾一体化处置改造；开展新城楼宇亮化为代表的亮化景观工程,人工湖风景带建成开放。是年,该镇完成土地上市近40宗160公顷，实施拆迁480户12.5万平方米，建成金溪家园、吴韩安置区二、三、四期、余庄安置区和王韩安置区,累计安置动迁户550户,完成安置房建设18.6万平方米。

农业和农村工作。2016年,该镇农业利用“三资”2.7亿元,新增高效规模农业面积3300亩,粮食规模经营面积3.2万亩。新建改造电灌站45座,拆建、新建硬质衬渠120千米,新建各类排水涵闸89座;新建改造农桥31座,综合治理干河、中沟4条15.9千米,整治庄河、黑臭河道106条。30个村获得省财政一事一议以奖代补项目,获省财政奖补资金522万元,建设硬质道路29千米。新增大中型耕作机械74台、粮食烘干机11台、插秧机和植保机各10台,农业机械化率超过85%,机插秧技术推广面积6万多亩。该镇新增绿化造林面积800亩,新建公共绿化面积25万平方米,完善农田林网1.2万亩,新创省级森林生态示范村、绿化示范村3个,江苏省水美乡村1个。生活垃圾集中收集转运处理体系建成。完成49个村、776个村民小组确权登记颁证工作;创建泰州市示范家庭农场3个、星级示范合作社43个；农村产权交易项目343个，交易额6920万元,产权交易考核在全省乡镇排名第二。泰州市级机关、区镇企业、驻镇单位、机关局室结对帮扶34个经济薄弱村,38%的村集体经营性收入达35万元以上。年初建档立卡低收入农户3602户,5604人,脱贫1580户2427人,脱贫率达43%。

服务业。2016年,该镇签约红星欧丽洛雅家居家饰品广场项目,引进电商产业园项目。凯悦大酒店10月建成运营。佳源大酒店完成主体工程，进入装饰阶段。金融中心完成主体工程并签约4家金融企业入驻。黄桥客运中心完成基础工程。文江之星酒店完成装修运营。美宜家、苏浙广场等超市开业。小南湖木屋度假区完成一期八幢木屋建设。游客集散中心完成内部装饰对外开放。生态湖完成绿化及音乐喷泉的建设试开放。全年生产性服务业税收为2998万元,占全镇服务业税收5%。总量和占比连续呈上升趋势。全镇物流企业56家,连锁快递12家。物流业增加值2.75亿元,物流税2831.1万元,占服务业税收比重6%。工业设计、技术交易及评估咨询、规划设计、知识产权管理、质量技术监督等科技服务业完成增加值978.17万元,税收29万元。申报两家省级电子商务示范村,并成功申报省级电子商务示范镇,4家电子商务服务站,苏宁易购在黄桥设有门店、京东在黄桥设有配送中心。全镇电子商务销售额达2.4亿元。全镇有182家规模以上种植户和165个家庭农场，产生为农技术服务咨询和农机跨区作业、承包作业、机插秧服务、防病治虫、机具租赁和维修服务等专业组织。全镇从事农业技术服务从业人员达575人。是年,注册个体工商户978家,新增服务业限上企业7家,新增服务业规上企业5家,完成社会消费品零售总额2.8亿元,同比增长20%。举办第四届中国黄桥烧饼节，黄桥烧饼被授予“中华第一饼”称号。该镇创建成为泰州市现代服务业集聚区。黄桥镇获批为江苏省农村电子商务示范镇。黄桥现代综合物流园区获批为泰州市现代服务业集聚区。实现服务业增加值52.8亿元,同比增长22.8%;新开工1000万元以上项目18个,完成计划的150%,其中新开工亿元以上服务业项目5个,竣工亿元以上项目2个;服务业两税收入5.26亿元,完成物流税2831.1万元,新增服务业限上规上企业12个；完成服务业产业投资21.5亿元,完成计划的102%,同比增长37%。

旅游业。2016年,该镇投入2亿元建设新四军黄桥战役纪念馆新馆,完善室内布展工程及物业管理;何御史府完成主楼维修,设计庭院绿化,室内布展以展示黄桥民俗文化物品为主；永丰客栈完成土建和门厅建设,室内装修及庭院绿化工程基本竣工;丁西林故居修复工程完成房屋征收和设计方案及施工图设计。按照星级景区的标准,对景区内4所厕所进行改造提升;建立景区管理部,明确专人负责安全,重新灌装16个灭火器,更换30盏LED灯,4根消防水带,更换老化线路30米,重新包扎线路接头。依据各具特色的黄桥文化,打造风格迥异的旅游线路,形成古镇旅游、红色旅游、工业旅游、生态休闲旅游为一体的新格局。组织祁巷小南湖参加长三角休闲农业与乡村旅游博览会，先后举办果园葡萄节、乡村文化旅游美食节、牡丹花海节等节庆活动。黄桥老街成为中国历史文化名街。镇区旅游景点达14个,年接待游客150万人次,旅游总收入达40万元。该镇被评为“长三角最佳慢生活旅游目的地”和“第二届中国最具价值文化旅游目的地”,该镇祁巷小南湖获2016长三角休闲农业与乡村旅游博览会组委会推荐“我最喜爱的休闲农业景点”。

社会事业。2016年,刘陈幼儿园和金苹果幼儿园创建为省优质幼儿园。城乡居民养老保险续保率达96%,企业职工养老保险达96%以上，城乡医疗保险实现全覆盖,失地农民应保尽保。开展“无访村”创建工作,纠纷调解成功率达98%以上。建立安全和环保工作网格,全面落实安全生产和环保工作责任制，安全隐患整改

率达97%。推进省经济发达镇行政管理体制改革试点工作,设立职能机构13个,重点抓好便民服务和综合执法建设,承接1119项县级行政权力。设置便民服务窗口28个,审批环节同比减少25%,窗口直接办结率达100%,受理办结业务30多万件(次)。镇、社区、村三级便民服务体系建立。社会管理科学高效。健全完善网格化管理,升级"数字化"城管,建成数字指挥中心平台。

2016年黄桥镇重要经济社会指标一览表

表29

指　标	单　位	数　值
地区生产总值	亿元	75.85
财政收入	万元	218820.45
农民人均收入	元	18899
农业总产值(按现行价格计算)	亿元	18.79
其中多种经营产值	万元	113930
粮食总产量	万千克	10638.4
农机总动力	万千瓦	9.6
出栏生猪	万头	50.75
出栏家禽	万羽	225.71
水产品	万千克	170.9
水果	万千克	441
蔬菜	万千克	12064.1
工业总产值	亿元	293.93
工业利税总额	万元	373638
中、小学校	所	15
在校学生	人	18147
专任教师	名	1568
医院、卫生院	家	6
村卫生所	个	45
参加社会保障人数	人	64191

2016年黄桥镇各村(居)委会主要负责人一览表

表30

村(居)名	村(居)支部(总支、党委)书记	村(居)委会主任
东街居委会	孙　晖	黄红美
西街居委会	何群英	申　辉
南街居委会	黄学东	
北街居委会	李　霞	张桃花
米巷居委会	陈双红	王　汉
口巷居委会	徐新建	严梅芬
永丰居委会	吕正鑫	吴明华
布巷居委会	张新娟	陈　峰
太平村	王永富	黄亚国
横巷村	黄　兵	袁　健
西洋村	李国标	李国标
韩庄村	焦红梅	王　进

续表30

村(居)名	村(居)支部(总支、党委)书记	村(居)委会主任
祁巷村	丁雪其	孙　平
余庄村	李东升	李东升
站东村	李东升	蔡雪春
朱何村	何忠华	何　欣
胜利村	周春安	周春安
东场村	耿　杰	高国富
直来桥村	周建春	芦晓辉
西寺桥村	陈君儒	吕　桥
合心村	张建岳	何国富
勤丰村	陈　彬	陈　彬
浩堡村	张和林	李　彬
野屋村	姚香平	翁建成
封庄村	吕文俊	吕根网
三里村	张灶泉	封和民
东闾村	曹伯兵	张永富
革新村	曹伯兵	闾光明
前进村	张　伟	成国武
双桥村	常建国	严圣宏
樊家集村	张仁平	张圣良
白庄居委会	白建树	白开枕
杨春村	张锁红	张锁红
东顾村	蔡龙富	顾爱民
海顾村	刘雪平	朱国泉
大张村	张留贯	朱取平
吴庄村	吴荣健	王爱国
严徐村	徐朝进	徐献红
黄坍村	黄书锋	黄陆华
刘陈村	翁正华	叶忠华
双联村	沈连建	沈连建
印家院村	叶社章	赵建兵
鞠垛村	叶社章	叶社章
果园村	白新建	周康生
野向村	吕新国	徐建忠
江堡村	封新成	吕宝生
南沙村	钱文荣	吴群建
翁庄村	翁志群	翁倡林
华溪居委会	向永中	向　荣
钱葛村	陈炳生	钱玉如
南岱村	王贵斌	王小明
秦庄村	周照群	张晓霞
唐港村	罗伟华	秦　伟
朱徐村	陈炳生	钱国民
金堡村	陈正华	白　云
路庄村	王　杏	杨明全
陈桥村	印金文	杨雪生
南殷村	殷建成	王开吉
吴韩村	陈建兵	刘兴国

续表 30

村(居)名	村(居)支部 (总支、党委)书记	村(居)委会主任
新洋村	钱玉芳	李国伟
中盐村	陈永坤	夏桂林
华庄村	顾　斌	顾　斌
王庄村	丁巧美	周金明
诸马村	王建美	王建美
印院村	陈秋平	印　琨

【黄桥司法所荣膺“全国模范司法所”称号】 1月26日黄桥司法所被国家司法部表彰为“全国模范司法所”,并荣获泰州市“十佳示范政法单位”称号。黄桥司法所在化解常见多发民间纠纷、有效处置突发性纠纷的同时，努力解决经济社会发展中出现的新型矛盾纠纷，提升对社会稳定风险的预知能力。开展调解进荧屏、“网上调解”试点活动,提升人民调解影响力。开展特殊人群管控提档升级工程,围绕社区矫正“双严”活动,始终保持日常监管不放松,探索建立“指挥系统”“监管平台”和“教育窗口”三位一体的管理模式。争取经费投入,加快实现由“人防”向“技防”的转变,防止脱管漏管，最大限度地预防和减少重新违法犯罪。协调动员社会力量,将安置帮教工作做好、做实,让刑释解矫人员回归社会。编制“七五”普法规划,创新“七五”普法新模式,针对不同对象,设计不同载体,开展宣教活动。开展“法律六进”活动,落实“谁执法谁普法、谁主管谁普法”的普法责任制。拓展微普法元素,通过以案释法方式普及法律常识。新建1个主题法治公园,依托村(居)司法行政服务站建立普法“加油站”。

【“春满黄桥”2016春节文艺晚会】 1月29日,由黄桥镇党委、政府主办的“春满黄桥”2016春节文艺晚会在黄桥大剧院举行。副市长周桂香与黄桥镇干部群众欢聚一堂。晚会在歌舞《金猴闹春》中拉开帷幕,晚会邀请姜堰武艺学校、泰州学院、安徽省杂技团、江苏省演艺集团演职人员登台演出。整场演出贴近群众生活、贴近农村生活,内容丰富,形式多样。

【黄桥古镇微公益志愿者协会】 5月3日,黄桥镇举行古镇微公益志愿者协会成立暨“五四”文艺会演活动,纪念五四运动97周年。古镇微公益志愿者队伍成立于2015年3月,是一支由机关青年党员干部自发组建的志愿者队伍。2016年,志愿者由成立之初的几个人到近百人,由以单位名义做志愿活动到以志愿者身份服务于社会。

【丁文江纪念邮票发行】 5月7日,中国邮政发行《中国现代科学家(七)》纪念邮票一套4枚。丁文江邮票发行仪式在黄桥举行,副市长张健羽出席。《现代科学家》纪念邮票、《丁文江》纪念邮册分别揭牌。《中国现代科学家(七)》纪念邮票是中国邮政集团公司在中国科学技术协会第九次代表大会召开之际，特地制作的一套4枚邮票。丁文江于1887年4月出生在黄桥,是中国地质事业的奠基人之一。他知识渊博,学贯中西,在中国地层学、构造地质学、古生物学、地理学、地图学、人类学、历史学、少数民族语言学等领域都有卓著成就,被胡适先生誉为“地质学开山祖师”

【乐器文化产业创意研发中心建设】 9月19日,黄桥镇乐器文化产业创意研发中心开工建设，市人大副主任、黄桥镇党委书记、黄桥经济开发区党工委书记耿元进出席开工仪式。乐器文化产业创意研发中心是推进乐器特色小镇、加快产业转型发展的重点工程。项目计划总投资1.2亿元,占地3.33公顷,建筑面积4.2万平方米,建设集产业研发、文化创意、艺术培训、展示展销、科技孵化、人才培养、工业旅游、检验检测、商务贸易等为一体的综合服务平台。项目竣工后，与原有乐器产业建成区和建设中的音乐生态湖、华歌吉他、凤灵新厂区以及古镇景区融为一体，形成在全国较有特色的产业、文化、旅游共融的特色小镇核心区。

【黄桥客运中心建设】 9月23日,黄桥客运中心正式开工建设。市交运系统负责人、黄桥镇负责人及黄桥客运中心项目承建单位，共同为黄桥客运中心奠基。黄桥客运中心总投资6500万元,占地面积5.67公顷,按照二级站标准建设,建成集长途客运、城乡巴士、城市公交、镇村公交、出租车、城市航站楼、海事运管等多功能于一体的现代综合客运中心。同步推进黄桥客运中心绿色“三星”建设,打造黄桥地区的标志性建筑。主站楼预计2018年竣工使用。

【祁巷金融综合服务站】 9月23日,中国银行农村金融综合服务站在黄桥镇祁巷村挂牌成立。农村金融综合服务站是农村金融服务的平台和载体，具备信息传递、政策宣讲、信用评级协助、借贷衔接沟通等功能。中国银行泰兴分行黄桥祁巷农村金融综合服务站为泰州首家,将帮助农民朋友了解和掌握金融知识,助力个体经济,服务地方发展。

【参展长三角休闲农业与乡村旅游博览会】 以“走进美丽乡村,体验农游乐趣”为主题的2016长三角休闲农业与乡村旅游博览会9月22～25日在上海国际农展中心举行。博览会围绕“吃、住、行、游、购、娱”,培养和挖掘休闲农业与乡村旅游文化要素，促进休闲农业与乡村旅游转型升级。黄桥镇组织祁巷村参加博览会。祁巷村创新旅游要素，整合旅游资源，在乡土气息、农家特色、文化内涵上做文章、下功夫，不断增添旅游新项目、新元素、新亮点。祁巷小南湖风景区可提供游乐项目10多个，基本实现环境建设的功能化、基础设施的景观化、文化氛围的个性化和旅游设施的配套化，在宜居宜游的环境建设过程中，展现出绿树碧水的生态之美、闲庭漫步的闲适之美和白墙黛瓦的人居之美。本次博览会推出“长三角休闲农业与乡村旅游护照”、甄选“我喜爱的长三角休闲农业(农家乐)与乡村旅游景点”、现场欣赏各省市优质“民俗文化”展示活动、2016长三角休闲农业与乡村旅游推介会、研讨会和对接洽谈会。黄桥镇祁巷村小南湖风景区获“2016长三角休闲农业与乡村旅游博览会组委会推荐景点”。

【省长石泰峰调研老区】 9月29日，在第三个“全国扶贫日”到来之际，省长石泰峰赴泰州黄桥老区调研老区发展和扶贫开发工作。他强调要深入落实中央和省委关于扶贫开发工作的决策部署，按照“一个不少、一户不落”要求，把老区帮扶作为全省新一轮扶贫开发工作的重要任务，全面落实各项帮扶政策措施，聚焦聚力低收入农户增收脱贫，切实增强经济薄弱村发展能力，真抓实干、开拓创新，早日补齐革命老区这块短板，让老区群众一道迈入全面小康社会。石泰峰到三年前曾驻村调研过的翁庄村，看到臭水沟已改建为涵洞，污水排入地下管网，要求抓好农村基础设施建设管理，为群众打造优良村居环境。祁巷村发挥自然条件优势，大力发展乡村旅游，上交收入50多万元，石泰峰叮嘱当地继续优化升级乡村旅游产品，让游客延长停留时间，拉动各项消费。石泰峰考察黄桥经济开发区、双桥村劳务合作社、黄桥村级增收整镇推进标房建设项目，要求老区因地制宜发展产业，宜工则工、宜农则农，增强集体经济发展能力。石泰峰走访慰问低收入农户，仔细查看帮扶手册。调研中，石泰峰召开座谈会，听取老区扶贫开发进展情况汇报。他指出，要抓住将黄桥、茅山老区纳入省新一轮扶贫开发重点帮扶范围的机遇，齐心协力打好扶贫攻坚战。石泰峰强调，脱贫攻坚是一项民心工程，来不得半点虚假，要切实转变工作作风，履职尽责、主动担当，把脱贫攻坚这项重大民生实事办实办好。省委常委、副省长杨岳，省政府秘书长王奇参加调研。

9月29日，省长石泰峰走访慰问低收入农户

(顾祥忠摄)

【新城中小学暨幼儿园建设项目开工】 10月12日，黄桥新城中小学暨幼儿园项目举行开工仪式。市人大副主任、黄桥镇党委书记、黄桥经济开发区党工委书记耿元进出席开工仪式并讲话。黄桥新城中小学项目为泰兴市2016年重点建设项目之一，项目占地约6.2公顷，总建筑面积2.55万平方米，建设内容包括中小学教育用房、行政用房、图书馆、报告厅、风雨操场、食堂等主体建筑及道路、绿化等附属设施，总投资约1亿元。项目建成后，能容纳2250多名中小学生就读，缓解黄桥老区中小学校“超负荷”运转的状况，解决新区孩子入学难的矛盾，推进区域义务教育优质均衡发展。黄桥新城幼儿园项目总投资2500万元，计划于2018年3月招生。幼儿园项目参照省级示范园的标准，建筑面积9160平方米，规划建设16个班级的容量。新城幼儿园将与“三之三”国际教育集团合作，引进科学的保育和教育管理模式。学校配套建设有室内游泳池、多功能厅、艺术培训中心、科教发现室、儿童体智操场、中式经典小园林。

【黄桥镇荣获“第二批江苏省农村电子商务示范镇”称号】 10月15日，黄桥镇荣获省商务厅“第二批江苏省农村电子商务示范镇”称号。评选是根据《江苏省商务厅关于开展第二批电子商务示范镇创建工作的通知》要求，在各地资格初审和择优推荐的基础上，省商务厅邀请专家对申报材料进行评审，确定黄桥镇在内的38个乡镇(街道)为第二批江苏省农村电子商务示范镇。黄桥镇认真贯彻落实国务院和省政府关于大力发展电子商务一系列文件精神，成立电子商务发展领导小组，筹建电子商务行业协会，出台《关于推进全镇电子商务产业发展的扶持政策》；引导电子商务集聚发展，初步建成乐器、叉车、农产品等电子商务产业园或电子商务服务中心；发展“一村一品”地方特色电子商务，开展示范创建工作，成功创建省级电子商务示范村2个。

【黄桥乐器企业亮相上海国际乐器展览会】 10月26日，一年一度的上海国际乐器展览会开幕。素有“中国提琴产业之都”美誉的黄桥镇，组织50家乐器企业参加展览会。黄桥镇参展企业主打产品为小提琴、大提琴、大贝司、电子大提琴、电子小提琴、高级吉他系列和各类配件等。为提升形象，加大宣传力度，黄桥镇邀请上海专业团队为黄桥展团设计。上海国际乐器展作为世界三大专业乐器展览会之一，展览会期间，黄桥镇举办多次宣传活动，扩大“中国提琴产业之都”知名度。

（徐界平）

分 界 镇

【概况】 分界镇地处泰兴市最东部，是泰兴市的东大门，是传统的农业大镇，东临如皋市搬经镇，南接珊瑚镇，西靠黄桥镇，北连古溪镇。镇域面积71.13平方千米，耕地总面积3786.2公顷，下辖14个村（社区），380个小组，总人口58693人（其中非农业人口2162人）。2016年，全镇实现地区生产总值15.14亿元，比上年净增1.6亿元，增幅11%；工业国税开票销售6.5亿元，比上年净增0.48亿元，增幅8%；农民人均可支配收入达17290元，比上年增加1853元，增幅12%；工商实际入库税收6237万元，比上年净增900万元，增幅16.8%，其中服务业两税收入2247万元，比上年净增891万元，增幅66%。

农业农村 2016年，全镇共投入近2000万元，实施农业综合开发项目、水利重点县项目、小型公益性桥梁和农村道路提档升级等工程项目，新建农村桥梁7座，改造新建泵站19座，新建硬质衬渠54千米，新建硬质水泥路11.3千米。新办家庭农场37个，新办专业经济合作社5个。林业绿化管护保有率达85%以上。新增管护线路170千米，新建垃圾箱682座；整治中沟6条，20.86千米，疏浚土方15.3万立方米；整治坡岸16万平方米，铺种草皮1.4万平方米；整治村庄河塘21条。改扩建垃圾中转站1座，新建垃圾房23座，新购置垃圾清运车12辆，铺设污水管网19千米。村集体经营性收入达35万元村5个，达30万元村8个。

工业 2016年，该镇工业国税开票销售6.5亿元，完成全年计划103.2%，比上年净增0.48亿元，增幅8%；工商入库税收6237万元，完成全年计划101%，比上年净增900万元，增幅16.8%，其中服务业两税收入2247万元，比上年净增891万元，增幅66%。是年，投资1000万元以上项目新签约12个，其中3000万元以上7个；新开工6个，新竣工2个。

城乡建设 2016年，新334省道建成通车，迎宾路改扩建工程完成，繁荣南路拓宽改造、繁荣路1号桥、2号桥完成。农民休闲健身广场建成使用，总投资580万元、建筑面积2800平方米的长生小学新教学楼完成施工，10月投入使用。建成分界幼儿园长生分园综合教学楼。启动天然气管线铺设、敬老院消防设施建设等工程。

社会事业 2016年，全镇新增创业653人，带动就业2004人，转移农村劳动力320人。城乡居民基本养老保险参保率达99%以上，困补、临时救济等保障及时。建档立卡的低收入农户中，511户低收入户实现脱贫，占全年任务数106%，其中转移就业162户，发展种养加项目253户，资金帮扶11户，政策性帮扶85户。

2016年分界镇重要社会经济指标一览表

表31

指 标	单 位	数 值
地区生产总值	亿 元	15.14
工商税收收入	万 元	6237
农业总产值(按现行价格计算)	万 元	5.32
粮食总产量	吨	54362
出栏生猪	万 头	12.67
出栏家禽	万 羽	121.96
工业总产值(按现行价格计算)	亿 元	66.5
工业利润总额	万 元	15243
工业国税开票销售收入	亿 元	6.5
中、小学校	所	4
在校学生	人	3345
村(社区)卫生室	个	14
参加社会保障人数	人	18428

2016年分界镇各村(社区)委会主要负责人一览表

表32

村(居)名	村(居)支部(总支、党委)书记	村(居)委会主任
长生社区	陈培昌	丁中原
南周	潘锋友	潘锋友(兼)
七贤	王永进	王 成
张竹	王晓春	吴保龙
赵庄	赵登平	赵登平
野庙	周 俊	马银美
王厂	张家友	何国平
耿厂	陈 琪	张云红
分界	杨其元	张其生
沿界	丁书荣	周小星
滕兴	杨俊健	杨 建
官庄	丁桂林	张兴德
开绿	周玉真	徐元昭
湖头	丁邦智	王平凤

古 溪 镇

【概况】 古溪镇位于泰兴市东北部，地处泰兴、如皋、海安、姜堰四县市交界处,是泰州市22个重点镇、泰兴市5个中心镇之一。土地总面积76.11平方千米,耕地总面积38.4平方千米、行政村12个,居委会2个,村民小组407个,总人口59183人,其中非农业人口16080人。2016年实现地区生产总值33.06亿元,同比增长12.9%;完成工业国税开票销售19.6亿元,同比增长18.2%;完成工商税收收入11335万元,同比增长21.4%。

农业　2016年,该镇新发展设施农业面积720亩;新增土地流转面积5106.87亩,建成12个家庭小农场;积极推广水稻生产机械化工作,机插秧整体推进村12个;推广应用新型农业机械,全年新增乘座式插秧机6台、秸秆还田机械8台套,渔业机械6台套,推广烘干机6台;新栽各类苗木6万多株,新建5000亩农田林网示范区1个,实施绿化示范村2个,成片林面积210亩,绿化河道5.5千米。刁网农业园成功申报江苏省菜果茶标准园区.

工业　2016年,该镇完成规模以上工业企业实现产值135亿元、利税19.21亿元,分别同比增长17.4%、13.7%。全年新开工1000万元以上项目8个,新竣工项目7个,其中,3000万元以上工业项目3个。总投资3000万元的江苏弘积医疗器械有限公司医用塑料粒料项目,完成老厂房改造,进入设备安装阶段,2017年3月竣工投产;总投资3000万元的泰兴市宏源钢丝制品有限公司工业弹簧钢丝项目,6100平方米标房已经竣工;总投资6000万元的泰兴市永昇织造有限公司纺纱纺织项目,盘活土地1.16公顷,8月开工建设,总建筑面积1.27万平方米,当年部分投产,项目达产后可实现国税开票1亿元,税收600万元。

服务业　2016年,该镇实现服务业增加值8.9亿元,同比增长15.5%;完成服务业税收4261万元,同比增长31.07%,其中物流税收950万元;完成服务业产业投资9200万元;完成限额上零售额1104万元。新增列统服务业企业和限额上企业各1家。推进以佳源广场为核心的小城镇综合体建设,打造以东方禅寺为龙头的旅游景观区和以中共泰兴独支纪念馆为依托的高效休闲区,筹建刁网醒农合作社和观光休闲农业项目的建设。推进以新客运站为龙头的综合物流园区建设,建设常桥禽蛋批发市场。

镇村建设　2016年,该镇完成《古溪镇控制性详规》调整完善工作;重新修编《泰兴市古溪镇镇村布局规划》。启动古溪社区教育中心改造工程,古溪派出所技术业务用房、古中综合楼工程主体竣工,横垛幼儿园建设工程已办理项目立项、选址、环保手续;实施学生路、向阳路、青年路、幸福路改造工程以及镇区改水工程;星光锦苑商住房竣工面积1200平方米;原面粉公司、农工机械厂地块商住楼建设主体完工;制定"十三五"危房改造计划,完成农村危房改造27户;制定集镇长效管理方案,强化日常巡查和环境管护;完成土地占补平衡152亩,完成增减挂钩面积87亩;今年盘活闲置土地5宗,面积138.6亩。

社会事业　2016年,该镇实施农村公路提档升级改造31千米,新建桥梁10座;完成乡村道路维修1800多平方米,设置安保标志280多处;新建泵站39座、硬质渠道35.11千米,排水涵27座。常桥、顾庄高沙土综合治理项目、千亿粮食园区项目、野芹村末级渠系项目通过验收;中小河流重点县项目主体工程完工;实施饮水安全项目、泰州通南水生态控制项目。完成城乡居民养老保险续保缴费1.71万人,续保率98%,新增扩保552人。

2016年古溪镇重要社会经济指标一览表

表33

指　标	单　位	数　值
地区生产总值	亿　元	33.06
工商税收收入	万　元	11335
农业总产值	亿　元	9.23
粮食总产量	吨	48923
出栏生猪	万　头	34.76
出栏家禽	万　羽	167.89
规模以上工业总产值	亿　元	135
规模以上工业利税总额	亿　元	19.2
工业国税开票销售收入	亿　元	19.63
中、小学校	所	4
在校学生	人	2938
村卫生室	个	10
参加社会保障人数	人	16874

2016年古溪镇各村(居)委会主要负责人一览表

表34

村名	村支部(总支、党委)书记	村委主任
古溪社区居委会	顾庆生	汪东和
周庄	周红兵	周　利
皂桥	刘　兵	刘日华
尹垛	尹朝阳	尹爱国
顾庄	顾康康	顾云涌
常桥	顾为平	夏明生
横垛社区居委会	沈新文	沈新文
刁网	刁晓兵	刁永宏
野芹	何　滨	刁佳峰
塘湾	鲍燕飞	陈友海
谢荡	朱朋富	吴先昌
钱荡	朱　毅	钱加生
东雁岭	王跃进	许小香
西雁岭	顾章龙	朱余和

元 竹 镇

【概况】 元竹镇地处泰兴东北部,南与黄桥镇、北与泰州市姜堰区顾高镇、蒋垛镇相邻,总面积47.54平方千米。辖10个村民委员会、2个居民委员会,259个村民小组,2016年底有12089户,39243人。镇政府驻大元居委会,距泰兴市区42千米,距泰州火车站33千米。宁通高速公路、一级省道姜八公路、古高公路、东姜黄河和西姜黄河穿镇而过,宁靖盐高速设有元竹出口。2016年,该镇持续开展项目大突破活动,实现地区生产总值10.79亿元,同比增长11.6%。

农 业 2016年,该镇实现农业总产值5.59亿元,粮食总产量2.68万吨,出栏生猪14.25万头,出栏家禽84.05万羽,水产品178.4万千克,水果1902万千克,蔬菜4791.5万千克。全年组建家庭农场83个,流转土地面积2.85万亩,新增高效农业面积3600多亩,其中设施农业1200多亩。推进农业全程社会化服务项目,商品化集中育供秧面积2.26万亩,完成机插秧面积2.2万亩,秸秆全量还田面积4.35万亩,植保统防统治服务面积5969亩。全年农民人均可支配收入17389元。

工 业 2016年,该镇完成工业国税开票销售18.01亿元,同比增长20.9%;工商税收达6228万元,同比增长28.7%;民营经济加快发展,利用民资4.96亿元,新办私营以上企业68个,新办个体户380家,其中500万元以上企业13个,新增注册资本20160万元。全年完成1000万元以上竣工项目5个、新开工项目5个,其中亿元以上项目1个。

服务业 2016年,该镇实现服务业增加值3.84亿元,同比增长16.2%;服务业两税收入完成1853.37万元,同比增长96.96%;新办50万元以上服务业企业15家。

镇村建设 2016年,该镇实施丁庄村农业综合开发项目,开展村庄河道整治、成庄闸工程、东姜黄河整治、农村饮水安全等项目。新建公路桥梁7座、农桥3座,实施农村公路提档升级9.6千米,一事一议财政奖补道路9.34千米。投入300多万元实施区间路东延、园中路北延工程,对园中路路面进行黑色化改造。总投入150万元,强化农村环境“五位一体”长效管理,实现农村生活垃圾收集转运处理全覆盖。新栽树木5.6万珠,建成胜利路东段、沿泰路2条绿色通道,镇北村创建成省级森林生态示范村。是年,该镇创建成“江苏省土地管理先进乡镇”和“泰兴市土地创模先进乡镇”。

社会事业 2016年,该镇落实新增城乡低保、五保对象739户1112人。社会保障体系不断完善,低保、五保、残疾等弱势群体社会保障体系、临时救助体系进一步健全,全镇村集体经营性收入35万元以上的村达5个,建档立卡低收入农户脱贫251户386人。新型农村合作医疗保险参保率98%,农村社会养老保险参保率97.8%,续缴率97.2%,企业职工养老保险参保率75%,基本实现全覆盖。综治、信访工作责任体系进一步完善,2016年获得泰州市法治建设示范乡镇,泰兴市党建法治单项奖,全市政法考核第二名,连续第七年评为“四无”乡镇,11个村(居)为“无访村”,创历史新高。元竹镇社区教育中心被评为省级学习苑,该镇被评为全国社区教育示范乡镇和全国农村学习型组织。

2016年元竹镇重要社会经济指标一览表

表35

指　　标	单　位	数　值
地区生产总值	亿　元	10.79
工商税收收入	万　元	6228
农业总产值	万　元	55883
粮食总产量	吨	26833
出栏生猪	万　头	14.25
出栏家禽	万　羽	84.1
规模以上工业总产值	亿　元	26.21
规模以上工业利税总额	万　元	39520
工业国税开票销售收入	万　元	180055
中、小学校	所	3
在校学生	人	1858
村卫生室	个	12
参加社会保障人数	人	891

2016年元竹镇各村(居)委会主要负责人一览表

表36

村(居)名	村(居)支部(总支、党委)书记	村(居)委会主任
丁庄村	王新天	王建华
兴杨村	王荣辉	蔡　翔
申庄村	孙建龙	孙学彬
潘元村	王乔官	朱仲明
成庄村	成吉亮	成建房
野叶村	王全进	林松山
沿泰村	蒋爱兵	缪雪琴
镇北村	蒋冬生	蒋兆兵
芮徐村	蒋宝领	徐石平
蒋堡村	蒋凤寿	蒋　旭
双赵居委会	蔡圣志	
大元居委会	丁康龙	周建中

（陈　军）

珊 瑚 镇

【概况】 珊瑚镇位于泰兴市东南部,东与如皋市江安镇接壤,南与靖江市季市镇毗连,北与分界镇、黄桥镇相依,西与广陵镇为邻。省道姜(堰)八(圩)公路和新(沂)长(兴)铁路穿境而过。全镇土地总面积49.43平方千米,耕地面积27.37平方千米,辖10个行政村、3个居委会、315个村民小组,总人口52186人,其中非农业人口14072人。2016年,实现地区生产总值16.10亿元,完成工商税收收入6006万元。

农业 2016年,该镇实现农业总产值4.19亿元,粮食总产量达3.51万吨,新增高效设施农业2650亩,完成50亩以上高效设施园艺项目3个。整镇推进机插秧工作,完成3亩以上商品化育供秧池260亩,水稻机插率达95%以上,超额完成市交任务。林业绿化工作完成年度目标任务,新增农田林网3050亩,绿色通道3000米,绿色河道4000米,申报省级绿化示范村1个,森林抚育1150亩,林下经济160亩,成片林面积120亩,四旁植树2.5万株。推进农业适度规模经营,加大土地流转力度,鼓励支持村干部、回乡创业人员、种田能手、外地能人领办、创办家庭农场。2016年全镇流转土地3100多亩,新增家庭农场15个。

工业 2016年,该镇完成工业国税开票销售13.61亿元,完成工商税收6006万元。经济运行质态好转,完成全部工业产值119.63亿元,增长17.05%,其中列统工业产值51.55亿元,下降3.11%;净增私营企业51家;新增个体工商户395户。全年新招引项目9个,总投资2.3亿元,其中生物质颗粒项目总投资在5000万元以上;新竣工项目10个。组织企业申报各类专利5件,富强特钢申报认定为高新技术企业。加大对闲置低效土地盘活处置的力度,对征而不用、圈而不建的项目,实行"腾笼换鸟",盘活2宗土地近30亩,实施土地占补平衡项目81亩、增减挂钩项目51.5亩。全年完成第三产业增加值6.53亿元,同比增长15.2%;新增1000万元以上服务业项目3个。

镇村建设 2016年,该镇6个村实行农村公路提档升级工程,总计9.1千米;新建涵洞72座,泵站25座,硬质渠42.69千米;新建农桥4座;疏浚河道13条7.7千米。建成污水处理厂,垃圾集中清运体系实行全覆盖,每月转运生活垃圾600吨。全镇整治自然庄台71个,打造二星级以上庄台5个,新建农民休闲广场3个,完善绿色通道10千米,河塘清杂138条,长94.72千米,干河整坡1.7万米,栽树6.5万棵,草坪绿化面积9600平方米,河坡种草4万平方米,整治路道11条,长6.8千米,拆除乱搭乱建21处,新建垃圾房23座,新建垃圾池86个,新增垃圾箱(桶)1500只;新购垃圾运输车辆18辆。是年,该镇创建成江苏省卫生镇。

社会事业 2016年,该镇清理不符合低保条件对象121户180人,新增、调整低保124户145人,新增五保36人,新增重残110人。将敬老院委托给卫生院管理,探索医养结合新模式。发放农村最低生活保障补助359.6万元,五保供养补贴168.55万元,重残救助补贴262.57万元。帮助贫困残疾人解决各类问题10起。完成危房改造33户96间。城乡居民基本养老保险续保率达98%以上,扩面500人。发放社会保障卡1.32万份;城乡居民基本医疗保险参合率达99%。举办创业培训班40期,培训125人,新增创业人员360人,带动就业1448人,支持成功自主创业40人,扶持农村劳动力自主创业40人。组织开展"创新引领、共享发展""奉献青春、放飞梦想"主题演讲、"共创美好环境,共享美好生活"专题广场文艺演出、科普志愿者爱心在行动等科普系列宣传活动,在全镇普及科学知识,弘扬科学精神,提高全民科学素质。办理生育服务登记480例,发放计生奖励扶助政策资金近70.08万元,受惠总人数达1460人,免费孕前检查工作完成情况名列全市前茅。对全镇低收入户进行调查摸底、建档立卡,制定扶贫工作计划。是年,5个村实现集体经营性收入达35万以上;全镇建档立卡贫困户脱贫率达31.9%,农村居民人均可支配收入达17409元,年增长9.9%。

(封 曦)

2016年珊瑚镇重要社会经济指标一览表

表37

指 标	单 位	数 值
地区生产总值	亿 元	16.10
工商税收收入	万 元	6006
农业总产值	万 元	41906
粮食总产量	吨	35106
出栏生猪	万 头	10.8
出栏家禽	万 羽	68
规模以上工业总产值	亿 元	51.55
规模以上工业利税总额	万 元	71951
工业国税开票销售收入	万 元	136146
中、小学校	所	2
在校学生	人	3137
村卫生室	个	8
参加社会保障人数	人	32206

2016年珊瑚镇各村(居)委会主要负责人一览表

表 38

村(居)名	村(居)支部(总支、党委)书记	村(居)委会主任
珊瑚新村	肖林峰	肖林峰(2016.10免) 黄　飞(2016.10任)
镇前新村	陆建国	陆建国(2016.10免) 胡爱红(2016.10任)
二河新村	刘玉才	刘玉才(2016.10免) 张朋萍(2016.10任)
洋港村	汤小青(2016.6免) 金星(2016.6任,2016.9免) 刘美萍(2016.9任)	刘美萍(2016.10免) 胡建龙(2016.10任)
曹埠村	肖新国	肖新国(2016.10免) 陈继文(2016.10任)
祯祥村	王其明	王其明(2016.10免) 赵永祥(2016.10任)
顾堡村	黄大才(2016.9退休) 陆志祥(2016.9任)	顾中文
周岱村	周明进(2016.3退休) 黄振华(2016.3任2016.12免) 周文章(2016.12任)	周明进(2016.10免) 周文章(2016.10任)
徐家庄村	吴建军	柳长安(2016.10免) 高一新(2016.10任)
八达村	陈桂生	丁海琴
八户村	袁仁喜(2016.8免) 丁红权(2016.8任)	丁红权(2016.10免) 袁小康(2016.10任)
新桥村	吴文成	王建林(2016.10免) 吴文成(2016.10任)
左庄村	蒋跃建	肖前进(2016.10免) 陈　鹏(2016.10任)

广陵镇

【概况】 广陵镇全镇总面积58.66平方千米,耕地总面积29.2平方千米,辖2个居委会,15个行政村,393个村(居)民小组,总人口5.7万人。2016年,该镇实现地区生产总值18.79亿元,完成工商税收收入5710.5万元。

农业　2016年,该镇完成农业增加值2.2亿元。新发展高效设施农业面积1200亩,新增适度规模经营面积3800亩,新增50亩以上设施农业项目2个,新增家庭农场11家,新增设施渔业面积145亩。整镇推进商品化育秧,全镇实现机插秧面积2.8万亩。新栽各类苗木16.7万株,新建农田林网8000亩。

工业　2016年,该镇完成工业增加值8.48亿元。完成工业投资5.15亿元;完成工业国税开票销售13.5亿元,增长16.3%;完成进出口额820万美元,增长3.14%。全年新竣工1000万元以上项目6个,其中3000万元以上项目4个。在扩增量的同时,做好化工企业关停并转和存量资产盘活文章,全年关闭规上化工企业2家,盘活闲置土地2宗30亩。

服务业　2016年,该镇完成服务业增加值8.1亿元。新增1000万元以上服务业项目2个,飞地引进五星级酒店和金融中心项目1个,中华红枫园成功申报国家AAA级旅游景区、江苏四星级旅游景点,实现服务业税收收入2181万元,同比增长15.9%,两税占比达38.2%。

镇村建设　2016年,该镇实施农村路道提档升级6.69千米,一事一议路道建设19.16千米;改造水利桥13座、公路桥9座、泵站15座;拆除违章建筑130多处、建筑面积5400多平方米;实施土地增减挂钩项目3.4公顷、土地占补平衡项目8公顷;维修集镇区路道1.5千米,疏通下水道2千米,新栽补栽集镇区绿化苗木13万株;新增垃圾桶(池)1210个,生活垃圾清运量7720吨;曹市村申报建设省级"最美乡村"。

社会事业　2016年,该镇化解矛盾纠纷233件,调处成功率96%;新增、调整低保34人,新增五保38人,新增重残64人、一户多残19人;帮助贫困残疾人解决各类问题62件;新建公益性公墓3座;完成技能和创业培训425人次,新增创业人员561人;建成标准化卫生室4个,完成改厕1700户;建成村级体育示范工程1个,多功能公共运动场1处;办理生育服务登记426例,发放各类计生奖励扶助政策资金121.59万元,受惠总人数达2130人。

【中华红枫园荷花美食节】 7月3日,由广陵镇政府、市旅游局、市餐饮协会联合举办的2016广陵中华红枫园荷花美食节在中华红枫园举行。为期一个月的荷花美食节从荷花为媒,以食会友,通过游园观赏、品味美食、摄影展览等系列活动,全面展示广陵独特的生态底蕴和风土人情,以期吸引八方宾朋。

2016年广陵镇重要社会经济指标一览表

表 39

指　标	单　位	数　值
地区生产总值	亿　元	18.79
工商税收收入	万　元	5710.5
农业总产值	万　元	39604
粮食总产量	吨	36356
出栏生猪	万　头	6.6
出栏家禽	万　羽	58.6

续表 39

指　　标	单　位	数　值
规模以上工业总产值	亿　元	67.28
规模以上工业利税总额	万　元	97529
工业国税开票销售收入	万　元	13.5
中、小学校	所	4
在校学生	人	1839
村卫生室	个	15
参加社会保障人数	人	29054

2016年广陵镇各村(居)委会主要负责人一览表

表 40

村(居)名	村(居)支部 (总支、党委)书记	村(居)委会主任
广陵居委会	肖爱东	成祝安
张拾	苏建林	林宏根
通靖	张文祥	陈高卿
曹市	周金兰	周金兰
季圩	赵国章	张红旗
木行	杨爱兰	钟其龙
新圩	杜凤鸣	陆德本
顾周	钱文秀	周　宏
大有	徐文华	郭　君
宁界	吴明阳	何玉林
龙王	倪卫国	张中良
兴宁居委会	马　康	张金荣
禅师	陈建群	黄　峰
联匡	孙建平	王德新
联吴	谢　伟	吴国中
北肖	肖克和	肖雪华
马庄	马章林	侯留兵

曲　霞　镇

【概况】 曲霞镇位于泰兴市南部,与靖江市马桥、生祠等乡镇接壤,是靖泰结合部颇具影响的历史古镇,是清乾隆年间武状元张兆璠故里,是江苏省生态镇、文明镇、汤包美食名镇,交通十分便利,东接京沪、沪陕、宁通、宁靖盐高速,西连泰常、沿江公路,江平公路从镇西部穿境而过,距扬泰、无锡、常州机场一小时车程。全镇区域总面积35.26平方千米,耕地总面积19.81平方千米,所辖行政村9个、居委会1个,村民小组243个,总人口3.2万人,其中城镇人口1.7万人。2016年全镇实现地区生产总值13.93亿元,增幅1.9%,完成工业国税开票销售12.99亿元,增幅5.36%,完成工商税收收入5389.19万元,增幅22.11%。

农业　2016年,该镇80%的耕地流转给能人,家庭农场、专业合作社等农业经营主体达98个,粮食烘干机11台,高效植保机8台,全面实施商品化集中育秧210.29亩,机插秧率95%以上,稻麦秸秆实现全量还田,粮食总产达2.59万吨,农民人均纯收入1.85万元,新建硬质水渠24千米,泵站33座,新增道路绿化3950米,新增河坡绿化5100米,新增设施渔业项目3个,新增提水养殖2000亩。建成电子商务服务站3个,完成销售800多万元,农产品自测和抽检合格率达100%。

工业　2016年,该镇完成工业总产值113.2亿元,增长20.8%,完成固定资产投资5.4亿元,新开工1000万元以上项目6个,新竣工1000万元以上项目6个,其中3000万元以上项目3个。是年,全镇实现服务业增加值7.90亿万元,增幅17.8%,完成服务业两税收入1858.8万元,增幅47.4%,完成物流业税收120万元。是年,全镇建筑业完成工程结算收入1.01亿元,建筑业工程税收入库1285万元。

村镇建设　2016年,该镇创建为江苏省文明乡镇,完成投资近1000万元的镇区至靖江S336连接线公路建设,总投资1600万元建筑面积5000平方米的状元府商贸中心楼年底封顶,完成新兴产业园区道路排水、绿化、亮化工程,全年新建农村硬质路道13.95千米,提档升级公路9.27千米,提档升级桥梁6座,新建农村桥梁4座。

社会事业　2016年,全镇参加社会保险人数19226人,投资35万元对敬老院消防进行改造,投资25万元新建戴窑居家养老服务中心。

【曲霞汤包节庆典仪式】 11月26日,曲霞镇商会举办2016年会员企业、外乡员工联欢会,举行2016泰兴·曲霞汤包节庆典仪式。市政协副主席、市工商联主席薛晨光参加。参会人员观看曲霞宣传片,了解曲霞经济社会发展情况,举行增补副会长会员企业授牌仪式。

8月31日,曲霞镇印达村河灯节现场　（蒋凯摄）

2016年曲霞镇重要社会经济指标一览表

表 41

指　　标	单　位	数　值
地区生产总值	亿元	13.93
工商税收收入	万元	5389.19
农业总产值	万元	29910
粮食总产量	吨	25935
出栏生猪	万头	3.92
出栏家禽	万羽	25.34
规模以上工业总产值	亿元	72
规模以上工业利税总额	万元	63557
工业国税开票销售收入	万元	129993.45
中、小学校	所	2
在校学生	人	985
村卫生室	个	8
参加社会保障人数	人	19226

2016 年曲霞镇各村(居)委会主要负责人一览表

表 42

村(居)名	村(居)支部 (总支、党委)书记	村(居)委会主任
印　达	沙志龙	沙　伟
曲　霞	张建伟	陈宏然
镇　西	李　强	谢春阳
丁　桥	王　琴(2016.8 前) 张　毅(2016.9.1 后)	蔡美英(2016.10 前) 张红寿(2016.10 后)
肖　榨	丁玉林	金建民
安　乐	李　建	夏　文
戴　窑	杜剑峰	刘永广
李　圩	王　伟	朱　伟
朱　圩	丁玉先	蒋社红

(徐克勤　程　磊)

张　桥　镇

【概况】 张桥镇位于泰兴市南郊,地处沿江经济发展带,江平线、334 省道穿境而过,东通京沪、宁通、宁靖盐高速,南邻江阴长江大桥,北接泰兴市中心仅 10 分钟车程,西距长江黄金水道 5 千米。镇区距上海浦东机场、虹桥机场和南京禄口国际机场 2 小时车程,距常州机场 45 千米,交通十分便利。全镇土地总面积 61.76 平方千米,耕地总面积 32.23 平方千米,下辖 15 个行政村、3 个居委会,382 个村民小组,总人口 5.8 万人。2016 年全镇实现工业国税开票销售 14.85 亿元,同比增长 12.5%。实现工商税收 1.11 亿元,同比增长 10.9%。

农业　2016 年,张桥镇新增设施农业面积 1860 亩、设施渔业 84 亩,完成三亩以上秧池 465 亩、机插秧 3.22 万亩,现代农业各项指标全面超额完成市交任务。全镇 35 个家庭农场共流转土地 2.82 万亩,占全镇二轮承包面积的 82%;建有各类农机农业合作社34 个,农业新型主体培育和农业生产全程社会化服务水平走在全市前列。农业产业化进展良好,完成利用“三资”1.55 亿元,新开工规模项目 4 个,超额完成 2 个,其中吴榨旭日丰农场项目获市创业富民大赛一等奖。

工业　2016 年,张桥镇新开工 1000 万元以上工业项目 9 个,其中 3000 万元以上项目 6 个,计划总投资 2.86 亿元;新竣工 1000 万元以上工业项目 6 个,其中 3000 万元以上项目 3 个,总投资 1.57 亿元。新开工服务业项目 3 个,计划总投资 2.9 亿元,其中总投资 1.5 亿元的华美达大酒店项目竣工并试营业;总投资 1.2 亿元的数码影像项目即将竣工。

镇村建设　2016 年,张桥镇在“一事一议”奖补、戴窑洼地治涝工程等项目上累计投入近 4000 万元,修建桥梁 25 座,铺设道路 23.32 千米,新建硬质渠道 26 千米,新改建泵站 25 座、涵洞 86 座,整治河道 10 条。投入 300 余万元完善张桥工业集聚区基础设施,集聚区“三横三纵”道路格局基本形成。完成镇西覆盖拉网式环境综合整治工程,通过中央和省环保部门抽查督查,全年未发生环保信访事件;新栽各类苗木 11 万株,建设高标准绿色通道 4 千米,新增成片林 21.6 公顷,西桥村创成“省级森林生态示范村”,常巷村创成“市级生态示范村”。

社会事业　2016 年,张桥镇清理不符低保、五保条件对象 258 人,新增、调整 71 人,新增重残 58 人,发放各类救助补贴达 1400 万元。完成农民技能培训 552 人,新增创业人员 620 人,带动就业 1800 人,新增创业科普基地 1 个,城乡居民养老保险缴费率和城乡居民基本医疗保险参保率基本实现全覆盖。组织开展“百姓大舞台”等文化活动,举办张桥镇第三届群众运动会和首届老年人、残疾人运动会,16 个村(居)建成高质量全民健身广场。发放计生奖励扶助政策资金近 60 万元,受惠总人数达 500 余人。4 个村卫生室提档升级工程通过验收。全镇中考重点高中录取率 25%,其中录取泰兴中学 12 人。安全生产网格化监管责任全面落实,全年未发生一起安全生产、食品药品监管和环保责任事故。征集新兵 18 名,超额完成市交任务,大学生新兵比例达 62%。排查矛盾纠纷 74 起,化解率和调处成功率 100%,连续 6 年获得信访工作“四无”乡镇称号。

2016年张桥镇重要社会经济指标一览表

表 43

指　　标	单　位	数　值
地区生产总值	亿　元	22.24
公共财政预算收入	万　元	5353.43
农民年人均收入	元	19152
农业总产值(按现行价格计算)	万　元	49902
粮食总产量	万千克	35065
出栏生猪	万　头	3.03
出栏家禽	万　羽	19.63
工业总产值(按现行价格计算)	亿　元	86.04
工业利润总额	万　元	50219
中、小学校	所	3
在校学生	人	1008
村卫生室	个	18
参加社会保障人数	人	58048

2016年张桥镇各村(居)委会主要负责人一览表

表 44

村(居)名	村(居)支部(总支、党委)书记	村(居)委会主任
汤庄	何小军	汤文平
匡庄	匡　慧	顾月萍
常巷	袁新文	常幸福
陈庄	潘爱平	朱波
镇西	辛文俊	刘建和
吴榨	鞠桂灿	赵新林
褚陈	蔡国林	花　明
西桥	袁卫东	袁卫东
张桥	辛纪元	汤荣富
东联	吕永益	邵根林
圩港	张宏群	张雪堂
焦堡	焦愚	焦　愚
焦荡	印平华	印平华
杨庄	周明生	印明伦
薛庄	印建忠	罗佳祥
郭桥	戴军	戴军
克仁	张正华	王建云
刘井	刘志进	刘兴福

（翁华健）

河　失　镇

【概况】 河失镇位于泰兴市地理中心，素有“主副城市连接点、泰兴东花园”之称，交通区位优势明显，是泰州市22个、泰兴市5个重点中心镇之一。2016年，该镇土地总面积64.41平方千米，户籍人口53344人，下辖16个行政村，3个居委会。是年，农民人均可支配收入2.01万元，比上年增长10%。

农业　2016年，该镇新增高效设施农业项目6个500多亩，发展苗木、蔬菜大棚面积达1500亩。整镇推进机插秧，机插率90%以上。举办各类创业培训班14期，培训1500余人次。完成三军村非规模畜禽养殖粪污治理试点村工作，新建调节池12个。组织实施同心、失迷、元仙等村农业综合开发项目和6000亩的优质稻米项目。完成全长38.4千米中小河流治理重点项目，如泰运河石驳项目接近完成。全年新建农桥7座，新建涵坝23座。完成土地占补平衡155亩、挂钩拆迁69亩。

工业　2016年该镇完成工业国税开票14.5亿元，同比增长10.1%。实现工商税收8800万元，完成产业投资9亿元、设备抵扣税金600万元，分别超市交目标任务的9.75%和9.1%。全年招引1000万元项目9个，其中3000万元以上2个，即华东公司的新型行星传动机械项目和宝利实业的羊绒织布项目；5000万元以上1个，即赛勒宝公司的充电桩项目。全部建成后，年可增加工业国税开票1.8亿元。年内，竣工投产1000万元以上项目6个，其中3000万元以上2个，新增国税开票5000万元。在工业集聚区内建设面积约1.6万平方米标准化厂房。

集镇建设　2016年，该镇启动新一轮镇区控制性详规和土地利用规划修编工作，完成学府路与文昌东路连接线论证、规划、设计和放样工作，集镇规模由2.4万人拓展到3.4万人，面积由288公顷扩大到408公顷。先后投入400余万元，完善和配套主副中心和工业集聚区基础设施。完成新广线集镇段、先锋路、1号路全长3340米下水道疏通工程和2号路的改造，新开挖、整治引水河工程1000米。开展集镇亮化、美化工作，主次干道实现亮化全覆盖，新增绿化面积1.4万平方米。完成常周街区段路面重建和下水道改造工程。新建垃圾收集房17座，实行垃圾收集转运全覆盖。重新招录城管队员和保洁人员，完善长效管护机制。

社会事业　2016年初确定“为民十件实事”基本完成。全镇改造农村危房26户，落实城乡低保、五保供养1365人，新建AAA级居家养老服务站2个，向139名残疾人免费发放轮椅、手杖、洗衣机、彩电等，新型农村合作医疗保险和居民养老保险实现全覆盖。对建档立卡低收入农户，在实行党员干部“一对一”结对帮扶的基础上，按每户1000元标准落实捐赠帮扶资金，脱贫287户。适龄儿童入学率和在校学生巩固率达99%，中心幼儿园改扩建工作全面完成。完成司马和洋碾两个村卫生室提档升级工程，推进常周卫生院改扩建工程。整治、疏浚庄河12条。全市唯一沥青摊铺的通村公路提档升级23千米,实施"一事一议"奖补道路10条,建设连接路3千米。化解信访积案12件,信访总量明显下降。受理办结"12345"热线和群众来信618件,办结率达100%。开展安全生产检查,全年累计检查企业637家次,排查安全隐患1116条,整改率达98.8%。

2016年河失镇重要经济社会指标一览表

表45

指　标	单　位	数　值
地区生产总值	亿元	22.7
预算内财政收入	万元	8800
农民年人均收入	元	20112
农业总产值(按现行价格计算)	万元	74070
粮食总产量	万千克	4239.6
农机总动力	万千瓦	3.93
出栏生猪	万头	16.08
出栏家禽	万羽	81.22
工业总产值(按现行价格计算)	亿元	118
工业利润总额	万元	56500
中、小学校	所	4
在校学生	人	2229
村卫生室	个	11
参加社会保障人数	人	39801

2016年河失镇各村(居)委会主要负责人一览表

表46

村(居)名	村支部书记	村委会主任
夏港村	王　乾	钱正华
刘官村	王进寿	夏海军
李湾村	谭文林	李建国
刘庄村	仇炳文	肖亚忠
常周居委会	赵云华	冯国泉
刘桥村	刘伯龙	印爱华
赵杜村	徐　勤	李新忠
西荡村	常建军	杜　江
印庄村	张万华	徐　菲
印荡村	王继华	吴泽甫
元仙村	戴玉萍	戴小兵
同心村	殷　群	蒋小红
失迷居委会	黄景华	徐凤鸣
洋碾村	陈亚群	王雪生
司马村	蒋富生	季明华
西黄村	黄建庆	黄建余
三军村	黄春庆	周玉明
沈丁村	鲁石兰	张荣华
河头居委会	何永泉	王建全

新　街　镇

【概况】 新街镇地处泰兴市东北部,北靠泰州姜堰,东邻元竹、黄桥,西依宣堡、根思,南与河失镇接壤。镇域面积72.02平方千米,耕地面积4.8万亩。下辖28个行政村,432个村民小组,总人口60404人,其中非农人口5394人。2016年,全镇实现地区生产总值13.96亿元,比上年增长13.2%;完成工商税收入库3066.9万元,同比增长49.6%;农村居民人均可支配收入15860元,同比增长14.16%。

农业　2016年,该镇累计新建标准钢架大棚3500亩,新增规模种植5600亩。加大农业综合开发力度,新建改造泵站8座、排灌涵闸77座、硬质衬渠50.6千米。11月,省专家组对新街农业园区进行每五年一次的监测评价(绩效考核),综合得分在全省91个省级同类园区中名列前茅,10项专项指标名列全省前10位,被评为省级现代农业优秀园区。

工业　2016年,该镇总投资5亿元50兆瓦光伏发电项目和总投资6500万元远东钢结构项目成功落户并开工建设。全年累计开发1000万元以上项目5个,新竣工工业项目3个。新广生物、宇航家具、奥赛制造等企业实现扩容增量。全年净增规模以上企业2个,完成工业增加值2.36亿元。

服务业　2016年,该镇完成服务业增加值7.32亿元,同比增长16.6%。全年累计输出劳务2.6万人,净增私营企业58家。

集镇建设　2016年,该镇累计实施农村公路提档升级15千米,完成乡村道路连接工程3.1千米,运用"一事一议"奖补政策铺设村庄循环路道12.8千米,新建中沟桥梁13座,提档升级干河桥梁6座。实施新街大道、园区南路及古高路沿线亮化、绿化、美化、净化工程,改造、出新路面18千米,安装、更新路灯290盏,营造景观带20千米,完成宣堡港新街段集中整治工程。推进全民绿化,完善农田林网3.8万亩,新栽景观树木、绿化苗木、经济林果20余万株。

社会事业　2016年,该镇累计办理新型农村养老保险1.9万人,落实医疗保险对象5.8万人,新建标准化居家养老服务中心200平方米,完成市交年度公墓建设任务。集镇居住小区全面竣工并交付使用。自来水管网更新升级,长江水受益人口提升。先后开设各类培训班10多期,2000多农民参训并掌握一技之长。

(鞠连生)

2016年新街镇重要社会经济指标一览表

表47

指　　标	单　位	数　值
地区生产总值	亿元	13.96
工商税收收入	万元	3066.9
农业总产值	万元	77830
粮食总产量	万千克	4515
出栏生猪	万头	12.8
出栏家禽	万羽	271.5
规模以上工业总产值	亿元	19
规模以上工业利税总额	万元	20301
工业国税开票销售收入	亿元	8.84
中、小学校	所	6
在校学生	人	4962
村卫生室	个	15
参加社会保障人数	人	21526

2016年新街镇各村(居)委会主要负责人一览表

表48

村(居)名	村支部书记	村委会主任
鞠　山	鞠九华	鞠九华
梅家庄	严　明	刘国祥
野　肖	肖建林	肖和民
张　吉	严晓堂	吉四龙
孔　叶	叶玉年	叶纪平
河　西	谢进明	叶　林
东　河	鞠新赛	杨锦三
白　马	叶鸿儒	叶俊杰
车马庄	孙中军	叶庄华
杏　陆	吴庆彪	吴庆彪
严家堡	严新泉	严永忠
南新街	鞠昭山	肖忠祥
金　干	李俊杰	唐小林
管　风	肖继业	管春明
顾庄寺	马根社	徐　峰
霍　庄	蒋益民	蒋平华
东　申	夏　鼎	申庆发
杨　芮	张月琴	杨兆贵
夏　徐	高裕广	陈桂全
倪　浒	戴备战	陈爱军
钱　南	戴同文	戴同文
新　街	戴志宏	刘祥虎
吴　岱	吴先锋	吴先锋
梧　桐	蒋如荣	蒋如荣
李　荡	李桥林	李贵明
谢　荡	孔　飞	孔　飞
叶　利	叶玉华	叶圣青
宋　福	杨小明	陈永富

姚　王　镇

【概况】 姚王镇位于江苏省泰兴市东郊,南接张桥镇,东邻河失镇,北靠根思乡,西连济川街道。镇内水路交通便捷,新老334省道穿境而过,京沪、宁通、沪陕高速穿境近10千米,区位优势明显,水陆交通便捷。全镇土地总面积69平方千米,耕地总面积23.35平方千米,辖行政村16个、居委会2个、村民小组364个、总人口54727人,其中非农业人口25954人。

农业　2016年全镇实现农业总产值5.25亿元,全镇18个村居集体经营性收入均达35万元以上,农村居民人均可支配收入突破2.3万元。全镇规范流转土地1.83万亩,新组建家庭农场46个。全年完成首批400户、630人脱贫任务,占低收入农户总数52%,占低收入总人数50.23%。

工业　2016年全镇实现地区生产总值23.24亿元,与2012年相比年均增幅10%以上;实现工商税收收入1.82亿元,与2012年相比年均增幅16%以上;工业国税开票销售收入年均增长17.4%,总量比2012年翻了一番多。新招引1000万元以上项目27个,累计完成固定资产投入16.1亿元。启泰铸造、宏盛锻造、风能水泵、混凝土电力杆、稀土镁合金、行星减速机、中科合金等一批项目竣工投产。总投资1.3亿元台湾合资江苏孜品生物科技有限公司食品添加剂项目,立项批文、环评、安评审批全部到位,300万美元外资到账,1万平方米厂房启动建设。

镇村建设　2016年,该镇集镇物业化管理模式已经形成,农村生活垃圾转运体系实现全覆盖。6条总长16.35千米中沟、79条总长20.23千米庄台黑臭河道整治完成,农田林网、绿色通道、绿色河道、绿色庄园建设步伐加快,全镇森林覆盖率达26.8%。创成三星级康居示范村4个、二星级康居示范村4个、一星级康居示范村6个、江苏省水美乡村4个,荣获"国家级生态镇""江苏省首批水美乡镇"等荣誉称号。全镇实施村庄道路提档升级、农村安全饮水、低压线路改造和环境污染源整治工程。新建道路98.1千米,新建、改建各类桥梁27座、泵站170座、涵闸77座、硬质渠道231.5千米。

社会事业　2016年,该镇初中毕业生升学率、四星级高中录取率提高,卫生服务体系健全率达到100%,新型农村合作医疗、新型农村养老保险覆盖率均达到100%,公共文化基础设施进一步完善,公共文化服务覆盖率100%。

【远大集团扶贫项目签约】　4月30日,"远大集团——姚王镇编藤加工项目扶贫”签约仪式在姚王镇政府举行。市政府副市长刘辉和姚王镇全体党政负责人、全体镇村干部、驻镇单位负责人、镇属企业主要负责人、各村居编藤加工点项目负责人、各村建档立卡低收入农户代表等200余人参加签约仪式。该项目采用“龙头企业+公司+基地+农户”的机制,在全镇18个村居建立村级创业富民基地,组织因病致贫、低收入农户开展编藤加工,增加劳务收入,确保因病致贫、致残中参与项目扶贫人员2016年底人均增收万元以上。通过“政府引导,市场运作,企业带动,村企共建,群众参与”方式,构通“龙头企业+公司+基地+农户”扶贫新格局。全镇编藤加工点吸纳1020名低收入农户就业,超过低收入农户总量的90%。

2016年姚王镇重要社会经济指标一览表

表49

指　　标	单　位	数　值
地区生产总值	亿　元	23.2
工商税收收入	万　元	18200
农业总产值	万　元	52496
粮食总产量	吨	61826
出栏生猪	万　头	137833
出栏家禽	万　羽	662526
规模以上工业总产值	亿　元	19.82
规模以上工业利税总额	万　元	18252
工业国税开票销售收入	万　元	12950
中、小学校	所	3
在校学生	人	1912
村卫生室	个	9
参加社会保障人数	人	38808

2016年姚王镇各村(居)委会主要负责人一览表

表50

村　　名	村总支(党委、支部)书记	村　委主　任
新星村	朱雄虎	张进忠
姚垈村	季和女	姚新平
官沟村	周建和	周建和
王庄村	生俊虎	黄荣军
十里甸村	常国峰	翁亚林
朝阳村	顾兰美	王国建
桑木村	芦玲芳	张　阳
东阳社区	吕树琪	曾国祥
石桥村	刘爱群	徐卫民
阡垈村	殷锋庆	殷锋庆
夏家垈村	张卫青	黄军民
北殷村	殷维荣	唐天祥

续表51

村　　名	村总支(党委、支部)书记	村　委主　任
鲁堡村	陈　荣	鲁建寿
东林村	梅永峰	周晓钦
毛庄村	李　军	徐英俊
新镇居委会	李卫祥	胡荣贵
王家堡村	周　宏	朱　军
封垈村	鞠新红	肖劲松

根　思　乡

【概况】 根思乡是国际主义战士、特级英雄杨根思故乡,地处泰兴市北郊,东临新长铁路、西依长江水道,南靠泰兴城区,北壤泰州市高港区,宁通高速泰兴北出口位于该乡辖区,乡政府驻地距市区仅9千米,地理位置十分优越。全乡土地总面积58.9平方千米,耕地总面积34.7平方千米,下辖10个行政村,46个自然村,356个村民小组,总人口50188人。

农业　2016年,该乡加强高效设施农业建设,全年新增大棚面积118亩、喷滴设施农业110余亩、设施渔业46.5亩。积极开展示范创建活动,获得上级土地流转奖补项目1个,创建泰兴市示范家庭农场3个、泰州示范家庭农场1个。推进林业绿化工作,建设完善农田林网鞠顾、老叶连片5000亩,绿色通道3000米,绿色河道6000米,新增成片林232亩,森林抚育1500亩,林下经济100亩,四旁植树4.1万株。

工业　2016年,全乡完成国税开票7.8亿元,同比增长15.1%;完成工商税收5713万元,同比增长10.1%;服务业税收完成961.18万元,同比增长24%。全年新开工1000万元以上工业项目8个,其中亿元项目3个;新竣工1000万元以上工业项目8个;新开工1000万元以上服务业项目1个。工业集聚区全年累计投入资金485.81万元,建设集聚区路道0.8千米,绿化面积达4272平方米,路灯125盏。

服务业　2016年,全乡完成服务业增加值5.24亿元,同比增长30%,服务业固定资产投资5760万元,服务业税收完成1015.25万元,同比增长24%。新开工1000万元以上服务业项目1个,服务业净增限上企业数和规上企业1个。

社会事业　2016年,根思初中翻建、根思中心幼儿园新建及老叶小学综合楼建设工程基本完成,根思中心幼儿园创成江苏省优质幼儿园。新增城乡居民养老保险人员260人,社会保障卡发放2.4万张,城乡居民养老保险续缴率达95%。对全乡419名五保老人签订照料协议,形成乡村、组织、邻居、亲属四方照料网络。按照“应退尽退,应保尽保”工作原则,对全乡980名低保对象入户调查,全乡核减216人。开展矛盾纠纷排查化解,全年共排查矛盾纠纷110余起,办结率和满意率均为100%。开展安全生产专项整治,共进行拉网式安全生产大检查6次,查处安全生产隐患965处,发放整改通知书138份，全年未发生一起重特大安全生产事故。强化农村环境长效管理,全乡10个村共落实管护人员105名，配置垃圾箱941个，修缮垃圾箱池150座。

2016年根思乡重要社会经济指标一览表

表51

指　　标	单　位	数　值
地区生产总值	亿　元	10.53
工商税收收入	万　元	5713
农业总产值	万　元	45512
粮食总产量	吨	38529
出栏生猪	万　头	8.26
出栏家禽	万　羽	43.96
规模以上工业总产值	亿　元	28.59
规模以上工业利税总额	万　元	37646
工业国税开票销售收入	万　元	78388
中、小学校	所	4
在校学生	人	1914
村卫生室	个	10
参加社会保障人数	人	22514

2016年根思乡各村(居)委会主要负责人一览表

表52

村(居)名	村(居)支部(总支、党委)书记	村(居)委会主任
双港	叶书明	周圣泉
新港	周小林	杨晓东
老叶	叶新红	叶正华
双联	叶卫明	叶遐龄
鞠顾	顾洪学	鞠建华
兴许	潘国锋	常红梅
李秀河	李　军	李　军
井垈	周忠秀	李建华
南湖	张　慧	廖吉生
根思	杨　伟	李小军

（肖　佩）

3月3日,根思乡开展第17次全国“爱耳日”宣传教育活动　　（张建荣、顾建华摄）

宣　堡　镇

【概况】 宣堡镇建镇于北宋神宗年间,是一座千年古镇。位于泰兴市北部,宣泰线、宁通公路穿境而过。南至根思乡,东部、北部和西部分别与高港区胡庄镇、许庄街道办以及口岸街道办接壤,西南与市经济开发区(滨江镇马甸)交界。全镇土地总面积32.27平方千米,其中耕地面积 17.70平方千米；下辖12个行政村,1个居委会,203个村民小组,总人口32535人。2017年,全镇实现地区生产总值8.76亿元，完成工商税收入库6681万元,增长27.6%;实现国税开票销售6.30亿元,增长13.9%;完成规模以上固定资产投资3.46亿元,增长31.6%;农民人均可支配收入18466元,增长10.5%。

农业　2016年,该镇鼓励业主和各类合作社发展林下经济,形成5000亩以上林下经济示范基地,完成森林培育3000亩。创建泰州市级“五好”示范社2个,新增泰州市级示范家庭农场1个。3月,为全国春季农业生产暨森林草原防火工作会议提供林业绿化观摩主现场。

工业　2016年,该镇完成工业总产值58.8亿元,销售58.1亿元，实现利润2.2亿元，分别同比增长22.39%、23.75%、34.83%。完成工业项目设备抵扣税金195万元,占任务的125.8%;完成自营出口900万美元,占任务的180%。新开工1000万元以上工业项目6个,新竣工项目4个。实施工业集聚区集贤路、创业路、泰胡线梅埝段道路摊铺以及道路绿化、路灯亮化、强弱电配套等基础设施建设,总投入1000多万元。

服务业　2016年，全镇实现服务业增加值4.03亿元，占市交任务的102.2%；完成服务业税收2155

万元、物流税收526万元,分别增长53.5%和75.4%,增幅位列全市前茅。《江苏泰兴古银杏公园总体规划》通过省专家评审和省林业局批复;先后实施公园银杏文化大舞台、特色木屋规划建设;举办首届宣堡美食暨桃花节;古银杏公园获评全省最美银杏公园,省级生态旅游示范区创建通过初验,

镇村建设　2016年,该镇先后实施镇区建工路、中央路和康乐西街道路摊铺工程建设和宣堡大转盘改造工程,宣堡北桥建成通车;完成三梅路、北联路和银杏路等3条农村道路提档升级工程,总长约3.5千米;新建农村小型设施公益桥梁2座,实施境内农村公路维修及增设会车道1.2万平方米。全面完成中沟河坡整治和高标准绿化,创建成江苏省水美乡镇。实施北森庄、梅埝、张河、毛群等4个村黑臭河道整治并通过验收。

社会事业　2016年,该镇健全薄弱村、低收入农户挂钩结对帮扶机制,年内3个经济薄弱村和建档立卡低收入农户94户、155人实现脱贫。城乡居民养老保险缴费率和基本医疗保险参保率均达98%以上,社会保障卡发放数达1.4万张,名列全市前茅。启动实施敬老院二期工程和幼儿园移址新建工程。宣堡初中录取四星级高中73人,占比35%,在全市农村初中名列第一。举办第二届"金泰堡杯"全民运动会。共有6个村被评为泰兴市"无访村"。

【首届宣堡美食暨桃花节】　宣堡镇于3月27日至5月8日举办首届宣堡美食暨桃花节。3月27日,首届美食暨桃花节开幕,市人大常委会副主任王克毅、市政府副市长刘辉出席开幕式。省餐饮协会现场评选、表彰宣堡小馄饨十佳名店。作为首届宣堡美食暨桃花节的首场和特色活动,"新能源"杯"粉色宣堡"春季采风摄影活动同步启幕。来自全市的200名"智慧泰兴"粉丝拍客踏青赏花,用手中的手机、相机留下春天的身影。采风摄影活动由宣堡镇主办,江苏新能源置业、泰兴市广播电视台、群众工作团宣堡工作队承办,"智慧泰兴"微信公众号、手机客户端提供平台支持。桃花节期间,各界人士和各地游客到宣堡镇看美景、品美食,健康行,悦身心。

【省纪委书记弘强驻点调研】　5月9日至12日,省委常委、省纪委书记弘强到宣堡镇崇头庄村开展"三解三促"驻点调研。弘强在调研期间对宣堡经济社会发展给予充分肯定,她说:到泰兴"三解三促"驻点调研,时间虽短,但感触很深、很受教育、很有收获。从泰兴这个局部,能充分感受到泰州在"十三五"开局之年所呈现出来的良好态势。首先是干部群众有很好的精气神;其次是经济社会发展有良好的开篇;第三是泰州把全面从严治党放在了突出位置。弘书记在调研中,就如何推进全面从严治党,加强党风廉政建设工作提出三点要求:第一、要进一步落实"两个责任"。第二、要把运用"四种形态"作为检验工作的标准。第三、要切实推动全面从严治党向基层延伸。

【《江苏泰兴国家古银杏公园总体规划》通过评审】2016年8月3日,省林业局组织召开专家评审会,审议《江苏泰兴国家古银杏公园总体规划(2016－2025年)》(以下简称《规划》)。专家评审组由南京大学国土资源与旅游学系、江苏省林业局、南京大学生命科学院、南京农业大学、南京林业大学等单位的教授、专家组成,副市长谢红官带领市发改委、国土、规划、住建、水务、交通、农委、林业、旅游管理中心、宣堡镇及森林公园风景区管理中心等人员参加会议。会上,编制单位介绍编制情况及主要内容,与会专家仔细审阅文件及文本。经过讨论,专家组认为:《规划》以古银杏资源的保护为中心,以水乡森林风景资源培育为重点,以彰显"古银杏群落"资源为特色的发展战略和集古树名木保护、水乡度假、森林康养、科普宣教于一体的古银杏文化主题公园的发展定位,符合泰兴市社会经济的客观需求和发展趋势,具有较强的指导性和前瞻性。专家组一致通过《江苏泰兴国家古银杏公园总体规划(2016－2025年)》,同时建议进一步对规划文本进行修改和完善,并按程序报批,尽快组织实施。江苏泰兴国家级古银杏公园位于享有"中国银杏第一镇"美誉的宣堡镇境内,规划面积1600公顷,有百年以上古银杏6170多株。古银杏以其独特的家前屋后栽植方式形成人与银杏和谐共处和丰富的森林资源及野生动物资源,专家将其形容为"天然之奇迹、休闲之胜地",2013年11月,国家林业局批准为国家级公园。

2016年宣堡镇重要社会经济指标一览表

表53

指　　标	单　位	数　值
地区生产总值	亿　元	8.76
工商税收收入	万　元	6681
农业总产值	亿　元	2.6
粮食总产量	吨	20584
油料总产量	吨	2090
蔬菜总产量	吨	6988
肉类总产量	吨	4913
规模以上工业总产值	亿　元	23.65
规模以上工业利润总额	万　元	11789
工业国税开票销售收入	亿　元	5.57
中、小学校	所	2
在校学生	人	1650
村卫生室	个	8
参加社会保障人数	人	13108

2016年宣堡镇各村(居)委会主要负责人一览表

表 54

村(居)名	村(居)支部(总支、党委)书记	村(居)委会主任
宣堡村	朱宏生	高　荣
三堡村	许颐和	许颐和
崇头庄村	陈宝民	严邦贵
梅埝村	吴　辉	郭卫东
郭寨村	张国良	刘书明
北森庄村	刘　浩	刘　浩
纪沟村	狄海俊	叶凤兰
毛群村	毛智彬	毛智彬
银杏村		沈和国
联新村	封国泉	封国泉
西宣村	马　杰	马　杰
张河村	姜德华	杨文鉴

（刘　琦）

虹　桥　镇

【概况】 虹桥镇地处泰兴市西南部,西濒长江,与无锡、常州、镇江隔江相望,南与靖江市接壤,镇域面积112平方千米,耕地面积4426公顷。全镇辖24个行政村,2个居委会,624个村(居)民小组,户籍人口8万人,外来人口2.3万人。虹桥镇区位优越,交通便捷,境内拥有15.8千米长江黄金岸线(其中—10米左右的深水岸线6千米)和8平方千米江心洲,沿江高等级公路、泰常公路穿境而过,七圩汽渡连接大江南北。2016年,成功创建为国家级卫生镇和江苏省水美乡镇,完成地区生产总值112亿元,增长11.2%;完成工业国税开票销售221亿元,工商税收收入7.93亿元,同比分别增长10.5%和23.3%,分别高于全市平均增幅4个和3个百分点;完成自营进出口1.9亿美元,实际利用外资9000万美元;净增规模以上工业企业8家,规模以上工业产值增长17.4%;工业国税开票销售超亿元企业12家,纳税超1000万元企业8家。其中,扬子鑫福位列泰州市十强企业第9位,税收达3.8亿元,列泰兴市第二位;中丹集团国税开票销售总额超50亿元,税收首次突破亿元大关,列全市第四位。

农业　2016年,全镇完成粮食总产量62985吨,新增高效设施农业1222亩、设施渔业52亩;新增流转土地1800多亩,截至年底已流转土地4.56万亩,新办家庭农场5个,新认证无公害农产品种植基地4个,"三品"认证比例达44.6%,渔业"三品"认证比例达90%。华威云创、江辉农产品、优德电子商务、和创互联网金融等项目投入运营,江辉农产品有限公司在上海股权托管交易中心成功挂牌,成为全市首家挂牌上市的农产品企业。

工业　2016年,该镇新签约亿元以上项目34个,总投资129.8亿元,其中,10亿元以上6个;新开工亿元以上项目30个,总投资83.5亿元,其中10亿元以上3个;新竣工项目18个,新开工、新竣工项目数量均为全市第一,且质态明显提升,新招引建设项目中有世界500强企业3家、中国500强企业3家和国家民营500强企业2家。全镇有700多家工业企业,高新技术产业产值达250亿元,占比41.6%。幸运宝贝获评中国驰名商标,森萱股份创成省名牌产品。宏大特钢被评为全市十佳高新技术企业;中丹集团、扬子鑫福研发中心分别被认定为省级院士和研究生工作站,扬子鑫福造船、中丹制药、瑞泰化工等6家企业创成国家高新技术企业。宏大特钢、康威塑业被评为AAA级国家标准化良好行为企业。全年专利申请总量200件,授权专利480件。虹桥园区(镇)创成省众创空间、省企企通试点园区、国家产学研协同创新示范镇;全年上报节能技改项目4个,淘汰落后用能设备36台(套),年可节约标煤3500吨。

服务业　2016年,该镇实现服务业增加值27.85亿元,完成税收入库3.46亿元,分别增长21%、21.6%;限上零售额达2.03亿元,增长26.5%;完成物流业税收8500万元,增长19.8%。总投资12亿元的长江美食主题街区、四桥港风光带、新城市民生态湿地公园项目正式开工,建设中的公用码头群项目总投资14亿元,已被列为省PPP示范项目;昆仑燃气投入运营,华润清洁能源项目正在加快推进相关前期工作,首期500万美元注册资金已到帐。

新农村建设　2016年,该镇完成农村公路提档升级21.8千米,新建村组道路40千米,清淤疏浚镇级河道9条近30千米,整治村庄河道117条94.3千米,疏浚土方71.5万立方米。新建改建农桥17座,改造沿江一级排涝站3座,新建二级排涝站8座。实施高标准农田林网化面积5000亩,新增造林面积315亩,建成省、泰州市森林示范村各1个,六圩村被评为泰州市"强富美高"十佳示范村。

社会事业　2016年,该镇民生十件实事工程实施顺利,七圩片区自来水管网改造工程加快推进;改造农村危房20户,实现农村公益性公墓全覆盖;完成劳动力技能培训1220人,新增创业908人,建成泰兴市创业孵化基地1个。脱贫攻坚成效显著,新增集体经营性收入达35万元的村7个,脱贫低收入农户307户,分别超出市交任务5个和18个百分点。实现居民人均可支配收入2.56万元,增长10.8%,高于全市平均增幅3个百分点,居全市之首。社会保障体系不断健全,城乡居民养老保险续缴率达 99%，新农合参合率达 99%，养老待遇认证率达 100%。各中小学全面通过义务教育现代化学校验收，虹桥镇中心幼儿园顺利通过省优质幼儿园评估验收，中考质量综合考评继续在全市农村学校中保持前列。虹桥医院正式开诊运营，3 个村卫生室完成省级社区卫生服务机构提升工程。成功举办江鲜美食节、“千人彩虹跑”、“百姓大舞台” 等活动，组织开展道德讲堂 4 次、廉政讲堂 3 次。扎实推进社会管理创新，不断强化立体化社会治安防控体系建设。严格执行领导干部接访下访机制，深入开展社会矛盾纠纷排查化解活动。认真落实安全生产网格化管理，加快推进安全标准化创建，排查整改各类安全生产隐患 1140 条。

【虹桥镇创建国家卫生镇通过省级技术评估】 9 月 7 日，虹桥镇创建国家卫生镇工作接受省创卫专家组技术评估。副市长、虹桥工业园区党工委书记、虹桥镇党委书记钱军陪同。虹桥镇已于 2013 年创成江苏省卫生镇，并于当年启动实施国家卫生镇创建工作，逐年加大环境卫生基础设施投入，推进镇村环境综合整治，加快完善长效管理机制，每年投入 100 多万元用于健康宣传教育和病媒生物防治。专家组实地察看虹桥客运站、虹桥医院、邻里中心等处的卫生设施投入、环境卫生状况和创建工作资料，听取虹桥镇创建工作汇报，认为虹桥镇创建组织机构健全、措施有力、氛围良好，领导、人员、资金等全部到位，各项指标均已达到《国家卫生乡镇(县城)标准》要求，一致同意通过省级技术评估，并报全国爱卫办公示命名。

【虹桥镇中小河流治理二期工程】 1 月，虹桥镇中小河流治理工程正式启动，开展芦槽港、连复港、四桥港整治，施工人员实施河道清淤疏浚、石驳护岸、生态挡墙和绿化施工，确保 10 月底全部结束并报请主管部门验收。虹桥镇完成以九圩港整治为主的中小河流治理一期工程后，持续加大中小河流整治力度，将芦槽港、连复港、四桥港 3 条干河和团结中沟、小麦港、胜利港、朱家港、六圩港等 10 条生产中沟纳入中小河流治理二期项目，施工总长超过 20 千米，总投入将近 2000 万元。工程实施到位后，彻底解决新兴产业片区和相关村(居)排涝不畅问题，改善人居环境。

【新当选镇党代表“两学一做”专题党课】 5 月 23 日，虹桥镇开设 110 名新当选的镇党代表“两学一做”专题党课。副市长、虹桥工业园区党工委书记、虹桥镇党委书记钱军作“两学一做”专题党课。钱军围绕“学什么”“怎么学”“怎么做”等关键环节，详细阐述“两学一做”学习教育的内容特点、方法措施和目的意义，为深入推进“两学一做”学习教育确立目标，指明路径；同时要求区(镇)广大党员干部、特别是新当选的党代表要牢记使命、恪尽职守，从严要求、主动作为，把思想和精力集中到落实园区党工委、镇党委各项决策部署上来，落实到加速推进经济社会发展上来，为实现“十三五”开局良好、首战必胜目标做出更大贡献。

【百姓大舞台文艺演出】 5 月 19 日，虹桥镇首届“百姓大舞台”活动在长江国际花苑广场上演，为具有一定文艺特长的群众搭建“零门槛”舞台，也为群众打造展示自我风采、唱响幸福生活的新平台。演出在歌伴舞节目《在那桃花盛开的地方》经典旋律中拉开帷幕，器乐合奏《洪湖水浪打浪》，独唱《前门情思大碗茶》，越剧《王老五抢亲》，京剧《祖国好山河》等 18 个精彩节目，反映了虹桥干群追求卓越、实现跨越的崭新风貌和开拓进取、奋勇争先的昂扬斗志，不时赢得现场近千名观众的热烈掌声。

【虹桥江鲜美食节】 4 月 9 日，由虹桥镇政府主办，市旅游局、市体育局、市餐饮协会协办的 2016 泰兴虹桥江鲜美食节在森萱农庄举行。泰州市旅游局副局长王立新、市政府副市长张健羽，副市长、虹桥工业园区党工委书记钱军出席。虹桥江鲜美食节是第八届中国泰州水域水乡国际旅游节系列活动之一，此次活动以“诗意江城、创意江鲜”为主题，举办特色江鲜美食展、农产品展、沿江乡村风情保险、江鲜厨艺大赛、环保公益垂钓赛、摄影大赛等系列活动，展示虹桥江城风采，提升“八鲜过江”渔业品牌知名度，打造虹桥江鲜名片，促进旅游业发展。

【“坚定理想信念强化‘四种意识’”专题大讨论】 5 月 13 日，虹桥镇举行入党积极分子培训班，组织 100 多名入党积极分子、发展对象和新党员开展“坚定理想信念、强化‘四种意识’”专题教育，5 名入党积极分子围绕主题作讨论交流。“两学一做”学习教育开展后，虹桥镇创新学习教育形式，通过“坚定理想信念、强化‘四种意识’”专题大讨论活动引导和激励党员干部深入学习党章党规、学习系列讲话，自觉按照党员标准规范言行，进一步坚定理想信念、锤炼党性修养、强化宗旨意识、增强群众观念，营造党员履职尽责当先锋、立足岗位争优秀的浓厚氛围。活动期间，虹桥镇还组织党员干部赴泰兴看守所接受警示教育，并组织开展一次廉政知识测试。

2016年虹桥镇重要社会经济指标一览表

表 55

指　标	单　位	数　值
地区生产总值	亿元	111
公共财政收入	万元	49631
农民年人均收入	元	25568
农业总产值(按现价计算)	万元	92853
粮食总产量	吨	62985
农机总动力	万千瓦	7.25
出栏生猪	万头	10.0877
出栏家禽	万羽	99.6107
工业总产值	亿元	746
工业总利润	万元	648149
中、小学校	所	8
在校学生	人	5230
村卫生室	个	22
参加社会保险人数	人	53894

2016年虹桥镇各村(居)委会主要负责人一览表

表 56

村(居)名	村(居)支部(总支、党委)书记	村(居)委会主任
公殿村	马桂良	马桂良
七圩村	钮纪平	何余祥
八圩村	徐　斌	徐　斌
九圩村	张正兰	耿龙建
桃园村	顾巧娣	郝文国
涌兴村	严登明	杨爱军
高圩村	何光荣	何光荣
四仙村	陈廷明	黄志军
祥福居委会	包信鹏	包信鹏
毗芦村	罗东明	罗东明
新市村	严超良	孙　强
张公村	杨平先	杨平先
唐港村	张小明	张立新
季桥村	朱新华	张新桥
封祝村	顾建国	黄志明
通石村	李忠平	焦爱军
清水村	徐建新	朱丙生
蒋华村	蒋红兵	李　健
上元村	陈　兵	吴德明
同德村	马建文	马建文
三桥村	孙志萍	黄年军
广福村	张文兵	薛炜忠
六圩村	黄殿亮	高金林
崇福村	李振兴	史小平
宋桥村	封江林	蔡新文
新城居委会	徐　祥	—

(孙纪刚)

滨　江　镇

【概况】 滨江镇地处泰兴西部沿江,与泰兴经济开发区实行“区镇合一”管理体制,辖区总面积122.59平方千米,耕地总面积3901.2公顷,行政村31个,社区2个、村民小组660个、总人口8.99万人。2016年,该镇实现地区生产总值189.1亿元,同比增长10.8%;完成工业国税开票销售收入660亿元、工商税收收入26.5亿元,同比分别增长3.9%和9.2%;实现服务业增加值32.9亿元、税收5.5亿元,分别同比增长37%、41%;实现建筑业施工总产值29.2亿元,同比增长15%。实现粮食总产量5.4812万吨,55%的村经营性收入达35万元以上。实现农村常住居民人均可支配收入20788元,同比增长11.1%。

农业　2016年该镇粮食生产实现“十三连增”,良种推广率达98%以上。机插秧率近100%,秸秆综合利用率达90%。新增设施渔业面积30亩,水产品抽样送检合格率达100%。全年新增家庭农场19家、各类合作经济组织11家,获评市新型经营主体培育先进单位。新增森林覆盖面积310亩、绿色通道8000米、完善农田林网6530亩。通过一折通发放各类涉农补贴2500多万元。

新农村建设　2016年,该镇完成拆迁1266户,安置851户,过船老镇区征收动迁任务全面完成,竣工交付安置房1193套。完成南三环北侧景观河、疏港路、丰产河、通江河等挡土墙工程建设。回购盘活存量工业建设用地33.33公顷。新建农村公路10千米、拓宽改造12.6千米,新建桥梁5座、电灌站6座、涵闸5座,疏浚河道15条累计9.8千米。

社会事业　2016年,该镇实现农村常住居民人均可支配收入2.08万元,同比增长11.1%;新增创业人员709人,支持成功自主创业81人,天星村建成市创业孵化基地;推进精准扶贫、精准脱贫,举办10·17扶贫日义演活动,建立扶贫开发基金,募集扶贫资金389万元,实施标准厂房、高效农业等项目26个,建档立卡、结对帮扶低收入农户911户1432人,完成低收入农户415户653人脱贫任务;加大薄弱村扶持力度,所有村集体经营性收入达20万元以上,包括4个经济薄弱村在内的17个村集体经营性年收入达35万元以上。马甸初中四星级高中统招录取41人,滨江实验学校中考均分上升30分,天星幼儿园教学楼建成使用;7个村综合文化服务中心通过市级验收,举办惠民演出、送电影下乡等活动38场,全民健身广场建成使用;获评泰州市食品安全工作先进乡镇,5个村建成省标准化卫生室、苏垄村建成省示范卫生室;投入近2300万元用于民政抚恤社救,镇“安康关爱”行动被评为市一等奖,滨江敬老院“医养融合”新模式在泰州市推广,仁寿村创成国家级减灾防灾示范社区;投入近1.3亿元办理失地农民养老保险,城乡居民养老保险续缴率达99%,新型农村合作医疗参缴率达98%;全镇人口性别比为100:105,计划生育奖励扶助兑现到位。

【微型消防车发车仪式】 12月30日,滨江镇举行微型消防车发车仪式暨微消防进村居启动仪式。滨江镇投入近6万元,自行设计、装备5辆电动消防车,配置消防泵和灭火器,选取全镇比较偏远的中兴村、苏余村等5个村居试点发放,并成立农村义务消防队。

【全市首家农村产权交易服务站成立】 7月4日,全市首家农村产权交易服务站在滨江镇成立。市领导孙云、孙群出席了揭牌仪式,共同为滨江镇农村产权交易服务站揭牌。农村产权交易市场建设是国家、省市深化农村产权制度改革的重点内容之一。建成全市首家服务站,旨在为全镇农村产权交易建设一个集中服务的优质平台。滨江镇农村产权交易服务站服务范围为农村土地承包经营权、林地使用权、农村集体资产所有权等,服务内容包括受理交易申请、审核,发布信息,提供场地、设施、代办等事项。

【“爱润滨江”2016年全国扶贫日主题文艺演出】 10月17日,经济开发区(滨江镇)扶贫基金会启动仪式暨“爱润滨江”2016年全国扶贫日主题文艺演出举行。市委常委、宣传部部长张红霞,市委常委、经济开发区党工委书记、滨江镇党委书记孙群,副市长谢红官出席并为获奖人员颁奖。演出分为浓浓牵挂、拳拳爱心、深深祝福3个篇章进行,采用合唱、相声、音诗画、歌舞等表演形式,展现了扶贫开发以及帮助贫困群众解决生产生活等方面难题的场景。活动现场还为扶贫开发工作先进个人、爱心企业颁奖,表彰脱贫致富家庭。演出中还筹集扶贫善款,帮助贫困家庭,来自开发区的爱心企业、爱心人士纷纷慷慨解囊,捐出善款,现场企业、党政班子负责人、爱心群众共捐款近500万元用于经济开发区扶贫开发事业。 (吕晓文)

2016年滨江镇重要社会经济指标一览表

表57

指　　标	单　位	数　值
地区生产总值	亿　元	189.1
工商税收收入	亿　元	26.52
农业总产值	亿　元	4.48
粮食总产量	吨	54320
出栏生猪	万　头	6.6
出栏家禽	万　羽	79.3
规模以上工业总产值	亿　元	1258
规模以上工业利润总额	万　元	1252014
工业国税开票销售收入	万元	6600000
中、小学校	所	7
在校学生	人	3704
村卫生室	个	26
参加社会保障人数	人	55949

2016年滨江镇各村(居)委会主要负责人一览表

表58

村(居)名	村(居)支部(总支、党委)书记	村(居)委会主任
蔡桥村	高　放(1-3月) 曹双喜(4-12月)	曹双喜(1-9月) 季新华(10-12月)
长沟村	季亚民	张春生
褚港村	石新国	王金荣
大何庄村	赵桂生	何广国(1-9月) 赵　邑(10-12月)
大马庄村	赵铁清	徐建伟
翻身村	刘幸福(1-8月) 黄　峰(9-12月)	潘长龙(1-9月) 张建明(10-12月)
顾阚村	陈向阳(1-6月) 蔡小君(7-12月)	周夕明
过船村	蔡平国(1-6月) 刘　敏(7-12月)	张金桂
红旗村	徐小平	褚新成
蒋港村	孙学银(1-8月) 周育俊(9-12月)	周育俊(1-9月) 刘玉军(10-12月)
蒋榨村	曹培林(1-8月) 杨理明(9-12月)	杨理明
联杨村	苏永青	王长剑
龙港村	周冬生(1-8月) 蒋兴龙(9-12月)	蒋兴龙(1-9月) 王建福(10-12月)
卢碾村	常如	陈建康(1-9月) 杨剑东(10-12月)
马甸村	成国庆	成玉生
仁寿村	于达宝	侯登国
三联村	张玉建	郑巧福
石桥村	杨新海	杨新海(1-9月) 钱军成(10-12月)
双彭村	季鸿生(1-6月) 冯　斌(7-12月)	曹　晨
苏垄村	张益民	季家锁

续表 58

村(居)名	村(居)支部 (总支、党委)书记	村(居)委会主任
苏余村	施　峰(1-6月) 赵留华(7-12月)	陈国兴
天星村	刘香林	刘香林(1-9月) 任国庆(10-12月)
五杨村	周玉霞	周玉霞
西江村	张其良(1-8月) 周建中(9-12月)	周建中(1-9月) 李新国(10-12月)
小马庄村	雍留明	雍留明
新星村	王　涛(1-4月) 王忠成(5-12月)	施正国
洋思村	戴怀国	戴月霞(1-9月) 严亚明(10-12月)
殷石村	孔德怀(1-8月) 石　岩(9-12月)	石　岩
永新村	曹金华	曹金华(1-9月) 曹松祥(10-12月)
中港村	蒋宏发	任国民
中兴村	陈荣武	刘玉军

济川街道

【概况】 济川街道地处泰兴城区，是泰兴市政治、经济、文化中心。全街道土地面积93.5平方千米，耕地面积25.08平方千米，辖行政村22个、社区18个，总人口25.7万人，其中在籍人口24.5万人。2016年实现国内生产总值136.52亿元，财政总收入21.53亿元，规模以上固定资产投资83.88亿元。

农业 全街道土地平整，农田方整化，沟渠林网化。2016年，高效规模设施农业面积1.48万亩，建有园林通道、生态走廊带2万米，拥有大棚蔬菜、葡萄园、草莓园、苗木花卉、林果栽植带、家禽畜牧养殖等特色规模农产品基地。建成产业化龙头企业9家，成立农民专业合作经济组织29个。2016年实现农业总产值5.98亿元，增加值3.4亿元，农民人均纯收入同比增加2000元。

工业 2016年，全街道有私营以上工业企业近800家，其中规模以上工业企业88家、泰兴市50强、30家骨干企业15家，形成减速机及机械制造、电连接器及新材料、船舶及空调设备、保健及药包材、汽车及摩托车零部件、纺织及针织服装等6大支柱产业。全街道年产值在5000万元以上企业28家，其中亿元以上企业18家。是年实现工业总产值650亿元，销售638亿元，国税开票销售118.5亿元，利润51.3亿元。新开工重点以上工业项目14个，工业投资42亿元，两税收入9.7亿元，自营进出口1.94亿美元。

建筑业 2016年，全街道有建筑业(包括房地产、建筑装潢)企业159家，拥有总承包房屋建筑施工特级资质1家，一级资质4家，二级资质2家。是年实现房地产销售69.51亿元，建筑业施工产值433.6亿元。

服务业 2016年，全街道有服务业经营企业2万家(户)，其中服务业列统企业121(其中限上企业73家，规上企业48家)家、泰兴市30强服务业骨干企业20家。形成鼓楼购物中心、大润发超市、好来居家饰城、红星美凯龙广场等规模市场。是年实现服务业增加值93.18亿元，税收16.92亿元，物流税收2876万元。新增规模以上企业11个，新增限额以上企业23个。

城乡环境 2016年，全街道征地87.47公顷，交地61.23公顷，完成9个地块1300多户房屋动迁任务；组织拆违活动121次，拆除违法建设216起，拆违面积5628平方米。18个社区办公与服务中心基本达标，7个老旧小区和20个背后街巷改造全部完成。社区物业服务全覆盖，创卫成果得到巩固。整治黑臭河道4条，生活垃圾收运体系覆盖所有村居。

社会事业 2016年，全街道城乡低保、五保等建立电子档案，动态管理，年发放保障金812.8万元。全年实施临时救助2300人次112万元。防灾减灾机制完善，年发放救灾资金20.89万元。退休人员活动中心和社区居家养老服务中心(站)实现全覆盖，养老待遇认证率100%。14个经济薄弱村中7个集体经济收入达到35万元以上，4个达30万元以上；街道781户低收入户544户成功脱贫，脱贫比例达70%。20个村居获省级民主法治示范村居，12个村居获泰州市级民主法

济川街道组织老干部开展“走济川、看变化、观发展”活动　　(钱　乾 摄)

治示范村居。安全生产主体责任严格落实，新增二级安全标准化企业1家，三级标准化企业15家，复评合格20家。

【人大代表评议老小区和背后街巷改造】 3月30日，济川街道办事处邀请辖区内泰州、泰兴两级人大代表和群众代表听取并评议老小区改造和背后街巷改造整治工作。与会代表听取关于改造工程实施情况的汇报。2012—2015年，老小区改造共实施国庆二村、五里墩花苑、东城新村等26个项目；2013—2015年，背后街巷共改造实施35个标段和8个小区24个施工点。2016年实施老小区改造项目5个，背后街巷改造14个标段、31条背后街巷，分别位于华泰新村、印庄小区、星火路、大庆东路等位置。代表们认为，济川街道老小区和背后街巷改造整治工作顺民心，应民意，改造后的小区面貌焕然一新，大大方便了群众出行和生产生活。代表们建议，下一步改造工作要遵循总体规划，规划设计从长远考虑，避免重复改造造成的资源浪费；保证工程质量，确保改造工作一步到位，让群众住得放心；加强对改造工程的后续管理，坚持建管并重；同时要认真总结改造工作经验，加强对改造工程的宣传，引导百姓自觉爱护改造后的环境，使民生工程更好地惠及百姓。

2016年济川街道重要社会经济指标一览表

表59

指　　标	单　位	数　值
地区生产总值	亿元	136.52
工商税收收入	万元	8.86
农业总产值	亿元	5.98
粮食总产量	万千克	32060
出栏生猪	万头	2.51
出栏家禽	万羽	29.80
规模以上工业总产值	亿元	308
规模以上工业利税总额	万元	46.3
工业国税开票销售收入	亿元	119.5
中、小学校	所	18
在校学生	人	30627
村卫生室	个	22
参加社会保障人数	人	121481

2016年济川街道各社区基本情况一览表

表60

村(居)名	村(居)支部（总支、党委)书记	村(居)委会主任
鼓楼社区	周宁宁	卜雷
府前社区	张玉杰	聊志航
复兴社区	蔡军	李霞
西郊社区	张云	卜娟
跃进社区	李金芳	李金芳
商井社区	戴兴美	卜建明
北站社区	孙荣	孙荣
兴燕社区	封　斌	
国庆二村社区	陈冠民	刘照君
南街社区	杨金明	杨金明
三营社区	生志红(主持)	生志红
国庆社区	朱银松	
越街社区	刘云	
东联社区	侯战辉	
周曾社区	冯爱庆	蔡晓红
华泰社区	戴莉	戴莉
五里墩社区	成　伟	夏胤森
东城社区	陈　明	陈　明
陆桥村	刘　云	
三阳村	孙荣明	常小凤
蔡巷村	朱建中	石立
大生村	张卫华	奚光泽
双进村	高荣恒	高荣恒
南郊村	陶鹏飞	陶鹏飞
南殷村	钱雪峰(兼)	
钱庄村	肖金华	肖金华
张陈村	黄辉	张建荣
燕头村	陈国峰	鞠国华
延陵村		沈建成
新联村	刘国平	于波
耿戴村	朱网林	朱网林
房元村	房雄伟	房雄伟
苏城村	杨　明	杨　明
三六村	符涛(主持)	
众贤村	徐艮生(主持)	
王垈村	李六站(主持)	
渡河村	周新民	羊六林
张庄村	张六炎	戴建明
郭庄村	胡平	周新彬
向阳村	翁益军	刘荣庆

泰兴籍最美泰州人

■编辑　蒋淑颖

2016,他们最美

1 月泰州市“最美基层干部”蔡圣志,男,1960 年 4 月出生,中共党员,元竹镇双赵居委会党总支书记。他扎根基层 33 年,带领乡亲们忙招商发展村集体经济,9 家工业企业中有 4 家年产值 1000 万以上,产值和利税均列全镇首位;他忙生态农业提高村民生活水平,成立专业合作社,让留守大妈们在带孩子、顾家庭的同时,一年也能挣上 8000 余元的纯收入;他忙公益改善村居环境,修路建桥装路灯,建泵站公厕添垃圾箱,解决民生难题,将一个闭塞、落后的贫困村,建成一个充满诗意的栖居地、现代的世外桃源,在新农村建设的征程中奏响了一曲昂扬向上的田园牧歌。多次被评为泰兴市先进工作者、优秀党组织书记、优秀共产党员。

2 月泰州市“最美志愿者”赵习芳,女,1975 年 8 月出生,中共党员,市人民检察院未成年人刑事检察科科长。她柔性执法,面对涉罪未成年人,她不厌其烦地教育、感化、挽救,近三年来,让 42 名失足青少年迷途知返。对于侵犯青少年合法权益的犯罪,她总是坚决依法从重从快严厉打击。她带领科室人员拍摄未成年人公益广告,编印《七彩虹》法制小报,向全市各学校发放,加强未成年人防范与自我保护。她鼓励闲散青少年接受免费技能培训,让他们掌握职业技能,就业创业谋生。多次被泰州市人民检察院表彰,记三等功 1 次。

3 月泰州市“最美巾帼人物”芦玲芳,女,1952 年 3 月出生,中共党员,姚王镇桑木村党委书记。自 18 岁进桑木村,她一直未离开。40 多年来,她用一位女性的柔肩扛起桑木村的发展重担,将桑木村由一个落后村、贫困村变成了远近闻名的小康村、幸福村,被村民们亲切地誉为“桑木扁担”。她经常说,“看看村里的变化,比出国旅游还要快活。瞧瞧老人们过得精神,孩子们过得快乐,想想我一个妇女能挑起一个村的担子,心里就觉得舒坦!”先后被评为全国新长征突击手、全国双学双比女能手、江苏省三八红旗手、江苏省优秀共产党员、泰州市十佳女公仆、泰州市勤政廉政好干部、泰州市廉政杰出先锋、泰州市共产党员标兵、泰州市十大巾帼英杰和泰兴市十佳村党组织书记。

4 月泰州市“最美青年人物”何峰,男,1986 年 10 月出生,中共党员,市人民检察院公诉局公诉一科副科长。他敢于顶真碰硬,办大案、办难案,工作 7 年共侦办刑事案件 700 多件,先后办理了江苏史上数额最大、勒索一千万元的团伙绑架案、泰州市第一起全能神邪教组织案、泰州市第一起涉及 3000 余人的本地传销组织案、泰兴市第一起利用二维码网络盗窃案以及一批带有黑社会性质的聚众斗殴案等重大、疑难刑事案件,为平安泰兴建设作出积极贡献,央视新闻频道、法制频道和多家省市级媒体先后报道。先后被泰州市人民检察院记个人三等功两次,被评为泰州市检察机关先进工作者两次,在泰州市公诉人对抗赛中获“最佳审查报告”奖，在泰州市首届公诉人与律师电视辩论赛中获“最佳辩手”奖。

5月泰州市“最美职工”孙建锋，男，1968年6月出生，中国电信泰兴分公司珊瑚支局支局长。1988年参加工作以来，在农村基层一线一干就是28年，他始终将“客户满意”作为工作指向，用真心和诚信赢得客户的信赖的同时也赢得市场，率先在泰州全区完成“光网乡镇”的创建目标，团队在省市多次技术比武、业务竞赛中获奖，被中国电信集团公司评为“优秀团队”，珊瑚支局被中国电信集团公司评为“优秀达标支局”，被江苏省公司评为五星级“温馨家园，和谐支局”。先后被评为中国电信集团公司“先进个人”、江苏省公司“优秀支局长”“奉献之星”。

6月泰州市“最美大学毕业生”徐磊，男，1990年3月出生，中共党员，虹桥镇桃园村党总支副书记。他立志为家乡父老办实事，放弃苏南知名企业的邀请，回乡成为一名大学生村官，三年来，“桃园”两个字，时刻牵动着他的心。他与村民朝夕相处，为困难户申请低保，为特困户翻建瓦房，为家遭变故的村民募集善款、追回事故补偿；他协助书记募集资金铺修道路，促成千亩林果园项目顺利落户，创建成泰州地区首个“全国侨务工作示范村”。桃园的点滴发展，都见证着他的默默耕耘。2014年、2015年连续两年被虹桥镇党委评为“优秀共产党员”。

6月泰州市“最美大学毕业生”任冬琴，女，1991年1月出生，中共党员，分界镇赵庄村党总支副书记。曾是一名留守儿童的她，任大学生村官后，更加关注和自己有类似经历的农村孩子。她走进校园，给留守儿童上课，带他们外出参加才艺比赛；她成立留守儿童社区服务中心，定期带孩子们户外拓展、心理教育，组织爱心夏令营；她成立泰兴市未成年人关爱协会，让农村留守儿童和城里的宝贝结对互助；她成立心灵花园守护中心，成功举办关爱留守儿童“春暖2015”公益晚会，为孩子们筹集爱心款。她是148名留守儿童、15名贫困儿童共同的“大姐姐”。

7月泰州市“最美基层共产党员”张国良，男，1958年4月出生，中共党员，宣堡镇郭寨村党委书记。任职以来，他想方设法招商引资，6家企业先后来村发展，5个专业合作社相继成立，吸纳本村及附近村的富余劳动力350余人就业，人均新增打工收入万元左右，2015年，该村人均纯收入25302元，村集体经营性收入210万元，连续三年被表彰为泰州市全面小康建设十强村。在他担任村党组织书记的11年中，该村先后捧回国家级生态村、全国一村一品示范村、江苏省新农村建设先进村、江苏省最美乡村等一个个金字招牌，他把一名共产党员的党性写在了郭寨的大地上。先后被评为江苏省吴仁宝式优秀村书记、泰州市十佳勤政廉政先进个人、泰州市我最喜爱的共产党员。

9月泰州市“最美教师”周亚萍，女，1979年6月出生，中共党员，常周小学一级教师。常周小学是地处偏远的乡村小学，学校留守儿童比较多，问题学生常有出现，她像母亲一样关爱着她所教班级的每一个孩子。她精心照顾“玻璃女孩”席梦绒，端屎把尿、服侍孩子吃饭，给她买衣服，泰兴电视台、江苏卫视曾专题报道，现在资助该孩子开网店，自谋出路。被评为泰州市教学能手，曾被推荐为“感动江苏最美乡村教师”候选人，2016年8月当选“泰州市第六批师德模范”。

10月泰州市“最美双创之星”叶学俊，男，1962年2月出生，泰兴市航联电连接器有限公司总经理。他创办企业，成功打开军工市场，出色完成神舟五号飞船配套方舱测试用电连接器项目，主持或指导开发5800多个产品，多个产品打破国外技术垄断。累计获得各类专利49件，国际发明展览会金奖、铜奖各1项，江苏省军民结合科技创新二等奖1项，2个系列产品被列入“国家火炬计划”项目，9个系列产品被认定为“江苏省高新技术产品”。先后被评为江苏省科技创新先进个人、江苏省诚信企业家。

11月泰州市“最美诚信之星”鲁建华，女，38岁，中专毕业，泰兴市泰通公共交通有限公司2路线驾驶员。她诚信经营，面对乘客落下的装有价值3万余元的钱物毫不动心，协助车队找到失主；她诚信服务，沿线很多乘客都计算好时间等着乘坐她的车辆，每到母亲节，她总能收到小朋友们送的明信片；她诚信待人，团结同事甘于奉献，主动放弃休息，带领同事为车队争创各项荣誉。先后被评为泰兴市文明职工、最美女职工，泰州市交通运输系统十佳服务明星、泰州市巾帼建功标兵。

12月泰州市“最美法治人物”王云，女，1984年1月出生，泰兴市人民法院少年及家事审判庭审判员。作为市人民法院最年轻的员额制法官，5年来，她审理两千多起案件，无一错案，无一上访、缠诉案件，调解率、结案数等各项办案指标均位于法院前列。她还经常利用休息日到中小学上普法课，并常年资助甘肃失学儿童，被称为法官“云姐姐”。先后被评为新泰州建设功臣、泰兴市优秀共产党员、优秀公务员、巾帼建功先进个人，并受到泰兴市政府嘉奖，记个人三等功一次。

一句承诺,26 年坚守

——记泰兴市新街镇金干村民叶春华

26 年前, 同村老人叶长根妻儿先后不幸去世,基于悲悯之心,叶春华和妻子将这个非亲非故的老人接到家中服侍照顾, 并承诺为其养老送终以宽其心,26 年来,叶春华及其家人对老人贴心照顾,即便是在妻子马兰英去世后,依然坚持照顾老人,不让老人受一点委屈,现在老人是村最长寿的人。《人民日报》2015 年曾作报道。如果不是老人的老邻居、原葛洲坝工程公司退休干部唐锡生回乡探亲,“抖露”出这件事,也许我们不会知道这家人的善举。

“为老人养老送终,这承诺永远不变。”

“我只想让老人有个家,想让他和正常老人一样,晚年生活好一点,有人给他养老送终。”58 岁的叶春华道出了内心朴素的想法。他回忆说,“1991 年的冬天,我开拖拉机经过叶长根老人家门前,看他一个人坐在一间破房子前晒太阳。总觉得他一个人太孤独了,当时就萌生把他接到我家住的想法。”

叶长根老人虽然和叶春华同村同姓, 但他们之间没有任何血缘关系。老人出生于 1918 年,30 多岁时,妻子去世。52 岁时,唯一的儿子又因意外事故不幸而去。

当时老人已经 73 岁,没有任何收入,接这样一个毫不相干的老人回家,可不是一朝一夕的事。更何况,自己上有父母,下有一双儿女,本来家庭负担就重。开拖拉机搞运输, 赚点小钱只能供全家人糊口。叶春华内心也很矛盾。考虑再三, 叶春华还是向妻子说出自己的想法。

“人家还要到外面做好事,何况是我们邻组的。就当是我们多养一个上人”没想到妻子马兰英竟然一口答应下来。就这样,老人成了这个家的一员。叶春华特地为他腾了一间屋,添了日常生活用品。在这个家中,无论是大人还是小孩子都叫老人“太太”。

一晃 26 年过去了,“太太”96 岁了。叶春华和一家人还是这句话:“为老人养老送终,这承诺永远不变。”

“一家人的孝顺,让我生活得很开心。”

谈起这 23 年的生活 ,96 岁的叶长根乐观开朗,“这一家人的孝顺,让我生活得很开心,如果不是他们,说不定我的坟头上早就长了老高的草了。” 老人眼不花耳不背,思维清晰。“刚刚进入这个家时,看到这家的困难,我几次想回到自己的破屋,一家人就是不肯。我身体上没有大毛病,就是血糖、血压偏高。一家人对我的饮食特别注意, 总是变着花样让我吃好。我牙齿不好,菜总是切得细细的,肉煮得烂熟的。一天两顿喝点酒,也是照应得妥妥的……”

前年,老人得了严重的前列腺炎,在南新医院住了 7 天。当时,叶春华在武汉打工,为了不让儿子操心,也怕来去花车费, 叶春华的老父亲叶志香瞒着儿子到医院服侍。一个 79 岁的老人,为一个年长自己 15 岁非亲非故的老人每天端尿盆、擦洗身子,让同病房的人赞叹不已。叶长根出院后,叶春华的母亲又隔三差五煮点可口的菜肴和富有营养的老母鸡汤等,让他补养身子。

叶春华在外打工, 每次回家总忘不了给老人买这买那。叶春华的两个子女相继工作成家后,对“太太”也是牵挂在心。女儿叶霞和女婿严小兵在常熟工作,每年总要为老人买些新衣, 每次回家总要带些老人喜欢的当地土特产、牛奶等。儿子叶佳茂从外面回来,总要拉着“太太”讲外面好听好玩的人和事,逗老人开心。

一家人无微不至的照顾,感动了老人,也感动了周围的群众。叶春华的邻居、70 多岁的夏文女告诉记者:“这么多年了,我从来没有听到、看到他家人对老人不尊敬,总是慢条斯理的。”唐锡生握着记者的手说:“我离家多年,原以为老人早不在人世了,想不到叶春华一家把老人照应得这么好。真的很感动。本来不想说的,但作为一名受党教育多年的退休干部,想来想去,还是要请你们对这家人的善举给予褒奖。”

“再苦再难,不能让‘太太’受委屈。”

选择本身就难,坚守则更难。叶春华一家人在坚守的路上付出了常人意想不到的困苦。

1999 年,叶春华的妻子马兰英患了牙癌,拔光了牙齿,疼痛难忍。但她还是坚持一日三餐照顾好老人。亲戚朋友送来补品,总要分给老人吃。

“我的身体硬朗,她总是左说右劝让我多吃点。像这样菩萨心肠的人得这样的病,老天不公平。”叶长根老人现在还这样念叨。

然而,不幸接踵而至。今年春天,马兰英因车祸跌断了腿,10 月份,又被查出得了肺癌。

10 月 27 日,这位倔强的女人带着遗憾去世了。临终前,她反复叮嘱家人:“再苦再难,不能让‘太太’受委屈。”

这个家的负担很重,两个子女先后上学、成家,妻子得重病，叶春华花光了家中的全部积蓄，还欠下30多万元外债。镇、村考虑到叶春华家的实际困难，“动员”老人去敬老院，但老人舍不得离开这个家，这个家更舍不得老人走。

妻子去世后，为了偿还沉重的债务，叶春华只能去温州打工。他年迈的父母亲承担起照顾老人的义务。但愿好人有好报！

叶春华先后被评为泰兴市十佳孝星、泰州市首届十佳孝星、江苏省第二届百佳孝星。

用青春诠释“医者仁心”

——记市疾病预防控制中心麻防科科长马玉华

马玉华，女，汉族，1973年11月出生，本科学历，中共党员，江苏省泰兴市疾病预防控制中心麻防科科长。她21年辛勤坚守在麻风病防治第一线，倾心面对着常人唯恐避之不及的麻风病患者，宣传普及麻风病防治常识，用汗水和脚步消除了社会对麻风病康复者的歧视。2014年，她被授予江苏省“百名医德之星”称号；2015年，她又获得全国麻风病防治最高奖——马海德奖；2016年当选泰州市第五届党代表，2016年8月，马玉华荣登“中国好人榜”。

21年来，她辛勤坚守在麻风病防治第一线，倾心面对着常人唯恐避之不及的麻风病患者。常年奔走在泰兴城乡，宣传普及麻风病防治常识，用汗水和脚步消除了社会对麻风病康复者的歧视，用自己的人格魅力吸引着社会上更多人关注并加入帮助麻风病康复者的行列。

抉择，让她成为疾控战线的“逆行者”

20世纪60年代，江苏省泰兴市滨江滩涂地，成立了疾病预防控制中心麻风康复病区，专门收留治疗麻风病患者，外界把这里称作“麻风村”。在医务人员努力下，泰兴市的麻风病防治工作于1997年顺利通过国家卫生部验收，基本消灭了麻风病。一些患者治愈后，便一直在“村”里生活。

说到麻风病，很多人谈之色变，避之不及。然而，1995年8月，刚从扬州大学医学院临床医学系毕业的马玉华，被分配到了泰兴市“麻风村”，从事麻风病防治工作。“许多患者出现手指关节脱落、口角歪斜、眼球突出等症状，有的病人下肢、足底感染溃疡，我戴了12层纱布的口罩，仍然闻到阵阵恶臭。”对于当时的场景，马玉华印象深刻。那一刻，她感受到病人的巨大痛苦，既来之，则安之。马玉华没有怨言，她告诉自己：一定要坚持，再苦再累都要为病人减轻痛苦。

坚持，让她成为麻风病区的“守望者”

她用21年青春，坚守在令人畏惧的“麻风村”。用她精湛的医术和良好的医德，治愈了一个个麻风病患者，抚慰着他们脆弱的心灵。

为了麻风病人这个特殊的弱势群体，马玉华付出了太多太多，关于麻风病的防治，上大学时老师讲课只是一带而过，实习时马玉华也没有实际接触过。为学习相关知识，马玉华坚持一边工作一边学习，虚心向老同志请教，以弥补自身不足。“麻风村”的病人除了患有麻风病，还难免患上其他疾病，为此，马玉华练成了全科大夫，只要病人有病，她总在第一时间赶到。

有一年春节期间，马玉华突然接到电话，一名病人溃疡感染，高烧不退。她立即赶到病区，来到病人床前，不顾病人患处流脓渗液、恶臭难闻，悉心为病人清创，处理溃疡。

“别人看到我们都害怕，躲得远远的。你这样热心给我们治疗，不嫌弃我们，真比自己家里的亲人还好！”病人的一席话，让马玉华更坚定了自己的信心。

苦点累点都没啥，最令人难以忍受的是：除麻风病人遭受外界歧视外，连麻风防治医务人员也常被人看不起。不少人只要听说麻风病，就像躲瘟疫似的赶紧躲开。可马玉华说：“我们不但要治疗他们畸残的肢体，还要抚慰他们脆弱的心灵！”

有一位印姓老人，夫妻俩都是麻风病患者，妻子左下肢截肢，生活异常困难，几次想要自杀。马玉华了解情况后，经常开导她，并联系相关部门免费为她安装假肢，又多次与当地民政科联系，将她收住入院，让她在“麻风村”安度晚年。还有好几个病人的小孩，到了上学年龄，却没有学校愿意接收。马玉华积极与当地学校联系，说明情况，帮他们办理入学手续。现在，“麻风村”里走出的孩子不少已大学毕业，走上工作岗位。

为了消除社会对麻风病人的歧视，马玉华和同事走遍全市所有乡镇，开展麻风病知识宣传。目前，作为全国最大的“麻风村”，“村”里常年居住着230多名麻风病康复者，平均年龄70多岁，他们中90%的人身有残疾。“这些老人没有离开的打算，他们也无处可去。我愿意陪他们一直走下去，直至走完他们人生最后的旅程。”马玉华说。

操守,让她成了家中亲人的"负情者"

如今,"麻风村"里的患者,有个头疼脑热的小病,再也不需要转到其他地方治疗了,她也与患者成了无话不谈的好朋友。在她的努力下,全体住院病人都住上带有卫生间的标准病室,新建无障碍通道,设立多功能康复锻炼室和活动室,免费安装数字电视,还解决住院病人低保、参加新农合等问题,越来越多的爱心人士也走进"麻风村"捐款捐物、为患者洗衣做饭,让麻风病人真正享受到社会的温暖。然而,对于家中老小,她却怀着太多的愧疚。

"选择这条路,我无怨无悔,唯一亏欠的是家人。"马玉华的丈夫是供销员,常年在外,她与已读高一的女儿住在一起。2010 年夏天一个夜晚,一位病人突发疾病,腹痛难忍,马玉华接到电话后立即陪同病人赶往市人民医院,经诊断是急性胃穿孔,需要急诊手术,马玉华就一直在医院陪同直到转危为安。当她拖着疲惫的身体回到家时,已是凌晨 2 点多,13 岁的女儿还一个人坐在床上等她。2008 年,马玉华的父亲癌症复发,在泰兴市人民医院住院两年,由于医务繁忙,马玉华竟没能看望父亲几次。

新冬大似年——祭祖烧纸话冬至

冬至是二十四节气之一,跟清明节一样,是民间祭祖的节日,俗称"过冬"。民谚云"新冬大似年",足见人们对冬至的重视程序。冬至这一天,太阳直射南半球的南回归线,直射的位置最南,所以我们所处的北半球的这一天在一年中白天时间最短,夜间最长。而从第二天开始,白天则每天长一点点,要不然怎么说"过了冬一天长一钟"呢。直到次年夏至,就白天最长,夜上最短了。冬至一到,"数九寒天"就到了。数九的算法是从阳历的单日起算,若冬至刚好是单日,就从这天算起,若是双日,就从次日算起,"一九、二九、三九……",九九八十一天之后,大地回春,万象更新。

旧时因科技不发达,人们又受文化水平的限制,迷信风气甚浓。他们认为冬季是一个神谴鬼扰、充满凶险的时段,到了"鬼节"期间更应小心谨慎,不可得罪鬼神。直到现在,乡间一些患有较重慢性病的老人,逢到清明、七月半、过冬,仍以过"鬼门关"的阴暗心理来对待。认为,只要能过了这个"鬼节"(或说包括前后共三天的)便不要紧了。由此可以想见人们对冬至战战兢兢的敬畏感。而这种敬畏心理根深蒂固,世代传承。基于这种心态,民间对冬至的祭祀活动便特别重视,希望借此取悦天地鬼神,太太平平过日子。在繁杂的神灵崇拜中,祖神崇拜尤其占有特殊的地位。因为祖神既是在世人的祖宗,血脉相承,又曾共同生活过,在世时对后人关爱有加,所以比敬其他的神灵更实在,更具活力,更受关注。冬至这一天,民间一般总是举家相聚,共敬亡人。早晨的必备食品是汤圆,其中包括"扁团"。荞麦屑扁团是人们非常喜食的。刚刚收获的新荞麦面做成的扁团,奇异的清香十分诱人。冬至吃扁团,在人们心理上似乎还有一种神秘的味道。扁团汤圆,又团又圆,团团圆圆,举家共祭亡人前辈,是符合人们普遍存在的数典思祖的心态的。中午全家隆重举行祭祀活动,焚化纸钱冥币,磕头致意,印证了"新冬大似年"的养生送死、慎终追远、托庇祖神、赐福子孙的本来意义。

祭祖必烧纸。烧纸之俗据说源于这样一个故事。我国著名的发明家蔡伦发明造纸术之初,人们争着买纸,很能赚钱。蔡伦的嫂子慧娘心想,造纸有利可图,何不叫丈夫去跟他弟弟学学,自己将来也好赚钱。丈夫蔡莫到蔡伦那里学了三个月回来,自己也办了一个造纸厂。可是因为造纸的技术不过关,纸的质量太差,粗糙得很,谁也不买他的纸。夫妻俩对着纸堆愁眉苦脸。聪明的慧娘突然想出了一个鬼主意,在丈夫耳边咕噜一阵,就让蔡莫照她说的办了。

三更半夜,蔡莫在家突然呼天喊地地大哭起来。邻居们不知他家出了什么事,都赶过来看望。蔡莫告诉邻人说,夫妻吵了几句嘴,她就上吊死了。接着越哭越凶,在地上滚来滚去,连邻居也都跟着淌眼泪。他哭了一阵,抱来一捆草纸,在棺材面前烧了起来,边烧边说:"我跟弟弟学造纸,不用心,造的纸不像样,没人要,气得你丧了命。我现在把它烧成灰,解解你心头恨!"蔡莫烧完了又去抱纸,抱来又烧,烧着烧着,突然听到棺材里有响声,一听,是慧娘的声音:"快快开门,我回来了!"这一下,可把人们吓呆了。几个年纪大的壮着胆子打开棺材,只见慧娘坐起来,嘴里还唱着:"阴间钱能通四海,粗纸糙纸做买卖。不是丈夫把纸烧,谁肯放我回家来?"接着又说:"你们不要怕,刚才我是鬼,现在我是人。我到了阴间,阎王让我推磨受苦,丈夫给我送了钱,小鬼们为了钱,争着帮我推,真是有钱能使鬼推磨啊。三曹官晓得我有了钱,也向我要,我把丈夫送的钱全都给了他,他就暗中开了后门,把我放了回来。"蔡莫听了慧娘的话,假装丈二和尚,说:"我没有送钱给你呀!"慧娘指着地上的纸灰说:"这就是你送给我的钱。阳间是铜板当钱,阴间是纸当钱。"大家一听,晓得烧纸有这么大的好处,都来向蔡莫买纸,拿着去祖坟上烧了起来,烧纸的奇妙作用很快传开了。远近的人们都知道死去的亲人手中没钱,在阴间要受罪。有钱能使鬼推磨。于是家家争着到蔡莫家来买纸,不到两天,堆积满屋的纸就被抢购一空。从此人们祭祖必烧纸,相沿成习,以示对先辈的怀念。

(吕耕樵　吕晓文)

泰兴发展论坛

■编辑　翁元锋

先进制造业与现代服务业融合发展路径研究

◎市经信委课题组

先进制造业与现代服务业融合发展是现代产业演进的客观规律。近年来，服务业尤其是生产性服务业已经成为西方发达国家经济结构中增长最快的部门。在OECD国家中生产性服务业的增加值占国内生产总值的比重超过1/3,美、日、德等发达国家制造业中间投入部分的生产性服务所占比重不断升高，服务投入的增长速度明显快于实物投入的增长速度。可以说，制造业和服务业相互融合发展的趋势日渐明显。认识和运用两业融合的发展规律,对促进泰兴市先进制造业与现代服务业的融合发展,实现泰兴市现代服务业尤其是生产性服务业的跨越式发展,具有重大战略意义。

一、先进制造业与现代服务业融合的现状

我市作为长三角先进制造业基地的重要组成部分，先进制造业是泰兴未来经济发展的主要增长点。我市拥有基础雄厚的化工、机械、医药、船舶、乐器、纺织服装、农产品加工等大型制造业和乡镇企业为代表的高度市场化的加工制造业,以及大量外商投资兴建的新型制造业。依托现有产业集聚基础,围绕“1+5+N”工业发展模式,正努力形成一批特色突出、优势明显的生产性服务业聚集区。多年来，伴随服务业转型升级步伐,我市金融、科研、物流、软件和信息服务业等生产性服务业得到一定发展。服务业项目数量在增加,档次不断提升:汽贸城和天星洲港口物流项目为省重点项目。苏中沿江化工物流园已进驻园区物流、仓储企业20多家，拥有各类产品仓储总容量近500万立方米。火车站综合物流园的铁路运输业务已由单一品种发送逐步向多元双向运输发展，泰兴火车站被指定为国家储备局30万吨有色金属储备中心、上海证交所苏北地区期货仓库，获得集装箱作业资格。科研服务业与专业市场有效拓展；大部分规模以上企业都建立了科研部门,其中建成博士后科研工作站5家,省和泰州市级工程技术类研究中心分别达到12家、31家。以现有特色产业和产业集群为基础的生物医药和中成药、特种新材料、精细化工与专用化学品、银杏深加工产品、高档乐器等研发平台正在不断发展完善。处于泰兴北部现代服务业集聚区核心圈,拥有500套(间)营业用房,招商入驻率100%,产品辐射泰州及周边地区。以汇鑫等为龙头的船用钢材市场多年来为我市的造船业发挥着重要作用。泰兴市服务外包业已涉及IT服务、人力资源管理、法律、金融、会计、客户服务、研发、产品设计、市场营销、工程咨询等众多领域,为制造业提供了广泛的服务。生产性服务业占比不断提高，生产性服务业增加值占服务业增加值的比重达到41.4%,从普查结果看，泰兴市与生产性服务业密切相关的农林牧渔服务业、交通运输仓储邮政业、房地产开发业、金融保险业、商务服务业、科学研究与技术推广等行业法人单位数为1132家,就业人数为23186人,实际营业收

入 4.51 亿元。正初步构成产业集聚的服务支持体系，以推动产业集聚的健康发展，并在提升产业竞争力方面发挥更大的作用。

二、制约先进制造业与现代服务业融合的瓶颈分析

随着我市制造业结构全面升级，生产性服务业也随之发展，制造业与服务业融合的趋势开始显现，两业融合逐渐成为实现我市经济结构调整、产业转型升级的加速器。但是，目前我市的现代生产性服务业发展明显滞后，还不足以支撑先进制造业的转型发展，两业融合尚处于起步期，仍面临许多问题。

1. 制造业的粗放型增长抑制了现代生产性服务业的发展

我市制造业产业规模虽然发展迅速，但是在产业分工中仅仅是处在生产链上的劳动密集型的生产或装备活动，即使有技术或资本密集型的产品也是劳动密集型的工序，产品附加值和技术含量较低。相当数量的企业还在采用传统乃至陈旧的生产模式，自研、自供、自产、自销的传统化模式依然比较普遍，竞争策略主要依赖成本优势和价格竞争，制造业产业链过于侧重实体产品的生产，物质材料消耗占产品成本比重相对较大，技术创新、技术进步、产品开发的速度缓慢。多数中小企业受自身的条件限制，无法提供足够的资金、人力等，同时受企业运营规模的限制，购买专业化服务(如研发、设计等)资金困难，金融贷款也比较困难. 长期处于模仿抄袭阶段，对研发、设计创新服务的需求不足，外包服务小多且涉及面窄。另外，我市制造业集群产业规模相对较小，产业链短，具有优势的产业集群尚未能普遍形成，与周边发达地区经济联系较松散，区域产业资源要素配置效率较低，在一定程度上抑制了生产性服务业的发展，制约了生产性服务业跨区流动和外溢功能的有效发挥。

2. 现代生产性服务业对先进制造业的支撑作用薄弱

首先，从行业内部结构来看，交通运输、仓储业等传统生产性服务业的比重仍然较高，以金融服务业、信息服务业、科技服务业和商务服务业为核心的现代生产性服务业在全部生产性服务业中的比重较低，高端生产性服务业发展水平较低，生产性服务业增加值所占比重偏低，而且发展不充分，性质单一，缺乏核心服务能力，现有的组织其服务水平、服务质量不能完全满足先进制造业企业发展的需求，阻碍了制造业转型升级步伐。其次，近年来，我市现代生产性服务业发展虽呈现一定的园区化、规模化和集群化趋势，但是由于城市化进程相对滞后，服务业资源分布相对分散，业态种类较少，聚集程度较低，导致制造业链条上的技术研发、人员培训、经营管理、会计服务、法律咨询、信息服务等关键环节得不到相关支撑服务体系的协作与配合，大量本应通过外包方式完成的服务活动不得不在企业内部消化完成。两业之间基本是“点对点”或“点对群”的互动模式，离“群对群”(制造业集群与服务业集群)理想模式还有一段距离。

3. 制造业与现代生产性服务业融合发展的政策引导不足

从我市现有的产业政策来看，基本上是引导企业自我增强型的产业内循环发展，缺乏引导先进制造业与现代生产性服务业融合发展的政策措施，没有明确的两业融合发展的战略规划和在资金、技术、税收、土地、人力等资源与投资环境方面的配套举措。受行业管理体制的制约，不同行业的企业分属不同部门管辖，使产业的融合发展变得难以协调。服务业的行业(如金融、保险、通讯、文化等)，由于政府管制所造成的市场进入壁垒和垄断，也导致服务创新和竞争环境不理想，影响了服务质量和效率，现代生产性服务业与先进制造业融合发展的成本较高。

三、先进制造业与现代服务业融合发展路径选择

先进制造业的起飞必须依靠现代生产性服务业的支撑，同时，现代生产性服务业的发展义需要先进制造业的拉动。因此，我市在转变经济发展方式，促进经济又好又快发展的过程中，必须始终坚持先进制造业与现代生产性服务“双轮”驱动、融合发展的路径。

1. 大力发展先进制造业，以先进制造业拉动生产性服务业

新常态下，我市制造业面临着严峻的挑战，要成功应对这些挑战，应必须大力发展现代生产性服务业和技术创新来改造和提升传统制造业，大力发展高新技术产业和适度的新型重化工业来实现制造业结构的战略升级，通过制造业内涵的不断提升来完成制造业从传统低端、低附加值制造到现代高端、高附加值制造的转变，提高先进制造业对生产性服务业的拉动力。

(1)用高新技术改造传统产业，促进传统产业附加值和核心竞争力的提升，要运用高新技术和先进适用技术改造传统产业，使传统产业的生产工艺、产业形态、产品性能发生重大革新，促使传统制造业向高附加值制造业方向发展。运用电子信息、现代生物、新材料、高效节能及新型环保等高新技术，改造机械、化工、纺织等传统产业，增强传统产业的竞争能力。

(2)加速高新产业与装备制造发展，使其成为新的优势主导产业。要抓住“互联网 +”、工业 4.0、大数据带来的契机，促进工业化和信息化深度融合，加快掌握一些拥有自主知识产权的装备制造业核心技术，培育一批具有核心竞争力与辐射带动能力较强的装备制造业大企业、大集团和产业集群，开发一批具有先导作用、能大幅度提高产业附加值的高新技术产业，建立一

批具有技术密集、资本密集和高经济效益等特征的高新技术产业基地,促进装备制造业向制造集约化、没备成套化、服务网络化发展,促进高新技术产业向经济社会发展的各个领域渗透，使泰兴成为苏中重要的先进制造业基地。

(3)优化制造业产业组织模式,培育创新型产业集群。我市制造业要能够参与由生产商主导或购买商主导的生产和流通网络,就必须拉长、拓宽产业链条,谋划产业升级,构筑起能适应残酷竞争的网络组织,就要推动企业服务化模式创新，探索服务化新业态、新模式、新领域,把更多服务要素融入到加工制造环节,创新多种形式"产品 + 服务"经营模式,要为企业提供发展平台,提高企业的聚集度,引导和支持中小企州向集聚区集中,形成有特色、有规模、体系完整科学的产业集聚。充分利用现有产业集群的优势，积极主动地融入国际生产体系,培育大型品牌生产集团,形成一批具有国家水准的产业集群。对于有潜力的新兴产业,要大力引进国内外龙头企业,最好能够引入研发设计等产前业务,这样不仅能为我市提供新的先进制造业集群,而且还可以培育新的生产性服务业增长点,变更纯的制造业集聚为集成制造与服务功能的产业链集聚,促进产业集群从模仿型向创新型攀升。产业链集聚,促进产业集群从模仿型向创新型攀升。

2.加快发展生产性服务业,以生产性服务业推动先进制造业

随着制造业的不断发展，允进制造业对现代生产性服务业项目的需求数量和档次不断提升。因此,要实现泰兴经济的又好又快发展，应该由以先进制造为主,加快向先进制造业和生产性服务业协同推进转变,建设与先进制造业基地有机对接的生产性服务业基地,使生产性服务业与先进制造业实现"群对群"的最佳协调发展模式。

(1)加速信息技术的应用和发展,促进制造业与现代生产性服务业的融合,随着科技的发展,信息技术在应用的深度和广度上得到了延伸，促进生产性服务业的虚拟化、网络化。信息技术也是先进制造业的技术更新手段,应充分发挥其"粘合剂"作用,使产业间的融合度越平越高,要充分利用泰兴现有科技教育、人才的优势,以及充分发挥现有信息技术优势,大力发展创新服务业,建没"工业设计创意产业基地""数字内容产业基地"等创新型服务业集群,打造"研发设计平台""创新孵化平台"等生产性服务功能区,围绕产业基地建没配套的数字化服务平台,重点建设金融服务平台、物流公共信息平台,加快建设电子商务、节能环保、检验检测、人力资源、科技信息、技术产权交易服务等专业平台,提升生产性服务业优势,促进更多的制造业与生产性服务业的融合。

(2)进一步放宽市场准入条件,完善服务支持体系,构建有利机制。与制造业相比,目前生产性服务业的市场入门槛较高,制度障碍也较多,因此,要打破壁垒,建立科学的行业准人制度,多种渠道吸引产业要素投向生产性服务业,营造公平竞争的市场环境,提高竞争程度,实现资本和劳动力两大要素的自由流动。除少数涉及国家经济安全的行业外,应给予民营企业、外资企业与国有企业真正同等的待遇。加强政府、科研机构、服务部门之间的横向合作。政府要转变职能,增强服务意识,在政策上给予相应的宣传鼓励,以推动和支持现代服务业和先进工业的融合发展。各职能部门要强化对服务业的监管,建立完善的服务支持体系,创造良好市场竞争秩序,促进不同区域间的交流与合作。要鼓励现代生产性服务业在企业、产业链、区域内不同层面向先进制造业渗透延伸,不断完善服务功能,特别是在工业园区、产业集聚区域要重点发展具有比较优势的生产性配套服务。要培育壮大服务产业集群，促进生产性服务业集中化、大型化、组织化,在更高层次上形成生产性服务业与先进制造业相互促进、并重发展的良性发展态势。

(3)加快高素质人才培养,拓宽人才渠道,为生产性服务业提供智力资源。现代生产性服务业是提供专业性服务的知识密集型、智力密集型行业,人员的素质直接决定了行业发展水平。要注重人才的引进和培养,要建立完善的人才培养机制，建立人才引进和激励机制，推动产学研相结合。要通过引进国内外高级人才和自已培养相结合的方式,积蓄人才和提高其素质,建立较高层次的人才培养基地，与职业技术教育机构或知名培训机构等进行合作，形成多层次的人才培训体系和科学的人力资源开发利用体系，推动人才加速集聚、有序流动，为发展现代生产性服务业创造人才优势,促进现有的生产性服务业的升级换代,促进现代生产性服务业与先进制造业的融合发展。

3.大力推进服务型制造,加快制造与服务融合发展

加快发展服务型制造和生产性服务业是"中国制造 2025"战略确定的九项战略任务之一。省经信委《关于推进服务型制造发展的工作意见》指出:加快推进服务型制造，既是制造企业应对资源环境约束的有效途经，更是向产业链高端转型的主动作为。我们要以产业转型升级需求为导向,加快生产性服务业发展,引导企业打破"大而全""小而全"的格局,推动制造企业从主要提供产品向同时提供产品和服务转变，加快从生产加工向材料供应、研发设计、品牌建设、管理服务、营销推广等环节延伸。实现企业在服务中收益、在服务中增值、在服务中创新,形成制造与服务相互支撑、相互促进的发展格局。

(1)引导企业以价值链延伸与再造为重点,提升系统集成能力,提升一站式解决方案的服务能力引导企业从提供产品,向提供设计、承接项目等系统方案提供商转变，推广总集成总承包服务。支持制造企业联合有资质的总承包单位,发展市场调研、产品设计、工程监理、工程施工,系统控制等业务。重点支持制造企业提供节能节水环保工程、生产线或关键设备设计安装、电站及电力设备总装、建筑设施总包等项目整体解决方案。

(2)推动企业改造业务流程和管理流程,建立产品多样化和定制化的生产模式、促进制造企业生产和消费环节对接。鼓励制造企业把用户体验视为企业战略的核心要素,围绕发现用户核心价值,加快体验设计,畅通用户体验渠道,优化用户体验环境,构建全流程用户体验服务。重点支持纺织服装、信息消费终端、文体娱乐用品、家居用品等制造企业依托电商平台,在产品外观、材料、功能等方面实施个性定制、精准营销。

(3)引导企业发挥技术、人才、品牌、服务优势,以生产制造为中心,开展在线监控检测,重点支持工程机械、交通工具、数控机床、电力设备等产品制造企业,建立远程监控中心、远程诊断中心,围绕企业自身产品,利用互联网和新一代信息技术，建立数据服务平台和设备跟踪系统,进行在线数据采集、运行分析、故障诊断、系统维护和设备升级等服务。

(4)支持制造企业延伸服务链条,从主要提供产品制造向提供产品和服务转变。重点支持交通工具、电气机械器材、工程机械等装备产品制造企业整合产业链上下游生产与服务资源,提升研发设计、生产制造、维护管理、产品再制造和回收处置能力,实施产品全生命周期管理服务。

(5)鼓励制造业企业依托技术的人才专业优势,通过业务流程再造，面向行业提供社会化、专业化服务重点支持电子设备、仪器仪表、物流装备、电气机械、专用设备等行业制造企业,立足企业产品功能,为其他单位(个人)开展检验检测、仓储物流、电力需求侧管理、互联网管理等专业化服务。

(6)引导符合条件的制造业企业通过建立企业财务公司、金融租赁公司等方式开展融资租赁服务。重点支持通用设备、专用设备、交通工具、电气机械等生产线、公用设施制造企业开展设备融资租赁服务,扩大销售,提高市场占有率。

四、先进制造业与现代服务业融合发展的保障措施

1.加强协调指导。加大制造业与生产服务业融合发展的政策支持和引导力度,明确市经信、发改、商务、科技、环保、人社、质监等相关部门职责,协调研究两业融合发展中的有关问题和政策,形成工作合力,树立典型,总结推广成功经验。

2.创新扶持方式。发挥财政服务业专项资金的引导作用，支持各类产业园区尤其是服务集聚区科技研发、工业设计、创业孵化服务、检验检测认证、金融服务、信息服务、人力资源服务等公共服务平台建设。研究设立政策参股的创业投资基金，尽快启动高技术服务业、创意产业投资基金和创业孵化种子基金筹备建设工作。建立符合我市实际的生产性服务业统计指标体系,建立完善生产性服务业信息发布制度。培训市场需求,加大政府采购力度,搭建生产性服务企业与制造企业供需对接平台。

3.强化要素保障。在符合土地利用总体规划、城乡规划和产业规划的条件下，合理安排生产性服务业用地,促进节约集约发展。鼓励工业企业利用自有工业用地兴办促进企业转型升级的自营生产性服务业，经依法批准，对提高自有工业用地容积率用于自营生产性服务业的工业企业,可按新用途办理相关手续、鼓励法人、自然人和其他组织通过对城镇低效用地的改造发展生产性服务业。扩大服务业企业贷款抵(质)押品范围,积极推进知识产权、股权、股权、特许经营权、预期收益权等抵(质)押贷款业务。

关于经济新常态下加快民营制造业发展的调查和思考

◎市工商联课题组

推进供给侧结构性改革，是中央综合研判世界经济形势和我国经济发展新常态作出的重大决策。“十三五”期间,我市如何精准发力供给侧结构性改革,加快推进民营制造业发展,优化工业供给结构,提高供给质量和效率,增强企业核心竞争力,推动工业经济保持中高速增长、产业迈向中高端水平,实现由制造大市向制造强市的快速转变。围绕这一课题,市工商联进行了系统而深入的调查研究,以期发现问题、分析原因、提出对策,为推进“再创一个泰兴创新转型跨越发展黄金期”提供可行性决策参考。

一、泰兴民营制造业发展举措和成效

我市民营制造业起步较早，经过几十年的不断发展,目前已具备一定规模,形成了化工、医药、机电等优势产业,有力支撑了全市工业经济的做大做强。截至目前,我市民营制造业企业1万多家,其中规模以上仓业500多家,从业人数近12万人。

1. 加快民营制造业发展的政策和举措

近年来,我市从推进工业经济转型升级、做大做强的角度,大力实施工业强市战略,制定实施了一系列政策举措,着力加快民营制造业发展。

(1)强化政策激励。先后制定出台了《关于进一步加快全市民营经济发展的意见》《推进工业经济加快转型升级的若干奖励政策意见》《关于进一步推进大众创业的实施意见》《关于降低实体经济企业成本的意见》《关于开展企业服务年活动的意见》等扶持奖励政策,促进民营制造业加快转型升级,不断做大做强。

(2)突出项目开发。大力开展"项目突破年"活动,多次组织开展"全市重大项目观摩活动",积极营造各园区、乡镇抢抓项目、竞相发展的浓厚氛围。认真落实重大项目落户联合预审制度,综合考量项目的投资强度、税收贡献、产业带动、环境影响、节能减排等因素,从源头上严格把好项目准入关。加大招商引资力度,加强对央企、外企的对接,全力引进、储备一批体量大、带动性强的重大项目,着力提高我市民营制造业项目建设的整体质量和水平。

(3)化解融资矛盾。针对民营制造业企业融资难、融资贵、担保难等问题,制定出台《全市政银企融资协调服务工作方案》,组织开展银企对接融资洽谈活动,引导和督促金融机构加大对企业的信贷支持力度。在苏中地区率先开展"金融超市"进园区、进乡镇、进企业活动,并帮助建立应收账款融资服务平台,最大限度满足企业的信贷需求。2015年,通过"金融超市",银企对接融资洽谈,共帮助108家企业达成140.8亿元贷款协议;利用应收账款融资服务平台,融资139笔达16.8亿元,融资额在泰州位列第一。

(4)提升企业素质。开展"经信讲堂"系列活动,邀请国内资深学者,对骨干民营制造业企业集中授课,深度解读"中国制造2025"和"工业4.0"的发展大势和产业发展方向。组织100多家重点骨干企业前往浙江宁波、舟山和湖南"长株潭"等地区考察学习两化融合和先进制造的发展理念和经验。

2. 民营制造业发展的成效

(1)规模总量不断扩大。2015年,全市民营制造业完成产值2541.9亿元、增加值610.1亿元、利润235.1亿元,分别增长21.8%、17%和25.9%;实现国税开票销售首次突破1000亿元大关,达1116亿元,增长11.4%。指标的总量和增幅在泰州三市均居第一,在苏中继续保持领先。

(2)产业集群态势初显。近年来,我市在装备制造业、化学工业、医药产业、减速机、提琴等产业集群的基础上,充分依托区位优势和良好的制造业基础,坚持错位发展、形成特色,推进产业集聚,初步形成以一区五园为主,乡镇工业集聚区为辅的"1+5+N"的产业发展新格局。经济开发区初步形成工程塑料、高端精细化学品新材料和煤化工新材料产业链;虹桥工业园区初步形成高端装备制造、港口物流两大特色产业;黄桥工业园区大力发展现代装备制造、新能源、新材料、乐器制造等四大特色产业;农产品加工园区大力发展畜禽、果蔬、粮油加工及仓储物流业;城东高新区着力培育节能环保、装备制造服务业、新能源产业、健康产业等四大产业集群;城区工业园区重点发展高新技术产业、高端装备制造业、军工产业等三大产业集群。

(3)两化融合步伐加快。至目前,我市泰隆减速机、济川药业等8家企业被认定为省两化融合转型升级示范企业,新浦化学、科兴电器等企业被认定为省两化融合试点企业,15家企业被认定为泰州市两化融合示范试点企业,7家企业被认定为省五星级数字企业。同时,建成省级示范智能车间1家。

(4)科技创新能力提升。2016年上半年,新增省首台套产品2个,省中小企业专精特新产品1个,实施节能技改项目21个,年可节约标煤10万吨。淘汰落后用能设备193台(套),压缩船舶过剩产能4万载重吨。至目前,我市获得命名省中小企业专精特新产品5个,位列泰州各市区首位;拥有江苏省科技小巨人企业6家,泰州市科技小巨人培育企业35家,省科技小巨人企业总数居泰州市三市四区之首;拥有中国驰商标11件、省著名商标50件。

(5)资本上市取得突破。为推进企业上市,我市成立上市领导小组,设立上市办公室,先后制定出台《关于进一步推进企业上市工作的意见》《关于鼓励企业进入"新三板"挂牌的意见》等文件,并设立专项扶持资金。同时,召开企业上市推进会,相关部门定期到各园区召开上市工作协调会,举办上市业务知识培训,组织中介机构深入企业面对面指导。至目前,1家企业通过借壳实现主板上市,7家企分别在"新三板"、区域性场外市场成功挂牌,1家企业主板上市完成改进入辅导期。

(6)发展后劲逐步增强。2016年上半年,全市签约亿元以上工业项目66个,总投资39.7亿元。新开工亿元以上工业项目59个,计划总投资186.1亿元,同比分别净增28个和122.7亿元。共实施亿元以上技改项目52个,同比净增24个,其中,新开工项目29个,同比净增20个。

二、当前民营制造业企业面临的困难和问题

近年来,我国经济运行进入增速换挡期、结构调整阵痛期、前期刺激政策消化期的"三期叠加",早期简单外延式扩张的增长模式难以为继，尤其是以“薄利多销”为代表的传统制造业路径正逐渐光环淡褪。就我市民营制造业而言，受国际国内经济下行压力加大这一大气候的影响，再加上行业调整带来的波动和企业自身存在的不足，相关企业受到前所未有的发展难题和挑战。主要有以下几点：

1. 银行融资难。近两年经济下行的形势下，银行业对民营企业发展缺乏信心，普遍采取第三方企业担保或全额有效资产抵押等比较原始的风险防范措施，对信誉程度较高的民营企业才给予贷款。一些股份制的中小银行，看上去贷款门槛不高，但实际上，不仅担保方式与大银行相同，且贷款价格一般要在基准利率基础上上浮 20%-30%。而大多数中小民营企业由于自身的经济实力和财务管理的欠缺，往往达不到银行规定的标准，因而很难获得银行的信贷支持。为此，民营制造业企业融资难、融资贵的问题仍然比较突出。

2. 技术创新难。由于区域和企业整体实力的影响，不少企业存在高端研发人才引进难、留不住的现象，加之创新投入不足，导致企业只能“跟着走”，而不能“领着跑”，在市场竞争中缺乏核心竞争力、没有主导话语权。不少企业由于缺少拳头产品和核心技术，只能靠加工或贴牌加工赚取微利。一些骨干企业有关键技术、有自主品牌，但在“两化融合”、智能制造、精益生产上起步较晚、推进不快、成效不显，无法生产出领先同行的现代大型整机、先进成套设备。一些企业由于无品牌、雷同性强、附加值低等因素，甚至出现了生存危机，更无能力投入资金搞技术创新、新品开发。

3. 市场拓展难。目前我市大部分传统制造业企业主要依靠能源资源消耗、劳动力红利和牺牲环境参与市场竞争，在全球产业分工中处于价值链中低端，技术、研发和服务优势不明显。近年来，国际国内经济下行压力持续增大，制造业的市场需求总体下降，而生产要素价格在不断上涨。再加上发达国家制造业的回归、新兴经济体的产业分工争夺，我市制造业所面临的国际国内市场竞争空前激烈，市场拓展难度不断加大，不少企业利润空间变窄，有的已陷入经营困境。在这种严峻形势下，大多数企业还停留在传统销售模式上，没有学会运用互联网营销，不懂得如何综合运用线上线下模式精准拓展用户、降低物流成本。

4. 要素成本高。近年来，尽管经济下行压力增大，行业经济效益欠佳，但由于招工困难、机关事业单位增资、社会生活水平提高等因素，企业普遍增加工人工资，再加上五险一金费用的上涨，企业用工成本大幅上升。就泰兴而言，制造业工人月工资普遍达到 3000～4000 元。同时，随着新常态下经济结构深入调整，资源能源、生态环境约束趋紧，尤其是用地日趋紧张。即使制造业企业有资金、有项目，也由于无土地使用指标，无法进行扩产改造。加之，原材料、传统物流等要素成本也相对较高，造成充分竞争状态下的制造业不少企业近乎惨淡经营。

5. 思想解放慢。少数企业主仍存在“小富即安、小胜即满”的陈旧思想，紧紧抱住守业的观念不放，面对机遇和挑战，固步自封、裹足不前，不愿不敢增加投入、更新产品、新上项目和扩大生产，从而难以提高水平、提升档次、裂变扩张、壮大规模；在企业管理上仍然沿袭传统的“作坊式”“家族式”的管理模式，甚至一些规模较大的企业也未能摆脱这种管理模式的影响，致使企业难以引入现代管理机制，运营管理效益瓶颈难以突破，存在逐步衰退的危险。尤其是，不少企业业主面对“互联网 +”迅猛发展的大浪潮，不能认识、把握行业发展、市场变化的先机，存在着认知滞后、反应迟缓的不足；大多数企业主面对企业发展的资金瓶颈，缺乏长远眼光和发展胸襟，畏首畏尾，不敢与大型知名企业嫁接合作，不敢挺进“新三板”、主板等资本市场，错失迅速做大做强的机会。

综上所述，当前国内经济下行压力还在持续加大，市场需求严重不足，我市制造业结构性问题依然突出，企业经营成本居高不下，民营制造业企业特别是中小企业面临着很大生存压力，已到了关键“十字路口”。其转型升级迫在眉睫，供给侧结构性改革是对症药方。必须下大决心、下大气力，聚焦再聚神、发力再加力，抓好民营制造业供给侧改革，加快推动民营制造业爬坡迈坎、转型升级，努力实现工业经济持续稳中奋进、更好更快地发展。

三、以供给侧改革推进民营制造业发展的建议

增速换挡、结构优化、动力转换的经济发展新常态，是今后五年发展的大趋势，是推进各项工作的“大逻辑”。同时，中国制造 2025、“互联网 +”、大数据等，给民营制造业带来了新机遇。面对当前“市场的冰山、融资的高山、转型的火山”，泰兴民营制造业要再创发展的新辉煌，必须以转变思想观念为先导、以经济新常态为倒逼、以供给侧结构性改革为抓手，精准施策、有效突破，落实《中国制造 2025 泰兴行动纲要》，加快民营制造业转型升级，推动工业经济发展从粗放发展转向质量提升，由资源消耗型向创新驱动型转变，由低效生产管理型向高效生产管理型转变，由传统营销模式向现代“互联网 +”营销模式转变，着力转换发展动能、增强竞争优势、提高发展质量，为建设“强富美高”新泰兴提供强大的工业支撑。

1. 以去产能为抓手，调优工业供给端结构。一方面，要坚持“调高、调轻、调优、调强、调绿”的工作导向，推进要素配置市场化改革，探索建立公平公开公正的企业绩效综合评价机制、差别化的要素节约集约利用机制，建立健全土地、用能、排污权、产权等要素交易平台，努力实现资源要素的“合理配、优质配、合法配、高效配”。要围绕大力发展智能装备制造、节能环保、新医药、新材料、新能源等新兴产业和加快推进三大主导产业向高新化、信息化、绿色化发展，突出破解用地难题，通过土地复垦、增减挂钩、独立选址、积极上争、盘活闲置用地等途径，将有限的土地资源优先供给新引进大项目、好项目和企业技改升级项目，引领全市制造业转型升级。另一方面，要以壮士断腕的决心，因企制宜、分类有序处置产能相对过剩问题。在严格执行项目预评估制度，把好安全环保、节能降耗关的同时，严把过剩产能关，坚决不让过剩产能向泰兴转移。要积极运用市场机制、经济手段、法治办法化解产能过剩，支持骨干企业加强新产品开发，进行技术改造，主动转型升级，加快淘汰小造船、小化工、低端机电等落后产能；对资不抵债、扭亏无望的僵尸企业，尽可能通过兼并重组变包袱为财富，让存量资产成为优势企业跨越的“弹跳板”；无法重组的，通过依法破产实现市场出清，为优势企业腾出土地等空间。

2. *以智能制造为方向，推进创新驱动发展。*抓创新就是抓发展，谋创新就是谋未来。强化企业创新主体地位，落实《中国制造 2025 泰兴行动纲要》，深入推进两化融合，实施“互联网 +”行动计划，推动生产方式向柔性、智能、精细转变，逐步实现生产制造智能化、生产组织网络化、产品服务个性化，促进制造业规模、质态双提升。大力实施传统产业改造升级计划，重点扶持规模企业实施制造设备数字化、管理手段信息化等改造，大胆尝试“机器换人”，加快培育一批智能型、两化融合型示范项目、示范车间(工厂)。强化科技型企业、高新技术企业、创新型企业培育，鼓励企业增加研发投入，加大新产品、新技术开发力度，拥有更多的自主知识产权，提高自主创新能力，推动骨干企业做大做强、中小企业“专精特新”，努力造就更多行业科技小巨人。深入组织开展“百企百校(院所)”协同创新活动，通过组建院士工作站、博士后工作站等企业研发中心及校企联盟、产业技术创新战略联盟等载体，帮助企业攻克关键技术难题。全面实施科技创新券、高层次人才创业券、购房券等政策，力助企业破解高层次人才引进难题。进一步强化品牌意识，培植一大批名牌产品和驰名商标，以名牌战略促企业发展。

3. *以上市运作为突破，有效拓宽融资渠道。*现代市场经济尤其是资本市场的深入发展。为企业融资提供了多种选择。一方面，要切实完善、贯彻《关于鼓励和扶持企业上市工作的意见》《关于进一步推进企业上市工作的意见》《关于鼓励企业进入“新三板”挂牌的意见》等政策，注重分类指导、有序推进，加快企业上市步伐，引导鼓励民营制造业企业通过主板上市、“新三板”挂牌、境外市场上市等方式，对接多层次资本市场，实现企业制度创新、管理创新和技术创新，提高企业品牌价值和市场竞争力。另一方面，要鼓励金融部门创新经营理念，切实降低贷款门槛，放低融资担保标准，运用股权质押、应收账款质押、企业联保等担保方式，加大对民营制造业企业贷款的支持力度，有效解决融资难、融资贵、担保难的问题。引导中小企业积极“试水”互联网金融、众创众筹等新型融资方式，打破融资渠道狭窄的局面。另外，要鼓励企业敢于接受外来资本整合重组，吸引股权融资，实现债转股，提高权益资本的比重，增强企业资本实力，降低负债率，降低经营风险。

4. *以“一带一路”为依托，挺进“互联网+出口”。*“一带一路”国家战略的实施，为制造业企业提供了“走出去”的新桥梁、新思路，而“互联网 +”不断催生了新的市场营销模式。为此，抢抓国家战略机遇，既要继续引导民营制造业企业积极参与长江经济带和京津冀一体化、西部大开发、东北振兴等建设与发展，稳固、做大国内市场销售，又要认真落实外贸扶持政策，健全综合服务体系，鼓励企业拓展“一带一路”沿线国家市场，充分利用品牌展会等平台扩大出口。构建以研发设计、信息服务、现代物流、电子商务等为主的新型产业体系，加快建设电商产业园、大宗商品进出口交易平台、沿江物流园，全面推进服务型制造业发展，构建完善的全新销售网络和渠道。积极引导企业利用互联网开展电子商务特别是跨境电子商务，通过建立企业网站、进驻专业的外贸电商平台、搜索引擎营销、产品线下展销等渠道和平台，拓展海外市场，做大出口总量。鼓励重点企业设立境外机构、销售网络和生产加工基地，并支持条件成熟的企业开展国际工程总承包，推动产品、装备、技术、标准和服务“走出去”。加强海关、海事、国检、边防四家查验机构服务能力建设，加快推进泰兴港口一类独立开放口岸报批工作，创造条件促进保税物流中心建设，不断提升配套服务功能。

5. *以深化政务改革动力，减轻企业成本负担。*针对经济新常态和从严治党新形势，习总书记提出了构建“亲”“清”新型政商关系的要求。具体到推进民营制造业企业发展上，就是要继续落实已出台的鼓励民营经济发展的政策措施，加快制定和完善行业准入配套政策，进一步放低民营制造业企业相关政策措施的准入门槛，让更多的企业享受到政策的支持。深化政务改革，推进简政放权，通过简化程序、集中审批、提高效能、精准服务，着力打造政府职能转换的优势、符合国际惯例商务环境的优势。完善服务企业、挂钩联系等制度，主动上门服务，以优质高效的服务供给，推动骨干企业扩大行业优势，引导优质企业加快固本强身，帮助困难企业摆脱经营困境。开展降低实体经济企业成本行动，强化对涉企收费的监督和管理，打好“组合拳”，切实助力企业降低制度性交易成本、人工成本、税费负担、社会保险费、财务成本、电力价格、物流成本等,做到该降的全降到位、能降的先降下来、能用的政策全部用足用好,从而降低企业运营成本,增强企业盈利能力,促进企业健康快速发展。

6.以转变观念为先导,增强企业闯关担当。企业是市场的主体,面对当前“市场的冰山、融资的高山、转型的火山”,民营制造业企业必须认清形势、转变观念,痛下决心、加快转型,在变中求生存、求发展。必须主动作为,把落实和承接供给侧结构性改革作为重大机遇和主体责任,坚持需求引领、供给创新,加快越过“阵痛期”,闯出新天地。特别在淘汰落后产能上,要以市场为倒逼,早“去”、主动“去”,以赢得时间和空间。否则,晚“去”则会被动,最终贻误发展。对于政府来讲,要建立健全民营制造业企业培训机制,定期组织民营企业家和企业高管参加“经信大讲堂”、外地考察学习、省内外专家讲座等培训活动,引导企业家紧跟形势、解放思想,增强转型升级的紧迫感和责任感,进一步提升现代经营管理水平,促进早转快转转到位。特别要鼓励引导民营制造业企业建立、完善现代企业制度,加快股份制改造步伐,有效引入职业经理人,推进企业管理水平大提升、上台阶。

关于推进泰兴市智慧城市建设的调查与思考

◎市政协课题组

智慧城市是以互联网、物联网、电信网、广电网、无线宽带网等网络组合为基础,以云计算等为依托,以智慧技术高度集成、智慧产业高端发展、智慧服务高效便民为主要特征的城市发展新模式。建设智慧城市有利于促进城市公共服务更加均等,社会管理更加高效,生态环境更加宜居,产业体系更加优化,城市品质更加提升。建设智慧城市对“再创一个泰兴创新转型跨越发展黄金期”具有重要的推动作用。为加快启动我市智慧城市建设,市政协课题组从我市智慧城市建设的基础及优势,面临的困难和挑战,思路和重点,以及对策与建议等方面开展了专题调查和研讨。

一、我市智慧城市建设的基础及优势

近年来,我市在数字化建设、信息化发展方面都作出了积极探索,政府网上审批服务平台、数字化城市管理平台、12345政务服务平台、工业化信息化“两化”融合试点示范等一些项目的建设运行,在行政管理效能提升、经济业态转型升级、民生服务便捷提速等方面发挥了积极作用,为我市启动智慧城市建设工作奠定了基础。

1.信息基础设施逐步完善。全市信息基础设施快速发展,已建成广播电视并重,城市农村并举,无线、有线、卫星、微波等多种技术手段并用的广播电视网络覆盖体系。至2015年底,全市已全面实现了宽带和有线电视村村通工程,互联网端口30.42万个,建有各类基站站点2226个,通信机房276个。全市拥有固定电话用户32.98万户,手机用户103.19万户,有线数字电视用户31.68万户,IPTV电视用户8.51万户,固定宽带用户24.17万户,移动宽带用户68.29万户,城区245个公共场所建有643个AP热点,在全省县级市率先实现市区公共服务场所免费WiFi全覆盖。

2.智慧产业发展稳步推进。先进信息技术在生产、经营和决策等领域得到广泛应用,“两化”融合在企业、行业、产业集群三个层面不断深化。初步实现了产品设计手段与设计过程的数字化和智能化,生产管理的自动化与可控化,切实提高了制造企业的创新能力和管理经营水平。虹桥工业园区获批省两化融合试验区,8家企业获批省两化融合示范企业,24家企业获批省两化融合试点企业,15家企业获批泰州市两化融合示范试点企业,7家企业获批省五星级数字企业,6家企业获批省两化融合管理体系贯标试点企业。科兴电器被认定为省互联网与工业融合创新示范企业,汤臣亚克力、新浦化学被认定为省互联网与工业融合创新试点企业。

3.电子政务建设成效明显。一是政务信息公开。全市已建成政府门户网站集群,市级机关各部门、乡镇(街道)、园区基本建有政务信息公众服务网络平台,主要涉及信息公开、电子公文、网上审批、交流互动、网上调查锋公共服务。二是政务专网专用。按照省、泰州市统一建设的专用信息应用系统,覆盖了全市各部门业务领域,为信息上报提供快捷高效、安全可靠的途径。本市内部专网涵盖政务发布、财政管理、工商登记、税务填报、公安户籍、交通监控、社保支付、学校教育、环保监测、检验检疫、房产备案等专用信息系统,实现专网专用。三是特色信息服务。民生服务领域的特色网站遍及医疗、公交、旅游、历史文化等,提供多种信息渠道,基本满足了广大人民群众的精神生活需求。

4.城乡信息化快速发展。城市信息化全面推进,数字城管、天网工程、一卡通、新农合市级平台、污染源在线控制系统、防汛组织指挥系统、企业安全生产信息系统等相继实施,社会管理和公共服务水平明显提升。农村信息化相继实施，市、乡镇(街道)、村(居)三级架构的农村综合信息服务平台已经建成。信息化示范村、信息化达标村等信息化建设活动蓬勃开展，农村党员干部现代远程教育网、平安村居等建设亮点纷呈，全市有12个镇村被评为省、市农村信息化应用示范基地。

二、我市智慧城市建设的困难与挑战

我市在数字城市建设过程中做了大量基础性工作，取得了一定成绩，为启动智慧城市建设打下了较好的基础，但同时我们也要看到，我市智慧城市建设还面临不少困难和挑战。

*一是思想认识和重视程度不够，专业人才匮乏。*智慧城市是一个全新的发展理念，从思想认识上看，由于智慧城市建设的短期效应不明显，少数领导干部对智慧城市建设的认识不足，重视不够。从资金保障上看，智慧城市是一项长期发展任务，需要持续不断地投入，目前，由于资金投入相对不足，导致旧的设施设备维护和升级改造压力大，新的设施设备发展缓慢。从科技创新能力和人才支撑上看，我市受区位因素影响，科技创新能力及培育人才、吸引人才和集聚人才的条件明显不足，多数单位负责管理和维护的人员专业程度不够，技术水平难以保证。

*二是信息资源和基础设施共享不够，缺乏协调机制。*智慧城市建设需要信息整合和分析决策，对跨部门、跨领域的统筹协调提出更高要求，但由于信息化建设受垂直条块管理制约，"信息孤岛"现象普遍存在。从部门利益看，一些部门围绕业务需求，花费了大量人力财力建立了信息资源库，由于缺乏合理的利益补偿机制，无偿共享会担心部门利益受损。从技术标准看，各系统由不同部门牵头建设，因而存在信息重复采集、数据结构矛盾、字段标准不一的情况，导致数据交换困难等问题。从基础设施看，信息通信基础设施城乡分布不平衡，空间布局规划不合理，新建住宅小区、楼宇等场所通信配套设施不完善，没有执行同步规划、同步建设、同步验收的相关规定。从"三网融合"推进体制看，各运营商之间由于利益出发点不同，存在恶性竞争、重复建设和资源浪费等现象，严重影响到各信息系统之间的互联互通，因此网络整合推进困难重重。

*三是两化深度融合水平较低，应用范围不广。*根据工信部两化融合评估调查问卷结果显示，2015年全市有396家规模以上企业参与对标评估，得分为44.8，低于全省平均水平4.1个百分点。从"两化融合"的机制看，信息化与工业化"两张皮"脱节现象仍然存在，企业通过信息技术提升工业技术和产品水平的能力不强，信息技术改造提升传统产业成效仍不显著。从企业信息化总体水平看，基本处于初始阶段，信息化应用主要集中在经营管理方面，研发和生产过程信息化程度不高，信息化建设缺乏统一规划，一些企业盲目建设ERP、生产管理等大型信息系统，导致最后无法适应企业生产管理流程。从信息技术产业自主创新能力看，关键零部件、核心元器件、重要材料和专用设备基本依赖进口，核心技术受制于人的现象比较突出。

*四是信息安全隐患普遍存在，软硬件保障不足。*智慧城市所营造的开放发展环境，对网络安全、信息安全提出更高要求，信息安全保护体系建设迫在眉睫。从信息系统防护能力看，许多信息系统在建设过程中没有同时配备防火墙、入侵检测、安全审计、容灾备份等防护设备，信息安全隐患大。从信息犯罪发展趋势看，黑客攻击、病毒传播、网络诈骗、窃取他人网络银行帐号密码、间谍软件入侵等时有发生，有加速发展趋势，依法严打信息犯罪工作亟待加强。从信息安全意识看，少数人员信息安全意识不强，警惕性不高，多数重要网站和信息系统未建立等级保护和风险测评机制，机房硬件设施和软件系统普遍存在安全隐患。

三、我市智慧城市建设的思路与重点

智慧城市建设内涵丰富，涉及面广，且动态发展，需要不断调整发展方向。当前，结合我市实际，应以提升政府服务、满足民生需求和促进产业发展为导向，构建体现泰兴特色，便捷、实用、高效的智慧应用体系。

(一)建设智慧型政府治理体系，提升社会服务能力

构建智慧型政府治理体系，提高行政效率，改善公共服务质量，重点在建设智慧政务、智慧城管、智慧社区等方面取得突破。

1. 智慧政务。一是加快政务云服务平台建设，构建统一的智慧政务基础环境。二是推进信息资源整合，规范信息采集标准，统一数据和接口标准，加快建成政务信息资源目录和数据交换目录体系，建设人口、法人单位、自然资源和空间地理、宏观经济信息等基础数据库，为政府部门和社会公众提供优质的信息共享服务。三是强化业务协同，以企业、公众的政务需求和业务办理的逻辑顺序为导向，全面梳理跨部门业务流程，整合各部门的业务系统，以"一站式"网上行政审批系统、公共资源网上交易系统、移动协同办公系统、电子公文传输系统等业务应用系统建设为重点，推进公共服务集成，不断提升"网上办、马上办、在家办"的便捷式服务水平。

2. 智慧城管。一是大力推进数字化城市管理。加快社会治安、安全生产、特种设备、食品药品、农产品以及自然灾害等领域的信息化工程实施进度，不断拓展物联网技术等新一代信息技术在城市管理方面的应用范围。加快建设基于大数据的可视化、协同化、智能化城市管控中心，逐步形成全面感知、广泛互联的城市管理服务体系。二是着力推进以突发性公共事件预警系统、生态环境(重点污染源)在线监控系统、防汛防旱防

涝应急处置系统、安全生产综合监管系统等为重点的智慧安全保障系统建设，提升公共安全和应急管理的信息化支撑水平，切实增强政府应急管理和服务能力。三是加快形成全面覆盖、动态跟踪、联通共享的社会管理综合信息处置机制，实现信息整合、业务协同与快速联动，以最快速度寻找最优处置方案。

3. 智慧社区。一是依托“三网融合”工程，积极推进社区信息基础设施共建共享，着力破解信息基础设施“最后一公里”问题。二是建设统一规范的城乡社区综合管理和服务信息平台，拓展服务领域和功能，大力发展各类信息服务载体和终端，提供“一网式”综合服务。对农村社区而言，重点是建设好“网上村委会”，使之成为创新农村社会管理和服务民生的重要载体、涉农信息交换和综合开发利用的资源中心、服务“三农”的重要窗口。三是在现有覆盖城乡基层(村、社区)的劳动就业和社会保障管理服务平台的基础上，全面推进智慧社保系统建设，加大社会保障卡的功能开发，努力为市民提供就业、保险等公共服务事项。四是顺应人口老龄化发展趋势，进一步加强社区居家养老管理信息系统建设，重点打造远程健康监测、远程保健护理等智慧应用示范，不断满足老年人个性化服务需求。五是积极推进智慧楼宇建设，推广使用智能电表、智能水表、智能燃气表等远程智能控制器具，大力开发智能家居产品，全面搭建与社区服务系统联动的家庭云服务平台，让居民“足不出户”便可享受到各种优质、便捷、高效的服务。

(二)建设智慧型民生服务体系，增强市民幸福感受

优先解决好与市民生活息息相关的交通、教育、医疗等领域的智能化建设问题，让市民生活更方便、更舒适。

1. 智慧交通。围绕解决“行车难、停车难”问题，大力发展以智慧路网、智慧装备、智慧管理等为主要内容的智慧交通模式，逐步实现远程指挥、出行诱导、拥堵分流、交通管制、快速处理事故的交通管理智能化目标。一是加大视频、地磁、微波等传感设备建设力度，充分运用新一代传感与网络技术对道路、桥梁、河道、港口以及交通枢纽、场地实行动态监测养护。二是运用实时交通数据采集、动态交通分配、交通流预测等各种先进交通模型和技术，构建动态交通诱导系统，引导市民合理选择行车线路。三是按照“公交优先发展”的思路，建设智能公交电子站牌，开发掌上公交系统，实时显示公交车辆运行轨迹、到站时点；利用移动网络、GPS、GIS 等无线通信技术，对公交、出租车辆、汽渡等进行实时监控、调度。四是推进交通信息服务系统建设，整合网络、通讯终端、诱导装置等各种服务载体，为交通运输管理部门进行管理决策、指挥调度提供保障，帮助公众通过多种渠道获取有用的交通信息。

2. 智慧教育。智慧教育是促进城乡教育优质均衡发展、提升全民文化素质的有力抓手。应以“智慧校园”建设为突破口，大力实施教育优质资源共享工程、教育管理信息系统建设工程，确保全市中小学教育技术信息装备达到江苏省Ⅰ类要求，国家教育信息化标准达标率达 85%以上。一是加大校园网络感知设施建设力度，利用新一代信息技术 RFID、智能终端、视频监控等，对学校教学管理、生活服务设施以及校园交通、安防、环境等各类信息，进行采集、传输、整合及智能处理，实现学校管理与服务的智慧化。二是建成全市教育信息化综合管理数据库，加强对教学资源、科研资源、学习资源、公共资源等各种软硬件资源的整合共享，提升各类教育管理的信息化程度。三是结合教育资源数字化推进工作，构建教育公共服务平台，为公众提供在线学习、公共数字图书馆、学习互动交流、虚拟实验、教育资源搜索等全方位的教育公共服务。

3. 智慧医疗。运用信息技术，推进优质医疗卫生资源整合共享，提高医疗卫生服务水平。一是加快数字化医院建设进程，逐步提高综合管理、诊疗设备及辅助系统等方面信息化水平，在挂号、检查、化验、治疗、缴费等流程上方便市民就医问诊，优化医院医疗秩序。二是积极利用移动互联网提供远程挂号、在线预约诊疗、候诊提醒、药品配送等便捷服务，积极探索互联网延伸医嘱、电子处方等网络医疗健康服务应用。三是升级电子收费系统，将个人医保账户与个人银行账户、通讯移动终端等进行无缝对接，采取自主刷卡、网络支付等形式进行收费。四是通过数据、文字、语音和图像资料的远距离传输，建立与上海、南京等地远程协同医疗服务系统，实现医疗机构、医务人员异地咨询会诊，推动本市医疗卫生信息数据系统与省市、周边发达地区医疗卫生机构对接，逐步实现省内、跨省异地就医联网即时结算。

(三)建设智慧型产业发展体系，加快经济转型升级

智慧产业是智慧城市建设的基础支撑，也是构建现代产业体系的重要内容，推进智慧型产业发展体系，切实提高工业、农业、服务业等领域的智能化水平。

1. 智慧工业。智慧工业是指通过实施工业化和信息化“两化”融合，实现智能化制造产品和制造智能化产品的目标。一是推动现代信息技术在生产过程、生产工艺等关键性环节的广泛应用，加快实现研发设计数字化、生产过程自动化、产品装备智能化、经营服务电商化，打造一批智慧型制造企业。二是积极推进有条件的中小型企业提高计算机辅助研发设计应用水平，加快生产设备的数字化、智能化、网络化改造，实现生产过程的实时监测、故障诊断、质量控制和调度优

化。三是发挥骨干企业在智能制造领域的龙头效应，通过在全市开展智能车间、智慧工厂建设和认定工作，推动一批规模以上企业深化信息技术综合集成应用，加快工业机器人、3D打印机等新型智能装备的推广运用，探索发展智能工厂、智能管理和智能服务等新模式、新业态，推动智能制造取得重点突破。

2.智慧农业。一是在已有"泰兴金农网"平台的基础上，建立智慧农业数据库，整合农（林）业、农机、农资、渔业、气象、水务等相关资源，搭建包括市、乡镇（街道）、村（居）三级农业信息网络互联中心，为政府、企业和公众提供权威的农业公共信息。二是加快物联网感知技术在畜禽养殖、水产养殖、温室大棚、露地作物栽培以及现代农业综合园区、家庭农场等领域的示范应用，实现生长环境远程监控可视化、生产控制自动化和农产品质量监管全程化，促进农业物联网应用市场和产业链形成。三是依托本地特色农产品，建立生鲜农产品网络展示交易平台，并以此构建B2B、B2C农产品电子商务平台，畅通农产品销售渠道，帮助农民增收致富。

3.智慧服务业。深化信息技术在服务业中的应用，推进信息化与生产性、生活性服务业的融合，推动传统服务业向智能化现代服务业转型。一是提升发展电子商务，加大电子商务企业的引进和培育力度，积极发展第三方电子商务平台。加强电子商务信息、供应链、交易、支付等管理平台和信用自律体系建设，促进网络市场健康发展。二是发展现代物流业，鼓励有条件企业推进仓储智能化管理，加快智能物流平台建设，实现物流信息的开发共享和社会化应用。三是加快公共数字文化惠民工程，推动手机媒体、多媒体电视、网络电视等新型业务发展，提升文化发展的智慧内涵。四是发展互联网金融，大力招引国内外知名互联网金融企业对我市企业开展P2P、众筹、垂直搜索等融资服务，鼓励金融机构借鉴互联网金融模式，创新融资服务。五是重视发展软件和信息服务业，大力招引国内外软件行业的知名企业来我市发展，加紧筹划启动市软件产业园建设，积极打造智慧创客空间，构建创新创意要素集聚的发展新平台。

四、我市智慧城市建设的对策与建议

智慧城市建设是一项复杂的系统工程，事关我市长远发展。市委、市政府要从全局的高度，紧紧抓住新一轮信息科技和产业变革机遇，加快智慧城市建设步伐，努力实现政务更加高效、产业更加优化、民生更加幸福、城市更加宜居。

*1.健全工作机制，优化智慧城市发展环境。*一是健全规划引导机制。根据国家、省有关智慧城市发展战略要求，编制智慧城市发展规划，并制定年度推进计划，把相关发展目标和工作任务落实到具体责任部门。适时召开全市智慧城市建设启动大会，进行全面系统部署。加强宣传力度，切实提高政府、企业、市民对智慧城市建设的认知度和参与度。二是健全工作推进机制。市委、市政府及市各有有关部门要深刻认识智慧城市建设是全面提升政府运行效率、推动产业转型升级、让城市生活更美好的重大战略举措，把智慧城市建设摆上重要位置，并在实际工作中认真落实。要成立由市政府主要领导担任组长的智慧城市建设工作领导小组，并配备专职人员，落实必要的工作经费，做到机构、人员、经费三到位，形成统一协调、部门联动、扎实推进、稳步实施的工作机制。市各相关部门按照职责分工，负责相关领域任务的细化和落实，建立相应的工作机制，按照全市总体部署，负责本区域智慧城市建设工作。三是健全考核评估机制。研究建立智慧城市建设评估机制，依托专业机构，定期开展跟踪分析并发布评估信息，重点是建立新一代信息技术应用系统运行的评价指标体系，把评估作为系统解决方案验收和改进的重要举措，确保系统高效协调和安全运转。强化考核机制，根据省、市的部署和要求，制定和落实中、远期智慧城市建设指标和考核体系，定期开展绩效评估，不断提高人民群众满意度。

*2.落实关键措施，加快智慧城市建设步伐。*一是加大智慧城市试点建设力度。围绕我市经济转型升级重点、群众对公共服务的迫切要求和创新社会管理的实际需要，突出重点、量力而行，鼓励先行先试，开展小范围、单个行业的试点示范，促进政策、资金、人才、技术等保障要素向试点领域集聚，并以点带面，以城促乡，有序推进。二是加快智慧城市项目建设进程。建设智慧城市，最终的落脚点在于项目建设和推广应用，要以企业为主体，政府为引导，项目为载体，加大政策和资金扶持力度，进一步促进信息技术在工业、服务业、农业、社会管理和民生各领域的广泛应用。重点是抓好高速宽带、无线城市、"三网融合"、云计算中心、数据交换平台、基础数据库，以及金融商务、城市管理、城市技防、医药卫生、文化教育、交通管理、生态环境、公共服务、居家生活等重点领域的智慧应用体系建设，促进社会管理和社会服务整体水平的提升。三是加大智慧城市整合提升力度。大力推进城市信息资源融合提升，切实解决共享和应用服务两方面内容。加快推进"三网"融合，促边通信路由、通信基站等公共资源的充分集约利用。推进政府信息资沥目录和交换体系建设，探索建立多层次、跨区域、跨部门、跨领域的信息资源开发和共享机制，实现信息由单一系统共享向多系统共享的转变。

*3.强化政策扶持，增强智慧城市发展活力。*一是营造良好舆论氛围。围绕智慧城市建设，推进以政府信用为先导、企业信用为重点、个人信用为基础的社会信用

体系建设,不断提升信息数据的真实性、有效性,为智慧城市建设奠定必要的基础。加强智慧城市理念的宣传引导,大力推广智慧城市建设成果应用,不断增强全社会对于智慧城市建设的认知度和参与度,营造智慧城市建设的良好氛围。二是制定完善政策措施。研究制定和完善与信息化发展相适应的产业政策、投融资政策、土地利用政策、吸引和激励人才政策以及其他有关政策措施,打造具体、实用、高效的政策支持体系。根据信息化和信息产业推进情况,及时制定和完善信息技术应用推广计划、信息产品研发、信息化应用系统试点、信息产业基地创建和管理等方面的操作细则。三是强化人才培养引进。建立完善的人才培养、引进和使用制度,加大培养和培训规模,尽快形成一文人才队伍,为智慧城市建设提供人才保障和智力支撑。重点是优化创业和生活环境,通过高薪聘请、技术入股、产学研合作等方式,吸引一批创新型人才。依托重点企业、重大项目,培育发展一批专业技术人才。加强全民信息化知识的普及培训和领导干部电子政务应用培训,为智慧技术全面推广应用和科学决策奠定基础。四是加大资金扶持力度。建立完善以政府投入为引导、企业投入为主体、其他投入为补充的多元化、多渠道信息化建设投融资机制。积极抓住国家、省智慧城市发展战略的机遇,最大限度地争取上级资金扶持。建立智慧城市财政预算投入机制,优化政府资金投向,加强对公益性、基础性、战略性重大信息化工程项目的资金支持,并落实重点项目运维资金保障。积极推广 BT 和 BOT 建设模式,鼓励有管理、技术、资金优势的企业和社会机构参与政府依法开放的重大信息化项目建设。

整合红色旅游资源　打造党员教育品牌

◎市委党校课题组

泰兴是有名的革命老区,红色文化底蕴深厚,红色旅游资源丰富,如何发展红色旅游,以现代革命史迹为目的地,将旅游与爱国主义教育和革命传统教育有机结合起来,打造颇具特色的党员教育品牌,是本文研究的目的。

一、发展现状

(一)市场前景广阔

一是中央政策有要求。党的十八大强调:坚定理想信念,坚守共产党人精神追求,要抓好党性教育这个核心。十八大以来,习近平总书记也多次强调要全面从严治党,高度重视党员干部的党性修养。如在全国干部教育培训工作会议上,他强调指出:在干部教育培训中,理论教育是根本,知识教育是基础,党性教育是关键。《中共中央关于加强和改进新形势下党校工作的意见》强调“突出党的理论教育和党性教育的主课地位”,规定“确保党性教育课不低于总课时的 20%”,用党内文件的形式落实了党性教育的重要地位,为开展党性教育提供了政策支持。

二是党性教育有需求。党性教育要提升质量和水平,就需要通过优质的党性教育基地,带领党员干部走进历史,感晤传统,震撼灵魂,强化党性。近年来,全国各地虽已开发了一批较有影响的党性教育基地,但大多是井冈山、延安等久负盛名的革命老区,知名度高但缺乏新鲜感、数量较少难以满足全国旺盛的党性教育需求。泰兴具备丰厚的红色资源和历史积淀,有很大的打造空间。据统计,近年来,我市各纪念馆接待参观者总计每年都在 130 万人次以上。2014 年,上海市委党校考察组来泰兴实地考察,拟建设上海市委党校党性教育基地(泰兴)教学点。江苏省干部培训领导小组已将我市党性教育基地列入“836 工程”,已经接待了第一批次党员。盐城新四军干部学院多次组织学员到我市开展党性教育现场教学。因此,可以借助外在的高起点平台,将泰兴党性教育基地打造成吸引全国各地党员领导干部红色教育的知名品牌。

三是红色旅游有市场。红色旅游既是加强思想道德教育,弘扬爱国主义精神的战略工程,同时也是打造特色旅游品牌,繁荣旅游经济的重要内容。我市整合红色资源,打造党性教育品牌,不仅可以服务党员干部培训主业,还可以发展特色旅游,扩大文化影响力。随着经济的发展和交通的便利,短途游、周末游、休闲游渐渐兴起。就地理位置看,泰兴地处长三角地区,交通便利,有利于吸引上海、苏南甚至周边省市游客自驾前往。目前长三角大部分城市的旅游资源都有所开发,而泰兴还“藏于深闺”不为外人了解。因此,打造党性教育基地,对推动红色旅游市场发展有重人意义。

(二)开发初具规模

一是红色资源全国独特。泰兴是革命老区,拥有在全国范围内堪称丰富独特的红色教育资源。在这里诞生了扬泰地区第一个党组织——中共江浙区泰兴独立支部,直接孕育了江苏境内唯一一支红军正规武装——红十四军。我军历史上以少胜多的黄桥决战、彪炳史册的苏中七战七捷首尾两战都发生在泰兴境内,泰兴还是中国人民志愿军第一位特级英雄杨根思的故乡,这些都是泰兴独特而宝贵的红色资源。

二是前期打造格局初现。目前，由市委组织部牵头，泰兴党校、史志办、黄桥镇、文广新局、泰兴民政局及相关纪念馆单位合作，已经开展了联合调研与打造工作，挖掘党性教育资源，探索加强新时期党性教育的新形势、新途径，前期打造格局已初步呈现。

三是教育基地设施齐全。目前，黄桥新馆已经建成，杨根思烈士陵园改造已经完成并对外开放。红色"三馆"建筑面积5.5万平米，新馆展厅面积1万平米，现场教学研讨会议室3个，在职人员9人，讲解人员6人。泰兴新党校已全面建成并投入使用。新党校建筑面积近15000平方米，其中主体综合楼12000多平方米，拥有500人、200人报告厅各一间，100人教室一间，50人教室4间，多功能活动室一间，另有各类接待室、讨论室、小会议室10多间，均配备适应现代化教学手段的各类设施设备；食宿楼1500多平方米，可同时接待60人住宿，100多人就餐。

(三)区位优势独特

泰兴地处江苏省中部，位于国务院新规划的长三角城市群核心腹地，与苏南地区仅一江之隔，拥有江阴大桥、泰州大桥两条过江通道，泰常过江通道也已列入国家计划。泰兴至上海车程仅2小时，至南京约1.5小时，至苏州、无锡、常州、南通、扬州等城市车程均在1小时内。省内各地区到泰兴办班培训交通十分便利，省外各地区前往办班培训，不仅节省经费，而且可共享苏南、苏中地区的教育培训资源，还可避开苏南地区各类教育培训机构的拥挤和繁忙。泰兴党校面向省内外拓展干部教育培训，具有较强的吸引力。

二、存在问题

(一)定位还不清晰，需考虑长远发展

目前泰兴红色资源经过前期开发，已经积累了不少素材，具备打造党性教育基地品牌的前提条件。但如何增强特色、高点定位，还比较模糊。首先，层次定位不明。打造党性教育基地品牌，辐射定位是市、省、江浙沪、华东地区还是全国目前看来，泰兴红色资源全国独特，但开发基础相对薄弱，应首先立足江浙沪地区，争取打造在华东富有影响力的品牌。其次，文化定位不明。品牌定位的核心就是在消费者脑中形成区别于同类产品的差异化形象。泰兴拥有众多的"第一"，但如何提炼出专属于泰兴的党性教育基地差异化形象，从而使党员干部对泰兴产生深刻印象，还需要进一步思考。另外，当前泰兴以"三个谁"的主题小联红色三馆，开展党的群众路线教育，符合时代要求。但还需考虑长远发展，不断适应中央党性教育新要求。

(二)管理部门交叉，需理顺管理体制

目前，泰兴红色资源中核心的"三馆"：中共江浙区泰兴独立支部旧址纪念馆、新四军黄桥战役纪念馆、杨根思烈士陵园分别隶属泰兴市文广新局，黄桥镇、民政局管理，性质各不相同，管理体制和运行机制不完善．经费投放不足，基础设施有的比较落后，讲解力量薄弱，研究力量分散的现象较为突出，不利于党性教育基地的整体打造。

(三)内涵挖掘初启，需加强研究力度

前期开发中，泰兴市组织部、泰兴市委党校以及三个纪念馆等单位已经启动了对党性教育资源的挖掘整理工作，并由泰兴组织部、市委党校牵头，制作完成《播撒革命火种的人——沈毅》、《火红的岁月——黄桥人民支前忙》、《一棋定江淮——朱履先的故事》、《人地阵地在——高地雄魂杨根思》等四个现场教学片，《铁军东进——新四军在1939—1941年》已经通过省干部培训领导小组审片。但仍有不足，如部分纪录片大量使用方言，导致外地学员难以理解，一些教学片拍摄还不够专业，缺少震撼人心、触及灵魂的亮点。同时，对内涵的挖掘也偏向历史事实的整理，缺乏结合当前中央党性教育活动主题的理论提升，还要努力探寻历史与现实的结合点，把继承先烈优良传统和弘扬时代主旋律结合起来，把历史经验与改革开放实践中的重大理论和现实问题结合起来。

(四)开发力度不足，需加大经费投入

泰兴的党性教育资源十分丰富，但除了黄桥烧饼香飘全国外，很多历史遗迹还不为人所知。作为红色资源核心的三个纪念馆由于历史和管理体制等问题，开发也较不平衡，其中黄桥战役纪念馆开发最好，是全国爱国主义教育示范基地、全国100家红色旅游经典景区、国家AAA级旅游景区。近年黄桥战役纪念馆又投入近2亿元修建了新馆，新馆占地面积达2万多平方米，展馆面积约1万平方米，参观时间2小时左右。而中共江浙区泰兴独立支部旧址纪念馆条件比较落后，陈列简单，参观讲解时间仅20分钟，目前仅有工作人员2名，讲解人员的水平还有待改进。杨根思烈士陵园场馆建设、布展有了一定的改善，但缺乏专职讲解员，临时讲解人员的水平还有待改进。目前，红色"三馆"不同程度存在设施老化、布展陈旧、内容单调、主题不突出、展示乏味等窘境，与图文、照片、荧屏、声像、光、雕塑和实物相结合的现代展示手段存在明显的差距，要改变这一现状需要加大投入。

(五)产业融合不足，需加大开发力度

泰兴的红色资源丰富而厚重，具有得天独厚的优势，但在红色资源与旅游产业对接融合发展方面是明显的"短板"，具体表现为：一是红色旅游市场的开发程度较低。红色旅游资源开发比较单一，各纪念场馆缺乏游客所需的红色纪念品、音像视频资料、现场教学场所、食宿等条件；二是对红色旅游景区景点的宣传不够。普通群众对泰兴红色旅游景点的背景缺少了解，对沈毅、杨根思等革命烈士的了解仅是一知半解；三是红色旅游的客源市场较单一。主要客源是青少年学生、机关事业单位职工和离退休干部,省内外的党员干部、普通群众等市场还未被有效激活等。

三、对策建议

(一)发展思路

打造红色"三馆"。以中共江浙区泰兴独立支部旧址纪念馆、新四军黄桥战役纪念馆、杨根思烈士陵园等三个纪念馆为主体,着力打造"主题鲜明、特色明显、精彩纷呈、触及灵魂"的党性教育特色品牌。

口述"三位英雄"。借助前期制作的《播撒革命火种的人——沈毅》《火红的岁月——黄桥人民支前忙》《一棋定江淮——朱履先的故事》《人在阵地在——高地雄魂杨根思》《铁军东进——新四军在 1939-1941 年》等 5 个宣传片,着力宣传沈毅、杨根思、朱履先等英雄身上所体现的"忠诚、干净、担当"的崇高品德。

学唱"三首歌曲"。现场教学员学唱《醒农歌》(俗称泰兴的国际歌,由沈毅烈士作词作曲,目的是启发农民阶级觉悟)、黄桥烧饼歌、电影《英雄儿女》主题曲"英雄赞歌"(电影《英雄儿女》中的主人翁王成有三个原型,第一个原型就是杨根思),让学员永远铭记黄桥老区的英雄群体,激发爱党爱国爱人民的热情。

传承"三不精神"。杨根思在朝鲜战场上立下誓言,即"三个不相信":不相信有克服不了的困难,不相信有完成不了的任务,不相信有战胜不了的敌人。市委书记蓝绍敏与时俱进提出新"三不精神":不相信有克服不了的困难,不相信有完成不了的任务,不相信有实现不了的目标。新"三不精神"正成为泰州人民夺取新时期"十三五规划"新胜利的动力源泉。

培育"三个品行"。向沈毅学习,做"忠诚型"党员干部,着力解决好一些党员干部理想信念模糊动摇的问题;向人民学习,做"干净型"党员干部,着力解决一些党员干部宗旨观念淡薄的问题;向杨根思学习,做"担当型"党员干部,着力解决一些党员干部精神不振的问题等,使广大党员干部进一步坚定理想信念,强化宗旨观念,增强担当精神,做"四讲四有"的合格党员干部。

弄清"三个谁"。参观中共江浙区泰兴独支旧址纪念馆,弄清中国共产党成立是"为了准",从理论上思考"星星之火,可以燎原"的根本原因;参观黄桥战役纪念馆,弄清黄桥决战"依靠谁",从理论上思考黄桥决战"以少胜多"的根本原因;瞻仰杨根思烈士陵园,弄清党员干部"我是谁",从理论上思考杨根思的英雄壮举从何而来。进而引导学员通过弄清"三个谁",感悟"规之律";弄清"三个谁",坚定"路之线";弄清"三个准",明白"我之行"。

(二)工作措施

1. 把握发展定位,进一步提升基地影响力

利用我市特色资源打造党性教育基地是一项长期而又迫切的任务。党性教育基地建设的层次目标和主题定位与基地影响力密切相关。建议我市相关部门充分利用红色资源,树立"向宏观努力,从微观去做"的建设思路,既要关注当前又要关注长远。要加大工作力度,做好对整体项目的包装,整合资源,研究对策,借助省干部培训领导小组"836"工程规划,努力上争项目资金和政策支持。要做到高点定位,努力提升层次定位,扩大影响力度。在泰州地区打响品牌的基础上,立足全省、江浙沪经济发达地区增强知名度,辐射华东地区乃至全国,力争把我市黄桥老区党性教育基地打造成泰兴的一张红色名片。

2. 加强组织领导,进一步加快整合进度

建议成立泰兴市党性教育基地建设领导小组及工作机构,由市领导任组长,组织部、宣传部、党校、民政局、文广新局、黄桥镇、旅游局、史志办等为成员单位,明确职能分工、定期召开联席会议,同时建设一支融开发、讲解与管理于一体的团队,管理团队由市委党校牵头,融教学、班务与后勤服务于一体,讲解团队由市委党校教员、纪念馆讲解员、兼职人员等组成。在新媒体时代,宣传部门还要注重网络推广和服务作用,要注重配备专业技术人才,通过网站、微博、微信等手段,不断推广泰兴品牌。

3. 紧扣时代需求,进一步提炼特色主题

组织专家学者,通过挖掘特色主题和精神内涵,客观还原历史事实,提升理论高度,呼应中央党性教育活动主题,系统深刻揭示时代价值。初步考虑,突出"三个谁"主题教育,在此基础上,取舍资料,整合资源,打造场馆,优化线路,做亮做特精品。目前,组织部、市委党校正在牵头做这项工作,理论教学"把'三个谁'写在江淮大地上"已经制作成录像,送省委组织部审核。下一步,还需要打造一批教学专题,适应多样化的教学需求。

4. 设立专项经费,进一步推进软硬件改造

建议设立党性教育专项经费,用于基础设施改造、调研推广、人员培训等。硬件方面,红色资源旧址改造要立足于历史原址原貌进行科学设计,开展事迹挖掘。目前,很多展览手段还停留在"图片 + 文字 + 实物"的传统方法,缺乏声光电等新型手段的运用,要综合运用文物、图片、模型、雕塑、景观等形式,辅以现代科技手段,展现历史的鲜活与丰满。软件方面,一是建立解说员队伍。配全各馆讲解员和党性教育讲解员,各馆讲解员主要负责本馆讲解,其中江浙区泰兴独立支部旧址纪念馆和杨根思烈士陵园缺乏专职讲解员,暂时可向社会招募志愿者,建议招聘专职讲解员;全市党性教育讲解员、接待员建议聘请 3 名党校教师或机关工作人员担任,主要承担接(送)站、途中讲解,各馆串联等任务。同时请熟悉相关历史、了解展馆布展、通晓解说工

作的专家撰写尊重历史、生动凝练、联系实际的深度解说词，使受众在参观时得到良好的观览感受。二是对已有的影像资料去粗存精。考虑外地学员的接受能力，去除大量的中青年市民的方言表述，仅保留年长的亲历者使用方言回忆的部分，既展现历史真实感，又提升影片档次。在讲故事的部分去除平铺直叙的表述，只保留生动感人的亮点。三是准备一堂生动感人的党性教育课。结合党性教育基地要求，在现场观览后，还要准备一节整体串联各资源点、提炼提升理论高度和现实意义的党性教育课，使受教育者的参观学习不仅仅停留在对史实的了解上，而是有所升华。

5. 促进融合开发，进一步推动红色旅游产业发展

党性教育基地与红色旅游相结合会起到“立体交叉、双向促进”的作用。利用红色资源打造红色旅游产业并形成产业链的主要措施包括：一是挖掘资源内涵打造精品线路。旅游线路不仅要体现景点的个体价值，还要体现组合增值效应。针对泰兴的特点和优势，建议紧扣史料最完备、开发最完善的黄桥战役纪念馆，亮出“千年古镇，红色黄桥”的品牌，打响知名度。再将现存的古巷道、古建筑、历史文化遗址、革命文化景点等连线成片，整体做优，并与杨根思烈士陵园、江浙区泰兴独立支部纪念馆、海军诞生地纪念馆等周边资源相串联，形成红色文化精品之旅。二是加大红色旅游产品的开发力度。要创新思路，做好红色旅游产品的整合营销。有条件的如黄桥纪念馆，可以将红色旅游与历史古镇游、工业文化游、乡村生态游相结合，以满足不同层面游客的旅游需求。在吃、住、行、游、购、娱中产生经济效益，真正把红色旅游发展成为富民产业。三是强化对泰兴红色旅游的宣传力度。拍摄“泰兴黄桥老区红色之旅”电视广告和系列短片，做到主题鲜明、画面鲜明、形象生动，力争在省级以上电视台定期播出；设计大型歌舞剧如《黄桥印象》等，综合运用声、光、电、景、人等各种科技和艺术元素，将黄桥烧饼歌等元素融合其中，用歌曲和舞蹈讲述黄桥战役故事，演绎感人历史；制作宣传泰兴黄桥老区红色之旅的贺卡、挂历、台历、明信片等，起到以“邮”促“游”的作用。

关于推进高新技术企业发展的调查与思考

◎市人大课题组

近年来，我市积极实施创新驱动发展战略，按照“规范管理、强化服务、坚持标准、重在培育”的原则，采取有效措施，大力推进高新技术企业发展，依靠科技创新打造企业竞争新优势，有力地促进了我市经济健康快速发展。

一、推进高新技术企业发展的主要做法

1. 强化思想认识，组织领导到位。高新技术企业的发展在一定程度上体现一个地区经济发展的质态，是区域经济调结构、促转型的重要抓手。市政府成立了以分管市长为组长，科技、财政、国税、地税等部门参加的高新技术企业建设领导小组，细化工作措施，强化督查推进，严格考核奖惩，协调解决问题。各乡镇、园区高度重视，明确专人负责，落实工作举措。按照“传统产业转型升级，新兴产业倍增发展，高新产业加速领跑”的要求，市政府从全局的高度谋划发展，大力实施“千企升级计划”，实行资源要素向高新技术产业倾斜，人才配置向高新技术产业集聚，有力地促进了全市高新技术产业发展。

2. 强化政策引领，措施落实到位。在人才政策方面，制定出台了《关于加快推进人才强企的政策意见及实施办法》、《关于进一步推进大众创业的实施意见》等文件，促进各类人才向高企集聚。在税收政策方面，不折不扣落实国家、省、市支持企业科技创新的税收优惠政策，2014 年，我市有 30 家高新技术企业（以下简称高企）享受税收优惠政策，共计减免企业所得税 1.56 亿元，核计研发费用税前加计扣除 0.8 亿元。同时制定出台了《泰兴市推进工业经济加快转型升级的若干奖励政策意见》和《泰兴市科技创新券管理办法（试行）》等政策文件，引导和支持企业加强科技创新。2015 年，42 家国家高企享受了市级奖励资金 1100 多万元。2016 年，39 家国家高企申报科技创新券 4665 万元。部分乡镇、园区也同步出台了奖励政策。经济开发区通过贷款贴息、研发资助等方式支持中小企业技术创新活动。黄桥工业园区出台《关于扶持工业企业做大做强的实施意见》，对当年获批国家高企的奖励 1.5 万元。城东高新区 2015 年共发放企业创新奖励 480 多万元。

3. 强化服务保障，引导支持到位。市政府举办了“百企百校”协同创新、“海外博士泰兴行”等活动，市科技局组织开展了“高新技术企业申报业务培训”、“专利知识讲座”等专题培训，启动了“苏科贷”业务，累计为 10 家企业发放 6100 万元科技贷款。2015 年，市财政、税务配合相关部门为企业上争科技项目 30 多个，上争

资金3400多万元;市经信委指导济川药业、中丹集团创成省首批创新示范企业;泰隆集团获得1200万元省成果转化专项资金。职能部门充分发挥各自优势,做好高企培育和服务工作,优先支持企业申报国家、省科技划项目;指导企业规范财务管理和研发费用归集;引导企业重视职工在岗学历教育和培训,用好“泰科易”网上平台。乡镇、园区为企业开展了全方位服务。城东高新区设立“智光”创投公司和“智光”资产担保公司,并建立项目服务中心,为企业提供资金支持、科研指导、专利申报等服务;市生产力促进中心作为科技服务机构,围绕专利申报、项目包装、业务培训等开展咨询服务工作。

4.强化创新驱动,示范引领到位。近年来,全市高新技术企业不断加大科技投入,积极开发高新产品,为推进产业转型升级发挥了较好的示范导向作用。我市连续6届被评为全国科技进步先进县(市),建成江苏省首批创新型示范试点城市、江苏知识产权强省建设区域示范市。经济开发区创成“国家级知识产权试点园区”,获批“中国产学研合作创新示范基地”。城东高新区全力打造人才科技广场,有望成为泰州首个省级高新园区。城区工业园区被命名为江苏省“军民结合产业示范基地”。黄桥、虹桥工业园区被认定为江苏省知识产权试点园区。高新技术产业在全市经济总量占比不断攀升,经过五年的发展,产值已从2011年的458亿元上升至2015年的1108亿元,连续多年保持了20%以上的同比增速,占规模以上工业产值比重由40%上升至43%,总量和占比均位居泰州各市区前列。研发平台建设得到加强,推进以科技企业孵化器、工程技术研究中心、科技公共服务平台等为主体的创新平台建设,建成1个省级高技术研究重点实验室,4个省级企业院士工作站,20个省级工程技术研究中心。建成江苏省泰兴现代装备科技产业园、化工新材料竹新型工业化产业范基地。企业研发投入稳定增长,2015年全市62家国家高企研发经费支出合计11.41亿元,占销售收入的比重达4.4%,高于全市平均水平2个百分点。

二、高新技术企业发展存在的不足

从总体来看,通过多年培育,我市高新技术企业已初具规模,形成了一定的产业带动和辐射作用,但与先进地区相比,仍然存在一些问题和不足。

1.发展环境有待进一步优化。推动高新技术企业发展,需要政府、部门、园区(乡镇)、企业共同发力。有的乡镇、园区对高企发展一般号召多,具体落实少;个别认为高企申报会给地方税收造成影响,申报积极性不高;科技服务力量有待加强,服务机构偏少,精通业务人员不多;金融支持科技型中小企业发展的力度不够,科技风险投资机制还在探索之中,多元化投融资体系尚未形成。

2.发展水平有待进一步提升。全市高企数量偏少,发展规模偏小,缺乏带动性强、影响力大的旗舰型大企业;研发平台层次不够高,国家级的研发平台建设尚未取得突破,规上高企尚未达到研发平台全覆盖,专利产业化进程需进一步加快;有的企业当年所得税收入很少,有的企业处于亏损状态,有的企业未及时填报高新技术优惠情况及明细表,未在税务部门进行备案,导致税收优惠应享尽享率提升不快;乡镇之间存在一定的不平衡性,少数乡镇至今还没有1家国家高企。

3.创新能力有待进一步加强。总体而言,我市中小企业创新愿望和能力还是比较强的,特别是部分小企业创新活力较强,不少本土中小企业依靠科技创新已经成为推动经济增长的骨干力量。如济川、南极、航联、泰隆、兆胜等本土企业,通过科技创新不断做大做强;又如一鸣生物、蓝电环保、科兴电器、菇本堂、金泰堡等企业成长速度较快,发展后劲较足。但也有的企业创新意识不强,找不到创新的切入口;有的企业拥有的核心技术较少,创新机制尚未完全建立;有的企业虽然建立了研发机构,研发团队总体水平不高,投入不足;不少企业高层次人才还比较缺乏,激励机制尚未完全到位,人才制约企业发展的瓶颈还比较突出。

三、推进高新技术企业发展的建议

高新技术企业发展壮大是推进供给侧结构性改革的重要抓手,是推动产业转型升级的重要手段,也是适应、引领经济发展新常态的内在要求。为此,我们建议:

1.进一步优化发展环境。要加大宣传力度,利用各种机会,采取多种措施,宣传创新创业典型,宣传国家最新政策,宣传外地先进经验,在全市上下形成“抓高新技术企业,就是抓创新,就是抓转型,就是抓升级”的工作氛围。要进一步加强高新技术企业发展的组织领导,凝聚工作合力,乡镇(街道)分管工业的负责人同步分管科技工作,提升指导的水平和针对性;针对科技助理总体年龄偏大知识老化的现状,调优配强科技管理队伍。根据园区企业发展情况,随着进区企业,尤其是科技型企业数量的增加,充实园区科技部门的力量。完善高新技术企业发展考核机制,加大考核权重,加强对重点项目、示范基地和创新平台等内容的考核,把考核的压力转化为推动工作的动力。建立部门、园区(乡镇)之间高企建设的共享平台,市科技、经信、财税等部门根据各自分工分别将每家高企的发展现状、研发方向、研发投入、平台建设、科研队伍、专利申报、成果转化、税务申报、各类奖励等信息及时更新完善,并做到共建共享。加强对新出台的《高新技术企业认定管理办法及工作指引》、三部委《关于完善研究开发费用税前加计扣除政策的通知》等最新政策特别是变动较大的内容进行解读和宣传。要进一步加大奖励力度,对新创成的高企要调高奖励标准。对在城市改造建设中，企业地址变更后，各类证书需重新认定的费用给予合理补偿。

2.进一步细化目标任务。根据《泰州市高新技术企业千企行动计划》(2016—2020年) 下达给我市的任务，我市提出了“双百”发展计划，2016年我市高新技术企业数量要达到100家，2020年要超过200家。为确保目标必成，要科学制定年度发展计划，细化工作任务，层层抓好落实，确保超额完成泰州下达的目标任务。一是加强对现有高新技术企业的动态管理，根据最新的认定办法，凡被认定的高新技术企业每三年就要再次重新申报，要引导企业围绕国家产业政策，加强研发投入，加快新产品开发，确保现有高新技术企业不被淘汰。税务部门要对现有高企加强服务，杜绝税源漏洞，对符合申报条件而没有申报的企业要加强税收管理，形成倒逼机制。二是着力推进传统产业高新化。摸清现有企业家底，分析发展现状，梳理出发展前景好、产品科技含量高、市场占有率高的科技成长型企业进行培育，加快技术改造步伐，推进两化融合，使其尽快成长为高企。三是加强小微科技型企业的培育，大力推进“大众创业、万众创新”，积极开展“小升高”专项行动，引导小微企业把增强科技创新能力作为应对竞争的核心战略，催生一大批科技“小快艇”企业，培养更多的小微企业成长为高新技术企业。四是加大招引高新企业的力度，变招商引资为招商选资选智，更加注重招引项目的科技含量、产品质量，提升项目的招引实效，促进各类资源要素优先向科技含量高的企业倾斜。建议在考核时对当年引进并形成销售收入5000万元以上的科技型企业视同重火项目认定。

3.进一步强化人才支撑。进一步发挥科技镇长团的作用，根据我市产业特色，从与我市现有企业关联度高的科研院所选聘科技镇长团成员，并根据专业特长安排到适宜的园区(乡镇)工作，做到人尽其才建立柔性引才机制，鼓励企业在高校和科研院所所在地设立研发机构或聘请“星期六工程师”。根据我市地域特点，降低门槛，对愿意到乡镇企业工作的大中专毕业生给予津补贴支持。加大我市各类人才奖励政策的宣传和落实力度，及时兑现“购房券”“创业券”“人才公寓”和各类补贴等招引高层次人才的措施。引导企业加强现有人员培训，提升人员素质，选派研究骨干参与市场营销，根据市场需求确定研发方向，加大激励力度，采取年终奖励、股权激励等方式，最大限度地调动人才积极性。

4.进一步提高保障水平。进一步创新服务方式。积极响应市委、市政府提出的“企业服务年”活动，相关部门联合“走进企业”，开展有针对性的指导与服务，激发企业释放新活力，助推企业再创新业绩。改变活动方式，在开展大规模校企对接、产学研活动的基础上，更多的分行业、分类别开展专题对接活动。进一步强化资金支持。完善高新技术投融资体系、采取贷款贴息、政府风险投资补偿等方式扶持高企加快发展；深化银企合作，积极化解企业“融资难、融资贵”，妥善解决企业“过桥”资金；鼓励高企上市融资。强化科技服务机构建设，注重培育各类服务科技创新的市场主体，引进一些专业服务机构和风险投资机构，为企业提供全方位服务，满足高企的资金和服务需求。进一步提升研发平台的档次和水平。加强全市性综合创新平台建设，发挥科技孵化器的作用，推动加快转型升级；帮助企业解决科研院所重点实验室落地的实际困难，提升创新平台层次；提高高企研发平台的覆盖率，力争规上高企研发平台全覆盖。

关于加快推进泰兴市城市综合体发展的对策研究

◎市统计局课题组

城市综合体是城市化进程中衍生出来的城市经济新型业态，它的兴起和繁荣与新型城市化、产业高端化、生活便利化密不可分，为城市的管理和开发经营者所青睐，已成为当前中国新型城市化背景下发展城市经济最具前导性和拉动性的新引擎。当前，泰兴正处于加快转变经济发展方式、推进新阶段“城建会战”、增强中心城市集聚辐射能力的战略攻坚期。近几年来，我市招引了一批城市综合体项目，通过项目建设，我市把加快推进城市综合体建设作为打造现代产业体系的强大引擎，作为提高中心城市集聚和辐射带动能力的有效抓手，实现泰兴主城区和现代服务业的跨越发展。泰兴市统计局课题组围绕加快城市综合体建设力度，促进城市综合体健康发展进行了深入的思考和调查研究。

一、城市综合体的内涵

(一)城市综合体的基本内涵

所谓综合体是指将城市中的商业、办公、酒店、餐饮、会议、娱乐、居住、交通枢纽等城市功能在空间上进行组合,并使各功能之间形成一种相互补充、促进的关系,最终形成一个多功能、多业态的城市综合建筑群。并以建筑群为基础,融合商业零售、商务办公、酒店餐饮、公寓住宅、综合娱乐五大核心功能于一体的“城中之城”,城市综合体基本具备了现代城市的全部功能,酒店、写字楼、购物中心功能是最基本的组合。商业综合体是城市扩张到一定阶段的产物,它是商业零售和商业地产融合发展的高级形态。由于城市综合体能较好地实现城市节约用地、解决人们对城市区域功能复合化要求与城市功能分区规划的社会矛盾,尤其为旧城改造和新区开发提供了新的策划思路,近年来在国内很多一、二线城市的旧城区和新城区,由于积极采用这种新的商业地产模式而成为城市新的经济增长点。城市综合体按所处位置又分为城市成熟中心区、新中心区、卫星城的综合体;按土地性质分为旧城改造、带特定条件的产业园区综合体;按综合体内各物业比例分为以商业为核心的综合体、以商务为核心的综合体、商业商务双核心综合体、一般住宅综合体;按综合体配套的优势分为交通概念综合体、CBD概念综合体、产业概念综合体。统计上研究的城市商业综合体标准,需同时满足以下条件:(1) 由企业有计划地管理运营,有统一的名称,如某某中心、某某广场、某某城等;(2)涵盖超市、百货店、专业店、专卖店等三个以上商品零售业态,以及餐饮、文化、娱乐、健身、游艺、培训等三项以上服务;(3)营业面积一般不少于1万平方米,独立开展经营活动的商户一般不少于50个。

(二)城市综合体的基本特征

目前,学术界对城市综合体的比较趋同的认识认为,城市综合体一般具有功能复合性,高可达性、高密度性、整体统一性是城市综合体的外部特征,空间面积较大、室内和室外交通便利、现代城市景观设计、高科技集成设施是其内部特征。具体来说,城市综合体位于城市交通网络发达和城市功能较为集中的区域,具有可达性,同时拥有与外界联系紧密的交通网络以及信息网络。城市综合体还具有高密度性和集约性,其整体区域人口的密度较大,白天昼夜、工作日、周末等不同时段发挥不同的功能并形成互补。此外,城市综合体具有整体统一性,包括建筑风格的统一,而且功能具有复合性及配套性,各个功能之间的联系较为紧密,互为补充。

(三)城市综合体的发展历程

根据国际惯例:当人均GDP达到4000美元、城市化水平在45%～50%时,便具备了建设城市综合体的条件。城市综合体的出现是城市形态发展到一定程度的必然产物,因为城市本身就是一个聚集体,当人口聚集、用地紧张到一定程度的时候,在这个区域的核心部分就会出现这样一种综合物业。现代都市中,习惯快节奏的人们需要在一个方便、快捷、经济集多种功能于一体的综合空间里,享受高效率的生活和工作,城市综合体应运而生。城市综合体将城市中的商业、办公、居住、旅店、餐饮、会议、文娱和交通等城市生活空间的三项以上进行组合,并在各部分间建立一种相互依存、相互助益的能动关系,从而形成一个多功能、高效率的综合体。另一方面,前几年住宅地产调控政策逐步收紧,房地产开发商纷纷从住宅地产开发转向未受到严格调控的城市综合体开发。不受限购的写字楼、商业营业用房则在不少城市表现量价齐升,成为开发商以及投资者转移的目标,国家宏观调控政策对城市综合体的快速扩张起到较强的推动作用。

二、泰兴加快城市综合体建设的重要意义

(一)加快城市综合体建设是提升城市功能形象的战略选择

城区是泰兴市域的政治、经济和文化中心,但近年来城区较整个市域来说,城区还无法有效发挥其在整个市域发展中的拉动引擎和“增长极”作用,“十三五”规划泰兴市正极力推进50万人口中等城市建设,城市空间不断拓展,城市综合体迎来良好的发展机遇。通过城市综合体的建设,则可以改善城市商务环境,增强城市品牌投资效应。在经济运行上提高城市效率,促进城市资源的合理配置,提高高端产业的集聚水平,推动城市产业的升级换代。而且能够大幅提升城市建设品质和城市功能,增加城市就业,集聚城市人气,增强市民城市归属感。

(二)加快城市综合体建设是构建新型城市化大平台的有效抓手

随着工业化和城市化快速推进,中心城市进入了大投入、大建设、大整合时期,城市规模不断扩大,同时也面临着城市核心区的开发日渐饱和,可供开发和用以盘活的土地资源稀缺的困境和如何促进城市集约发展,成为当前城市发展亟待解决的问题。城市综合体通过复合、集聚两种手段提高空间效率和价值,可以最大限度提高空间开发强度,更加符合新型城市化节约和集约用地原则,破解人们对城市分区功能复合化的要求与城市功能分区规划的矛盾。对构筑新型城市化大平台,提升城市承载能力,促进城市紧凑型、可持续发展具有重要意义。

(三)加快城市综合体建设是促进中心城市多中心发展重要举措

目前,泰兴市“九纵九横”为目标的城市交通网络,和以中心城区为核心,城东、城西为两翼,城南、城北联动带状组团式的多中心轴向辐射的开放式都市格局已基本形成。但是鼓楼商圈核心区各类矛盾凸显,包括出行难、停车难等城市问题。而城市综合体可以在特定区域有效集聚众多的商贸服务企业,形成商业集群效应,带动周边物业、土地价值同步增长,由此形成强大的资本吸附集聚效应和商业价值洼地效应,从而形成新的城市繁华商圈。而新商圈的形成,是人口和生产要素向外扩散过程中形成的新节点,也是城市空间结构由单核向多核演变的结果。通过城市综合体建设,有利于城市"多中心"组团式发展,形成"集中+分散"式空间结构,在一定程度上解决城市出行交通压力大,过度依赖交通工具等问题。

(四)加快城市综合体建设是促进消费提档升级的内在要求

近年来,随着居民收入水平的不断提高,消费需求也快速增长,泰兴市社会消费品零售总额年均增长保持12%以上。随着国家收入分配政策的优化调整,城乡居民可支配收入将有较大提升,人们开始越来越追求高品质、一站式、个性化生活消费方式,可以预见居民消费升级将进入到加速释放期。而城市综合体可以塑造优越的消费环境,为培养购买力、刺激消费需求、提升消费者生活品质做出贡献,满足消费提档升级和提高生活品质的需要,对缓解市民消费外流的现象也起到较好的作用。同时,城市综合体建成将有助于引进一批像万达集团等知名企业和国际一线商品品牌,可充分满足各类阶层的消费需求,实现泰兴市零售业和高端百货业向国际化商业购物中心跨越式发展。

三、泰兴城市综合体建设现实基础和发展现状

近年来,随着城市功能的不断优化和城乡一体化力度加大,我市商贸服务业也取得了较快发展,从根本上改变了计划经济时期商业业态单一的格局,同时商业网点建设逐步展开,单体水平越来越高,并具有规模大、业态新、经营特色明显的特征。已形成以红星美凯龙、好来居、浙江商贸城和嘉泰五金城等专业市场集聚的泰兴北二环批发市场集群;以鼓楼购物中心、大统华、国美、五星、汇银等专业店集聚的鼓楼核心商圈和以大润发、新能源美食广场、银光、豪庭等超市、酒店集聚的新区商圈。但总体发展来看,全市商贸服务业与全市快速发展的经济总量和现代服务业协调发展要求相比还明显滞后。2015年批零住餐业实现增加值70.4亿元,占全市第三产业增加值25%,作为第三产业的主要载体,我市商贸流通服务业所占比重明显偏低,严重制约了我市第三产业的协调发展。主要表现一是商品市场层次偏低。仍处于"传统商贸虽多不强"、"现代流通既少又小"的状况,偏重于传统生活必须品的供给,缺乏高档百货商店、大型连锁超市等,销售前两位的零售企业鼓楼购物中心和大润发年销售额总和不足6亿元,营业面积最大不超过3万平方米,交通的便利化使高收入群体要选择去上海、南京、苏锡常等地购买高档商品;商品市场分布不均,老城区拥堵不堪,东片新区则"有城无市";低端商品市场大量重复建设明显供大于求,甚至出现像涌金商业广场、时代超市等倒闭的情况。二是服务市场不健全。适应高层次消费的咖啡馆、酒吧、沙龙、星级酒店等高档消费场所缺失,已明显落后于周边的苏锡常、靖江、海陵等市区,传统餐饮虽多但特色餐饮缺乏。三是城区商业网点多为沿道路两侧平行布局,形成一拖二的格局,存在小、散、乱现象。缺乏大型商业综合体,造成集聚人流、物流、信息流的功能低下,高端消费群体外流情况严重,虽近几年旧城改造和新区建设力度较大,但原地新建商业配套尚未到位,而东部新城区商业网点较少,规划建设缓慢,缺乏满足中心城市重要功能区域多样消费需求的配套商业设施。社区便民、快捷商业配套建设严重滞后,影响了社区居民日常消费。

近三年来,随着城市经济的发展、城区人口的增加和城市化进程加快,我市已充分认识到城市综合体发展滞后的这块短板,2015年我市人均GDP达67935元,已突破1万美元,年末常住人口城镇化率达到57.2%,基本具备发展城市综合体的成熟条件。"十二五"时期我市城市综合体项目从无到有,进入起步建设阶段。进入"十三五"时期,我市城市综合体规划和建设项目不断增多,将进入"加快发展"阶段。自2015年第一家商业综合体—佳源新天地商业中心开业以来,越来越多的城市综合体将眼光对准泰兴,碧云商业广场、昌建广场、凤凰文化广场、中南世纪城商业中心、佳源威尼斯商业中心、祥生未来城商业水街等相继"抢滩"进驻,泰兴商业发展将进入综合体盛行的新时代。截至6月底,我市已立项综合体项目7个,在建项目4个,其中已部分运营项目1个待建项目3个。

(一)开发规模稳步扩大

随着中心城区发展空间全面拓展,功能区块建设不断推进,一批标志性、复合型、多功能的城市综合体建筑迅速崛起,成为城市经济发展中的靓丽名片。据统计,目前城区在建、待建的城市综合体项目7个计划总投资62亿元,总建筑而积达92.1万平方米,从分布区位看,北部片区有碧云商业广场、佳源威尼斯商业中心,南部片区中南世纪城商业中心、祥生未来城商业水街,东部片区有昌建广场,城区中心区有佳源新天地商业中心、凤凰文化广场,区位分布较为合理;从建设进度看,佳源新天地商业中心、碧云商业广场2014年已开工建设,昌建广场、祥生未来城商业水街2016年3月也已开工,所有项目计划均在2018年12月前竣工建成,其中在建项目已投资15亿元,已建成建筑面积31.5万平方米,占总投资面积的34%,如佳源新天地总建设面积达20万平方米,是集休闲、购物、餐饮、游乐于一体的大型城市综合体,将引进八百伴等知名零售商,成为推动城市核心商业区建设的重要引擎。

(二)发展业态日趋多元

依托中心城市良好的商贸基础和扩大的消费群体,在强化商业、购物、休闲等传统产业的同时,总部经济、商务会展、行政办公、研发咨询、创意设计等新兴业态融合发展的高端城市综合体也不断出现。如已开工建设的东部新区昌建广场综合体项目,总建筑面积约19万平方米,位于新能源“新世界广场”的核心区域,项目以国际化视野和前瞻性眼光进行整体规划,将打造成集时尚百货、精品超市、风情商业步行街、豪华院线、儿童体验中心、高档写字楼及精品公寓为一体的城市综合体,将成为泰兴市新的商业地标中心,为泰兴特色优势产业转型升级及现代服务业的发展提供战略支撑。

(三)主题特色日益显现

我市城市综合体规划发展坚持特色发展,错位发展的理念,结合中心城区发展特色和文化内涵等因素,实现一批富有地区特色的城市综合体建筑,如凤凰天文化广场项目,总建筑面积8.6万平方米,将建设以文化产业为核心,集书城、影城、餐饮、健身、娱乐等多种功能为一体的现代化商务综合体、城市新地标,彰显现代城市特色与活力。在建的碧云商业广场项目,总建筑面积11.5万平方米,将以电商产业为特色,建设电商产业园、创意空间、商务办公、影视娱乐、星级酒店、美食、儿童主题为一体的城市综合体,电商产业园面积达9000平方米。其他各类综合体项目也各显定位、彰显特色。

(四)经济支撑不断强化

首先,综合经济实力日益增强,为深入推进城市综合体开发提供了强大的经济支撑。2015年泰兴实现地区生产总值731.66亿元,人均GDP为67935元。其次,居民消费结构升级给城市综合体开发提出更高要求。2015年,全年实现社会消费品零售总额191.52亿元,城市居民人均可支配收入和人均消费支出分别达338万元和2.11万元,再次,城市化拓展也大幅促进了城市综合体的开发建设。城区建成区面积已从2010年的23平方公里增加到2015年的26.5平方公里,平均每年拓展0.6平方公里,城市化率达57.2%,已处于城市化发展的高速阶段,客观上推动了城市综合体的大规模开发。

四、泰兴城市综合体发展中存在的问题

(一)同周边及发展较快城市相比尚存在较大差距

在2小时经济商圈中,苏州出台了《苏州市商贸业提速升级三年行动计划》,在已有12个城市综合体的基础上,提出3年内再建25个城市综合体。无锡市目前运营和在建有16个城市综合体。目前周边海陵、高港、靖江、兴化均有正常投入运营的城市综合体项目,特别是“泰州万达广场”综合体开业后,开创了“开业即繁华,开业即中心”的商业奇迹,不仅取得了良好的经济效益,也改变了泰州只有一个商业中心的情况,成功地在城南开辟了泰州商业副中心。由于我市商业功能还比较陈旧,再加上前几年城建发展较慢,导致城市综合体建设尚处于起步发展阶段,目前佳源新天地项目一期虽已投入运营,但由于分期实施,市场人气和经营业绩尚未凸显出来。

(二)开发经营尚处于粗放式发展阶段

我市城市综合体项目大部分采取“地产带动开发、商贸休闲跟进、基础设施配套”的以商业为核心的商业地产开发模式为主,虽然具备一般意义上的综合体特征,大部分是借商业之名,行地产之实,出于逐利性考虑,往往以开发住宅地产的理念开发商业地产,自持物业比例普遍不高,据调查,在建的4家综合体项目除昌建广场自持物业在40%,其他3家计划为30%。自持物业偏低、出售返租过多会影响统一规划招商和集中管理,归根到底是转嫁风险和短期利益,缺乏长期经营“资产增值”的理念。调研也发现,大部分的综合体并不是统一POS收银,统一采取ERP分析、运营、管理,入驻企业多为个体户,单独核算、单独纳税,长此以往不排除管理主体逐渐从“商业管理”退化成“物业管理”从而弱化商业核心竞争力的可能;在土地资源高效利用、公共交通便捷衔接、功能集聚等方面建设相对滞后;在发展业态上,由于我市二产经济总量产业层次仍不高,高新技术产业发展不快,商务会展、服务外包、科技信息、研发设计等生产性服务业发展较为薄弱,导致涉及城市经济转型和功能升级的专业性、高端化、特色化的综合体相对较少;大部分城市综合体运营以商贸、休闲、购物为主,差异互补功能欠缺,按照国际惯例,商业面积与人口的配比是“人均1平方米”,而目前我市在建、待建综合体商业面积与人口比例远超这一配比数字,商业综合体扎堆和同质化竞争现象将会客观存在;综合体的开发多由房产商投资管理,缺乏综合体方面专业管理人才及团队运作,组织化、现代化程度较低,管理松散,难以开展整体的营销推广。

(三)缺乏前瞻性规划和政策支持

城市综合体已经成为各地投资热门,各地政府纷纷制定出台政策加大有效投入、活跃区域市场。2014年无锡市颁布实施《关于加快推进城市综合体项目建设的意见》,提出加快手续办理、减免相关规费等相关扶持政策。2011年嘉兴市编制《嘉兴市区城市综合体和特色商业街规划》,确定城市综合体的空间布局、功能定位,进行分片区指引。泰兴市至今未对城市综合体进行相关专题研究,尚未提出专门针对城市综合体发展的政策及专项规划编制,缺乏全市通盘考虑以及对交通等基础设施的配套完善。

五、加快推进城市综合体建设的相关建议

(一)开拓视野,深化城市综合体理念认知

1.政府高度重视。根据城市发展规律,人均GDP达到4000美元以上,就具备了发展城市综合体的初步条件;达到10000美元,是城市综合体成熟发展阶段,“十三五”时期是泰兴人均GDP向15000美元迈进的重要时期,在新的历史起点上,需顺应城市发展规律,以积极的姿态迎接城市综合体时代。各级政府和部门要进一步解放思想,首眼于新型城市化的长远发展方略,把加快城市综合体建设作为新阶段城建会战,再创一个科学跨越发展的黄金期战略任务全力抓紧抓好,以新型城市化的理念加快推进城市综合体建设。

2.优化投资环境。城市综合体是社会进步、城市经济和城市文明程度发展到一定阶段的必然产物,需要以开放、高效、创新的理念努力营造高度重视城市综合体建设的社会舆论环境、体制机制环境、政策人才环境。简化项目审批程序,帮助解决项目融资和征地拆迁方面疑难问题,为城市综合体建设提供优质高效服务。

(二)科学规划,引领城市综合体科学发展

1.加强规划编制。按照“政府引导,企业运作”的基本原则,加快编制城市综合体专项规划、年度计划等,增强规划前瞻性、协调性、严肃性,为城市综合体建设提供指导思路和发展方向,明确各阶段开发建设数量规模、功能结构和推进时序。同时要认清城市发展的阶段性,不能过度超前发展。形成统一规划布局、分级建设管理、部门责任到位的管理体制,实现城市综合体规划建设由各自为政向统筹协调、科学发展转变。

2.抓好单体项目策划。重点研究每个城市综合体项目的目标定位、总体布局、功能组合、交通组织、建设时序和开发模式,合理规划各种业态比例构成,搞好城市景观风貌控制,力争实现城市综合体功能业态、空间形态的最优组合,为开发建设提供科学依据。同时,要从各分区功能定位、重点谋划,有序开展招商引资工作,形成“建成一批、建设一批、储备一批”的良性循环。对新建城市综合体项目,投资主体门槛、自持物业比例等要求,应在地块出让前先行明确并列入地块出让合同。自持物业比例一般应不低于非住宅部分的50%,需整体运营的商场、酒店等用房不可分割销售。对分割销售部分,须经社会稳定风险评估后方可实施,并在项目核准时从严控制。

(三)出台政策,加大城市综合体扶持力度

1.创新政策扶持。尽快制定出台符合泰兴实际的关于推进城市综合体建设的实施意见等一系列综合配套政策,就城市综合体项目建设过程中涉及的如土地出让、信贷支持、税收优惠、政务服务、配套费用等方面制定扶持政策。尤其注重在发展现代服务、高新技术、创意研发等新兴城市综合体开发上给予政策扶持和倾斜。

2.创新建设投资机制。根据市场需求和区域特点,采取边投入、边建设、边经营的模式,进行分布开发、滚动发展,积极可引入BOT、TOT等市场化运作,大力吸引社会资金等,形成多元化开发建设模式。积极做好项目包装策划,尽可能多争取上级政策、资金等方面的扶持,确保政策服务落实到位。

(四)统筹发展,彰显城市综合体特色定位

1.体现功能差异。城市综合体在布局选址方面,既要结合未来城市发展格局和方向,也要考虑综合体自身的特点和需求。建议以“内密外疏,合理均衡”的原则,按照“中心极化、东西联动、南北呼应”城市发展新战略,结合泰兴市重点工程、旧城改造、新区开发建设等重点项目,根据不同区域的功能定位和市场需求,有针对性地打造一批理念前瞻、传承城市文脉、体现城市肌理的商贸城、商务城、金融城。所以,建设商业综合体需要统一规划,划分区域功能。使得各板块建设的综合体有不同特点,有不同的功能定位,避免陷入雷同化发展、模式化经营,不求全,只求特,市民可根据各自所需,到不同区域综合体去消费,扩大市民消费半径,使各区域都有差异化的热点商圈,消费资源得以全面地利用。如凤凰天文化广场项目,要建设以文化产业为核心的综合体,碧云商业广场要以电商产业为特色,昌建广场要强化潮流、高档、时尚功能定位,佳源新天地要强化特色商业街、美食街功能。对在建、拟建的综合体,尝试扭转先建房后招商这种强制供给方式向科学定制模式转变,突出自身靓点、卖点和盈利点,提高有意向入驻商户在商业综合体开发建设中的参与权,争取在建成前就能基本保证鲜明的特色定位以及各业态配比的科学性。

2.彰显特色品牌。随着经济发展和居民生活水平不断提高,消费者需求更具多样化,越来越注重对精神文明的追求,因此城市商业综合体业态要依据发展需要和消费者需求进行科学组合,不断推出诸如创意园、科技馆、技艺培训中心、艺术中心和休闲旅游基地等能满足顾客享受与自我实现需求的新型业态,讲究各业态互补性,突出综合体的业态发展特色,进行差异化运营;同时不断强化自身的商业、住宅、商务办公功能,完善文化教育、娱乐休闲功能,以满足消费者的多样化需求和城市发展需要。在进行商业综合体业态配比和招商过程中需要对品牌进行梳理,实现品牌之间的优势互补,提高项目客流量。南京德基广场,由于是全国唯一的世界名牌最全的商家吸引了全国的高端客户来消费,就是一个成功的案例。鼓励综合体内商户紧贴消费群体需求,开发适销对路的产品,并充分运用电子网络技术,拓展线上线下相结合的销售模式,突出经营特色与品牌化管理,不断形成新的效益增长点,努力做大做强,从而提升整个泰兴的消费市场秩序。要认真研究城市综合体建筑色彩与周边城市建设主色调的关系，以特色取胜，打造独具泰兴特色的城市综合体。

(五)完善配套，助推城市综合体陕速发展

1. 畅通道路交通。综合体开发必需考虑周边的基础实施，如交通可达性、公共交通便利性、停车位、货物运输及装卸等条件，充分考察项目周边的民风民情，最终实现项目与周边城市环境相融合。城市综合体对公共交通的依赖性较强，便捷畅通的道路交通系统是城市综合体正常运行的功能性条件“十三五”期间泰兴城区人口总规模将突破50万人，无论是考虑到组团型的城市形态，加强各板块之间的交通联系，还是为了有效疏解泰兴主城区交通，加快城市综合体建设，都需要加快城市快速交通建设。城市综合体的选址要与城市交通规划充分衔接，加快城市快速内环线、城市外环线建设，整合城市带大交通体系规划和布局，切实提高通行能力，大力发展公共交通，加快发展大运量、快速度的快速公交系统，在城市综合体周边合理设置公交站点，解决好动静态交通组织特别是城市综合体“零换乘”问题。

2. 强化管理保障。要提升经营管理水平，推进城市综合体项目开发建设单位及时从“开发商”“投资商”向“经营商”转变，依法经营，诚实守信，对自持经营的商业地产，不得随意处置，并保持物业高水准运行，营造良好经营环境。引导业主单位进行综合体项目主体功能再设计，开展特色经营、品牌创建、错位竞争，不断提升经营水平和经济效益，努力打造新商圈。研究优化商业综合体地下空间利用措施，科学规划停车泊位。同时，商业综合体内部也要加强专业人才队伍建设，努力提高组织化管理水平，全面优化综合体运行环境，促进城市综合体健康持续发展。

从“做年猪”到“打元宝囤子”

欢乐祥和的春节气氛。民间从喝腊八酸粥就开始了。随着时钟的“嘀哒”声，年味也就越来越浓。到了廿四夜，人们动手“做年猪”，就要过年了。

做年猪就是杀猪过年，泰兴人称之为“做年猪”。这古来之风，对主人来说，是一件大事、喜事。预先得和左邻右舍或至亲厚友相约，几个人家分一分，免得一两家合一头猪过年吃不了。杀猪匠固然要首先请好，约定时间。届时，邻居和好奇的孩子们都来了，只见大汪盆(烫猪时用的椭圆形大盆)往门外一放，主妇烧上一大锅滚水倒人盆内。杀猪匠舀上点冷水倒入盆内的开水中，称为“兑汤”，以手试水，掌握适当的水温，以防烫破猪皮。这时在主人轻轻唤猪声中，圈板打开了。说不定是因为今天人多，或者是这蠢猪有厄运降临的预感，尽管千呼万唤，它就是恋在圈内不肯出来。外面水都放好了，杀猪的哪有这份耐心，一铁棍捣将下去，猪就箭一般地冲出来。说时迟那时快，屠者就势弯腰，一把拽住猪尾。围观的几个壮汉一拥而上，拽腿的拽腿，揪耳朵的揪耳朵，大吼一声，便把大肥猪稳稳当当地“请”到了宽阔的大板凳上。杀猪匠麻利地一手操起雪亮的“点红刀”，一手抉住猪头，嚓的一声，眨眼间刀从猪的颈下刺进，鲜血涌出，注入放在下面的双料钵头里。从出栏到现在，也不过三分钟，这猪也就服服贴贴，躺到大汪盆里。让人给他洗浴去了。屠者三摸两绕，又白又胖的大肥猪便干干净净的来到案板上。最让人好奇的是给猪涨气。屠者将猪的一只后脚趾割开口子，用挺棒插入，在皮下对其全身通上几通后，抱住这腿用嘴对着那通好的口子，运足了气，使劲往里面吹气。屠者胸脯起伏，青筋暴突，肥猪则越来越“肥”，肚子膨起，四腿伸直，刮起毛来，咚咚有声，手到之处，毛净皮白。接着是开膛、剖肚、倒脏，斩头去尾，三下五除二，把肥猪瓜分得清清爽爽。主妇则在锅上忙得团团转，红烧肉、烧猪血、炒猪肝、炒腰花，摆满了一桌子，每人面前一大碗烧酒，左邻右舍相好的，团团一桌，大碗一碰，脖子一仰，喝它个酣畅淋漓。屠者则不等结席，拎起主家的恩赐——一副小肠，又赶下家去了。

廿四夜小年一过，眼睛一眨，大年就到了。三十夜，家庭主妇忙里忙外忙锅上，男主角则忙着贴对联、挂灯笼，“天增岁月人增寿，春满乾坤福满门”，对联贴了，还要贴福字，贴报条，钱柜上等处要贴上“黄金万两”、“招财进宝”、“日进斗金”的合体字，还要挂中堂，贴年画，“连年有余”、“喜上眉梢”，那年画上胖娃娃抱着一条大鲤鱼，让人看着就喜兴。忙了一阵后，快要吃年夜饭了，还有一大事不能落掉，这就是打元宝囤子。打元宝囤子就是用那小蒲包装上洋灰(石灰粉)，把家前屋后四周路口扫干净，拎着这小蒲包在地上打上一个个白色的“囤子”，预示这些囤子来年都装满元宝，或日五谷满仓，生活美满。这充满着人们对日子越过越美好的企盼、向往，同时也不失为人们对讲究卫生，祛病除灾的优良传统的继承。“囤子”打好以后，还要在各个路口用石灰粉画上弓箭，以防邪祟侵袭，扰乱家庭美满，满心期盼新的一年幸福平安……

(吕耕樵　吕晓文)

统 计 资 料

■编辑 蒋淑颖

综 合 类

2007—2016 年泰兴市国民经济和社会发展指标表

表 61

指 标	单位	2007年	2008年	2009年	2010年	2011年	2012年	2013年	2014年	2015年	2016年
年末户籍人口	万人	120.06	119.70	119.72	119.62	120.21	119.83	119.95	119.88	119.53	119.31
地区生产总值	亿元	250.13	290.17	337.07	407.58	486.39	543.55	610.61	675.84	740.77	832.91
第一产业	亿元	25.46	26.82	27.01	33.66	39.23	42.80	44.75	46.93	49.10	53.95
第二产业	亿元	142.22	165.60	193.23	224.45	264.88	291.15	322.56	348.68	357.97	388.52
工业	亿元	117.18	138.73	164.75	194.40	230.79	253.82	281.79	303.84	311.06	340.07
第三产业	亿元	82.45	97.75	116.83	149.47	182.28	209.60	243.30	280.23	333.70	390.44
人均地区生产总值	元	23302	27113	31490	37982	45267	50537	56735	62775	68781	77315
固定资产投资	万元	1454813	1867869	2506844	1688636	2137813	2610963	3237519	4545292	5606223	6874648
# 房地产开发	万元	95855	106202	95591	193966	266239	332043	394758	550701	591876	676851
财政收入	万元	395406	402930	508245	714931	891700	1024129	1187982	1854855	1576719	1615478
# 一般公共预算收入	万元	152559	158904	188300	227256	279040	326121	382003	450818	527888	572016
财政支出	万元	322641	333205	434883	623772	784845	911107	1168160	1640276	1554464	1556903
# 一般公共预算支出	万元	193227	226199	271220	353166	418759	505795	554795	612013	674479	763757
金融机构各项存款余额	万元	1802385	2190763	2835018	3382490	3880093	4661280	5644721	6446301	7542927	9123033
# 住户存款	万元	1248771	1603711	1875061	2181126	2506309	2945372	3409073	3831843	4286037	4653394
金融机构各项贷款余额	万元	911691	1052468	1467583	1846976	2280092	2721908	3233354	3883588	5022357	5813911
乡村从业人员	万人	53.96	54.51	54.66	55.11	55.65	56.39	56.46	56.58	56.45	56.73
# 农林牧渔业	万人	14.08	12.89	12.43	11.56	10.70	9.59	10.00	9.02	8.81	8.53
耕地面积	千公顷	69.10	69.14	69.06	68.94	66.93	66.95	66.89	66.87	66.67	66.74

续表 61

指　　标	单位	2007年	2008年	2009年	2010年	2011年	2012年	2013年	2014年	2015年	2016年
农林牧渔业总产值(现价)	亿元	40.68	46.41	49.56	56.21	65.68	71.26	76.30	79.67	83.47	91.76
粮食产量	万吨	56.83	64.65	65.94	66.43	68.57	69.43	70.37	70.56	71.30	68.47
规上工业总产值(现价)	亿元	402.27	533.01	687.57	896.65	1125.02	1407.59	1756.12	2075.41	2541.88	3082.42
规上工业主营业务收入	亿元	369.23	501.17	660.67	872.29	1110.42	1381.83	1723.48	2037.49	2508.42	3040.00
建筑业总产值	亿元	175.88	204.19	230.57	258.83	293.85	346.86	395.23	471.67	544.65	607.63
社会消费品零售总额	万元	670950	839533	925102	1085807	1266749	1429524	1511693	1707461	1915236	2150055
进出口总额	万美元	73968	109971	82376	124817	177900	203580	248812	267462	243391	257528
# 出口	万美元	44997	67999	49048	65618	93137	107710	116724	132543	125441	123280
实际利用外资	万美元	16228	17594	15418	26055	22126	25235	27299	23843	32433	35269
# 外商直接投资	万美元	16228	17594	15418	26055	22126	25235	27299	23843	32433	35269
在岗职工平均工资	元	20355	23956	27893	32148	36339	40703	45417	52135	57514	60913
城镇常住居民人均可支配收入	元	13694	15995	17849	20026	23391	26338	28423	31038	33800	36521
城镇常住居民人均消费支出	元	9110	10735	11561	12596	14531	16456	18393	19644	21117	22891
农村常住居民人均可支配收入	元	6477	7355	8179	9338	11047	12505	13610	15066	16392	17842
农村常住居民人均消费支出	元	4163	4829	5299	6203	7296	8209	8678	9681	10630	11935

说明:1.人均地区生产总值依据常住人口计算;2007～2008 年地区生产总值依据第二次经普资料重新修正。

2.2008 年,泰兴市胡庄镇、宣堡镇的原孔桥镇划归泰州市的高港区。2007～2008 年财政与金融指标为老区划口径,2009 年以后为新区划;其他指标均为新区划口径

3.2007 年至 2009 年,固定资产投资指标为"全社会固定资产投资"口径

4.2010 年及以前,耕地面积指标取自农业年报。自 2011 年起,耕地面积指标取自国土部门

5.自 2013 年起,农林牧渔服务业由第一产业调至第三产业,2013 年社会消费品零售总额依据第三次经普资料重新修正

6.2007～2012 年城镇(农村)常住居民人均可支配收入为老口径,2013 年起为城乡一体化新口径

地区生产总值构成项目

表 62　　(2016 年)　　单位:亿元

项　　目	增加值	劳动者报酬	生产税净额	固定资产折旧	营业盈余
地区生产总值	832.91	402.07	117.61	89.07	224.16
农、林、牧、渔业	55.59	56.40	-2.16	1.35	—
农、林、牧、渔服务业	1.64	1.57	-0.15	0.22	—
工业	340.07	109.22	80.39	33.11	117.35
开采辅助活动	—	—	—	—	—
金属制品、机械和设备修理业	0.02	0.02	—	—	—
建筑业	48.47	37.97	4.74	0.92	4.84
批发和零售业	62.22	25.90	10.55	3.61	22.16
批发业	32.39	11.62	6.16	1.72	12.89
零售业	29.83	14.28	4.39	1.89	9.27
交通运输、仓储和邮政业	40.81	25.86	2.80	4.13	8.02
住宿和餐饮业	23.35	13.10	1.29	1.48	7.48
住宿业	1.76	0.99	0.11	0.15	0.51
餐饮业	21.59	12.11	1.18	1.33	6.97
金融业	38.94	13.52	3.78	1.32	20.32
房地产业	57.00	4.88	10.56	25.09	16.47

续表 62

项　　目	增加值	劳动者报酬	生产税净额	固定资产折旧	营业盈余
房地产业(K 门类)	32.65	4.88	10.56	0.74	16.47
自有房地产经营活动	24.35	—	—	24.35	—
其他服务业	166.46	115.22	5.66	18.06	27.52
营利性服务业	78.59	39.25	5.19	10.47	23.68
非营利性服务业	87.87	75.97	0.47	7.59	3.84
第一产业	53.95	54.83	-2.01	1.13	—
第二产业	388.52	147.17	85.13	34.03	122.19
第三产业	390.44	200.07	34.49	53.91	101.97

农　　业

全社会农作物播种面积与产量

表 63

农作物名称	2016年			2015年			2016年与2015年总产量相比±%
	播种面积(亩)	平均亩产(千克)	总产量(吨)	播种面积(亩)	平均亩产(千克)	总产量(吨)	
农作物总播种面积	2093429	—	—	2083832	—	—	—
一、粮食大豆合计	1438650	476	684724	1435350	497	712973	-3.96
(一)夏收粮食	673650	375	252811	670950	404	271089	-6.74
1.小麦	643500	380	244530	637650	411	262124	-6.71
2.元麦	7800	310	2417	8550	299	2559	-5.55
3.大麦	8700	346	3010	9450	342	3231	-6.84
4.蚕豌豆	13650	209	2854	15300	208	3175	-10.11
(二)秋收粮食大豆	76500	565	431913	764400	578	441884	-2.26
1.水稻	657800	607	399518	655050	623	408065	-2.09
2.玉米	25400	467	11859	25950	471	12221	-2.96
3.薯类	25100	424	10646	26400	430	11352	-6.22
4.高粱	—	—	—	—	—	—	—
5.大豆	53500	172	9184	53700	177	9506	-3.39
6.其他秋粮	3200	221	706	3300	224	740	-4.59
二、经济作物	215442	—	—	216795	—	—	—
(一)油料	214037	195	41682	215187	201	43333	-3.81
1.油菜籽	133328	180	24012	134628	182	24502	-2.00
2.花生	79703	220	17523	79504	235	18683	-6.21
3.芝麻	1006	146	147	1055	140	148	-0.68
(二)麻类	—	—	—	—	—	—	—
(三)药材	1405	—	—	1608	—	—	—
三、其他农作物	439337	—	—	431687	—	—	—
其中:蔬菜	404220	2339	945461	397395	2322	922786	2.46
附:常年蔬菜地	95595	—	—	105537	—	—	—

说明:1 市亩≈0.067 公顷

全社会农业机械年末拥有量

表 64

项　　目	计量单位	数　量	项　　目	计量单位	数　量
农业机械总动力	万千瓦	62.57	其他收获机械	台／千瓦	2230/3230
1.柴油发动机动力	万千瓦	31.84	四、植保机械		
2.汽油发动机动力	万千瓦	1.63	机动喷雾(粉)机	台／千瓦	5600/8200
3.电动机动力	万千瓦	29.1	五、渔业机械		
一、耕作机械			增氧机	台／千瓦	1600/5100
大中型拖拉机	台／千瓦	2427/143855	六、农产品加工机械		
小型拖拉机	台／千瓦	6500/58700	粮食加工	台	2350
二、农田排灌动力机械			饲草料加工	台／千瓦	1802/7022
柴油机	台／千瓦	30/550	轧花机	台	
电动机	台／千瓦	5800/83650	油料加工	台	400
农用水泵	台		七、运输机械		
三、收获机械联合			手扶变型运输机	台／千瓦	1150/9500
联合收割机	台／千瓦	1679/75285			

蚕茧、水果、坚果及水产品生产情况

表 65

项　　目	计量单位	数　量	项　　目	计量单位	数　量
一、蚕茧产量	吨	18	四、水产品产量	吨	24979
二、水果产量	吨	10790	1.海水产品	吨	
1.苹果	吨		2.淡水水产品	吨	24979
2.梨	吨	1380	①鱼类	吨	20713
3.桃子	吨	1050	②甲壳类	吨	2738
4.葡萄	吨	5800	③贝类	吨	1459
5.其他水果	吨	2560	④其他	吨	69
三、食用坚果			在淡水水产品种：人工育珠	公斤	1000
白果	吨	12000			

生猪、羊、家兔、家禽情况

表 66

项　　目	计量单位	2016年	2015年	2016年比2015年±%
一、生猪饲养量	头	1580000	1669000	-5.33
1.全年肥猪出栏数	头	1015000	1080700	-6.08
2.年末圈存数	头	565000	588300	-3.96
在年末圈存中能繁殖的母猪	头	63000	67800	-7.08
二、羊年末存栏数	只	48500	48900	-0.82
羊年内出栏数	只	71600	71300	0.42
三、家禽年末实有数	只	4096700	4061000	0.88
家禽年内出栏数	只	5312800	5280700	0.61
四、家兔年末存栏数	只	57600	50400	14.29

续表 66

项　　目	计量单位	2016年	2015年	2016年比2015年±%
家兔年内出栏数	只	105000	105000	0.00
五、年末养蜂数	箱	976	1136	-14.08
六、肉类总产量	吨	85617	85558	0.07
其中:猪肉	吨	75706	75600	0.14
羊肉	吨	1074	1070	0.37
禽肉	吨	8370	8321	0.59
兔肉	吨	219	210	4.29
其他	吨	83	72	15.28
七、禽蛋产量	吨	24701	24486	0.88

生猪、羊、家兔、家禽情况
（分乡镇、街道）

表 67

乡镇(街道)名称	生猪(头)			羊(只)		年末实有家兔(只)	年内出栏家兔(只)	年末实有家禽(只)	年内出栏家禽(只)
	全年饲养量	1.年末圈存数	2.年内出栏数	年末存栏数	全年出售和自宰数				
总计	1580000	565000	1015000	48500	71600	57600	105000	4096700	5312800
珊瑚镇	142405	34418	107987	8958	13550	4508	16972	501799	679624
黄桥镇	662720	155215	507505	52041	107747	5585	6376	1210085	2257078
分界镇	216362	71620	144742	12531	15121	2587	1665	861376	1205531
古溪镇	489719	142029	347690	23863	35425	4632	12446	1334184	1678850
元竹镇	216448	73982	142466	22351	32546	6814	9576	275060	840506
广陵镇	82443	16256	66187	15624	33538	18798	80185	271658	585646
曲霞镇	52346	13723	38623	10645	15677	1034	1668	119658	253414
张桥镇	45578	15313	30265	7136	8727	377	239	107756	196331
河失镇	203360	42758	160602	23124	45573	4605	7284	618871	812282
新街镇	182502	54367	128135	20930	30125	2316	4983	993571	2715326
姚王镇	164678	26845	137833	12773	20641	551	675	304798	662526
虹桥镇	130354	29477	100877	28919	78240	2708	7647	537870	996107
滨江镇	91746	25699	66047	15903	47659	160	160	248822	793219
根思乡	102861	20261	82600	13713	20246	665	860	366460	439585
宣堡镇	37437	10476	26961	14498	17827	2262	2462	146235	501795
济川街道	76438	13624	62814	9096	21433	38	8063	224569	684671

说明:全市合计数为省反馈定案数

工业能源

规模以上工业主要经济指标

表 68　　单位:万元

单位名称	工业总产值	主营业务收入	利润总额
全市总计	30824226	30399953	2748116
古溪镇	1350041	1342555	123551
分界镇	363200	361700	12516
珊瑚镇	515481	504567	38078
元竹镇	262119	240105	19174
新街镇	190039	186836	6787
广陵镇	672760	670093	62171
河失镇	518052	490763	32255
姚王镇	198148	196588	13333
张桥镇	325054	323041	18620
曲霞镇	721120	707312	15853
宣堡镇	235075	232348	11789
根思乡	286064	277488	25844
黄桥经济开发区(黄桥镇)	1986411	1949008	159048
城区工业园区(济川街道)	3081381	3035824	272977
泰兴经济开发区(滨江镇)	12584372	12664459	1252014
虹桥工业园区(虹桥镇)	6175791	5865009	588572
农产品加工园区	571873	566762	32216
泰兴高新区	774926	773175	63314

说明:本表为定报数据,统计对象为2016年定报企业657家

规模以上工业企业能源购进、消费及库存

表 69

能源名称	计量单位	年初库存量	2016年购进量	2016年消费量					年末库存量
			实物量	合计	1.工业生产消费	用于原材料	2.非工业生产消费	合计中:运输工具消费	
甲	乙	1	2	4	5	6	7	8	9
原煤	吨	18413.19	1506946.71	1473888.43	1473100.23	0	788.2	0	42226.54
其中:无烟煤	吨	176.6	3720.38	3657.38	3628.48	0	28.9	0	179.8
一般烟煤	吨	18236.59	1503226.33	1470231.05	1469471.75	0	759.3	0	42046.74
焦炭	吨	80.5	7140.8	7087.61	7087.61	2010.1	0	0	133.69
天然气	万立方米	0	5163.45	5163.45	5161.05	326	2.4	0	0
液化天然气	吨	0	11234.39	11234.39	11232.39	632.14	2	0	0

续表 69

能源名称	计量单位	年初库存量	2016年购进量	2016年消费量					年 末库存量
			实物量	合计	1. 工业生产消费	用于原材料	2. 非工业生产消费	合计中:运输工具消费	
甲	乙	1	2	4	5	6	7	8	9
原油	吨	0	11	11	11	0	0	0	0
汽油	吨	2.77	927.1	932.44	656.93	9.18	275.51	158.39	3.43
煤油	吨	0.23	56.85	55.9	55.9	6.51	0	0	1.18
柴油	吨	148.53	7279.81	7269.37	6313.32	200.47	956.05	1015.98	158.1
燃料油	吨	5	7599.7	7594.7	7594.7	359	0	0	10
液化石油气	吨	13.08	3628.98	3628.98	3606.7	2766	22.28	0	0
润滑油	吨	0.17	9.32	9.32	9.32	0	0	0	0.17
石蜡	吨	0	0.02	0.02	0	0	0.02	0	0
溶剂油	吨	506.44	647.34	623.27	623.27	623.27	0	0	530.51
石油焦	吨	24.42	2461	2460	2460	2460	0	0	4
其他石油制品	吨	8	206.34	208.34	208.34	0	0	0	6
热力	吨	0	4290943.61	9039061.73	8947459	0	91602.73	0	0
电力	百万千焦	0	362110.31	471220.71	468074.16	0	3146.55	153.22	0
生物燃料	万千瓦时	0	2533.88	2533.88	2533.88	0	0	0	0
其他燃料	吨标准煤	4.5	2915.62	3354.2	3353.66	0	0.54	0	0
能源合计	吨标准煤	0	0	2001688.12	1992258.45	0	9429.67	0	0

科技成果情况

表 70

项　目	单位	2016年	2015年	项　目	单位	2016年	2015年
一、获得各级政府科技进步奖项目	项	89	69	1. 省重大科技成果转化专项	项	1	1
其中:国家级	项	0	0	2. 省创新能力建设计划	项	6	8
省级	项	3	2	其中:企业院士工作站	项	1	0
泰州级	项	20	20	企业研究生工作站	项	3	6
二、专利申请受理量	件	5117	5786	工程技术研究中心	项	2	2
其中:发明专利	件	2664	1833	四、国家级高新技术企业	个	100	62
专利申请授权量	件	1041	2795	其中:新增国家高新技术企业	个	46	23
其中:发明专利	件	137	87	五、实施国家重点新产品计划	项	0	0
三、列入国家、省科技计划项目				实施省重点研发计划	项	4	1

交通运输　邮电通信　电力

公路、航道、桥梁情况

表 71

项　　目	计量单位	2016年	2015年	项　　目	计量单位	2016年	2015年
一、公路总里程	千米	2191.3	2145.2	二、公路桥梁	座	1047	1020
1. 按等级分 高速公路	千米	74	74	桥梁总长度	米	41145.5	40209.6
一级公路	千米	150.3	150.4	三、年末实有公共汽车	辆	242	256
二级公路	千米	203.2	203.2	公共汽车客运量总数	万人	983	1028
三级公路	千米	320.2	320.2	四、航道总里程	千米	558.8	558.8
四级公路	千米	1443.6	1397.4	1. 干线航道	千米	166.3	166.3
等外公路	千米			2. 专线航道	千米	392.5	392.5
2. 按行政等级分 国道	千米	106.2	45.8	五、交通部门公路客运量	万人	1508	1763
省道	千米	98.7	159.3	交通部门公路旅客周转量	万人千米	384995	524697
县道	千米	373	373	六、交通部门营运客车	辆	649	611
乡道	千米	683.2	683.3	交通部门营运客车座位数	座	24276	24196
村道	千米	930.2	883.8	七、全市拥有出租车	辆	592	592
专用公路	千米						

邮电通信情况

表 72

项　　目	单位	2016年	2015年	项　　目	单位	2016年	2015年
一、电信局(所)	处	37	34	3. 联通业务收入	万元	5441	5206
邮政局(所)	处	39	39	4. 移动业务收入	万元	42780	40110
二、邮政业务总量	万元	14086	12215	四、本地固定用户数(电信公司)	户	246850	254383
报纸累计份数	万份	1750	1825	#城市电话用户数	户	44539	68796
杂志累计份数	万份	87	80	五、住宅电话用户数(电信公司)	户	200709	206274
三、邮电业务收入	万元	98449	93324	#农村电话用户数	户	164311	185587
1. 电信业务收入	万元	34000	33850	六、移动用户电话(电信+移动+联通)	户	1293224	813370
2. 邮政业务收入	万元	16228	14158	七、宽带用户数(电信+移动+联通+广电)	户	319116	239827

供电设备情况

表 73

项　　目	单　位	2016年	2015年
一、公用变电站	个	31	30
公用变压器			—
(1)35千伏及以上合计	座/台/千伏安	31/50/3360500	29/47/3065500
220千伏	座/台/千伏安	6/11/1800000	6/10/1620000

续表 73

项　　目	单　位	2016年	2015年
110 千伏	座/台/千伏安	19/27/1375500	18/25/1260500
35 千伏	座/台/千伏安	6/12/185000	6/12/185000
(2)10 千伏	台/千伏安	7240/2064490	6618/1873160
(3)20 千伏	台/千伏安	1/200	1/200
二、企业自备变压器			
(1)35 千伏及以上合计	座/台/千伏安	15/37/745750	13/35/710750
220 千伏	座/台/千伏安	1/1/180000	1/1/180000
110 千伏	座/台/千伏安	3/10/349000	3/12/389000
35 千伏	座/台/千伏安	11/26/216750	9/22/141750
(2)20 千伏及以下合计	台/千伏安	2786/1220090	2778/1196340
10 千伏	台/千伏安	2778/1196340	2770/1172590
20 千伏	台/千伏安	8/23750	8/23750
三、线路长度			
(1)35 千伏及以上合计	条/千米	76/824.208	84/757.965
220 千伏	条/千米	16/269.84	16/269.84
110 千伏	条/千米	36/327.333	42/348.67
35 千伏	条/千米	24/227.035	26/139.455
(2)20 千伏及以下合计	千米	17055.353	16713.26
10 千伏	千米	3838.95	3684.65
不足 6 千伏	千米	13216.403	13028.61

用　电　情　况

表 74

项　　目	单　位	2016年	2015年
一、供电最高负荷	万千瓦	86	77
二、供电量	万千瓦时	478455	475825
三、用电量	万千瓦时	459317	461455
四、线路损失电量	万千瓦时	19138	14370
五、线路损失率	%	4.00	3.02
六、平均日负荷率	%	89.39	89.21
七、全社会用电量总计	万千瓦时	545693	519354
(一)农林牧渔水利业	万千瓦时	7746	6424
(二)工业	万千瓦时	424622	411808
1.轻工业	万千瓦时	61763	64478
2.重工业	万千瓦时	362859	347330

续表 74

项　　目	单　位	2016年	2015年
(三)建筑业	万千瓦时	5211	7572
(四)交通运输、仓储和邮政业	万千瓦时	2366	2497
(五)信息传输、计算机服务和软件业	万千瓦时	3113	2881
(六)商业、住宿和餐饮业	万千瓦时	9263	8713
(七)金融、房地产、商务及居民服务业	万千瓦时	8940	7484
(八)公共事业及管理组织	万千瓦时	8268	6915
(九)城乡居民生活合计	万千瓦时	76164	65060
城镇居民	万千瓦时	22228	19223
乡村居民	万千瓦时	53936	45837

国　内　贸　易

社会消费品零售总额

表 75　　单位:万元

指　标　名　称	2016年	2015年	2016年比 2015 年±%
社会消费品零售总额	2150054.8	1915236.5	12.3
一、按销售单位所在地分			
1.城镇	1674578.7	1489638.1	12.4
其中:城区	1249364.6	1095352.7	14.1
2.乡村	475476.1	425598.4	11.7
二、按行业分			
(一)批发和零售业小计	1743780.5	1541415.3	13.1
限额以上	592558.8	506597.6	17
个体经营户(大个体)	16640.9	13688.7	21.6
限额以下	1140685.7	1034817.7	10.2
限下企业	203326.3		
限下个体户	937359.4	909911.5	3
1.批发业	502155.7	436167	15.1
限额以上	114050.6	104380	9.3
个体经营户(大个体)			-100
限额以下	388105.1	331787	17
限下企业	23437.8		
限下个体户	364667.3	327947.4	11.2
2.零售业	1241624.8	1105248.3	12.3

续表 75

指 标 名 称	2016年	2015年	2016年比 2015 年±%
限额以上	478508.2	402642.3	18.8
个体经营户(大个体)	16640.9	13688.7	21.6
限额以下	736116.6	702606	8.6
限下企业	179888.5		
限下个体户	583228.1	580935	0.4
(二)住宿和餐饮业小计	406274.3	373821.2	8.7
限额以上	57360.7	56203.2	2.1
个体经营户(大个体)	1120.1	1206.5	-7.2
限额以下	348913.3	317618	9.9
限下企业	22296.7		
限下个体户	326616.9	315670.9	3.5
1.住宿业	35074.4	33844.3	3.6
限额以上	13358.5	14689.6	-9.1
个体经营户(大个体)			-100
限额以下	21715.9	19154.7	13.4
限下企业	905.6		
限下个体户	20810.3	17841.8	16.6
2.餐饮业	371199.9	339976.9	9.2
限额以上	44002.2	41350.3	6.4
个体经营户(大个体)	1120.1	1206.5	-7.2
限额以下	327197.7	298626.6	9.6
限下企业	21391.1		
限下个体户	305806.6	297990.6	2.6
三、按规模分			
(一)限额以上小计	649919.5	562401.4	15.6
1.企业(单位)	632158.5	547507.1	15.5
2.个体经营户(大个体)	17761	14894.3	19.2
限额以上小计中去年本月后开业	2535.7		
批零业	969.4		
住餐业	1566.36		
限额以上可比口径	647383.8	552057.1	17.3
批零业	591589.4	497890.6	18.8
住餐业	55794.4	54166.5	3
(二)限额以下小计	1500135.3	1352835.1	10.9
1.限下企业	225623		
2.限下个体户	1274512.3	1225889	3.9

固定资产投资　建筑业

固定资产投资完成情况

表 76　　单位:万元

指标名称	本年累计	增幅%	指标名称	本年累计	增幅%
固定资产投资	6874648	22.6	在总计中按产业分		
其中:规上固定资产投资	6197797	23.6	其中:第一产业	3800	-85.28
房产业投资	676851	14.4	第二产业	4615052	24.72
			# 工业投资	4595292	24.96
			第三产业	2255796	20.0

商品房开发面积及销售情况

表 77　　单位:平方米、万元

指标名称	合计	住宅	别墅、高档公寓	办公楼	商业营业用房	其他
一、房屋施工面积	5170152	4225995	113254	35665	572282	336210
其中:新开工面积	1651001	1201347	0	217	279696	169741
二、房屋竣工面积	866074	789110	40640	0	26593	50371
三、竣工房屋价值	320614	299281	20314	0	9588	11745
四、商品房销售面积	1464747	1342231	37578	11735	105086	5695
其中:现房销售面积	92573	76468	990	0	15499	606
期房销售面积	1372174	1265763	36588	11735	89587	5089
五、商品房销售额	948404	819710	32306	5801	117204	5689
其中:现房销售额	56525	46350	898	0	10020	155
期房销售额	891879	773360	31408	5801	107184	5534
六、待售面积	752127	488785	46766	0	227440	35902

全市资质上建筑施工企业主要经济技术指标

表 78

指标名称	计量单位	合计	房屋工程建筑	土木工程建筑	建筑安装业	建筑装饰业和其他建筑业
企业个数	个	128	59	29	19	21
建筑业总产值	千元	60762741	54057153	4922755	1523328	259505
竣工产值	千元	54138345	48566230	3907746	1424259	240110
房屋建筑施工面积	平方米	61235616	60364381	388735	482500	0
从业人员平均人数	人	130750	112139	14218	3038	1355
营业收入	千元	44162706	37374030	5190013	1350735	247928
利润总额	千元	1067970	696634	333914	23365	14057

财政 金融 保险

财政收支情况(一)

表 79

单位:万元

项 目	2016年	2015年	2016年比2015年±%	项 目	2016年	2015年	2016年比2015年±%
财政总收入	1615478	1576719	2.5	企业所得税	53788	46198	16.4
一、中央级收入	327011	299344	9.2	个人所得税	16088	13100	22.8
消费税	345	450	-23.3	营业税等	185258	242854	-23.7
增值税	221851	209948	5.7	2.契耕两税	31318	40427	-22.5
企业所得税	80683	69296	16.4	3.行政性收费、罚没收入	31244	29736	5.1
个人所得税	24132	19650	22.8	4.专项收入	49175	46305	6.2
二、一般公共预算收入	572016	527888	8.4	5.其他各项收入	20015	13703	46.1
1.工商税收、企业所得税	440264	397717	10.7	三、基金预算收入	716451	749487	-4.4
增值税	185130	95565	93.7				

财政收支情况(二)

表 80

单位:万元

项 目	2016年	2015年	2016年比2015年±%	-项 目	2016 年	2015年	2016年比2015年±%
财政总支出	1556903	1554464	0.2	8.医疗卫生	77243	68270	13.1
一、一般公共预算支出	763757	674479	13.2	9.节能环保	34443	16754	105.6
1.一般公共服务	75277	65263	15.3	10.城乡社区事务	32779	33279	-1.5
2.国防	720	543	32.6	11.农林水事务	145547	131034	11.1
3.公共安全	40817	35558	14.8	12.交通运输	18285	9716	88.2
4.教育	131768	130321	1.1	13. 资源勘探电力信息等事务	19663	20156	-2.4
5.科学技术	25123	23555	6.7	14.其他支出	73583	55111	33.5
6.文化体育与传媒	9808	9572	2.5	二、基金预算支出	793146	879985	-9.9
7.社会保障和就业	78701	75347	4.5				

说明:1.原“医疗卫生”改为“医疗卫生与计划生育”

2.原“资源勘探电力信息等事务”改为“资源勘探信息等支出”

银行人民币信贷收支情况

表 81　　单位：万元

项　　目	2016年	2015年	项　　目	2016 年	2015年
年末各项存款合计	9123033	7542927	固定资产贷款	—	—
一、单位存款	4379560	3241428	3. 普通并购贷款	—	—
活期存款	3043666	2168221	4. 银团贷款	—	—
定期存款	1335894	1073207	5. 贸易融资	—	—
通知存款	—	—	6. 境外筹资转贷款	—	—
保证金存款	—	—	二、中长期贷款	3073035	2338642
二、个人存款	4653394	4286037	1. 个人贷款	1439326	1050824
储蓄存款	4653394	4286037	其中：个人消费贷款	1289074	922235
保证金存款	—	—	2. 单位普通贷款	1633709	1287818
结构性存款	—	—	其中：经营贷款		
三、财政性存款	87571	12957	固定资产贷款	1633709	1287818
四、临时性存款	—	—	3. 普通并购贷款	—	—
五、委托存款	—	—	4. 银团贷款	—	—
六、其他存款	2508	2505	5. 贸易融资	—	—
年末各项贷款合计	5813911	5022357	6. 境外筹资转贷款	—	—
一、短期贷款	2426801	2332053	三、融资租赁	—	—
1. 个人贷款及透支	550393	493977	四、票据融资	314015	350319
其中：个人消费贷款	18057	95326	其中：贴现	—	—
2. 单位普通贷款及透支	1876408	1838076	五、各项垫款	—	1343
其中：经营贷款	1876408	1838076			

保险业务情况

表 82　　单位：万元

项　　目	2016年		2015年		项　　目	2016 年		2015年	
	保费收入	赔款	保费收入	赔款		保费收入	赔款	保费收入	赔款
一、财产保险合计	25122	15672	21394	12515	1. 普通寿险	15067	1565	15568	12936
1. 财产保险	4600	2411	910	1731	2. 年金保险	22729	2362	16145	0
2. 机动车辆保险(含交强险)	17141	10507	14366	8424	3. 人身意外伤害保险	2577	959	2088	778
3. 船舶保险	23	14	0	0	4. 健康保险	6442	1072	5519	751
4. 货物运输保险	91	-39	69	15	5. 分红保险	22637	25287	20179	0
5. 其他(含农险)	3267	2779	6049	2345	6. 万能保险	—	—	—	—
二、人身保险合计	69452	31245	59499	14465					

说明：本资料仅包括中国人民保险公司泰兴支公司和中国人寿保险公司泰兴支公司

科技　教育　文化　卫生　体育

教育事业情况

表 83　　单位:所、个、人

项　　目	学　校	班　级	毕业生人　数	招　生人　数	毕业班学生数	在　校学生数	教　职员工数
合计	148	3188	34491	32078	32020	120744	11208
一、中等专业技术学校	2	119	2108	1948	1250	4826	470
二、普通中学	46	1037	15643	14244	14226	42382	5405
1. 初中	36	657	9486	8972	8876	26528	3267
市镇	19	498	7300	7021	6905	20688	2369
农村	17	159	2186	1951	1971	5840	898
2. 高中	10	380	6157	5272	5350	15854	2138
市镇	10	380	6157	5272	5350	15854	2138
农村							
三、小学	43	1378	8968	7857	8542	48883	3104
市镇	25	1013	6775	6187	6355	36810	2272
农村	18	365	2193	1670	2187	12073	832
四、幼儿园	56	641	7722	7996	7957	24434	2202
市镇	37	491	5746	6265	6153	18967	1714
农村	19	150	1976	1731	1804	5467	488
五、特殊教育学校	1	13	50	33	45	219	27

说明:高校录取学生数 6006 人,其中:本科 4348 人(含民办)

文化广播电视事业情况

表 84

项　　目	单位	2016年	2015年	项　　目	单位	2016年	2015年
一、文化事业				二、广播事业			
文化馆个数	个	1	1	节目	套	1	1
职工人数	个	16	18	每日播音时间	小时	17	17
组织文艺活动	次	26	18	制作节目时间	小时/天	10	14
举办培训班	人次	2000	5000	三、电视事业			
图书馆个数	个	1	2	电视转播台	座	2	2
职工人数	人	15	15	发射机	部	5	5
藏书量	千册	324	318	电视覆盖率	%	100	100
阅览室座位数	张	330	330	有线电视户数	户	317800	398613

卫生事业情况

表 85

项　　目	单位	2016年	2015年	项　　目	单位	2016年	2015年
卫生机构数	个	420	387	其中:执业医师、执业助理医师	人	2322	1970
其中:医院	个	5	4	注册护士	人	1666	1697
卫生院(社区卫生服务中心)	个	30	33	卫生防疫人员	人	145	141
疾病预防控制中心(防疫站)	个	1	1	医院、卫生院技术人员	人	3989	3970
妇幼保健院(所、站)	个	1	1	其中:执业医师、执业助理医师	人	1817	1640
村卫生室	个	236	258				
卫生机构床位数	张	4809	4809	注册护士	人	1592	1535
其中:医院	张	3350	3350	5岁以下儿童死亡率	‰	4.7	4.2
卫生院(社区卫生服务中心)	张	1459	1459	婴儿死亡率	‰	2.7	2.9
卫生工作人员	人	6055	5806	产妇住院分娩比例	%	100	100
卫生技术人员	人	4939	4477				

体育事业情况

表 86

项　　目	单　位	2016年	2015年	项　　目	单　位	2016年	2015年
一、年末工作人员	人	29	29	五、新增等级运动员			
二、业余体育学校	所	1	1	国家一级运动员	人	0	2
教练员数	人	6	6	国家二级运动员	人	2	5
三、体育场馆数	个	15	15	国家三级运动员	人	9	14
8000座标准田径场(含标准足球场)	个	1	1	六、公共体育设施			
体育馆、综合训练馆	个	6	6	乡镇体育健身中心	个	16	16
全民健身中心	个	1	1	全民健身点	个	963	836
游泳馆室外游泳池	个	9	7	七、社会体育指导员	人	4348	3841
四、竞技体育比赛	次	6	6	其中:国家级	人	35	23
其中:田径运动会	次	1	1	一级	人	333	248
参加人数	人次	650	600	八、国民体质监测数	人	3200	3500

城乡居民生活

居民消费价格分类指数

表 87　　　　单位:%

项 目 名 称	权数	上年同期(2015年)=100	2010年=100	项 目 名 称	权数	上年同期(2015年)=100	2010年=100
居民消费价格总指数(CPI)	1000	101.6	101.9	一、食品烟酒	298	104.4	103.8
城镇低收入居民基本生活费用价格指数		101.6	101.7	二、衣着	69	102.4	104.3
服务项目价格指数	354	100.6	101.5	三、居住	205	100.0	100.5
非食品价格指数	740	100.5	101.2	四、生活用品及服务	62	100.3	101.0
工业品价格指数	348	100.3	100.7	五、交通和通信	138	99.5	98.9
扣除食品和能源价格指数	739	101.0	101.5	六、教育文化和娱乐	113	99.6	99.8
扣除鲜菜鲜果总指数	966	101.5	101.8	七、医疗保健	88	102.1	105.0
消费品价格指数	646	101.5	102.1	八、其他用品与服务	27	102.2	101.1

商品零售价格分类指数

表 88　　　　单位:%

项 目 名 称	权数	上年同期(2015年)=100	2015年=100	项 目 名 称	权数	上年同期(2015年)=100	2016年=100
商品零售价格总指数	1000	101.0	101.1	九、交通、通信用品	162	98.9	96.5
一、食品	216	104.8	103.5	十、家具	15	96.1	96.8
二、饮料、烟酒	68	102.1	103.5	十一、化妆品	18	102.6	104.7
三、服装、鞋帽	91	102.5	104.4	十二、金银珠宝	20	103.5	100.1
四、纺织品	15	101.4	102.6	十三、中西药品及医疗保健用品	58	103.1	107.7
五、家用电器及音像器材	63	98.8	98.6	十四、书报杂志及电子出版物	15	100.6	100.3
六、文化办公用品	24	97.7	96.2	十五、燃料	86	96.9	101.2
七、日用品	60	101.4	101.2	十六、建筑材料及五金电料	79	97.9	97.5
八、体育娱乐用品	10	94.3	94.0				

附　录

■编辑　蒋淑颖

荣　誉　榜

2016年国家级(含条线)表彰的先进集体

荣誉称号	获奖单位	授予单位
江苏省文明单位、江苏公司先进基础党组织	泰兴移动	
省级文明单位	邮政公司	
全国老年法律维权工作先进集体	泰兴市民政局	全国老龄委等6部委

2016年省级(含条线)表彰的先进集体

荣誉称号	获奖单位	授予单位
全省宣传工作先进集体	交警大队	省公安厅
全省打击食品药品环境犯罪“利剑行动”成绩突出集体	治安大队	省公安厅
“系列创建”先进集体	水警大队	省委政法委、综治办
江苏省平安校园建设示范市	内保大队	省公安厅、省综治办和省教育厅
江苏省转移支付资金使用管理优胜单位	警务保障室	省公安厅
省级青少年维权岗	姚王派出所	团省委
全国公安机关执法示范单位	城区刑侦中队	公安部
全国一级拘留所	拘留所	公安部
省级森林生态示范村	西桥村	江苏省环境保护厅
国家级生态镇	张桥镇	国家环保部
全省百家优秀基层站所	农技站	省农委
省级文明单位	邮政公司	
先进基层党组织	市场经营部(金融)党支部	江苏省邮政公司
省院二等功	泰兴市人民检察院预防科	江苏省人民检察院
江苏省文明单位	泰兴市人民检察院	江苏省文明建设指导委员会

荣誉称号	获奖单位	授予单位
现代民政建设示范市	泰兴市	江苏省民政厅
2015–2016年度江苏“青少年维权岗”	泰兴市民政局	江苏省民政厅等11部门
全省福利彩票销售工作先进集体	泰兴市民政局	江苏省民政厅
安康关爱行动先进集体	泰兴市民政局	江苏省老龄办
老龄宣传工作先进集体	泰兴市民政局	江苏省老龄办
江苏省部门统计示范点	泰兴市国土资源局	江苏省统计局
2016年国土资源厅县级国土资源优秀网站	泰兴市国土资源局	江苏省国土资源厅

2016年泰州市委、市政府表彰的先进集体

荣誉称号	获奖单位	授予单位
十佳示范政法单位	泰兴市人民检察院预防科	泰州市委政法委
泰州市优秀服务组织	泰兴市人民检察院预防邮路	泰州市文明办
创建全国双拥模范城集体三等功	泰兴市民政局	泰州市委市政府

2016年国家级(含条线)表彰的先进个人

姓名	工作单位	荣誉称号	授予单位
曹明文	拘留所	全国拘留所社会矛盾化解工作成绩突出个人	公安部

2016年省级(含条线)表彰的先进个人

姓名	工作单位	荣誉称号	授予单位
刘亚军	新街派出所	个人二等功	省公安厅
张　勃	刑侦大队	江苏“创新创业”好青年	团省委、省文明办、省通管局
成国民	国保大队	教育转化能手	省委610办
张秀官	市汽车驾驶员培训中心	明星级教练员	江苏省交通运输厅运管局
何健忠	劳模创新工作室	省示范性劳模创新工作室	江苏省总工会
何健忠		“社会主义核心价值观践行者”、江苏省“学雷锋标兵”和“新泰州建设功臣”	全国交通运输系统
王季凌		“江苏省劳动模范”和泰兴市“优秀共产党员”	
黄银华		敬业奉献好青年	江苏省邮政公司
李　琴		泰州市金牌工人	泰州市总工会
王林祥	泰兴市人民检察院	办理的财产刑执行监督案件被表彰为优秀案件	江苏省人民检察院
张　强	泰兴市人民检察院	2016年全省检察机关民行监督专项行动精品案例	江苏省人民检察院
栾　俊	泰兴市国土资源局	全省国土资源工作年度考核优秀等次	江苏省国土资源厅
徐建峰	泰兴市国土资源局	全省国土资源工作年度考核优秀等次	江苏省国土资源厅
葛　萍	泰兴市国土资源局	推进依法行政工作先进个人	江苏省国土资源厅
成建新	泰兴市国土资源局	矿产资源补偿费征管工作先进个人	江苏省国土资源厅

2016年泰州市委、市政府表彰的先进个人

姓名	工作单位	荣誉称号	授予单位
赵习芳	泰兴市人民检察院	全市“六五”普法先进个人	泰州市法制宣传教育
蔡中华	市民政局	创建全国双拥模范城个人二等功	泰州市委、市政府

重要文件题录(选)

· 市委文件 ·

文号	内容提要
泰委发[2016]28号	关于组织实施脱贫致富奔小康工程的意见
泰委发[2016]34号	关于转发《泰州市鼓励政策创新激励干事创业容错纠错实施》的通知
泰委发[2016]43号	关于认真落实全面从严治党立体责任监督责任充分实践运用监督执纪“四科形态”的实施意见
泰委发[2016]44号	关于印发《中共泰兴市委工作规则》的通知
泰委发[2016]53号	关于印发《中共泰兴市委关于加强巡察工作的实施办法(试行)》的通知
泰委发[2016]62号	关于印发《关于深入贯彻省党代会精神，扎实开展“百团千村万人大走访大落实活动的实施方案》的通知
泰委发[2016]65号	印发《乡镇(街道)、园区、村(居)基层党组织监督执行第一种形态运用规范(试行)》的通知
泰委发[2016]66号	印发《关于坚持和完善党内谈话制度的实施办法(试行)》的通知
泰委办发[2016]1号	印发《关于积极引导农村土地经营权有序流转加快推进农业适度规模经营》的通知
泰委办发[2016]5号	关于印发《泰兴市新一轮扶贫开发建档立卡工作实施方案》的通知
泰委办发[2016]17号	关于开展企业服务年活动的意见的通知
泰委办发[2016]19号	关于印发《关于加快推进“人才强企”的政策意见的实施办法暂行》的通知
泰委办发[2016]25号	关于印发《泰兴市2016年“扫黄打非”行动方案》的通知
泰委办发[2016]31号	印发《关于加强对工商资本租赁农地监管和风险防范的实施意见》
泰委办发[2016]33号	印发《关于加强城乡社区协商的实施意见》的通知
泰委办发[2016]37号	关于印发泰兴市环境监督网格划分实施方案的通知
泰委办发[2016]38号	关于印发泰兴市文化惠民券实施方案(试行)的通知
泰委办发[2016]40号	关于印发《关于全市供给侧结构性改革的任务分解方案》的通知
泰委办发[2016]42号	关于印发全市2016年现代农业有关专项工作扶持奖励办法
泰委办发[2016]43号	2016年乡镇园区绩效评估指标考核细则
泰委办发[2016]48号	关于印发《泰兴市保密工作考核细则》、《泰兴市党政办公网络监理和应用考核细则》的通知
泰委办发[2016]56号	关于建立意识形态领导情况分析研判联席会议制度的通知
泰委办发[2016]58号	关于印发《泰兴市预决算信息公开管理暂行办法》的通知
泰委办发[2016]66号	关于印发《泰兴市党政青年人才管理办法》的通知
泰委办发[2016]67号	关于印发《关于贯彻落实泰州市委办公室党委(党组)形态工作责任制实施细则的意见》的通知
泰委办发[2016]68号	关于印发进一步完善市委领导干部与党外代表人士联系交友制度的意见的通知
泰委办发[2016]80号	关于建立全市公有制经济代表人士综合评价工作联席会议制度的通知

· 政府文件 ·

文号	内容提要
泰政发[2016]25号	关于降低实体经济企业成本的意见
泰政发[2016]26号	关于推进小城市建设的意见
泰政发[2016]28号	关于开展土地节约集约利用先进园区和土地管理模范乡镇创建活动的实施意见
泰政发[2016]39号	关于印发《市政府关于贯彻落实〈江苏省行政权力事项清单管理办法〉意见》的通知
泰政发[2016]43号	关于印发泰兴市水污染防治工作方案的通知
泰政发[2016]47号	关于加快推进企业上市工作的意见
泰政发[2016]48号	关于推进乡镇工业集聚区发展的意见
泰政发[2016]49号	关于推进“四好农村路”建设的实施意见
泰政发[2016]51号	印发《关于促进服务业转型升级发展的意见》的通知
泰政发[2016]69号	关于印发《泰兴市全民科学素质行动计划纲要(2016--2020年)实施方案》的通知
泰政发[2016]72号	关于贯彻《省政府关于机关事业单位工作人员养老保险制度改革的实施意见》的通知
泰政发[2016]73号	印发《关于开展园区招商体制改革试点工作的实施意见》的通知

文号	内容提要
泰政发[2016]79号	关于印发泰兴市新建产业项目客缺预审提前介入实施意见(试行)的通知
泰政发[2016]80号	关于调整城乡居民医疗救助有关政策的通知
泰政办发[2016]2号	关于进一步加强全市老年人体育工作的实施意见
泰政办发[2016]39号	关于印发《泰兴市全面推开营业税改征增值税试点工作方案》的通知
泰政办发[2016]51号	关于印发《泰兴市村庄生活污水治理工作实施意见》的通知
泰政办发[2016]54号	关于印发《泰兴市加快推进棚户区(危旧房)改造货币化安置实施办法》的通知
泰政办发[2016]55号	关于印发《泰兴市政府购买棚改服务实施办法》的通知
泰政办发[2016]59号	关于印发《泰兴市科技创新券实施细则(试行)》的通知
泰政办发[2016]66号	关于印发泰兴市创业担保贷款实施意见的通知
泰政办发[2016]72号	关于进一步强化乡村公路养护管理的意见
泰政办发[2016]81号	关于印发泰兴市突发公共卫生事件应急预案的通知
泰政办发[2016]82号	关于印发泰兴市城乡困难居民临时救助实施细则(试行)的通知
泰政办发[2016]83号	关于印发重度失能农村五保对象护理补贴发放工作方案的通知
泰政办发[2016]84号	关于印发《泰兴市建筑施工项目税收联合管理办法(试行)》的通知
泰政办发[2016]85号	关于转发市科技局、市财政局市级专利专项资金使用管理办法(试行)的通知
泰政办发[2016]86号	关于实施学前教育三年(2016--2018年)行动计划的意见的通知
泰政办发[2016]87号	关于印发《泰兴市食品安全扫雷净土综合治理行动实施方案》的通知
泰政办发[2016]90号	关于印发《泰兴市金融生态创建提档升级工作实施方案》的通知
泰政办发[2016]91号	关于防范逃废金融债务风险维护良好金融生态环境的实施意见
泰政办发[2016]100号	关于印发《泰兴市金融助推黄桥老区扶贫开发工作实施方案》的通知
泰政办发[2016]101号	关于印发泰兴市进一步完善义务教育经费保障机制实施方案的通知
泰政办发[2016]107号	关于印发《泰兴市劳动关系应急管理和突发性事件处置应急预案》的通知
泰政办发[2016]121号	关于印发泰兴市辐射事故应急预案(修订)的通知
泰政办发[2016]124号	关于印发泰兴市突发公共事件医疗卫生救援预案的通知
泰政办发[2016]125号	关于印发《全市传统产业改造升级“十佳企业”培育工作推进方案》的通知
泰政办发[2016]128号	印发关于加快推进粮食生产全程机械化的实施意见的通知
泰政办发[2016]131号	关于促进全市农村公路管理养护工作健康可持续发展的通知
泰政办发[2016]132号	关于印发泰兴市推进离岸孵化促进创新创业行动计划的通知
泰政办发[2016]135号	关于印发泰兴市国控省控断面水质达标工作方案的通知
泰政办发[2016]136号	关于印发泰兴市国控省控断面水质达标国应急保障方案的通知
泰政办发[2016]137号	关于印发泰兴市进一步加强农村物流体系建设实施意见的通知
泰政办发[2016]141号	关于印发《关于全市部分居民已建房屋“两证”遗留问题的处理意见》的通知
泰政办发[2016]145号	关于城乡居民基本养老保险丧葬补助金制度的通知
泰政办发[2016]149号	关于印发泰兴市城镇职工、城乡居民基本医疗保险市外转诊管理办法的通知
泰政办发[2016]150号	关于印发泰兴市城乡居民基本医疗保险药品目录、诊疗项目医疗服务设施范围和支付标准暂行办法的通知
泰政办发[2016]151号	关于印发泰兴危房改造工作考核办法的通知

索 引

■编辑　蒋淑颖

主题分析索引说明

1. 本索引主要采用主题分析法提取,部分则选用关键词。
2. 本索引按首字汉语拼音字母顺序排列。
3. 索引名称后的数字表示内容所在的页码。
4. 彩页未作索引;文件选编、统计资料、附录等类目只索目题。
5. 为便于读者检索,在泰兴市境内的企事业单位和发生的事件名称,除易产生歧义者外,略去“泰兴市”或“泰兴”。

A

B

C

D

E

F

G

H

J

K

L

M

N

P

Q

R

S

T

W

X

Y